U0052906

修訂六版

Criminology

犯罪學

林山田、林東茂、林燦璋、賴擁連｜著

LAW

三民書局

修訂六版序

生活環境與社會條件的改變令人驚異，這些改變通常都與人的行為有關，氣候劇烈變遷、AI 迅速發展、同性婚姻取得法律地位、中美貿易大戰、臺灣海峽風雲，等等都是。人的行為影響生活環境，改變社會條件，然後回頭影響人的行為，循環不已。舉例說，智慧型手機的問世，對於我們生活方式的改變何其深廣？對於成長過程的人格塑造，其摧殘力量何等巨大？很多人如果沒有手機，變得手足無措、惶恐不已。我們振振有詞講求人權、標榜自由，但卻不自覺的成為奴隸。我們擁有表象的自由，卻極其不自在，憂怖不絕。再以 AI 為例，AI 的急速發展必然改變人們的生活方式，也一定對於社會與法律制度形成衝擊。例如，自駕車肇事的法律問題要怎麼解決？再例如，可以自主深度學習的機器人違法，法律體系該如何因應？犯罪學理論要如何解釋 AI 的不法侵害行為？

本書第五版於 2013 年發行，距今六年。六年的時光在歷史洪流裡不過一瞬，但對於我們生活的改變已是不小。學術研究也跟著生活的改變而有新發現。犯罪是人類生活的一部份，犯罪學研究犯罪現象並解釋原因，當然會有新的視野，本書因此要相應調整與修正。

犯罪學的發展，由傳統橫斷性研究 (Cross-Sectional Research) 並著重犯罪人的素質成因 (Predisposed Factors)，改變為縱貫性研究 (Longitudinal Study) 並強調犯罪與被害行為的環境／情境成因 (Environmental/Situational Factors)。為了呼應犯罪學發展的典範轉移，本書在原有基礎上，擴充新版第四章犯罪學理論的內容（原為第五版的第五章）。在新版第六章，增加被害者學理論的介紹（原為第五版第九章）。新版增加了第七章環境犯罪學，以歷史脈絡的方式，呈現環境犯罪學的基礎、理論與犯罪預防發展。這樣，讀者對於當代犯罪學體系與架構的瞭解，就可以與時俱進。

本次改版，除了更新相關數據與圖表之外，各章都有修正。通論方面，第五版的第一章與第二章合併為第一章，將犯罪學的概念統整成為一章，

並增加犯罪學的研究範疇。新版第三章（原為第五版第二章）更新德語系國家犯罪學的發展與當代英語系國家犯罪學的發展。第五版第六章予以刪除。第五版第七章的犯罪預測，併入新版第五章的犯罪分析。

各論方面，在新版第八章裡，刪除飆車問題。原第五版的第十一章老年犯罪，全部刪除。新版第九章女性犯罪，增加女性犯罪的理論。其餘章節，調整次序，更新數據，並增加晚近動態，例如毒品犯罪的新世代反毒方案。

新版的變動幅度很大，費時很久。本次更新，得力於本書的新成員賴擁連教授。賴教授為美國聖休士頓州立大學刑事司法博士，目前為警察大學犯罪防治系教授。潘教授怡宏更新歐陸犯罪學發展史，特此感謝。另外，新版的總其成，多賴林燦璋教授萬般思慮，呵護這本書成長與蛻變。

本書初版是在 1990 年。通論與各論的構想，出自林山田教授，各章節由林山田教授與林東茂教授協力議定。山田教授於 2007 年 11 月仙逝，得年六十九。可以蓋棺論定說，這是一位刑事法學界的歷史人物。歲月更迭，後代人也會記得他，傳誦甚至歌詠他。任何生命都來自虛空，最後反歸虛空。任何生命都是短暫有限，虛空則是永恆無垠。人的有限生命，如果可以化為無限，唯一的憑藉就是無形的精神與靈魂。山田教授便是這個稀有的靈魂。

我們努力經營傳承這本書，希望沒有愧對山田教授，也期望這是一本可以從有限越入無限的書。我們還應當感謝讀者的支持，並祝福讀者身心俱得安頓，祥和自在。

林東茂、林燦璋、賴擁連　謹識

2019 年 12 月

增訂五版序

本書上一個版次距今五年，五年來有不少新的研究發現，必須納入改版。這個版次，除了在下篇的各章節加入最新的文獻之外，相關的犯罪統計也一併更新，同時增加毒品犯罪一章，由吳麗珍博士撰寫。吳麗珍為警察大學犯罪防治研究所博士，博士論文即為毒品犯罪。吳博士目前為警政署科長，學理與實務兼具。

本書初版於 1990 年，章節次序主要由林山田教授構築。第四版始加入權貴犯罪一章，由山田教授抱病主筆。當時山田教授罹患胰臟癌已至末期，正在接受化療，醫師預告治癒率很低。第四版問世不久，山田教授即已仙逝，得年六十九，臺灣學界失去一柱巨擘，令人無限感傷。權貴犯罪一章，預告臺灣未曾嚴肅看待的犯罪問題。近五年來，依靠媒體揭露，司法機關偵辦幾起駭人聽聞的官商勾結弊案，恰好應驗了山田教授的先見。

人的完整生命裡，理當包括腦子、身體與心。絕大多數的知識，只對應腦子，與身體或心都無關聯。即使是哲學，對應的還是腦。哲學家創造無數的複雜概念，但並無任何操作意義。儘管批判性十足，哲學家的負面情緒可能很多，心念紛雜，身體屢弱。犯罪學當然不能例外，對應的也只是腦。但願一切讀者，在腦子的開發上有所成就，身體也得到好的調養。更重要的是，內在祥和，具有穩定而且廣大的快樂，不依賴外境的快樂。

林東茂、林燦璋　謹識

2012 年 10 月 25 日

增訂四版序

　　本書第三版問市，距今已有五年。這些年來，社會條件頗有改變，新的文獻也出現不少，所以需要修訂改版。在這個版次，增加了新的兩章，在其他幾個章節裡增添了部分內容，此外，書裡的統計資料一律更新。

　　新增的兩章是：恐怖活動與權貴犯罪。恐怖活動對西方世界的威脅相當巨大，臺灣人並沒有貼切的體會，但我們不可能孤立於國際社會，因此理當對於恐怖活動有基本的瞭解，由林燦璋、廖有祿兩位教授執筆。權貴犯罪是從階級犯罪學的觀點，論述擁有權力與金錢的權貴階級所為的犯罪，其深遠的禍害，可能更在江洋大盜之上，但因為有其護符而難以揭露，也因此不易被一般人察知。這一章權貴犯罪，由林山田教授執筆。

　　犯罪分析、性犯罪與青少年犯罪三章，各有新的單元加入。增加的部分，連同統計資料的更新，由中央警察大學犯罪防治系的周文勇教授負責。

　　犯罪學既觀察犯罪現象，解釋犯罪原因，也試圖提出方略以減少犯罪。這個研究取向完全不同於刑事法的規範之學。規範之學的耕耘者，在法條之間、在法概念之間，在體系架構之間辛苦穿梭，沒有機會浮出雲端，看看犯罪這個現象的大千世界，想想犯罪何以發生，思索如何搜尋出路。犯罪學應該可以補足規範之學見樹不見林的這點缺憾。

　　本書自初版以來，一直很受讀者的青睞。無論多麼巨大的光與熱，如果失去被照耀的人群，都將沒有榮耀可言。感謝讀者對於本書的厚愛。我們也要祈願讀者及所有人，身心安頓，離苦得樂。

林山田、林東茂、林燦璋

2007 年 8 月 31 日

增訂三版序

　　因犯罪狀況隨著時代的變遷日新月異，本書雖曾增訂，倏忽又已過七年。由於讀者甚眾，為了提供更多面向的內容，於是有再次修訂之舉。

　　在既有的架構下，為了使內容與時更新，除對犯罪統計數字作修正外，並配合相關法令的修訂更改法律名詞；同時也新增第八章犯罪分析。此外，在部分章節中亦作了內容的增補，如：在第二、三、四章中，分別增加犯罪無法消滅的理由、犯罪理論發展沿革圖、橫斷與縱貫研究設計等單元；犯罪學理論乙章，加入了智力與犯罪、衝動性與犯罪、發展犯罪學和整合型理論等；並於第六章犯罪黑數探討中，增入犯罪黑數理論關係圖，以及社會治安指標的建立等兩單元；而犯罪預測乙章，添加生涯犯罪者的預測乙節；另在組織犯罪乙章，多了組織犯罪的形成理論和臺灣組織犯罪現象的歸納分析等兩節；也在第十五章政治犯罪議題中，增補恐怖活動；最後，在電腦犯罪乙章，增添電腦犯罪的成因和現有刑法規範兩單元。

　　長達半年的增補過程，很感謝廖有祿老師協助增訂電腦犯罪乙章，並且提供諸多寶貴資料和意見；也謝謝施一帆同學幫忙修訂法律名詞。書中勢必仍有許多疏漏之處，尚祈同行先進及讀者諸君不吝惠予指正，使此書更臻完善。

林東茂、林燦璋　謹識

2002 年 4 月 29 日

修正二版序

　　本書於 1990 年出版，忽焉已經過了五年。這期間，國內的政經與社會
狀況有不小的變化。此一情形自不免影響犯罪現象。社會狀況的變化，例
如金權交相勾結更形露骨，益增絕大多數中下階層的憤怒。這會給人從事
犯罪行為有合理的藉口。刑事法律的草率修正與制定，會製造更多的犯罪。
因為刑事立法是犯罪總產量的最上游工業。例如 1990 年以後，少年犯罪明
顯增加，是因為麻醉物品管理法對於安非他命的消費行為，有了刑罰制裁
的規定。(草率的刑事立法仍在進行當中，例如性犯罪防治法、反雛妓防治
法)。由於犯罪現象的變化，所以本書要做修正。此外，這幾年來有關文獻
的大量增加，使本書的內容必須加以增補。

　　本書的修正，除了更新統計數字之外，還有其他重要的更動。第五章
犯罪學理論，增加第七節犯罪學理論的誤用。這是對於犯罪學研究陷入只
重枝節零碎的實證，缺乏體系思考的反省。第九章少年犯罪關於藥物濫用
部份，增加安非他命的使用。第十三章組織犯罪全部改寫，這裡介紹了德
國 1992 年 9 月公布施行的組織犯罪對抗法的主要內容，例如，洗錢與臥底
偵查的刑法規範。第十四章則配合法律的修改而加修正。

　　本書出版以來，被許多大專院校採為教本，使我們深感鼓舞。新版的
發行，還望同行先進繼續指教。

林山田　林東茂　謹識

1995 年 6 月

序

　　數千年來，刑法一直扮演著制壓犯罪的統治利器，而形成至今根深蒂固的重刑文化與唯刑是賴的反犯罪觀；再加上，社會各界對於犯罪的偏見，以及對於犯罪人的仇視，研究犯罪與犯罪人的犯罪學，自然受到忽視而落後。

　　迄今雖然可以從歐美先進國家，引進為數不少有關犯罪學的研究成果，以及解釋犯罪原因與犯罪現象的犯罪學理論，但是犯罪現象與犯罪形成因素，以及犯罪問題的解決，均有其時空因素的相對性，不同的時代與不同的地域，均各有其不同的犯罪現象與犯罪問題。故犯罪學能否全盤引用外國的研究成果與犯罪學理論而適用於政治體制、經濟形態、社會結構、法律制度、文化與習俗等均與歐美國家有所不同的我國，則不無疑問。因此，有待犯罪學者，以本國的資料，從事犯罪學的實證研究，期能將犯罪學本土化，提出適合於我國國情的犯罪學理論，並能依據研究結果，而擬定具有可行性與有效性而理性的反犯罪政策。

　　本書分犯罪學通論與犯罪學各論兩篇。上篇論述犯罪學共通性的部分，包括：介紹犯罪學的概念、地位與任務及其發展史。其次，提出犯罪學方法論，介紹各種犯罪學理論。最後，論述犯罪黑數、犯罪預測與被害者學。下篇就犯罪學的觀點，論述各種形態的犯罪，包括：少年犯罪、老年犯罪、女性犯罪、性犯罪、組織犯罪、政治犯罪、經濟犯罪、貪污犯罪與電腦犯罪等。最後，提出標本兼治而具整體性的抗制犯罪對策。透過這一系列的論述，除作為犯罪學的教材外，尚且希望對於犯罪學的本土化，以及在我國從事科際整合的犯罪實證研究，提供一些犯罪學的重要概念與方法論，而激發國內更多與更深入的犯罪學研究，使犯罪學能夠在各界均感到犯罪問題的嚴重而亟謀對策之時，及早開花結果。

 謹識

1990 年 8 月 1 日於臺北市

目 次

上　篇
犯罪學通論

第一章　犯罪學的概念

第一節　犯罪學的誕生與發展

一、遲緩誕生的犯罪學

犯罪係與人類社會同樣古老的社會現象，因為自有人類社會以來，就存有犯罪問題。針對如此古老的社會現象，作系統性的科學研究而建立一門學科，依照常理，亦應相當古老。可是事實上，卻遲至 19 世紀，方始建立犯罪學，其原因何在，頗值探討。

有部分學者認為係由於犯罪學的基本學科，如社會學與心理學的建立相當遲緩之故。誠然此為原因之一，但僅為次要原因。事實上，最主要的原因乃在於社會對於犯罪與犯罪人的偏見。一般而言，社會大眾對於犯罪行為大多出於純情感的作用，而仇視犯罪與犯罪人，認為所謂的犯罪只不過是社會應予否定而以刑罰加以制裁的行為，犯罪人只是為非作歹的人，是社會公敵或是社會敗類，對於這些人只須科以刑罰，以刑罰的痛苦均衡其犯罪的惡害，以刑罰報應其罪行，即為已足。同時並認為只要使用國家的強制手段，將犯罪人自社會加以隔離，而使社會不為犯罪所害；抑或是懲治犯罪人，以刑罰的威嚇力即足以嚇阻犯罪，故要解決犯罪問題，只要擁有一部完整的刑事法規範，而由刑事司法機關從嚴執法，即綽綽有餘。在這些根深蒂固的成見下，自然就會認為犯罪不值得而且也無需加以研究。

一直到 19 世紀，一方面由於人權與自由思想的發達導致「相對刑罰理論」 (Relative Theorien) 的興起，而認為如「絕對刑罰理論」 (Absolute Theorien) 所主張者對於犯罪人只求報應與贖罪，並不能解決犯罪問題，國家行使刑罰權，除發生「一般預防」(Generalprävention) 效果，而收刑罰的

威嚇功效外，尚應能矯治犯罪人，以防其再犯，而收「特別預防」(Spezialprävention) 的效果❶。另方面，由於自然科學與醫學在其學術研究上的輝煌成就，亦刺激人文科學的研究與發展，而認為對於所有既存的問題，應以科學方法系統地加以探討，而得追索問題的事實真相及其因果關係，不只知其然，並應能知其所以然，如此，才能根本地解決問題，故乃促成犯罪學的誕生。

二、向受忽視的犯罪學

犯罪學建立迄今已有兩百餘年歷史，但在上世紀 70 年代以前，仍為各界所忽視，此一事實亦頗值得探討。分析歸納，計有下述五點，可以說明此等事實的形成：

㈠犯罪學建立當時尚無完全獨立的學術性，它未能完全獨立於刑法或社會學的學術領域外，並建立自己的方法論。至二次世界大戰後，犯罪學在歐洲大陸仍多附翼在刑法學之下，不少學者認為犯罪學係「刑法的輔助科學」(Hilfswissenschaft des Strafrechts)，一直到 1950 年瑞士犯罪學家弗累 (E. Frey) 尚不認為犯罪學係一門獨立學科，而只是「學術的交換中心」(Wissenschaftliche Clearing-Zentral)❷。另方面，在美國，犯罪學仍舊附屬於社會學，學術界公認犯罪學為社會學的一部分，或者認為犯罪學即是「刑

---

❶　相對刑罰理論認為刑罰有其特別的目的，它係國家為實現防制犯罪的目的構想的有效措施，刑罰一方面對於社會發生一般性的作用，經由對犯人的科處刑罰，而嚇阻社會大眾不敢犯罪（一般預防理論）；另方面則產生教化與矯正犯人的作用，並嚇阻犯人再犯新罪（特別預防理論）。絕對刑罰理論則認為刑罰並無特別希冀達到的目的，它只是對犯人所為不法行為的報應（故稱為報應理論 Vergeltungstheorien），或係對犯人所為不法行為的贖罪（故稱為贖罪理論 Sühnetheorien）。關於刑罰理論，詳參照林山田：《刑法通論》，增訂四版，1994，541 頁以下。

❷　參閱 Frey: *Kriminologie, Programm und Wirklichkeit*, Gedanken zum 2. Internationalen Kriminologischen Kongress in Paris, in: Schweizerische Zeitschrift für Strafrecht 68 (1951), S. 67, 70, 71.

法社會學」(Sociology of Criminal Law)❸。同時，犯罪學的教科書均係由社會學家所執筆，犯罪學的課程均在社會系開課，而且犯罪學亦均在社會學的觀點下從事研究，研究所提出的理論，大多數可謂社會學理論，如「偏差行為」(Deviant Behavior) 或「次文化」(Subculture) 等等。著名的犯罪學家如柏傑斯 (Ernest W. Burgess)、蘇哲蘭 (Edwin H. Sutherland) 及蕭 (Clifford R. Shaw) 等等，均同時為聞名的社會學家。上述兩種情形，自1970 年代之後，始有所改變，尤其在犯罪學的研究自採行科際整合的實證法之後，犯罪學在學術上的地位亦相對提高，而逐漸受到重視；惟此種轉變相當緩慢，而有待犯罪學者共同努力促進。

㈡自有犯罪學以來，學者的研究重點均在於犯罪原因的探討，一直到第二次世界大戰，這幾乎是全世界一致性的趨勢，犯罪原因論就成為所有犯罪學教科書的重點，而且書中提及的犯罪原因，大多並無實證研究為其基礎，幾乎任何人均可以靠著玄想功能，信手拈來就可列出一大堆犯罪原因，舉凡在我們日常生活中，包括個人方面與社會方面，只要是在我們通常的價值判斷中，可以當作負面的價值判斷者，包括所有偏差現象、行為與事實，均可作為犯罪原因，例如：私生子、低智商、精神病、心理變態、出身於貧困或破碎家庭、居住於貧民區中、父母離婚等等。在此狀態下，本行學科不管係來自法學、醫學、社會學或心理學的學者，或是因為工作關係常與犯罪人發生關係的實務者，如警察官或監獄官，只要對於犯罪問題發生興趣，雖無實證研究的基礎，亦可靠著整理犯罪學的論著文獻，著書立說，而可成為「犯罪學家」。換言之，犯罪學欠缺以研究犯罪為專業，且以科際整合的實證研究法從事研究的犯罪學者。因之，亦就難怪犯罪學在當時未能受到學術界的重視。

㈢以科際整合的實證研究法從事研究犯罪的理想，並非一蹴可成，而是需要花費相當的人力與財力，且要持續研究相當一段時間，才能提出研究結果，或建立犯罪學理論。雖然研究人才是可以逐漸地培養，可是如此龐大的研究經費，往往是個無法解決的難題，因為當時在反犯罪的刑事政

---

❸　參照 Hall: *General Principles of Criminal Law*, 1947, p. 559.

策上，依舊停留在相當傳統的階段中，一般觀念上莫不認為只要強化刑事司法在刑罰威嚇的功能，即可解決犯罪問題。換言之，整個刑事政策仍舊奉「一般預防理論」(Die General Präventiven Theorien) 為最高指針，再加上「亂世重典說」的盛行❹，而認為嚴刑重罰，不但可以收到立竿見影的即時效果，而且亦最符合經濟原則❺。在這些觀念下，自然不會投資在犯罪學的研究。因此，犯罪學只能停留在傳統階段，靠著玄想的功能或者翻譯外國的研究報告，從事書桌上的文獻研究。此種研究結果，自然亦就不會受到重視。

㈣部分學者因持廣義的見解，而認為犯罪偵查學，亦應屬於犯罪學的領域，犯罪學應包括犯罪偵查、偵訊技術與偵查戰略。因此，使一般人誤解犯罪學乃是研究如何偵破犯罪，訊問犯罪嫌疑人的技術。事實上，犯罪偵查學乃借重自然科學如化學、毒物學及物理學中的電學、光學等的專有知識及其科學技術，以偵查刑事案件，蒐集並鑑識犯罪證據，故其領域應屬自然科學，犯罪學若持廣義的見解則應包括犯罪偵查學，而犯罪學者除在人文科學中的規範科學與經驗科學之外，尚須同時從事自然科學的研究，此不但對於犯罪學毫無益處，而且反會妨礙犯罪學的研究與成長，故犯罪偵查學應自犯罪學分離而出，而屬於警察科學 (Polizeiwissenschaft, Police Science)。如此，方可能使犯罪學有一致性的研究領域，進而可全心致力於此一領域的研究，建立獨立的學術體系。

㈤在國內與犯罪學最有密切關係的法學界，向來不甚重視犯罪學，這種現象同時存在於法學教育界與法律實務界。在法學養成教育中，對於刑事學（見下述第四節）的傳授通常僅及於包括刑事實體法與刑事程序法的刑事法學，好似只要精通刑事實體法與刑事程序法之後，即可圓滿地做好刑事司法工作。因此，將犯罪學列為無關緊要的選修課程，而且亦非國家高等考試的考試科目，所以，在法學養成教育中，犯罪學自然普遍受到忽

---

❹ 參閱林山田：《刑罰學》，1992，64 頁以下。

❺ 槍斃一百個罪犯所花費的金錢，可能比對於十個罪犯進行詳細的個案調查時，所花費者還便宜。

視而沒有其應有的地位，此亦足以影響犯罪學的研究與成長。事實上，刑事司法者若無犯罪學的素養，則其刑事司法工作充其量只是依據刑事訴訟法，適用刑法條款，以科處犯罪行為人刑罰或保安處分的「法匠」例行公事而已，這種刑事司法是難以發生其在防制犯罪的功能。同時，在刑事司法實務上，由於刑事案件日漸增多，而司法人員又不能相對地比例增加，所以各級法院均有不勝負荷之感。因之，對於刑事案件的審理，也只能顧及實體法與程序法的法律問題，司法者只求合法結案，判決了事，根本不可能有足夠的時間與精力從事刑事政策上或犯罪學上的考量。在此狀態下，當然也就因為用不到犯罪學的知識，而普遍忽視犯罪學。

　　總而言之，由於上述五點理由，而使犯罪學雖然已有兩百年的歷史，但在 1970 年代以前卻難以建立其嚴謹的理論體系，而尚難達成其在刑事學或刑事政策應有的任務。任何學術的不能進展與其不受重視是兩個交互影響的事實，兩者互為因果，我國的犯罪學也就在此惡性循環下，曾停留在遲滯不前的狀態。

三、蓬勃發展的犯罪學

　　如同前述，犯罪學在 1970 年代之前，尚未建立其獨立的學術體系。但自 1970 年代以後，犯罪學不僅走向獨立化、專業化，並蓬勃發展迄今，主要與 1960 至 1970 年代發生於美國以及西方國家的重要社會現象有關。

　　㈠犯罪與監禁人數的逐年攀升：在 1960 與 1970 年代是美國社會與政治最動盪不安的年代，包含少數族裔基本權利的爭取、女性權利的解放、反對越戰聲音的甚囂塵上等，迫使民眾走上街頭，挑戰權威，因此發生一連串的種族糾紛、執法凌虐以及暴動事件的發生等。但也因為如此，將許多犯罪人繩之以法，掃入監獄中。這樣的社會動盪，導致美國犯罪率，從 1960 年代開始，至 1990 年代到達高峰，至 21 世紀初期始告下降，例如在 1960 年時，美國犯罪率為每千人 20 名，到了 1970 年時為每千人 40 名，成長一倍，1980 年與 1995 年均來到每千人 60 名的高峰，至 2004 年時始降至 1970 年代的犯罪率。另從監禁人口來看，在 1960 至 1970 年間，全美

監禁人口約 35 萬人，1970 年代以後逐年攀升，1981 年突破 50 萬人，1988
年突破 100 萬人大關，2000 年即達 200 萬人，截至 2008 年時，已逼近 250
萬人之後，逐年下降。犯罪數量的湧現，美國被稱為「大量監禁的國家」
(Mass Incarceration)，也帶動美國國內對於犯罪問題的研究以及相關犯罪學
理論與抗制對策的提出。在此同一時間，約 1990 年到 2007 年間，以英國
為首的大英國協，例如英國、紐西蘭與澳大利亞三個國家，他們的監禁率
也顯著的攀升與提高。例如英國的監禁率從 1990 年每 10 萬人 90 位，成長
到 2006 年的 140 位，成長 55.5%；同一時期的紐西蘭，監禁人口從每 10
萬人的 115 位攀升到 2006 年的 180 位，成長幅度為 56.6%，而澳大利亞也
成長了 41.1%（每 10 萬人 85 位成長至 120 位）。在北歐國家，如芬蘭外，
瑞典與挪威也呈現監禁率成長的現象❻。

　　㈡政府一系列抗制犯罪對策的入法：1967 年，有鑑於當時社會問題的
動盪不安，當時的美國總統詹森 (Johnson) 成立總統執法與司法行政委員會
(President's Commission on Law Enforcement and Administration of Justice)，
並發表一篇名為 〈自由社會中的犯罪挑戰〉 (The Challenge of Crime in a
Free Society)，提出諸多的犯罪改革方針以控制犯罪，例如隔年美國國會即
通過「安全街道和犯罪控制法案」(Safe Street and Crime Control Act)，由聯
邦政府大量撥款給州和地方政府投注於抗制犯罪（許春金，2006）。更有甚
者，由於保守主義 (Conservatism) 的興起與抬頭，美國於 1970 年代開始，
歷任總統對於抗制犯罪，均提出顯目與聳動的口號，例如 1980 年雷根 (R.
Reagan) 總統時期提出的「向毒品宣戰」(War on Drugs) 政策、柯林頓 (B.
Clinton) 總統主政時的「三振出局法案」(Three Strikes Law) 以及繼任的小
布希 (G. Bush) 總統提出的「向恐怖主義宣戰」(War on Terrorism) 均為保守
主義氛圍下所提出的一系列重刑化政策❼。其他幾個著名的重刑政策入法，

---

❻　賴擁連：〈從西方社會成癮性監禁政策檢視我國當前的重刑化刑事政策〉，刊：
　　《刑事政策與犯罪研究論文集》，第 16 期，2013，43–70 頁。

❼　Lily, Cullen, & Ball: *Criminological Theory: Context and Consequences*, Sage
　　Publications, 2015.

例如 「選擇性監禁」 (Selective Incapacitation)、「強制量刑」 (Mandatory Sentencing)、「梅根法案」 (Megan's Law) 與 「潔西卡法案」 (Jessica's Law) 等。而此過去近三十年抗制犯罪的政策與美國過往的政策（例如 60 年代的 「對抗貧窮的戰爭」）比較大的不同在於，過往的犯罪政策是從社會學的角度提出，但上述的政策，完全係由犯罪學主導，足見犯罪學的發展已成為顯學，並成為總統提出抗制犯罪政策的重要幕僚與推手。在德國方面，自 1990 年開始，為因應恐怖攻擊事件以及以製造、運輸、販賣毒品與販賣人口為主要型態的組織犯罪，再加上科技發展以及全球化引發的新興犯罪，引發社會大眾的恐懼感，為維護社會治安以及民眾安全，德國刑事政策亦轉趨保守，傾向於刑罰的嚴峻化與擴大化 (Verschärfungen und Ausweitungen)，不僅將許多原為刑法不罰的行為予以犯罪化，例如「跟蹤罪」 的犯罪化以及 「網路犯罪」 的加重與擴大原有的刑罰範圍，另特別在對抗毒品犯罪與組織犯罪方面，已採取更為嚴厲的刑事政策作為 ❽。

㈢犯罪學界保守派與自由派對於矯治效能之爭論：上世紀 70 年代，可以說是犯罪學界保守派與自由派對於矯治效能的爭戰時期，進而激化犯罪學的蓬勃發展。在 1970 年代，幾個重要的犯罪學研究產出，例如 1972 年，渥夫岡 (M. Wolfgang) 與其同僚透過世代追蹤研究，提出慢性犯罪人 (Chronic Offenders) 之發現，進一步被當代的保守派學者提出選擇性長期監禁 (Selective Long-Term Incarceration) 的政策；無獨有偶，1974 年，保守派學者馬丁森 (R. Martinson) 與其同僚接受紐約州長之邀，對於當時的監獄矯治計畫進行評估，結果渠等提出：「根據研究，除少數或獨特的案例外，矯治的努力對於再犯並無可觀的成效。」(p. 25) ❾，後來外界則以 「矯治無效論」 (Nothing Works) 戲稱其研究結論，引發矯治有無成效的爭戰。學者佛格 (D. Fogel, 1975) 曾任典獄長，更大舉提倡正義模式 (Justice Model) 與

---

❽　Vgl. Bernd Heinrich: Zum heutigen Zustand der Kriminalpolitik in Deutschland, in: *KriPoZ*, 01.2017. S. 4f.

❾　Martinson: *What works? Questions and answers about prison reform*, The Public Interest, 42, 1974, pp.22–54.

定期刑，廢除矯治模式 (Rehabilitation Model) 與不定期刑制度，此外，學者威爾森 (J. Q. Wilson, 1975) 著有《思考犯罪》(*Thinking About Crime*) 一書以及慕雷和寇斯 (C. A. Murray and L. A. Cox, 1979) 的《超越觀護》(*Beyond Probation*) 一書，均力主將犯罪人監禁於監獄中，不要再對於矯治成效存有任何之遐想。進而帶動一連串上述的政府緊縮刑事政策的入法與執行。然而，也並非所有的學者都是保守派，例如對抗馬丁森的論調不遺餘力的學者，像是印西亞地 (J. Inciardi)、渥德 (D. Ward)、帕默 (A. Palmer)、卡冷與堅卓 (F. Cullen and P. Gendreau) 等，這些學者的呼籲，雖然無法改變或撼動當時保守派犯罪學者對於政府緊縮、重刑化刑事政策的入法與執行，但至少緩和了矯治模式的完全摧毀與否定❿。更重要的是，塑化了保守派學者與自由派學者競相對於犯罪問題的研究，窮究有效的、以證據為基礎的 (Evidence-Based) 的犯罪學理論與犯罪預防對策，促成犯罪學於 1970 年代以後的蓬勃發展，進而成為顯學。

第二節　犯罪學的定義

犯罪學（法 Criminologie，義 Criminologica，德 Kriminologie，英 Criminology）一詞是由拉丁文 crimen 與希臘文 logos 組合而成，係於 1879 年由法國的人類學學者多比納 (P. Topinard) 首先倡用，其後有義大利法學者加洛法羅 (R. Garofalo, 1852–1934) 繼行採用，於其 1885 年的著作以 *Criminologica* 為書名⓫。從此，犯罪學這個名詞才逐漸被學術界所接受而加採用。犯罪學在建立初期只想探究犯罪原因，故犯罪學即是「犯罪病原學」(Kriminalätiologie)⓬。

所謂犯罪學是研究犯罪現象與犯罪人的科際整合的經驗科學，一方面，

---

❿　黃徵男、賴擁連，《21 世紀監獄學》，一品出版社，2015，156–158 頁。

⓫　參閱 Kaiser: *Kriminologie, Eine Einführung in die Grundlagen*, 6. Aufl., 1983, S. 1.

⓬　見 Christiansen: *Kriminologie, in: Handwörterbuch der Kriminologie*, Bd. II, hrsg. v. Sieverts, 2. Aufl., 1968, S. 187.

它描述整體犯罪現象以及各種犯罪類型的犯罪現象，分析探討形成這些犯罪現象的社會基因；另方面，它研究犯罪人，分析探討一切與造成犯罪有關的個人與環境因素，以建立解釋犯罪現象或犯罪成因的犯罪學理論，並能對於犯罪的抗制與預防問題，提出有效的具體建議，以作為制訂刑事政策的依據。茲析論如下：

一、描述犯罪現象

犯罪學為研究犯罪，必先描述犯罪現象。犯罪學的犯罪描述包括全部犯罪的整體現象，以及各種不同犯罪類型的個別現象。對於整體犯罪現象的描述，必須借助於各種犯罪統計，包括警察機關所做的犯罪統計，或國家統計機關或司法追訴或審判機關所做的刑事司法統計。這些統計大多依據刑法規定的犯罪類型，如殺人罪、強盜罪、竊盜罪等等，而非依犯罪學的犯罪類型而做統計，依據這些現成的統計從事犯罪現象的研究與描述，往往有其無可改正的缺失。況且，又因「犯罪黑數」❸的問題，犯罪或刑事司法統計往往不能反映出真正實際發生的犯罪現象。

犯罪學將犯罪視為一種常存於人類社會的社會現象，以作為犯罪學研究的基礎，而與刑法使用構成要件要素描述各種不同犯罪的行為情狀，構架法定構成要件，以作為制裁各該犯罪行為的法律要件❹，有所不同。

採行罪刑法定原則的刑法所稱的犯罪係指具有構成要件該當性、違法性與罪責，而應賦予刑罰或保安處分的刑事不法行為❺。故所謂犯罪在罪刑法定原則下的刑法，係一個嚴謹的法律概念，而具有明確的內涵，且必須有法律明文規定的依據；否則，不得輕易稱之為「犯罪」。惟犯罪學描述與研究犯罪，並不以刑法明定處罰的犯罪為限，即使係新興的犯罪形態，

---

❸　各種不同的犯罪類型，由於種種因素，或多或少均有隱藏而不為人所知的案件，這些實際已發生，可是卻未出現在官方犯罪統計的案件數，學說上稱為「犯罪黑數」(Dark Figure of Crime)。

❹　參閱林山田：《刑法通論》（上），231 頁以下。

❺　同前註，165 頁以下。

雖然尚未透過刑事立法手段將其犯罪化❶，而成為刑法明定處罰的犯罪行為，但亦應屬犯罪學所要描述與研究的犯罪。同理，曾為刑法明定處罰的犯罪行為，雖經刑事立法將其除罪化❶，而已非刑法概念上的犯罪，但有時仍有犯罪學的研究價值，故仍舊屬於犯罪學概念的犯罪。因此，犯罪學上稱為「犯罪」者，並不一定即是刑法規定的罪名。

在不少犯罪學的文獻上，均認為犯罪學的研究，除刑法規定處罰的犯罪以外，尚應包括酗酒、遊蕩流浪、賣淫與賭博、濫用麻醉藥品、自殺等社會偏差行為❶。由於此等社會偏差行為與刑法的犯罪行為，息息相關，或有部分行為與刑法規定的罪名界限不明，就犯罪研究的周延性，犯罪學自有一併加以描述與研究的必要。

二、分析探討犯罪現象的成因

無論為整體犯罪現象，或是個別犯罪現象，均有其形成的因果關係，亦即任何犯罪或其他社會偏差行為的滋生或蔓延坐大，均有其當代的政治、經濟、社會、法律、文化、社會價值觀等多元的基因。犯罪學透過各種研究，提出犯罪理論，而希冀解釋犯罪現象的因果關係，以作為制定反犯罪政策的參考。

犯罪是一種規則性的社會現象，它與一系列的社會因素，均有所關聯，故犯罪學對於犯罪成因的分析與探討，可謂包羅萬象，計有：分就犯罪與季節、種族、民族性、宗教信仰、風俗習慣、職業、政治體制或政治情勢、經濟狀況、社會環境或社會風氣、法律的規定或司法實況、性別、年齡、自然環境、地區特性、社區規劃等等的關係，而研究犯罪。

形成犯罪現象的多元社會基因有時並非犯罪學的研究可以獨力完成

---

❶ 所謂犯罪化係指透過刑事立法手段，將某一不法行為賦予刑罰之法律效果，使其成為刑法明定處罰之犯罪行為。

❶ 所謂除罪化係指透過刑事立法手段，將原屬刑法規定處罰之犯罪行為，加以刪除，參閱林山田，前揭書，88頁。

❶ 參照 Göppinger: *Kriminologie*, 4. Aufl., 1980, S. 1; Kaiser, aaO. S. 1.

的,而有賴各相關學科的社會研究的協助,結合這些相關的社會研究成果,才能周延地解釋犯罪現象的因果關係。例如刑法的制裁規定或刑事司法對於犯罪的追訴與審判,以及刑事矯治機關對於刑罰的執行等等,均與犯罪現象有極為密切的關係,故「法社會學」(Rechtssoziologie, Legal Sociology)對於刑法與刑事訴訟法或刑事矯治法令等等「法事實研究」(Rechtstatsachenforschung)❿,自屬犯罪學對於犯罪現象的描述與研究不可或缺的一部分。因此,犯罪學自可引用法社會學的研究成果。

三、研究犯罪人

刑法乃制裁犯罪的法律規範,而研究犯罪的「行為」只想具體掌握行為,而能繩之以法,對於犯罪的「行為人」,則興趣索然。犯罪學則剛好相反,它並不是要制裁犯罪,故對行為的法律要件,毫無興趣,它只想了解犯罪的行為人,而能找出行為人為何犯罪的整個因果關係。刑法雖在刑罰裁量上,亦有必要了解行為人;惟這種了解,僅及行為當時與行為有關的個人情狀,以作為刑罰裁量的依據;犯罪學對於行為人的研究,始自行為人的出生,不但研究至犯罪時,而且延展至行為人在監獄執行時,甚至於執行完畢出獄後,亦屬犯罪學研究的範圍。故犯罪學對於犯罪行為人的研究,顯與刑法大不相同。

凡是行為人的一切個人與環境因素,包括內在因素與外在因素,均屬犯罪學所研究的內容,前者例有:行為人的遺傳與性格、性向與興趣、侵略攻擊性、自我控制能力、智商、精神障礙或心理異常等等。後者例有:行為人的孩童時期及其生長的家庭(本生父母或養父母)、在學校或接受職工訓練的狀況或表現、平日逗留的場所、接觸的交往圈、工作領域、休閒活動、婚姻與家庭狀況、病歷、酗酒或濫用麻醉藥物、不良紀錄或犯罪的前科紀錄、最後的犯罪行為、在監獄服刑的言行表現、接受徒刑執行完畢

---

❿　所謂「法事實」(Rechtstatsachen)是指一切與法律規範有關的社會事實,包括形成法律規範的社會事實,以及法律規範的運作而對社會所造成的社會事實。詳參閱林山田:〈法事實研究〉,刊:《法學叢刊》,第 88 期,1977,48–54 頁。

出獄後的生活情狀、再犯等等。

　　犯罪學對於一群犯罪人的研究,而得出各種個人與環境因素的百分比,以及追蹤比對各別因素間的交互關係,並且進而分析這些個人因素與形成犯罪的因果關係。為求獲知的研究所得的犯罪人的個人與環境因素是否具有特殊性,而可當作造成犯罪的個人與環境因素加以一般化,必須在研究犯罪人的同時,亦研究一般人口的個人與環境因素,而加以比對分析,故犯罪學的研究有時亦及於非犯罪的一般人口。此外,犯罪被害人與犯罪行為人關係亦極為密切,兩者具有交互影響的互動關係,故犯罪學的研究亦及於犯罪被害人。

四、犯罪學是科際整合的經驗科學

　　犯罪是一種錯綜複雜的社會事實,故犯罪學必須整合與犯罪問題有關的學科,如法學、社會學、心理學與醫學(特別是精神醫學),而從事科際整合的研究才能周延地研究犯罪。犯罪是一種常見的社會現象,故犯罪學的研究亦如對於其他社會現象的社會研究一樣,採用實地調查的方法,以調查所得的經驗資料,從事實證的研究,而不能僅只躲在研究室從事一些文獻的整理或歸納的工作,或僅靠玄想的方式,做一些邏輯思維的推論。換言之,如果犯罪學缺乏實證研究之基礎,充其量只不過是一個好事家(Dilettante),無法稱為一門學科。因此,犯罪學是一門「科際整合的經驗科學」(empirische interdisziplinäre Wissenschaft),或是一門實證的事實科學[20]。

第三節　犯罪學的範疇

　　犯罪學的發展雖然遲緩,但已有二百年的歷史。在此二百年來的發展過程中,慢慢形塑此一學科研究範疇與領域,但舉舉大端者有以下幾個重要範疇[21]。

---

[20] 參照 Göppinger, aaO. S. 1. 並參閱第四章。

[21] Siegel: *Criminology: The Core*, 6th. Edition, 2017, Cengage, pp.4–8.

一、犯罪統計與犯罪測量

犯罪統計與測量牽涉到運用適切的方法學以期能精確地測量出犯罪的活動、趨勢、類型，進而能夠計算出犯罪行為的數量與發展，例如一年有多少的犯罪案件數？誰觸犯這些犯罪案件？這些犯罪是何時與何地發生？那一類型的犯罪最為嚴重？這些都是犯罪學關心的課題。

因此，犯罪學關心且有興趣於發展或引進有效的且可靠的測量工具 (Valid and Reliable Measures) 來測量或精算出犯罪行為與活動。例如犯罪學家會發展出公式或利用統計工具收集與分析官方犯罪資料，進而瞭解犯罪的數量、趨勢與型態的消長；此外，鑑於犯罪學家也會發展出調查問卷的方式，從被害者進行調查，以瞭解犯罪的趨勢和發展是否與官方統計數據相一致；更重要的是，犯罪學家可以結合科技與資訊系統，發展出犯罪預防的策略，例如耳熟能詳的犯罪熱點警政 (Hot Spots Policing) 與預測警政 (Predictive Policing)，都是犯罪統計與犯罪測量適切與精確運用的結果。

二、法律社會學

法律社會學 (Sociology of Law) 係指運用社會科學／經驗科學的方法研究法律。社會或經驗科學是一種強調實證研究或實例考察的一種研究途徑，進而對人類法律行為進行預測，研究過程力守嚴格的價值中立。而犯罪學會對於法社會學表達出高度關心是因為社會力量在刑事法律形塑過程中扮演力量，刑事法律在社會秩序的維持上又扮演重要的角色。特別是在法官對於個案適用法律時，實證科學可以提供一個非常重要的資訊或諮詢參考。例如犯罪預測，哪些特質或特徵的犯罪，其再犯的可能性較高？這些再犯特質或特徵，都是經過科學性的檢視或驗證的結果，而這些結果即可提供給法官在量刑時的參考。近年來司法院所建立的「妨害性自主罪量刑資訊系統」資料庫的建立，其實就是一種法社會學的驗證。

在美國法社會學的實證研究的結果，可以作為一般法官甚至聯邦法院大法官的釋憲依據。例如在 Miller v. Alabama (2012) 的案例中，美國聯邦

最高法院的大法官根據實證科學的研究結果指摘，少年並沒有充分的能力來預期或預見其行為的後果，進而宣布「對於少年犯判處終身監禁不得假釋」是一種不尋常且違憲的懲罰。換言之，相關的研究發現少年的心智能力與成年人不一樣，犯類似的罪並判相類似的刑罰，是不合乎邏輯的，因此被宣告違憲。近年來由於社會科學的發展，再加上社會現象與問題的複雜性，形成法官心證的來源不應只是過往的判決，因此法社會學在法官的量刑上愈來愈重要。

三、犯罪原因論

犯罪學的發展，就是以發掘犯罪原因起家，因此，犯罪原因論是犯罪學的主要核心。透過犯罪原因的發現，建立犯罪學理論與體系，更是犯罪學獨立成為一門學科的重要精髓。犯罪原因的發掘，起源於早期個人從事犯罪的機制或特質的探究，亦即聚焦於個體以及尋找其從事犯罪決策的機制 (Decision Making Mechanism) 與犯罪行為發生的關聯性，例如心理的或是生理的特質與犯罪行為的關係。他們從微觀的角度 (Micro-Level Perspective) 探討個人心理的與生理的特質、決策機制以及反社會行為的關聯性，特別是心理學家，他們認為個體的反社會或犯罪行為是人格的、人類發展的、社會學習的與認知的失功能或疾患現象；但從生物學角度觀察的學者，則認為犯罪行為與個體的、生化的、基因的以及神經系統的失常，存在高度關聯性。

另有一批學者係採取社會角度觀察社會的力量 (Social Forces) 與犯罪行為的關聯性，例如個體所身處的鄰里條件、家戶貧窮、社會化程度以及與團體間的互動關係。他們相信，「人們是環境的產物」，任何人住在／身處一個環境條件較差的家庭或社區當中，他從事犯罪的風險較一般人為高。特別是尚未發育成熟的小孩，他的行為舉止非常容易受到其立即周遭環境例如家庭、學校以及鄰里等人事物的影響，這些立即周遭的環境，對這些採取社會取向的學者而言，更是瞭解或探究犯罪人從事或發展犯罪行為的關鍵 (Keys)。

　　從犯罪學二百餘年的發展歷史也得知，要從單一角度解釋一個犯罪人從事或發展犯罪行為的原因，實非易事，例如居住在貧民區的黑人，或是長期被虐待或忽視的少年，並不一定都是犯罪人；此外，即便是社會存在著非常嚴重的貧富不均現象，有些人的生理與心理疾患程度也很嚴重，但大部分生存在這些條件或擁有這些疾患的人，都還是守法的人，犯罪人畢竟是社會上的少數，犯罪學家依據持續的研究與觀察，發現為何相類似的社會條件或生心理失常的情況下，有些人還是沒有犯罪。換言之，犯罪原因論的探究，對犯罪學家而言，仍是永無止境的研究使命與核心議題。

四、瞭解與描述犯罪行為

　　除上述原因論外，犯罪學家也將犯罪行為根據犯罪人的手段、方法與輕重程度，予以分類，例如區分為暴力犯罪、組織犯罪、財產性犯罪等，並從中進一步分析與描述各類型犯罪行為的特徵，據以形塑原因論與防治對策。例如在 1930 年代，蘇哲蘭 (E. H. Sutherland) 即針對一位監禁在監的專業竊盜犯，進行深入的質性研究，於 1937 年出版《職業竊盜犯》(*The Professional Thief*) 一書，文中提及許多竊盜犯的特性與副文化，進而形塑經典的差別接觸理論 (Differential Association Theory)，之後，蘇哲蘭又針對白領犯罪 (White Collar Crime) 進行研究，並於 1949 年出版《白領犯罪》一書，將當時的白領犯罪初步分類，他可以說是當前白領犯罪研究之鼻祖。1958 年，賓州大學教授渥夫岡 (M. Wolfgang) 出版《刑事殺人犯的類型》(*Patterns in Criminal Homicide*) 一書，內文分析加害者特性以及加害者與被害者間複雜的關聯性。渥夫岡他發現許多案例都是被害人誘發或促發殺人暴力事件的發生，進而導致被害人的死亡，因此提出「被害者促發殺人」(Victim Precipitated Homicide) 一詞。

　　此外，犯罪學家也不斷地擴充犯罪行為的研究類型，因為新型態的犯罪行為或犯罪類型不斷的產生，例如五十年前的犯罪學家大多聚焦於研究性侵害、殺人以及住宅竊盜等當時熱門的犯罪行為，但時值今日的犯罪學家可能對於尾隨跟蹤 (Stalking)、環境犯罪、網路犯罪、恐怖犯罪以及憎恨

犯罪高度有興趣。換言之，隨著不同型態的犯罪行為產生，犯罪學家也將不斷地擴充犯罪行為與型態的研究，進一步讓一般民眾能多所瞭解。

五、刑罰學

刑罰學的內涵又包含刑罰、制裁與矯正，也就是說，刑罰學的研究，用意在於透過刑罰的制裁與矯正，讓犯罪人的惡性化除，良知復萌，正常地重返社會。有些學者強調刑罰應該以治療的手段 (Therapeutic Approach) 為之，犯罪預防應該強調對於犯罪人提供矯治服務 (Rehabilitative Services)，因此，他們努力地找出有效的治療或處遇策略協助犯罪人復歸社會，例如引進監獄的諮商輔導工作，並強調社區矯正較機構性矯正為佳；但另一方面，有一派學者則認為犯罪預防應該透過正式社會控制力量 (Formal Social Control) 始能奏效，他們主張對於特殊犯罪人要採取強制判決 (Mandatory Sentences) 一定的刑期 （例如性侵幼童犯一律處 25 年有期徒刑）、甚至主張死刑以達刑罰嚇阻效能。

犯罪學家對於刑罰學派的主張，不僅是支持或推動而已，更重要的是驗證他的有效性，例如三振出局法案是否有效？監獄中的矯治方案是否有效？而驗證一個矯正處遇計畫或方案是否有效，一般都是以犯罪人的再犯率 (Recidivism Rates) 為評估指標。例如學者彼得西里雅 (Petersilia) 在 2011 年針對保護管束人進行「風險–需求–回應」(Risk-Need-Responsivity, RNR) 方案評估，該方案內容是對於犯罪人於保護管束期間安排參加憤怒管理以及認知行為治療課程。經過追蹤評估後發現，高風險的犯罪人參加過此一方案後，其再犯率下降 20%。

但是並非所有的評估結果如預期般的達到再犯率的下降。例如有些強調嚇阻效能的學者發現，將犯罪人置於高度安全管理的監獄中，確實學到東西，害怕了監禁生活，出獄後不再犯罪；但是，研究也發現，有些監禁於高度安全管理監獄的犯罪人，長期暴露於暴力傾向的同儕中，學習與感染暴力副文化，強化其使用暴力謀求生存的方式，出獄後反而更加變本加厲，重蹈覆轍。因此，學者對於刑罰學，特別是一些治療與處遇政策之評

估與解釋時，應該更加小心。

六、被害者學

晚近，犯罪學認知到被害者在一個犯罪過程中所扮演的重要角色，甚至可以說被害者的行為決定了一個事件是否成為犯罪。被害者學 (Victimology) 包含這些領域讓犯罪學家感到興趣：

㈠使用被害調查來測量犯罪行為的本質與內涵，並可以進一步估算出犯罪的成本與雙方的損失。

㈡計算出被害者的被害風險與可能性。

㈢研究被害者在一個犯罪事件中可課以罪責 (Culpability) 的程度。

㈣對於被害者設計或提供服務，例如諮商或協助求償方案。

此外，研究被害者的犯罪學家則致力於從被害者的角度探究一些能夠解釋被害者被害的理論或因素，例如「被害者是不是在不對的時間出現在不對的場所，導致其被害」（例如隨機殺人被害者），又如「被害者是不是本身從事一些高風險行為，導致其被害」（例如酒店小姐），抑或是「被害者是否本身存在弱點，導致被加害人鎖定為對象」（例如家暴案件中的老弱婦孺）。這些都是犯罪學家發展被害者學理論基本的伊始命題。

第四節　犯罪學在刑事學中的地位

以犯罪為研究客體的「刑事學」(Kriminalwissenschaften)，包括下列五門學科：

一、就刑事法規範的觀點而研究犯罪行為及其處罰的「刑事法學」(Kriminalrechtswissenschaft)。

二、就法律政策與社會及經濟政策的觀點而研究預防與抗制犯罪的「刑事政策學」(Kriminalpolitik)。

三、就法學、社會學與心理學的科際整合觀點而研究犯罪行為與犯罪行為人的「犯罪學」(Kriminologie)。

四、就規範科學與經驗科學的觀點研究刑罰與保安處分的「刑罰學」
(Pönologie)。

五、就犯罪事實的澄清，犯罪證據的蒐集與鑑識以及犯罪人的逮捕等
的觀點而研究犯罪行為與犯罪行為人的「犯罪偵查學」(Kriminalistik)。

這五門學科只是研究的著眼點與重點各有不同而已，但其研究的對象
與終極目的則一，基於此一共通性，乃構成刑事學。今試以下圖勾劃出刑
事學的體系及其內涵。

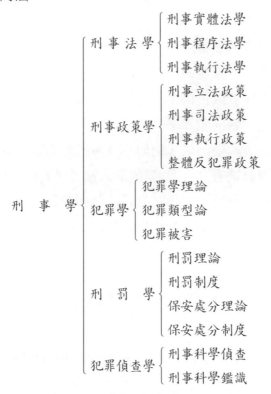

圖 1-1　刑事學的體系及其內涵

犯罪學在刑事學中所處的地位為何，可以從犯罪學與刑事學中的各個
學科之間的關係中得知。今分述於後：

一、犯罪學與刑事法學的關係

刑事法學包括刑事實體法學與刑事程序法學，以及刑事矯治法令，它

規定犯罪行為構成要件與其法律效果（即刑罰與保安處分）及犯罪追訴在程序上的條件與規則，以及執行刑罰與保安處分的原則與規則。

犯罪學與刑事法學兩者在表面上具有共通的範疇，即通常具有可罰性的犯罪行為，但是我們若再作深入的分析，則可看出兩者對犯罪研究的著眼點上及研究的方法上有其相異之處：

1.研究重點的不同

犯罪行為係刑事法學中最重要的部分，自偵查、起訴、審判與量刑以至於執行刑罰等一連串的刑事司法作為，均以犯罪行為為重心，但在犯罪學的研究，則犯罪行為只是犯罪行為人整個人生歷程上的一小段時間，它係犯罪學研究範圍中的一個很小部分。

2.研究方法的不同

刑事法學的研究方法為演繹的與規範的，而犯罪學則為實證的與科際整合的（見下述第四章）。因之刑事法學可謂為邏輯演繹的規範科學，而犯罪學則為社會實證的經驗科學。

雖然犯罪學與刑事法學有其相異之處，但兩者的關係仍極為密切，因為犯罪學所研究的絕大部分範疇均係依據刑事法學所定的犯罪行為；同時，犯罪學的應用亦與刑事法學的實務發生極為密切的關係，例如關於罪犯的人格、犯罪預測與責任能力等的研究與鑑定是。此外，犯罪學的研究結果亦為促成刑事法改革的原動力，經過刑事政策的考慮，而增進刑事法在犯罪抗制與預防的成效。

二、犯罪學與刑事政策學的關係

刑事政策學又稱為學術的刑事政策，係指就學理的觀點而對反犯罪政策作系統性的學術研究，它整合刑法學、犯罪學與刑罰學的理論、方法論與研究成果，而為反犯罪政策提出一系列學理的依據[22]。

---

[22]　嚴格言之，刑事政策學迄今尚未演展成為一門獨立的學科，它的內容有一部分取自刑法學與刑罰學，另有一部分則取自犯罪學，其定義除有廣義、狹義及最狹義之分外，復有實際的刑事政策與學術的刑事政策之分。詳參閱林山田：

犯罪學與刑事政策同以犯罪為其客體，惟犯罪學偏重犯罪理論與犯罪形成相關性的探討，而刑事政策則側重犯罪的抗制與預防政策上的考慮。

從犯罪學與刑事政策的進展歷史觀之，犯罪學與刑事政策的觀點是經常保持密切不可分的關係，由於兩者的密切合作，而在犯罪的抗制與預防上有其豐碩的成果。當然並非所有的刑事政策即等於「正確應用的犯罪學」(richtig angewandte Kriminologie)㉓。另方面，我們也不可單純把犯罪學當作刑事政策的一部分或是刑事政策的輔助科學，因為犯罪學並不只是一門應用科學，不管它的研究結果是否加以應用，均不影響其成為獨立學科的意義，因為從科學的進展史業已證實，只以任何一門學科的實際結果來作為對該學科的評價標準，是件極為短視的事。

總而言之，犯罪學與刑事政策兩者之間的關係是極為密切的，犯罪學的研究提供刑事政策有關犯罪現況的一切基礎資料，以及抗制與預防犯罪的各種可能性，刑事政策若無犯罪學上的基礎，則其內容將成為憑空無據的玄想空論。

三、犯罪學與刑罰學的關係

刑罰學乃就刑事法學、刑事政策學與犯罪學等的觀點，探討刑事刑罰理論與保安處分理論以及刑事刑罰制度與保安處分制度的規範的與經驗的科學。它以犯罪行為的法律效果為研究範疇，探討刑罰與保安處分的理論及各種刑罰手段與保安處分在抗制犯罪與處遇罪犯的成效以及罪犯的處遇等問題。因此，刑罰學不但要運用規範科學的論理方法，而且也要像犯罪學一樣運用經驗科學的實證方法，進行研究㉔。

〈刑事政策之概念及其最新趨勢〉，刊：《刑事法論叢㈠》，1987，344 頁以下。

㉓　參照 Christiansen, aaO. S. 208.

㉔　關於刑罰學的定義、範疇及其方法論，詳參閱林山田：《刑罰學》，1992，2–13 頁。英文的 penology 或德文的 Pönologie，有些學者中譯為「刑罰學」；惟其所論述的內容，則僅述及自由刑。雖然自由刑為刑罰制度中的主要手段，但是它不能代表刑罰制度的全部，所以，研究自由刑的科學，只是我們所稱的刑

　　犯罪學為研究犯罪與犯罪人的經驗科學。犯罪人在接受自由刑或剝奪自由的保安處分❷❺的階段也是犯罪學研究的一個重要領域。因之，有不少學者把刑罰學當作犯罪學的一部分❷❻。這派學者所了解的刑罰學，大多只以自由刑的執行為其研究客體，故嚴格言之，應該是「監獄學」(Gefängniskunde, Strafvollzugswissenschaft)，而非此處所稱的刑罰學。

　　犯罪學與刑罰學所研究的整個領域及研究的重點，雖然各有不同，但是兩者所採的實證的與科際整合的研究方法，卻有相同之處。同時，兩者的研究結果還可互為補充，相輔相成。因此，犯罪學與刑罰學的關係亦是極為密切。

四、犯罪學與犯罪偵查學的關係

　　犯罪偵查學乃借用現代自然科學的方法與儀器，以及應用心理學與犯罪偵訊技術，採用符合刑事訴訟法規定的方法，偵查刑事案件、逮捕並偵訊犯罪嫌疑人、蒐集並鑑識刑事證據❷❼。犯罪偵查學的主要任務當然就在直接地對抗制壓犯罪，它一方面以抑制 (Repressive) 的手段，偵破業已發生的刑案，確定並逮捕嫌疑犯，並依據刑事訴訟法的規定蒐集並鑑識刑案有關的一切必要而合法的證據，以作為審判犯罪人的依據；另方面，則以預防的手段，研究發展一套有效的安全防衛措施，以抗制經常發生的犯罪行為。

　　犯罪偵查學也與犯罪學同樣以犯罪為其客體，其領域有不少交錯之處，

　　罰學的一部分領域而已。

❷❺　稱「剝奪自由的保安處分」(Freiheitsentziechende Massregeln)，包括療護（監護）處分、強制禁戒、強制治療、強制工作、保安監禁等保安處分。詳參閱林山田：《刑罰學》，1992，350 頁以下。

❷❻　參照 Sutherland & Cressey: *Criminology*, 9th ed., 1974, p. 3; Mergen: *Die Wissenschaft vom Verbrechen*, 1961, S. 30 ff.; Wolfgang: Criminology and the Criminologist, in: *Journal of Criminal Law, Criminology and Police Science,* 55, p. 155; Caldwell: *Criminology*, 2nd. ed., 1965, p. 1.

❷❼　參照 Zbinden: *Kriminalistik, Strafuntersuchungskunde*, 1954, S. 9.

有些學者如郭羅斯 (H. Gross) 與賽利西 (E. Seelig) ❷等，認為犯罪學應包括犯罪偵查學。事實上，這種看法並無可行性，因為犯罪偵查學是包括數門自然科學，如物理學、電學、光學、化學與毒物學等的應用科學，犯罪學者不可能在規範科學與經驗科學之外，還有足夠的能力來從事自然科學的研究。

我們假若仔細地觀察犯罪學與犯罪偵查學的研究對象，就可發現兩者對犯罪與犯罪人的關係是完全不同的兩回事。對於嫌疑犯的偵查與逮捕以及犯罪證據的蒐集與鑑識，根本就不屬於犯罪學的領域；犯罪學從事分析犯罪人從一個人演變成為法律秩序的破壞者的過程以及其受刑事審判並執行刑罰後的情況，這些過程自當包括從犯罪前而至服刑期滿出獄重入社會後的一切過程。因此，犯罪學的知識，將有助於刑事偵查與鑑識工作。

第五節　犯罪學的任務

犯罪是一個古老而嚴重的社會問題，它也是社會病態的具體表徵。任何人在任何時或地，均有可能不幸淪為犯罪被害人，重則亡命，輕者破財，故犯罪與整體社會、團體或個人，均息息相關。隨著犯罪量的增加與犯罪質的惡化，任何人都免不了萌生為犯罪所害的恐懼，而造成社會的不安。犯罪除造成人命的傷亡外，其所造成的財物損失至鉅，無法估計。此外，為追訴、審判與處罰與犯罪以及處遇矯治犯罪人，社會尚需花費鉅大的人力與財力。因此，犯罪的發生以及為防制犯罪，均須付出相當高的社會成本。

為建立並維持社會的和平與秩序，減低犯罪所造成的損害，政府、社會、團體與人民必須攜手合作，預防犯罪與抗制犯罪；一方面，從事治本性的預防犯罪工作，以防患犯罪於未然；另方面，從事治標性的抗制犯罪工作，以制裁或制壓犯罪於已然。惟如何制訂反犯罪政策，而能採行標本兼治的防制犯罪措施，則有賴對於犯罪的研究與了解。犯罪學研究犯罪現

---

❷　參照 Seelig u. Bellavic: *Lehrbuch der Kriminologie*, 3. Aufl., 1963.

象與犯罪行為人，探究形成犯罪現象的社會基因，以及造成犯罪有關的一切個人與環境因素，一方面，建立解釋犯罪現象與犯罪成因的犯罪學理論；另方面，則作為制訂犯罪政策的重要依據。

正如同醫學以其研究成果，作為醫生診斷與治療疾病的依據一樣，犯罪學亦想以其研究結果，提供在刑事司法體系上的工作人員，包括警察、檢察官、觀護人、法官、刑事矯治機構的工作人員有關犯罪與犯罪人的專業知識，而能提出修正刑法與刑事訴訟法及刑事矯正法令的建議，並能有效地追訴與審理犯罪，作出符合刑事政策目的追訴與刑罰裁量，且在刑罰執行中，能夠作出符合犯人再社會化目的執行與處遇，以及對於執行刑罰完畢的出獄人，從事一些更生保護輔導的工作，使其再犯率減至最低限度。因此，從事刑事司法工作的所有工作人員在養成教育或在職訓練中，必須將犯罪學列為必修學科，使這些人在經過規範科學的法律與法學的培養與訓練之外，尚具犯罪學應有的概念與犯罪學知識，自然有助於其所從事的抗制與預防犯罪目的的達成。

犯罪學的另一使命是推動刑事實體法、刑事程序法及刑罰與保安處分執行法等的革新，因為法律訂立後，必須時加革新修正，使其能適應於經常在變動的社會，而無窒礙難行之處，或因執行反而發生適得其反的現象。犯罪學由於對犯罪與犯罪人的實證研究，對於此等情事，知之最深，故自當負起推動刑事法改革的責任。少年刑法自成年刑法脫離而自成體系，即是犯罪學推動的一項成果。

此外，「犯罪預測」（見下述第五章）的研究成果，可作為法官量刑的參考及刑罰的執行以及緩刑與假釋等的依據；並對於不同預測結果的犯罪人，做適當而及時的矯正，使其不再成為累犯，而繼續其破壞社會與法律秩序的行為。

最後，由於「被害者學」（見下述第六章）的研究而可提供犯罪預防以及刑事追訴與審判工作上不少寶貴的建議。同時，又從「犯罪黑數」的研究而估計得知未為眾所周知或未受刑事司法機關所追訴與審判的「隱藏的犯罪」，用以修正傳統犯罪學理論的偏差，並進而促成犯罪學理論的進展。

因為傳統的犯罪學理論是犯罪學者以刑事追訴機關與法院的審判案件及其他官方的犯罪統計，以及經刑事司法追訴審判的犯罪人，作為研究資料而得到的研究結果。這種結果由於把屬於上層社會的犯罪與犯罪行為人遺漏掉，所以無法獲得犯罪的事實真相。因之，一直會誤認為大多數的犯罪均集中於下層社會。事實上並不盡然，在上層社會亦有其犯罪，只不過其犯罪形態與下層社會的犯罪，有所不同而已。

第二章　犯罪學方法論

犯罪是一種錯綜複雜的社會現象，它不只是個人問題，而且亦是社會問題，故必須採行科際整合的實證研究法從事犯罪研究，並以此實證研究結果，建立適合於我國文化背景與社會結構的犯罪學理論，提出有效預防與抗制犯罪的對策。惟「工欲善其事，必先利其器」，犯罪學的研究必須具備良好的方法論，才能預期獲得豐碩的研究成果，而不至於徒勞無功，甚至於獲得與事實真相不符的錯誤結果。本章即在於探討犯罪學的研究方法，藉以建立犯罪學的方法論。

犯罪學是社會科學的一支，而且犯罪的形成含有社會與心理的因素。因此，犯罪學的研究方法，大部分採自社會學或心理學的研究方法。

第一節　犯罪實證研究法

第一項　實證研究的意義及其基本態度

壹、實證研究的意義

由於任何一種社會現象或社會事實的形成、擴散或消失，均有其社會基因存在，而且這些眾多的社會基因又有相當錯綜複雜的相互關聯，絕非單純靠著人類大腦的「玄想」(Speculation) 功能，以邏輯思維的推論，即可探索其事實真相，故研究社會現象或社會事實，必須從事實證研究，以實地調查蒐集所得的經驗資料，作為研究的基礎。

社會學的實證研究乃以客觀的基本態度，運用正確而有系統的方法，蒐集、整理、分析經驗資料，而獲取可以重複驗證的知識，用以探索與解釋社會現象。這種研究方法是導自培根 (Francis Bacon, 1561–1626) 的「實

驗論」 (Experimentalism) 與洛克 (John Locke, 1632–1704) 的 「經驗論」 (Empiricism) 及 孔 德 (August Comte, 1798–1857) 的 「實 證 論」 (Positivism)❶，認為科學的研究不可過分依賴「玄想」的功能，亦即是排斥以「玄想」作為認知的主要工具，而主張必須憑藉已存事實的經驗來達成認知的目標。換言之，即是肯定經驗，並把經驗作為求知的基礎，依靠經驗資料及對此等資料的邏輯解析而來探討問題的事實真相❷。

犯罪是一種社會現象或法律事實，這種社會現象或法律事實的形成，具有極其錯綜複雜的社會因素與個人因素。因此，要研究犯罪亦與研究其他社會現象一樣，必須採行實證研究法，就犯罪現象與犯罪人有關的一切事實，從事實地調查，並整理與分析實地調查所得的經驗資料，以探索犯罪問題的事實真相。

貳、實證研究的基本態度

從事犯罪的實證研究者必須具有客觀、崇實、虛心、懷疑及追求真理的科學態度。比較自然科學與社會科學的研究，我們可以發現自然科學的研究者較社會科學的研究者容易保持科學態度，因為社會現象大多涉及具有思想的人類，不但較複雜而且較不穩定，難以將其置於控制條件下，重複實驗或做長期的觀察；同時，社會科學的研究者因自己亦為社會的一分子，故無法將自己置身於其所研究的社會之外，充當一個局外人而從事研究；此外，在自然科學研究中可以忽略的心理因素，在社會科學的研究中可就佔有很重的份量。因此，從事社會的實證研究者，包括從事犯罪的實證研究者，在研究過程中更應時時警惕自己，儘其所能地保持科學態度。

犯罪係侵害個人的私法益或破壞社會與國家公法益，而應處予刑罰的刑事不法行為，任何人在任何時間或任何地點，均有可能成為犯罪的被害人，自古以來，大多數人均對犯罪或犯罪人存有甚多偏見，首先認為對於這些社會敗類只要以刑罰加以制裁即為已足，不必或根本不值得加以研究。

---

❶ 參閱 Störig: *Kleine Weltgeschichte der Philosophie*, 10. Aufl., 1968, S. 238 f. 328 f.

❷ 參照殷海光：《思想與方法》，1971，再版，171 頁。

其後，雖改變此種基本態度，認為對於犯罪與犯罪人仍須加以研究，方能提出有效防制犯罪的對策，但在研究過程中，研究者在潛意識上對於犯罪與犯罪人均會加以否定，而存有為數甚多的偏見，與其他社會現象的研究相較，犯罪的實證研究可謂存在最多偏見的社會研究。因此，從事犯罪實證研究的研究者在研究過程中應儘量消除對於犯罪與犯罪人的偏見，使各類犯罪與犯罪人在整個實證研究中是「價值中立」(wertneutral) 的。研究者必須具有價值中立的研究態度，才能避免其主觀上對於犯罪的「非價判斷」(Unwerturteil)，而在「價值自由」(wertfrei) 的先決條件下，從事研究，其所獲的結論才經得起重複驗證，其所獲的研究成果才能客觀而接近事實真相。對於基礎學術訓練為法律學的研究者，更應特別注意價值判斷中立的問題，因為法律學者往往會由於規範科學對其基本觀念上的影響，在實證研究過程中過分重視刑事法規範與社會規範對於犯罪行為的評價，或參雜規範性的價值判斷，而在犯罪的實證研究中失卻其價值中立的基本態度。

　　研究者在犯罪實證研究過程中應該忠於蒐集所得的經驗資料，決不可無中生有而捏造假資料，或竄改真資料，用以證實假定或推翻假定，或作為支持自己所持理論的論據。在社會科學的領域中少有恆久不變，放諸四海而皆準的定律或理論。因此，研究者依其研究結果而主張或接受某一定律或理論時，均應採幾分保留的態度，並且保持謙虛的態度。一旦發現自己原持的理論或見解係錯誤者，即應及早認錯，而加修正，因為真知的價值是永遠高於個人的虛榮。此外，研究者不可任意剽竊他人的研究結果，若認為他人的研究結果值得引用，則必須注意不可斷章取義或故意曲解他人的見解，而能忠於他人的原意加以引述，一旦引述則必須注明其出處，對於與自己的研究結果不相符合的他人研究亦應一併加以論述，不可故意隱藏或忽略他人與己不同的見解。

　　最後，研究者在研究過程中務必以追求學術真理為其職志，學術真理以外的其他因素，自應盡力加以排除，使其不致輕易影響研究的客觀性與真實性，使學術研究真正成為追求真理的手段，而不致淪於為達政治、經濟、社會目的的工具！當然要實現此一理想亦須有學術自由的客觀條件；

否則，若在極權統治下，學術研究，不只是社會科學的研究，甚至於自然科學的研究也會受到諸多非法的限制，例如在納粹政權下的德國，不但社會研究為之停頓，而且在種族優生的官定教條下，遺傳學與精神醫學也就淪為納粹暴政的工具。

第二項　實證研究程序及研究題目與假定

壹、實證研究程序

犯罪的實證研究必須依據一定的研究程序，這些研究程序是承襲「社會研究」(Social Research) 所採行的研究步驟：

1. 首先確定研究題目、研究範圍及目的。
2. 蒐集與研究題目有關的文獻資料，詳加閱讀並加整理，而後具體地確定研究題目與研究方向。
3. 提出研究計劃及「初步假定」(Working Hypothesis)，選定研究與蒐集資料的技術以及研究客體的選樣標準，以進行抽樣。
4. 從事實地調查，並蒐集經驗資料。
5. 整理、取捨、分析與評估蒐得的資料。
6. 以資料的評估與分析所得，證實初步假定，而提出結論。或對此結論附加條件以限定其適用範圍或加以「一般化」(Verallegemeinerung)，進而建立理論或提出解決問題的建議。
7. 以資料的評估與分析所得，推翻初步假定，或就此結束研究；或修正原假定，再以 4 至 6 的程序進行研究。

由上述的研究程序可知，犯罪的實證研究，首先必須研究犯罪學文獻，並參酌犯罪學理論，才能提出假定，而後以實地調查蒐集而得的經驗資料證實此一假定或推翻此一假定。

貳、實證研究題目的選擇

研究的第一步工作即是選擇研究題目，這是很重要的第一步，因為研

究題目選擇得當，可使研究圓滿進行而得出研究成果。反之，將使研究半途而廢，或是徒勞而無功。通常選擇研究題目時，應考慮下述三點：

一、研究目的

選擇研究題目時，主要的考量點乃是研究目的，研究者從事各種研究，均有其各不相同的目的。一般而論，研究目的計有：追求知識或追求私人目的。今分述如下：

㈠追求知識

研究乃求知的工具，從事研究的最主要目的，自係追求知識，包括追求新知識、證實或修正既有的知識、擴展既有知識的領域等。研究者可能由於求知上的成就，除享受其在學術上的成就感與滿足感之外，尚可獲得個人的社會、經濟、政治等價值。

知識的追求可能為建立基礎理論，亦可能為解決現實問題。一般而論，犯罪學均被認為係一種實用科學，一般人均期待犯罪學的研究結果均能作為抗制犯罪、解決犯罪問題之用。因此，犯罪實證研究的研究目的，大多偏重在現實問題的解決，對於基礎理論性的研究，則不甚重視，政府機關或其他機構對於研究計劃的投資，當然亦以能夠解決犯罪現實問題的研究為優先，這些觀念與作法足以造成犯罪學的落後。事實上，理論性的「純研究」(Pure Research) 往往亦有其實用上的價值，例如昔日犯罪學的研究幾乎完全集中於無業遊民、地痞流氓或販夫走卒等下層社會階層的犯罪行為，對於政府官員、商人、自由業者等上層社會階層的犯罪行為，幾乎全未加注意，其後經美國犯罪學家蘇哲蘭 (E. H. Sutherland) 提出「白領犯罪」(White-Collar Crime)❸ 的概念及其理論性的研究之後，犯罪學的研究始注意此一向為犯罪學所忽視的學術領域，而產生很多實用上的價值。因此，今後在犯罪的實證研究上，不應過於短視而僅偏重於具有實用價值的研究，而應同時著重理論性的基礎研究。

---

❸　關於白領犯罪，詳參閱下述第十七章，第一節。

㈡追求私人目的

　　有些研究者從事研究的目的並非在於追求知識與真理，而係以學術研究作為其追求個人名利的手段，或作為從事政治或社會活動的進身階，或增進其所從事政治或社會活動的權威性等，這些為追求私人目的的研究者大多選擇熱門而易於引起他人注意的研究題目，而不會選擇冷門不易完成，但很有學術價值的研究題目。

　　研究亦可能純粹出於研究者的好奇，其研究目的僅為滿足其個人強烈的好奇心；此外，研究者亦有可能出於逃避現實，而從事於學術研究，然而此兩種現象均屬極少數的例外。

二、研究計劃的人力與財力

　　研究者選擇研究題目時必須量力而為，除考量參與研究者的能力與人數外，尚應考慮研究所需的經費問題，選擇一個遠超過研究計劃的人力與財力的研究題目，自然就注定半途而廢或草草敷衍了事而無研究成果的命運，故選擇研究題目時，對於研究所需的人力與財力，研究者必定要胸有成竹。通常在實證研究中往往係先確定研究題目，提出研究計劃後，始能獲取政府機關（如行政院國家科學委員會）或其他公私機構的資助。因此，選擇研究題目時，就要考慮這些資助機構的資助條件、資助可能性與資助金額，而後才確定研究題目而提出研究計劃。

三、研究資料的取得可能性

　　研究者選擇研究題目時亦應考慮研究所需的研究資料的取得問題，研究者若選擇一些根本欠缺研究資料，或難以取得研究資料的研究題目，其研究自然難以圓滿完成，而無法達到研究目的，故選擇研究題目時若能預估研究資料的普遍缺乏或難以蒐集時，則應即捨棄此等研究題目。

參、假定的提出

　　所謂「假定」(Hypothesis) 乃對於數個現象之間可能成立相關性的一種

臆說❹，用以標示研究範圍而作為研究的工具。有很大部分的假定係從理論演繹出來的新命題，任何有價值的理論均許設立新假定。假定也可以說是理論與研究間必需的連繫，它一經證實，便成為理論的一部分。因此，理論與假定之間的關係顯然是極為密切❺。

假定的來源計有下述四種❻：

1.來自科學所生長的文化傳統及民間的俗念。

2.來自既有的理論，大多數的假定是從已建立的理論而來的。在既有理論中出現偏差事例，亦足以刺激新假定的產生。

3.來自類比推理。

4.來自個人特有的經驗。

由於假定的諸多來源可產生形形色色的假定，但是並非每個假定都是有用而具有研究價值。因此，我們應妥加選擇，而能提出有用的假定。一般言之，有用的假定應具備下述五個條件❼：

1.假定必須有明確的概念，即假定中所用的概念，應該具有清楚的界說。

2.假定應該具有經驗的意義，而非表示道德性的價值判斷，例如：「罪犯並不比商人壞」之類的命題是。

3.假定必須精細明確，籠統而空泛的假定是無從驗證的。

4.假定應該可用既有的方法來加以驗證。

5.假定應該和既有理論體系相關。它最好是來自原有的理論體系，而係對既有理論的支持、修正或否定。

假定的形成，有時由於下述三個原因，而不能成為有用的假定：

1.研究者對理論體系缺乏認識。

---

❹　參照 Mayntz, Holm u. Hübner: *Einführung in die Methoden der empirischen Soziologie*, 3. Aufl., 1971, S. 25.

❺　參照 Goode & Hatt: *Methods in Social Research*, 1952, p. 56.

❻　Ibid., pp. 63–66.

❼　Ibid., pp. 68–71.

2.研究者缺少邏輯訓練，不能就既有理論體系作正當推理。

3.研究者不熟悉適用的研究技術，以致不能適當地構成假定。

第三項　犯罪實證研究的困難

在實證的社會研究過程中，本來就存在為數甚多的障礙，而增加追求經驗知識的困難，但是我們不用抱怨這些障礙的存在，正如同我們不用抱怨地球上有摩擦現象的存在一樣，因為雖然摩擦會耗損不少功能，但是由於摩擦現象的存在，才能使物發生位移。同樣地，因為追求知識有其障礙的存在，所以學術本身才有其價值與追求的興趣❽。

犯罪學的實證研究亦與其他的社會實證研究同樣存在著各種不同的困難，尤其研究具有刑罰後果的犯罪行為以及通常對於犯罪現象與犯罪人的偏見，更使犯罪學的實證研究在先天上具有諸多困難。今分述如下：

一、資料蒐集的困難

在社會研究中，資料的蒐集本來就存有相當的困難，但是犯罪學的實證研究在資料的蒐集工作中，還比其他社會研究顯得更為困難。由於犯罪行為均具有刑罰的法律效果，故不論是犯罪人或與其親戚、朋友、同事、師長等接受研究者的調查或詢問時，由於種種顧慮或疑懼，不願或不敢毫無保留地據實陳述，而提供研究所必要的客觀而真實的資料。為解決這些困難，犯罪的實證研究有時就必須披上其他與犯罪無關的外衣，假借其他名義，例如以休閒活動或教育、健康事項等的調查研究，而進行犯罪研究，以避免被調查者的種種顧慮或疑懼，而得獲取真實而有用的研究資料。

犯罪實證研究中有為數不少的必要資料均在各種司法機關，如警察或檢察機關、法院與監獄當局等之手，這些公務機關對於犯罪的實證研究大多尚停留在存疑的階段，尤其還顧忌研究者的研究可能會暴露其機關存在的黑暗面，而影響機關的聲譽或機關主管職位的去留，故對外來的研究者均採相當保守或不友善的態度，不但未能提供助力，而且藉口公務機密或

---

❽　參照 Simon: *Basic Research Methods in Social Science*, 1972, p. 82.

監獄安全等理由而故加排斥。這些現象在學術研究落後，犯罪實證研究尚在草創階段的國家，可說是普遍存在，不但是進入機關翻閱資料或在監獄中從事實地調查，難如登天，而且機關編印的統計資料亦不易獲得，不但每冊編號列入公務機密，而且印上「本刊專供業務參考，請勿對外轉載引述」❾。在此客觀情狀下，犯罪的實證研究自然就受到相當的限制，本來在實證研究就已落後的現象，就在此種種限制下，更未能有何改善。反觀歐美先進國家，由於學術研究的普遍受到重視，犯罪實證研究業已相當盛行，各級司法機關對於犯罪的實證研究已有相當的了解，對於犯罪研究均能充分合作，而給予研究者必要的協助。因此，國內的各級司法機關應能改變迄今的保守作法，而能對於來自機關外部的研究者儘量給予研究上的協助，在不影響機關業務的情狀下，儘可能提供客觀而確實的研究資料。如此，國內的犯罪實證研究才能逐漸成長，假以相當時日，才能提出符合國內所需的研究成果。

　　國內一方面因為對於統計資料的忽視，另方面則因為沒有專設的中央統計機構，統籌建立各類統計資料❿，故與歐美先進國家相比，較為深入的一般統計資料均相當缺乏。犯罪實證研究中，實地調查犯罪人口所得的資料，往往必須與普通人口（即非犯罪人口）的一般統計資料相比對，始具有研究價值，由於一般統計資料的缺乏，自然無法從事這些必要的比對研究。必要時，研究者雖可自行從事一般統計資料的統計，然而必須花費時間與精力，此當然足以影響實證研究的進行。

　　此外，在犯罪的實證研究中，對於描述性資料的蒐集亦特別感到困難，因為這種資料在蒐集時，在特定範疇的分類上，就顯有困難，而難以定出客觀一致的蒐集標準，例如我們可從被研究人住屋狀況資料的蒐集看出，單單就其住屋中的傢俱及一切屋中物體的組合，並不能勾劃出住屋的特性，

---

❾　例如臺灣高等法院編印的《臺灣司法院統計專輯》或過去的內政部警政署刑事警察局編印的《臺閩刑案統計》等在首頁均印有此字眼。

❿　例如德國設有「聯邦統計局」(Statistisches Bundesamt)，統籌辦理全國統計事宜。

而加以客觀的判定，從二個裝設完全相同的住屋，一個可能被描述為舒適的、寬敞與乾淨而幽雅的住屋狀況，但是另外一個則剛好相反。因此，描述性資料蒐集就要在事先劃定明確的範疇，而有一詳細的蒐集標準。

二、研究者難以保持價值判斷的中立

研究者在研究過程中保持價值判斷的中立而無任何偏見，幾乎是無法完全達到的理想，因為任何研究者在主觀上的價值判斷是無法完全避免的，這些主觀上的價值判斷係受制於個人所持的人生觀與世界觀(Weltanschauung)，而且這些特定價值觀又非個人意識所能支配者，故往往在無意識中，顯出種種偏見。研究者在研究過程中，包括：研究問題的選擇、假定的提出、蒐集經驗資料時，採用工具的選擇、蒐集所得經驗資料的整理、取捨、評估與解釋等等，其本身就滲入研究者主觀的價值判斷，而有價值判斷的負擔。

由於研究者往往從其感興趣的學術領域中選取研究題目，研究者在研究之前對於研究問題可說已有相當程度的概念。因此，研究題目本身即具有情感上的意義，尤其研究者若是熱衷於社會改革運動或獄政改革工作，則其研究的學術性就很受影響，其所從事者就成為人道理念的追求，而非學術真理的探討。研究題目確定後，而著手研究採用研究技術時，同樣，亦存在著研究者的偏見問題。研究者的研究技術當然與其所受的專業訓練有關，且其特別能力與喜好亦會影響其所採的研究技術。其次，當經驗資料蒐集之後，總要作一番整理與取捨的工作，以決定資料的可用性與重要性時，同樣亦會滲入研究者的偏見。最後，對於研究資料的分類、評估與解釋，更是極易滲入研究者的價值判斷，不管是統計資料或個案的內容，總可作成不同方向的解釋⑪。

研究結果不但受到研究者所持的特定價值觀所支配，而且亦受到犯罪學文獻與犯罪學理論等專業知識的影響。個案研究者可能就其研究所得的個案資料，以其所持的犯罪理論而加以分類、評估與解釋，使其研究結果

---

⑪　參照 Mannheim: *Comparative Criminology*, 1966, Vol. 1, p. 76.

能與其所持理論的見解相符，這並非個案研究者故意歪曲事實而變造研究資料，而是在分類、評估與解釋中，對於某部分資料特別加以強調，而對其他部分資料則輕描淡寫地一筆帶過，以此方法，研究者很容易即可以其所得研究資料大力支持其認為正確的理論❷。此外，研究經費的來源、研究單位的性質究為學術教育機構，抑為行政機關的附屬單位等等，亦均足以左右研究者的價值判斷。

綜上所述可知，犯罪的實證研究過程中滲入研究者主觀價值判斷的可能性，比比皆是，為求研究結果的正確性與可採性，自應設法排除實證研究過程中足以威脅研究結果正確性的危險因素；惟迄今在社會科學的研究中並不存在著可以排除研究者的偏見的有效方法。因此，只好面對此一事實，一方面，研究者從事研究時應能充分了解上述的諸多事實，在研究過程中應儘一切可能，力求價值判斷的中立，儘量使研究本身的價值判斷負擔減低至最低限度；另方面，研究者應明示其研究立場及其所採的理論觀點，使其他想要使用其研究結果的人可以得知研究者的價值判斷，而不受其偏見的影響。

第四項　犯罪實證研究技術

迄今在實證的社會研究中，研究者曾採行多種研究技術，用以蒐集經驗資料。在這些研究技術中可用於犯罪實證研究者，計有下述四種。今逐一介紹如下：

壹、觀　察

「觀察」 (Beobachtung, Observation) 乃謂研究者以其既有的學識與理論為基礎，並藉其感官的體驗與觀測之助，而對研究客體的行為與現象所作的選擇與導引及紀錄等的方法程序❸。個體與群體的社會行為與態度經常是與社會狀況連成一體的，這種狀況的形成乃決定於個體主觀上的見解

---

❷　參閱 Madge: *The Tools of Social Science*, 1953, p. 102.

❸　參閱 König: *Beobachtung und Experiment in der Sozialforschung*, 8. Aufl., 1972.

與行為的目的。觀察的標的，常具有主觀的內在意義與客觀的社會意義。因此，研究者使用觀察方法時，尚須對於觀察客體在主觀意義及客觀社會意義的悟解與適當的闡釋；否則，該觀察結果就毫無意義❶。

　　觀察由於研究者的觀察立場與觀察方式的不同，而有各種不同的分類，如無系統的觀察或系統的觀察、自然社會狀態下的觀察或實驗狀態下的觀察、「無結構的觀察」(Unstructured Observation) 或 「有結構的觀察」(Structured Observation)、無控制的觀察或有控制的觀察、參與觀察或不參與觀察等❶。犯罪實證研究中採行的觀察法以參與觀察、不參與觀察為主。今分述如下：

一、參與觀察

　　「參與觀察」(Participant Observation) 又稱「局內觀察」，係指觀察者置身於其所欲觀察的團體或環境中，使其自身成為該團體或環境的一分子，而以「局內人的觀點」(Insider's View)，進行觀察。例如美國學者崔西 (F. M. Thrasher) 加入幫會，用以研究芝加哥 (Chicago) 地區的 1,313 個幫會組織❶。或如美國學者懷特 (W. F. Whyte) 遷入波士頓義大利移民的貧民區居住，並參與該區中的幫會組織，以此參與觀察所得資料研究該區中的幫會組織❶。

　　由於參與觀察的觀察者兼有參與者的角色，而可獲得使用其他研究技術無法蒐得的重要資料；同時，因為觀察者身歷其境而觀察，故其觀察效果亦較其他觀察法具有深度；惟參與觀察亦具有下述的缺點：

---

❶　參照 Mayntz u. a., aaO. S. 87.

❶　關於這些不同類型的觀察法可參閱龍冠海主編：《社會研究法》，1962，109 頁以下。楊國樞等主編：《社會及行為科學研究法》，上冊，1978，再版，135 頁以下。

❶　詳參閱 Thrasher: *The Gang, A Study of 1313 Gangs in Chicago*, abridged and with a new introduction by Short Jr., 1963.

❶　參閱 Whyte: *Street Corner Society*, 1943.

1.犯罪團體或犯罪地區均極具祕密性，其所從事的犯罪活動均不足為外人道，自無容許外人打入其圈子內，從事學術研究。故參與觀察運用在犯罪的實證研究上有其難以克服的困難，即使研究者能夠打入犯罪團體中，亦必須非常謹慎從事，避免暴露身分，在此戰戰兢兢的情狀下，研究自然大受限制。

2.觀察者有時須花甚多的時間與精力盡其「參與者」的角色職責，致無充裕的時間或精力從事研究。

3.觀察者在犯罪組織或犯罪地區所扮演的「參與者」在該組織或地區中地位的高低，足以決定觀察者所能觀察的事物。

二、不參與觀察

不參與觀察為通常所採的觀察法，係指研究者將犯罪或犯罪人充當研究客體，而自局外人的立場，加以觀察研究。

貳、調　查

調查係指以問卷調查法或訪談調查法而從事「田野調查」(Field Survey)，以蒐集資料。接受問卷或訪談調查者可能為犯罪人或犯罪人有關而可獲得研究資料的第三人，亦可能為不犯罪的普通一般人。

一、問卷調查法與訪談調查法

問卷調查法乃以事先設計印製的「問卷」(Questionnaire)，或以郵寄方式交與被調查者，由其填答後寄回（即「郵寄問卷法」，Mailing Questionnaire Method），或當面交與被調查者，而由其填寫問卷後，當場收回，即「當面分發問卷法」(Self-Administred Questionnaire Method)。「訪談調查法」(Interview)則由研究者直接拜訪被調查者，以研究題目為範圍而做面對面的交談，用以獲取被調查者的個人資料及其對於某特定人、事、物的見解。

問卷調查法在經費與時間上均較訪談調查法為經濟，當調查對象分散很廣，而無法直接訪談時，只好使用郵寄問卷法。問卷調查法蒐集的資料

不能太廣，不但無法深入，而且亦無法查證答案的正確性，同時，被調查者必須具備相當的教育程度；否則，如為文盲，自無法填答問卷。又問卷調查法具有較高的匿名性，被調查者不至於難為情而拒卻作答或答非所問。此外，郵寄問卷法中郵寄問卷回覆的比率，乃研究成敗的決定因素。因此，研究者必須儘量設法提高問卷的回覆率，通常若有 35% 左右的回覆就算很不錯的成績❸。當然，問卷的回覆率與問卷的形式、內容以及問卷調查問題的性質等等，均有關係，故問卷表的設計，應特別注意，並可寄信追回 (Follow-up)；否則，只寄出問卷，但少有回覆者，則研究必定會失敗。

　　問卷調查法中有將被調查者集中一處，而當面分發問卷，經被調查者當場填答後收回的「當面分發問卷法」，或稱「集體填答問卷法」。此種問卷法的回覆率比郵寄問卷法大為提高，不但省事，而且迅速，立即可以獲得資料。此外，被調查者若對問卷有不了解之處，亦可立即提出詢問，而可避免錯誤。惟此種集體問卷調查法並不能普遍使用，它只能用之於監獄、少年輔育院、少年觀護所、學校、軍隊、工廠或機關團體等可將被調查者集合一處的團體。

　　訪談調查法因係研究者與被調查者面對面的交談，故對於文盲或低教育水準者，亦可適用，而且有高回覆率，調查的資料範圍，不但可較問卷法為寬，且可深入；惟訪談調查法在費用與時間上，顯較問卷調查法為高，而且因無匿名性，甚多私人資料不易蒐得。此外，若研究對象人數眾多，則必分由數名訪談員 (Interviewer) 分組訪談，由於訪談所得資料每每受到訪談員的性格與態度、訪談技巧與經驗等等的影響，故各組無法在劃一的條件下蒐集資料。訪談調查法亦可以電話行之，即以電話交談，而蒐集資料，既可節省費用，又可節省時間，惟此等交談往往未能深入，而無法獲得詳細資料。

　　對於一些未了解實證研究或不支持實證研究的人而言，訪談調查法係相當擾人的事情，尤其是國人迄今尚未有接受陌生人詢問或輕易與陌生人交談的習慣，故採行訪談調查法時，事先應作妥善的設計，從事訪談調查

---

❸　參照呂亞力：《政治學方法論》，1979，141 頁。

工作的訪談員，應注意各種談話技術與訪談技巧，使被調查者樂於與其交談，並且不會感覺到是在被調查或「被審問」，而是在參加一項有趣而又有意義的學術活動。

　　成功的訪談必須有良好且富訪談經驗的訪談員，而良好的訪談員必須具備友善的外表、和藹可親的舉止、親切的態度。通常經過一陣友誼的寒暄後，即能迅速設法驅除被調查者對其來訪談話的疑慮與顧忌，而能打開話匣，暢所欲言。訪談時不可流於呆板機械或過於公式化，措辭、語文、提出問題的方式以及各個問題提出的次序，均要能夠恰到好處，而使被調查者不致有厭煩之感。整個訪談過程中要力求自然和諧，好似朋友間的普通交談，而非如檢察官或警察對於刑事被告一問一答式的訊問。

二、問卷表與訪談表

　　以問卷或訪談調查法從事研究，必先設計「問卷表」(Questionnaire) 或「訪談表」(Interview Schedule)，方能順利進行調查，此等表格設計的好壞，乃調查成功與否的關鍵，故研究者必須細心設計。

　　問卷表與訪談表的功能乃使調查過程標準化與系統化，並以記錄調查所得的資料，其內容當然係以研究題目為範圍。研究者首先就研究題目所需的各種資料提出各種調查問題，每一調查問題必須與研究題目具有邏輯關係，而且各個調查問題連在一起時，必須能夠自成一體，而構成一個足以蒐集研究題目所需資料的問題網。由於調查問題排列的順序足以影響答案內容。因此，宜依據下述原則，而決定各個調查問題的前後排列順序⓳：
㈠開頭的問題要能引起或抓著被調查者的興趣與注意，而不致引起反感。
㈡問題要由簡而繁。
㈢須要費力思考的問題不可出現太早，但亦不可太遲。
㈣不可突然或過早提出涉及私人的問題。

　　問卷表或訪談表上提出的調查問題或問題所使用的概念必須簡單明瞭，問題所用語文或用詞應力求淺顯易懂，模稜兩可、詞意模糊不清或太

⓳　參照 Goode & P. K. Hatt, op. cit., p. 136.

過專門性的詞句，應儘量避免使用。由於問卷表係被調查者在無人協助下自行填答的調查表，故在設計上應力求簡單而易於填答。至於訪談表係供訪談員訪談紀錄之用，其設計上應考慮到訪談員使用上的方便，為使各個訪談員有共同一致的使用標準，訪談表最好附有「訪談指南」 (Interview Guide)，而使各個訪談員使用同一的概念與定義，以從事訪談。

無論為問卷表或訪談表，均不可過於冗長，而應能恰到好處，只要能夠達到蒐集研究所需的必要資料的目的，即為已足。通常一次訪談以不超過三十分鐘為原則 ❷，故訪談表自以三十分鐘內能夠交談完畢的問題為度。至於交由被調查者填答的問卷表自以愈短愈好，太過冗長而需時甚久不能填答完畢的問卷表，常使接受調查者望之卻步，而少有回覆的可能。

問卷表的開端應有一段指導語，說明問卷調查的目的，問卷係由何機構的調查研究、樣本抽選方法及被調查者的個人資料來源、問卷表填覆對於研究的重要性、調查資料的匿名性等等，使被調查者了解研究者所進行的問卷調查，以取得其充分合作而能填覆。因此，郵寄問卷調查法的問卷表必須附有這些說明函；否則，問卷的回覆率會大受影響。至於當面分發問卷法及訪談調查法，則可當面加以口頭說明，故其問卷表及訪談表的說明函即可省略。

訪談表可分為「結構性的表格」(Structured Schedule) 與「無結構性的表格」(Non-Structured Schedule) 兩類。前者係指結構清楚，調查問題業已規格化的訪談表，訪談員與被調查者交談時，即依此規格化的表格，逐一交談，而不問及表格外的問題。後者並非完全沒有結構的訪談表，只是結構較為鬆弛，而無規格化的預定問答，實質上可謂訪談員的引導表格，用以指導訪談員進行訪談，導引訪談員在一定範圍內提出問題，並由受調查者自由回答，此種訪談表通常用於「深度訪談」(Depth Interview) 或被調查者人數較少而不必標準化的訪談調查。

訪談表可採用「閉鎖式問題」(Closed-Form Question)，亦可採用「開放式問題」(Open Question)。前者係指訪談表除提出的調查問題外，同時

---

❷　Ibid., p. 134.

亦列出各種可能的答案，而由訪談員就被調查者的答話在相當的答案上作記號，即可記錄訪談內容。後者則指訪談表僅列出調查問題，而無附列答案，被調查者所敘述的見解或答話則由訪談員逐字記錄或摘要記錄。「探索研究」(Exploratory Study)、「個案研究」(Case Study)、「深入研究」(Intensive Study)，常採開放式問題。問卷表則全採閉鎖式問題，而少有例外者。閉鎖式問題所預編的答案，必須儘可能詳細而無遺漏❷，且各答案間必須相互採除，而不可相互包括；否則，即難以蒐得正確資料。

　　研究者往往無法一下子就能對於研究題目所需的資料，提出一連串具有邏輯關係，而且又能連成一體的調查問題，印製成為問卷表或訪談表。在此情況下，可先進行探索性的調查，即提出臨時性的問卷表或訪談表，試行對於一小組人的調查研究，而以調查所得修正臨時性表格的錯誤，或增訂臨時性表格中所提出的調查問題與其預編答案，經過此等修正或增訂手續，始使表格定稿，而開始調查工作。

三、選　樣

　　社會研究的調查可分為普查法 (Census) 與選樣法 (Sampling)。前者係對調查對象全部逐一加以調查，而無一遺漏者；後者則就調查對象中選取一部分加以調查，而以此部分調查所得資料，代表全部調查資料。調查對象全體，稱之為「母體」(Population) 或「群體」(Universe)，而經選取代表群體而受調查者，即為「樣本」(Sample)，選樣法即指選取調查樣本的方法。普查法大多用於大規模的基本調查，如人口普查或工商普查；惟因耗費的時間與金錢均極龐大，而且所用的調查員多係臨時雇用，素質不齊，調查所持的標準，亦難以劃一，調查時難免發生偏差，而影響調查所得資料的正確性，故其效果有時反較小規模的選樣法為差。

---

❷　例如對少年輔育院的學生進行訪談調查的問題：「你對院中的管教措施是否感到滿意？」僅列：「滿意」、「不滿意」兩項，則此預編的答案即不夠詳盡，對於部分管教措施滿意，但對另一部分管教措施則不滿意者，則無適當的答案可選。

　　犯罪實證研究的調查對象主要有三類人，即：㈠犯罪人。㈡與犯罪人有關之第三人（包括犯罪人的親屬、師長、同學、同事、朋友、鄰居）。㈢不犯罪的普通人口，包括比較研究（見下述第六項之參）中作為研究的控制組，或者調查一般民眾對於犯罪或犯罪人的了解與意見。對於犯罪人因有各種研究對象的條件限制，故往往無須使用選樣法，因為研究對象的條件限制愈多，自然就使可資調查的犯罪人的數目大為降低而無須再行選樣，即可進行調查❷，當然，如無研究對象的條件限制，因可資調查的犯罪人數目過多，則仍須使用選樣法，抽選調查的樣本。至與犯罪人有關的第三人，則因決定於犯罪人，故無須另行選樣以進行調查。至於對一般民眾的調查，則必須使用選樣法以抽選調查樣本，若為比較研究的控制組，則抽選樣本的基本條件，如年齡、性別、出身的社會背景等等，應與犯罪人組者相同。

　　樣本乃群體（或母體）的一部分，它必須具有一般性與代表性。前者係指樣本必須是群體中一個極其普通的一份子或事例，而非一個特殊份子或事例；後者則指樣本必須具有群體的特徵而有如群體的縮影，對其調查研究的結果可以擴而大之，即如同對於群體的調查研究。樣本的抽選是否能具一般性與代表性，乃選樣調查成功與否的關鍵，故樣本的抽選不可不慎重。為求調查所得資料的準確度 (Precision) 與可信度 (Confidence)，抽選的樣本不可太少，亦不可太多，因為樣本太少，則不足以表現出群體的特徵，及反映出群體中各個層次的代表性。相反地，樣本太多，則不但費時而且不經濟。因此，研究抽選樣本之數額，應就研究題目、研究目的、研究所求的準確度與可信度、研究經費、研究人力與研究者的時間、群體內個體的相似程度等等，加以全盤考量，而作決定。

---

❷　例如由於下述六種限制，可資調查的犯罪人即相當有限：
地區限制　臺北監獄監禁的受刑人。
時間限制　1988 年 7 月至 1989 年 7 月止在臺北監獄執行受刑人。
性別限制　男性受刑人。
年齡限制　20 歲至 30 歲的受刑人。
罪行限制　因犯財產罪而判刑的受刑人。
累犯限制　有二次財產罪的前科紀錄的受刑人。

社會研究的選樣法計有：「簡單隨機選樣法」、「系統選樣法」、「分層選樣法」(Stratified Sampling)、「集體選樣法」(Group Sampling) 或「類聚選樣法」(Cluster Sampling)、「地域選樣法」等❷。犯罪實證研究中通常僅採簡單隨機選樣法或系統選樣法。今分述如下：

㈠簡單隨機選樣法

由於各個樣本在群體中被抽選的或然率，在理論上是相等的，「簡單隨機選樣法」(Simple Random Sampling) 即依據此等或然率的假定而提出之最簡單而基本的選樣法，係指研究者在群體中隨機抽選樣本。所謂「隨機」並非任意要抽選那個樣本就取出那一個，而係任其自然出現，不作任何人為的安排，亦不受任何人或事物的影響。採行簡單隨機選樣法要先將群體中的所有個體逐一加以編號，並將每一號碼書寫於卡片或小球上，然後將卡片或小球放入箱中加以翻動，而洗亂其順序，其後再抽出卡片或小球，直抽至足夠的樣本數，抽出卡片或小球號碼的個體，即為樣本。

㈡系統選樣法

「系統選樣法」(Systematic Sampling) 乃依據一定的「選樣距離」(Sampling Interval)，而自群體中抽取個體作為樣本，因係每隔相等的若干個體，抽選一個為樣本，故又可稱為「等距選樣法」(Interval Sampling)。採用本法選樣時應先求出選樣距離。設群體總數為 u，應選樣本數為 s，則選樣距離 I=u/s。選樣距離求出後，即應依簡單隨機選樣法決定抽選的起點，隨後即依選樣距離依次抽選❷。

參、實　驗

實驗乃運用自然科學實驗的邏輯演變而出的一種社會研究法，係將一

---

❷　關於此各類的選樣法，詳參閱龍冠海主編，前揭書，70-84 頁；楊國樞等主編，前揭書，上冊，75-84 頁。

❷　例如符合研究對象的條件限制的犯罪人計有 12,000 人，今決定選取 300 名樣本，則選樣距離為 12,000/300=40。今以簡單隨機選樣法而抽出第一位樣本為 5 號，則樣本依次為 85, 125, 165, 205……。

個用以說明「因果關係的假定」(Kausal Hypothese)，置於可藉物理性、符號性、或思想性的操縱 (Manipulation) 的兩個「相對比的情狀」(Kontrastierende Situationen)，加以觀察而加檢驗的研究方法❷❺。

　　實驗在社會研究中有各種不同的設計類型，典型的實驗設計通常係將研究對象分為「實驗組」(Experimental Group) 與「控制組」(Control Group)❷❻，其後使實驗組接受「自變數」(Independent Variable) 的作用，而使控制組不受獨立變因的作用；或是使兩組受不同程度的獨立變因的作用，經過相當時期之後，再測量此兩組所含的共同的「依變數」(Dependent Variable)，用以比較獨立變因對兩組所生的影響；同時，並可測量「外來變數」(Extraneous Variable) 對兩組可能產生的影響。實驗中最簡單的設計類型即只運用一個實驗組，並先測量此組在獨立變數作用前的依賴變數，而後引進獨立變數，經過作用一段時期後，再測量其依賴變數，而與獨立變數作用前所測得的依賴變數相比較，藉以推論獨立變數對於實驗組的影響❷❼。

肆、測驗法

　　測驗法乃運用各種心理學的測驗表格以測定被研究者的智商、性向、興趣等人格特徵的方法。測驗有投射法者，乃使用「投射測驗」(Projective Test)，而探索個人在疏於防衛下所流露出的「自我」(Ego) 的重要資料及其整個人格特徵❷❽。通常在犯罪實證研究中對於被研究者採用的投射測驗計有：羅夏賀 (Rorschach) 墨漬測驗、主題統覺測驗 (Thematic Apperception Test, 簡稱 TAT)、逆境對話測驗 (Picture Frustration Test, 簡稱 PFT) 等❷❾。

---

❷❺　參照 König (Hrsg.): *Soziologie, Das Fischer Lexikon*, 1967, S. 212.

❷❻　兩組的年齡、性別、社會背景、教育程度等基本條件，應力求彼此相當。

❷❼　此外，尚有「迴溯設計」(Ex-post Facto Design)、「橫剖（斷）設計」(Cross-Sectional Design) 等，詳參閱龍冠海主編，前揭書，311 頁以下。

❷❽　參照龍冠海主編，前揭書，163 頁。

❷❾　關於此三種投射測驗法，詳參閱 Stern (Hrsg.): *Die Test in der Klinischen*

運用測驗法必須委由具有心理學的專業知識，且對心理測驗與人格診斷具有豐富經驗的心理學者，方能取得客觀可信的測驗成果。測驗法在智商與性格上的測定，亦有其極限，因為心理上的狀態，假如不是以語言或行動表諸於外，是無法加以測定的，所以，整個測驗只是以間接的方法，來獲取被測驗人在性格上的形象，而後依此形象而對被測驗者的智力、性格、態度、能力等作出結論。一般而論，各種測驗並無法對於被測驗者的人格作絕對性的結論，它只能說被測驗者在被測定的資料中與同一測定資料的其他被測驗者的比較而顯示出的人格❸。

在犯罪的實證研究中所做的測驗應該注意測驗經常所顯示的是「測驗時人格」(Testzeit-Persönlichkeit)，這種人格不一定與犯罪人的「平均人格」(Durchschnittliche　Persönlichkeit) 或者「行為時人格」(Tatzeit-Persönlichkeit) 相吻合一致，因為接定測驗的時候，犯罪人的犯罪行為早已時過境遷，其生活狀況當然不同於行為當時。因此，所有在犯罪後的經歷、恐懼、困難、希望、所陳述的謊話及其內心的想法，以及外界環境的刺激，都會滲入「測驗時人格」❸。

第五項　經驗資料的蒐集範圍

研究者著手蒐集資料前必須對於整個研究有深刻與全盤性的了解，如此，方能把握正確的蒐集方向，而可收事半功倍之效；否則，在蒐集過程中，往往會誤認毫無重要性的資料為重要資料，或雖然認識資料的重要性，但是蒐集不夠深入或完整，致無研究價值，或者對研究極具重要性的資料，竟誤認係無關緊要的資料，而忽略不加蒐集等。當然，對於這些現象自應盡力排除，但是由於資料種類繁多，在很多情況下，上述的弊端，並非研

Psychologie,　Bd.　II,　1955,　S.　585;　Hiltmann:　*Kompendium der Psychodiagnostischen Test*, 1960, S. 187. 黃堅厚：〈投射技術〉，刊：楊國樞等主編，前揭書，下冊，628 頁以下。

❸　參照 Göppinger, aaO. S. 123 f.
❸　參照 Göppinger, aaO. S. 124 f.

究者所能完全排除者，故應能妥善運用錯誤的經驗，以修正蒐集方向。為使資料蒐集工作能夠圓滿達成研究目的，對於特別複雜問題的研究，往往在進行蒐集資料之前，先作一些探測性的研究，用以事先預定蒐集方向及應行蒐集資料的範圍和程度。犯罪學的實證研究多半以犯罪人在其社會環境為其研究客體，這些研究的經驗資料可從下述三方面加以蒐集：

一、文書卷宗

警察局的偵訊筆錄、少年警察隊或少年觀護所的紀錄、檢察署的偵查卷宗、法院的審判卷宗、少年輔育院、監獄或檢察署的執行紀錄等文書卷宗，可提供關於犯罪人的研究資料。對於這些文書卷宗，應先有一番分析工作，而後始可蒐得有用資料。此外，尚有其他文字記載的資料，例如學校、訓練班或機關、部隊、服務機關等的紀錄，亦經常提供甚有價值的資料；惟對其真實性應加以適度的懷疑，必要時還可以訪談調查法（見前述第四項、貳之一）加以查證。

卷宗資料的蒐集範圍應該按照研究計劃的內容或者在個案上的需要而作決定。原則上，在研究犯人與其社會環境的犯罪學實證研究中，對於卷宗資料蒐集的重要性絕不能低估，因為這些卷宗是從各種不同的工作範圍，經由各種不同的工作人員彼此獨立而作成者。因此，可以提供周詳而合乎事實的資料。惟另一方面我們也不應對卷宗資料的蒐集過分高估，而在研究過程中完全以卷宗資料為依據，此亦為錯誤的作法，因為有時在法院的審判卷宗上所確認的事實也可能是錯誤的，所以任何情形下，研究者須要有足夠的蒐集經驗以研判資料的真假，而能合乎研究目的地從事資料的蒐集。

二、調查或測驗犯罪人本身所得資料

使用前（第四項）所述的研究技術，特別是問卷調查與訪談調查以及各種測驗法，而調查研究犯罪人本身的各種資料，並測驗犯罪人的智商與人格。此等觀察、調查與測驗所得資料可與文書卷宗分析所得資料相對照，

而相互校正錯誤。

三、調查分析犯罪人的社會環境所得資料

使用前（第四項）述的研究技術而調查分析犯罪人的家庭環境及其所處的社會環境，包括觀察與調查犯罪人的住家情形❸、家庭氣氛、工作環境及其休閒活動或其參與的社團活動，訪問調查其親戚、朋友、鄰居、社團的其他成員、學校老師、工作場所的上司或同事等等。凡此種種所得資料亦可與文書卷宗所載資料以及調查或測驗犯罪人所得的資料，互為印證，以校正錯誤。

第六項　犯罪實證研究方式

犯罪實證研究採行的研究方式計有：個案研究、犯罪統計研究、比較研究、追蹤研究等四種。通常有採一種研究方式而從事研究，亦有同時並採數種研究方式而進行研究。

壹、個案研究

「個案研究」(Case Study, Einzelfalluntersuchung) 是對於某一特定人本身及其行為的具體資料的研究。換言之，即以罪犯個人為研究單元，而研究其一切與研究主題有關的個人資料。個案研究可能只是對某一特定人的個案，但通常係對某一組人的多數個案研究。個案研究雖為獲得個人原始資料的必要工具，但個案研究亦常被濫用，研究者往往選出一個用以說明其見解或論說的特例，充當個案，而非選出具有代表性的個案。著名的個案研究如美國犯罪學家蕭氏 (C. R. Shaw) 對不良青少年生活史的研究❸。

一般言之，犯罪學的實證研究過程中，假定的提出與驗證均缺少不了個案研究。對於犯罪人及其社會環境的實證研究，假若沒有個案研究為基礎，則不但不可能作出具有學術價值的論斷，而且還往往會導致研究的錯

---

❸　對於犯罪人的住家情形的觀察或調查除文字描述外，可以拍攝照片作補充。

❸　參閱 Shaw: *Jack-Roller, A Delinquent Boy's Own Story*, 1966.

誤。

　　當然，從事個案研究要花費甚多的人力與物力，尤其是個案研究所得的資料為求儘可能地詳細與具有客觀性，則必須從事大量的個案研究，而需要更多的時間與財力。雖然如此，但卻是犯罪學的實證研究不可或缺的一種研究方式。

　　個案研究所得資料的判斷，往往會導致研究結果的過早一般化，這是個案研究可能發生的危險，因為研究者本身很難判斷其所研究的個案是否是所有案件中的典型者，這裡所謂的「典型」是指所研究的個案，應該是在全體案件中具有一般性或代表性者，而不是特別的或是異常的案件❸❹。

　　罪犯的自傳亦是個案研究中很有價值的一部分，但是這種供研究之用的自傳，在罪犯寫作之前應能事先對罪犯提示學術研究客觀性的重要，因為一般自傳的寫作人均有強烈的主觀性，有的自傳寫作人甚至於具有誇張或自我炫耀的傾向，故研究者應促請自傳寫作人平鋪直敘式的描述，最重要的應是自傳內容的真實性，而不是文章的華麗或情節的動人。

貳、犯罪統計研究

　　最早使用統計的方法而研究犯罪的學者當推比利時的統計家魁特烈(Adolphe Quetelet, 1796–1874)，他研究比利時與法國的統計資料，而發現犯罪與結婚、離婚、出生、死亡、自殺等其他社會現象一樣，並非只是一種個人現象，而係一種「群體現象」(Mass Phenomenon)，故可經由犯罪統計的群體研究，而發現犯罪現象的規則性，甚至於可推演得出社會規則(Social Laws)。經其研究結論而認為，犯罪的方式與數量在同一國家中，經常保持相當地穩定❸❺。因此，研究各種犯罪統計，亦為犯罪實證研究的一種研究方式。

　　犯罪統計的研究乃對於警察機關所公布的犯罪統計及各級檢察署或法院的司法審判統計，從事整理分類與統計分析等的研究。這些研究只能對

❸❹　參照 Exner: *Kriminologie*, 3. Aufl., 1949, S. 11.

❸❺　參照 Mannheim, op. cit., Vol. 1, pp. 96–97.

於經過司法機關追訴與審判的刑事案件做一般性的數量與演變趨向的研究，例如犯罪的種類、數目，犯罪人的年齡、性別、職業、婚姻狀態或累犯比率等一般資料的研究。

犯罪統計的研究是不可能對於犯罪事實做因果關係的解釋，而提出具有拘束性的論斷。對於統計上的一致性與依靠性，並不即是因果關係的證據。例如：犯罪統計確定甲因素與乙因素具有相關性，這並非必然意味著甲因素與乙因素具有原因上的關係，甲與乙因素的關係可能甲是因，乙是果，但也可能甲是果，乙是因，或者也可能甲與乙的相關性是由另外一個未知因素丙所造成的。因此，我們可知，統計的結果從未意味著因果關係的知識，而是需要對此統計的結果加以比較與分析解釋而導致某一種假定，並經由進一步的過程，對此假定的正確性加以證實或否定之後，才能提供因果關係的知識❸❻。

對於犯罪統計的比較與分析有兩種不同的方法，一為靜態的，另一為動態的。這兩種並不就是方法論上的研究方法，嚴格說起來只不過是「觀察方式」(Betrachtungsweisen) 而已❸❼。靜態的觀察方式就是對犯罪統計資料做靜態的觀察，而比較同一資料在同一時間內的狀態，好像在同一年代的犯罪統計中，確定某一特定罪行中，男性犯與女性犯的比率、各個年齡階層的分布情況，以及這一罪行的犯人的比率等。

動態的觀察方式是觀察犯罪在一定期間內的昇降，而比較各個不同年代的犯罪統計資料，當然這種比較一定要使用犯罪統計的相對值，而不能以犯罪的絕對數來進行比較。所謂「相對值」係計算在 1 萬或 10 萬普通人口中的犯罪率，或者是男性與女性人口，或是一定人口階層在一萬或十萬人中的犯罪率。在某種限度內是允許以動態觀察所獲得的「犯罪曲線」與其他在同一時間內的社會現象做比較研究；此種比較應該注意不要有太早作結論的作法。明顯地就可看出來的二條平行演變的犯罪曲線，假如沒有進一步的分析，則不能做太多的結論，因為在某種特別情形下，兩條曲線

---

❸❻　參照 Mergen: *Die Kriminologie*, S. 99, 1967.

❸❼　參照 Exner, aaO. S. 14 f.; Göppinger, aaO. S. 77 f.

可能根本沒有相互的依賴性或者沒有因果關係存在。這兩條犯罪曲線的平行，有時可能就是出於偶然性的結果，或者是由於第三因子的影響結果。

不管是在警察犯罪統計或者是司法追訴或審判統計上，由於數罪併罰、牽連犯、想像競合犯與連續犯在犯罪統計上處理方式的不同，而足以影響犯罪統計所表示的犯罪事實狀態。

犯罪統計並不能萬無一失地顯示出犯罪現象圖，因為不是所有發生的犯罪，均為人所知悉；不是所有為人所知的犯罪，都會被檢舉告發；不是所有告發的案件，警察機關都能偵破；亦不是所有警察機關偵破的案件，檢察機關都會起訴；也不是業已起訴的案件，都會有經法院判刑入獄的結果。因此，存在著「犯罪黑數」的問題，所以，出現在犯罪統計上的犯罪數目，只是所有真實犯罪數目的一部分而已。犯罪統計既然表示出一個不完整的或者只是整體犯罪的一個部分現象，則我們不禁會想到：犯罪統計是否具有代表性而足以說明犯罪的真實狀態。經過多次的研究，大多數的研究者認為犯罪黑數或多或少都是一個不變而相當穩定的數值，依據「不變關係定律」，則此部分性的犯罪統計仍足以說明犯罪的真實狀態。

參、比較研究

「比較研究」(Vergleichsuntersuchung) 又稱為「控制組研究」(Control Group Study)，在醫學與社會學的研究中，很早就運用控制組從事研究，醫學對於人體的病態研究，必須與人體的常態相比較。同理，社會學對於社會偏差行為的研究，亦必須與社會的規則行為相比較，才能得知有哪些偏差以及如何偏差法，而可預期獲得豐碩的研究成果。假如犯罪學者對於不犯罪的一般正常國民毫無所知的話，如何能找到犯罪人到底有哪些個人或社會因素與「眾」不同。因此，犯罪的實驗研究除研究組外，必須設立控制組，以相同的選樣標準，從事研究組與控制組的抽樣，而作兩組的比較研究；否則，僅對犯罪人的研究，而無控制組的比較，則研究所得的價值，就相當有限。犯罪學家龍布羅梭 (Cesare Lombroso) 所提出的「生來犯罪人論」(Theory of the Born Criminal) 最受到批判的一個理由，即是欠缺控制組

的比較研究❸。

　　比較研究也可以說是對於「研究組」與「控制組」兩組的研究對象所做的大規模的個案研究，而以這兩組被研究者的個案研究所得出的結果，來從事比較分析。為使這兩組人的比較研究具有共同的客觀比較基礎，對於這兩組人的個案研究項目與採行的研究方法必須一致，以免失卻比較的基礎。

　　在比較研究中，研究組的資料有時也可以跟全國或地方的一般統計資料做比較，而可得出犯罪人與一般國民的不同之處。例如研究組的教育水準資料與一般國民的教育統計資料的比較，亦可得知具有研究價值的成果。

　　比較研究的控制組大多以不犯罪的普通人為研究對象，惟亦可以二組不同犯罪類型的犯罪人，從事比較研究❹。以不犯罪的一般人為控制組的比較研究中，往往在抽樣工作或從事個案研究或蒐集資料中，出現下述三點的困難：

　　1.在犯罪人的研究組中，可供抽樣的群體資料相當豐富，而且樣本又集中在監獄、少年輔育院或少年觀護所中，加以觀察、調查或做測驗，均較方便。相反地，不犯罪的控制組在抽樣上往往就困難重重，等樣本抽選後，可能還有不少拒絕作為研究客體，研究想要獲得的資料，例如家庭環境、收入、婚姻關係等均屬私事，極易遭到回絕而不作答。

　　2.研究組因有犯罪前科，而在不少行政或司法機關均留下紀錄，可作為研究資料。相反地，控制組因係不犯罪的普通一般人民，平常即少與政府機關發生關係，故在政府機關中不是根本沒有紀錄，就是紀錄不詳盡，而欠缺可資研究的資料。

　　3.由於犯罪黑數的存在，可知所謂不犯罪的一般國民中是存在相當高比例的「實質的犯罪人」，只是因未受到刑法的追訴與制裁，而在形式上有如不犯罪人。控制組的選樣應能設法排除此等「形式的不犯罪人」，而儘可能使控制組成為真正不犯罪的樣本。

---

❸　參照 Mannheim, op. cit., Vol. 1, p. 130.

❹　例如以竊盜累犯為研究組，而以強盜累犯或殺人犯為控制組，從事比較研究。

　　比較研究法固然因有控制組的比較分析，故能獲得較為客觀而具犯罪學重要性的研究成果，可是因為控制組的抽樣與個人資料蒐集上有上述三個難以突破的困難，而使比較研究法具有其本質上的短處。為改進比較研究法的短處，在犯罪研究方法上似可抽樣 500 名或 1,000 名小學生或國中生，而做長期的觀察與研究，在五年或十年後，把這群被研究人中有犯罪的，組成研究組，而以未犯罪的被研究人組成控制組，以從事比較研究，而能就研究組的人格、出身家庭、成長資料，比較分析得出其與控制組不同之處。這樣的研究法，似有結合個案研究與追蹤研究（見下述肆），而後從事比較研究，故在研究成果上，固然可以預期較一般的比較研究法為佳；惟這樣的研究法必須持續進行五年或十年，甚至於更長的時間，所費的人力與財力，相當驚人，實非私人的犯罪研究所能負擔，故除非由政府編列長期的預算；否則，只是一個理想而無可行性的研究方式。

　　歐美各國所從事的大型比較研究，例有：

㈠葛魯克夫婦少年犯比較研究

　　美國犯罪學家葛魯克夫婦 (Sheldon & Eleonor Glueck) 自美國麻州州立矯正學校 (State Correctional School in Massachusetts) 抽選 500 名犯罪少年，而與自波士頓公立小學 (Public School in Boston) 抽選 500 名不犯罪的正常少年，從事比較研究。控制組所抽選的正常少年均須與研究組的犯罪少年的年齡、性別、家庭環境等因素相當，故控制組在選樣上頗費周章，在一個 315 名學生的學校，才抽選 52 名符合選樣標準的樣本。這一研究分由社會工作者、心理學者、人類學者與精神科醫生研究這兩組人究有何區別，研究進行先後有十年之久，而於 1951 年提出研究報告❹。

㈡劍橋沙莫維爾少年研究

　　劍橋沙莫維爾少年研究 (The Cambridge Somerville Youth Study) 開始於 1934 年，由美國犯罪學者客博 (R. C. Cabot) 主持研究兩組各有 325 名少年，研究計畫有來自不同學科的研究者共有 484 人之多，在客博故世後，繼續由泡爾斯 (E. Powers) 主持研究，直至 1945 年始結束研究，而於 1951

---

❹　參閱 Glueck: *Unraveling Juvenile Delinquency*, 3rd. Edition, 1957.

年提出研究報告 ❹。

㈢杜賓根青年犯比較研究

　　比較研究在西德最具規模者當推 「杜賓根青年犯比較研究」 (Die Tübinger Jungtäter-Vergleichsuntersuchung)。這一研究係由西德杜賓根大學犯罪學研究所 (Institut für Kriminologie der Universität Tübingen) 所長葛品格 (H. Göppinger) 自 1963 年開始主持下的一群由法學者、精神科醫生、心理學者、社工人員等研究者組成的科際整合的研究工作組 (見下述第二節、第一項) 所從事的長期的比較研究。研究對象係自巴登‧余天貝邦 (Land Baden-Württemberg) 設在洛天堡 (Rottenburg) 的邦監獄 (Landesgefängnis) 中，就刑期為六月以上自由刑而家居在黑欣根 (Hechingen)、洛特外 (Rottweil)、杜賓根 (Tübingen)、史圖加特 (Stuttgart) 等四地方法院轄區內判決確定送監執行的男性受刑人，以簡單隨機抽樣法，抽選 200 名的 20 歲至 30 歲的青年犯 (Jungtäter) 作為研究組。同時，在上述四地方法院轄區中的 24 萬名 20 歲至 30 歲居民中，經由雙重的簡單隨機選樣法，抽選 200 名居民作為「比較組」(Vergleichgruppe)，而從事比較研究。

　　杜賓根比較研究的比較組並非特別挑出不犯罪的人，以便與犯罪人做比較研究。因為在整體人口中，總有一定比率的犯罪人，所以在比較組的隨機選樣並不刻意去除這一定比率的犯罪人，以使比較組能與整體人口顯現相當的情狀，故比較組中有 23.5% 的被研究人在研究時已有前科紀錄。

　　杜賓根青年犯比較研究的研究成果間或運用出現於研究計畫主持人葛品格所著的犯罪學教科書 ❹，並於 1983 年出版一本較為完整的研究成果報告書 ❹。此外，並有運用這一研究成果而作「犯罪學的診斷」(Kriminologisch

---

❹　Powers & Witmer: *The Cambridge-Somerville-Youth Study: An Experiment in the Prevention of Delinquency*, Columbia University Press, 1951.

❹　Göppinger, aaO. S. 168, 310 ff.

❹　Göppinger: *Die Täter in Seinen Sozialen Bezügen, Ergebnis aus der Tübinger Jungtäter-Vergleichsuntersuchung*, Berlin, 1983. 英譯本於 1987 年出版，即： *Life Style and Criminality, Basic Research and Its Application: Criminological*

Diagnose) 以及犯罪預測，而有「應用犯罪學」(Angewandte Kriminologie)
的提出❹。

肆、追蹤研究

　　「追蹤研究」(Follow Up Study) 係起源於刑罰學對於在監獄執行刑罰
成果的追蹤調查。易言之，即調查受刑人釋放後的再犯率及其再犯的因素
等。追蹤研究乃研究一群犯罪人的某一段生平經歷，係一種動態而非靜態
的研究，這種研究若係密集地研究某一犯罪人的生平經歷，此即為「個案
歷史研究」(Case History Study)。由於必須追蹤調查被研究者至相當的一段
期限，故追蹤研究不但花錢，而且費時，它需要甚多的具有高品質的訪談
員，而能客觀詳細地查驗被研究者的很多個人資料。

　　追蹤研究法主要係由美國犯罪學家葛魯克夫婦研究發展而成的，葛氏
夫婦的第一個研究乃對於美國麻州輔育院 (Massachusetts Reformatory in
Concord) 於 1921 年至 1922 年釋放的 510 名受刑人，追蹤調查至釋放後五
年的期限，以研究其再犯率，至研究期間屆滿計有 90% 的受調查者還可追
蹤到而有詳細資料❺。將被研究者找到後，即由富有經驗的訪談員作深入
的訪談調查，並以蒐集所得資料與官方的卷宗資料相比較，而獲得被研究
者的可靠而詳細的個人生活資料，研究結果發現：被研究者釋放後只有
21.1% 沒有再犯，但官方的資料則有 80% 沒有再犯，兩者出入甚大。此一
研究繼續以五年為期，續行追蹤二期，而使整個追蹤研究期間延長至十五

　　　　Diagnosis and Prognosis, Berlin, 1987.

❹　Göppinger: *Angewandte Kriminologie, Eine Leitfaden für die Praxis*, Berlin, 1985.
　　第十四屆的國際犯罪學研究週 (International Kriminologische Forschungswoch)
　　於 1986 年 9 月 1 日在西德杜賓根舉行時，亦以英、法、義、德、美、加、以
　　色列等國的應用犯罪學為題，提出論文報告，並彙集成書，見 Göppinger
　　(Hrsg.): *Angewandte Kriminologie-International, Applied Criminology-
　　International*, Bonn, 1988.

❺　這是相當高的比率，因為出獄人的流動性特別高，而且在美國又未設有中央戶
　　口登記制度。

年，發現至第二期（即釋放後十年內）有 30%，至第三期（即釋放後十五年）被研究者的平均年齡已是 40 歲有 40% 沒有再犯❹。此外，葛氏夫婦並於 1937 年在新澤西州 (New Jersey) 對 1,000 名受緩刑宣告人作長達十一年之久的追蹤調查，此研究係以被研究者在社會生活的基礎領域中個人適應問題為範圍，包括生理、心理、家庭、經濟等方面的綜合研究。

第七項　橫斷與縱貫研究設計

犯罪實證研究法中，若就觀察期長短和時間切入點多寡而言，可區分為橫斷 (Cross-Sectional) 與縱貫 (Longitudinal) 兩種。橫斷研究設計，是指針對某研究群體中，具有代表性的樣本，在一時間點上，僅進行一次資料蒐集；而縱貫研究設計，則是在不同時間點上，施以多次資料蒐集，彙整後用以探究特定一段期間的變化情形。絕大多數犯罪學研究，多屬探索式或描述性，大都採橫斷設計，主要是時間和經費上，都比縱貫設計來得經濟許多。然而，若欲探究整個生命過程中，不同時期的犯罪行為，以及各時期之間的因果脈絡關係或變化情形，則有必要透過縱貫設計，蒐集較長時期的佐證資料。

最早採行縱貫設計者，首推哈佛大學葛魯克夫婦 (Gluecks)；他們在 1937 年完成 500 名成年犯、1,000 名少年犯的追蹤調查，時間長達十至十八年之久，著重於蒐集犯罪預測研究所需的長、短期實證資料。而最著名的縱貫研究，當屬渥夫岡 (Wolfgang) 的追蹤調查，結果發現有一小撮人 (6%)，卻犯下全部少年所犯的半數以上 (52%) 刑案，後來這群高重複性犯案的人，被稱為「生涯犯罪者」(Career Criminal)❹（參閱第五章第六節）。

縱貫研究設計，通常被用在世代 (Cohort)、定群 (Panel)、趨勢 (Trend)

❹　關於此一研究可參閱 Glueck: *Five Hundred Criminal Careers*, 1930; the same: *Later Criminal Careers*, 1937; the same: *Criminal Careers in Retrospect*, 1943; the same: *After-Conduct of Discharged Offenders*, 1945.

❹　參閱：Hagan: *Research Methods in Criminal Justice and Criminology*, 6th. Edition, Allyn and Bacon, 2003, pp. 94–95.

等三種長期研究上。其中，世代研究是多次回溯分析過去一段時期，同在某年出生（即世代）的部分樣本；前述渥夫岡研究即屬之，他選定 9,945 名同在 1945 年費城出生的少年，追溯蒐集學校和警方等官方紀錄，查核這群同年齡少年，過去十八年 (1945–1963) 的犯罪生活史。而定群研究，是對同一被鎖定的樣本，進行長期的多次調查；最典型的範例，就是美國的「全國犯罪被害調查」(National Crime Victimization Survey, NCVS)，選出全美約 86,800 戶家庭，每隔半年到家裡訪談一次，詢問過去半年的犯罪被害情形，每戶鎖定期間長達三年，共計施以 7 次面對面或電話訪談後，才被另一批新選出的家庭取代 ❹。至於趨勢研究，是對一般群體的不同樣本，經過一段時期的多次調查；例如，我國法務部「犯罪狀況及其分析」，呈現近十年來，每年執行判決確定有罪人數之犯罪人口率變化情形，並分析比較過去十年的增減趨勢 ❹。

　　以上三種縱貫式研究設計的時間差異情形，現以下圖詳加說明 ❺：譬如，有學者選取 2000 年時的一群人，作為研究樣本，並比較樣本中各年齡層（小群體）的犯罪被害情形，此為橫斷研究。如果另有一研究，採用同樣訪談工具，在 2010 年中選出一個新樣本，並比較 2010 年與 2000 年的新、舊資料，這是趨勢研究。假設僅對 2010 年新樣本，其中 51 至 60 歲此一年齡層者，回溯到 2000 年時此樣本中 41 至 50 歲年齡層者（即 51–60 歲世代）相比較，則稱為世代研究；同樣也可比較 61 至 70 歲和 71 至 80 歲等世代。而如果採行定群設計，則要在 2000 年選出一樣本，並在 2010 年時追蹤研究同一樣本，但其研究樣本會減少 (Sample Attrition)，因為在 2010 年做研究時，所有在 2000 年時為 41 至 50 歲者，都已成為 51 至 60 歲者；亦即在 2010 年研究時，沒有任何 41 至 50 歲的受訪者，且樣本中有

❹　Ibid., pp. 188–189.

❹　參閱法務部司法官學院：《中華民國 106 年犯罪狀況及其分析》，2018，1–2 頁。

❺　引自 Babbie: *The Practice of Social Research*, 4th. Edition, Wadswoth, 1986, p. 84.

一部分人，可能已經過世或失去聯絡。

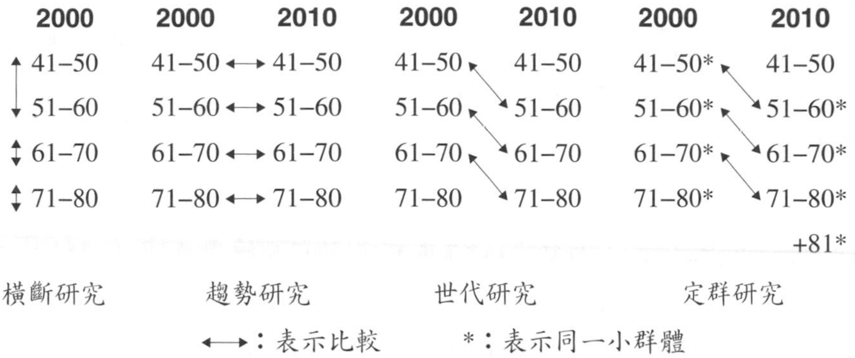

	2000	2000	2010	2000	2010	2000	2010
↑	41–50	41–50 ←→ 41–50		41–50 ↘ 41–50		41–50* ↘ 41–50	
↓	51–60	51–60 ←→ 51–60		51–60 ↗ ↘ 51–60		51–60* ↘ 51–60*	
↕	61–70	61–70 ←→ 61–70		61–70 ↖ 61–70		61–70* ↘ 61–70*	
↕	71–80	71–80 ←→ 71–80		71–80 ↖ 71–80		71–80* ↖ 71–80*	

+81*

橫斷研究　　　　趨勢研究　　　　　世代研究　　　　　定群研究

←→：表示比較　　　＊：表示同一小群體

圖 2–1　縱貫式研究設計的類型比較

　　有些犯罪學研究者，例如赫胥與高夫森 (T. Hirschi & M. Gottfredson, 1990)，反對將極為有限的社會資源，浪費在任何縱貫研究上。因為一個縱貫研究案，不但耗時，且所需經費和人力，可同時支助數個橫斷研究的進行。況且，透過其他途徑，也可在短期內，獲得相當接近的研究成果；例如，針對多次發生的相同或類似事件，長時間蒐集多面向資料，加以檢視並探究成因的「事件歷史分析法」(Event History Analysis)。以研究慢性犯罪者 (Chronic Offender) 為例，若欲探討犯罪行為是否會趨向「專業化」(Specialization)❺❶，以及是否會愈趨嚴重，只要詳加分析這批人的犯罪事件歷史，結果也可找出一個適切的解釋模組，藉此詮釋犯罪行為當中的轉型脈絡❺❷。

第八項　後設分析 (Meta Analysis)

　　「後設分析」(Meta Analysis) 或稱「整合分析」(Integrative Analysis)，屬於量化統計之一，興起的原因是當研究越來越多，而結果卻呈現越紛歧，

---

❺❶　對於犯罪者隨著年齡增長後，犯罪行為型態會如何發展，犯罪學界有兩派不同的主張，分別是「多樣性」(Diversity) 及「專業化」(Specialization)；參閱第四章的第六節。

❺❷　參照 Hagan, op. cit., pp. 94–96.

且研究發現薄弱時，即容易產生困惑，因而需要一種可以綜合整理各個研究結果的技術，將許多個別的研究分析成果再進行統計分析，彙集並獲取關於此一主題「量化的」、「普遍性」(General) 的結論❺❸，所以後設分析或稱「量化文獻回顧」或「系統性文獻分析」。

後設分析概念自一百年前已出現，當時較為簡略，有名的統計學者皮爾森 (Pearson) 就是從諸多研究中綜合比較係數後，而發現相關係數❺❹。在尚未使用這種「量化的」技術時，綜合文獻研究結果是採用「質化」、「敘述法」 (Narrative Approach)，將各研究的自變項與依變項的關係分為顯著正相關、顯著負相關及不顯著相關三類，再清點具有統計學上顯著相關的個數，最後清點多寡以「計票法」(Voting Method) 方式，決定是否有顯著意義❺❺。葛拉斯 (Glass) 認為使用這種方法不夠精細，會因為研究者的好惡而產生偏誤，以致無法完整地呈現已經被研究出來的結果，葛拉斯 (Glass)在 1976 年發表論文中首稱「後設分析」(Meta Analysis)，自此「後設分析」開始漸受重視❺❻。

近期為評估政策的成效，經常對多種評估結果的研究加以綜合其成效，用以證明政策或方案實施的效果，政策經科學研究證明有效、無效的政策結果稱為「證據」，以此科學證據提供決策、實務人員判斷是否繼續推行政策或方案，此類研究稱為「以證據為基礎」(Evidence Based) 的研究❺❼。以

❺❸ 應立志、鍾燕宜：《整合分析方法與應用》，華泰文化事業股份有限公司，2000，2 頁。

❺❹ Wilson: Meta Analysis Methods for Criminology, in: *The ANNALS of the American Academy of Political & Social Science*, 2001, 578: 71, p. 72.

❺❺ 詹志禹：〈後設分析：量化的文獻探討法〉，刊：《思與言》，第 26 卷第 4 期，1988，1–325 頁；李信良：〈藥物濫用青少年與家庭之間的關係 (I)——後設分析〉，刊：《警學叢刊》，第 34 卷第 3 期，2003，237 頁。

❺❻ Glass: Primary, Secondary, and Meta Analysis of Research, in: *Educational Researcher*, 1976, 5: 10, pp. 3–4.

❺❼ 20 世紀末，美國醫學界於 1993 年成立科克蘭協會 (Cochrane Collaboration) 發起推動「以證據為基礎的醫學」(Evidence Based Medicine)。目的在蒐集及閱

證據為基礎常採用的方法有「系統性回顧」(Systematic Review) 和「後設分析」❸。後設分析是以效果量 (Effect Size) 表達介入干預結果的大小。所謂效果量指干預介入實驗對象樣本所產生效果的範圍或程度，是目前受各學門公認用以計算干預效果的一種方法❹。效果量的表示方式有多種，包含比例、算術平均數、積差相關係數 r 等。

國內後設分析方法仍以醫學為多，其餘有用於教育或少數的行政管理的研究，僅少數犯罪研究採用此方法❻，後設分析方法在犯罪議題和政策

讀全世界採取隨機實驗高品質的醫學研究結果，並且有系統綜合整理這些研究結果，供為醫學發展的基礎。自 1994 年 Cochrane Collaboration (C1) 即進行許多系統性的文獻回顧。犯罪學家 Lawrence Sherman 發現在醫藥專業實務中，執業人員以最新的科學方法增進訓練，並且自醫學雜誌中獲取最新的研究結果，這些採取隨機的醫藥研究，形成龐大的知識體，聯結醫藥研究與實務，使得醫學更進步；因此，他建議警政也應如同醫學一樣，必須以明確的證據來推動犯罪預防政策。社會科學研究者於 2000 年 2 月在費城 (Philadelphia) 成立康培爾協會 "Campbell Collaboration, C2"，用以紀念心理實驗學家 Donald T. Campbell，協會最先從事的三項領域：教育、社會福利及刑事司法，「刑事司法研究組」(Crime and Justice Steering Committee, CJSC)，針對犯罪學的實驗研究做系統性回顧，主要以青少年犯罪的干預方案為觀察重心，也關注刑事司法的運作和改善，研究的焦點已推廣至全球的社會議題，如兒童技能訓練、青少年的宵禁、青少年戰鬥營、警政犯罪熱點、電子監控及以社區為基礎的各種處遇及留置看管等，並形成電子檔流通於政策制定或研究人員，參見 Sherman, Farrington, Welsh, & MacKenzie (eds.): *Evidence-Based Crime Prevention*, London and New York: Routledg, 2002; http://www.campbellcollaboration.org

❸ Green, Higgins, Anderson, Clarke, Mulrow, & Oxman: *Cochrane Handbook for Systematic Reviews of Interventions*, John Wiley & Sons Ltd, 2008, p. 6.

❹ Turner & Bernard: Calculating and Synthesizing Effect Sizes, in: *Contemporary Issues in Communication Science and Disorders*, Vol. 33, 2006, p. 43.

❻ 參見吳麗珍：《我國戒毒成效之後設分析》，中央警察大學犯罪防治研究所博士論文，2010；李信良：〈藥物濫用青少年與家庭之間的關係 (I)──後設分析〉，刊：《警學叢刊》，第 34 卷第 3 期，2003，235–252 頁；李信良：〈藥物濫用青少年與家庭之間的關係 (II)──後設分析〉，刊：《警學叢刊》，第 35 卷第 5

的研究，有待持續努力與發展。

第二節　科際整合的犯罪學研究

第一項　科際整合的意義

　　學術的專門化，當然會增進各種不同學科在其專門學術上的專精程度，可是這同時也造成學術整體性的分歧。因此，我們不禁想到，以這些分歧而無整體性的專精知識，是否真正能夠對於具有錯綜複雜問題的探討與研究有所裨益。從歷來的學術研究，我們不難發現，由於繼續不斷專門化的結果，而往往會對於問題的整體性毫無重要的部分性問題，進行些極為精細的研究。偶爾我們也會發現些極度專精化的研究者，就好像是經常掛著一個顯微鏡在其眼前，而觀察世界一樣，往往只對於某一特定事物作極為透徹的精細研究，可是對此事物周遭的一切，卻不作整體性的觀察與研究，而做出「見樹不見林」的研究結論。

　　在此單一學科力求專精化的情況下，某些學科難免陷入孤立隔絕之境，其在理論上的探討與建立上，以及對於實際的應用與問題的解決上，常感到欠缺其本身學科之外的研究工具，或是本身學科既有的思想方式及方法論與其他相關學科格格不入，而生拒卻作用，致此單一學科的進展停留在某一階段。

　　學術界為期脫離上述的窘境，避免因單一學科專精化後的不良副作用而造成的各種不同學科之間的分歧，乃慢慢地又孕育出「科際整合」(Interdisziplinäre, Integration) 的觀念。一方面依然進行單一學科的專門化，另方面則以科際整合的整體觀來探討問題。

　　期，2005，181–198 頁；馬信行：〈犯罪理論之統合分析──以自陳犯罪之研究報告為樣本〉，刊：《教育與社會研究》，第 2 期，2001，35–66 頁；陳永慶：《國內心理治療與諮商輔導效果的整合分析研究》，高雄醫學大學，行為科學研究所碩士論文，2000。

雖然從形式上看來，科際的整合與單一學科的專精化，似是彼此背道而馳的發展方向，但是從實質上看來，則是兩個相輔相成的認知行為，因為單一學科的專精化是科際整合的基礎，單一學科內部本身愈形專精，則數種單一學科的整合才愈形確實，而具成效。由於專精化與整合的互為推進，而能增加學術研究的深度與擴張學術研究的廣度。因之，一門學科的性質愈複雜，其研究範疇愈廣泛，則這一門學科依賴科際整合的程度也就愈大[61]。

犯罪學所研究的犯罪現象與犯罪人均同時涉及法律學、社會學、心理學或醫學等方面的問題，故犯罪學對於犯罪現象與犯罪人等具有複合性問題的研究，自非任何一門單一學科所能勝任的，而必須有如集合數種不同科別的醫師「會診」疑難病症般，採行科際整合的方法，整合與犯罪有關學科，諸如法學（主要為刑事法學與法社會學）、心理學（主要為人格心理學、動機心理學、發展心理學、社會心理學及變態心理學等）、社會學、醫學（主要為精神醫學）等的理論與方法論，進而輻合使用這些相關學科與犯罪問題相干的部分，以科際整合觀，從事犯罪現象與犯罪人的研究。

「科際」(interdisziplinär, interdisciplinary) 一字中的 inter 本即含有一定程度的「協調」(Coordination) 與「整合」(Integration) 的涵義[62]，故科際整合的犯罪學研究乃指由一群來自各種與犯罪問題有關學科的研究者所組成的彼此能夠協調而相互整合的「科際工作組」(Interdisciplinary Team)，從事犯罪的實證研究。所謂科際工作組係指一組使用各種不同工作程序與工作方法的一群人，相互協調與整合在一個研究組織下，探討或研究犯罪問題。工作組中的每個組成員運用其既有的工作方式，而且組成員相互之間經常維繫著思想觀念的交換，並且經常檢驗其他組成員的工作成果及研究的終極結果所確定界限的基本條件。此外，參與科際整合研究的來自不同學科的研究者雖各自使用其既有的方法，但其工作方式則相互協調，使其

---

[61]　參照殷海光，前揭書，322 頁。

[62]　參照 Lutzki: *Interdisciplinary Team Research, Methods and Problems*, 1958, p. 10.

合一而不矛盾,進而建立「犯罪學」的方法;對其研究結果則逐一加以整理調合,使其整合而成一具有論斷力的終極結果。在現有的學科中,醫學是個很好的例子:醫學者不可能單獨就生物化學上或生理學上的觀點對所有的病症加以觀察或診斷,而是整合與診斷或治療該疾病有關的學科,並就「醫學」的觀點加以診斷。同理,犯罪學家應對其研究客體與結果完全地以「犯罪學」的看法為出發點。因此,所有從事於犯罪問題的實證研究者除必須具有犯罪學的基本素養外,尚須具備運用與犯罪學有相關學科的能力,如此才能對犯罪學有所貢獻。

從事科際整合的犯罪研究,必先籌組科際工作組,組成一個富有科際整合觀的工作組乃順利進行科際整合研究的基礎。籌組工作組以從事研究不但花費甚鉅,而且尚有技術性的與心理性的困難:首先,是工作組的領導者的選任問題,通常若非由主管研究計畫者指定工作組的領導者,則須由工作組的組成員中自行選任,但此往往會因利害關係的衝突而發生摩擦。其次,每一組成員除具有本行學科的良好基礎學識外,尚須能與受過不同學科教育的其他組成員相互協調配合,如此,方能合作無間而相輔相成,切忌自行其是。因此,理想的工作組的組成員除受過良好的本科教育與訓練外,對於其他組成員的相關學科亦應有足夠的素養;惟隔行如隔山,如此的人才,往往難以羅致,特別是由於研究經費的短絀,更增加延請適格研究人才的困難。

科際工作組各組成員之間應經常保持接觸,以交換研究進行的資料及研究的所有可能性。同時,又相互顧及彼此來自本行學科各種不同的論點,經多次會談後,發展對於其他學科的相互了解,而能對於特定的概念或定義作同義地使用,因而可排除由於同一概念或定義不同內涵而生的誤解。各組成員之間並演變成為互教與互學的關係,而同心協力地進行研究,以探討問題的癥結所在。因此,工作組成員的選擇,除以達成研究目的所需的能力外,同時亦應顧及組成員與其他組成員的合作能力及禮讓的能量。

原則上,每一單一學科在整合組中均有相等的影響力,不論工作組領導人的本行學科為何,均不影響各整合學科在研究中的分量。此外,所有

參與研究者應時時處處以共同的研究目的為重，而不可以自己的興趣所在或其本身學科的方法為優先。

第二項　整合的四大支柱

對於違犯法律規範的個體及其社會環境的整體性研究，自有賴於以個體生理、心理與人格及社會環境為研究範疇的醫學、心理學與社會學以及以法律規範為研究範疇的法學等學科的整合。因之，法學、社會學、心理學與醫學乃犯罪學整合的四大支柱，以此四門學科與犯罪問題相關的輻合部分（如下圖所示的斜線部分）作為科際整合犯罪學的基礎。

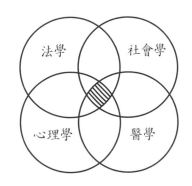

圖 2-2　犯罪學整合的四大支柱

今將參與整合的法學、社會學、心理學與醫學，分述於後：

壹、法　學

個人因破壞刑事法規範，成為犯罪人，而為犯罪學的研究客體。因此，對於犯罪現象與犯罪人的犯罪實證研究，有賴於刑事法規範的專有知識之助。尤其是犯罪學的實證研究往往亦涉及對於犯罪人的處遇以及刑事法規範在抗制犯罪的成效，並且希冀以犯罪學的研究成果，提出刑事法規範的修正意見。凡此種種研究均以具有規範科學的專有知識為先決條件。因之，法學，特別是刑事法學乃科際整合的犯罪學在其整合過程中的一大支柱。

　　法學的學術目的在於建立明確而有系統的法律規範，並使這規範中的無數規則間相互不矛盾，而且彼此毫無間隙，運用如此周全的法律規範而可維護法社會秩序。因為法律的規範性，故一般均認為法學的方法論乃是運用「規範的方法」(Normative Method)，而與社會學運用經驗的方法有別。這種以規範與經驗的方法來分別法學與社會學，雖然在初步的觀點上並無不當之處，但是就意義上來看，這種區分法對兩者是弊多利少，因為事實上，社會學者提出論題，有時也是規範的，尤其是社會學者進行社會問題與社會制度問題的研究時，其所構想者常是規範性的；同樣的，法學者在其著作或審判理由中亦常顯示使用經驗法則的方法❻❸。因此，法學與社會學在其方法論上應有其彼此重疊之處，就此輻合而開啟兩門學科的合作機會，由此，我們亦可預見法學在經驗的犯罪學中的整合可能性。

　　法學為社會學科的一種，其研究與進展，自然不能脫離社會現實，法學者在其所扮演的社會角色中，不管是從事立法或司法的實務工作，抑或從事法學的研究工作，均有借重社會學專有知識的必要。因之，乃造成法學與社會學的整合趨勢❻❹，就在此整合的趨勢下，誕生 「法社會學」(Rechtssoziologie, Legal Sociology)。社會學係將法律當作規律人類社會共同生活的「行為模式的一個綜合體」(ein Komplex vom Verhaltensmustern)，而法社會學的研究客體即為此種行為模式的形成及其對社會共同生活的作用方式，它企圖找出法律與其他社會現象間的 「交互依賴關係」 (die wechselseitige Interdependenz) 及 「功 能 相 關」 (der funktionelle Zusammenhang)，並加以解釋❻❺。

　　法社會學認為法律的破壞為具有社會基因的一種社會現象，為求對此現象的控制，在治本上應作「法事實研究」，對於整個刑事規範制度、司法

---

❻❸　參照 Lautmann: Soziologie und Rechtswissenschaft, in: *Rechtswissenschaft und Nachbarwissenschaft*, Bd. 1, hrsg. v. D. Grimm, 1973, S. 40.

❻❹　參照林山田：〈法學與社會學〉，刊：《法學叢刊》，第 70 期，1973，84-89 頁。

❻❺　參照 Raiser: *Einführung in die Rechtssoziologie*, 1972, S. 3; Hirsch: Rechtssoziologie, in: *Wörterbuch der Soziologie*, S. 877.

機關的作為與態度及所有國民對犯罪與科刑處遇的態度，以及刑事法規範與社會狀況的相互依賴性等做詳細的實證研究，以探求造成犯罪的社會基因，而後設法加以排除或制壓，以發揮法律作為社會控制的手段與維護法律社會秩序的功能，這些立論剛好與犯罪學所追求的本旨不謀而合，而且犯罪學所作的努力與研究，正是實現法社會學理論的有效手段。因此，科際整合的犯罪學在其整合過程中亦應包括法社會學與犯罪問題的輻合部分。

貳、社會學

社會學係自哲學的領域中發展出來，而較心理學與犯罪學為早建立其自己的學術理論與研究方法，它對於人類社會的一般秩序做科學而有系統的研究，並研究社會變遷與進展的社會法則以及自然環境及文化對人類社會的關係等❻。

社會學很早就從事於犯罪問題的研究工作，自犯罪學的演進與發展史觀之，社會學在犯罪學領域裡占有極為重要的地位，尤其是在美國已有很久的傳統，從事犯罪學的研究者絕大多數是社會學者。因此，亦有犯罪學者如蘇哲蘭 (E. H. Sutherland) 及克雷西 (D. R. Cressey) 將犯罪學視為社會學中的一個特殊領域，大多數的美國犯罪學者也莫不認為犯罪社會學不論在理論與研究上均為社會學的一個重要領域。

某一偏差行為必定基於其與社會及社會組成分子間的關係，才可斷定為犯罪行為，而成為犯罪學的研究客體，在這裡所稱的社會及社會組成分子係指立法者、執法者、犯罪的被害者、證人以及得知此犯罪事實的一般社會大眾等，這一系列的人對於犯罪的反應態度，均足以影響犯罪的形成與演變。

總之，犯罪學與社會學兩者關係極為密切，兩者對於所有在人類社會中有關於促成犯罪的各種情況與環境，均有共同的研究興趣。此外，在分析社會現象及研究各個社會現象的相關性上，社會學亦嘗試對於犯罪現象

❻ 參照 König: *Soziologie*, aaO. S. 8.

與犯罪問題，作進一步的觀察與研究。因此，社會學亦是科際整合的犯罪學在其整合過程中不可或缺的一大支柱。

參、心理學

心理學亦如犯罪學同樣是一門以經驗法則而建立的年輕科學，其歸屬問題，迄今尚無定論，有時屬於人文科學，有時屬於自然科學；在大學中的心理系有屬於理學院，亦有屬於醫學院。心理學乃研究人類行為與經驗的科學，它描述或測量人類行為與經驗的各種變項，並分析此等變項的條件，而後基於研究所得的規則性而預測人類行為[67]。

自有犯罪學的研究以來，犯罪學者即希冀以心理學的專門知識與測驗方法來探測罪犯的人格與形成犯罪的心理因素。由此可知，心理學乃科際整合的犯罪學對於犯罪人在其社會環境中的行為與經歷的研究不可或缺的一大支柱。

在心理學的領域中，計有下述五個門類對於科際整合的犯罪研究較具重要性：

一、動機心理學

動機心理學 (Psychology of Motivation) 所研究者為個體行為的動機，探討個體行為發生的原因，其主要內容包括動機的種類、形成原因、對行為的作用與影響動機的因素等。所謂動機乃指個體行為的條件，或指引起並維持個體活動，進而導使該活動朝向某一目標進行的內在歷程[68]。動機也可謂個體意志的決定 (Willensentscheidungen)，乃隨個體慾望或興趣以及人格等的不同而異。對個體言之，動機常是多數存在，對這些多數動機，個體常需取捨的選擇，這即為「動機的衝突」(Kampf der Motiv)[69]。

---

[67]　參照 Feger: *Hauptströmungen der neueren Psychologie*, S. 2.

[68]　張春興、楊國樞：《心理學》，120 頁。

[69]　參閱 Rohracher: *Einführung in die Psychologie*, 9. Aufl., 1965, S. 460.

二、人格心理學

人格心理學 (Persönlichkeitspsychologie, Psychology of Personality) 所研究者為個體的性格、氣質、能力、興趣等人格特徵，包括人格的形成與發展、影響人格的因素及人格理論與人格之分類等[70]。所謂人格乃個人對於他人或事物等適應時，在其行為上所顯示的獨特個性，此種獨特個性係由個人在其遺傳、環境、成熟、學習等因素交互作用下表現於身心各方面具有相當的統整性與持久性的特質所組成[71]。

三、發展心理學

發展心理學 (Entwicklungspsychologie) 所研究者為個體出生以迄死亡的整個生命的進展過程[72]，其範圍包括兒童心理學 (Child Psychology)、青年心理學 (Psychology of Adolescence)、成年心理學 (Psychology of Adulthood) 及老年心理學 (Psychology of Aging)，惟犯罪學所研究者只為狹義的發展，即自出生以迄成熟過程的結果，亦即出生至成年的階段。

四、社會心理學

社會心理學 (Sozialpsychologie, Social Psychology) 所研究者為個體與個體或團體相互間的社會行為，包括文化、社會對個體行為的影響、群眾行為的形成、演變與控制、社會態度與意見的形成與改變等[73]。例如芝加哥社會心理學派的米德 (G. Mead) 所提倡之鏡中之我 (The Looking-Glass Self) 以及布魯默 (H. Blumer) 所撰的形象互動論 (Symbolic Interactionism)，

---

[70]　參照 Wiggins, Renner, Clore, Rose: *The Psychology of Personality*, p. 3.

[71]　張春興、楊國樞，前揭書，401 頁。

[72]　這裡所稱的進展係指個體學習與社會化的過程，見 Müller-Luckmann: Psychologie und Strafrecht, in: *Rechtswissenschaft und Nachbarwissenschaft*, aaO. S. 219.

[73]　張春興、楊國樞，前揭書，39 頁。

啟發了李馬特 (Lemert) 與貝克 (Becker) 的標籤理論 (Labeling Theory)。

五、變態心理學

變態心理學 (Abnormal Psychology) 所研究者為異於常態的變態行為，其研究對象包括精神與心理神經病所引起的變態行為及性格的怪癖及智能上的缺陷等❼❹。因為有一小部分的犯罪人，其心理有異於常態者，對於這些犯罪人的研究自需變態心理學與精神醫學的專有知識。

肆、醫　學

犯罪的實證研究中亦有就醫學的觀點，研究犯罪人的生理狀態、體型、遺傳或精神狀態等，故醫學亦應為科際整合的犯罪學在整合上的一大支柱，特別是法醫學 (Rechtsmedizin) 與精神醫學 (Psychiatrie)。

法醫學乃用以解決法律問題的醫學，亦即使用醫學的專業知識以闡釋或決定使用法律專業知識無法解決的法律問題的科學❼❺，包括死亡原因(如自然死亡、因病或遇害而死、中毒或自殺等)、死亡時間、血液中酒精含量、意外事故等的鑑定、染色體的異常 (Chromosomen-Missbildung)，即男性 XYY 的異常染色體❼❻、腦功能等的測定。至於精神醫學主要用之於刑事訴訟程序中以鑑定刑事被告的責任能力。此外，在犯罪的實證研究中，亦可運用精神醫學鑑定精神狀態的技術，以研究犯罪人的精神狀態。

---

❼❹　Rosen & Gregory: *Abnormal Psychology*, p. 3.

❼❺　早期稱為「法庭醫學」(Gerichtliche Medizin od. Gerichtsmedizin)，簡稱為「法醫學」。

❼❻　參閱蔡德輝：《犯罪學理論在少年犯罪防治上之應用》，1986，36 頁以下。

第三章　犯罪學的發展史

犯罪學的歷史，可以區分為三個時期。其一為 18 世紀的古典學派，其二為 19 世紀末的實證學派，其三為 20 世紀中葉以後的現代犯罪學。

古典學派樂觀地認為，人是命運的主宰，人有自由意志與理性，解決犯罪問題，當從提高犯罪行為的成本以及減少犯罪的利益著手。任何個人在面對犯罪的收益與損失的抉擇時，有鑑於犯罪收益與成本的不成比例，必不樂於實施犯罪行為。

實證學派則顯然較為悲觀，他們認為，人受其生理、心理與社會因素所支配，而無法自我控制。犯罪學的任務，是要實證地探索犯罪人的生理、心理與社會要素。

現代犯罪學關心統計上所顯現的犯罪原因，他們並認為，犯罪原因當從行為人、被害人與社會所共同參與的「社會過程」去理解。同樣地，界定犯罪的「社會過程」，也是現代犯罪學關切的課題。質言之，現代犯罪學所感興趣者，不只是被界定為犯罪的行為，而且也對於刑事司法體系工作者的行為（例如警察、法院、刑罰執行者）感到興趣。

尤其最近這二十年，理論發展迭有佳績，除呈現不少重要的理論驗證結果外，更出現了改換研究視角，主張從生命過程 (Life Course) 的整體脈絡中，探究犯罪成因的發展犯罪學 (Developmental Criminology)；以及嘗試跨越學派藩籬，著手結合各家重要論點，形成更具解釋力的整合型理論 (Integrated Theories)。也在世界新潮流的波及下，浮現出呼籲擺脫過去想法及知識的束縛，透過語言調和或再造，來降低犯罪率的後現代犯罪學 (Postmodernist Criminology)；以及力陳扭轉對女性犯罪的歪曲解釋，或是另創新理論（更適用於解釋女性犯罪）的女性主義犯罪學 (Feminist Criminology) 與著重司法實務運作的修復式司法 (Restorative Justice)。下圖概括地勾劃出犯罪學理論過去兩百餘年來的發展脈絡。有關各學派及理論

的重要內涵，分別在本章和第四章裡，詳加介紹❶。

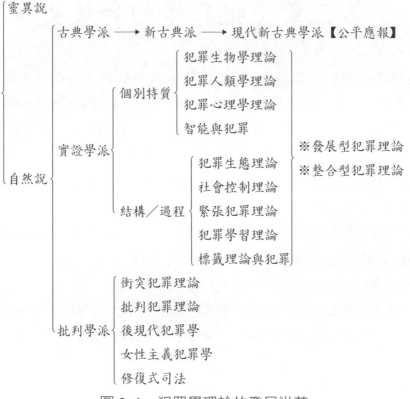

図 3-1　犯罪學理論的發展沿革

第一節　十八世紀的古典學派

第一項　古典學派的誕生背景

　　歐洲自中世紀以來，由於宗教勢力的龐大，刑法思想具有濃厚的神學色彩。加上政治上的專制，統治階級，包括君主、貴族及僧侶為謀建立權威，刑罰專務殘酷，生殺予奪往往出於統治階級之好惡。是以何者為罪，

---

❶　參閱：Vold, Bernard, & Snipes: *Theoretical Criminology*, 4th. Edition, Oxford University Press, 1998.

應科何刑，悉由統治者與審判官任意從事。這些現象直至 18 世紀中葉，未曾稍變，故這段時期可以說是罪刑擅斷時期。

18 世紀開始，啟蒙運動在英國興起，世人開始有了自覺，認為自己是理性的主體，應該可以對世間不合理的制度，基於理性加以批判與改造。因此，宗教、專制統治，皆受到嚴厲的批判。

啟蒙思想家之中，最初對刑事法制度加以批判的是孟德斯鳩 (Montesquieu, 1689–1755)。因為當時法國的司法制度相當腐化，審判絕對祕密，法官量刑毫無依據，對被告的用刑，則極盡殘酷之能事。於是，孟德斯鳩力斥刑罰的嚴厲，主張刑罰的輕重，應與犯罪惡害的大小保持均衡，例如殺人與竊盜不宜同科。孟氏反對刑訊，指刑訊是「人類所發明的惡毒制度中的最惡毒的制度」。伏爾泰 (Valtaire, 1694–1778) 攻擊法國的刑事制裁制度，主張刑罰的合理性，反對死刑，認為不同的犯罪同科死刑，無異鼓勵人民犯罪❷。

古典學派，就是受到啟蒙運動的影響而誕生的。嚴格說，古典學派的學者，並非真正的犯罪學家，而是刑法學家。雖然他們有許多著述傳之後世，被認為是研究犯罪行為的經典之作，但古典學派學者的本意並不在對於犯罪行為加以探究，其用心原在謀求刑法的改革。從古典學派的誕生背景，我們不難理解，犯罪學與刑法學的關係，在歷史淵源上是何等的密切。

第二項　古典學派的代表人物

貝加利亞 (Beccaria) 與邊沁 (Bentham)，被一般學者認為是古典學派的代表人。因此，對於二氏有詳加介紹的必要。

壹、貝加利亞

貝加利亞 (Cesare Beccaria, 1738–1794) 生於義大利的米蘭，早歲攻讀數學與經濟，後來攻刑法學，26 歲著有《犯罪與刑罰》一書，對於當時義大利的司法制度極力批判。這一論著傳至巴黎，在知識界引起相當大的震

❷ 周治平：《刑法研究》，第二卷，1967，22 頁。

摵，隨後即陸續被譯成二十二國語文，廣為流傳。一直到去世為止，他只有這一本書，但卻被公認為是一部革新司法制度的不朽著作。

貝氏認為，人是自由意志主體，凡達於一定年齡者，除精神不健全之外，皆有從理性而行動的自由意志，對於人世間的是非善惡知之甚稔，並有充分自由，藉以從善去惡，使己身遵於道義而行。假如有人竟捨此而不顧，自甘為亂常悖理之舉，即屬違背理性，反乎道義，而有可責性。國家設置刑罰，對悖理亂常的罪行，加以制裁，亦無非本於道義理由，代表社會公意，以嚴重的譴責，施諸犯罪行為人而已❸。

貝氏又認為，何種行為構成犯罪，應科何刑，務必清楚地在法律上揭明，以資保障人權，以防止裁判官的擅斷，並收一般預防的效果。這種「刑罰法定化」的主張，即是現代刑法基本原理——罪刑法定原則的基礎。貝氏並自人道主義的立場，主張「罪刑均衡原則」，認為刑罰的科處，應以行為在客觀上所發生的惡害輕重，為裁量的準據，俾刑罰止於必要的限度，以防止嚴刑峻罰的苛虐❹。由於貝氏完成了近代刑法理論的築基工作，故被尊為近代刑法學的鼻祖。

貝氏的言論對於當代歐洲的刑法改革，確實發生了甚大的影響力。在奧地利，奧國女皇馬利亞‧德瑞沙 (Maria Teresa) 於 1768 年下令修改刑法，她的兒子約瑟夫二世 (Joseph II) 則於 1787 年廢除死刑。瑞典國王古斯塔夫三世 (Gustavus III) 於 1772 年下令廢除身體刑及減少死刑條款。美國在 1776 年以後，對於受刑人的處遇大加改善，特別是在賓州。英國與德國的刑法也加以改革。最富革命性的修正應當是法國，在法國大革命之後，於 1810 年制定的刑法法典，建立了罪刑法定原則❺。

除此之外，貝氏尚有甚多見解，殊值稱道。他主張廢止刑訊，屬行公

---

❸ 韓忠謨：《刑法原理》，1972，14 頁。

❹ 貝加利亞主張罪刑均衡，反對嚴刑峻罰。他認為刑罰要發揮一般預防的功能，並不能依賴酷刑，而有賴刑罰的「適當」、「迅速」與「無可避免」。參閱 Reid: *Crime and Criminology*, The Dryden Press, Illinois, 1976, p. 109.

❺ 關於罪刑法定原則，參閱林山田：《刑法通論》（上），68 頁以下。

開審判，採用陪審制。又主張「刑止一身」，以防止國家濫用刑罰權，誅連無辜。主張法律之前，人人平等，廢除刑罰的身分差異性❻。

總之，貝氏是人道刑法的開拓者，開古典學派之先河。

貳、邊　沁

英國哲學家與改革家邊沁 (Jeremy Bentham, 1748–1832)，是一位天才。3 歲能讀拉丁文，16 歲即自牛津大學畢業。邊沁滿懷熱情，矢志改革英國的每一種制度，包括：經濟、道德、宗教、教育、政治與法律，特別是法律制度的改革。邊沁自幼接受父訓，認為法律應加遵守，法院是既聖潔而又至高無上的處所。及至目睹英國法院的虛偽、貪婪、腐化，使他大感驚異。他發現在英國法院，竟然是金錢決定一切，由於窮人多付不起最低的訴訟費用。因此，財富即是清白，貧窮即是罪惡。在邊沁的觀察中，當時的英國司法制度，毫無正義的存在❼。

邊沁是功利主義的真正創始者。他把自己的學說，看成是人類的倫理規範，認為能為大多數人謀最大的幸福就是人生的意義。因此，人生的目的是服務，是為眾人創造快樂。刑法的目的，亦不離此，即「為最大多數人謀最大的幸福」❽。

衡量是非善惡，亦以「利益」為標準。凡是與人有利的便是善，與人不利的便是惡。利害的關鍵在於快樂，快樂即為有利，即是善的；不快樂即為不利，即是惡的。基此論點，邊沁認為，行為只有對於社會發生實際不利益時，方應處罰，至如存於內心的惡念，若尚未表露出來，以其不對任何人發生不利益，例如單純內心的淫念，即不應加以處罰❾。

邊沁對於司法改革的最大貢獻，厥為其所提出的監獄建築設計。邊沁所設計的圓形監獄 (Panopticon)，監獄內部外環規劃為舍房，內環設計為管

---

❻　Reid, op. cit., p. 108.

❼　Reid, op. cit., pp. 110–111.

❽　Reid, op. cit., p. 111.

❾　Ibid.

制室,期以最少人力發揮最大的戒護力。1794 年,邊沁提出他的設計藍圖給英國政府,但因對法戰爭而告耽擱❿,可是不久即被美國賓州與伊利諾州當局所採⓫。

邊沁認為,獄政當局應教導受刑人謀生技能,並使怠惰的人在出獄後不再有惡習。此外,邊沁建議應採受刑人分類制度,不可將初犯與累犯雜處,應採行宗教教誨等等。雖然其主張未被全盤接受,但卻甚得當時刑罰學家與監獄行政官員的贊同。

第二節 實證學派

第一項 實證學派的誕生及其主張

義大利學派的龍布羅梭 (C. Lombroso)、加洛法羅 (R. Garofalo) 以及費利 (E. Ferri),認為犯罪人有其與生俱來的病理現象。這種犯罪人在外觀上可以辨識,犯罪人是可以測量的,而且是可以預言的 (vorhersagbar)。

在義大利學派之前,已有若干歐陸學者對人體構造與犯罪的關係,做過研究。例如,德國醫生蓋爾 (Franz Joseph Gall, 1758–1828) 首創所謂的「骨相學」(Phrenologie),指出頭蓋骨的構造與犯罪行為有相當程度的關係。最近有一些學者認為,蓋爾應當是第一位犯罪學家⓬。不過這畢竟是少數人的看法,真正對犯罪人做系統性實證研究,而被犯罪學界所推崇者,仍屬義大利學派。

實證學派的誕生,是受到自然科學的影響,他們認為犯罪行為與自然界的現象應無差別,都可以經由科學方法,探求犯罪或自然現象發生的客觀因素。在基本主張方面,實證學派絕不同意「自由意志」的論點,他們認為犯罪行為的發生,是由人所生存的環境及其個人的生理特質所影響,

---

❿ Reid, op. cit., p. 113.

⓫ Ibid.

⓬ Schneider: *Kriminologie*, 1987, S. 103.

而無法由個人的自由意志加以支配。

第二項 實證學派的代表人物

由於實證學派的三個代表人物，在犯罪學發展史上佔有舉足輕重的地位。因此，有逐一加以介紹的必要。

壹、龍布羅梭

19 世紀中葉，自然科學的研究發達，達爾文 (C. R. Darwin, 1809–1882) 提出的「進化論」，使生物學突放異彩。犯罪學者遂以生物學的方法，研究犯罪現象。先有龍布羅梭 (Cesare Lombroso, 1835–1909) 於 1876年，出版《犯罪人論》(*L'Uomo Delinquente*) 一書，從生物學的觀點，認為犯罪人乃不能適應社會進化的人，並評論犯罪人的特徵。多數學者起而倡和，於是犯罪之自然科學的研究，遂風靡一時。這一學派，因為以科學研究的發現，為其立論根據，稱為實證學派。又因為代表人多係義大利人，故又稱為義大利學派。

龍布羅梭拒斥古典學派的自由意志論，他的思想深受當代幾位學者的影響，例如社會學之父孔德 (A. Comte)、史賓塞 (H. Spencer) 及其他幾位早期的社會學家，例如孔德曾謂：「沒有實證研究方法，即沒有社會現象的真實知識」(There could be no real knowledge of social phenomena unless it was based on a positive approach)。當龍氏研究解剖組織與大腦的關係時，他同時也對於心理學及精神醫學產生了興趣。不久他成了臨床精神醫學與犯罪人類學的教授。龍氏除了對於犯罪人類學的發展著有貢獻外，對於義大利法醫學的發展也功不可沒。

龍氏曾經擔任陸軍軍醫，並且對於士兵們的生理差異做過系統性的觀察與測量。未幾，他在監獄任職，得有機會檢查成千上萬的受刑人身體，並且得有機會接觸許多監獄及義大利全國的犯罪統計。

龍布羅梭對於犯罪人曾加以分類，「生來犯罪人」(Born Criminals) 是龍氏對於犯罪人分類的第一類型。他深信在犯罪人之中具有若干野蠻人的

特徵，諸如「低頭蓋骨，前額凹入，顴骨高聳，頭髮捲曲密集，耳朵特大，臉色蒼白，對於痛感相當遲鈍……」。他將這些特徵的出現，歸因於「隔代遺傳」(Atavism)，亦即史前人類的特徵出現在犯罪人的身上，係由於遺傳未適當進化的結果。龍氏認為犯罪人不但在生理結構上有異於非犯罪人，而且也較非犯罪人為低劣，那是因為犯罪人未如非犯罪人在生理上得到充分進化的結果。在龍氏 1876 年出版的《犯罪人論》書中，他估計生來犯罪人約佔犯罪人總數的 40%；可是在他 1902 年出版的《犯罪原因及其抗制》書中，他估計生來犯罪人僅佔 33%❸。

除了生來犯罪人之外，龍氏對於犯罪人尚予以下列的分類：機會犯罪人 (Occasional Criminals)、激情犯罪人 (Criminals of Passion)、準生來性犯罪人 (Semi-Born Criminals)、精神病犯罪人 (Insane Criminals)。機會犯罪人（又稱偶發犯罪人）是無法抗拒環境的誘惑而發生犯罪行為的人。激情犯罪人是因陷於極度的不安或情緒的激動，或對於某種自認為高貴情操的執著（如對愛情或對政治信念的執著）而終致犯罪的人。準犯罪人是與生來犯罪人在生理結構上相差無幾的犯罪人，只是「隔代遺傳」的劣等特徵較少而已❹。

龍氏自稱是「事實的奴隸」(Slave to Facts)，但他研究中所搜集的事實材料，卻只限於機體上的資料。他雖然也了解精神上的因素頗為重要，卻由於缺乏心理測驗的工具而無法深入研究。他所使用的方法是「記述的」(Descriptive)，而非實驗的。而記述的憑據，則是從解剖學上的觀察得來的。正因為如此，曾有人抨擊他以個別的案例而求得「一般化」(Generalization)❺。

龍氏的研究方法，最受批評者，應該是他並沒有使用控制組（非犯罪人）作為對照比較。由於缺乏控制組以資對比，龍氏根本無法知道，在一般人口中，究竟有多少「犯罪人特質」的存在❻。

---

❸ Schneider, aaO. S. 107.

❹ Reid, op. cit., p. 116.

❺ Reid, op. cit., p. 117.

　　龍氏無疑的是一位極端的生物決定論者，但他並未如許多批評者所言，完全忽略犯罪的社會因素。後人對他的非難，也許是忽略了龍氏晚年的著作所致，因為他晚年已對於自己的論點做了若干修正。

　　龍氏在 1899 年所著 《犯罪原因及其治療》 (*Le Crime: causes et remedes*) 一書中，曾談到犯罪的一些社會因素❶：

1. 遺傳與環境有互動的關係。
2. 文明國家的經濟及政治發展造成某些病態，引起社會反應。
3. 物價上漲特別是民生必需品，會造成許多輕微犯罪及對人或對財產的犯罪。
4. 貧窮對犯罪有重大的影響。
5. 犯罪幫派及執法單位的無能會增加犯罪。
6. 移民的犯罪率較高。
7. 在監獄中，由於人犯的結合，會造成不利的影響，亦即犯罪的相互學習。
8. 氣候會影響犯罪，過冷及過熱的氣溫會消耗個人精力，減少犯罪的激情。
9. 人口密度與犯罪有關。

　　龍布羅梭認為，刑罰的本身有其矛盾之處，社會為了自我防衛，防止犯罪人再行危害他人，必須以刑罰的科處加以對付。然而，卻藉刑罰的執行，以引起犯罪人的罪咎感，讓犯罪人產生倫理上的自我譴責，實非容易。加以監獄制度的不盡理想，往往使人犯相互感染惡習，使得受刑人有益趨墮落的可能，出獄後更難以適應社會生活，對於社會的仇恨更深，社會對他的敵對亦更加深。因此，犯罪人的社會危險性也自然提高。

　　龍氏反對嚴守客觀主義的刑法理論，認為刑罰的科處，不以行為的惡害為依據，而應顧及行為人的主觀惡性，以及行為人可能對社會侵害的危

---

❶　Schneider, aaO. S. 107.

❶　參閱高金桂：〈犯罪學理論的發展〉，刊：《犯罪防治》，第 7 期，1981 年 6 月，41 頁。

險性格。因此，對於犯罪情節相同的行為人，不一定要科以相同的刑罰。根據此種主觀理論的刑法，觀犯罪情節雖屬輕微，然而危險性格甚深，未嘗不可科以重刑；相反地，犯罪情節雖屬重大，但不具危險性格，未嘗不可科以輕刑。此外，龍氏提倡「不定期刑」，即法官在科刑之際，不必諭知刑期，釋放與否，惟由監獄機關決之。因為受刑人是否真正悔悟，只有監獄當局知道，苟其惡性未除，則不輕予釋放❸。

龍布羅梭反對短期自由刑，他認為短期自由刑沒有足夠的時間教育犯罪人，所以不是一個好制度。他建議用其他措施代替短期自由刑，如：在家監禁、司法訓誡、附條件的判決、罰金、監外強制工作、身體刑、放逐。他特別讚賞附條件的判決，認為此一制度在美國已獲有相當的成效❹。

龍氏認為死刑應當做最後的手段加以使用。當犯罪人在遭到監禁、放逐、強制工作之後，仍然怙惡不悛，反覆實施犯罪行為，嚴重危害到社會的安全，此時我們別無選擇，只有加以處死，將他永遠排除於我們的社會。最後，他認為被害人所受損害應從犯罪人得到賠償，犯罪預防應該特別受到重視❺。

龍布羅梭的種種論點，引起後世許多爭議，對於他的批評真是毀譽參半。有人認為他開犯罪人科學研究的先河，為犯罪學的發展奠定了良好基礎，是一個偉大的先驅。蘇哲蘭 (Sutherland) 及其弟子克雷西 (Cressey) 在他們第五版的《犯罪學原論》(*Principles of Criminology*) 一書中，則加以抨擊，認為龍布羅梭及其學派五十年來仍停留在初起之階段，對於犯罪學並無更進一步的貢獻❻。

對於龍布羅梭抨擊最激烈的，是英國的精神醫學家哥林 (C. B. Goring, 1870–1919)。

---

❸　Reid, op. cit., p. 118.

❹　Ibid.

❺　Ibid.

❻　Sutherland & Cressey: *Principles of Criminology*, 5th. Edition, 1955, p. 55. 第五版《犯罪學》出版時，Sutherland 已經去世，該版由 Cressey 負責增補。

哥林是英國的精神醫學家，他曾於許多英國監獄擔任醫官，在英國政府授權之下，及其同僚的協助，研究 3,000 名英國受刑人的身體與心理特質（該研究進行達 12 年之久）。他運用統計方法，比較各類犯罪人及犯罪人之間，犯罪人與非犯罪人之間的差異（非犯罪人有 1,000 名）。他調查三十七種身體特質及六種心理特質與犯罪的關係，發現犯罪人並無龍布羅梭所言犯罪人的身體缺陷[22]。

龍布羅梭的學說，尚有一點頗引人爭議。由於他的學說顯然植基於「進化論」，認為犯罪人是沒有充分進化的劣等人種。因此，很可能被居心不良的當政者，用來作為排除異己的藉口[23]。

貳、加洛法羅

加洛法羅 (Raffaele Garofalo, 1852–1943) 是帶有西班牙血統的義大利貴族後裔，1852 年生於義大利的拿波里 (Naples)。法科學校出身，有志於刑法改革，曾任律師、檢察官、法官，並在大學講授刑法及刑事訴訟法等課程。

加洛法羅曾應義大利司法部長之請，寫了一篇有關刑事訴訟法的改革報告，提出若干興革意見。但由於政治因素而未被採行。他的最主要著作是1885 年出版的《犯罪學》(Criminologie)，後來被譯成英、法文，盛極一時。

加洛法羅是實證學派的中堅，主張以實證研究建構犯罪行為理論，拒斥古典學派的玄想研究方式。

他認為法律上的犯罪定義，只不過是立法者在制訂法律時，為求分類之便的權宜之計，此種分類無助於我們對於犯罪概念的徹底了解。

為求對犯罪的本質有較清楚的認識，加洛法羅從心理學的觀點，提出「自然犯罪」的概念。以為「利他情緒」(Altruistic Seniment) 是人類道德心的基本；而利他情緒中最重要的本質為「憐憫」與「正直」。凡人皆具有這二種情緒，但亦有人生來即欠缺現代社會生活中必要程度的利他情緒，

---

[22]　Schneider, aaO. S. 113.

[23]　Schneider, aaO. S. 101.

這種人即為真正的犯罪者。這種缺陷是基於生來的素質異常，並非社會環境可得增減。故將犯罪區別為「自然犯罪」與「法定犯罪」二類。反乎憐憫與正直之行為者為自然犯罪，即不待法律規定而可認定為犯罪之行為，例如殺人、放火、強盜、強制性交、竊盜。這類自然犯罪是超越時間與空間的犯罪概念，無法見容於任何文明社會與任何政治體制。至於國家為貫徹某項意旨，以增益社會生活，而以法律規定某項行為為犯罪者，倘有違背此項規定的行為，即為法定犯罪。法定犯罪未必為反乎道德情緒的行為，故政治因素、社會變遷，均足以影響法定犯罪的成立。

加洛法羅把犯罪人分成兩大類，其一為真正的犯罪人，這種人的道德情緒有顯著的缺陷；其二為非真正的犯罪人，這種人的道德情緒並不顯然的欠缺。對付兩類不同的犯罪人，應有各自不同的法律手段。

加洛法羅認為，既然真正的犯罪人總是道德低劣的人，那麼對於犯罪人加以分類時，便要以道德低劣的本質與程度為依據。因此，他把真正的犯罪人分為四類：①謀殺犯②暴力犯③財產犯④風俗犯❷。今分述如下：

①謀殺犯是指視殺人如兒戲，毫無道德情感的人，對於這種人，死刑是唯一的答案。

②暴力犯是指為了滿足自我而殺人者，對於此種人犯，應將之放逐到外島，限制其行動自由，嚴防脫逃。至於刑期則不可預先宣告，應視各種因素而定，其中年齡與性別是首應考慮的因素。此一構想恰與龍布羅梭的主張相同，因此加洛法羅也是提倡「不定期刑」制度的先驅。

③財產犯主要是指竊盜犯，加洛法羅建議應將之放逐到農場，施以強制工作，常習的犯人，處以無期流刑。

④風俗犯主要是指心理異常的性犯罪人，對於這種犯人，如果他不是真正患有精神病，加洛法羅建議應將其放逐到海外，施以不定期刑；如果犯罪人患有精神病，應將其監禁於犯罪人收容所，加以隔離治療。

至於非真正的犯罪人，他認為除科以刑罰之外，還要課以損害賠償，在監獄中令其勞動。勞動所得的工資，除扣除收容費外，餘充損害賠償和

---

❷　Reid, op. cit., p. 124.

罰金之用，以完全履行損害賠償責任，為釋放的條件❷。

除此以外，加洛法羅尚提倡世界性的刑事政策。他認為對於自然犯，應該有世界共通的刑事政策，即應該有共通的刑法，共通的裁判手續，共通的行刑制度與警察制度。早在一百年前，他就提出這種國際性的刑事政策的建議，可謂獨具慧眼，高瞻遠矚❷。

參、費　利

費利 (Enrico Ferri, 1856–1929) 是義大利波洛那 (Bologna) 大學的刑法教授，1884 年發表《犯罪社會學》一書，而享有盛名。該書不久被譯成德、英文，流傳於德國與美國。費利不只是一位重要的犯罪學家，更是一位刑事政策學家。

費利對於古典學派所倡的「自由意志論」，頗有非議，他認為竟然會有人接受這種純粹的唯心論，是一件不可思議的事情。費氏認為，所謂犯罪，不過為各種生理、心理、遺傳等個人原因，結合物質及社會環境等因素，所生的必然結果。雖其情形複雜，不若自然物質現象的明顯而易於控制觀察，但詳加考察，則其間的因果關聯，猶不難推斷而得之，過去哲學所持「意思自由」或「道德自由」等主張而認為個人之於犯罪並非不可避免，可謂完全無據❷。

費利由於深信社會環境對犯罪確具影響力，因此提出「犯罪飽和原則」(das Gesetz der kriminellen Sättigung)，加以說明。費氏認為，在特定的社會環境中，犯罪率亦有一定，惟有社會環境發生變化，犯罪數量才會隨之而生變化。這原則恰如置一定量的糖於水中，糖的溶解度只有隨著水中溫度而發生變化❷。費利進而認為，要控制犯罪的發生數量，只有從改造社會環境及刑罰制度著手。對於改造社會環境，費利提出一些措施，如生育控

---

❷　Schneider, aaO. S. 108.

❷　林紀東：《刑事政策學》，1968，24 頁。

❷　Reid, op. cit., p. 126.

❷　Schneider, aaO. S. 109.

制、自由移民、改變稅收制度（對於民生必需品課低稅，對於酒類課高稅）、充分供應就業機會、興建平價勞工住宅、增設街燈並提高其亮度、改進婚姻法律、妥善規範娼妓制度、控制武器的製造與持有販賣等等㉙。

　　費利對於犯罪人的分類，與龍布羅梭所做的分類相差無幾，但是費利的分類較注重社會環境的因素。他將犯罪人分為下列五類：①生來犯罪人②精神病犯罪人③常習犯罪人④偶發犯罪人⑤激情犯罪人。對於不同的犯罪人，應有不同的犯罪抗制對策㉚。

　　①費利所指的生來犯罪人與龍布羅梭所指的生來犯罪人並不完全相同。費利反對龍布羅梭的說法，認為生理上的某種特徵不是生來犯罪人的決定因素，那只是一種犯罪的傾向而已。費利更指出，如果這種具有犯罪傾向的人，有幸生活在良好的環境裡，可能終其一生都不會有違反法律規範的行為。要之，費利認為具有某些生理上與心理上的特徵，又生活在惡劣的環境之中，才是生來犯罪人的必要而且充分的條件。對於這種人，費利不主張處以死刑，而應處以無期隔離或流刑。

　　②精神病犯罪人，顧名思義是指具有某種心理缺陷的犯罪人，對於是類人，應收容於犯罪精神病院。

　　③常習性犯罪人，又分為改善可能者與改善不能者。這種犯罪人的形成，主要是因為社會對於犯罪的抗制措施使用不當所致。費利舉例說，例如被父母遺棄的少年，由於乏人管教而偷竊，被捕入獄，在監禁之後他已經變成了一個更富於技巧的竊盜犯。因為他曾被監禁，無異於社會已經對他加以烙印，人們更不敢接納他，迫使他再淪於犯罪。因此，費利認為，犯罪的習慣，是社會抗制犯罪的措施使用不當的產物。

　　④偶發犯大都是犯輕微的罪行，這些人的違法並非由於自身人格有何缺陷，而是因為生活環境的影響。如果他們不被判刑監禁，不在監獄中沾染惡習，他們很可能會變成守法的公民。

　　⑤激情犯是因為突發情緒衝動而違法的人，這種人的行為是可以原諒

㉙　Reid, op. cit., pp. 126–127.

㉚　Reid, op. cit., pp. 125–126.

的，但應課以嚴格損害賠償。

費利的刑罰理論，可從「刑事責任論」及「刑事制裁」兩方面加以說明[31]：

關於刑事責任的理論，費氏強調，犯罪原因既非行為人意思所可左右，則國家對之實施制裁，如謂出於道義上的咎責，實無何等意義。自科學立場觀之，應另有其合理目的（即制裁反社會行為），以維持社會的健全發展。基此意義，刑事責任的發生，乃由於防衛社會的必要，其基礎存於反社會行為人的危險性，而非道義上應加咎責的客觀行為。

關於刑事制裁，費氏主張以「社會防衛處分」代替傳統的刑罰。在實際運用上，務須針對犯罪原因，講求預防與消弭方策，始能收正本清源之效。其純粹屬於事前預防者為防衛處分，如社會制度與環境的改善等是；其屬於事後消弭者，則為矯治處分、強制處分、隔離處分等，必須因人而個別實施。

第三節　古典學派與實證學派的比較

自前述一、二節的敘述，可以得知古典學派與實證學派，在許多基本理念上，有很大的歧異，無怪乎費利 (Ferri) 在談到兩派理念的差異時說：「我們說的是兩種不同的語言。」[32]由於古典學派與實證學派的基本精神，對於犯罪學、刑法學、刑事政策均有極深遠的影響，百餘年來，世界各國的犯罪抗制政策的基本構想，皆不出兩派的中心觀念。因此，殊值在此做一總括的比較。以下就其根本不同之處，加以扼要陳述（詳見表 3–1）：

一、歷史背景與研究方法不同

古典學派源自啟蒙運動。啟蒙運動是一種理性思維運動，強調個人應本於理性的自覺，以檢討一切社會及政治措施，評判其優劣得失，使歸於

[31] 林紀東，前揭書，23–24 頁。

[32] Reid, op. cit., p. 128.

合理。古典學派即受此思想薰陶，乃敢起而批判是時刑法制度的不合理。實證學派的興起，則受自然科學發達的影響，試圖以科學研究的實證方式，探求犯罪現象，因此其研究方法，亦大別於古典學派之形而上學的玄想方式。

二、犯罪原因論的不同

古典學派認為，人是自由意志的主體，凡達於一定年齡者，除精神不健全之外，皆有辨別是非善惡的能力，並能決斷是否從善去惡，故而倡「自由意志說」。

實證學派認為，人非有向善避惡的自由意志，實際上個人生理、心理因素（個人的原因）與環境情況（社會的原因），莫不足以左右人的意思與行為，其間存有一定因果法則。所謂犯罪行為，無非個人危險性格的表露，而危險性格又由個人的原因與社會的原因交互影響所形成，非出偶然。因此倡「原因決定論」，以別於古典學派的「非決定論」。

三、刑事責任論的不同

究竟行為人因何必須負擔刑責？古典學派認為，犯罪為有自由意志者，反乎理性要求的行為，故應負其道義責任。實證學派認為，人無自由意志，並無道義責任的問題，而犯罪人之所以應負責任，係由其行為已對社會形成危險或破壞。國家對犯罪人加以制裁，是要防衛社會，追究犯罪人的社會責任。

四、刑罰裁量依據的不同

古典學派認為，在一定條件之下，人皆有平等的自由意志，因而刑罰的重輕，應以犯罪行為客觀結果的大小為賦科標準。

實證學派認為，刑罰重輕的裁量，應以行為人主觀的惡性與性格為標準，不應以行為的結果為準。

五、刑罰目的論不同

刑罰的意義與目的如何，兩派的觀點亦復有異。

古典學派認為，因果應報，為自然的理性。惡因必有惡報，故對於犯罪者科以刑罰，即其所受的應報（應報理論）。但應為「等價的應報」，否則，刑罰超過罪責，即屬反乎公平，顯然為正義所不許。

實證學派認為，刑罰並非對於犯罪的報應，而是在藉刑罰，以保障共同生活的安全。即認刑罰之設，有其目的。一面改善犯罪人預防再犯，一面警戒或嚇阻一般人民，使其獲知刑罰的痛苦，百倍於犯罪所得的享樂，而後有所畏懼，不敢輕蹈法網（預防理論）。

表 3-1　古典犯罪學派與實證犯罪學派的比較

差異處	古典犯罪學派	實證犯罪學派
興起時期	18 世紀	19 世紀
歷史背景與研究方法	源自於啟蒙運動，而啟蒙運動乃理性思維之運動，強調個人應本於理論的自覺，古典學派受此一思想之薰陶，著文批評當時的刑法制度之不合理，所採之方法乃形而上學的玄想方式。	乃受自然科學之影響，試圖以科學研究的實證方式，探求犯罪現象與原因。
犯罪原因論	人是自由意志的主體，凡達一定年齡者，除精神不健全外，皆有辨別是非善惡的能力——主張自由意志說（非決定論）。	人非有向善避惡的自由意志，實際上個人的生理、心理（個人的原因）與環境情況（社會的原因），均足以左右個人的意思與行為，期間存在一定的因果法則——主張原因決定論。
刑事責任論	犯罪為有自由意志者，反乎理性要求的行為，故應負其道德責任。	人無自由意志，並無道義責任的問題，而犯罪人之所以應負責任，係由其行為已對社會形成危險或破壞，故應追究其社會責任。

刑事裁量依據	在一定條件下，人皆有平等的自由意志，因而刑罰的輕重，應以犯罪行為客觀結果的大小為賦科標準。	刑罰輕重的裁量，應以行為人主觀的惡性與性格為標準，不應以行為的結果為準。
刑罰目的論	因果應報，為自然的理性。故對於犯罪者科以刑罰，即其所受的應報（應報理論）。但應為「等價的應報」，刑罰不得超過罪責，不得違反公平。	刑罰設置，有其目的，一方面改善犯罪人以預防再犯，一方面警戒或嚇阻一般人民，使其獲知刑罰的痛苦，百倍於犯罪所得之享樂，而後有所畏懼，不敢輕踏法網（預防理論）。

第四節　古典學派與實證學派影響下的刑事政策

　　古典學派奠定了罪刑法定的現代刑法原則。依據古典學派精神所制定的刑法，即為「行為刑法」與「罪責刑法」，因其強調罪責與刑罰的均衡，法益價值與刑罰輕重之適當比例也。迄至目前，法治國家的刑法，仍有濃厚的「罪責刑法」的色彩❸。嚴守古典學派精神的刑罰執行，則只有消極的報應意義，毫無積極的教育目的，因此，報應刑罰被認為落伍，曾受到輕視，而被實證學派的教育刑措施所取代。可是，大約自 1960 年代中期，教育刑卻受到了懷疑。在美國、瑞典與丹麥等國家，大事修正其刑事政策，減緩教育刑措施，重返公正報應的老路。在刑罰裁量上，仍以行為罪責為標準，而在罪責刑罰的彈性空間，再予以社會倫理所容許的一般預防與特別預防的考量❹。20 世紀 70 年代末期，以美國為首的西方國家，在古典學派的影響下，具體的政策作為，包含許多法院對於有期徒刑的審判從不

---

❸　參閱 Jescheck: *Lehrbuch des Strafrechts*, 3. Aufl., 1978, S. 611 以及 Baumann: *Strafrecht*, 8. Aufl., 1977, S. 9.

❹　林山田：〈刑事政策之概念及其最新趨勢〉，刊：《刑事法論叢㈠》，1987 年 5 月，341 頁。

定期刑轉向為定期刑、立法部門藉由量刑指導綱領 (Sentencing Guideline) 來限制法官的自由裁量權、針對毒品犯與性侵害犯祭出強制最低刑期制度、以及對於重大暴力犯罪三犯者祭出「三振出局」不得假釋的制度。聯邦政府也通過了「真實量刑法案」(Truth in Sentencing Laws)，並以獎勵的方式要求各州立法實施，其法案是強制矯正當局針對那些重大與暴力犯罪人的假釋陳報，執行率要達刑期的 85% 始得審查。這些重刑化政策下的具體作為，打破了以往刑事司法體系各個次體系的權力平衡，藉由強化警察與檢察部門、剝奪法院與矯正部門權力，以落實立法者所欲追求的目標：落實嚴厲的刑事政策，這樣的重刑化刑事政策的發展，直至本世紀初始告檢討、修正❸❺。

　　另一方面，義大利實證學派的共同見解，是拒斥罪責與報應思想，希望把刑法轉變成為一個保安處分法 ❸❻。義大利學派的基本理念，是社會防衛思想的第一個根源。義大利學派的思想，由德國的李士特 (Franz von Liszt)、比利時的普林斯 (Adolphe Prins) 及荷蘭的范・韓謀 (G. A. van Hamel) 於 1888 年所建立的「國際刑事學協會」(Internationale Kriminalistische Vereinigung)，更加發揚光大。在國際刑事學協會中，可以找到社會防衛思想的第二個根源。第二次世界大戰期間，社會防衛思想被獨裁政權濫用，在 1945 年後，社會防衛思想有了再生與新方向。新的社會防衛思想，強調法治國家的人權、人道觀念，並希圖將刑法建構成為深具意義的刑事教育學的工具。社會防衛運動是現代刑事政策的國際趨勢，對

---

❸❺　Lovrich, Lutze, & Lovrich: Mass Incarceration: Rethinking the "War on Crime" and "War on Drugs" in the U.S., *Central Police University Journal of Crime Prevention and Corrections*, 16, 2012, pp.23–53.

❸❻　由 Ferri 於 1921 年所擬的義大利刑法草案，毅然廢止了責任和刑罰兩個觀念，他把犯人分為通常人、少年、精神病三大類（不用舊日的責任能力人一詞），對這三大類犯罪人，有不同的制裁措施，其中最重要者，是不定期刑和保安處分的廣泛採用。但該法案不為當時的義大利政府所採用。參閱林紀東，前揭書，22 頁。

於歐陸各國的刑法改革，有重大的影響❸。例如，西德 1969 年的刑法改革，採取單一自由刑制度（廢除重懲役、輕懲役、拘役的自由刑三分制度）❸，廣泛地以罰金刑代替短期自由刑、採行令入社會治療機構措施、擴大採用緩刑付保護管束的規定、採用「刑罰保留附以警告」的規定，以再社會化為目的，制頒「刑罰執行法」（1976 年 3 月 16 日公布施行）等等，均為深受社會防衛思想的影響所提出的刑事政策。在古典學派自上世紀 1970 年代主導刑事政策界後約三十年左右的光景，自 2007 年開始，由於美國經濟大幅衰退，許多州被迫重新評估他們的刑事司法政策以及檢視州內矯正體系的規模與經費負擔。換言之，在各州政府財政窘困的情況下，重刑化刑事政策被迫檢討與中止，進而尋找其他監禁替代措施 (Alternatives to Incarceration) 是新一代犯罪矯正的重要課題，各州政府要求刑事司法部門對於矯正系統的監禁政策，進行檢視與評估，其中以實證主義為基礎的修復式模式（以社區為監控與輔導犯罪人復歸社會的模式）又再度受到青睞，並推為目前主流的刑罰處遇模式❸。後續的發展，仍值得持續關注與重視。

第五節　德語系國家的犯罪學發展

　　義大利學派的思想，在歐陸造成很大的迴響。德國的刑法教授李士特 (Franz von Liszt, 1851–1919) 對於義大利學派重視犯罪人的 「社會危險性格」大表讚揚，李士特後來所倡的「特別預防思想」，與義大利學派有水乳交融的關係。由於李士特在德國，或德語系國家，甚或歐洲大陸法系國家的犯罪學與刑法學發展史上，佔有極其重要的地位。本節即以李士特為經

---

❸　Jescheck, aaO. S. 607.

❸　所謂的重懲役 (Zuchthaus) 原在對付重罪受刑人，輕懲役 (Gefängnis) 在對付輕罪受刑人，拘役 (Haft) 在對付微罪（違警罪）的受刑人。西德舊刑法把自由刑做這樣的區分，含有濃厚的報應色彩。

❸　同❸。

緯，介紹德語系國家的犯罪學發展❹。

第一項　李士特奠定德國犯罪學的基礎

19 世紀中葉，義大利學派為犯罪學的發展，立下科學的基礎，從此人類對於犯罪行為及犯罪人的研究，跳出形而上學的範疇。可是義大利學派太強調個人的生理因素對於犯罪的影響，引致若干學者的批評，特別是英語系國家的學者。與義大利學派對立者，是法國的犯罪社會學派。法國社會學派特別重視社會環境對犯罪的影響。例如，塔德 (G. Tarde, 1843–1904) 認為，犯罪是由於人與人互相接觸並彼此學習與模仿的結果，而不是義大利學派所主張的劣等遺傳的結果；涂爾幹 (Emile Durkheim, 1858–1917) 認為，犯罪是任何社會不可避免的產物，而大量的犯罪，則肇因於社會快速變遷與社會解組，如果社會新秩序可以跟著建立，便不至於發生大量犯罪。就在歐陸兩個學派交互影響的局面下，李士特力排眾議，於1882 年在德國的馬堡 (Marburg) 發表演說，題為「刑法的目的思想」(Zweckgedanke in Strafrecht)，主張犯罪問題的研究，應該在整體刑法學的架構中進行。在這架構中，除了刑法學之外，尚應重視犯罪統計、犯罪人類學及犯罪心理學。他反對在各自為政的局面下，去進行坐井觀天式的研究。這一演講，在當時甚具革命性，因為他試圖調和兩個對立學派的見解。亦即人類的生理素質與其生活的社會環境，均影響犯罪行為的發生。由李士特所領導的折衷學派，時人稱之為「馬堡學派」(Die Margurger Schule)。

為了宏揚折衷學派的觀點，李士特創立了「國際刑事學協會」(Internationale Kriminalistische Vereinigung)，倡導人類學與社會學雙管齊下，共同進行科學性的犯罪問題研究，並找尋有效的犯罪控制手段。不久，該協會在世界各國（主要為歐陸及美國）均設有分會，至第一次歐戰發生時，會員達 1,500 人之多，可見聲勢頗盛。第一次歐戰發生後，該會分裂為二。法國和比利時的刑法學者（同為法語系）另組「國際刑法學會」；德

---

❹　德語系國家包括德國、奧地利及瑞士。本節主要參考資料有：Göppinger: *Kriminologie*, 4. Aufl., 1980, S. 25–38; Schneider, aaO. S. 131–137.

國刑法學者,則仍守著德國分會,直至 1937 年,該會在希特勒政權下終告結束。該會雖已成為歷史名詞,但對於犯罪學及刑事政策的影響,至今猶存。今日犯罪學及刑事政策上的重大問題,例如少年犯、累犯、常習犯、職業犯、短期自由刑的批判及替代措施、假釋人的保護管束、國際犯罪的抗制等,都曾經是該協會的討論主題。該會的討論結果,各國刑事立法及司法,亦多奉為準繩❹。

李士特是「特別預防思想」之集大成者❷,由於他主張個別化處理,提倡「行為人刑法」,所以有「少年刑法」思想的萌芽,世界各國少年刑法的誕生,實深受李士特的影響❸。在李士特的觀念中,刑法的目的思想,應以「行為人社會危險性的預斷」為重心,而現代刑法中,緩刑、累犯加重、不定期刑、保安處分等制度,均莫不針對行為人的社會危險性而發。

李士特於 1881 年,創立《總體刑法學雜誌》(*Zeitschrift für die gesamte Strafrechtswissenschaft*),該雜誌本應該也可以算是犯罪學的雜誌,可是卻往刑法論理學 (Strafrechtsdogmatik) 的方向走。直至今日,該雜誌成為德國甚為重要的刑事法學的雜誌。

李士特雖是綜合學派的學者,可是比較重視整體社會環境對行為的影響。談及刑事政策,李士特有句名言曰:「最好的社會政策,就是最好的刑事政策。」對於刑罰的功能,李士特表示很大的懷疑。在其 1900 年出版的專論《刑法與少年犯罪》中說:「一個少年竊盜犯,如果不以刑罰臨之,而任其離去,則防止他再犯的可能性,應比科處他刑罰要來得大。」又說:「我們的刑罰,實無改善與威嚇作用,根本沒有預防功能,刑罰只有加深犯罪的動力。」❹

李士特曾大力倡導設立研究犯罪問題的專責機構,並強調犯罪學知識

---

❹　林紀東,前揭書,27–29 頁。

❷　關於特別預防思想及理論,參閱林山田:《刑罰學》,1992,72–82 頁。

❸　參閱 Schaffstein: *Jugendstrafrecht*, 8. Aufl., 1983, S. 27–28; Böhm: *Einführung in das Jugendstrafrecht*, 2. Aufl., 1985, S. 17.

❹　H. J. Schneider, aaO. S. 131.

對於刑法的重要。可是獨立的犯罪學研究，在當時一直未能受到重視。當時的學者，對於犯罪問題的研究，大多側重在刑事政策方面。不過，李士特為犯罪學所努力播下的種子，卻在後來發芽滋長，終致蔚為氣候。

第二項　李士特之後德語系國家的犯罪學發展

李士特去世 (1919) 至二次大戰 (1939–1945) 期間，德語系國家的犯罪學，在法學家及精神醫學家的努力下，有相當的成就。這段期間的犯罪學研究，以刑法學及精神醫學為兩大支柱。

第一款　法學家的犯罪學研究

在法學家之中，對犯罪學研究較值得重視者，有 Franz Exner、Edmund Mezger、Wilhelm Sauer。

葉克師呢 (Franz Exner, 1881–1947) 先後任教於杜賓根、萊比錫、慕尼黑大學，重視犯罪預測的研究，以及遺傳素質、環境與人格的整合犯罪學研究。犯罪學方面的主要著作有 1927 年的《戰爭與犯罪在奧地利》(*Krieg und Kriminalität in Österreich*)；1939 年的《犯罪生物學》；1949 年的《犯罪學》。葉氏觀察自 1882 年至 1933 年，共計五十年的犯罪統計資料，發現德國的經濟發展與犯罪有密切關係。在這段期間，德國由農業經濟轉換為工業經濟，工業經濟更與進步的技術相結合，而發展成高度資本主義。由於工業化，導致人口集中，社會摩擦增加，兼以飲酒量大增，因此傷害罪、風化犯罪、妨害自由罪逐年增加。此外，由於統制企業活動與規範經濟活動的法規增加，所以違反經濟法規的行為，自然也增加。在這段期間，發生第一次世界大戰 (1914–1918)，葉氏發現戰爭與犯罪的關係，尤為密切。他的《戰爭與犯罪》書中，依戰時的國民精神及經濟情況，將戰時分為四個時期：戰爭爆發之初的「緊張期」，國民基於敵愾同仇的愛國心，情緒激昂緊張，犯罪減少；戰爭持續數月後，前後方均確信有艱苦忍耐的必要，這段期間，葉氏稱之為「義務履行期」，這種義務確信的真摯，使一般犯罪減少到和平時期以下，但少年人首先失去耐心，也可能由於家長從軍，少

年乏人管教的關係所以少年犯開始顯著增加；第三期稱為「疲憊期」，由於
戰爭久延不決，國民對戰況憂慮，加上生活物資缺乏，使得國民身心疲憊，
信念動搖，犯罪情況開始顯著惡化；第四期稱為「崩潰期」，由於戰敗，政
治、軍事、經濟均告破產，貧窮、失業、饑餓，使社會陷入混亂，犯罪現
象大增❹。

　　梅茲格 (Edmund Mezger, 1883–1962)，曾任檢察官與法官，自 1922 年，
先後任教於杜賓根、馬堡及慕尼黑大學。犯罪學方面的主要著作有 1944 年
的《刑事政策及其犯罪學之基礎》，及 1951 年的《犯罪學》。除此之外，梅
氏的刑法著作，是當代的經典。梅氏不但是近代德國極重要的刑法學家，
由於他對於自然科學、醫學、心理學及哲學均有精湛的研究，使他在純刑
法學以外的論著，贏得舉世學術界的敬仰。由於梅氏對於精神醫學及心理
學有高深的造詣，因此，他特別重視犯罪人的個案研究，總體社會環境與
犯罪的關係，反而不是他重視的課題。在他的犯罪學教科書中提到：「精確
的犯罪學與犯罪心理學的個案分析，應當是犯罪學最重要的目標。」❹

　　趙爾 (Wilhelm Sauer, 1879–1962) 自 1921 年 起 在 柯 尼 斯 堡
(Königsberg) 大學任教，1935 年起，任教於明斯特 (Münster) 大學。犯罪學
方面的主要著作有：1933 年的《犯罪社會學》及 1950 年的《犯罪學》。趙
爾與梅茲格同為德國當代極重要的刑法學家❹，兩人同樣重視自由意志。
依趙爾之見，犯罪的原因深植於人格的根柢，也就是犯罪人的自我創造的
總體意志（或「意思自由」），遺傳與環境對於犯罪的影響，並不是很重要。
要消除犯罪的病源（犯罪人的自我創造的總體意志），有賴道德與文化價值
的補充❹。這種論調，顯係與實證的事實科學互相對立。

---

❹　周治平：《犯罪學概論》，1967，204–214 頁。

❹　關於 Mezger 的生平與學術貢獻，參閱蘇俊雄：《刑事法學的方法與理論》，
　　1974，77–90 頁。

❹　已故的德國刑法學家 Schröder 是趙爾 (Sauer) 的弟子，Schröder 的學生：Stree、
　　Lenckner、Crammer、Eser 均為現代德國的重要刑法學者。梅茲格 (Mezger) 身
　　後則無人繼承衣缽。

第二款　精神醫學的犯罪學研究

除了法學家之外，對於犯罪問題的研究，頗有成果者，當屬精神醫學家。值得一提的人物，有 Aschaffenburg 及 Schneider。

阿沙芬堡 (Gustav Aschaffenburg, 1866–1944)，是德國著名精神醫學家克雷普林 (E. Kraepelin) 的學生。1904 年，在科隆 (Köln) 大學教授精神醫學，同年創辦《犯罪心理學及刑法改革月刊》(*Monatschrift für Kriminalpsychologie und Strafrechtsreform*)，今日更名為《犯罪學與刑法改革月刊》(*Monatschrift für Kriminologie und Strafrechtsreform*)，該月刊迄今仍是德國極重要的犯罪學刊物。阿氏 1903 年的專書《犯罪及其抗制》(*Das Verbrechen und seine Bekämpfung*) 是一本純粹的犯罪學教科書，1913 年被譯成英文，在美國發行。該書對於德語系國家及北美的犯罪學發展，均有深遠的影響。1938 年，他移民美國。阿氏一生致力於犯罪原因的精神分析與社會分析，他認為犯罪的發生，可歸因於犯罪人的「社會無能」(soziale Untauglichkeit)；同時他也指出，犯罪的發生，與每日的時間、每週的各別日子、四季、氣候、飲酒，皆有重要關係[49]。

施耐德 (Kurt Schneider, 1887–1967)，不僅是德國的精神醫學家，同時也是精神病理學 (psychopathologie) 領域舉世聞名的重量級學者[50]，其於 1923 年首次發行的專論《精神病態人格》(*Die Psychopathischen Persönlichkeiten*)，對於精神病態人格者，做了詳細的分類，並論其與犯罪的關係[51]。該書雖在精神醫學界受到許多批評[52]，但迄至今日，對於德語

---

[48]　Schneider, aaO. S. 136.

[49]　Schneider, aaO. S. 132.

[50]　Vgl. Schott/Tölle: *Geschichte der Psychiatrie: Krankheitslehren–Irrwege–Behandlungsformen, München*, 2006, S. 150; vgl. hierzu auch Wikipedia, Die freie Enzyklopädie. Kurt Schneider, URL: https://de.wikipedia.org/wiki/Kurt_Schneider (*abgerufen am* 06.02.18)

[51]　Vgl. Schneider: *Internationales Handbuch der Kriminologie 2: Besondere Probleme der Kriminologie*, 2009, S. 15.

系國家仍有極大的影響，尤其是法院在責任能力的判斷方面。因此，值得在此略作介紹。施氏把精神病態人格分為十種，其與犯罪的關係合併說明如下[53]：

1.情緒高昂型 (Hyperthymische)

活潑而不負責任，思想多不著邊際，好爭執，為詐欺者或輕佻者。

2.抑悶型 (Depressive)

生來心情沈悶，有自卑感，遇事輒考慮自己是否有責，有時亦可能轉變為躁鬱症。這種人多持有厭世或懷疑的人生觀，欠缺天真的喜悅，純粹這一類型者，不易犯罪，但易於自殺。

3.欠缺自信型 (Selbstunsichere)

易於屈服、缺乏自尊心，對環境過敏，為易生強迫性精神官能症的人，通常不易犯財產犯罪。

4.狂信型 (Fanatische)

思想固執頑強，奮不顧身，有時對國家權力或權威採鬥爭態度，這種人可能成為訴訟狂。

5.炫耀型 (Geltungssüchtige)

這種人好為大言，為引人注意，甚至不惜犧牲名譽，虛榮心過強，言過其實，容易使人上當，易犯詐欺罪。

6.心情易變型 (Stimmungslabile)

---

[52] 這些批評是：①從心理學的觀點而言，精神病態人格的十項分類與性格學的觀點並不相符，在精細的觀察下，人格的偏差應該多達二、三十型；②從犯罪學與刑法的立場而言，精神「病態」人格一詞，已具價值判斷色彩，而非如施氏所稱之與價值規範無關；③從精神分析學派的立場而言，人格的偏差乃是自幼在發展過程中，受環境的影響所致，精神病態與精神官能症，均為個人在發展過程中，對各種遭遇的體驗與反應中所形成的障礙。參閱林憲：《臨床精神醫學》，1982，218 頁。不過，西德的精神醫學家兼犯罪學家葛品格 (Göppinger)（葛氏為施耐德的學生）認為，施氏的著作，受到很大的誤解，參閱 Göppinger, aaO. S. 28.

[53] 周冶平：《犯罪學概論》，120–122 頁。

具有高度刺激性、憂鬱性、意志沮喪的傾向，心情易於動搖，不可捉摸，不易控制，易受浪費的欲動所驅策，缺乏耐性，有時因鬱悶會有平常所不能為的行為出現。

7.爆發型 (Explosive)

平時雖甚為溫和，但輒因瑣細的刺激，而陷於暴怒。或因想像的懷疑心，動輒喪失自制力，而出於暴力。如有飲酒，則這種傾向，更為擴大。與激情犯有密切關係。事過境遷，即生悔意，但不能保證將來不再犯。與這一類型有關的犯罪，以傷害、侮辱、毀損、放火等為多。

8.無情型 (Gemütlose)

又稱「悖德狂」，為最危險的類型。這種人缺乏人類的基本情感，如憐憫、羞恥、同情、名譽、良心的苛責，但具有殘忍、冷酷及無法抑制的衝動。其智能並無顯著的障礙，但欠缺通盤考慮事物之能力。暴力犯、風俗犯、狡猾的財產犯，多屬這種類型；職業犯及習慣犯，殆全屬這一類型。

9.缺乏意志型 (Willenslose)

為最常見的類型。這種人意志薄弱，易受誘惑，且易受挫折，缺乏貫徹自己意志的勇氣與能力，又無抑制內在衝動的能力。這種人較多累犯，刑罰的反應力較弱。

10.無力型 (Asthenische)

又稱為神經質，與犯罪較無關係。

依施氏之見，精神病態既得自遺傳，人們對之實無可奈何❺，刑罰的作用，當然不可寄望太深。

第三項　戰後德語系國家的犯罪學發展

由於第二次世界大戰，形成經濟危機與大量的失業，對德語系國家的犯罪學，有負面的影響。更由於納粹政權無法容忍帶有社會批判性的犯罪學，使得一些犯罪學的領導者，例如阿沙芬堡 (Aschaffenburg)、亨替希 (Hans von Hentig) 等流亡國外，並入籍他國，其仍滯留歐陸者，亦失去國

---

❺ Schneider, aaO. S. 133.

際交往的機會。總之，二次大戰使德語系國家的犯罪學，元氣大傷。

　　戰後，亨替希 (von Hentig) 重返西德，努力重建德語系國家的犯罪學聲望。米登多夫 (Wolf Middendorf) 亦以其旅居國外的經驗，希望建立德國犯罪學界的國際關係。

　　1950 年代的西德，犯罪學逐漸朝獨立的學科而發展❺❺。在這段期間，有無數的少年犯罪著作發表，作者大多數是法學家❺❻。60 年代，犯罪學在大學裡開課 （最先是 1959 年在海德堡大學），並設立實證性的研究機構第一個犯罪學研究所 ，於 1962 年 ，在杜賓根成立 ，所長即是葛品格 (H. Göppinger)。由於實證研究的大量進行，使犯罪學逐漸與刑法學分立。60 年代開始的犯罪學研究，已有不同學科的人參與，主要是法學家、心理學家、精神醫學家、社會學家、教育學家與社會工作者❺❼。犯罪學不但在大學的法律系，也在社會系、教育系裡講授，警察領導學院也列為重要課程。70 年代開始，進一步的犯罪學研究，約略可分為兩個層面❺❽。其一是，延續過去的研究 （精神病理學與心理分析），以之為基礎，建立應用犯罪學。應用犯罪學的建立，是為了符合實務上的需要，諸如刑罰裁量、犯罪預測、經濟犯罪、罪犯的治療與預防❺❾。其二是，由法學家與社會學家共同領導的理論性的研究，這種研究，對於真正的問題幾乎加以擱置❻⓪。之所以如此，係受到美國某種社會學思潮的影響❻❶。此種特殊的社會學思潮，拒卻傳統的以行為人為導向的研究，同時也排斥犯罪原因論的研究，替代而起的是，以 「犯罪化過程」 (Prozeß der Kriminalisierung) 作為犯罪學的研究客體。從事這個研究方向的學者，對下列問題感到興趣：社會控制、犯罪黑數、刑罰的效果、被害者學❻❷。特別是被害者學研究成果的實定法化，饒

❺❺　參照 Göppinger: *Kriminologie*, 5. Aufl., 1997, S. 26.

❺❻　參照 Göppinger: *Kriminologie*, 5. Aufl., 1997, S. 26.

❺❼　參照 Göppinger: *Kriminologie*, 5. Aufl., 1997, S. 26.

❺❽　參照 Göppinger: *Kriminologie*, 5. Aufl., 1997, S. 26.

❺❾　參照 Göppinger: *Kriminologie*, 5. Aufl., 1997, S. 26–27.

❻⓪　參照 Göppinger: *Kriminologie*, 5. Aufl., 1997, S. 26–27.

❻❶　參照 Göppinger: *Kriminologie*, 5. Aufl., 1997, S. 26–27.

富意義。蓋被害人在傳統德國刑事訴訟程序的法律地位，如同大多數歐陸國家的刑事訴訟制度一樣，僅被當作「偵查客體以及程序的客體」(Ermittlungs und Prozessobjekte) 扮演著證據方法中的證人角色，未給予應有的程序保障，遑論向被告請求損害賠償或向國家請求損害補償的權利❸。但自 1970 年代起，由於被害者學的研究影響所及，使得被害人在德國刑事訴訟程序中的角色以及法律地位逐步發生變動，不僅賦予被害人相較於過去更好、更多、更快的實質幫助，更使被害人成為刑事程序的主體 (Subjekt des Verfahrens)，強化被害人的權利保障❹。申言之，被害者學研究影響所及，不僅催生 1976 年 5 月生效的「暴力犯罪被害人補償法」(Gesetz über die Entschädigung für Opfer von Gewalttaten)，簡稱被害人補償法 (Opferentschädigungsgesetz - OEG)，更於 1986 年 12 月「改善刑事程序中被害人地位的第一法案」(Das erste Gesetz zur Verbesserung der Stellung des Verletzten im Strafverfahren - OSchG)，首次賦與被害人「閱卷權」、「律師協助權」，同時讓被害人有更多的程序參與機會，更賦予被害人對於犯罪者有優先的求償權等。嗣於 1988 年制定「被害人請求權確保法」(Opferanspruchssicherungsgesetz - OASG) 提供被害人民事法上更多的權利保障可能性，而於 1998 年 12 月生效的「證人保護法」(Zeugenschutzgesetz)，則提供證人在刑事程序中更多的保護。抑有進者，儘管 2004 年 6 月 24 日通過的「改善刑事程序中被害人權利法案」(Gesetz zur Verbesserung der Rechte von Verletzten im Strafverfahren - Opferrechtsreformgesetz - OpferRRG)，已經提供被害人更週延的程序保障以及權利保護措施，2009 年

❻❷　參照 Göppinger: *Kriminologie*, 5. Aufl., 1997, S. 26–27.

❻❸　參照 Schneider: *Das Verbrechensopfer in der Strafrechtspflege*, 1982, S. 298; Habschick: *Erfolgreich vernehmen: Kompetenz in der Kommunikations-, Gesprächs- und Vernehmungspraxis*, 2009, S. 289.

❻❹　參照 Hassemer/Reemtsma: *Verbrechensopfer: Gesetz und Gerechtigkeit*, 2002, S. 59; Pollähne/Rode (Hg.): *Opfer im Blickpunkt-Angeklagte im Abseits? Probleme und Chancen zunehmender Orientierung auf die Verletzten in Prozess, Therapie und Vollzug, Reihe: Schriftenreihe des Instituts für Konfliktforschung*, Bd. 34, 2012.

通過的 「強化刑事程序中被害人及證人權利法」 (Gesetzes zur Stärkung der Rechte von Verletzten und Zeugen im Strafverfahren) 即「第二次被害人權利改革法案」(2. Opferrechtsreformgesetz)，更新增了許多改善犯罪被害人權利的規定。嗣於 2015 年制定 「強化刑事程序中被害人權利法」 (Gesetzes zur Stärkung der Rechte von Verletzten und Zeugen im Strafverfahren) 即「第三次被害人權利改革法案」 (3. Opferrechtsreformgesetz) 更進一步為被害人創設了「社會心理訴訟陪伴制度」(Psychosozialen Prozessbegleitung) 制度，讓被害人得以獲得更多實質上的精神協助❻❺。

犯罪學研究機構除了設在大學裡，尚有大學外的犯罪學獨立研究機構，例如，設在佛萊堡 (Freiburg) 的 「馬克斯－普朗克－研究所」(Max-Planck-Institut) ，專門從事國際性的比較刑法與犯罪學的研究 ， 在世界上頗享盛名，該機構已陸續出版一系列的研究報告，甚得好評。政府的研究機構，為數亦不少。例如聯邦司法部，設有犯罪學研究中心；聯邦刑事局在其犯罪偵查研究所之中，設有犯罪學研究組。在各邦政府之中，也設有犯罪學研究部門，甚或研究所，其未設置者，亦在籌備之中。

關於德國的法科國家考試，各邦的規定不一：大多數的邦，把犯罪學列為選考的科目而與少年刑法 、 刑罰執行法共同列為一科 ； Baden-Württemberg 雖自 1985 年起 ， 已不再列入國家考試的科目，但大學仍開課；而 Nordrhein-Westfallen 則規定為必考科目❻❻。

在德國受過犯罪學訓練的人，大致有下列四方面的就業機會：①從事刑事司法工作，例如擔任刑事庭法官（尤其是少年法官）、檢察官、警察主管、刑事警官、司法行政官員、社會矯治機構官員、犯罪矯治機構官員。②從事少年協助工作，例如擔任家事法庭法官、監護法庭法官、社會救濟機構主管、藥物諮詢機構職員、教育諮商機構職員、教養院主管或教育人

---

❻❺ 關於德國犯罪被害人保護相關之立法內容 ， 中文文獻 ， 請參閱 Hans-Jürgen Kerner、連孟琦著：〈德國犯罪被害人地位之強化〉，刊：《月旦刑事法評論》，第 6 期，2017 年 9 月，60 頁以下之說明。

❻❻ Schneider, aaO. S. 142.

員。③在聯邦各部服務，從事犯罪學研究。④在大學、獨立學院或警察學院擔任教職及研究工作❻❼。

　　奧地利在戰前，曾有輝煌的犯罪學研究成果。弗洛伊德 (Freud)、阿德勒 (Adler)、郭羅斯 (Hans Gross) 都曾經有令世人敬仰的成就。郭羅斯 (Gross) 於 1912 年在格拉茲 (Graz) 創設歐洲第一所犯罪學研究所。維也納的犯罪學研究所亦於 1923 年建立。可是，整體而言，目前的奧國犯罪學，已失其領導地位，光芒不再。然而，葛拉斯柏格 (R. Grassberg) 所領導的維也納犯罪學與刑法研究所，努力不懈，以發揚傳統的「奧地利學派」為職志，在國際上已頗有聲望。更值得注意者，1973 年，於維也納所成立的犯罪社會學研究所 (Ludwig-Boltzmann-Institut für Kriminalsoziologie)，與司法部有緊密的關係，亦矢志要尋回從前的世界地位。這一研究所的主要任務，是從事法社會學及犯罪社會學的基礎研究與應用研究。該所發行的《犯罪社會學文存》(*Kriminalsoziologische Bibliographie*)，專供該所研究成果發表之用。頗值一提的是，奧地利的犯罪學，在罪犯人格的研究方面，甚為卓越。這一成就，應歸功於施陸加 (W. Sluga) 所主持的維也納大學醫學院的司法精神醫學部門。這種由精神醫學家所進行的罪犯人格的研究，其成就在德語系國家，實無出其右！施陸加 (Sluga) 所倡議的罪犯處遇新方法，也成了國際上甚受重視的社會治療典範。在沙爾茲堡 (Salzburg)，由哈勒 (Harrer) 所主持的司法精神醫學研究所，是奧地利僅有的此類型大學研究所。哈勒與郭羅斯 (Heinrich Gross)、耶希歐內克 (Jesioneck) 所共同創辦的《司法精神醫學雜誌》(*Forensia*)，是德語系國家唯一以科際研究為主導的犯罪學雜誌。總之，我們可以清楚地發現，奧地利的犯罪學，仍帶有濃厚的傳統色彩，是以精神醫學為主幹，從事罪犯人格的研究❻❽。

　　瑞士方面，由於少年犯罪與一般的犯罪，尚非嚴重的社會問題，所以社會各界對於犯罪學的研究，並沒有急切的需求。研究犯罪學的學者，多為法學家。例如法學家弗累 (Erwin Frey)，曾做過 160 件個案研究 （1951

❻❼　Göppinger, aaO. S. 38–39.

❻❽　Göppinger, aaO. S. 31–32.

年），發現累犯多與精神病態有關，這種精神病態的性格是與生俱來的，因此，他在刑事政策上的觀點，顯然較為悲觀，認為純粹的教育學或心理治療的措施，皆不可能對精神病態的性格異常者有任何的作用❻。除了法學家（尤其是刑法學者）的研究之外，主要的犯罪學研究，多見之於博士論文。由政府主持的研究，比較重要者，是 1971 年開始的「瑞士成年犯刑罰執行成效調查研究」（由法學教授及博士研究生負責），這一研究的主要任務，是提供刑法修正的參考，並了解刑罰執行對受刑人所可能產生的非社會化情形，研究成果，陸續發表於 1976 年以後的《瑞士刑罰執行》(*Der Schweizerische Strafvollzug*)。近年來，尚有精神醫學家，從事罪犯人格的分析研究，由於精神醫學在瑞士素有良好傳統，其研究成果，甚得世人推崇。1974 年，由蘇黎世 (Zürich) 的心理學家賀士樂 (Walter T. Haesler) 倡議成立「犯罪學研究小組」(Arbeitsgruppe für Kriminologie)，該小組召開多次學術研討會，研討會的論文亦陸續印刷成冊問市。1975 年，該研究小組創辦犯罪學的專業雜誌，名為《犯罪學論壇》(*Kriminologische Bulletin*)❼。1983 年，由民間基金會贊助成立「瑞士犯罪學與刑罰執行研究所」(Das Schweizerische Institut für Kriminologie und Strafvollzugskunde)，可望將瑞士的犯罪學研究成果，展現給世人，並從事學術上的國際交流❼。

第四項　當代德語系國家的犯罪學發展

當前德國犯罪學的研究方向，依照學者杜特爾 (Heinz Duthel) 的分類，主要有三大面向：一為刑事政策導向的犯罪學 (Kriminalpolitische Kriminologie)、二為批判犯罪學 (Kritische Kriminologie)、三為應用犯罪學 (Angewandte Kriminologie)❼：

---

❻ Schneider, aaO. S. 138.
❼ Göppinger, aaO. S. 32–33.
❼ Schneider, aaO. S. 145.
❼ 以下內容，摘要整理自 Duthel: *Jugendkriminalität: Störung des Sozialverhaltens - Delinquenz - Intensivtäter*, 2013, 116–117 頁。

　　刑事政策導向的犯罪學，乃現今德國主流的犯罪學 (die Mainstream-Kriminologie)，幾乎所有德國大學法學院以及法學教授都支持刑事政策導向的犯罪學。其認為犯罪學研究之目的在於影響立法 (Einfluss auf die Gesetzgebung)，促進「刑法與社會之犯罪預防的完善化」(die Optimierung strafrechtlicher und gesellschaftlicher Kriminalprävention)。申言之，刑事政策導向的犯罪學，認為犯罪學研究社會中之犯罪現象、犯罪成因等等課題之目的，無非在於了解犯罪，期進而預防犯罪之發生，而要貫徹犯罪預防之目的，則須以犯罪學的實證研究結果為基礎，始能形成有效防治犯罪的刑事政策，進而促進刑事立法，並影響犯罪預防實務之運作。事實上，現今大多數的刑事立法過程，都會針對特定法案或修正條款，委請專門作刑事政策導向的犯罪學研究的機構先行研究，增益立法的正當性與必要性。刑事政策導向的犯罪學代表機構，主要有佛萊堡 (Freiburg) 的「馬克斯─普朗克─研究所」(Max-Planck-Institut)、漢諾威 (Hannover) 的「下薩克森犯罪學研究所」 (Das Kriminologische Forschungsinstitut Niedersachsen - KFN) 以及威斯巴登 (Wiesbaden) 的「犯罪學中心」 (Kriminologische Zentralstelle - KrimZ) 等獨立的專責犯罪學研究機構；尚有附屬於杜賓根大學、海德堡大學以及康士坦茲 (Konstanz) 大學法學院的「犯罪學研究所」(das Institut für Kriminologie - IfK)。而專門鼓吹刑事政策導向之犯罪學的大眾傳播媒體，則為《犯罪學與刑法改革月刊》 (*Monatsschrift für Kriminologie und Strafrechtsreform*)。

　　德國的批判犯罪學，乃係由德國社會學暨犯罪學家沙克 (Fritz Sack) 所創建，其以社會科學作為犯罪學的導向，並以標籤理論的傳統 (Tradition des Labeling Approach) 詮釋「控制與犯罪化的過程」 (Kontroll- und Kriminalisierungsprozesse)。在德國大學中，揭櫫批判犯罪學大旗者，主要為漢堡 (Hamburg) 大學的「犯罪學的社會研究所」(Institut für Kriminologische Sozialforschung)、布來梅 (Bremen) 大學、歐登堡 (Oldenburg) 大學以及法蘭克福大學。而特別傾向於批判犯罪研究的專業性雜誌，則為《犯罪學雜誌》(*Das Kriminologische Journal - KrimJ*)。

　　德國的應用犯罪學可謂係由德國第一所犯罪學研究所的首任所長葛品格 (Hans Göppinger) 所創設，其係一種「個案式的犯罪學」(Einzelfall-Kriminologie)，其在實務上的表現領域，主要在於「刑事司法」(Strafrechtspflege)。應用犯罪學的研究，旨在將植基於實證科學研究的犯罪學研究成果直接運用於實務以及具體個案之判斷。職是，應用犯罪學的個案性研究雖於對於刑事司法的實務工作多所助益，但不足以影響刑事政策的形成。現今的德國應用犯罪學研究，主要是藉助「理想型式性比較的個案分析方法」(die Methode der idealtypisch vergleichenden Einzelfallanalyse) 以從事犯罪的預測，但其在學術上，僅居於次要的地位 (Nebenrolle)，同時只有美茵茲 (Mainz) 大學以及杜賓根大學有從事應用犯罪學的教學與研究。

第六節　英語系國家的犯罪學發展

　　本節將敘述美國、英國、加拿大的犯罪學發展情形。由於美國的犯罪學研究成果，至第二次世界大戰後，可謂燦爛輝煌，稱其已居犯罪學的世界領導地位，亦不為過，因此，本節所介紹者，以美國為主要對象。

第一項　戰前的美國犯罪學

　　19 世紀的美國犯罪學，受兩位醫學家的影響。這兩人是伊薩克·雷 (Isaac Ray) 及拉許 (Benjamin Ruch)，這兩位醫學家都對於德人蓋爾 (Gall) 的骨相學，衷心支持。19 世紀末，龍布羅梭的思想在歐洲造成深遠的影響，可是在美國的影響，則不如歐洲之深遠。19 世紀末，美國的犯罪學研究，側重於少年犯罪及失養失教的兒童。由於對少年犯罪研究的重視，1899 年，在芝加哥建立第一個少年法院。德人弗洛依登塔爾 (Berthold Freudenthal) 曾旅行美國，對於少年法院的制度大表讚揚，在他的推動下，德國的第一個少年法院，於 1908 年，分別在法蘭克福 (Frankfurt/M)、柏林及科隆 (Köln) 設立 ❼❸。

---

❼❸　Schneider, aaO. S. 117.

1909 年，西北大學 (Northwest University) 的法學院在芝加哥召開一次全國性的會議，會中決議成立 「美國刑法與犯罪學研究所」 (American Institute of Criminal Law and Criminology)；復次，有鑑於美國犯罪學學術水準的低落，該會議決定進行下列兩項工作，以提升犯罪學的學術水準❼❹：

1. 自 1910 年起，發行《刑法與犯罪學學報》(*Journal of Criminal Law and Criminology*)，該學報發行迄今，未嘗中斷。

2. 自 1911 年起，發行一系列的 「現代刑事科學」 (Modern Criminal Science)，翻譯介紹歐洲的重要犯罪學著作。郭羅斯、龍布羅梭、費利、塔德、阿沙芬堡、加洛法羅、班格 (Bonger) 等人的著作，均陸續被譯成英文，介紹給美國的學術界。其中尤以阿沙芬堡 (Aschaffenburg) 的譯作，對美國的犯罪學發展，最具影響力。

19 世紀末，在美國較具意義的犯罪學研究，當屬犯罪家族的調查。杜代爾 (Richard L. Dugdale, 1841–1883) 接受 「紐約監獄協會」 (New York Prison Association) 的委託，對紐約州的十三所監獄進行調查，藉由此一調查工作，杜氏撰寫《杜克家族》(*Jukes families*) 一書，並於 1887 年發行。該書所要探討的問題，是影響犯罪的因素，究竟是遺傳素質或者環境較具影響力。他的研究結果認為遺傳素質與環境因素是相輔相成的，兩種因素對於犯罪行為有交互影響的作用。 三十多年後，1912 年，郭達德 (Henry H. Goddard) 從事另一個犯罪家族的研究 ， 即 《賈里加家族》 (*Kalllikak Families*)。 法國心理學家比奈 (Alfred Binet, 1857–1911) 於 1905 年創製並發行智商測驗，郭達德自歐洲帶回這個測驗表，並在他所任職的少年監獄予以施測 (郭氏是該監獄的心理研究部門主任)。他在《賈里加家族》的研究中，發現低能會遺傳，經由環境的作用，而使低能者變成犯罪人。原因是，低能者無法判斷合法與不法，無法控制自己的行為，無法應付環境的壓力及生活上的競爭❼❺。在郭氏後來陸續發行的兩本書❼❻，他估計少年犯

---

❼❹ Schneider, aaO. S. 117.

❼❺ 關於郭達德 (Goddard) 的較詳細研究內容，參閱下述第五章，第二節第三項。

❼❻ 這兩本書是 1914 年的 《低能》 (*Feeble-Mindedness*) 及 1915 年的 《犯罪的低

罪人口裡，低能者所佔的比率約為 25% 至 50%。郭氏的假設是：每一個低能者，都是潛在的犯罪人，因為低能者缺乏處理日常生活的能力，而且無法辨識行為的不法。這項假設被後來的犯罪學的智商研究所否認 ❼ 。

　　20 世紀開始，精神醫學家對臨床犯罪學的研究，貢獻良多，尤其是希利 (William Healy)。所謂臨床犯罪學，是借用精神醫學及心理學的方法，例如家族分析、生活經驗分析、自由聯想、夢的解析等，對於犯罪的人格加以個案研究。希利於 1915 年對於 1,000 名平均年齡 15 至 16 歲的少年累犯加以調查，希望從個案調查中，發現少年犯的原因，並找到處理的方法。在他的研究中，發現少年犯罪的原因，遺傳並不是最重要的。希利與他太太布洛妮 (Augusta F. Bronner) 於 1926 年共同合作，對於 4,000 名少年犯，做十年的長期追蹤研究，研究內容包括少年犯的身體與心理狀況。他們檢驗少年犯的生活史與家庭關係，發現少年犯的身體狀況並無特異之處，可是少年犯大多有不良的朋友與同學，而且少年犯大多缺乏父母親的監督與管教。希利於 1935 年，與移民美國的德籍心理分析家亞歷山大 (Franz Alexander) 合作，對於 11 個犯罪個案做心理分析研究，在這些個案研究，他們嘗試探索犯罪人的非理性的、潛意識的犯罪動機。希利的最重要著作，應屬 1936 年與布洛妮的共同研究，對於 105 名少年犯以及 105 名非少年犯的比較分析。希利夫婦在該研究中指出，這些少年犯的 92%，有嚴重的情緒困擾；他們不被父母親了解與喜愛，無法與父母親溝通。希利夫婦於 1936 年與貝洛 (Edith M. H. Baylor)、墨菲 (J. Prentice Murphy) 共同發行的書 ❼ ，建議少年犯應收容於寄養之家加以教育，而不宜監禁於少年監獄 ❼ 。

　　1909 年在芝加哥成立的「美國刑法與犯罪學研究所」，對於美國的犯罪學發展有重大的影響。1920 年代，有一些犯罪學教科書問市，作者主要都

能》(*Criminal Imbecile*)。

❼　Schneider, aaO. S. 118.

❼　書名為 *Reconstructing Behavior in Youth, A Study of Problem Children in Foster Families*，該書於紐約發行。

❼　Schneider, aaO. S. 119.

是社會學家，30 年代有不少社會學家跟進，撰寫犯罪學教科書。第一本美國犯罪學教科書，由社會學家帕米利 (Maurice Parmelee) 於 1922 年發行。他的書，內容豐富，不僅包括犯罪的現象與原因，而且包括警察、法院、監獄對於犯罪的反應措施，同時也強調犯罪的預防方法及處遇方法。此種架構，迄今仍為許多美國犯罪學教科書所遵循。帕氏在其書中指出，沒有「生來犯罪人」，貧窮也不是犯罪的原因，貧窮感才是犯罪的可能原因。帕氏在書中也指出，女性之所以較少犯罪，是因為她們擁有較少的犯罪機會，也不必承擔強烈的生活競爭。帕氏預言，如果女性在經濟上達於較為自主的地位，那麼女性犯罪將會昇高[80]。另一位社會學家齊林 (John Lewis Gillin) 分別於 1935 年、1945 年出版的犯罪學教科書[81]，與帕米利的書大異其趣。齊林的書，用一半以上的篇幅討論刑罰學。他嘗試要建立自己的社會學的犯罪理論：犯罪是人際互動的產物。在書中，齊林同時也提到社會變遷、社會解組、社會內部價值體系多元化，對於犯罪均有重要的影響力[82]。

　　社會學家蘇哲蘭 (Edwin H. Sutherland) 的犯罪學教科書，對於美國的犯罪學發展，有極其深遠的影響。他的書於 1924 年發行第一版，第二、三、四版，分別於 1934 年、1939 年、1947 年發行。1950 年蘇氏去世，他的書由其弟子克雷西 (Donald R. Cressey) 續予修正發行，許多年以來，蘇氏與克氏的犯罪學教科書，一直在美國的犯罪學界以及全世界，佔有舉足輕重的地位。德國犯罪學家葉克師呢 (Franz Exner) 讚之為北美最重要的、內容最豐富的犯罪學教科書[83]。蘇氏的第一版犯罪學（1924 年）即有專章討論犯罪被害人，可是 20 世紀上半葉，犯罪被害人尚非時人重視的課題，因此蘇氏在後來的版本，便將之刪除。對於心理病態人格與犯罪的關係，蘇氏在其第二版的犯罪學有所批評，他認為，心理病態人格是一個模糊的概念，其與犯罪的關係，在質量上都是不明確的，而「新龍布羅梭理論」

[80]　Schneider, aaO. S. 119.
[81]　該書由查良鑑氏譯成中文，書名為《犯罪學與刑罰學》，商務印書館發行。
[82]　Schneider, aaO. S. 120.
[83]　Schneider, aaO. S. 120.

所指犯罪是心理病態的表徵，其實並不比龍布羅梭的理論來得高明。蘇氏在其第三版的犯罪學，建構他的「差別接觸理論」，這是一個以社會心理學為基礎的犯罪原因理論，強調犯罪是與親密團體互動過程中，學習得來的。1937 年，蘇氏發表其職業竊盜犯的研究。該研究是以一名積二十餘年行竊經驗的犯人為對象，蘇氏以十二週，每週七小時的時間，與該名竊犯長談，他發現，職業竊犯對於職業伙伴忠心耿耿，並擁有他們自己的價值體系，職業行竊是其所屬團體的一種生活風格，職業竊盜犯經由其實務經驗，累積了相當豐富的特殊知識。1940 年，蘇氏將他的演講《白領犯罪》付梓問市，在學術界引起震撼與爭議。1949 年，蘇氏更對於美國的 70 家最大的工業公司及商業公司進行研究。他發現這些公司均有不同的違法經驗，包括違反營業競爭的規定，侵害專利權、著作權及商標權、詐欺、逃稅、違反環保法規等等，這些公司之中，97% 有再犯的紀錄❽。蘇氏關於白領犯罪的研究，在犯罪學的發展史中，深具革命性的意義。英國犯罪學家曼海姆 (Hermann Mannheim) 認為，如果有一諾貝爾獎是為犯罪學而頒，蘇氏即可以其白領犯罪研究在犯罪學上的貢獻而得獎，因為經由蘇氏的理論與研究，使犯罪學的研究能夠均衡地發展❽。

　　美國的犯罪學研究，尚有一特色，就是由一群專家組合起來，接受官方或半官方的委託，做多年的研究。這些研究包括：對於刑事司法機關做批判性的檢驗，以提供刑法實務界的改進參考；對於個別的犯罪學研究所獲得的資料加以整合，加以統計上的歸納分析。葉克師呢 (Exner) 於 1934 年旅美時，發現這種研究模式甚為可取，便將它引進德國❽。

　　1920 年代開始，美國的犯罪學有一新的研究方向，即犯罪預測。當時的美國，不定期刑在刑罰宣告上扮演一個重要的角色，獄政當局必須決定受刑人應否予以附條件的釋放，決定的標準，在於受刑人是否可能再犯罪。研究者對於出獄人做長期的追蹤研究，把再犯罪者與未再犯罪者的社會與

---

❽　Schneider, aaO. S. 122.

❽　Mannheim: *Comparative Criminology*, Vol. 2, 1965, p. 470.

❽　Schneider, aaO. S. 122.

心理因素，例如，家庭環境、前科、工作習慣、智商等做統計上的檢驗，找出促成再犯罪的重要因素，並製成再犯預測表，供做獄政當局釋放受刑人的參考。關於犯罪預測研究，貢獻最多的當屬芝加哥大學的柏傑斯 (Ernest W. Burgess)、哈佛大學的法學家葛魯克 (Sheldon Glueck) 及其教育家太太。

　　1920 年代及 30 年代，在芝加哥發展出一個嶄新的犯罪學新方向，此即犯罪生態學的研究。生態學是生物學的一個分支，以動植物及其環境的關係為研究對象。犯罪生態學派借用生態學的觀念，研究犯罪與人類生活環境之間的關係。芝加哥在 1860 年至 1910 年之間，每十年，人口就成長一倍，由於人口成長快速，在第一次世界大戰前，芝加哥已成為人口超過 200 萬的大都市。此種快速的人口成長現象，帶來劇烈的社會變遷，也形成若干社會問題。1914 年，派克 (Robert Park) 應聘在芝加哥大學社會系任教，便開始與柏傑斯 (Burgess) 研究芝加哥社會問題及其都市地帶的關係。崔西 (Frederic M. Thrasher) 對於芝加哥 1,313 個少年犯幫派做長達七年的觀察，在 1927 年發表研究報告，指出人口快速成長所帶來的劇烈社會變遷，使社會無法維持穩定的結構，是少年幫派形成的主因。往後數年，蕭 (Clifford R. Shaw) 及馬凱 (Henry D. McKay) 的研究，均有類似的發現。蕭氏對於少年犯長年的觀察，更指出都市中的少年犯罪地帶，有關少年犯罪的技巧與傳統，會代代相傳，因而少年犯罪地帶充滿了犯罪的機會❽。

　　30 年代末期至 50 年代初期，美國有一些犯罪學的研究，殊值注意。雷克利斯 (Walter C. Reckless) 於 1940 年比較分析不同的社會，以探求犯罪的社會原因。雷氏發現，犯罪率低的社會，大致上有如下的特徵：相對孤立、社會成員極少流動、居民具有種族與文化上的同質性、較少社會解組的現象、較少社會階層與社會團體的差異、有一套統一的習慣法（或風俗）體系、有一套被社會成員高度接受的非正式社會控制體系。就雷氏的觀察，印第安部落以及德國村，具有這些特徵。社會學家塔夫特 (Donald R. Taft) 在其 1942 年出版的犯罪學教科書，首先創用「虞犯」(Predelinquency) 的

---

❽　Schneider, aaO. S. 125–126.

概念，塔氏觀念中的虞犯是指失養失教的兒童及少年，其放蕩行為雖有犯罪的可能，但並未達於違反刑法的程度。從犯罪預防的觀點，塔氏認為虞犯應及早加以法律上的反應 ❽。

　　巴尼斯 (Harry Elmer Barnes) 及提特斯 (Negley K. Teeters) 二人在其四版的犯罪學教科書 (1943、1945、1951、1959)，極審慎廣泛地檢討刑罰執行的問題，並且均有專章詳細討論組織犯罪與經濟犯罪。塔朋 (Paul W. Tappan) 在其 1947 年出版的《法庭中的犯罪少女》(*Delinquent Girls in Court*)，首度檢討犯罪人與社會的互動過程，從此開拓了犯罪學的研究角度，人們不只注意被界定為犯罪之人，也開始注意界定他人犯罪之人。其實早在 1924 年及 1926 年，蘇哲蘭與齊林即分別引用「形象互動」(Symbolic Interactionism) 的觀念，但是，直至塔朋的前揭書問市之後，個人與社會之間的互動關係，才開始成為現代犯罪學的中心概念。1951 年，李馬特 (Edwin M. Lemert) 在其《社會病理學》(*Social Pathology*) 一書中，提出「衍生偏差行為」(Secondary Deviance) 的概念，把犯罪人與社會的互動關係，詮釋得更為清楚。依李氏之見，所有的人均曾有過「原始的偏差行為」(Primary Deviance)，由於行為人被處罰，修正了自我觀念，對社會開始有仇恨，尤其是對於施加處罰的人，社會亦因其受處罰而開始加以排斥，終致行為人日趨墮落，而有更嚴重的「衍生偏差行為」。易言之，過早的法律反應手段是導致更嚴重偏差行為的原因。

　　第二次世界大戰並未對於美國的犯罪學發展產生任何阻礙，由於美國本土並未受戰火波及，犯罪學的研究仍然在學者的努力下，持續不斷，此一時期可謂是美國犯罪學界的戰國時代，百家爭鳴，各擁立場，根據統計，當時的犯罪學理論逾百，但大多是從社會學與心理學為背景的學者所提倡者眾，純犯罪學者所倡之理論甚少。綜觀 19 世紀末至第二次世界大戰結

---

❽　從法治國家的立場來看，虞犯的概念實值批評。因為行為如未違法，即不能以法律手段加以反應；復次，從社會心理學的觀點來看，對於有犯罪可能的行為，即加以法律反應，無異對行為人烙印，使其日趨墮落。參閱 Schneider, aaO. S. 128–129.

束，美國犯罪學的發展，有下列脈絡可尋⑧：

1.繼受行為人取向的實證主義精神，發展出臨床犯罪學，以及多因素犯罪原因研究。自龍布羅梭、費利，以迄希利、葛魯克夫婦，即為實證主義精神的傳續。

2.對於法國犯罪社會學的再發揚。從蘇哲蘭以及蕭 (Shaw) 和馬凱 (McKay) 的理論，可以發現法國學者塔德 (Tarde)、魁特烈 (Quetelet) 及涂爾幹 (Durkheim) 思想的影子，而李馬特 (Lemert) 則更加發揚犯罪社會學的思想。

3.德國犯罪學家，例如阿沙芬堡及亨替希 (von Hentig)，雖然在德國本土未受太大重視，但是對於美國的犯罪學卻大有影響。希利、齊林、蘇哲蘭及雷克利斯 (Reckless) 不但在他們自己的著作中引述德國的犯罪學研究，也以德文發表自己的研究成果。

4.犯罪學的研究，呈現多元化的趨勢。傳統的犯罪學研究，集中在某些類型的犯罪人（如竊盜犯、殺人犯），這種現象被蘇哲蘭的白領犯罪研究突破。自波拉克 (Otto Pollak) 1950 年的《女性犯罪》(*The Criminality of Women*) 書出版之後，女性犯罪的研究開始受重視。除了少年犯罪之外，亨替希（1947 年）開始老年犯罪的研究⑨。除了犯罪人的研究之外，被害人及刑事司法機關（包括警察、法院、監獄）都成了研究的客體，刑罰的效果亦成為學者懷疑及研究的對象。比較犯罪學的研究，由雷克利斯及葛魯克帶動起來，他們不只研究美國本土的犯罪問題，也研究開發中國家的犯罪現象。

第二項　戰後美、英、加三國的犯罪學發展

壹、美國的犯罪學

二次世界大戰以後，由於美國犯罪學家的辛勤耕耘，使得美國的犯罪

⑧　Schneider, aaO. S. 130.

⑨　Hans von Hentig: *Crime: Causes and Conditions*, New York, London, 1947, pp. 151–155.

學學術風氣大盛，在世界上已居於領導地位。有許多犯罪學教科書陸續問世❾❶，蘇哲蘭及克雷西 (Cressey) 的犯罪學教科書，繼續佔有舉足輕重的地位，不過，鞭辟入裡的犯罪學新作也不斷推陳而出。例如，伏爾德 (George B. Vold) 於 1958 年初版的《理論犯罪學》(*Theoretical Criminology*)，整合既有的犯罪學理論，予以詳盡的剖析與批判，深受學界推崇❾❷；克來納 (Marshall B. Clinard) 的著述亦享有極高的評價，尤其是關於經濟犯罪的著作❾❸；葛魯克夫婦持續不斷地做多因素的犯罪研究以及犯罪預測研究，早已在國際間享有盛名。

除了各別的研究與著作之外，由專家所組成的工作群，也展現出傲人的成果，例如「總統的法律執行與司法行政委員會」(President's Commission on Law Enforcement and the Administration of Justice) 網羅 19 名委員、63 名研究員與 175 名顧問，曾做過許多大規模的犯罪學與刑事政策方面的研究，該委員會所發行的十種研究報告，在國際間頗獲佳評。此外，「國家預防暴力與原因調查委員會」(National Commission on the Causes and Prevention of Violence) 專門從事暴力犯罪的研究，該委員會所發行的十三冊研究報告，亦甚受重視。

---

❾❶ 這些書有：
① Elliott: *Crime in Mordern Society*, 1952.
② Korn & McCorkle: *Criminology and Penology*, 1967.
③ Cavan: *Criminology*, 1960.
④ Tappan: *Crime, Justice and Correction*, 1960.
⑤ Bloch & G. Geis: *Man, Crime and Society*, 1962.
⑥ Caldwell: *Criminology*, 1965.

❾❷ Vold 去逝之後，該書由 Thomas J. Bernard 續予修正出版，修正第三版於 1986 年發行。這是一本相當值得推薦的好書。目前該書已更名為 *Vold's Theoretical Criminology*，並由 Thomas J. Bernard, Jeffery B. Snipes 和 Alexander L. Gerould 合著，修正第七版已於 2016 年發行。

❾❸ Clinard 在這方面的著作有：1952 年的 *The Black Market*，1980 年與 Yeager 合著 *Corparate Crime*。

貳、英國的犯罪學

英國的犯罪學研究，截至 1940 年代末期，仍乏善可陳。一直到 1955
年，一方面由於犯罪率的不斷上升，另方面由於曼海姆 (H. Mannheim) 及
魏爾金 (L. Wilkin) 的帶動，犯罪學的研究風氣，才逐漸蓬勃發展。從 1955
年至 1970 年之間，英國的犯罪學研究主要有下列重點：犯罪案件與不同犯
罪人類型的描述、刑罰與矯治效果的評估研究、犯罪預測、矯治機構組織
與環境及矯治人員決策過程的探討。犯罪生態學、警察研究及同生群研究，
也都受到重視。大部分的研究以實用為主，這主要是受劍橋大學第一任犯
罪學研究所所長雷齊諾維茲 (L. Radzinowicz) 的影響❾❹。

英國自 1960 年代末期開始，由於社會學系增多，從社會學的觀點探討
犯罪問題乃蔚為風氣。 一批年輕學者所組成的 「全國偏差行為研討會」
(National Deviance Conference) 經常舉辦研討會。因為深受「標籤理論」的
影響，以及對傳統犯罪學研究的不滿，並由於許多自由派社會工作者與出
獄人的加入，使該組織逐漸變質為非學術團體，成為譴責刑事司法體系的
工具。至 1970 年代初期，組織內部開始分裂，有的走「互動理論」的研究
方向，有的則成為馬克斯主義犯罪學者。泰勒 (I. Taylor)、華頓 (P. Walton)
與楊格 (J. Young) 即為馬克斯主義犯罪學者，他們 1973 年出版的《新犯罪
學》(*The New Criminology*)，對後來英美犯罪學的研究有重大影響❾❺。

參、加拿大的犯罪學

加拿大的犯罪學與英美的犯罪學研究有緊密的關連，而法語區魁北克
省 (Quebec) 的犯罪學，則深受法國、比利時的影響。加拿大的犯罪學研究
與世界潮流一致，不同罪犯的處遇方式、刑事司法體系的檢討、學習障礙
與腦受傷對犯罪行為的影響，均為研究重點。一般而言，加拿大的犯罪學
研究水準並不甚高，尚不及北歐諸國，但是，煙毒、藥物濫用與酗酒方面

❾❹　參閱許春金：《犯罪學》，1988，576–578 頁。
❾❺　許春金，前揭書，578 頁。

的研究成果，則甚為可觀，值得重視❾❻。由加拿大犯罪學者，所組成的「加拿大刑事司法協會」(Canadian Criminal Justice Association)，自 1958 年起，以英、法文發行《加拿大犯罪學學報》(*Canadian Journal of Criminology*)，是加拿大頗為重要的專業刊物。上述協會與美國的犯罪學家關係密切，每年一次在加拿大各大都市舉辦學術研討會，對於加拿大的犯罪學研究風氣，有帶動的作用❾❼。

第三項　當代英語系國家的犯罪學發展

犯罪學在上世紀 70 年代以後，犯罪學家們對於犯罪成因的解釋，大致上論點具有共通性，亦即犯罪人對於犯罪行為的發生，是因為生物（內在）因素與環境（外在）因素的互相影響下所致，換言之，運用犯罪學的單一理論以解釋犯罪人犯罪的論點，似乎已遭摒棄，取而代之的是一種整合性理論。即使傳統單一的犯罪學理論，也逐漸地修正並兼採整合性的角度，讓原本的理論更具生命力與延續性。這樣的結果，許多犯罪學理論的發展，變得比較單純且更具結構性，當代主要的犯罪學理論派別計有：個體因素學派（生物的、心理的與選擇的理論）、社會因素學派（強調結構與過程的理論）、政治與經濟因素理論（衝突理論）以及多元因素理論（發展性理論）。

相較於先前的理論，均從犯罪人的角度來詮釋其犯罪成因，自 1970 年代開始，有一批犯罪學家從環境的角度，詮釋犯罪的成因，認為犯罪行為的發生，係因為標的物的吸引性或脆弱性，抑或是環境的監控力薄弱使然，因此強調從環境的角度提出犯罪學理論。針對上述各理論派別，詳細說明如下（詳表 3-2 整理）。

1.理性選擇理論 (Rational Choice Theory)：為古典犯罪學理論的進化，主張犯罪人是有理性選擇的決策者，在從事犯罪之前，已經評估過犯罪所需付出的成本以及可獲得之利潤，因此，他們的選擇犯罪與否，完全受到渠等對於刑罰的恐懼程度來決意是否犯罪。因此，情境是誘發犯罪人選擇

---

❾❻　許春金，前揭書，566–567 頁。

❾❼　Schneider, aaO. S. 151.

犯罪的因素，犯罪也是個體自由意志的運作以及理性選擇的結果，只有懲罰才能嚇阻其選擇犯罪。

2.特質理論 (Trait Theory)：源自於龍布羅梭的生物實證主義，再經歷過 20 世紀初、中葉的犯罪生物學與心理學的發展整合而成。當代特質學派的學者，不再從單一特質的角度來解釋一個人的犯罪成因，反而強調生物因素與心理因素的特質，在與周遭環境的互動下，誘發了個體的犯罪行為。因此，當代的特質學派的學者主張，犯罪行為與個體的諸多因素，例如飲食（鉛汞）中毒、賀爾蒙異常、腦部發育病變或受傷、人格與智力的發展是否健全等，息息相關。

3.社會結構理論 (Social Structure Theory)：自芝加哥學派轉變而來，強調一個人居所環境與其犯罪行為的產生，存在高度關聯性，甚至主張人類就是環境的產物：什麼樣的環境造就什麼樣的人格特質與生活型態。特別是那些在社會底層的人，因為無法透過傳統且合法的手段或方法，達到財富的滿足或金錢的成就，他們經歷過比一般人更多的亂迷、緊張、挫折與失敗，這些社會的壓力與個人的異常疾患 (Turmoil)，導致他們走向犯罪之途。

4.社會過程學派 (Social Process Theory)：著眼於個體的社會化過程，他們相信個體會犯罪，是經由與他人的互動、仿效、形塑以及讚賞後形成的。此外，該學派的有些學者則主張，犯罪人的犯罪，完全是因為與社會的社會鍵破碎 (Shattered) 的結果。

5.衝突學派：許多犯罪學家仍然認為犯罪是根源於社會與政治衝突的結果，因為這些在社會階層的上流者或是在政治圈中的主流團體者，握住手中的權力，鞏固與保障自己的利益。此外，這些批判犯罪學家相信，犯罪是與不公平的經濟結構與條件有關，特別是在一些崇尚資本主義的社會中，犯罪更加猖獗，因此，此一學派直至今日，仍然歷久不衰。

6.發展性犯罪學 (Developmental Criminology)：1950 年代葛魯克夫婦的先鋒研究，開啟了新一代的犯罪學學派，稱為發展性犯罪學，他們強調個體的特質、社會的結構與條件，是如何的影響一個人在其人生的生涯中，

持續或中止其犯罪行為。這樣的縱貫性研究方法，帶動了新一波犯罪學發展的新典範，更重要的是，賦予了犯罪學新的生命力。

7.環境犯罪學：在 1970 年代以來，有一批學者主張，要完整了解犯罪現象，還是要探討當時其發生犯罪的機會與環境，因此，犯罪現象的研究從犯罪人本身的犯罪行為與犯罪惡性轉向至犯罪人犯罪機會與環境的關係，稱為「環境犯罪學」(Environmental Criminology)。其基本命題：為何某些人在某些特殊的時間和空間就會犯某種特殊類型的犯罪？換言之，這種犯罪行為的誘發或是犯罪機會的顯現，一定與外在環境或情境的條件相配合後，始能發生，亦即當時犯罪的機會與環境產生的互動，導致犯罪的發生。

表 3-2　當代英語系國家犯罪學理論的學派

派別	強調犯罪原因的重點
古典／選擇學派	犯罪是情境驅動：犯罪是個體自由意志與理性選擇的結果，只有懲罰才能嚇阻一個人抑制情境的驅使，不會犯罪
內在特質學派	犯罪是內在驅動：犯罪是生化的、神經的、基因的、人格的、智力的或是心智的缺陷之產物
社會結構學派	犯罪是生態驅動：個體的犯罪是所處環境的產物。犯罪與鄰里條件、文化驅力以及規範的衝突，息息相關
社會過程學派	犯罪是社會化驅動：犯罪是個體從小到大，社會化的教養、學習、控制等的過程，與他人互動的結果。同儕、雙親和老師，對個體是否從事犯罪，發揮關鍵的影響因素
衝突學派	犯罪是政治與經濟驅動：犯罪是人類在有限的資源與權力競爭下的結果。階級與大小團體的競爭與衝突，產生犯罪
發展性學派	犯罪是多元驅動：生物的、社會與心理的、經濟的以及政治的驅力，均為影響一個人是否從事犯罪行為，但相對地，也可能是影響一個人是否中止犯罪的重要因素
環境學派	犯罪是環境與機會驅動：犯罪行為的誘發或是犯罪機會的顯現，與個體所處外在環境或情境的條件相配合後，始能發生

資料來源：修正自 Larry J. Siegel (2017), *Criminology (The Core)* (6th ed.). Cengage.

第四章　犯罪學理論

第一節　概　說

　　基本上，犯罪學理論是在解釋犯罪的原因。近代的犯罪學理論，可謂紛然雜陳，令人眼花撩亂，但經過實證性的理論之競爭與整合過程，當代的犯罪學理論，體系已粲然大備。但無論是紛然雜陳或體系完備，過往至今的犯罪學者均企圖從不同的角度來闡釋犯罪原因。由於著眼點的差異，這些理論（或假定）可大別為三類：其一、以生物學取向的理論；其二、以心理學取向的理論；其三、以社會學取向的理論。儘管著眼點有異，但這些理論差不多都是實證學派精神的發揚，把犯罪行為視同自然界的現象，找尋與犯罪行為有關的因果關聯。這些理論有其共同的內涵，即：①輕視自由意志在犯罪原因論上的作用。②肯定犯罪人與非犯罪人的差別。易言之，兩種不同的人，不論在生理上、心理上、社會化過程或生活的社會環境上，都有基本的差異❶。

　　犯罪是人類行為的一種，影響人類行為的因素，實甚錯綜複雜，理論上，各個不同的犯罪原因論應該是互補的，均有助於犯罪原因的了解，可是形形色色的犯罪學理論卻是互斥的，不同理論的建構者與支持者，彼此之間，爭論不休。

　　雖然各個犯罪學理論之間具有互斥性，但每一個理論都不能以對或錯

---

❶　①但批判犯罪學理論，如標籤理論、馬克思犯罪學理論，則不承認犯罪人與非犯罪人有何不同。

　　②現代社會因科技發展，大量動力機械的使用結果，形成刑法實務上甚多的過失犯罪，這些犯罪人其實與正常人並無不同，因之，幾乎所有的犯罪學理論都無法用以解釋過失犯。參閱 Zipf: *Kriminalpolitik*, 2. Aufl., 1980, S. 115.

來衡量。理論只能以它解釋現象的能力來衡量其功能。沒有一個理論的解釋力是普遍妥當的，如果一個理論可以用來解釋一切犯罪現象，那也就意味著該理論終究無法解釋任何犯罪現象。因此，試圖建立一個解釋某種犯罪現象（例如少年犯罪）的超大型理論模式，是不具太大意義的。因為影響犯罪行為的變數何其繁多，一個可以完全包括這些變數的理論，應該是無限大，而無法圖解說明的。

　　愛因斯坦曾說：理論皆是人造的，人造的理論，是人藉著極度的努力，以求適應資料所獲致的結果。因為理論本身帶有假定性，所以，一切的理論都不能說是最後的定論，而是可被質問和懷疑的❷。

　　本來理論的形成，必須先經過五個步驟：建立假設、搜集資料、分析資料、證明或推翻假設、獲得結論❸，但有些犯罪學理論在形成之初，並未經過實證（例如標籤理論、差別接觸理論）；有些則一直未經驗證（例如馬克斯犯罪學理論本質上難以驗證）。因此，理論毋寧只是一項假設；有些理論本身則根本無法實證，例如弗洛伊德的人格結構理論。本章因出於陳述的方便，泛稱為理論。

　　由於迄今提出的犯罪學理論相當繁多，本章只能擇其較具重要意義者加以介紹並討論。

第二節　以生物學取向的犯罪學理論

　　科學犯罪學的誕生，始自義大利的犯罪生物學派。早期的犯罪生物學派信守一個基本觀念：結構決定功能 (Structure Determines Function)。詳言之，個人會有不同的行為表現，是因為他們的身體構造在基本上有異。這些理論特別重視犯罪的遺傳因素而輕忽其他的生物因素。

　　現代犯罪生物學理論則認為，某種生物因素使個人有實施犯罪行為的

---

❷　參閱殷海光：《思想與方法》，1972，再版，310頁。
❸　楊國樞：〈科學研究的基本概念〉，刊楊國樞等編輯：《社會及行為科學研究法》，1978，再版，5–6頁。

較大可能，但不必然使他犯罪。犯罪行為應從個人的生物及其環境的交互作用去理解。因此，現代犯罪生物學理論，毋寧稱之為「犯罪生物社會理論」較妥❹。

第一項 身體外觀與犯罪

義大利犯罪生物學派的學說，尤其是龍布羅梭 (Lombroso) 的生來犯罪人說，雖受到強烈的指摘，例如英國醫學家哥林 (C. Goring) 在 1913 年於巴克賀爾斯特監獄 (Parkhurst Prison) 針對受刑人與醫院病人、軍人所進行的比較性研究發現，受刑人的外在特徵與其他受試者並無差異，否定龍布羅梭的理論。但卻不乏有擁護者，支持龍氏的論點，美國人類學家胡登 (E. Hooton) 即是其中的代表。

依胡登之見，認為在犯罪學的研究領域中，人類學之所以不被其他社會科學家所歡迎，是由於人們對骨相學失望之餘的反應。但是，胡登認為，社會學家、精神醫學家與心理學家，皆未能對犯罪問題的了解，提出令人十分信服的答案。因此，研究犯罪人的生理特徵是否與犯罪有關，確實有其必要。

胡登的研究，開始於 1926 年。研究資料是由一群具備生理人類學知識的研究生，花費三年的時間收集得來。研究樣本有兩組，一組為犯罪人，一組為非犯罪人。犯罪人組，取自麻州看守所、男監與感化院，以及其他各州的監獄受刑人。非犯罪人組，包括 146 名田那西州消防隊員、哈佛大學學生、麻州的軍人與黑人。

胡登在兩組人之中，檢驗其形態上有下列顯著的差異❺：

1. 犯罪人較多紋身。
2. 犯罪人的頭髮較密，鬍鬚與體毛較稀。
3. 犯罪人較多直髮，較少捲髮。
4. 犯罪人的前額，多為低斜。

---

❹ 參閱 Vold & Bernard: *Theoretical Criminology*, 3rd. Edition, 1986, pp. 84–85.

❺ Reid: *Crime and Criminology*, 1976, pp. 134–135.

5.犯罪人鼻樑較高，鼻側視呈起伏狀，多朝天鼻，鼻歪斜。

6.犯罪人多薄唇，顎骨短狹。

7.犯罪人的牙齒，多咬合不正。

8.犯罪人的耳朵，多呈捲曲狀，並且較小。

9.犯罪人的脖子較長，較細，較多斜肩。

除了上述差異之外，胡登尚發現下列的特殊現象：

1.第一級謀殺犯❻，多屬離婚男性、鰥夫、勞工、文盲與低教育者。彼等多係直髮。

2.第二級謀殺犯❼，與第一級謀殺犯的社會屬性相似，但略佳。彼等的鼻樑與鼻座較寬、厚唇。

3.傷害犯多屬離婚男性，服務業從業員。皮膚多為橄欖色，鼻樑較寬且高。

4.強盜犯中，已婚男性較少，工廠工人甚多。皮膚多為橄欖色，中等眼折 (Eye Folds)。

5.竊盜犯無特殊的社會屬性。多塌鼻。

6.強制性交犯多屬離婚男性及鰥夫。其身體形態較無特色。

7.縱火犯多為殘障的單身漢，紅色皮膚，黑髮，眼球突出，有蒙古族特有的內眥贅皮。

對於胡登的研究，社會學家抨擊最烈，英國的犯罪學家曼海姆 (Mannheim) 甚且譏之為：不值一提的研究❽。考其最受非難者，在於抽樣有偏差。因為，觀測組皆選自監所，不能代表所有的犯罪人；對照組的樣本太少，而且選樣來自大學生與體格良好的消防隊員，這些人也不能代表一般公民。

---

❻ 英美法的殺人罪分類。第一級謀殺是指犯其他重罪時，所附加的殺人，有如我刑法的殺人結合犯（例如我國刑法第 223 條、332 條的規定）。

❼ 第二級謀殺，有如我刑法的普通殺人罪。

❽ Mannheim: *Comparative Criminology*, 1965, p. 239.

第二項　體型與犯罪

有些學者認為，體型不同的人，有不同的性格，由於性格有異，實施犯罪行為的類別傾向自然也有別。最著名的學者有兩人，其一為德國的精神醫學家克雷池姆 (E. Kretschmer)，其二為美國的人類學家謝爾頓 (W. Sheldon)❾。

克雷池姆的《體型與性格》(Körperbau und Charakter) 一書於 1921 年即已問世，1961 年第二十四版時，依據 4,114 件個案的研究結果，有專章討論身體構造與犯罪的關係。德國犯罪學家葛品格 (Göppinger) 對克氏讚譽有加，認為他的著述在同類研究中，迄無一書足堪與之匹敵❿。

克氏把人的體型分為四類，並認為各具性格，容易犯不同類型的罪⓫：

1.肥胖型 (Pykniker)

此種人身材圓厚、多脂肪、手足粗短、性格外向、善與人相處。此種人不易犯罪，假如犯罪，則大多為詐欺，累犯很少，容易再社會化。

2.瘦長型 (Leptosome)

此種人身材瘦長、手足長而細、性格內向、喜批評、多愁善感。瘦長型的人，多犯竊盜與詐欺罪，累犯之中，瘦長型佔大多數。

3.健壯型 (Athletiker)

此種人健碩強壯、肌肉發達、活力充沛、具有爆發性格。健壯型的人屬於暴力財產犯罪與暴力性犯罪的專門犯。

4.障礙型 (Oysplastiker)

此種人身體發育不正常或有障礙，或有殘缺，或為畸型，性格多內向。此種人大多犯性犯罪。

有學者認為體型與犯罪的研究，在刑事政策上，尤其是罪犯的處遇，可說毫無應用價值⓬。此外，對於體型論，我們認為有三點值得批評：

---

❾　關於 Sheldon 的詳細研究，可參閱許春金：《犯罪學》，1988，182–185 頁。

❿　參閱 Göppinger: *Kriminologie*, 4. Aufl., 1980, S. 28.

⓫　參閱 Schneider: *Kriminologie*, 1987, S. 374 f.

1.個人的體型可能隨環境與年齡而改變。在某種環境下，或年輕時，一個人的體型可能是瘦長型，可是到中年後，因環境改變，即可能變成肥胖型。所謂江山易改，本性難移，人格特質是持久不變的，因此，我們很難以某一時期的體型去預測一個人的人格特質。

2.雖然某一體型與某些人格特質有關，但其間的因果關聯則難以確定。究竟是體型決定了人格特質，還是人格特質決定了體型。如果體型可以決定人格特質，那麼罪犯的處遇就太簡單了：把受刑人養胖，即可大大減低其再犯率。

3.一個人之所以犯罪，除犯罪人自身的生物因素之外，尚不能忽視外在的社會環境因素。

第三項　遺傳與犯罪

遺傳與環境對於人類行為的影響，孰輕孰重，向來是學者爭論不休的問題。社會學者及心理學極端的環境論者，多認為環境或後天的訓練與學習，是人類行為的主要原因；生物學家及心理學極端的遺傳論者，則認為遺傳才是行為的根本原因。

普通研究遺傳方法有二：一為追溯家史，稱家譜法；一為應用相關係數，稱統計法，典型的統計法是雙生子行為相關性的研究。

曾有若干學者，從事犯罪人家譜的研究，以證明犯罪與遺傳間的關係。例如，美國人郭達德 (H. H. Goddard) 曾對賈里加家族 (The Kallikak Family) 加以研究。賈里加原為英國世家之子，於美國獨立革命時參加軍隊。他先與一智力低能的女子結婚，戰爭既畢，又與一個正常女子結婚，這前後兩次婚姻的子孫，迥然不同。前妻後裔共 480 人，其中有 143 人為低能，僅有 46 人為常態。在此 480 個後裔中，有 36 人為私生子，33 人為妓女，24 人為嗜酒者，3 人患癲癇症，83 人幼時即夭折，重犯 3 人，開妓女戶者 8 人。後妻子嗣共 496 人，除 2 人患酒癖，1 人遊蕩外，餘皆為正常市民。

另一美國研究者杜代爾 (R. L. Dugdale) 對於朱克家族 (Juke's Family)

---

⑫ Schneider, aaO. S. 375.

的研究發現，與前述郭氏的發現相似。朱氏遠祖為一懶惰不負責的漁夫，生女 5 人，歷五世而得後裔 1,200 人，其中死於嬰孩期者凡 300 人，以乞食為生者 310 人，身體不健全者 440 人，婦女中半數以上業娼，130 人為刑事犯，60 人為盜賊，7 人為殺人犯，無一人接受高等教育，經商者僅 20 人，而此 20 人中，竟有 10 人係受教於監獄❸。

　　以上的事實，往往被用以強調遺傳因素在犯罪原因的重要性。但只根據在同一家族中出現了多數犯罪者的事實，尚不足以證明犯罪與遺傳確有關聯。因為這類犯罪者的家庭環境，往往多屬不良，故其家屬之陷於犯罪，有可能由於不良的家庭環境所使然❹。

　　以家譜法研究犯罪行為之能否遺傳，其不妥當已如上述，因此學者們更嘗試對於雙生子加以研究。他們認為，假如行為可以遺傳，那麼以雙生子作為研究對象，應該最為妥當。他們的基本假設是：「如果遺傳對於犯罪原因有影響力，那麼雙生子所顯示的犯罪行為一致性，就會很高；如果遺傳沒有影響力，那麼雙生子犯罪行為的一致性，就會很低。」

　　研究雙生子犯罪行為一致性的學者，以德國的精神醫學家藍格 (J. Lange) 為最先 (1929)，繼之有德人史頓佛 (F. Stumpfl) (1936)，及克藍茲 (H. Kranz) (1936)。其後在荷蘭、美國、芬蘭、挪威、丹麥及日本，都有過相同的研究。此處要引述的是德人藍格及丹麥犯罪學家克里斯安生 (K. O. Christiansen) 的研究。

　　藍格調查若干德國監獄中的男性受刑人，發現同卵雙生子中，正在服刑的受刑人，其雙生兄弟亦曾經有過犯罪的行為，此種情況在異卵雙生子之中，則比率較少。即：在 15 對同卵雙生子之中，有 10 對，其犯罪行為是一致的；而在 17 對異卵雙生子之中，有 15 對，一人犯罪，另一人並未犯罪；至於 214 對普通兄弟中，犯罪行為的一致性，只有 8%。在同卵雙生子中，雙方均有過犯罪行為的，其犯罪種類、犯罪次數、犯罪手段、行刑中的表現等極細微之處，亦頗為一致，此種現象正可說明遺傳因素與犯

❸　參閱王克先：《發展心理學新論》，1975，三版，107–108 頁。

❹　張甘妹：《犯罪學原論》，1980，115 頁。

罪的密切關係⑮。

較近的研究是丹麥犯罪學家克里斯安生於 1968 年所做的。他選取 1881 年至 1910 年出生於丹麥的 3,586 對雙生子，根據官方的犯罪檔案，發現男性同卵雙生子，有 35% 犯罪行為是一致的，異卵雙生子則只有 13%⑯。

早期犯罪學的雙生子研究，較高估遺傳的影響力（同卵雙生子約有 3 分之 2，異卵雙生子約有 3 分之 1，犯罪行為一致）；近期的研究則較低估遺傳的影響力（同卵雙生子約有 3 分之 1，異卵雙生子約有 8 分之 1，犯罪行為一致）。克里斯安生認為，同卵雙生子的環境比起異卵雙生子的環境更為相似，同卵雙生子彼此更為認同，互相信賴，不管交友、就學、就業，以及別人對他們的態度都較為一致；而異卵雙生子則非如此，他們彼此的認同感較遜，別人對待他們的態度也較有差別，因此，在行為反應上，他們是互相競爭，而非彼此合作的⑰。似乎克氏也不能否認遺傳與環境的交互作用，才是影響人們行為的重要因素。

第四項　內分泌失調與犯罪

1920 年代末期與 30 年代，開始有人注意內分泌失調與犯罪的關係。他們的基本假設是：內分泌失調會影響大腦、中樞神經系統以及人的性情（尤其是感情生活），而導致犯罪行為的發生⑱。

早年的美國犯罪學者施列譜 (Schlapp) 及史密斯 (Smith)(1928) 就認為母親的內分泌失調，會影響胎兒，而將來成長後可能成為少年犯⑲。可是兩人的說法只是一種臆測，並未獲得當時犯罪學家的支持。

美國人伯曼 (L. Berman) 在 1938 年做過實證研究，認定內分泌失調確與犯罪有關。他以紐約州的辛辛監獄 (Sing Sing Prison) 的 250 名受刑人為

---

⑮　Reid, op. cit., p. 137.

⑯　Schneider, aaO. S. 371.

⑰　aaO.

⑱　Schneider, aaO. S. 379.

⑲　aaO.

研究組，另以同等數目的紐約市民為控制組，比較結果發現，受刑人的內分泌失調，大約是市民的兩倍至三倍。至今，該研究結果仍廣被犯罪學者引用。不過，由於伯曼並未對研究方法與樣本的選取有詳細說明，也未用具體的統計數字說明研究結果，以致後來若干比較謹慎的研究，並未支持他的看法[20]。

儘管現代犯罪學家仍不敢肯定內分泌失調與犯罪有必然的關聯，可是卻有人假設，只要能抑制內分泌失調的情形，便可以防止或減少犯罪的發生，尤其是暴力犯罪與性犯罪。美國、西德與丹麥做過這類實證研究，而且還影響罪犯處遇的實務工作。

在美國曾有若干監獄，對性犯罪的受刑人施打雌性激素荷爾蒙，用以抑制這些受刑人的性驅力[21]。

德國在 1969 年正式公布施行「自願去勢與其他治療方式法」(Gesetz über die freiwillige Kastration und andere Behandlungsmethoden)，使矯治機構有為性犯罪人做閹割手術及其他醫療措施（例如使用藥物加以抑制）的法律依據。

閹割固然可以非常成功地減少性犯罪的再犯，可是，閹割不但使得異常的性生活受到抑制，正常的性生活也受到了破壞。根據霍維茲 (Hurwitz) 及克里斯安生 (Christiansen) 在 1983 年的研究，發現被閹割者在手術後三年內，有97% 完全失去性能力。不但如此，閹割也必然會產生一些副作用，諸如造成心靈上的傷害，被閹割者的自我價值感 (Selbstwertgefühl) 喪失，導致自殺的發生。對於前述德國的「自願閹割法」，有學者認為，該法固以慢性與危險性的性犯罪人為對象，且以自由選擇為基礎，可是受刑人在閹割得以提前出獄的重大心理壓力下，實不可能有慎重的考慮，因此，也就不會有真正的自由意志[22]。

[20] Vold & Bernard, op. cit., p. 97.

[21] Shand & Roth: Biological and Psychophysical Factors in Criminality, in Glasser (ed.), *Handbook of Criminology*, Rand Mclvally, 1974, p. 101.

[22] Schneider, aaO. S. 380.

第五項　XYY 性染色體異常與犯罪

　　1960 年代開始，犯罪學文獻上，對於性染色體異常可能影響犯罪的課題，討論甚為熱烈，在歐美的大眾傳播界也多有討論。

　　細胞核中的染色體，是生物遺傳的物質基礎。正常的人體細胞，具有 46 個染色體，但偶然也發現性染色體有增減的情形。染色體的增減，對人類均有不良影響。一般的男人，有半數的精細胞含 X 染色體，另半數則含 Y 染色體；卵細胞則只含 X 染色體，不含 Y 染色體。受精作用時，X 與 Y 兩者的組合配對，不外兩種方式，即 XY 與 XX。若為 XY 則為男，若為 XX 即為女。當然 X 染色體與 Y 染色體的組合不會如此的規則，有時兩者的組合可能發生增減的現象。例如，女性體細胞中，X 染色體組成有 X（少一條），XX, XXX, XXXX, XXXXX；男性體細胞中，染色體組成有 XY, XXY, XYY, XXYY, XXXY, XXYYY 等❷❸。

　　學者們假設，一個人多了一個 Y 性染色體，必然是超男性 (Supermale)，而且必然較富攻擊性，並與犯罪有關聯。

　　英國的女研究者亞柯布 (Patricia Jacobs)，是第一位驗證前述假設的人。在蘇格蘭一家採高度安全措施的精神醫院，她發現某部門的 196 名男性病患，有 12 名屬於性染色體異常者，其中有 7 名即為 XYY 異常。她又在該醫院的另一部門發現 119 名男性病患中，有兩名是 XYY 異常者。此項發現，具有統計上的意義，因為根據推測，在一般人口中，XYY 異常者，每 1,000 人中不超過 1.5 名❷❹。

　　亞氏描述 XYY 的男性為：具有危險性、有暴力與犯罪傾向。此項描述在日後更被渲染，因為有若干駭人聽聞的重大暴力犯罪，其行為人經證

---

❷❸　染色體數目的異常，對於個體的影響亦甚大。許多自然流產的胎兒，多半由於染色體數目不正常。據估計，每一百個孕婦中，有十到十五個發生自然流產，而在一百個自然流產的胎兒中，有三十三個是由於染色體異常所引起。參閱王克先，前揭書，104 頁。

❷❹　Vold & Bernard, op. cit., p. 93.

實屬於 XYY 異常者（例如，1968 年在芝加哥連殺 8 名護士的兇手）**㉕**。

　　稍後的研究，似乎不太支持亞柯布的陳述。沙賓 (Sarbin) 及米勒 (Miller) 兩個英國人，1970 年在蘇格蘭的精神病監獄發現，XYY 受刑人並不比其他染色體正常的受刑人更具暴力傾向**㉖**。丹麥的維肯 (Witken) 及其同僚在 1977 年，搜集 4,000 多名 1944 年至 1947 年出生的男性血液樣本，這些人身高至少都是 184 公分以上。他們發現，在這群人中，有 12 名 XYY 及 16 名 XXY 的人。12 名 XYY 男性中，有 5 名曾受一次或多次的罪刑宣告 (41%)；16 名 XXY 男性中，有 3 名曾受罪刑宣告 (19%)；至於其他染色體正常的男性，則有 9.3% 受罪刑宣告。不過，幾乎所有 XYY 男性所犯的罪，都是輕微的財產犯罪，而且 XYY 以及 XXY 男性，均不比 XY 的正常男性有較多的人身犯罪紀錄。維肯的結論是：XYY 男性並沒有特別的侵略攻擊性**㉗**。

　　1960 年代，在某些國家，曾有刑事被告以 XYY 性染色體異常為由，請求減免罪責，而各有不同結果。1968 年，美國洛杉磯法院毫不容情地駁斥以遺傳基因作為減輕罪責的要求。同年，在法國，一名為丹尼爾‧雨根 (Daniel Hugon) 的殺人犯，雖然在犯罪行為時精神狀況正常，亦無其他減免罪責事由，只因他提出醫師的 XYY 診斷證明，而獲致減刑。1969 年，澳大利亞的某 XYY 殺人犯，則幸運地被宣判無罪（不過，該案尚有精神醫師對被告所作的精神異常的鑑定報告，也許無罪判決的基礎，是精神異常而非染色體異常）**㉘**。

　　由於犯罪學家及其他學科的專家，並未肯定 XYY 與暴力犯罪的必然關聯，而且大陸法系國家對於犯罪的判斷，自有其嚴格的刑法論理上的基礎，因此，XYY 性染色體異常作為減免罪責的條件，尚難被接受。

㉕　Vold & Bernard, op. cit., p. 94.

㉖　Ibid.

㉗　Schneider, aaO. S. 378 f.

㉘　Reid, op. cit., p. 139.

第六項　腦組織傷害與犯罪

　　德國學者對於腦部受傷與少年犯罪的關係，有過許多研究。他們認為早期的腦部受傷，包括出生時呼吸停止以及腦發炎所造成的腦受傷，可能引起成熟過程的干擾，而與少年犯罪有關。茲以四個德國的研究結果，扼要介紹如下❷：

　　一、晏柯 (W. Enke) 在 1955 年發現在 800 名教育困難的兒童中，有 74% 經證實有腦組織的受傷；而 587 名在一般小學就讀的兒童中，只有 6.5% 腦組織受傷。

　　二、葛尼茲 (G. Göllnitz) 在 1965 年發現，在 300 名教育困難的兒童中，有 93% 肇因於兒童早期的腦部受傷。

　　三、藍普 (R. Lempp) 在 1981 年發現，少年犯之中大約 40% 在其兒童時期曾經腦部受傷；而正常少年中大約 17% 腦部受傷。

　　四、謝夫齊克 (H. Szewczyk) 在 1981 年發現，在 300 名年輕犯罪人之中，其兒童時期腦部受傷者，約佔 93%。其中年齡在 14 至 15 歲者，佔 32%；16 至 17 歲者，佔 29%；18 至 21 歲者，佔 21%；21 至 25 歲者，佔 11%。

　　腦組織受損的情形越是嚴重，影響一個少年變成犯罪人的環境因素，便越是無足輕重。腦組織受損的兒童，會有不平衡感，缺乏情感的控制能力，有強烈的衝動，過分的性慾衝動。這些對環境敏感、行為錯誤、適應困難的兒童或少年，可能引起他們父母親或老師不合理或粗暴的對待，因為他們的腦傷害在外觀上無法察知，外表上又不是生病或異常。在這些腦組織受傷的兒童或少年的心靈中，會覺得社會對他們不公，而開始有異常的反應，逐漸形成錯誤的發展。由於現代醫學進步，有大量腦組織受損的兒童幸而得以存活，人們如何去對待這些兒童或少年，是特別值得注意的事情❸。教育上的成功，可以使腦組織受傷的兒童或少年，控制住本身的缺陷。年齡越大的少年犯，腦組織受傷的比率逐漸減少，便可以證明教育

❷　Schneider, aaO. S. 377.

❸　Schneider, aaO. S. 377–378.

的作用 **❸❶**。

　　晚近腦的研究與神經傳導物質 (Neurotransmitters) 有關，因為腦的活動與功能，均受到神經傳導物質的影響，例如研究發現，人類的攻擊與其他的反社會行為，與神經傳導物質中的多巴胺、去甲腎上腺素、血清素、單胺氧化酶 (MAO) 以及氨基丁酸 (GABA) 有關。已有證據顯示，這些神經傳導物質的異常或失衡，與個體的攻擊或暴力行為的產生有顯著關聯性 **❸❷**。

　　具體的研究領域可區分為腦結構、注意力缺陷過動疾患 (ADHD)、腦波異常 (EEG) 與腦腫瘤或創傷等。在腦結構方面，精神醫學家傅蘭克 (G. Frank) 於 2007 年的研究發現，具有攻擊性傾向的青少年，與其腦中的扁桃腺 (Amygdala) 異常有關。因為扁桃腺是腦中處理人類有關威脅與恐懼的區塊，並能削弱額葉的活動力，而額葉又正是人類腦中統管決策與控制衝動的區塊。因為扁桃腺異常，導致個體對於外在恐懼感或威脅性較為敏感，進而引發額葉對於衝動性或暴力性行為的抑制失衡，因此，傅蘭克發現，這些青少年容易誤判或錯誤解讀環境的情況，進而比較容易發生暴力或攻擊行為，例如對於對方的嘲笑，會以為是挑釁，進而以怒罵或攻擊的方式予以反擊 **❸❸**。

　　在注意力缺陷過動疾患，是指男孩表現出缺乏注意力、容易衝動以及過動等症狀。晚近的研究也指出，這種現象與基因有關係。但是，有學者的一系列研究指出，許多孩童時期具有 ADHD 症狀之孩童，會有行為失常之現象，並且衍生出攻擊及反社會行為。這樣的現象甚至會持續至青少年甚至成年。他們會將這些異常行為從學校帶到社會成為犯罪行為，然後這些 ADHD 症狀會非常穩定的從青少年持續到成年階段 **❸❹**。

---

❸❶　Göppinger, aaO. S. 190.

❸❷　Young, Smolen, Corley, Krauter, DeFries, Crowley, & Hewitt: Dopamine transporter polymorphism associated with externalizing behavior problems in children, in: *American Journal of Medical Genetics*, 114 (2002), 144–149.

❸❸　Siegel: *Criminology: The Core*, 6th. Edition, 2017, Cengage, p. 133.

❸❹　Hankin, Abramson, Moffitt, Silva, McGee, & Angell: Development of depression

有關腦波異常與犯罪之關聯性，學者羅 (D. Rowe, 2001) 的研究發現，習慣性暴力犯罪人的腦波的異常現象，遠較非暴力或一次暴力犯罪人來得高。而這些腦波異常現象的行為人具有低衝動控制力、低社會適應力、充滿敵意、容易發脾氣以及自殘現象。另學者佛拉卡 (J. Volavka, 1987) 也指出，殺人犯中大部分患有腦波異常之情形，他們容易懷有敵意、嚴苛、易怒、不順從別人以及衝動性格。另外學者雷恩 (A. Raine, 1997) 則發現，系列暴力殺人犯 (Series Killers) 的腦波與一般犯罪人及普通人有顯著差異。系列殺人犯的腦波，透過顯影技術後發現，腦部細胞比較不活躍之緣故，顏色暗陳、偏藍綠色較多。相對地，一般正常人的腦波，由於細胞較為活躍，因此顏色呈現出較多的紅橘色，藍色或綠色較少❸❺。

此外，尚有大腦敏感 (Cerebral Allergies) 以及神經敏感 (Neuroallergies)，將導致腦部腫脹與創傷，並引起許多心理、感情以及行為困擾，諸如發生過度情感化之行為、侵略攻擊性行為以及暴力行為。

第七項　智力與犯罪

智力也常與其他體型外表等因素同樣被用來詮釋犯罪，早期對受刑人的智力測驗結果，都支持犯罪人智力較低的論調，因此有人主張將低能者收容在機構內，不容許繁衍後代，可是隨後的研究發現大多數犯罪人的智力是正常的。在第一次世界大戰期間，美國曾對徵兵進行智力測驗，以篩檢出不適合服役的低能者，結果診斷出美國人口中約有一半是低能者，後來研究卻陸續發現犯罪人和新兵的智力差異並不顯著❸❻。

然而 1970 年開始，犯罪人智力較低的假設又重新獲得一些支持，有研究指出犯罪人和非犯罪人平均智商相差 8 分，且低智商在犯罪預測上與社

---

from preadolescence to young adulthood: Emerging gender differences in a 10-year longitudinal study, in: *Journal of abnormal psychology* 107, no. 1 (1998): 128.

❸❺　Siegel, op. cit., p. 133.

❸❻　參閱 Vold, Bernard, & Snipes: *Theoretical Criminology*, 4th. Edition, Oxford University Press, 1998, pp. 52–58.

會階級、種族兩因素至少同等重要；另有研究發現重罪犯的平均智商比輕罪犯低，同時也顯示兒童的低智商與長大後，變為少年犯或成人犯是有關聯的；最近的注意力則是集中在語言智商 (Verbal IQ) 和操作智商 (Performance IQ)，少年犯在前者較低，而後者則與一般人相近，不過有學者解釋低語言能力者之所以較會發生犯罪行為，是因為這群人大多會有課業、心理、道德推理、同理心 (Empathy) 或解決問題 (Problem Solving) 能力低等困擾所致 ❸ 。

　　綜合智商與犯罪關聯性的研究爭議點不外有三：首先，智商是測驗某些抽象推理或問題解決能力，而這些大多是天生的，因此智商影響犯罪是經由父母育兒技巧差或學校表現差的結果，或是低智商者傾向尋求短期立即滿足的結果所致。其次，智商不是測驗天生能力，而是測量和主流文化有關的品質，以致弱勢族群的智力被低估；如果此測驗沒有偏差，智商與犯罪的關聯性可能不存在。再者，智商是測驗語言及學業問題解決的能力，但這些能力高低大多不是由於遺傳，而是由個人環境所決定，主要是低階層的低智能小孩在校學習遲滯或者是欠缺動力所致 ❸ 。

　　由此可知，智力在犯罪人和非犯罪人的整體差異，可能是反應環境而非遺傳因素；不過智力測驗仍不失為預測犯罪的良好因子，測驗分數較低者較有可能成為少年犯。

第八項　衝動性與犯罪

　　最近的另一項研究重點是衝動性 (Impulsivity) 與犯罪之關係，認為個體要是衝動特質作祟，內在抑制力無法有效克制該衝動性，使人行事草率、缺乏耐心，尋求短暫立即的滿足，才會有脫軌的犯罪行為發生。有研究顯示這種忽視長期後果的衝動性人格與下列因素有關 ❸ ：

---

❸　Ibid., pp. 61–63.

❸　Ibid., pp. 63–65.

❸　參閱 Vold, Bernard, & Snipes: *Theoretical Criminology*, 4th. Edition, Oxford University Press, 1998, pp. 103–104.

1.家庭生活裡某些特性，例如育兒技巧差的家庭，小孩的內在抑制力較低。

2.個人所屬的次文化團體，例如街頭幫派可能傾向以違法解決事情。

3.大眾傳媒影響所及，可能直接從中學習攻擊性，或是間接誤認為受到不公平的對待。

4.所處經濟環境的限制，不利於透過合法管道取得報酬。

5.學校教育也會有影響，例如學生不相信學習成果可經由正確途徑達成。

有學者表示衝動性其實就是一種不負責任、自我沈溺、單憑直覺、慣常違規的總體意識 (Global Sense)；其成因包括母體懷孕時喝酒、嗑藥或營養不良、生產時併發腦部受損、出生後親暱感被剝奪或被虐待所致，便在早期發育時鑄下這些神經心理問題 (Neuropsychological Problems)，加之成長過程父母以訓誡方式處理子女這些問題，結果更加強化此一衝動性人格；另有研究發現犯罪傾向 (Crime Proneness)，基本上是由衝動性與憤怒、焦慮、暴躁等負面情緒性 (Negative Emotionality) 結合而成，有這類問題的少年在平時生活就比別人感受到更大威脅和不安，一旦無法適當調整衝動性時，很快就會將這些負面情緒性表現於行動上❹。

第三節　以心理學取向的犯罪學理論

從心理學的觀點研究犯罪人，無非在探求犯罪人的心靈。因為，依據心理分析學家的見解，行為皆有其根本的動機，而動機不論其為「原始動機」(Primary Motive) 或「衍生動機」(Secondary Motive)，都蘊藏於人的心靈。

心理分析家對於犯罪行為的形成，有獨到的解釋，因此在犯罪原因論上扮演重要的角色。心理病態人格與犯罪具有密切的關係。本節即以此二者為討論範疇。

---

❹　Ibid., pp. 104–106.

第一項　心理分析論

心理分析論，又稱心理動力論 (Psychodynamic Perspective)，係弗洛伊德 (S. Freud, 1856–1939) 所創，後經阿德勒 (A. Adler) 發揚光大。心理學史上，內容最豐富，解釋最詳盡的人格理論，即為 Freud 的心理分析論。由於有心理分析論，才有特殊的心理治療法，例如自由聯想法。

心理分析論係以個案研究為基礎。心理分析家認為，每一人皆有其獨特人格，而欲窮究其人格特質，惟賴徹底的個案研究。個案研究的目的，在探求早年的生活經驗，此種生活經驗往往被人們所忽略，但是與人們的行為，當然也包括犯罪行為，卻有極重要的關聯。

最理想的個案研究，是由一組專業人員共同進行。這一組專業人員，應當包括精神醫學家、心理學家、精神科社會工作員、社會學家、人類學家、醫師。此種由專家共同進行的個案研究，稱之為「診斷的個案研究」 (Diagnostic Case Study)，目的在對於個人做深入的了解，並尋找適宜的治療方式。

診斷的個案研究應包括：被研究人的家族歷史、被研究人與父母的關係、與家庭中其他成員的關係、近鄰關係的型態、家庭的宗教信仰、家庭的健康狀況、母親的懷孕狀況、被研究人的出生狀況與出生後的發育、幼時的疾病、何時開始說話、被研究人的性生活、學校教育（學校成績與缺課情形）、雙親的人格特徵與社會態度、被研究人的工作經驗、在家庭與學校以及工作崗位的行為表現。

茲依序對於弗洛伊德及阿德勒的理論加以說明。

第一款　弗洛伊德的心理分析論

弗洛伊德 (Freud) 的心理分析論，可謂貢獻卓著，在人類文化史上，亦造成莫大的震撼❹。弗氏雖未建立任何犯罪學的理論，然而他的理論原在

---

❹　精神分析學家 Ernest Jones 曾說，人類自尊與自愛所受到的三個嚴重打擊，操於科學之手。第一個是哥白尼的宇宙觀（推翻地球為宇宙中心說）；第二個是

解釋人類行為。犯罪既是人類行為的一種表現,弗氏的學說,對於犯罪學理論,自有不可忽視的影響力。

犯罪生物學家相信,犯罪人與非犯罪人之間,基本上有量的差異,此種差異可以在身體上辨識出來。但是弗洛伊德認為,人生來就是不適應社會生活的,犯罪人與非犯罪人在遺傳上並無任何差異。因為,人之初生,其人格結構中只有「本我」,只有生物性的原始慾望,一切需求必須立刻獲得滿足,否則絕不善罷干休。在逐漸成長的過程當中,才慢慢有「自我」及「超我」的形成。「自我」受現實原則的支配,調節「本我」的原始需求,以符合現實環境之條件。「超我」是人格結構中的最高層部分,即通常所說的「良知」或「良心」。超我的功能,在管制本我的衝動,誘導自我走向合於道德規範的目標,力求達到十全十美的個人。超我的形成,來自父母的教誨、社會文化、倫理道德以及風俗習慣的陶冶。

按照這種論點,與犯罪行為有關的,並不是出生時生物上的缺陷,而是教育上的缺陷。犯罪人並沒有在社會化的過程中,學會把原始的慾望加以壓抑或昇華,沒有把社會規範予以「內化」,以致於受潛意識的「本我」,尤其是性慾所支配❷。

第二款　阿德勒的補償理論

弗洛伊德非常高估潛意識的性衝動對行為的影響力,同為奧地利心理分析家,並與弗氏有密切關係的阿德勒 (A. Adler, 1870–1937),則不同意此種論調。阿德勒認為,自卑情結與人類行為,才有至為密切的關係。自卑情結與早年生活經驗有關,此點又與弗氏強調早年生活的影響力,並無二致。

阿德勒認為,自卑感並不是變態的表徵,而是個人在追求優越地位時,一種正常的發展過程。不管有無器官上的缺陷,兒童的自卑感總是一種普

達爾文的生物觀(推翻人為萬物之靈說);第三個是弗洛伊德的心理分析說(推翻人為意識所控制說)。參閱,文榮光譯:《行為主義的烏托邦》,1975,6 頁。

❷ Schneider, aaO. S. 474.

遍存在的事實，因為他們身體弱小，必須仰賴成人而生活，並且一舉一動都受制於成人。這種自卑感在以後的生活中，繼續存在下去，而構成自卑情結。

自卑感是潛意識的，雖然承認有自卑感的人不多，但我們可從他人的行為表現探察得知，自卑感確屬普遍存在。例如，傲慢自大的人，我們可以推測其內心是：「別人老是看不起我，我必須表現一下，我並非凡夫俗子！」又如，有人說話時手勢表情過多，我們可以猜測其感覺是：「如果我不加以強調，我所說的話，就顯得太沒有份量了！」在舉止間，處處故意要凌駕他人者，我們亦能懷疑：在其背後，是否有需要他特別努力，才能抵消的自卑感存在？此一現象，有如身材短小者，總要踮起腳跟走路，以使自己顯得高一些。如果有人問他：「閣下是否覺得自己太矮小了？」他必不承認這件事實。

依阿德勒之見，自卑感是引導人類行為的動力。因為人皆有自卑感，皆在尋不同的途徑，達到優越的境界。此一超越自卑的舉動，謂之「補償作用」。阿德勒認為，由身體缺陷及其他原因（例如社經地位的低劣）所引起的自卑，可能使人發憤圖強，力求振作，以補償自己的弱點。例如，古希臘的底莫西尼克 (Demosthenesc) 原先患有口吃，經過數年若練，竟成為名演說家；尼采身體虛弱，於是他努力不懈，寫下不朽的哲學著作。此皆由於超越自卑的補償作用。然則，不妥當的補償作用，過分的權力追逐，也會摧毀一個人。阿德勒認為，犯罪人的行為，皆在企求別人的注意。因為犯罪人皆為懦夫，犯罪正是懦夫模仿英雄行徑的表現。他們自以為是英雄，追求一種自己虛構出來的優越目標，對於能鬥垮警察而沾沾自喜。其實，他們是懦弱的，他們無法以一般的生活方式與人公平競爭，對自己亦缺乏信心。總之，阿德勒認為，人的潛意識中皆有自卑感，皆希望有優越的地位，超越自卑是引導人類行為的目標，而犯罪是犯罪人超越自卑、尋求他人注意的補償行為❹。

---

❹　「毒藥女死神」Margaret Zwanziger 是此類犯罪人的最佳寫照。她是孤兒院長大的兒童，外表瘦小醜陋，因此，她就像個體心理學（以 Adler 為首的心理學

關於犯罪的預防，阿德勒認為，必須摧毀此種不正當的超越自卑的信念。惟應在何處摧毀這些不正當的信念，阿氏認為，在學校，在家庭，在感化院裡可以做到。

第三款 鮑比的依附理論

根據心理學家鮑比 (J. Bowlby) 的依附理論 (Attachment Theory)，一個人是否有能力在其一生中，均能形成與其他人的情感依附，是心理學的重要意涵。一個人的情感依附，在其出生後馬上形成，例如嬰兒一出生後與母親所形成的情感依附。而嬰兒會狂鬧、哭泣以及黏人，其目的就是希望不要與父母親分離。而被依附者，特別是母親，必須提供愛與關懷，情感的支持，予以回饋，強化彼此的情感依附。如果一個嬰兒沒有情感的依附，則會產生無助感，進而可能會無法存活❹。

而無法與他人發展出適切的情感依附者，可能會導致其產生諸多的心理疾患，其中有一個疾患就是注意力缺陷過動症 (ADHD)。有些個體可能會呈現出過度的衝動性格以及無法集中注意力，因此在校的成績或表現就不佳。當他們長大成人後，他們通常很難與他人建立或維持良好的友誼與關係，以及經營浪漫的異性關係。犯罪學家的研究已經發現，沒有情感依附能力的個體，確實與一些反社會行為的產生，存在關聯性，這包含性攻擊行為與兒虐行為。研究也指出，一些經歷過情感依附被中斷的男孩，最

又叫個體心理學）所說的，急著想吸引別人的注意，但卻飽受別人的冷眼。在經過許多次令她心灰意冷的嘗試之後，她曾經三次試圖毒死女人，希望能佔有她們的丈夫。她覺得她們剝奪了她的情人，除此之外，她就想不出其他的方法來奪回她的失去之物。她假裝懷孕，企圖自殺，以獲取男人的關懷。在她的自傳裡，她寫道：我每次做了惡事以後都會想：「沒有人曾經為我悲哀過，我為什麼要為她們的不幸感到悲哀呢？」但是她卻不了解自己為什麼如此想。引自黃光國譯：《自卑與超越》，1980，191 頁。

❹ Bowlby: *Maternal care and mental health, World Health Organization Monograph*, WHO Monographs Series No. 2 (Geneva: World Health Organization, 1951).

後也衍生出較多的偏差與犯罪行為❹。因此，從心理學的角度觀之，情感的依附是一種愛的能量累積，個體因為有愛，就有能力控制自己的衝動性或情緒，相對地發生犯罪或偏差行為的情況較低，反之則變高。

值得注意的是，鮑比的依附理論，後來啟發了赫胥 (T. Hirschi) 於 1969年所提出的社會鍵理論中，最重要的依附鍵，該鍵即是強調個體與其他人或社會控制機構情感的依附程度 ，即為赫胥四個社會鍵中的情感要素 (Affective Element)。

第二項　心理病態人格與犯罪

心理病態人格 (Psychopathische Persönlichkeit) 在犯罪學上深具意義 ，尤其是德語系國家。迄至目前，心理病態人格在德語系國家司法精神醫學鑑定上，仍佔有重要份量❻。

心理病態人格是人格異常的一種，其特徵是：行為模式常反覆與社會發生衝突，不能充分地忠誠於他人、團體或社會價值觀，顯然地自私、冷酷、不負責、衝動，沒有罪惡感，並且不能從經驗與處罰中習得教訓。對挫折的容忍力頗低，此種人易於因其本身的行為而責備他人，或尋找可行的藉口❼。

具有此種人格傾向者，往往從青少年時期開始，就可以很明顯的看出來，比如說，他可以不動聲色地殺戮小動物。又如對其他兒童做出侵害的舉動，卻不以為意。此種人到了青少年時期，學業成就通常很差，無法發揮自己的潛能。縱然他很早就步入社會，其工作表現及適應能力也一樣很差。此種人無法了解，何以他人會對工作、某種信念或價值，如此之認真。據說，此種人因為對自己及他人的破壞性極強，因此，少有長壽者❽。

❹ Wood & Riggs: Predictors of child molestation: Adult attachment, cognitive distortions, and empathy, in: *Journal of Interpersonal Violence*, 23 (2008): 259–275.

❻ Schneider, aaO. S. 383.

❼ 中華民國神經精神醫學會：《精神醫學字彙集》，1974，65頁。

究竟何種因素造成心理病態人格，一般而言，可由體質因素及心理分析兩方面加以觀察。

體質因素包括：遺傳、染色體異常、腦部的器質性障礙。有不少學者研究，發現不同類型的人格異常者，其家屬同樣具有人格異常的比率頗高。另有學者發現，XYY 及 XXY 性染色體異常，與心理病態人格關係密切。腦部的器質性障礙（指胎兒期後半期至幼兒期之間，因外來因素的作用，抑制大腦的發展，而形成腦障礙），會導致一個人易激躁、情緒不穩、抑制力量不穩定、注意力不持久、部分的智能障礙以及異常的行為表現。因此，精神醫學家認為，有一部分的心理病態人格，是由於早年的腦障礙所造成❹。

心理分析學派認為，幼兒時期的發展過程，與反社會的心理病態人格有關。依心理分析學家之見，幼兒時期母愛的缺乏或剝奪，是造成人格異常的主要因素。幼兒時期母愛的缺乏，是指初生至 3 歲時，缺乏與母親接近的機會，或者在此期間，與母親遽然分離三至六個月，或在初生之數年間，母親的身分有所變動（例如母親亡故或父母離婚）。凡此經驗，均可能造成人格異常。可是：其他有同樣遭遇之人，何以未形成人格異常？心理分析學家認為，是因為母愛缺乏之嚴重程度不同的關係❺。

歸納德語系國家各種不同的研究，發現犯罪人當中，心理病態人格者所佔的比率，大約 40% 到 100%❺。美國方面的研究結果，亦甚不一致。蘇哲蘭 (Sutherland) 在 1947 年根據紐約州與麻州的監獄資料，發現受刑人當中，心理病態人格者，約佔 10%；再根據伊利諾監獄的資料，則發現受刑人當中，心理病態人格者佔 75%❺。所以有如此大的差異，是因為心理病態人格認定上的不同❺。

❹ 林憲：《臨床精神醫學》，1982，225 頁。

❹ 林憲，前揭書，226–228 頁。

❺ Reid, op. cit., p. 163.

❺ Schneider, aaO. S. 392.

❺ Göppinger, aaO. S. 203.

心理病態人格的受刑人，被有關的學者認為非常不易矯治，德國犯罪學家葛品格 (H. Göppinger)，甚至認為毫無矯治的可能❺。對於此種極端不易矯治的受刑人，理論上，應有相當高的再犯可能性，而刑事政策上應有如何的對應措施，實為一大問題。

第三項　行為學派與犯罪

行為學派 (Behavioral Perspective) 認為人類的行為的發展，是透過學習經驗獲得。其主要的立論根據在於，人類會根據外在環境的反應來調整或改變自己行為，使之與其他人或周遭環境相一致，期能生活或適應其中。換言之，個體的行為是受到外在環境的獎賞或負面的回應（例如責備）而影響，進而持續或終止行為。因此，從行為學派的角度來看犯罪，特別是暴力行為，根本就認為是個體從周遭環境學習的結果，不涉及異常或道德不成熟的觀點。

而行為學派諸多理論中，與犯罪學關聯性最強者為 1973 年班度拉 (A. Bandura) 所提倡的社會學習理論 (Social Learning Theory)。社會學習理論主張，人類非生下來就有暴力行為的，相反地，人類的暴力行為是透過他們的生活經驗學習而來的。這些經驗包含個人觀察他人透過攻擊性行為所達到目標；或是在電視上或電影上，看到他人因為施暴行為獲得了獎賞，強化了個體實施暴力行為達到目標或獲得獎勵的動機與經驗。所以，當個體還是孩童階段時，他們仿效他人的暴力行為，達到目標或獲得獎勵，則會繼續持續到成人階段，並成為與他人互動或社交的方式之一。此外，個體在孩童階段觀察到父親重複地施暴於母親，將會把這樣的互動方式，帶入他日後的婚姻中，成為施暴父親或配偶❺。

---

❺ 就是因為心理病態人格的定義並不很確定，所以心理病態人格的研究，也遭到很大的非議。參閱 Schneider, aaO. S. 392–393.

❺ Göppinger, aaO. S. 203.

❺ Bandura: *Aggression: A Social Learning Analysis.* Englewood Cliffs, NJ: Prentice Hall, 1973.

雖然社會學習理論的學者也同意，心智的缺陷可能讓個體具備暴力的傾向，但他們更相信個體的暴力傾向完全係由環境所刺激與引發。具體來說，社會學習理論提倡者認為，個體暴力行為的型態、暴力行為的次數、哪種情境下會發生暴力行為以及要施暴於那一種對象，完全受到社會學習所決定。然而，人們同時是具有自我覺醒以及有目的學習能力的。個體對於行為結果和狀況的解釋，會影響他們從經驗中學習的方式。例如，一個家暴的丈夫在監獄中度過一個週末，這種監禁的經驗可能會被認為是他一生中最糟糕的經歷，以後不再施暴妻子。然而，另一個人可能會覺得這是一個令人興奮的經歷，進而向他的朋友們吹噓，還是繼續他的家暴行為。

社會學習理論學者進一步將學習暴力行為的過程，定義為行為塑化 (Behavior Modeling)，在當今的社會中，個體塑化攻擊性行為的來源有三：

1.家庭互動：班度拉對家庭之研究發現，會有暴力行為的小孩，其父母習慣使用暴力解決問題或處理人際衝突有相同的行為模式。例如身處家暴家庭的小孩，相較於一般家庭的小孩，確實有明顯的比例喜歡使用暴力處理人際糾紛。

2.環境經驗：居住在經常有暴力行為發生之地區的個體，比居住在一般較低暴力行為發生地區的個體，有比較多的暴力與攻擊行為。

3.大眾傳媒：電視、電影及其他傳播媒體，常將暴力描述成可接受之行為，而暴力英雄則未受到法律或社會之制裁，則個體，尤其是青少年朋友，特別容易學習到以暴力行為或態度來處理日常事務或人際關係，並習以為常。

總結而言，社會學習理論認為，下列的因素會激發個體暴力或攻擊行為之產生❺❻：

1.嫌惡的教唆者 (Aversive Instigators)：當身體遭受攻擊、言語污辱、生活條件不利之變化或行動目標受阻時，即可能呈現暴力行為。

2.正面效果之引誘 (Incentive Instigators)：當人們預期行為將產生正面、有力之效果時，亦可能產生暴力行為。

---

❺❻　Bandura: *Social Learning Theory*. Englewood Cliffs, NJ: Prentice Hall, 1977.

3.楷模之教唆者 (Modeling Instigators)：見過他人在表現暴力行為後，並沒有受到應得的制裁，甚至還受到英雄般的鼓舞與尊重，則也會助長暴力行為的產生。

4.教導性之教唆者 (Instructional Instigators)：透過幫派組織成員的教導並學習仿效後，內化成自我的一部分，自然而然會呈現暴力行為。

5.妄想之教唆者 (Delusional Instigators)：當個體不能有效的與現實生活相連結，而被幻覺的力量所操縱時，例如一直妄想有人要害他，則可能因為自保而對他人從事暴力行為。

第四項 認知學派與犯罪

心理學領域中的認知學派，近年來對於犯罪學的影響，獲得重視。認知學派的心理學家聚焦於心理的過程 (Mental Process)，亦即人類是如何的感知以及如何地在心智上代表其周圍的世界並解決問題。這學派的先驅學者有汪德 (W. Wundt, 1832–1920)、帝成納 (E. Tichener, 1867–1927) 與詹姆士 (W. James, 1842–1920)，今日認知學派已發展成許多支派，例如，道德發展支派 (Moral Development Branch) 一直是認知學派的核心，因為他們一直關注人們如何能在道德層次上代表以及推理世界。人文心理學 (Humanistic Psychology) 強調自我意識並經常與自我的感受保持聯繫，體察自我的感觸。但最為重要的支派，就是訊息處理理論 (Information-Processing Theory)，側重於探討人們是如何地處理、存儲、編碼、檢索和操縱訊息，以做出決策和解決問題。

認知理論學者解釋反社會行為，是採用心理感知的角度，並觀察人們是如何使用信息來理解他們的環境。當人們在做決定時，他們會涉及一系列的認知思考程序。首先，他們會將進來的訊息編碼，這樣這個訊息才能被詮釋。其次，他們會搜尋適切的回應並決定最適切的行動。最後，他們將決定付諸實行。

根據認知學派的說法，那些會適切使用信息的人、會適合地做出合理判斷的人，以及在面對情緒化事件時，能夠作出快速和合理的決定的人，

最能夠避免反社會行為選擇。相反地，具有犯罪傾向的人可能有認知障礙 (Cognitive Deficits) 的問題，他們使用訊息以決定決策時，經常是不正確地，他們視犯罪為一種適切的方法以滿足自身立即的需求。他們也不會受到刑罰制裁的威脅或嚇阻，因為當他們試著計算犯罪的成本或犯罪行為所獲得的利益時，或他們經常犯錯，這與他們認知系統的錯誤有關。因此，當他們的訊息處理發生錯誤，代表他們的決策也會錯誤，對於犯罪成本的計畫或行為後所帶來的利潤也會錯誤，但他們總認為犯罪是可以遂行的，所以刑罰的制裁對他們而言是沒有用的。

　　缺乏認知傾向於犯罪的違法者，可能是不斷尋找新奇體驗的情感追求者；而有些則可能是缺乏解決問題能力的人，他們很少考慮深思熟慮解決問題。也有一些人則保持不恰當的態度或信念，例如尋求刺激的、可操控的、冷酷無情的、騙人的、保持違規的態度或信念。而有些人可能會輕易放棄自己的信念，尚有些其他人，當他們生氣時，會作出一些不加思考的行動❺❼。

　　認知過程不足或缺陷的人們，感知到這個世界與他們是互斥的；他們認為，他們幾乎無法控制自己生活中的負面事件。他們也發現很難去理解或同情別人的感情和情緒，這個缺陷導致他們經常將自己的犯罪行為，歸咎於是他人的問題。例如，性侵犯會認為他的目標（即被性侵害者），不是明著要與他發生性關係，就是希望暗中施以強迫的性行為（因為這是她要求的），但他們從不認為是自己認知錯誤或資訊處理錯誤的問題。

　　認知學派學者認為，為何會有一些人的認知處理過程，是有錯誤或缺陷的呢？他們提出了一個心理腳本 (Mental Scripts) 的觀念，他們認為，我們人類在孩童時期就會學習到一些生活的腳本或劇本，告訴我們如何去詮釋周遭發生的事件、什麼是預期、如何回應以及如果處理後的結果會是如何。其中，有些個體卻學習到不適切的腳本，因為他們的孩童階段，很早

---

❺❼ Lynam & Miller: Personality pathways to impulsive behavior and their relations to deviance: Results from three samples, in: *Journal of Quantitative Criminology*, 20 (2004): 319–341.

且長期暴露於暴力環境當中（例如兒虐家庭），強化了他們對於輕蔑與虐待的敏感性。暴力成為一個穩定的行為，因為這個強調積極回應的腳本隨著孩子的成長而重複排練著，成為其反應外在環境的唯一選擇。這些認知或訊息處理過程中所發生的錯誤也被使用來解釋戀童癖 (Pedophiles) 的問題行為，因為他們可能錯誤認知到，兒童有能力也願意與成年人進行性行為，而且也不會因為這樣的性接觸受到傷害❸。

第四節　以社會學取向的犯罪學理論

以社會學取向的犯罪學理論，是在強調社會環境或結構，或社會化過程對於犯罪行為的影響。20 世紀以後，犯罪社會學幾已成為犯罪學理論的重心，即使以生物學、精神醫學與刑法學為研究基礎的德國犯罪學，也在1970 年代之後，以犯罪社會學為研究主流❺。

犯罪社會學之所以成為犯罪學的主流，理由有三❻：

1.對於犯罪的生態學上的分佈，許多人感到興趣，引起犯罪社會學的研究。例如，為何某些區域的犯罪率高於其他區域？為何某些區域有較高的暴力犯罪率，而有些區域則有較高的竊盜犯罪率？這些問題並非生物個體的犯罪學理論所可解釋，必須要藉助於犯罪社會學理論。

2.為了解社會變遷對犯罪的影響，亦有賴犯罪社會學之助。如何解釋自農業社會至工商業社會犯罪現象與犯罪率的變化，科技進步對犯罪的影響，都必須借助犯罪社會學的研究。

3.為探討社會團體之間的關係對犯罪的影響，也促使了犯罪社會學的興起。例如社會階級、少數團體、種族、性別等與犯罪的關係如何，亦是

❸ Marziano, Ward, Beech, & Pattison: Identification of five fundamental implicit theories underlying cognitive distortions in child abusers: A preliminary study, in: *Psychology, Crime, and Law*, 12 (2006): 97–105.

❺ Göppinger, aaO. S. 30.

❻ 參閱許春金：《犯罪學》，1988，243 頁。

犯罪社會學所要探討的重心之一。

犯罪社會學所建立的理論，實不勝枚舉，本節僅就較具代表性者加以敘述。

第一項　涂爾幹的無規範理論

古典學派的中心思想，認為人是自由與理性的，亦即在行為的選擇過程中是自由的，而且有充分的理性去決定。犯罪生物學派反對此種見解，他們認為，行為人本體的生物因素，使他們並不那麼自由與理性；涂爾幹 (E. Durkheim) 同樣反對古典學派的見解，只不過反對的理由不同，他認為人的慾望是無止境的，因此，決定人類行為的主要因素，並非生物的，而是社會本身、社會組織及社會的發展。質言之，社會規範的崩潰，放任人類無止境的慾望去追求物質的滿足，是導致犯罪發生的原因，而社會規範崩潰的原因，則是現代化過程中，快速社會變遷的結果。

涂爾幹的理論是抽象而複雜的巨型理論，對於犯罪學的影響，可謂無與倫比。1920 年代，芝加哥社會學家借用他的理論（因社會變遷所形成的社會解組，導致犯罪的發生），建立犯罪生態學理論。美國社會學家墨爾頓 (Merton) 在 1938 年修正涂爾幹的無規範理論，而直接運用於美國社會的解釋。犯罪學上的緊張理論 (Strain Theory)（詳見下述第三項），其中心論旨即脫胎於涂爾幹的觀念。一切社會變遷與犯罪關係之研究，均可溯源於涂爾幹的思想。1969 年赫胥 (Hirschi) 的控制理論，仍擺脫不掉涂爾幹觀念的影響[61]。德國的學者歐普 (Opp) 在 1975 年也試圖以無規範理論來解釋經濟犯罪[62]。

涂爾幹的觀念並非憑空而生，而是有其特殊的時代背景。19 世紀後半世紀，涂爾幹生活的法國社會，是一個急遽變遷的混亂社會。由於工業革命的關係（1769 年英國的瓦特發明蒸氣機，掀起工業革命風潮），傳統農業社會正在解組，但是工業社會的新結構尚未完成，當時的資本家只顧賺

---

[61]　Vold & Bernard, op. cit., pp. 143–144.

[62]　Opp: *Soziologie der Wirtschaftskriminalität*, C. H. Beck, München, 1975, S. 77 ff.

錢，官商勾結的現象頗為普遍，勞工的工作環境始終不能改善，形成勞資對立與貧富懸殊的局面。另外，由於 1789 年法國大革命的關係，封建君主政體瓦解，在自由放任思潮的影響下，人民要求有更多的自由，甚至幾乎演變成無政府狀態，法國國內的政治氣氛顯得相當混亂，已經潛伏著政治危機。涂爾幹所謂的「無規範」(Anomie)，是對於當時社會環境的寫照。在他的觀念中，無規範是一種社會無秩序的狀態，無法給個人（滿足需求）的目標或手段做正確的引導。在這種無秩序的社會狀態下，許多病態現象，例如自殺與犯罪，就會大量發生。

　　為進一步說明無規範與犯罪的關係，必須了解涂爾幹對於社會組織類型的分析。涂爾幹把社會組織分成兩類，其一是「機械連帶」(Mechanic Solidarity) 的社會；其二是「有機連帶」(Organic Solidarity) 的社會。這兩種社會當然不是絕對的，而是相對的。

　　機械連帶的社會，是一個自給自足的社會。在這個社會裡，社會團體與其他團體之間較為隔離，但是團體內的成員，有強烈的集體意識，認同自己的生活環境，認同自己的工作，有一致的價值觀念。這樣的社會，很少有分工，也不太需要個人的特殊才幹。社會連結的基礎，是社會成員彼此間的一致性（比較沒有個人的差異）。在這個機械連帶的社會，刑法扮演一個很重要的角色，如果有某些人的觀念或行為，偏離社會的集體意識（社會相似性的整體），則刑法將發揮制壓的功能，以達到社會團體分子間的一致性。然而，在每一個社會，總是有些個人差異，而不可能有完全的一致性。因此，便永遠有被鎮壓的犯罪人。儘管一個集體意識很強烈的社會，不再發生被視為犯罪的偏異行為，仍然會有一些新的行為，將被放置在犯罪的範疇裡。例如，竊盜、詐欺等等不法的財產移轉行為，假設不再發生，尚有其他不合理的財產移轉行為（如不當得利、債務不履行）可能被視為犯罪。職是之故，犯罪不可能在社會中消滅。一個社會有犯罪，是社會的正常現象。應當視為異常的現象者，不是社會中有犯罪的發生，而是與向來的平均數比較，犯罪突然跳躍式的大量增加或減少。假設犯罪在一個社會被消滅，那麼這個社會必定是被病態地過度控制。集體意識的束縛嚴苛

到無人敢反對它的地步，此時，社會成員的差異沒有了，個人的原創性也消失了，社會便不可能有進步。因此，犯罪是社會進步的不可避免的痛苦代價。此種現象正如同孩子的成長過程。要求一個孩子沒有過錯是不可能的，但孩子的過錯卻不能被允許，因此處罰是不可避免的。如果一個孩子居然沒有任何過錯，那麼他一定被過度控制，而這樣的一個孩子，也就失去了獨立成長的可能性。所以，過錯是孩子成熟發展的必要代價。

在有機連帶的社會中，社會的各個部內，在高度分工的情況下，相互依賴。社會的連結，不再以個人的一致性為基礎，而有賴社會各部門或各個成員功能上的多樣性。涂爾幹認為，沒有一個社會是絕對的機械連帶或絕對的有機連帶，即使是最原始的社會，也有某種程度或型態的分工；即使是高度先進的社會，也需要某種程度的社會成員的一致性。在有機連帶的社會，由於個人意識取代了集體意識，而且對於錯誤的行為比較強調賠償而非處罰，因此，法律的功能著重在規範社會不同部門或不同成員之間的互動，此點可以由現代社會技術性、功能性法律（例如行政法、財經法）大量增加，而得到證明。這些法律強調的是人與人之間，團體與團體之間，人與團體之間清楚的權利義務，使複雜的生活關係得以規律地運作，這即是正常的工業社會的新結構。如果這種規範失其妥當性，那麼將會產生多種社會弊端，包括犯罪。涂爾幹把此種不適當的規範狀態，或缺乏適當規範的狀態，稱之為 Anomie。這個無規範的狀態，是工業革命與法國大革命所導致的結果。工業革命形成大量分工，工作變得不具意義；政治革命使絕對的個人自由被過分重視，因此，集體意識瓦解了，社會解組了，社會控制變得無能為力，表面上，個人的功能與自由不受控制了，其實社會各部門都失去了協調。例如，過度生產之後形成短期間的經濟蕭條，顯示生產者與消費者之間，沒有適當的協調或規範；罷工問題顯示勞資關係沒有適當的協調或規範；個人與其工作之間的關係，沒有被適當的規定，而產生個人的疏離感。生活在這樣處處不協調的社會，人還能真正發揮自己的功能與享有完全而獨立的自由嗎？

涂爾幹的實證研究，驗證無規範的社會狀態，的確比機械連帶的社會，

有更多的自殺❻❸，因此，他推演此種驗證結果，認為犯罪與社會失序的確有關❻❹。從涂爾幹的論調，可以推測，在他的心中，有一分對於重建新社會秩序的憧憬。

第二項　芝加哥學派的犯罪生態學理論

在經濟學上，聲名大噪的芝加哥學派，是自由經濟的堅決支持者，他們的代表人物，是一群數十年來諾貝爾獎的得主。

在犯罪學上，芝加哥學派同樣享有盛名，其代表人物均出身 1920 年代及 30 年代芝加哥大學的社會學系，他們相信犯罪現象如同生態現象，皆與環境有關。如果把城市分成不同的地帶，那麼社會解組程度較高的地帶，應有較高的犯罪率。此種信念，他們從城市中某些地帶有較高的少年犯罪率，而加以印證。

蕭 (Shaw) 及馬凱 (McKay) 運用「都市同心圓理論」，研究芝加哥的少年犯罪現象，結果發現，少年犯罪有集中在市中心的趨勢，犯罪率由市中心逐漸往郊外降低。詳細的研究分析如下❻❺：

1.犯罪率最高的區域，大多位於或近鄰重工業區或商業區。這些地區有許多廢棄的建築物，人口漸漸減少。人口減少可能與工業侵入，導致居民外移有關。

2.高犯罪率與低經濟條件有關。高犯罪率地區有較多接受救濟的家庭，與低房租階級家庭。

3.高犯罪率與外國移民及黑人高度集中有密切關係。

---

❻❸　參閱張平吾：《自殺原因論》，1988，27–28 頁。

❻❹　由於 Durkheim 認為當代法國的犯罪增多與社會亂象有關，並無實證基礎，而被後代學者批評。Lodhi 及 Tilly 從當代法國的官方統計中發現，不管暴力犯罪或財產犯罪，均無明顯增加的現象。但是，也有人懷疑，Durkheim 當初已享有盛名，要得到官方資料，可謂毫不費力，而為什麼他的推論竟與官方統計相左？參閱 Vold and Bernard, op. cit., p. 156.

❻❺　許春金，前揭書，270 頁。

　　蕭氏 (Shaw) 又認為，犯罪與都市成長，以及其他團體的入侵均有關係。當城市中某一地區被新的居民「入侵」時，維繫該地區核心力量的共生關係，便遭到破壞，原先存在於此一地區的正式社會組織即被分化。由於鄰里關係有變化，居民不再認同它，他們就不在乎這鄰里關係的形態或聲譽，這種鄰里關係的式微，造成鄰里居民對當地青少年控制力的減低。

　　蕭氏及馬凱的研究，得到其他研究的若干印證❻❻：

　　1. 1953 年，美國人藍德 (B. Lander) 以巴爾底摩 (Baltimore) 8,464 件少年犯罪案件為對象，檢驗都市地區少年犯的住家分佈情形。發現少年犯雖有集中於近鄰市中心、住家過分擁擠、居住環境惡劣的情形，但這些只是表象，主要的少年犯罪原因，是缺乏社會的穩定性，與低社經條件並無必然關係。當團體規範不再有拘束力，少年犯罪行為即較有可能發生。社會控制的有效性，以及團體凝聚力，才是防止少年犯罪的決定性因素。

　　2. 1958 年，美國人馬考必 (Maccoby) 等三人，以麻州的劍橋 (Cambridge) 兩個市區為研究對象，發現該二市區居民的社經地位相當，可是卻有高低不同的少年犯罪率。他們訪談了 129 名生活於高犯罪率市區的居民，再訪談 107 名生活於低犯罪率市區的居民，分析結果，發現兩個市區有一些基本的差異。少年犯罪率較高的市區，社會整合的程度較低，鄰里間比較不相往來，也比較缺乏共同的宗教信仰，比較不關心少年犯罪行為，甚或有意加以忽略。

　　3. 1970 年，阿根廷人德弗烈 (Lois B. De Fleur)，以位於該國中心的工業城 Cordoba 為研究對象 （人口約 60 萬）。 她分析 Cordoba 少年法院的 178 件個案資料， 再訪談 63 名少年犯， 發現少年犯的家庭生活水準都很低，住屋擁擠，水電均匱乏。不過，她發現，物質上的貧窮尚非直接與犯罪有關，重要的少年犯罪因素是：這些低下階層的少年，根本就缺乏與社會重要機構的接觸機會，他們的家庭並沒有負起社會化的任務，在學校裡，也不能對於社會控制予以內化，教堂對於他們而言，則陌生之至，在他們

---

❻❻　國外的印證，參閱 Schneider, aaO. S. 427–429；國內的研究，參閱謝文彥：《臺北市暴力犯罪類型與區位之研究》，中央警官學校碩士論文，1984 年 6 月。

的社區，有著「親犯罪」的價值體系，對於警察有敵對的態度。

4. 1971 年波蘭人施頓波茲 (Adam Strembosz)，研究華沙市區的高少年犯罪率地帶，他以華沙少年法院審判的 180 名少年犯為對象，經過訪談分析，發現該地帶的居民，有一些典型的特徵：他們的生活方式頗具匿名性，家庭內部缺乏約束，與鄰居甚少往來，父母親沒有權威，孩子多逃學逃家，在市區浪蕩。

蕭氏以及馬凱認為，少年犯罪的產生，是因為社會解組的關係，所以他們不相信少年犯的處遇措施有何成效。根據他們的看法，要成功地抑制少年犯罪的發生，只有從改造少年生活的社區，以及改造社會整體著手，使社會控制的自然力量得以發生作用。因此，在 1932 年，蕭氏推動了一項「芝加哥區域計畫」，在芝加哥的 6 個區域，建立 22 個鄰里中心。這些中心有兩項基本的任務，其一是協調社區資源（如教堂、學校、勞工單位、工廠等），以解決社區問題；其二是提供各色各樣的活動節目，包括娛樂、夏令營、手工藝研習、團體討論、童子軍活動以及社區計畫等等。透過這些活動，使社區居民關心共同的問題，以共同的行動來解決這些問題。

芝加哥區域計畫持續施行了二十三年，直至 1957 年蕭氏逝世為止。雖然該計畫在抗制少年犯罪方面的成效，並未有精確的評估，不過，一般認為，少年犯罪的發生率，有實質的減少❻❼。然而，隨著蕭氏以及馬凱的過世，芝加哥學派對於犯罪學的影響，沉寂了一段時間，直至 1970 年代，才再次獲得重視。

1978 年，學者柯豪瑟 (R. Kornhauser) 重新檢視蕭氏以及馬凱的研究並發現，他們的理論，包含兩個很重要概念，一是社會解組 (Social Disorganization)，另一是次級文化 (Subculture)。在社會解組部份，她認為青少年偏差行為的產生，是因為鄰里的依附關係與社區機構（例如教會）的崩潰，以致無法提供有效的控制力量，干預或預防青少年犯罪，導致社區鄰里形成解組的型態。她認為一個社區會形成解組狀態，就是指這個社區包含這些特性：貧窮率 (Poverty) 高、種族異質性 (Heterogeneity) 高以及

---

❻❼　Haskell and Yablonsky: *Juvenile Delinquency*, Rand McNally, 1974, p. 423.

居住流動性 (Residential Mobility) 高等特徵 , 導致此一社區形成犯罪的溫床,存在著高犯罪及偏差行為的現象。之後,學者包斯克 (R. Bursik, 1988) 指出 , 犯罪率與社區的衰敗 (如社區的失序、貧窮、疏離及分離 (Disassociation) 等),具有高度關聯性。例如在一些高犯罪率的社區中,區內經常存在荒蕪的樓房與公寓,而這些地方經常藏匿著犯罪行為的進行。這些被廢棄的建築物,學者司沛曼 (W. Spelman, 1993) 形容為「犯罪磁鐵」(Magnet of Crime)。因為這些區域,房子老舊到無法修復,並經常發生大火 , 而這些貧民區的租屋房東 , 並沒有能力或意願去改善這些衰廢建築 (Deteriorated Buildings),遂造成這些衰廢建築物成為這些社區青少年犯罪的溫床與淵藪。

身為赫胥的學生,並受到柯豪瑟的啟蒙,仙森 (R. Sampson, 1995) 運用社會控制理論 (Social Control),將蕭氏以及馬凱的理論,重新詮釋與活化。他認為社會解組的鄰里,存在著居民間缺乏人際關係與社區組織機制,同時社區活動參與率低,形成弱的社會資本 (Social Capital),亦即居民們無法有效地運用非正式的控制力量,控制鄰里的公共區域,例如街道、公園,所以這些地區容易被犯罪人所佔領。此外,弱的社會資本也意味著鄰里間的隱匿性 (Anonymity) 高,青少年的父母對於其朋友的父母親不相識,即使是鄰居也不熟識。這樣的隱匿性造成了鄰里的犯罪與暴力行為增加,居民無力改善,最後讓守法的或有能力的居民搬離此一社區,導致社會解組的狀況在此根深蒂固,難以改善。

在此同時,仙森也發現,所謂的社會解組,其實就是社區居民缺乏了解社區核心價值的能力。例如,當社區居民反對藥物濫用,但卻不能挺身而出、驅逐那些在街頭或街角正在進行毒品交易的藥頭,就是缺乏社區的核心價值。 相反地 , 如果社區居民彼此間存在著 「凝聚且相互信任」(Cohesion and Mutual Trust) 以及 「建立共識支持鄰里社會控制以防禦外來侵入」(Shared Expectations for Intervening in Support of Neighborhood Social Control) 兩種認知態度時,這個社區就不存在社會解組或社會失序的狀態。因此,他提出集體效能 (Collective Efficacy) 的理論,延續芝加哥學派的生

命力 (Sampson, Raudenbush, & Earls, 1997)。

　　換言之，所謂「集體效能」係指「社區居民基於社區的利益，願意團結起來的社會凝聚力量 (Sampson et al., 1997: 918)」，亦即鄰里擁有維持公共場所如街道、人行道、公園秩序井然的能力。集體效能的落實，即呈現出當地鄰里居民會採行明顯的行動來維持良好的公共秩序，例如：向政府投訴環保問題、流民問題與青少年街角遊蕩問題、組織住戶成立巡守隊等措施，採取干預的行動，對抗外來的侵害力量，建立秩序良好的社區，營造良好的生活品質環境。根據仙森與其同僚 (1997; 1999a; 1999b) 的研究發現，集體效能高的鄰里，顯著地呈現出較少的暴力犯罪、少年的犯罪以及社區整體的犯罪數量。

　　綜上所述，從芝加哥學派延續下來的觀點，社會解組就是指一個鄰里脈絡中，缺乏非正式的社會控制力量、高度的鄰里失序、居民彼此間冷漠與缺乏互信以及沒有共識干預或介入外來的侵略力量 (Kubrin & Weitzer, 2003)。相反地，鄰里內居民的人際關係熱絡、會相互扶持與信任，存在著「敦親睦鄰、守望相助」的核心價值，願意發動非正式的社會控制力量干預或介入外界侵入鄰里的偏差或失序行為，代表這是一個具有「集體效能」的鄰里脈絡，不具備社會解組特性。因此，社會解組或鄰里失序，與集體效能是相反的鄰里結構。

　　芝加哥學派的理論，雖然被批評為缺乏理論架構，可是他們的都市研究方法，卻豐富了犯罪學的內涵❽。

第三項　緊張理論

　　有一些犯罪學家認為，導致犯罪的原因，是社會結構有問題。由於資本主義社會有相當比率的低下階層人民，他們參與社會競爭的條件遠比中上階級為差，要追求財富、地位等社會目標，可以說機會渺茫。因此，心中有難以言宣的壓力與不平，既不能忘情於社會目標的追尋，只好為達目的不擇手段，犯罪行為於焉產生。此種論調，即所謂「緊張理論」(Strain

---

❽　Vold & Bernard, op. cit., p. 183.

Theory)⁶⁹。早期的緊張理論，由墨爾頓 (Merton) 修正涂爾幹的無規範理論而形成，是在解釋總體的犯罪現象；後期的緊張理論，則專以解釋低下階層的幫派少年犯罪。然而，晚近的緊張理論，除有延續墨爾頓理論的機構性亂迷理論外，亦有捨棄社會結構角度，強調微觀角度，探討個體的緊張／壓力型態、負面情緒狀態與犯罪與偏差行為關聯性的一般性緊張理論。茲依序分別說明如下。

第一款　墨爾頓的古典緊張理論

美國社會學家墨爾頓 (R. K. Merton) 於 1938 年提出他的無規範理論，1964 年再做修正補充，並於 1990 年代初期被稱為古典緊張理論 (Classic Strain Theory)，以與安格紐 (R. Agnew, 1992) 所發展的一般化緊張理論 (A General Strain Theory) 有所區隔。

墨爾頓理論中的無規範 (Anomie)，與涂爾幹的無規範，頗有不同。涂爾幹觀念中的無規範，是社會快速變遷，舊的社會秩序崩潰，新的社會秩序來不及建立，人類慾望與需求沒有得到妥當的規範，所以犯罪率大增。墨爾頓理論中的無規範，與社會變遷、社會解組均無關係，社會規範也沒有崩潰，他所謂的 Anomie，實指社會內部的矛盾現象。這種矛盾現象的形成，是因為美國文化所塑造的社會目標，是財富的追求，社會教育告訴美國民眾，只要依循社會認可的手段（如辛苦工作、誠實勤儉），則終有成功的一天，可是，中下階級終其一生汲汲營營，恐怕仍無法累積相當的財富，而豪門之家以其良好的政經關係，憑其優越地位，要獲取更大量的財富，易如反掌折枝。在真實的社會，布衣卿相，白手致富，終究是罕見的特例。這種「目標」與「手段」之間的矛盾現象，就是墨爾頓觀念中的無規範。對於生活在這種矛盾社會現象的中下階級，心理安得平衡？

墨爾頓認為，美國人民因個人對目標與手段的認同態度的不同，而對於這種矛盾現象大略有五種反應方式，這些反應方式有的與犯罪有關，有

---

⑥⁹ Strain Theory 譯成緊張理論，雖不很貼切，故有認為宜譯成「挫傷理論」，但本書仍採迄今多數說的譯法。

的則與犯罪無關（參閱表 4-1）**⑳**：

表 4-1　對於社會矛盾現象的反應方式

反　應　方　式	文　化　目　標	社會認可的手段
順　　　　　從	＋	＋
標　　　　　新	＋	－
儀　　　　　式	－	＋
退　　　　　縮	－	－
叛　　　　　逆	±	±

　　1.採順從 (Conformity) 反應方式的人，不管是否能獲得大量財富，總是安分守己地依循社會認可的手段。社會上大多數人採取此種反應方式；否則社會即動盪不安。

　　2.採標新 (Innovation) 反應方式的人，會各出奇招，為達目的不擇手段。既然社會目標對於中下階級的人而言，難以用社會認可的手段去追求，那麼只有訴諸非法的手段。於是，公務員藉機揩油，商人用劣等貨詐騙消費者或逃漏稅捐，工人設法偷老闆的財貨，一般人則搞賭博、搞色情、販毒，或偷竊，或強盜，或擄人勒贖，女人則出賣靈肉。凡此種種，均在追求一個資本主義社會所過分強調的「財富」。由於物質文明的功利社會，只重視財富累積的結果，而不重視財富累積的過程，所以犯罪就發生了。

　　3.採儀式 (Ritualism) 反應方式的人，富貴於其如浮雲，他們已經放棄追求財富的目標，或大大降低追求財富的慾望與需求，只想安全地依循競賽規則，而不製造任何麻煩。就如同參加奧運的某些國家，得獎於其如幻夢，「志在參加，不在獲勝」，行禮鞠躬如儀，根本沒有什麼壯志。

　　4.採退縮 (Retreatism) 反應方式的人，他們是社會的局外人，既無意於社會目標的追逐，對於社會認可的手段同感厭倦，飽食終日無所用其心。這些人可能變成心智異常、乞丐、酒鬼、吸毒者、無業遊民。他們未必向來就不參與目標的追求，有可能曾經極力追求目標而受重挫，終致信心盡失。

　　5.採叛逆 (Rebellion) 反應方式的人，想要以另一套社會價值來取代現

---

⑳　Vold & Bernard, op. cit., p. 190.

有的一套。新的一套社會價值（例如社會主義）可能要經由政治改革，才能建構而成，和平的改革手段如果不能成功，只有以暴力流血革命手段來完成。

上述墨爾頓所提出的五個類型，並不是人格類型的描述，而是個人對社會矛盾現象 (Anomie) 的反應模式。有些人一直採取某種反應方式，有人則同時採取數種不同反應方式。例如，有些職業犯罪人（第二型），可能經常不斷地吸毒（第四型），而同時也支持建立社會主義價值體系的暴力活動（第五型）。墨爾頓的理論，不只可以說明犯罪原因，也可以解釋運動場上為什麼有人吃禁藥以求勝利，有人志在參加不求勝利；亦可解釋學術界的若干現象：為什麼有人剽竊他人的著作或研究成果；有人則不甘寂寞，抓住各種可以成名的機會；或以學術上的名位作為追求官職的手段；有人則渾渾噩噩，根本不事研究等等。

第二款　幫派少年犯罪理論

美國犯罪學家柯恩 (A. Cohen) 在 1955 年對於墨爾頓的理論加以修正，特別用以解釋低下階層幫派少年犯的行為。

柯恩發現，大部分的少年犯罪行為是集體性，而非單獨犯，並且大多數屬於「非功利性」、「惡意破壞」、「即時享樂」，與成人犯罪之帶有利益目的，不可同日而語。少年犯的一些毫無目的的行為，無法用墨爾頓的理論解釋，例如，少年所偷的東西，未必是他們需要或想要，他們參加幫派戰鬥、惡意破壞公物或他人財物、無端對他人攻擊傷害，均不帶功利色彩。柯恩認為，幫派少年犯的這些行為，是希圖建立自己在幫派中的地位。但是，為什麼少年要以這些行為來建立在團體中的地位？柯恩的解釋是，少年幫派自有一套異於社會主導文化的價值體系，在這個價值體系，身分地位的衡量標準也是獨特的。然而，這一套特殊的價值體系又為什麼會形成，而且如何形成？

柯恩認為，少年所追求的，不是財富，而是同輩團體中的身分地位，這種身分地位的比評競賽場所，通常是在學校。學校是以中產階級教師及

行政人員為主幹的地方，因此是一個堅固的中產階級機構。按照中產階級的價值標準，學校裡的身分地位，需要以優異的成績、優秀的運動表現、理性、溫文儒雅、積極進取等等條件來獲得。低下階級的少年，因為家庭條件低劣，比較容易在學校裡喪失身分地位，因此內心處於嚴重的挫折沮喪狀態。他可能繼續依從中產階級的價值體系，但必須甘於在同輩團體中的劣等地位。他也可能拒斥中產階級的價值體系，渴望建立一套新的價值體系，而能在此價值體系中，可以獲得自己的身分地位。渴望建立新價值體系的少年，容易聚在一起形成團體，以確認他們的選擇，並強化他們的新價值。少年幫派是自然形成的一個團體，團體內的成員面對的是相同的問題（在學校裡身分地位很差），聚集起來為的是要共同解決這個問題。由於形成這個少年團體的背景因素，主要是在拒斥中產階級的價值體系，因此他們的行為表現也就帶有反抗與惡意色彩。

柯恩的幫派少年犯理論與墨爾頓的理論比較之下，有三個基本的差異❼：

1. 柯恩認為少年犯的行為不具功利性；而墨爾頓認為，大多數的犯罪人屬於標新型 (Innovation)，他們的目的在追求財富，帶有濃烈的功利意味。
2. 柯恩認為，少年犯基本上拒斥中產階級的價值，自創一套價值體系。因此，有人把柯恩的理論，歸類為次文化理論；墨爾頓則認為，大多數犯罪人並不排斥中產階級的價值體系。
3. 柯恩認為，少年犯的行為選擇，受制於團體的其他成員，因為不從眾行動，即無法獲得肯定；而墨爾頓則認為，犯罪人的行為選擇，出自個人對於社會矛盾現象的反應。

第三款　不同機會理論

柯恩與墨爾頓的理論之間，確有若干齟齬，美國犯罪學家克勞渥德 (R. A. Cloward) 及歐林 (L. E. Ohlin) 試圖為之調和，而提出「不同機會理

❼　Vold & Bernard, op. cit., p. 195.

論」(Differential Opportunity Theory)。墨爾頓認為下階層少年追求的是財富,柯恩則認為少年追求的是同輩團體中的身分地位,克勞渥德及歐林則認為,少年各有其所欲追求者,不全然是財富或身分地位。他們把下階層少年分為四種類型(如表 4–2),用以說明少年犯罪❼。

表 4–2　Cloward 及 O'hlin 的下階層少年分類

下階層少年的類型	下階層少年的價值取向	
	追求中產階級的身分地位	追求經濟地位的改善
類　型　一	+	+
類　型　二	+	−
類　型　三	−	+
類　型　四	−	−

　　在柯恩的理論中,大部分的少年犯,屬於表 4–2 的第一、二類型,他們是要追求中產階級的身分地位。克勞渥德及歐林同意,下階層少年對於中產階級的價值體系本有意順從,只因為社會結構的壓力,使他們無法順從。但是,克勞渥德及歐林認為,大部分嚴重的少年犯,屬於第三類型。這些少年熱衷於耀眼的消費行為:「華麗的衣著、拉風的車子、正點的女人」,這些目標的追逐,只能用經濟手段來造成,而不是中產階級的生活方式。這些少年體會到了與中產階級價值體系的最大衝突,因為他們一向看輕所不想要的中產階級生活方式,也看輕他們所真想要的銅臭味,但卻未真正忘情於物質。克勞渥德及歐林認為,問題的癥結在於沒有合法的機會讓這些少年去改善他們的經濟地位。因此,一旦有非法的機會出現,這些少年就會自然形成非法團體,以追求財富。如果合法與非法機會皆不可得,少年的挫折與憤恨將會升高。此外,缺乏機會往往是缺乏社會組織的表徵,也意味著少年的行為比較缺乏控制。在這種情況下,少年容易組成暴力幫派或衝突幫派,用以發洩他們的怨氣。這也就是歐林所謂少年犯罪「非功利性」、「惡意破壞」等特性的來源。至於第四種類型的少年通常不會惹事

---

❼　Vold & Bernard, op. cit., p. 196.

生非，雖然他們可能被中產階級權威指責「缺乏上進心」(Lack of Ambition)，但是他們會儘可能對這些人與中產階級機構，敬鬼神而遠之。這種少年，就如同墨爾頓所描述的退縮型的人（雙重失敗者），他們無法得到所想要的經濟上的改善，也不敢訴諸暴力與衝突，於是轉而喝酒或吸毒。

第四款　一般化緊張理論

　　安格紐信奉墨爾頓的緊張理論，但他認為，在墨爾頓及其學派的主張，過於有限。根據安格紐 (1992) 的觀點，墨爾頓與主張身份挫折理論的學者，僅提出一種犯罪性的緊張：亦即個人欲達到成功的手段與方法，與成功的目標存在落差時，緊張就會產生，迫使個人透過非法手段達到經濟的成功或學校的好成績。然而，安格紐認為，也可能有其他的負面關係或情況 (Negative Relations or Situations) 造成個體的緊張、壓力，促使人們違法。

　　換言之，安格紐的核心觀念在於「負面情緒狀態」(Negative Emotion Status)，即指因個人負面或有破壞性的社會人際關係所產生的憤怒、挫折、不公及負面的情緒等，並進而影響一個人犯罪的可能性。他認為「負面情緒狀態」的形成，與以下三種緊張型態 (Three Types of Strains) 有關：

　　1.由於未能達到正面評價的目標而產生的緊張 (Strain as a Failure to Achieve Positively Value Goals)：這是傳統緊張理論的主張，安格紐予以整合為其理論中三種緊張型態的第一種。他認為當一個年輕人因缺少職業或教育資源，而無法達到社會上所期盼的財富或名聲時，緊張即會產生。

　　2.由於個人正面評價的刺激被移除而產生的緊張 (Strain as the Removal of Positively Value Stimuli)：如失戀、親人喪亡、失業、父母離異等，均是個人正面評價之刺激被移除，因此，會促使青少年產生壓力，企圖尋求補償、報復或找回已失去的正面刺激，因而產生偏差或犯罪行為。例如父母親因為兒子在大學的成績表現不好，予以斷絕金援，不再提供奧援予以就讀大學，此時的兒子可能會以施用毒品的方式管理自己的壓力，或是採取非法的方法（例如，偷車後變賣）以獲得金錢，取代父母親無法提供的奧援，繼續完成大學學業。也有可能採取較激烈的手段（攻擊父母親）以報

復渠等切斷其經濟來源。

3.由於個人負面刺激之出現而產生的緊張 (Strain as the Presentation of Negative Stimuli)：如一個人經歷兒童被虐待、疏忽、犯罪被害、體罰、家庭衝突、學校生活挫折以及有壓力的生活事件等而產生了緊張、壓力，並進而犯罪。如同安格紐 (1992) 所言，當個體面對這些逆境時 (Adversity)，可能為了要逃跑 (例如逃家)，為了要移除或取得報復以對抗這些壓力源頭時 (例如對抗施虐者)，或是為了緩和壓力的疼痛，犯罪或偏差行為 (例如吸毒) 就會產生，以為因應。

安格紐的緊張型態與犯罪關聯性，詳表 4-3。

表 4-3　安格紐一般化緊張理論之緊張型態與犯罪關聯性

緊張型態	個體受到緊張的結果	緊張可能衍生個體的犯罪行為
由於未能達到正面評價的目標而產生的緊張	個體無法達到他們所設定的目標	1.緊張被視為是不公平的 (憤世嫉俗) 2.緊張的幅度很大 (非法手段被正當化)
由於個人正面評價的刺激被移除而產生的緊張	個體失去了他們所真愛的東西	3.緊張的造成可能是／與低自我控制有關
由於個人負面刺激之出現而產生的緊張	個體受到他人負面情緒／行為的對待，受苦中	4.緊張創造了壓力或刺激，進而採用犯罪引為因應

資料來源：Lily, Cullen, & Ball: *Criminological Theory* (6th ed.). Sage, 2015, p. 75.

第五款　機構性亂迷理論

美國犯罪學家梅斯納 (S. F. Messner) 與羅森菲爾 (R. Rosenfeld) 於 1994 年提出機構性亂迷理論 (Institutional Anomie Theory)，企圖延伸墨爾頓的古典緊張理論，讓該理論更能反應與解釋當代的美國社會與犯罪現象❼❸。

首先，梅斯納與羅森菲爾同意墨爾頓的主張，運用美國夢 (American Dream) 的觀念，認為今日美國社會犯罪率的升高，是因為美國社會普遍鼓勵社會大眾追求物質與經濟方面的成功，但是所提供的合法管道與機會，

---

❼❸　Vold, Bernard, & Snipes, op. cit., pp. 149–152.

卻是很少，政府並沒有禁止人民使用更有效的非法手段或方法，去成就其美國夢的夢想：致富。

其次，美國社會過度強調物質主義 (Materialism) 與經濟成功 (Economic Success) 的結果，他們發現社會原應協助青少年、弱勢團體的機構，全部都向經濟服務、向經濟低頭。例如家庭應該是塑化家庭成員道德與行為的機構，但是夫妻共同在外工作，不僅與子女互動時間少之外，甚至將子女請託他人照顧、扥嬰與安親等，不願意花時間與精力在小孩的教育投注上，家庭活動與品質成為服務經濟下的犧牲者。

學校教育也向經濟體系屈服。很多學生到校上課不是真正著眼於學得到知識或資訊，其實是為了取得文憑以便他日可以獲得較佳的工作，而學校發現此一市場需求，遂大量開課、收學生與遠距上課，學校機構也為了獲取經濟的致富，向經濟低頭。

此外，梅斯納與羅森菲爾發現包含政治機構（向特定選民或是上流階級服務）、社區服務機構與宗教機構等，全部失去其原有存在的功能與本質，都成為經濟下的附庸、為經濟服務，造成了當前社會呈現機構性的脫序與亂迷現象。

總結梅斯納與羅森菲爾的理論：他們支持墨爾頓的理論認為，文化目標（經濟與財富）與追求此目標的手段呈現出差距時，亂迷即會產生。但是，社會上原有的文化或社會控制機構，如家庭、學校、宗教以及政治機構等，原應該協助弱勢團體，提供機會與管道通往文化目標的本質，也都失去其功能，也都服務經濟、向經濟低頭時，這才是今日美國社會所呈現出亂迷的原因。而後半段的部分現象，是墨爾頓在 1930 年代的美國所沒有呈現的社會態樣。

第六款　緊張理論的評價

緊張理論對於 1960 年代美國的犯罪抗制政策，曾有極大的影響。當甘迺迪 (R. Kennedy) 擔任美國檢察總長時，讀到克勞渥德及歐林的書，請求歐林幫忙計畫一套新的少年犯罪聯邦抗制對策。於是在 1961 年，美國通過

一項法案，名為「少年犯罪預防及控制法」(Juvenile Delinquency Prevention and Control Act)。該法案即以克勞渥德及歐林的基本理論為依據，內容包括改善教育、創造就業機會、組織下階層的社區、對於下階層的個人、幫派與家庭提供服務。詹森 (L. Johnson) 主政時，這些措施變成他的抗貧政策的主要基礎。可是，數十億美元投入後，並未得到良好效果，至尼克森 (Nixon) 主政時，乃將這些措施撤銷❼。

緊張理論最受批評之處，是過分樂觀地看待人性，以為犯罪人是被迫從事犯罪，只要給他們機會，他們就會成為守法的公民，犯罪問題的解決，要靠社會結構的改革，而不是鎮壓。由於緊張理論過分天真地對人性與問題加以簡單化。因此，依據這個理論而提出的社會結構的改革計畫終於不免失敗❼。

關於緊張理論，可得批評者尚有兩點：其一，任何一個現實世界的社會，不可能只有一套價值體系（追求財富或身分地位）；其二，柯恩所說少年犯罪的特性，是「非功利的」、「惡意否定的」，不完全確實，因為事實上有些少年犯所違犯的重大犯罪行為，倒是出於功利的行徑。

第四項 學習理論

有些犯罪學家認為，犯罪是社會學習的結果。這些犯罪學家的代表人物是法國的塔德 (G. Tarde, 1843–1904)，美國的蘇哲蘭 (Sutherland, 1883–1950)，以及現代的一些次文化理論者，如美國的渥夫岡 (M. Wolfgang)。他們都強調犯罪是跟自己親近的人相處學來的。學習理論有其社會心理學的基礎，在談及各個犯罪學習理論的內涵之前，有必要先就心理學上的一些基本假定加以說明。

學習是如何產生的？這一問題是學習理論的核心。古老的說法，認為學習是經由「連結」(Association) 而來。例如亞里斯多德 (Aristotle, 384–322 B. C.) 主張，一切知識均得自經驗，而非與生俱有或是本能。當我們與

---

❼ Vold & Bernard, op. cit., p. 201.

❼ Nettler: *Explaining Crime*, 2nd Edition, McGraw-Hill, New York, 1978, p. 237.

外界事物接觸時，由於外界事物彼此發生某種關聯。因此，我們所感覺到的這些經驗，便在我們的心中互相連結起來。至今，此種「連結論」(Associationism) 依然是主導的學習理論。當代兩個心理學派，行為主義論者 (Behaviorist) 及認知論者 (Cognitive Theorist)，所爭的學習理論，依然不出「連結」的概念：

1.行為主義論者認為，學習的建立，是經由刺激與反應的連結；認知論者主張，學習是經由記憶、觀念或期望的連結。

2.行為主義論者認為，學習主要發生於「嘗試與錯誤」；認知論者認為，學習發生於解決問題時的「頓悟」。

兩派的見解，都可以回溯到亞里斯多德的原創觀念：「連結」。

至於個人如何經由「連結」而學習事物，則有三種途徑。其一，「古典式制約」(Classical Conditioning) 的最簡單途徑，這是，巴復洛夫 (I. Pavlov, 848–1936) 所實驗的制約反應：餓狗本來只對食物流口水，鈴聲本不起任何作用，如果食物與鈴聲齊出，多次之後，餓狗聽鈴聲，亦不禁流口水。其二，「操作式制約」(Operant Conditioning)，在古典式制約中，個體是被操縱的對象，而在操作式制約中，個體是主動的，學習到如何從環境中獲得所要的東西。操作式制約是以獎懲的手段，增強某種特定的行為。例如，在實驗箱內，白鼠本不懂壓桿，偶有壓桿的動作，竟從實驗箱得到食物，多次之後，老鼠已知壓桿可得食物，而樂於壓桿。行為主義者據此更推論，人類的一切行為，同樣可以經由操作式制約而加以控制。其三，「社會學習理論」，這是認知學派對於古典與操作式制約理論的組合。他們認為，行為的學習，不只是經由現實獎懲的增強而得來，也同時經由觀察發生於他人身上的事件而得來。社會學習理論更適合解釋人類的行為學習，因為此一理論涉及較高層次的心理歷程❼。

犯罪學理論中可以歸類為學習理論的，計有模仿理論、差別接觸理論與次文化理論。今分述如下：

---

❼　Vold & Bernard, op. cit., pp. 207–208.

第一款　模仿理論

塔德 (G. Tarde) 的模仿理論 (Theory of Imitation)，是針對龍布羅梭 (Lombroso) 犯罪生物學理論而發，相與抗庭。塔德認為，犯罪跟其他行為一樣，都要經過一段時間的學徒生涯。殺人犯、扒手、騙徒、竊盜等等，跟醫生、律師、技工的發展過程差不多，都是逐漸學習、訓練、模仿，而形成他們的身分。塔氏的理論，本質上是認知理論：觀念及行為的學習，均得自與其他觀念的連結。

塔德的理論，包括下列三項法則❼：

1. 距離法則

人們相互模仿的對象，與自己越接近，則行為模仿的強度越大。在都市中，此種模仿最常見，改變也很快，塔德稱之為「時尚」(Fashion)。至於農村，模仿則較不常見，改變也較慢，塔德稱之為「慣行」(Custom)。他認為，犯罪起自於時尚，而後則變為慣行，就如同其他社會現象。

2. 上行下效法則

塔德自歷史的觀點驗印此一法則，他認為諸如浪蕩邪僻、聲色酒肉、明爭暗鬥等等，均起源於官宦世家，然後再流傳到市井小民。大多數的犯罪，同樣是先在大都會發生，而後再被鄉間所模仿。

3. 取代法則

模仿有其取代性，舊的時尚會被新的時尚所取代。例如，槍殺案增多之後，刀殺案就會慢慢減少。新的犯罪形態會取代舊的犯罪形態。

19 世紀末，塔德的理論自有其時代意義，直至今日，他的理論雖然簡單，但仍有其不可忽視的影響力，因為現代的犯罪學習理論，均可溯自塔德的觀念。其後蘇哲南所提出的「差別接觸理論」，仍不脫塔德的基本觀念。

第二款　差別接觸理論

蘇哲蘭 (E. H. Sutherland) 在芝加哥大學獲社會學博士學位時，社會學

---

❼　Vold & Bernard, op. cit., p. 208.

大師米德 (G. H. Mead, 1863–1931) 是芝大社會系教授，米德的「形象互動論」(Symbolic Interactionism) 對於蘇氏的學術思想，有很大的影響，在蘇哲蘭的「差別接觸理論」(Theory of Differential Association) 之中，可找到米德理論思想的影子（當然還有塔德）。

蘇哲蘭本來研究失業問題，後來在伊利諾大學社會系任教時，系主任建議他寫一本犯罪學教科書，因此，於 1924 年，他的《犯罪學原理》(*Principles of Criminology*) 一書首版次問世，差別接觸理論則至 1934 年的第二版才粗具模型，1939 年的第三版始有系統性的論述，1947 年的第四版則更加深入而精鍊。1950 年蘇哲蘭去世之後，他的《犯罪學原理》一書由入室弟子克雷西 (Cressey) 不斷加以擴充再版，但差別接觸理論始終維持原貌，隻字未動。

差別接觸理論的核心論旨是：犯罪行為是否產生，端看行為人如何連結外在的經驗。行為人接觸到的不同團體，對法律（主要是刑法）可能有不同的意義領悟，某些團體所領悟到的法律意義是正面的，某些團體則是負面的，如果行為人因不同接觸所連結的法律觀念是負面取向的，那麼他就較易於犯罪。

蘇哲蘭的理論有兩個基本構造。其一，犯罪學習的「內容」；其二，犯罪學習是如何形成的，即犯罪學習的「過程」。

犯罪學習的內容，包括：從事犯罪的特殊情形、特有的犯罪動機、驅力、合理化與態度，以及違反法律的有利觀念。這些都是認知的要素，與其說是行為的學習，不如說是觀念的學習。

犯罪學習的過程是經由與親密團體接觸而學習，此項學習過程比學習內容更加的重要（這裡面有米德理論的影子）。在米德的理論中，認知要素（意義）是決定行為的關鍵。我們日常生活中的許多現象，例如失業、經濟地位、種族歧視、團體壓力等，對不同的人而言，可能代表不同的意義。評估社會情況對個人行為的影響，端視這些情況對個人究竟代表何種意義。米德認為，人們是對於外在的經驗，賦予意義之後，才建構成比較持久的觀念。換言之，特殊意義的形成，得自特殊的經驗，特殊意義經過「類化」

（或概化，Generalize），變成一套看待事情的方式。蘇哲蘭借用米德的理論，認為決定一個人是否違法的關鍵因素，並不是他所經驗到的社會情況與心理情況，而是他如何對這些經驗賦予意義（看待事情的方式如何）。行為人傾向於違法，是因為「違法有利的意義觀念」壓倒「違法不利的意義觀念」。

蘇哲蘭認為，一個人可能接觸到不同的親密團體，這些親密團體對許多犯罪行為，諸如詐欺逃稅、媒介色情、順手牽羊、吸食毒品等等，有不同的意義領悟，有的強烈譴責（負面評價），有的不置可否（價值中立），有的給予支持（正面評價）。這些親密團體的不同意義領悟，會影響行為人觀念上的連結。至於如何連結，則因行為人接觸這些團體的頻度、強度、持久性與先後順序而定。這也就是為什麼某些接觸（對學習而言）比較重要，有些接觸則比較不重要的原因。扼要言之，行為人所接觸的親密團體，如何去賦予刑法意義，對行為人有很大的影響，至於影響的程度，則視行為人與這些親密團體接近的頻度、持久性等等而定。

對於蘇哲蘭的理論做過說明之後，茲將其理論的九點要旨，再臚列如下，藉供對照參考：

1. 犯罪行為是學習得來的。
2. 犯罪行為是在與他人接觸的過程中，經過互動學習得來的。
3. 犯罪行為的學習主要是發生在個人的親近團體之中。
4. 犯罪學習包括：犯罪的技巧、犯罪的動機、對犯罪的合理化技巧及態度等。
5. 特殊的犯罪動機或驅力，係得自一個人對法律所下定義的有利或不利。
6. 一個人所以違法，是因為「違法有利的觀念」超越「違法不利的觀念」。
7. 不同連結因頻度、持久性、先後順序與強度而有差異。
8. 犯罪行為的學習過程與其他行為的學習過程，涉及相同的心理過程。
9. 犯罪行為雖可解釋一般的需要和價值，但卻不為這些需要和價值所解釋。

第三款　次文化理論

　　次文化理論 (Subculture Theory) 與差別接觸理論，均強調觀念對於影響犯罪行為的重要性。蘇哲蘭的差別接觸理論中，觀念對行為的影響，是間接的；而次文化理論中，觀念對犯罪的影響，則是直接的。

　　美國人類學家米勒 (W. Miller, 1958) 所提出的次文化理論，是專用來解釋下階層幫派少年犯的行為。他認為，下階層之中，有其與中產階級文化所不同的獨特文化，這套文化與中產階級文化，同樣有其歷史傳統，不相包含。中產階級的價值是「追求成就」；而下階層則有其獨特的價值觀念，包括：惹麻煩（但不被惹麻煩）、強悍（表示男性氣概）、敏銳（不是只有聰明）、找刺激（找樂子）、相信命運、抗拒權威。許多幫派少年犯的活動，就是這些觀念的具體展現。米勒認為，這套下階層的特殊價值觀念，尤其在貧窮地區可以發現得到。由於下階層家庭通常都由女性主掌家務，所以男性孩童在家裏沒有一個男性的角色模式可供認同。此外，下階層過分擁擠的住家環境，使得男孩易於在外遊蕩，形成角頭[78]。

　　次文化 (Subculture) 是指，在一特定的社會結構中（如社會階級或社會團體），個體互動而產生的特定的生活處理方式及各種觀念（如信仰與價值觀）。本來次文化是一個價值中立的概念，未必有負面意義，犯罪次文化理論所提出的次文化，則有負面意義，此種次文化多出自下階層，與犯罪的產生有密切關係。

　　緊張理論中提及幫派少年有其特殊的行為反應方式，這些少年曾經嚮往中產階級文化，只因造物者不公，沒有充分機會給他們追求中產階級的文化，於是內心鬱悶不得疏解，轉而對抗中產階級文化。而犯罪次文化理論中的少年，則生活在一個與主導文化有異的次文化環境裡，根本無緣結識中產階級文化，他們的行為是相互習染，相互影響的。

　　根據渥夫岡 (M. Wolfgang) 對美國費城謀殺案所做的研究發現[79]，下

[78]　Vold & Bernard, op. cit., p. 214.

[79]　Wolfgang: *Patterns in Criminal Homicide*, University of Pennsylvania Press,

階層的謀殺案，頗多起因於微不足道的事件，他深信，這種現象與下階層的「暴力次文化」(Subculture of Violence) 大有關係。他的次文化理論，即植基於謀殺案的研究。

渥夫岡認為，下階層之中存有一種暴力次文化，生活在此種次文化社區的成員，尤其是少年，彼此期待要有暴力的行為出現，即使對於細微末節的小事，也要敢於有粗暴的反應，這樣才能獲得稱許與敬重。使用暴力在下階層社區已成習慣，根本不被認為非法的舉動，行為人也不會有罪惡感。因此，這個社區的氣氛猶如戰時，戰事一觸即發，一發即難以收拾。這足以說明，為什麼下階層的殺人案，有很多是激情的、沒有計謀的。生活在如此社區的少年，學習到暴力行為乃自然之事。至於暴力次文化如何形成，渥夫岡則表示不願加以推測❽。

第五項　控制理論

許多犯罪學理論都強調一件事，認為有一些特殊的力量，包括心理的、生物的或社會的力量，牽引個人從事犯罪行為。然而，控制理論 (Control Theory) 則持不同觀點，認為犯罪行為的動機，是人類本質的一部分，如果任由人類的邪惡本質發展，那麼犯罪是自然之事。可是，為什麼大多數人並不犯罪（此乃關鍵問題）？控制理論的答案是，有一些力量抑制（或控制）人們，使他們不致於犯罪。這些控制力量在特定的情況下會崩解，而產生犯罪行為或其他失控的行為。質言之，個人之所以犯罪，是因為抑制人們犯罪的力量薄弱。

控制理論的中心觀念，可以溯自涂爾幹的無規範理論。他認為人類有無盡的慾望與需求（這是行為的動機），犯罪的發生，是因為社會控制力量崩潰，無法約束個人的無盡慾望與需求。有些心理學家主張，犯罪行為的發生與「超我」的力量薄弱有關，此類見解，也有控制理論的影子。

Philadelphia, 1958.

❽ Wolfgang, op. cit., p. 163.

第一款　雷克利斯的抑制理論

美國犯罪學家雷克利斯 (Reckless) 在 1961 年所提出的抑制理論 (Containment Theory)，亦屬一種控制理論，而試圖結合所有早期犯罪學理論的觀念與變數。他認為，所有的人都受到兩種力量的交互影響。一種是牽引他們犯罪或偏離規範的力量，一種則是抑制他們犯罪或偏離規範的力量，這兩種力量各包括許多變數。如果抑制力量強於牽引力量，則其人即不致犯罪。

牽引犯罪力包括：① 「社會壓力」 (Social Pressures)，例如低社經地位、惡劣的居住環境、家庭衝突、缺乏機會等等；② 「社會拉力」(Social Pulls)，例如壞朋友、犯罪次文化、大眾傳播等等。此外，牽引力量還包括生物及心理的拉力，包括不滿、內在緊張、敵對意識、侵略性、對於需求希望立即得到滿足、反抗權威等等[81]。

與牽引力量相抗衡的是個人的內在與外在的控制力量，抑制個人往犯罪的方向走。「外在控制」(External Containment) 包括：美滿的家庭生活、

---

[81] 此種牽引一個人走向犯罪的力量，在概念上，很類似德國犯罪學家 Göppinger 所謂的「促進犯罪的情況聚合」(Kriminovalente Konstellationen)。根據西德杜賓根大學 (Universität Tübingen) 犯罪學研究所的研究，犯罪人與非犯罪人比較，在犯罪人組，經常可以發現下述的促進犯罪的情況聚合：

①缺乏敬業精神而輕視自己的工作、疏忽家庭與其他社會義務的履行、與自己社會地位不相稱的需求水準、酗酒、對惡劣環境的低承擔能力、缺乏對現實的了解與控制、矛盾的適應期待（以自我為中心，不想以自己去適應環境，而希求環境或他人來適應自己）。

②缺乏敬業精神而輕視自己的工作、疏忽家庭與其他社會義務的履行、與自己社會地位不相稱的需求水準、缺乏對前途的計畫、經常變換性交對象、表面與浮泛的社交。

③缺乏敬業精神而輕視自己的工作、疏忽家庭與其他社會義務的履行、與自己社會地位不相稱的需求水準、希求不被拘束、企求經常變換環境與嗜好、經常尋求本能的需要與個人喜好的滿足，毫無意義地打發閒暇時間。

參閱林山田：《犯罪問題與刑事司法》，1976，21 頁。

合理的規範、與社會的凝聚力、有效的監督與紀律、歸屬感與認同感等等。
內在控制包括：良好的自我控制、社會規範的內化、有挫折的容忍力、責
任感、生活有目標、有能力找尋替代的滿足等等❽。

雷克利斯認為，抑制理論是一般性的理論，比其他早期的理論，更宜
於用來解釋成人犯罪與少年犯罪。

抑制理論的建構，並非玄想而來，而有實證上的基礎。因為根據他的
研究，生活在高少年犯罪率地區的「非犯罪少年」，有良好的「自我觀念」
(Self-Concept)。他認為這個良好的自我觀念，就是抗拒犯罪的「絕緣器」
(Insulator)。可是，根據近來的研究，發現「自我觀念」與犯罪只有一個適
度的關係，自我觀念強，未必不犯罪，也未必犯罪，並無多大牽連，而且，
雷克利斯的研究，被批評為運用錯誤的方法論❽。

總之，雷克利斯的理論，可視為既有犯罪學理論的大集合，並無新意。
由於批評的聲調激烈，他自己在後來的著作《犯罪問題》一書，已不再強
調其抑制理論的優越性❽。

第二款　赫胥的控制理論

對於控制理論最虔誠的信仰者，當屬美國的犯罪學家赫胥 (T. Hirschi)。

---

❽ 此種抑制個人往犯罪方向的力量，在概念上，很類似 Göppinger 所謂的「阻止
  犯罪的情況聚合」(Kriminoresistente Konstellationen)，包括：
  ①履行對家庭與其他的社會義務、與其社會地位相稱的需求水準、良好的現實
  控制與自我控制、經常有適應環境的心理準備、對困難環境有高的承擔能力
  與持久性。
  ②履行對家庭與其他的社會義務、與其社會地位相稱的需求水準、具有敬業精
  神且對現有的工作感到滿意、有計畫地對閒暇時間做有意義的消遣。
  ③履行對家庭與其他的社會義務、與其社會地位相稱的需求水準、對前途有計
  畫、經常注意把握進修的機會。
  參閱林山田：《犯罪問題與刑事司法》，21 頁。

❽ Vold & Bernard, op. cit., p. 238.

❽ Reckless: *The Crime Problem*, 5th. Edition, Englewood Cliff, 1973, pp. 55–57.

他認為殊無必要解釋少年犯罪的動機，因為「我們都是動物，自然而然有犯罪的能力」❽。為什麼人會犯罪，根本不必去解釋，而人為什麼不犯罪，才需要解釋。因此，他建立了一個控制理論，用以解釋人為什麼不犯罪（1969 年）。該理論的要旨是：與社會團體（如家庭、學校、同輩團體）緊密連結的人，較不易從事少年非行。與社會連結的繫帶 (Bond) 主要有四❽：

1. 依附 (Attachment)

一個孩子愈依附於父母或家庭、學校及同儕團體，愈不可能從事偏差行為。在赫胥的理論中，依附鍵是指個體與成年人，特別是父母親的情感親密程度，這親密程度包含親密的溝通、與父母親情感的認同（例如希望成為他們一樣）以及父母親知道他們在做什麼和他們在哪裡，都是情感的依附。這個鍵是根源於小孩花了多少時間與父母親互動的程度。當個體愈親近於父母親，青少年就會愈關心父母的意見以及希望不要讓他們失望。因此，父母親即可以行使他們的間接控制。而直接控制即是父母親監督小孩的行為舉止（例如因為犯錯而懲戒）。相反地，間接控制的發生在於當小孩不在父母親的視線範圍時，仍會遵守父母親的指令或告誡，赫胥也稱其為虛擬監督。此時的控制力量是來自於與父母親平常的依附程度，讓父母親存在小孩的心理層面。例如小孩子不會逃學、破壞公物或吸毒，因為他們會說：我父母會殺了我。

2. 奉獻（致力）(Commitment)

亦即理性評估利害得失❽。一個孩子如果愈投入時間和精力以追求教育與事業，則當他要從事偏差行為時，他愈會考慮偏差行為的可能後果。例如，因為青少年投入了許多精力在學校學業上的良好表現，他們就不會做壞事把自己的未來給犧牲掉。這是一種理性的成分，因為奉獻是一種成本一利益的考量。那些高投資於自己未來的人，就會覺得犯罪是一種不理

❽ Vold & Bernard, op. cit., p. 241.

❽ Hirschi: *Causes of Delinquency*, Tranaction Publisher, 1969.

❽ Hirschi 理論中的 Commitment to conventional actions，其主要意義即為理性評估利害得失，如就字面直譯，實難令人理解。

性的做法。他們因此受到奉獻鍵的控制而不犯罪。所以，奉獻可以被定義為在一系列活動後一個人自我利益的投注程度。赫胥認為，這是一個服從的理性成分。本質上，潛在利益或損失的理性計算的結果，因為這樣當個體面臨到一個犯罪行為時，他必須考量到偏差行為的成本以及他已在這個傳統活動中所投注的所有利益可能損失的風險。因此，一個越投注時間與精力於父母或師長所設定的理想或抱負者，他就會越努力，而且會以卓越的成績畢業並與社會擁有強的連結，因為他有一個強的順從利害關係，而且如果遠離此一順從則會失去一切。

當然，為了讓一個已建構的規範系統有效率，在此系統中的行為人必須認知到偏差與獎賞間的連結，以及必須認知到社會會以懲罰的方式對於偏差行為者以為回應。如同雷克利斯的主張，赫胥認為合法的抱負，提供了一個服從的利害關係，連結著個體與傳統社會秩序，至少，當個體投注了相當多的精力在追求此一目標時而不會希望失去它。

3.參與 (Involvement)

參與傳統活動就不致於懶惰❽。一個孩子要是忙於功課，從事正當休閒活動或運動（例如游泳、騎單車、打球），他就愈不會從事偏差行為。事實上，這是赫胥所主張的另一個方法，讓個體拒絕從事犯罪機會進行觸法。雖然赫胥在論述他的理論時，經常用參與的字眼取代機會，但是參與其實就是機會的意思。因此，身為社會鍵理論的一個因素，赫胥特別強調社會的觀察，認為許多人無庸置疑地欠缺一個美德的生活以至於缺乏一個機會去參與傳統活動。他提出一個古諺：萬惡懶為首。換言之，犯罪或偏差行為可以透過讓青少年忙碌以及遠離街頭的方式，達到預防目的，但是這樣的論述，在研究上，尚未獲得實證性的支持。因此，赫胥在實證研究的操作上，定義為：花多少時間與精力投注在傳統活動的追求與參與。例如花多少時間在寫家庭作業以及參與偏差行為？但是，即使是赫胥他本身，也

---

❽　美國諺語曰：「邪惡產於懶人之手」(Idles hands are the devil's workshop)。德國諺語曰：「萬惡懶為首」(Müssiggang ist aller Laster Anfang)。與我國諺語所謂「萬惡淫為首」，實大異其趣。

甚少有相關的實證結果支持此參與鍵可以預防少年犯罪。

4.信仰 (Belief)

信仰係指個人的價值觀念或系統，尤其是對法律的信仰。一個孩子若對道德規範或法律不尊重時，則他愈容易陷入犯罪的危機。此外，信仰似乎被視為是個體高度依賴於社會增強系統的意念或想法，如果個體對於信念的認可程度很輕微，代表著個體可能有意願屈服與犯罪或獨行，至少在目前的當下是這樣；但是，如果個體對於信念的認同或讚許程度高，個體的整個心都會臣服於傳統的社會價值體系，並充分合作。赫胥認為，每一個個體，都有不同深度與權力的信仰，而且每一個人信仰的差異程度，端視於個體對於社會系統的依附程度。透過個體的權威人士的讚許，因果鍊就會從父母的依附到信仰，亦即社會的就會與個體的行為連結在一起，因此，信仰，被視為是青少年包容法律道德觀念以及其他傳統規範標準的程度。對赫胥而言，青少年犯罪，並非如同蘇哲蘭或艾克斯 (R. Akers) 主張的，他們學習到偏差行為的價值，支持他們去偷或打架。而是，他們知道是非對錯，然而，這些偏差青少年並不關心事情的對或錯，換言之，他們缺乏一個忠誠，對於傳統法律與規範的連結。守法的小孩會遵守法律，因為他們尊敬它並視它為合法的，相反地，偏差的小孩因為沒有信仰，因此，他們的守法觀念是非常薄弱的，以至於他們會透過非法手段滿足自己享樂的慾望。赫胥進一步說，偏差行為不是信仰所造成，而是因為缺乏有效率的信仰限制他的行為所造成的。

赫胥的理論，同樣有實證的基礎，仍然植基於自我報告調查，他也利用學校紀錄及警方紀錄作為研究資料，證實有緊密社會連結的少年，較不易犯罪。

表 4-4　赫胥社會鍵理論的摘要

社會鍵	社會鍵的本質	社會控制的本質：為何他們不會犯罪？
依附	與他人，特別是父母親的情感親密程度	間接控制：親密程度將引導青少年是否在乎父母的觀點，包含他們對於壞行為的不讚許，青少年不會犯罪是因為他們不要讓他們的父母親（或其他他們依附的他人，例如老師）失望。

奉獻	高教育的與職業的抱負以及在校的好成績	守住順從將讓犯罪的代價過高。因此，這是社會鍵的理性成分。
參與	參與傳統的活動，包含家庭作業、工作、運動、學校活動以及其他娛樂性的追求	缺乏非結構或享樂的時間將限制犯罪的機會。
信仰	對於法律道德以及其他傳統規範的包容程度	道德的信念抑制一個人對於犯罪的衝動；只有當傳統的信念薄弱時犯罪才會發生。

資料來源：本書作者整理

第三款　控制理論的評價

　　赫胥的理論，在國內外得到不少知音，可以說是犯罪學理論中被驗證最多的理論之一❽。迄至目前，臺灣地區有不少的實證研究，支持赫胥的理論❾。在國外同樣也有大量的實證研究，支持赫胥的理論。不過，不管國內或國外的研究，其研究對象全集中在少年的輕微非行（有的尚未構成犯罪）。因此，控制理論用來解釋偶而調皮的少年，也許頗為恰當，至於宜否解釋柯恩所說的幫派少年或渥夫岡理論中的暴力少年，則恐怕是完全不同的問題❿。

　　控制理論對於這項質疑，也有所辯駁。他們把重大犯罪行為終極地歸

---

❽ Lily, Cullen, & Ball: *Criminological theory*, 6th. Edition, Sage Publications, 2015, p. 119.

❾ 依研究的順序，分別是：

①李安妮：《大臺北地區男性少年非行成因之分析（控制理論的一項實證研究）》，1983，臺大社會研究所碩士論文。

②許春金：《青少年犯罪原因論（社會控制理論之中國研究）》，1986。

③楊國樞等：《臺北市青少年犯罪之心理傾向及其防治（臺北市政府警察局委託研究）》，1986。

④王方濂、李美琴：《少年竊盜犯罪之研究》，法務部，1986。

⑤陳玉書：《社會連結與女性少年偏差行為（Hirschi 社會控制理論之實證研究）》，中央警官學校碩士論文，1988。

❿ Vold and Bernard, op. cit., p. 245.

因於人類的獸性與本質上的攻擊性。但是，人類的本性究竟愛好和平或酷愛侵略，則是兩千年來，哲學家、神學家、心理學家、人類學家、社會學家，以及現代犯罪學家爭論不休的課題。這個沒有答案的辯論，在某種程度上，無法充分肯定控制理論的解釋能力❾❷。

第五節　標籤理論

大約在 1960 年代初「標籤理論」(Labelling Theory) 開始在美國盛行，然後傳至西歐，這個以社會批判為主要內涵的犯罪學理論，對於歐美法治國家的刑事司法，有相當程度的影響。

標籤理論對於實證犯罪學持批判的態度，甚或全然反對。持標籤理論的學者認為，實證犯罪學所建立的犯罪原因論，固有其科學上的依據，可是這些犯罪原因論仍然是可疑的。因為實證犯罪學的研究，均以刑事司法機關有意挑選出來的犯罪人口為對象，至於刑事司法機關有意忽略的犯罪人口，以及立法者有意縱容的「犯罪人口」，則無從被作為研究樣本。正因為如此，犯罪原因論所顯示者，犯罪人均有其生物、心理與社會的特殊原因，或者如控制理論所說的「與社會團體連結的程度薄弱」。

第一項　標籤理論的內涵

關於標籤理論的內涵，可以分就兩個層面來說明，其一是社會心理學的觀點，其二是鉅社會學的觀點。

壹、社會心理學的觀點

標籤理論的社會心理學觀點，與「形象互動理論」(Symbolic Interactionism) 有密切關係。形象互動理論強調：個人自我形象、塑造於人際關係脈絡之中、反映社會群體對於個人的態度❾❸。

---

❾❷　Vold & Bernard, op. cit., p. 247.

❾❸　Göppinger, aaO. S. 47.

早期的標籤理論家李馬特 (E. M. Lemert) 在 1951 年認為,任何人在其一生,均有過程度輕重不同的偏差行為,行為人未必因此而有罪咎感,尚能保有良好的自我概念。李馬特稱之為「初級的偏差行為」(Primary Deviance)。可是,一旦此種偏差行為被發現,被施以社會控制,特別是正式的社會控制,行為人立即得到社會減等的標記,不但社會認其為異類,行為人的自我概念也產生戲劇性的變化,而一逕往著社會所認定的標記走,終致越演越烈,成為更嚴重的犯罪人。此種越陷越深的「自我實現預言」(Self-Fulfilling Prophecy) 的行為,李馬特稱之為「次級的偏差行為」(Secondary Deviance)。

貳、鉅社會學的觀點

從「鉅社會學」(Macro Sociology) 的觀點,標籤理論認為規範創立與規範執行的情形,決定一個社會內犯罪行為的總體。

立法者制定的新刑法規範及廢除舊的刑法規範,直接影響到犯罪總體的範疇。可是,此種立法程序往往被優越的社會團體,為了貫徹他們自己的利益所操縱❹,其結果是下階層人們的行為類型較易被犯罪化。簡言之,立法程序所掌握的犯罪,本質上是以下階層的行為模式為主。

在規範實際運作的層面,犯罪的追訴與審判,比較不利於下階層。沒有正當或固定職業的人,家庭不健全的人,容易被認為有較高的社會危險性。因此,易於被起訴,或易於被判刑而不准緩刑;而同樣情節的犯罪,甚或更嚴重的犯罪,社經地位較佳的行為人,則較易被寬容。

第二項　標籤理論的評價

標籤理論的兩個主題是:①犯罪人是被社會控制機構標記而貼上標籤

張華葆,前揭書,175 頁。

❹　例如,為了保護自由經濟體制當中最重要的競爭機能,處罰妨害自由競爭的行為,行政院在 1986 年 5 月,把公平交易法送交立法院審議。由於若干立法委員與大企業有密切關係,深怕公平交易法順利誕生,會影響企業的既得利益,因此,該法案在立法院討論多年,好不容易才在 1991 年公布,於 1992 年正式施行。

之後，才越變越壞。②刑事立法以至刑事司法機關，故意苛待處於社會下階層的人。這兩個主題均受到許多批評。

關於第一個主題，批評者認為，如果初犯因受處罰會越變越壞，那麼再犯率應該是百分之百，可是，世界各國的犯罪統計均顯示，再犯率只有少部分的比率。許春金所做的少年犯自我報告資料的標籤理論假設的驗證，亦未支持標籤理論的此一主題[95]。此外，標籤理論的這項假設，把人視為社會反應的產物，而沒有自由意志，沒有自己的決定可能性，小一敗筆[96]。再者，即使第二階段的偏差行為，確實因為第一階段的偏差行為被標記而產生，但是，標籤理論又如何解釋原始的偏差行為究竟如何形成[97]？復次，有若干重大犯罪行為，其行為人從未曾被社會控制機構標記，標籤理論又如何自圓其說？

關於第二個主題，德國與美國有過實證研究，均無法證實刑事司法機關苛待下階層[98]。至於刑事立法方面，由於普通刑法富有濃厚的倫理色彩，各社會階層若有違犯犯罪行為，均難被寬恕。因此，在立法過程中，不可能偏袒上階層。倒是技術性的法律，較易被深具影響力的上階層所操縱。

儘管標籤理論被無情批評，但是對於刑事司法的影響依然不小。1974年美國犯罪學家馬丁森 (Martinson) 對於少年矯治措施的實證研究指出，犯罪率與再犯率並無下降的現象，矯治措施的成效堪慮。加上標籤理論的推波助瀾，使得近代法治國家對於刑罰權的發動，更加的慎重，對於未曾受刑罰制裁的人，擴大運用轉向 (Diversion) 措施[99]。

---

[95]　許春金：《青少年犯罪原因論》，183–199 頁。

[96]　Göppinger, aaO. S. 48.

[97]　許春金：《犯罪學》，313 頁。

[98]　Göppinger, aaO. S. 50. 該實證研究內容如何，書中未做交待。

[99]　Jescheck: *Lehrbuch des Strafrechts*, Allgemeiner Teil, 3. Aufl., 1978, S. 609.
　　在訴訟程序上，轉向處分乃不進入審判程序，不予審判上處分。易言之，即突破起訴→審判→執行之程序，亦即中斷警局之移送與法院的審判程序。此種突破與中斷，即捨棄刑事上的處分（參閱沈銀和：《中德少年刑法比較研究》，1988，131 頁）。依此概念，我國刑事訴訟法的「職權不起訴」處分制度，與

第六節　以生命過程取向的發展犯罪學

傳統犯罪學理論都是假設生物、心理或社會層面等因素，對不同年齡的犯罪者有相同效果；然而發展犯罪學則認為不同因素對不同年齡者有不同影響，因此研究焦點需要擺在犯罪者，從兒童、青少年、成年到老年等生命過程 (Life Course) 的脈絡中，例如有理論以不同因素解釋生命歷程中不同時期的犯罪行為，也有理論以某些因素詮釋初始的犯罪行為，且以另外因素說明犯罪生涯的進展情形。而關於這方面的諸多研究中，最近主要爭論點在於年齡與犯罪的關係。

第一項　年齡與犯罪的關係

這方面的觀點，起源於 1972 年渥夫岡 (M. Wolfgang)，在費城的「世代」(Birth Cohort) 追蹤研究。結果發現，有 6% 的少年，犯下整個世代過去十八年，全部所犯的 52% 刑案和 70% 重罪行為；亦即有一小撮長期犯罪者，包辦了該城市大部分的犯罪。而其後續研究，以及在威斯康辛州的擴大研究，結果亦很相近；甚至在英國所從事的類似研究，也同樣發現有 6% 的人，犯下整個世代，全部所犯的 49% 刑案[100]。

對此之所以會引發關注，是在一場關於年齡與犯罪關係的辯論場合中，兩派學者對於年齡犯罪曲線 (Age-Crime Curve)（詳圖 4–1）中犯罪率在青少年時期快速上升，於 17 歲前後達到高峰，而此後急速下降，約 20 歲後穩定下降，約 60 歲左右，幾乎與犯罪隔絕。其中的變化原因有不同認定：一派認為是頻率 (Frequency) 的改變，亦即犯罪者人數維持不變，因為犯罪人的低自我控制力一旦形成，終其一生難以改變，但每人的犯罪產量確實

少年事件處理法的「裁定不付審理」(第 29 條)、「不付保護處分」(第 41 條)，均為轉向處分。

[100] 參閱 Walker: *Sense and Nonsense about Crime and Drugs*, 5th. Edition, Wadsworth, 2001, pp. 62–64.

會因為機會改變而減少（例如學生時代讀書與進入職場工作，接觸犯罪的機會改變，因而犯罪頻率恐會減少），因此生涯犯罪者是不存在的，此派以高夫森和赫胥的一般化犯罪理論為代表；另一派則認為是參與(Participation) 的改變，亦即犯罪者人數減少，但每人仍維持相當高的犯罪產量，因此有些人在 20 歲後終止犯罪生涯 (Criminal Career)，卻也有些人仍然不斷犯案成為生涯犯罪者 (Career Criminal)，而決定犯罪人參與的改變，繫乎個體的社會鍵之強弱。此派論點以仙森和勞伯為代表，他們認為人類的社會鍵是一種動態性的發展 (Dynamic Development)，隨著人生不同的階段，隨時都在改變，終非一成不變，因此，犯罪數量當然也會隨之改變，有所增減（有關兩派理論的內容，本章下述會有進一步說明）。

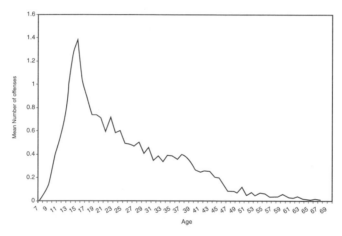

圖 4-1　年齡犯罪曲線圖 (Age-Crime Curve)

資料來源：Sampson and Laub: Life-course desisters? Trajectories of crime among delinquent boys followed to age 70, *Criminology*, 41 (2003): 312.

這場大辯論也對研究取向有不同見解，過去絕大多數的犯罪學研究是採行橫斷式 (Cross-Sectional Design) 設計，以比較同一時間下相同案類中不同個人的犯罪率變化，如此只能研究犯罪行為的相關因素。至於研究生涯犯罪者這派學者則主張改採縱貫式 (Longitudinal Design) 設計，以觀察一段長時期中，個人的犯罪型態變化，如此方能有助於找出犯罪成因；不過另一派批評這是浪費資源，因為從年齡犯罪曲線即可看出年齡和犯罪的相

關性是不變的，可在同一時間內完成觀察，不須大費周章⑩。

第二項　犯罪傾向 vs. 犯罪生涯

　　由於年齡犯罪曲線所引發犯罪人從事犯罪的頻率和參與等變化情形，會隨著年齡增長，有所改變，而犯罪行為型態是否會趨向多樣性，形成犯罪學界有兩派學者的爭戰。

　　首先，主張犯罪傾向 (Criminal Propensity) 學者，認為有些人較傾向犯罪，是因為他存在著潛伏特質 (Latent Traits)，並會隨周遭機會和環境，顯現出多種的犯罪行為型態，此即所謂的「多樣性」(Diversity)，其中大多數是輕微犯罪；且此特質一般而言在個體出生時或出生後不久即形成，過了4、5歲就相當穩定，而且在其日後的人生各階段均呈現出不易改變的特性。因此沒有必要花費心思和資源，特別對其犯罪的開始或結束、犯罪生涯維持多久以及犯案頻率升降等，多作探討，只要「年齡犯罪曲線圖」(Age-Crime Curve) 及犯罪傾向兩相結合即可涵蓋。反而，當前研究重點應該擺在犯罪傾向為何會因人而異之上，於是便有「低自我控制力」(Low Self-Control) 的不同解釋產生。

　　但另一方面，主張犯罪生涯者 (Criminal Career)，也稱為生命過程觀點 (Life Course Perspective)，該學派視犯罪性 (Criminality) 為一個戲劇性的動態過程，犯罪性會受到個體不同階段身處的外在環境所影響其行為，故可以多組因素解釋個體生命過程中不同點的犯罪，進而認為有必要建立多套因果模組以詮釋年齡與犯罪的關係，例如青少年時期的偏差行為，不見得可以預測成年時期的犯罪行為；他們也強調犯罪行為會朝向一種或少數幾種的犯罪型態集中，此即所謂的「專業化」(Specialization)，且可能會漸趨嚴重，不過此推論僅適用於解釋成年犯罪⑩。

---

⑩　生涯犯罪者，是指在過去一段長時間，經常從事違法活動的慢性（或稱長期、慣性）犯罪人；參閱 Vold, Bernard, & Snipes: *Theoretical Criminology*, 4th. Edition, Oxford University Press, 1998, pp. 285–287.

⑩　Ibid., pp. 288–291.

以上兩派論點皆在實證研究上獲得部分支持，也有些疑義至今仍未得到結論。其間的差異比較，詳如下表所示[103]：

表 4-5 年齡與犯罪的關係中兩派論點比較

派別 項目	犯罪傾向 (Criminal Propensity)	犯罪生涯 (Criminal Career)
代表人物	Gottfredson, Hirschi (1990)	Blumstein, Cohen, Farrington (1988)
基本論點	各項因素在不同時間有相同效果	各項因素在不同年齡有不同影響
年齡—犯罪關係	不變	改變
專有名詞	犯罪傾向、低自我控制	犯罪生涯、生涯犯罪者、參與、普及、頻率、嚴重性、開始、結束、期間
研究設計	橫斷設計	縱貫設計
研究期間	同一時間	一段時期
資源耗損	便宜	大量
實證支持	Rowe, Osgood, Nicewander (1990)	Smith, Visher, Jarjoura (1991)
穩定程度	4-5 歲以後即穩定	成年以後仍可能改變
犯罪預測	可能	困難
犯罪種類	多樣性	專業化
嚴重程度	大多輕微	漸趨嚴重
犯罪下降	產量降低	人數減少
頻率（λ）	趨近零	常數
理論結構	簡單	複雜
詮釋模組	一個	多個
理論整合	反對	贊成
統計功用	相關分析	因果分析
政策建議	健全家庭	選擇性監禁

第三項　轉型到發展犯罪學

當兩大陣營為各自立場爭辯不休時，有人批評這兩方不是欠缺理論輸入，就是沒有交代理論的作用，只是在詞句和數字上作文章，似乎都忘記

---

[103] 本表是由廖有祿老師於課堂討論中，根據前揭書第十七章整理而成。

理論在此所能扮演的角色；其實在這議題上，應回歸到基本理論層面。於是有研究者指出標籤及控制兩個理論，皆可支撐犯罪生涯的論點，例如那些犯罪未被逮捕及標籤化的人，發展結果可能以非犯罪者的身分結束；而那些被標籤化及制裁的人，可能從事原始和衍生的偏差行為，進而發展成為穩定的犯罪者。再者，有人在兒童時期連結其父母而未參與犯罪，但進入青春期後與父母的連結減弱，若未能發展其他連結（如配偶或工作），就可能會參與犯罪；而那些在兒童時期沒有很好連結的人，若青春期以後無法再度連結 (Rebond)，就可能發展成為慢性犯罪者[104]。

雖然上述解釋純屬或然率的問題，但此一嘗試至少已將年齡與犯罪的關係探討，拉回到理論層面。晚近更出現可同時支撐兩方論點的研究成果，並呼籲雙方應避免競爭，轉而將犯罪視為生命過程中的社會事件。此種以發展心理學為強力根基，並兼採雙方精論的新學說遂逐漸成型，兩極化爭辯亦隨之淡化，進而發展出發展犯罪學 (Developmental Criminology)。

發展犯罪學是一種著重於犯罪人犯罪生涯的形成與其犯罪行為發展歷程的犯罪學理論。它可以說是犯罪學發展過程中因為研究方法的精進與突破，所衍生的犯罪學新典範 (Paradigam)，傳統犯罪學之研究，是以橫斷式研究為主，但發展犯罪學強調的是縱貫式研究方法，搭配犯罪人的生命過程，從其犯罪的肇始、持續與終止等，透過一連串的追蹤，探究促使犯罪發生與持續的相關因素。由於個體的成長複雜多變，所以主張犯罪的成因與持續也是多元性因素，並非僅侷限於個體特質或原生家庭與所處環境，它更強調個體成長過程中職業、婚姻及家庭對其犯罪的影響，由於伴隨的個體成長的時間序列之研究，故稱為發展犯罪學。

以下分別介紹松貝利 (T. Thornberry) 的互動理論、仙森 (R. Sampson) 和勞伯 (J. Laub) 的生命過程理論以及莫菲 (T. Moffitt) 的兩分類犯罪人理論，前者探討過去偏差行為和現在犯罪行為，在個人生命過程各時期中，不同因素的互動情形；第二者則研究生命過程中穩定和改變之間的緊張狀態，強調正、負改變在發展過程中，任何環節皆有可能出現轉折。第三者

---

[104] Vold, Bernard, & Snipes, op. cit., pp. 292–293.

可謂是犯罪傾向與犯罪生涯兩個對立論點的折衷理論，植基於犯罪年齡曲線，莫菲強調犯罪人群中，有曇花一現型以及持續犯罪型兩種型態，符合犯罪年齡曲線的解釋。

第四項　松貝利的互動理論

松貝利 (Thornberry) 批評單向因果結構，不足以完整描述生命過程中，各有關因素與犯罪行為的交替影響，因而結合控制和社會學習理論，另外發展出互動理論。此理論由六個概念組成：依附於父母、奉獻於學校、信仰傳統價值、與犯罪同儕接觸、採取非行價值、參與犯罪行為；並提出三套因果關係模組，以對應青春期發展的早、中、晚等三個時期。

在青春早期（11–13 歲），若附著於父母和奉獻於學校，就較不可能犯罪。在青春中期（15–16 歲），因為青少年都在家庭外面活動，屬於年輕朋友的世界，附著父母會退居次要，若選擇與犯罪同儕接觸（此與青春早期的行為發展有關），而奉獻傳統活動也減少，偏差價值則有較大影響，就可能參與犯罪行為。在青春晚期（18–20 歲），另有兩個變項加入模組，分別是奉獻於傳統活動（如就讀大學、當兵、工作），以及奉獻於家庭（如結婚、生子），於是家庭與社會的傳統價值又會有較大影響[105]。

此外，松貝利指出罪質 (Criminality) 不是簡單成型的，而是個人生命發展過程中，不同因素交互影響之下，產生不同意義所致，其中因果關係富有變化；亦即對部分人而言，雖受到某些社會因素影響而犯罪，但此犯罪行為本身也會影響隨後的發展過程及同儕接觸，於是脫軌行為的發生機率隨之增加，終至發展成生涯犯罪者[106]。

第五項　仙森和勞伯的生命過程理論

仙森 (Sampson) 與勞伯 (Laub) 於 1993 年利用葛魯克夫婦 (S. and E. Glueck) 在 1939 年於麻州少年輔育院所收集的收容少年犯罪數據，進行高

---

[105]　Vold, Bernard, & Snipes, op. cit., pp. 294–296.

[106]　參閱 Siegel: *Criminology*, 6th. Edition, West/Wadsworth, 1998, pp. 270–273.

級統計分析後，提出了「逐級年齡非正式社會控制理論」(Age-Graded
Theory of Informal Social Control)，該理論分為三階段，分別解釋少年犯
罪、轉變為成人及成年犯罪，指出家庭、學校、同儕等結構背景因素，透
過社會控制程序間接影響犯罪。少年時期由於父母管教過嚴或態度不一等
影響，又處於不利的環境結構中，社會連結難以強化，發生偏差行為的可
能性就大增。而在轉變為成人階段，由於生命過程的互動改變和穩定發展
的積累，多數偏差行為就此打住。至於成人的行為也會改變，如依附於配
偶、奉獻於工作等會降低犯罪的可能性❿。

　　此理論另有兩項特點，他們指出在生命歷程中，婚姻、家庭和工作兩
種社會事件，是終止犯罪的重要「轉捩點」(Turning Points)：有犯罪問題
的少年，於成年結婚後，若能得到配偶扶持，工作表現又得到認同，可能
停止犯罪；反之若婚姻關係觸礁，工作又失去成就感，犯罪傾向可能會增
強，而子女長期遭受不良影響，也會出現犯罪行為。再者，他們也表示一
個人的過去可能使其不利，但也並不會完全受限於過去，若能與人和周遭
持續發展正面連結，有助於終止犯罪行為，這些社會連結統稱為「社會資
本」(Social Capital)❽。

　　總體而言，發展犯罪學還是相當新的理論，仍待時間來評估；主要是
試圖展示單一理論不足以充分解釋犯罪，影響犯罪的因果關係須視生命過
程的階段而定，因此將發展特性納入考量，以增加理論的解釋力。

　　2003 年，勞伯與仙森再度針對葛魯克夫婦所收集的研究樣本，追蹤 52
位仍存在且願意接受研究的個體，透過口述訪談的方式，撰寫成《相同的
開始，不同的生命：從犯罪少年到 70 歲》(*Shared Beginnings, Divergent
Lives: Delinquent Boys to 70*) 一書，提出「生命過程理論」(Life Course
Theory)，擴充 1993 年的研究與發現。特別是在轉捩點的部分，在 1993 年
的研究發現，指出婚姻與工作是兩大轉捩點，但 2003 年的追蹤研究，他們
更具體指出，婚姻與家庭 (Marriage/Family)、工作 (Work)、軍隊服役

---

❿　Vold, Bernard, & Snipes, op. cit., pp. 296–298.

❽　Siegel, op. cit., pp. 271–272.

(Military Services) 與進入司法系統 (Justice System Involvement) 也是影響個體中止犯罪與否的轉捩點。換言之，傳統的轉捩點是一種社會支持力量累積而成的社會資本，中止個體成年時期的犯罪；但司法系統以及軍事服役等的嚇阻力量，亦會在個體成年時期扮演中止犯罪的要角，這是 2003 年晚近的新發現。

勞伯與仙森進一步闡述的說，傳統的犯罪學認為，個體進入刑事司法系統，是一種烙印、標籤，降低個體與家庭和學校等傳統社會機構的社會鍵，強化渠等再次進入司法系統、被正常社會排斥與隔離的重要因素，而且是終其一生。例如他們在葛魯克夫婦的犯罪少年的數據分析，曾有被逮捕或監禁紀錄的少年，他們的犯罪行為會削弱社會與機構的連結程度（例如與職場的連結以及對婚姻的凝聚力），進而再度犯罪，終其一生都是犯罪人，他們稱為「累積的連續性」(Cumulative Continuity)，亦即刑事司法系統透過烙印與機構化收容犯罪少年，所產生的負面反應，逐步地累積進而拖垮了犯罪少年的未來❿。例如逮捕與監禁，都會讓少年在職場與學校形成失敗人格，讓他們被家庭與社區居民排斥，轉而強化其再度犯罪的可能性。

但是在他們的訪談研究中卻發現，機構效應 (Institutional Effect) 之所以可以成為一個犯罪人中止其犯罪的轉捩點，是因為機構的紀律與結構 (Discipline and Structure)。對一些葛魯克夫婦少年而言，在機構中的有些經驗是影響他們一生的，例如他們可以從一些他們未曾從事的工作中獲得獎賞與成就感，這些經驗是他們在一般的學校或在家庭中從未有過的經驗，讓他們覺得受到讚許並獲成就感。此外，機構存有嚇阻力量 (Deterrence Force)，機構中的訓練與紀律的要求，以及結構性的生活方式（隔離社會），讓他們「學習到不要打混時間」(Learned that He Did Not Want to Do the Time)⓫。此外，他們也指出，機構也教導犯罪人如何尊重社會與他人。

⓱ Sampson & Laub: A life-course theory of cumulative disadvantage and the stability of delinquency, *Developmental theories of crime and delinquency*, 7 (1997), pp. 133–161.

換言之，根據勞伯和仙森的研究，監禁的機構效應存在著工作（勞動）、讚許、成就感、紀律、嚇阻、尊重他人以及提供一個環境讓犯罪人學習人生的重要課題 (Learning Important Lessons about Life)❶ 。 勞伯和仙森特別強調，這些機構的或結構的轉捩點，會以不同的程度協助個體創造嶄新的情境去❷：

①從今開始切斷過往。

②提供自我監督、監控以及社會支持與成長的機會。

③改變與建構新的日常活動。

④提供自我認同轉變的機會。

最後且重要的是，勞伯和仙森提到，這些轉捩點，例如家庭、工作、監禁經驗與居住環境的改變，其實都是啟動一個個人中止犯罪的關鍵機制——「意志力」(Human Agency)，他們相信，人類都有變好或改過向善的能力與意願，只是找不到啟動的關鍵，而這些轉捩點就是啟動個體想要變好、中止犯罪的意志力。例如美滿的婚姻，讓他們發現摯愛的家人以及親愛情感的可貴，願意放棄再度犯罪；穩定的工作，代表穩定的財富收入與生活型態，累積厚實的社會資本讓他不願意再放棄；監禁過程中的教化活動與技能訓練，讓他們重拾對於教育的信心以及從技訓課程中獲得成就感，讓他興起「我是可以做好」(Making Good) 的想法；出獄後的改變居住環境，切斷過去的不良影響 (Bad Influences)，進而改變日常活動、從事正面的社交生活與深化社會參與與責任，中止與遠離犯罪生活型態。

第六項　莫菲的兩分類犯罪人理論

美國犯罪心理學家莫菲 (T. Moffitt) 於 1994 年提出 「兩分類犯罪人理論」 (Dural Taxonomy Theory)，宣稱該理論是基於年齡犯罪曲線而形成。

---

❶　Sampson & Laub: *Shared beginnings, divergent lives: Delinquent boys to age 70*, Harvard University Press. 2003. p. 129.

❶　Ibid., p. 130.

❷　Ibid., p. 148.

之所以稱為「兩分類法理論」，是因為他將年齡犯罪曲線中，15 到 17 歲間最高峰的青少年犯罪人，區分為「侷限於青少年時期犯罪人」(Adolescence-Limited Offenders, ALs) 以及 「生活過程持續性犯罪人」 (Life-Course Persistent Offenders, LCPs)。莫菲主張，年齡犯罪曲線之所以會在 15 歲到 17 歲達到最高峰，是因為高犯罪 (High Offending) 的生活過程持續性犯罪人與短暫犯罪 (Temporary Offending) 的侷限於青少年時期犯罪人，兩者犯罪人所從事的犯罪行為累加後所形成❶❸。

首先，她在介紹生活過程持續性犯罪人時，認為此類犯罪人在少年早期時即出現偏差行為，並延續其偏差與犯罪行為到成年時期，這種人約佔所有青少年犯罪人的 5% 左右，他們的偏差行為包含：在家欺騙、在商店偷竊、在酒吧打架、在校欺凌弱小以及在工作場所盜領現金，他們的人生生涯都是呈現多樣的犯罪型態。 根據莫菲研究， 他們是神經心理缺陷 (Neuropsychological Deficits) 所導致的產物，當人類的大腦在正常發展時，因為受到外在環境的中斷受傷——例如在懷孕時期母體暴露於藥物濫用或營養不良的環境，或是幼兒成長時期受到腦傷與暴露於中毒環境（例如鉛中毒），導致心理與生理的殘缺。他們的典型行為包含：ADHD、易怒性、低自我控制與低認知能力。這種生心理缺陷導致他們的終身都與偏差行為和社會上競爭失敗有關，而這種殘缺與社會環境相互影響後，更是導致他們終其一生呈現反社會生涯。

其次，侷限於青少年時期犯罪人，他們的犯罪就像是曇花一現一般，僅在短暫的青少年階段，觸犯較多的犯罪行為，導致年齡犯罪曲線在青少年中期達到最高峰。換言之，這種犯罪人偏差行為的肇始與結束，都在青少年時期，他們約佔整體青少年犯罪人總人數的 95% 左右，屬於短暫的犯罪行為態樣。相較於生活過程犯罪人而言，他們有較少的犯罪型態與較短的犯罪生涯。莫菲指出，其產生的原因是因為這些青少年在青春期時無法跨越「成熟缺口」(Maturity Gap)，亦即成年的生物發展與現代社會的期許

---

❶❸　周石棋、賴擁連：〈犯罪學新方向——發展性理論〉，刊：《中央警察大學犯罪防治學報》，第 5 期，桃園：中央警察大學，2004。

產生的落差，無法相配合所致，而此一缺口卻成為青少年對現狀不滿意與
從事偏差行為的動機，尤其是從事偏差行為的動機會透過社會模仿 (Social
Mimicry) 轉變為學習偏差同儕（尤其是生活週期的犯罪人）之偏差行為。
但是因為這類型的犯罪人，其偏差行為前的社會化程度與發展良好，當步
入青少年後期或青年時期時，有足夠的能力來斷絕過去的偏差行為，所以
不會淪落到犯罪人的生涯，並會逐漸回到傳統守法的生活型態。詳圖 4-2。

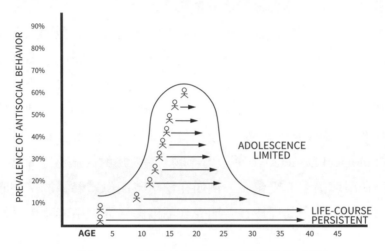

圖 4-2　莫菲的兩分類犯罪學理論圖示

資料來源：Moffitt, Terrie E.: Adolescence-limited and life-course-persistent antisocial behavior: a
　　　　　developmental taxonomy, *Psychological review* 100.4 (1993): 674.
　　　　　原始資料由 American Psychological Association (APA) 出版，已獲准翻譯刊印，本翻譯之
　　　　　正確性與 APA 無關。

第七節　以科際整合取向的犯罪學理論

　　犯罪學發展百餘年來，所建立的理論為數不少，然而理論與理論之間，
有些預測卻是相互矛盾的，對此許多人認為必須透過否證 (Falsification) 程
序，將預測情形和驗證結果，出現不一致的理論予以剔除，以減少理論個
數。另有批學者表示，前述作法基於許多理由是不會成功的，其實理論與
理論之間並不矛盾，只是對於相同現象有不同的關注點，自然會有不同的

預測情形產生；因此，數個理論是可透過整合 (Integration) 程序，合併成為一個較大型的理論，如此不但可減少理論個數，且此一新整合理論的解釋力也會更高❶❹。

　　過去二十多年，已有不少這方面的嘗試在進行，前一節所述發展犯罪學的相關學說，也被歸在此一理論類型❶❺。以下再介紹艾利歐 (D. Elliott) 等人的整合理論、布列茲懷特 (J. Braithwaite) 的明恥整合理論、高夫森 (M. Gottfredson) 和赫胥 (T. Hirschi) 的一般化犯罪理論。

第一項　艾利歐等人的整合理論

　　艾利歐等人先後整合緊張 (Strain)、控制和社會學習等理論，成為單向因果關係模組，以解釋少年非行和藥物濫用行為。他們先是整合緊張和控制理論，指出少年若無法達成社會企求和目標（如地位、財富、社會接納等），而形成緊張問題，將連帶使得其與傳統的連結轉趨薄弱，於是偏差行為隨之增加。因此，緊張問題是少年與傳統連結減弱的成因，而社會化不全和社會解組，也會減弱少年的傳統連結，其中社會解組又增加緊張形成的可能性。

　　接著再與社會學習理論整合，強調傳統連結和非行連結之間的相對平衡。認為少年非行的產生與認同偏差行為模式時，所接受到來自於家庭、學校、同儕的獎勵或懲處有關，而家庭和學校通常會增強傳統行為，但同儕的不良影響卻會增強偏差行為，若非行連結強過傳統連結，少年非行於焉產生❶❻。

　　本理論的因果關係結構，請參閱下圖。而艾利歐等人更進一步以全國少年調查的資料來進行驗證，結果發現緊張和社會控制等概念，對少年非行並沒有直接影響，反而是非行同儕的連結最具直接影響。

---

❶❹　Vold, Bernard, & Snipes, op. cit., pp. 300–301.

❶❺　Siegel, op. cit., pp. 270–273.

❶❻　Vold, Bernard, & Snipes, op. cit., pp. 301–302.

圖 4-3　艾利歐等人的理論模型

第二項　布列茲懷特的明恥整合理論

　　布列茲懷特有感於日本社會普遍強調羞恥感，這點發揮很大的社會控制功能。於是不單整合了標籤、次文化、機會、控制、差別接觸和社會學習等理論，且另創出一個新概念——「明恥整合」，以標示其中各理論概念的適用情形。至於「明恥」(Shaming) 即是一位已感受到羞恥，且（或）遭受別人非難而知所羞恥的人，企圖改正其不當舉止的社會過程。而羞恥又分為烙印（是指被責難後，引發脫離感）、整合（是指被責難後，仍維繫順從感）兩種情況；羞辱烙印 (Stigmatizing Shaming) 會導致犯罪率升高，明恥整合 (Reintegrative Shaming) 則可促使犯罪率降低。

　　此外，愈多社會連結者，愈可能有明恥整合，就比較不會犯罪。標籤理論在此是用來解釋烙印問題，亦即被責難者一旦被烙印後，會轉而參與偏差次文化，因此可能參與犯罪。而都市化過快和流動性過高，伴隨高失業率和欠缺合法機會等，都不利於明恥整合，卻反而助長了烙印，影響所及使得犯罪率高居不下❼。

　　由於本理論最近才提出，相關研究不多，尚未有較肯定的驗證結果。倒是在澳洲，試著使犯罪者和被害者會面，目的在使犯罪者明白所為不當而產生羞恥感，並在犯罪者的家人和同儕陪同下，協助犯罪者以加強整合作用。雖然這只是試驗，未必能普遍適用於各地和各類型犯罪，但若與強調嚴懲個人、絕不寬恕的當今司法系統（過於注重個別預防，形同羞辱烙印）相比，此舉顯得人性化許多❽。

---

❼　Vold, Bernard, & Snipes, op. cit., pp. 303–304.

❽　Siegel, op. cit., p. 121.

第三項　高夫森和赫胥的一般化犯罪理論

以赫胥的社會控制論為基礎，兩位學者進一步整合心理、生物、日常活動和理性選擇等理論的相關論點，形成所謂的 「一般化犯罪理論」 (A General Theory of Crime)[119]。他們解釋個人生涯歷程中，犯罪傾向與內在低自我控制力 (Low Self-Control) 有關，且這犯罪傾向終其一生不變，會變化的是外在環境的犯罪機會，因此犯罪是個人低自我控制力和犯罪機會互動之下的結果；也就是在相同的犯罪機會下，有犯罪傾向者就較可能從事犯罪行為。

犯罪傾向之所以因人而異，是由於每人的自我控制程度不同所致。而自我控制力低者，原本就較具衝動性，通常比較敏感、短視、少思考且甘冒風險；長大成人後，在婚姻、工作、交友方面也就較不穩定。此外，欠缺自我控制者，如果發生偏差行為也比較沒有羞恥感，甚至反而從中得到輕鬆及短暫滿足[120]。

至於人為何會欠缺自我控制，這與幼童時期父母的教養有關，如果父母疏於管教小孩，當有偏差行為發生，不加以制止或適當懲戒，小孩會因而欠缺自我控制力。同樣的，父母未能以身作則，又對子女管教不周，這種環境下的小孩很難附著於父母，也無法培養出高的自我控制。因此，低自我控制可說是在小孩發展過程中，未採行適切干預而自然發生的[121]。

高夫森和赫胥也表示，本理論可適用於各類犯罪行為，包括竊盜、搶劫、販毒、殺人、性侵害、侵佔公款、內線交易等，都可被解釋為欠缺自我控制所致。而犯罪率在性別、種族、地區等因素上的差異情形，亦是因為自我控制有別的影響結果，例如男性的犯罪率高過女性，此差別是由於男性的自我控制低於女性。上述兩項獨到詮釋是本理論的特點，也是與其

---

[119]　參閱 Gottfredson & Hirschi: *A General Theory of Crime*, Stanford University Press, 1990.

[120]　Siegel, op. cit., pp. 260–261.

[121]　參閱許春金 《犯罪學》，2000，328–331 頁。

他犯罪理論的最大分野❶❷。

綜言之，此理論本身不但具有深度，也頗具廣度，在當代犯罪學理論發展中，有不容忽視的地位。在 1990 年發表本理論之後，便有不少研究嘗試從各種途徑，驗證各有關論點，其中也包括跨文化的比較，研究結果大都獲得支持。最近另有些研究指出，低自我控制和犯罪機會互動的結果，的確會產生犯罪，其中的因果關係更可簡述如下：具衝動性人格者→欠缺自我控制→社會連結漸形凋零→當有機會犯罪→發生偏差與犯罪，詳表 4–6。

表 4–6　一般化犯罪理論因果關係歷程表

犯罪歷程重要概念	每個重要概念內涵
衝動性格	1. 力量取向 2. 對外在事物不具感應性 3. 好冒險性格 4. 短視近利 5. 用非語言的方式處理事物
低自我控制	1. 拙劣的育兒技術 2. 偏差父母親 3. 缺乏父母親的監督 4. 好動、ADD、ADHD 5. 以自我為中心
弱的社會鍵	1. 與傳統社會機制的附著力低 2. 沒有支持性的情感或親密關係之建立 3. 沒有穩定的工作
犯罪機會的浮現	1. 幫派 2. 無業、賦閒 3. 藥頭接觸 4. 合適的標的物
犯罪與偏差行為	1. 問題行為症候群（吸煙、酗酒、吸毒、好開快車以及複雜的性行為） 2. 犯罪行為（暴力、財產與白領）

資料來源：本書作者整理

---

❶❷　Siegel, op. cit., pp. 261–262.

第四項　悌托的權力平衡理論

　　傳統的控制理論大多聚焦於抑制或控制個體從事犯罪行為的因素，他們對於個體行使控制高於社會環境行使控制的探討，甚為稀少。然而，犯罪學家悌托 (C. Tittle, 1995) 走出一條創新之途，主張個體不僅是控制的目標也是控制的主體　（代理人）。在他的犯罪與偏差行為的控制平衡理論 (Control Balance Theory)，不僅整合了差別接觸理論、墨爾頓的古典緊張理論、馬克思的衝突理論、控制理論、標籤理論、嚇阻理論以及日常活動理論❶❷❸，並與高夫森與赫胥的一般化理論相競爭❶❷❹。他認為每一個人都有一定程度的控制在他或她之下，而且有一定程度的控制供他或她行使。

　　對大部分的個體而言，相對的控制數量是存在且平衡 (Control Balance)，但有一些個體則是遭受到控制缺陷 (Control Deficit) 或控制過多 (Control Surplus) 現象。一般平常者，控制平衡者傾向於守法，但控制失衡者則傾向於與偏差行為有關聯。這個理論的中心觀念就是，個人受到控制的程度，相對於他或她行使控制的程度，決定其從事偏差行為的可能性以及可能從事何種偏差行為的態樣。他稱為「控制比值」(Control Ratio)。

　　此外，悌托企圖以一般性理論進而解釋所有的偏差行為型態。因此，他提出一個偏差行為類型論，總計有七個行為類型並被編排在一個連續光譜中，在光譜中間的行為型態為守法，以他的理論來說就是控制平衡的個體。在左邊的連續光譜為控制缺陷，他命名為壓抑 (Repression)，又分為三種，每一種都包含不同程度的控制缺陷，最左邊的壓抑稱為屈服 (Submission)，其次為蔑視 (Defiance)，第三靠近控制平衡者，稱為掠奪 (Predation)。右邊的連續光譜，他稱為自主 (Autonomy)，代表個體擁有較多的控制　（控制剩餘），最右邊者稱為墮落 (Decadence)，其次為侵吞 (Plunder)，最接近控制平衡者稱為剝削 (Exploitation)❶❷❺。

---

❶❷❸　Bernard, Snipes, & Gerould : *Vold's theoretical criminology*, 7th. Edition, Oxford, 2016, p. 331.

❶❷❹　Williams & McShane: *Criminological theory*, 6th. Edition, Pearson, 2014, p. 226.

表 4-7　悌托的控制程度與偏差行為態樣之分類

控制缺陷：壓抑			控制平衡	控制剩餘：自主		
屈服	蔑視	掠奪	守法	剝削	侵吞	墮落

資料來源：作者整理

　　許多犯罪學家對於掠奪 (Predation) 此一型態感到興趣，悌托著文稱，最嚴重的犯罪型態 (Serious Forms of Crime) 可能會發生在最少控制缺陷的人，亦即掠奪，因為這些缺陷的限制，讓個體可以清楚地判斷一個偏差行為是否會成功以消除他或她所經歷過的控制失衡狀況。例如，一個青少年會使用暴力行為以改變他或她的權力比值並導致其他青少年遠離他，但是，如果所面臨的控制缺陷過大時，一個個體可能僅是屈服於這樣的權力失衡狀況，或者只是觸犯一些輕微的偏差行為，例如破壞公物 (Vandalism)，表達出一種屈服的狀態。

　　相對地，控制剩餘一般來說會釋放個體有更多的自由度，去從事多樣的犯罪行為而無視於後果。悌托認為，許多的白領犯罪或公司犯罪，就是因為控制剩餘的結果。例如職員會侵吞公款或是自甘墮落，被利所誘，在自己的自主權限內，監守自盜，成為白領犯罪者。

　　2004 年，悌托修正他的理論，置換他原先的偏差類型分類，將犯罪行為含括進來。因此，他主張任何的偏差行為都可以根據他的控制平衡期待 (Control Balance Desirability)，予以排序。這樣的構念包含兩個因素，第一、偏差行為很可能地以他們在長遠的效能上之變化程度，來改變個體的控制失衡狀態。第二、偏差行為的變化程度可讓個體直接成為與被害有關的客體或成為一個偏差行為直接受影響的客體。長遠的效能是可期待的，因為它代表著個體權力失衡的問題已被解決，因此做出進一步的行為是不需要的。此外，避免直接地參與被害也是可期待的，因為距離以及冷漠會削弱個體可能會成為一個被對抗行為下的被害者的機會。例如，如果一個工人揍一位對他進行羞辱的老闆，這樣的攻擊行為就是控制平衡的期待。

---

❿　Lilly et al., ibid., pp. 137–139.

為什麼？因為這位工人可能只是暫時地改變了他對於老闆的權力不平衡狀態（例如長期的欺壓與凌虐）。但也可能有一種反應，亦即老闆可能讓他的權力缺陷更差，例如打回去、將他炒魷魚或報警逮捕他。

第八節　社會主義的犯罪學理論

第一項　衝突犯罪學派

馬克思 (K. Marx, 1818–1883) 是歷史唯物論者，認為經濟力量是社會變遷的主因，在他的學說裡，只約略談到一些犯罪的觀念。因此，是不是真有馬克思犯罪學，連馬克思的信徒都表懷疑[126]。不過，馬克思及其思想的信仰者，均有一套特殊的歷史觀與社會觀，在這套觀念背景裡，可以窺見他們對於犯罪的共同看法。從早期的馬克思到最近的社會主義犯罪學者，他們的共同信念是：犯罪在資本主義社會無法根除，只有實現社會主義，才可能消滅犯罪。本節擬扼要介紹馬克思等人對於犯罪的看法，再做扼要的批判。

馬克思在他的主要著作《資本論》(*Das Kapital*) 中，約略提到犯罪的發生原因。他認為，資本主義社會的財富分配不公平，權力分配自亦不公平，犯罪於焉產生。在資本主義社會有大量的人失業，這些人不能循合法的途徑參加生產，於是道德頹敗，而導致各色各樣的邪行與犯罪。此種現象，最易發生於低下階層。要解決此一問題，必須改變社會，經濟體制要大改革。私有財產與私有生產方式應予廢除，代之以國有財產制與計劃經濟，一切生產均以全民利益為依歸，則人人有工作，財富分配平均，邪行與犯罪即無由而生[127]。

恩格斯 (F. Engels) 在其 1845 年出版的書《英國勞工階級的地位》(*Die Lage der arbeitenden Klasse in England*)，對於犯罪也有簡要的說明。他的

---

[126]　Vold & Bernard, op. cit., p. 299.

[127]　Schneider, aaO. S. 410.

看法可歸納為三點：㈠犯罪的原因乃在於資本主義的經濟環境發生問題。㈡犯罪是勞工階級對於資產階級的憤怒表現。㈢犯罪是階級抗爭沒有結果的一種當然的反應型態❶❷❽。

荷蘭犯罪學家班格 (Bonger) 對於馬克思的犯罪理論更加發揚。 在其 1916 年出版的《犯罪與經濟條件》(*Criminality and Economic Conditions*) 一書中提到，資本主義的經濟體制，使人們變得貪婪與自私，只顧追逐己利而不為同胞的福利設想。犯罪之所以集中在低下階層，是因為法律體系把窮人的貪慾加以犯罪化，可是卻提供合法的機會給富人追求貪慾。他認為只有社會主義可以終極的消滅犯罪，因為社會主義可以促進社會全體的福利，而且可以變更討好富人的法律基礎❶❷❾。

統一前西德的三位犯罪學家魏肯丁 (F. Werkentin)， 霍夫柏特 (M. Hofferbert)，及包爾曼 (M. Baurmann) 也是馬克思犯罪學的支持者。根據他們的看法 (1972)，犯罪的產生，導因於階級社會與階級司法的存在，要消滅犯罪，必須改造資本主義的社會結構❶❸⓿。

前東德的犯罪學家雷克沙斯 (J. Lekschas)，哈爾蘭德 (H. Harrland)，哈特曼 (R. Hartmann) 及雷曼 (G. Lehmann)(1983) 認為，社會發展有三階段：㈠資本主義邁向社會主義的過渡時期，㈡發展中的社會主義社會，㈢階級消滅與共產主義的成熟社會。在第一個階段，犯罪受過去舊社會的影響，犯罪率仍相當高；在第二階段，犯罪逐漸減少，在此階段，雖然社會主義逐漸取代資本主義，但社會內部不可避免的仍有矛盾與衝突；在第三階段，共產主義革命得到世界性的勝利，勞心與勞力工作的對立不再發生，犯罪完全被征服了❶❸❶。

馬克思犯罪學的信仰者，異口同聲地認為，只要徹底實現社會主義，沒有階級衝突，便能解決犯罪問題，這是將犯罪問題太過簡單化的

---

❶❷❽　Schneider, aaO. S. 411.

❶❷❾　Vold & Bernard, op. cit., p. 303.

❶❸⓿　Schneider, aaO. S. 413.

❶❸❶　Schneider, aaO. S. 415.

論調。假設計畫經濟的馬克思主義可以實現，再也沒有資本主義的社會結構，沒有社會階級的差異，財富與權力分配都非常平均，可是，犯罪問題依然會出現。因為即使沒有階級差異，個人的差異，還是無法避免，既有個人差異，必然有競爭、摩擦與衝突，故犯罪是無論如何難以避免的。

標榜沒有階級對立的社會主義能否實現，相當令人懷疑。目前施行計畫經濟的社會主義國家，大多相對的貧窮與落後，政治領導者與知識分子都體會到，要改善人民生活，只有走資本主義路線，要求自由競爭與自由追求利潤。信奉馬克思理念的犯罪學者，如果不是缺乏對犯罪問題的基本認識，恐怕就是故意迎合社會主義國家的政治宣導。

第二項　批判犯罪學派

批判犯罪學興起於 1960 年代動盪不安的美國，當時社會上至少包含少數族裔主張的基本人權的爭取、婦女權益的解放以及社會上反越戰等大型社會運動等，再加上刑事司法系統與機構的擴張，促使師法馬克思衝突學派的批判犯罪學派 (Critical School)，獲得重視。代表人物有昆尼 (R. Quinney) 與特克 (A. Turk) 等。所謂批判，係針對現代社會的各個層面，進行分析與批判的一種理論，特別是師法馬克思的社會資本主義理論為基礎，也深受德國法蘭克福學派之影響，反對資本主義的階級社會，批判當權階級所維繫的法律制度與統治工具。因而又區分為工具與結構兩大理論派別 ⓧⓧ。

「工具性理論」(Instrumental Theory) 主張刑事法與刑事司法體系是社會的當權派控制下階層或無產階級者的工具，國家以及刑事司法體系各部門，如警察、法院，特別是矯正系統，都是資本家或既得利益團體維繫自己利益與權力的工具。因此，要讓這樣的局面扭轉，法律與刑事司法體系，應該讓無權勢者有機會參與法律的修訂與刑事司法體系的運作，讓他們參與立法制訂與行政運作，這樣可以減少社會階級衝突與對抗的發生。

ⓧⓧ　Siegel, ibid., pp. 237–238.

　　「結構性理論」(Structural Theory) 則主張，法律與資本主義的關係是單向的 (Unidirectional)，是為整體的資本主義所服務，並不是只為單一的有權勢者服務。換言之，結構性理論學者認為，法律本身是無辜的，因為法律本來就是制訂來保障資本主義系統以期運作的更加有效率，進而造福更多的勞工階級與無產階層者，任何資本家，甚至無產階級者，如果阻礙資本主義的正常運作，就應該接受制裁。例如反托拉斯 (Anti-Trust Law)，就是要防止那些壟斷經濟體制、破壞資本主義制度的良法，因此法律是沒有問題的，然而，政府卻為了迎合資本主義的財團或大公司，進而破壞相關法律或怠惰執法，才是造成社會階級產生的主因，因此，政府才是要撻伐的對象。

　　左派現實主義 (Left Realism) 可以說是批判犯罪學派下重要的一個支派。1984 年，英國學者李和楊格 (J. Lea & J. Young)，合著一本書，名為《關於法律與秩序，什麼應該做？》 (*What is to be Done about Law and Order ?*)，他們以更現實的角度來探討街頭上的犯罪人其犯罪的原因。他認為街頭上的犯罪人基本上是受到兩次迫害的，一次是迫使他走上街頭的資本家，另一次是帶領他在街頭從事犯罪行為的頭頭。所以，他們進一步提出犯罪公式：相對剝奪感等於對社會不滿；對社會不滿再加上缺乏政治的解決權力等於犯罪 ⓭。換言之，左派現實主義認為，社會的犯罪問題與經濟不公平、社會財富的相對剝奪以及缺乏支持性的社會機構，息息相關。如同刑法學者克里 (E. Currie) 所言，當前的資本主義社會經濟體制，產生了不公平、不正義、不支持以及支離破碎的社會文化，讓犯罪問題益形惡化 ⓮。

　　80 年代，批判性女性理論也興起。此一時期，許多女性學者開始著文，研究與解釋女性犯罪原因、性別差異與犯罪以及受剝削的女性被害者等議題，並以批判的角度，迫使社會大眾重視女性犯罪者與受害者的權益。

⓭　Lea & Young: *What is to be done about law and order?* Harondsworth, England: 1984, p. 88.

⓮　Corrie: Plain left realism: An appreciation and some thoughts for the future, *Crime, Law, and Social Change*, 54 (2010): 111–124.

在此一波浪潮中，以梅瑟史密特 (J. Messerchmidt) 所提倡的批判女性理論 (Critical Feminist Theory)，最具代表性。

1986 年，梅瑟史密特在其著作《資本主義、父權社會與犯罪》(*Capitalism, Patriarchy, and Crime*) 一書中，探討女性與犯罪關聯性議題，又於 2005 年撰文〈支配的男子氣概：觀念的再省思〉(Hegemonic Masculinity: Rethinking the Concelt)，探討男子氣概與性別被害問題。歸納梅瑟史密特的理論，有以下三點重要發現❶❸❺：

1.女性犯罪率很低的原因

是因為雙重邊緣性 (Double Marginality) 的結果。所謂雙重邊緣性係指女性地位低落，在資本主義中，女性勞動者的地位在職場上遠低於男性；在傳統父權社會中，男尊女卑，這樣的結果，相較於犯罪是男性的天下，女性犯罪者微乎其微。但是，女性會與犯罪有關者，大致上都是與一些不嚴重、非暴力或與自我戕害有關的犯罪型態，例如娼妓、竊盜、藥物濫用等。

2.女性的無權力特性與被害地位高度有關

相較於男性有較多的比例與犯罪有關，女性似乎有較多的比例與被害有關。在資本主義下，低階層的男性在追求生活溫飽或物質享受時，如果遭遇到挫折，就會採取暴力手段攻擊柔弱的女性以宣洩其壓力與挫折，這就是為何下階層家庭經常發生家庭暴力、親密暴力的犯罪行為。

3.男子氣概與女性被害關係

另一方面，梅瑟史密特也從男子氣概 (Masculinity) 的角度解釋女性被害，認為男性為證明自己負責任、有肩膀、可以負擔家計，會透過力量或孔武有力的方式，讓女性感受到自己的男子氣概，因此，會以控制、甚至武力與攻擊的方式，對待女性，展現他的男子氣概，進而衍生出許多男性毆打、攻擊女性的暴力犯罪。

在此同時，加拿大的犯罪學家哈根、吉里斯與辛普森 (J. Hogan, A. R. Gillis, & J. Simpson) 於 1985 年撰文提出「權力控制理論」(Power-Control Theory)，以進一步詮釋女性犯罪的成因❶❸❻。

---

❶❸❺　Siegel, ibid., pp. 247–248.

　　哈根他們認為，青少年的偏差行為與家庭結構有關，而父母親對於青少年的管教方式與型態，有深受資本主義影響。因為父母親在職場上的工作環境以及公司管理職員的方式，會深深影響父母親對於孩子，甚至男女的管教作風與型態。因此，他們將父母親的管教風格，區分為平權家庭 (Egalitarian Family) 與專制家庭 (Paternalistic Family)。

　　在平權家庭，受到職場上資本主義上流公司管理職員的理念之影響，強調平權作風，因此，父母親會共同分攤管教子女的責任與角色，父母親對於男女孩之要求，一視同仁，女孩將不會受到父母親之管制與約束，男性也不會因此獲得較多的自由與放任。在此成長的女孩，可能會有比較多的機會與外界接觸，相對的接觸到犯罪與偏差行為的機會也高，而男性犯罪之比例將降低，因此在此種家庭教育下的兒女，犯罪與偏差行為的比率相當一致，差距不大；相反地，在專制家庭，受到勞工階級工作環境的影響，強調對於勞工的控制，因此父親管教作風趨於嚴格。此外，父親負責生計，母親負責子女生活之照料，母親對女孩之管教將趨於嚴苛，而相對於男孩之管教趨於自由放任。女孩在此種家庭環境中成長，會畏懼權威、畏懼律法，而男性反而受到溺愛或寵愛。因此女性犯罪偏低，男性犯罪則相對偏高。

第三項　修復式司法的發展與內涵

　　美國自 1970 年代開始，發展出所謂的「復歸式司法」(Restorative Justice) 的新概念。認為刑罰制度應回歸到事物之本質，犯罪事件之發生，是因為加害人在社區中對被害人所進行的迫害，導致社區客觀環境發生變化，而所謂的犯罪，「是指加害人對被害人的一種侵犯，並非對國家的侵犯 (a Violation of One Person by Another, Not a Violation of the State)」 [137]。因

---

[136]　Hagan, Gillis, & Simpson: The class structure and delinquency: Toward a power-control theory of common delinquency behavior, *American Journal of Sociology*, 90 (1985): 1151–1178.

[137]　Umbreit: Crime victims seeking fairness, not revenge: Toward restorative justice,

此，犯罪事件的處理與弭平，應在社區進行，而刑罰的發動，也應企圖使被害者與社區藉由犯罪人的損害賠償 (Restitution)，儘可能的回復至事件發生前的原狀 (Whole Again)。換言之，修復式司法也主張，犯罪人的刑罰制裁，應在社區處遇之。學者烏布萊特和開瑞 (M. S. Umbreit & M. Carey) 則主張，現代刑事司法體系應採取三度面向 (Three-Dimensional) 的方式處理犯罪問題，即被害人、加害人與社區代表三者共同參與，在社區中安排調停、協商 (Mediation Process) 與制裁 (Sanction) 的手段，要求加害人竭盡所能地修復對被害者及社區因犯罪所造成之傷害，儘可能回復原狀，並鼓勵加害人遵守法律、成為守法好國民 ⓭。

而根據 「復歸式司法」 所規劃之處遇計畫，內容包含課責性 （Accountability ， 指對被害人與社區的補償）、 社區預防 (Community Protection) 與競爭力之發展 (Competency Development)。而修復式司法一般性的實施程序，可以歸納如下幾點要素 ⓭：

1.犯罪人會被要求認知、確認以及接受他或她的行為已經對於被害人和社會關係造成嚴重的傷害，並願意接受負起責任（最好是能附上道歉聲明書）。之後，犯罪人才可以容留於社區成為有用的生產者。

2.修復係指轉變刑事司法體系為癒合過程，而非將司法系統轉變為報復或報仇的分配者。

3.調解是修復過程中最重要的部份。大部分涉及到犯罪人一被害人關係的參與者，其實在犯罪發生前，彼此都認識，或已有一定程度的關係。此外，調解不是要區分出犯罪人應該要同情地對待被害者或是被害者應該採取報復觀點懲罰犯罪人，反而應該要更具建設性地調和與撫平兩者的衝突與歧見。

4.正義是否實現最終得要依賴社區中的每位利害關係人（或是社區中

Federal Probation, 53 (1989), p. 52.

⓭ Umbreit & Carey: Restorative justice: Implication for organizational change, *Federal Probation*, 59 (1995), pp. 47–54.

⓭ Siegel, ibid., p. 254.

的特定團體)。如果犯罪人並不重視他或她在團體生活中的價值性,則不可能接受應負的責任、表達歉意或是致力於修復他或她的行為所造成的傷害。相反地,如果犯罪人在一個社會中存在利益或是重視社會機構存在的價值,例如工作、家庭與學校,他/她就會接受修復條件並參與復歸社區方案以強化其個人或家庭的健康發展。

　　5.犯罪人必須要致力於物質的(金錢的)補償與形式的修復(例如道歉)。修復過程的終結必須要取得社區的支持以及加害人與被害人雙方的同意與協助,始得克竟全功。

　　典型的修復式司法運作方案,包含被害人－加害人調解方案 (Victim-Offender Mediation Programs, VOM)、家庭團體會議 (Family Group Conferencing) 以及審判圈 (Circle Sentencing)⑭。

　　1.被害人－加害人調解方案

　　又稱為被害人－加害人和解方案,簡稱 VOM。據查,第一個 VOM 始於 1973 年的加拿大安大略省的基其納地區 (Kichener) 的地方法院。一個觀護人為兩位犯輕罪的青年說項,說服法官下令命兩名青年向被害者支付賠償金作為緩刑的條件。因此,VOM 開始作為觀護人爭取犯罪人取代緩刑/刑後定罪的替代方案。

　　演變至今,VOM 係由受過訓練的調解員 (Mediator),協助被害人與加害人之間的會面。在調解員的協助下,被害人與加害人開始解決衝突,並建立自己的方法,在面對其特定罪行時實現正義。兩人都有機會表達他們對犯罪的感受和看法(這通常會消除他們在進入調解之前彼此可能產生的誤解)。會議結束時,調解員會試圖就加害人所應該採取哪些步驟,以修復被害人所遭受的傷害予以彌補,或是以其他方式「做正確事情」,達成一致。

　　被害人的參與是自願的,加害人的參與,通常也是自願性的。然而,與具有約束力的仲裁不同,在 VOM 中,調解員沒有具體權力,會議也可

---

⑭　*Restorative Justice: For Victims, Communities, and Offenders*. Minneapolis, MN: University of Minnesota, Center for Restorative Justice and Mediation, 1996.

能沒有具體結果。相反地，調解員的角色是促進被害人與加害人之間的互動關係，賦予每個人都有承擔的積極角色，實現雙方都認為公平的結果。換言之，調解員的積極參與，會讓加害人與被害人有機會在相互互動過程中促進彼此的對話過程，強化加害人認知到對於被害人所造成的傷害，進一步承擔責任。

因此，調解是一個解決衝突的過程，通過解決被害人與加害人的根本衝突與造成的傷害，來處理違反刑法的行為。它強調當事人們有權參與並試圖實現正義，而不是完全將犯罪事情推給國家的刑事程序。

在北美國家和歐洲國家有關 VOM 方案的流程，通常涉及四個階段：案件的轉介與收案、調解準備、調解本身以及任何後續的必要工作（如強制執行補償協議）。通常情況下，一個案件被定罪或正式承認有罪後，會在法庭上提到 VOM；但有些案件在法庭進行之前就被轉移，以企圖避免起訴。

案件進入調解程序後，調解員會聯繫被害者與加害人，確保兩者均接受調解。特別的是，調解員會要求保證，兩人在心理上都有能力使調解成為一種建設性的經驗，被害人不會因與加害人見面而受到進一步傷害，並且都清楚明白，參與 VOM 是自願的。然後雙方會面，以確認犯罪事件的事實、糾正損害（使事情正確或恢復公平），並建立付款／監控計劃。雙方均可提供其導致的犯罪事件證據以及有關犯罪的損害情況。特別是被害者有機會談論其物質的與精神的損失；而加害人則有機會表達悔恨，並解釋他／她為何行為的原因與情況。然後，雙方可就犯罪所造成的傷害的性質、內容與程度，達成共識，以確定修復被害人所需的行為。而商定內容，包含賠償條款（如歸還或實物服務等）、損賠金額以及日後履行的監測計劃等。

2.家庭團體會議

家庭團體會議 (FGC) 是家庭成員、親密朋友與其他官員（如社會工作者和警察），為保護兒童或少年在犯罪案件中之權利所召開的一個調解正式會議。FGC 起源於紐西蘭的毛利人文化，最初運用於處理青少年事件的實

務運作模式。而 1989 年，紐西蘭通過 「兒童、少年及其家庭法」 (Children, Young Persons and Their Families Act)，使 FGC 成為重要的非司法實踐和服務的重要組成分子，在這些實踐和服務中對兒童與少年作出慎重且有利於當事人的決定。自 1989 年後，FGC 逐漸被其他鄰近國家如澳大利亞以及北美洲和歐洲國家所提倡。

家庭小組會議是整個家庭和家族成員可以幫助決定如何來支持家庭和照顧孩子的最佳場域。換言之，這是一個很正式的會議，在該會議中，兒童或少年的家庭和家族成員會和專業人員密切合作，作出最符合兒童或少年需求的決定。這個會議過程，有四個階段，第一階段就是會議的進行，在這場會議中，專業人員會通知家人們到場並告知此次會議的問題焦點為何。第二階段為私人家庭時間，單獨由家庭成員們針對此次會議的問題焦點制定解決計劃。第三階段為解決計畫的提出，並交給專業人員過目。如果計畫受到專業人員的支持並認為問題焦點可以獲得解決，也不會使兒童或少年處於危險之中，即可進入第四階段，據以執行並監測執行結果。家庭小組會議係由獨立於家人共事機構的個案工作機制的人員，負責促進和協調。

FGC 和前述 VOM 有相同與相似之處，相同之處在於大都處理一些微罪事件，特別是兒童與少年的偏差事件；再者，參加者都是自願而非強迫；此外，也都需要第三方介入，擬訂雙方加害人與被害人都同意的修復計畫，據以實施並監控實施情況與結果。而相異之處在於，FGC 擴大社區成員或代表的參與，稱為促進者 (Facilitator)，具有舉足輕重的影響力；但 VOM 的第三方代表較為狹隘，一般都是訓練有素的調解員 (Mediator) 參加。其次，VOM 一般都是在法院介入後，作為法庭外、判決前的轉向措施；但 FGC 則是在警察受理時，即可介入處理，並於達成共識後，交由警方執行與監控實施狀況，換言之，完全不用法院介入，屬於審理前的轉向方案。

3.審判圈

審判圈是一種源自於美加邊境印第安原住民處理族人犯罪事件的司法實務制度。於 1990 年代從加拿大逐漸向其他國家推廣與實施，其中美國在 1996 年於明尼蘇達州首先試點開辦。

　　審判圈是一種社區導向的司法實務過程，經常與刑事司法系統共同合作，就適當的審判計劃，形成共識，解決所有利害關係人所關切的議題。審判圈，有時被稱為建立和平圈 (Peacemaking Circle)，亦即使用傳統的繞圈儀式和結構，來讓被害人、被害人支持者、加害人、加害人支持者、法官或法院人員、檢察官以及辯護律師，甚至警察或所有感興趣的社區成員，共同參與。在此一圈子裡，參與當事人可以同理的角度從內心發言，表達意見，然後共同決定接下來要進行程序步驟，以協助治癒此案件中的利害當事人並防止加害人未來再犯。

　　審判圈通常是多元的步驟程序，包括：1.加害人有意願申請參加審判圈程序；2.為被害人舉辦的治療圈；3.為加害人舉辦的治療圈；4.審判圈子，就審判計劃的要素，達成共識；和 5.追蹤圈以監督加害人的進展。而審判計劃，可能包含司法系統、社區、家庭成員以及加害人的承諾。審判圈目前已廣泛運用於各類型的犯罪型態和少年偏差行為，而且無城市與鄉村之分。然而，審判圈過程的實施細節度，會因為社區的大小、成員的素質以及司法系統的意願程度有所實施結果上的差異，但也盡可能地結合當地社區需求和在地文化。

　　臺灣近年來對於修復式司法的推動，不遺餘力，不僅在法院實務上已經實施（例如發生於 2014 年 9 月臺北市信義區夜店殺警案）**❹**，另在檢察系統、警察系統，甚至矯正系統均廣為推動。例如法務部刻正推動「修復式司法試行方案」實施計畫。然而，現行制度中，存在著修復式司法理念的條文如下：

　　1.緩刑制度：根據刑法第 74 條第 2 項有關命犯罪行為人為各款事項中的第 1 款、第 2 款、第 3 款、第 5 款部分內容以及第 7 款等，如向被害人道歉、立悔過書、向被害人支付相當數額之財產或非財產上之損害賠償、向指定之政府機關、政府機構、行政法人、社區或其他符合公益目的之機構或團體，提供 40 小時以上 240 小時以下之義務勞務以及保護被害人安全

---

❹　ETtoday 新聞雲 (2015.1.18)：〈法院提「修復式司法」　薛貞國遺孀點頭：願原諒、和解〉。

之必要命令等,均可以說是修復式司法的重要體現。

2.緩起訴制度:根據刑事訴訟法第 253 條之 2 有關檢察官為緩起訴時,得命被告於一定期間內遵守或履行各款事項之第 1 款、第 2 款、第 3 款、第 5 款部分內容以及第 7 款等,如向被害人道歉、立悔過書、向被害人支付相當數額之財產或非財產上之損害賠償、向社區或其他符合公益目的之機構或團體提供 40 小時以上 240 小時以下之義務勞務以及保護被害人安全之必要命令等,同緩刑要件,亦可以說是修復式司法理念的實現。

3.認罪協商程序:根據刑事訴訟法第 455 條之 2 規定有關檢察官於徵詢被害人意見,依被告之請求,並經法院同意者,就下列事項於審判外進行認罪協商,其中第 1 款願意接受緩刑宣告、第 2 款向被害人道歉、第 3 款支付相當數額的賠償金等,均可謂具體落實了修復式司法的理念。

4.少年事件不付裁定之審理:少年事件處理法中第 29 條第 1 項規定,少年法院依少年調查官調查之結果,認為情節輕微,以不付審理為適當者,得為不付審理之裁定,並為第 3 款轉介兒童或少年福利或教養機構為適當之輔導。同條第 3 項規定,少年法院為上述之裁定前,得斟酌情形,經少年、少年之法定代理人及被害人同意,命少年向被害人道歉、立悔過書及對被害人之損害負賠償責任。

5.少年保護事件之執行:少年事件處理法第 42 條第 1 項規定,少年法院審理事件,可以對少年裁定第 2 款交付保護管束並得命為勞動服務的保護處分。另第 55 條之 1 規定,保護管束所命之勞動服務為 3 小時以上 50 小時以下,由少年保護官執行,其期間視輔導之成效而定。

綜上分析,臺灣現行的架構,係於刑事司法系統中,實施修復式司法實務,綜觀其精神,較似於審判圈的精神與概念。

第九節　以自由意志取向的犯罪學理論

第一項　興起背景

　　以自由意志 (Free Will) 為導向的古典犯罪學派，在代表人物貝加利亞與邊沁大力的推展之下，在 18 世紀的歐洲，成為顯學，並影響當時世界各國，包含日後的獨立的美國人權宣言甚深。然而，在 19 世紀被以實證主義 (Positivism) 取代後，自由意志論受到忽略與漠視。直至 1960 年代，許多犯罪學家又開始擁抱自由意志為導向的古典犯罪學派，主張犯罪人是理性的行動者，他們對於犯罪是事先計畫過的，因此，他們的犯罪行為是可以受到刑罰與制裁所遏止。

　　當時諾貝爾經濟學家獎得主貝克 (G. Becker) 運用其經濟學的理論，解釋人類的理性行為與行為能力 (Human Competence) 於犯罪問題之解釋。貝克認為，除了少數有心理疾病的犯罪人，大部分犯罪人的行為是可以預測的或是一種理性結果：可以自己決定是否從事犯罪。他們會成本—利潤分析，是否甘冒風險（例如坐牢）從事一個犯罪行為。除了一些犯罪行為是非理性者外，貝克相信犯罪性 (Criminality) 基本上就是一種理性行為，可以透過增加犯罪成本的風險以及降低行為後的酬償所控制。

　　同一時期，政治學者威爾遜 (J. Q. Wilson) 於 1975 年在其名著《思考犯罪》(*Thinking About Crime*) 一書中，認為犯罪人是對於違反法律無懼的一群人，因為他們視犯罪為興奮與歡愉的來源，對於法律的遵守度極低，相較於一般人，有更高的意願從事犯罪與冒險行為。因此，他主張，除了非理性的人之外，透過嚴屬的懲罰是可以嚇阻其犯罪以及再犯。威爾遜特別推崇監禁，例如他書中提及，如果每一位觸犯重罪的犯罪人接受至少 3 年的有期徒刑，則此一嚴重罪行的犯罪率將會降低 3 分之 1。此外他引述一份早年的研究指出，選擇性監禁確實會降低 80% 的犯罪率**❷**。

---

❷　賴擁連：〈如果重刑策略無法奏效，下一步該何去何從？〉，刊：《矯正月刊》，

　　再者，慕雷和寇斯 (C. A. Murray and L. A. Cox, 1979) 在《超越觀護》
(*Beyond Probation*) 一書針對伊利諾州少年輔育院出院少年與社區處遇少
年的再犯比較發現，監禁較具有鎮壓效果，讓少年輔育院的出院少年，再
犯率較低 ❹ 。除此之外，馬丁森 (R. Martison) 所提出的矯治無效論
(Nothing Works) 以及渥夫岡 (M. Wolfgang) 所提出的核心犯罪人 (Chronic
Offenders)，均助長了根源於古典學派所衍生的理性選擇理論之發展，並主
導美國與世界諸多民主國家的重刑化刑事政策（詳見第一章說明）。

第二項　理論內涵

　　理性選擇理論 (Rational Choice Perspective) 一詞，係由學者康尼許與克
拉克 (D. Cornish & R. Clarke) 於 1986 年提出。他們的基本命題：違法行為
是精心思考與策劃的產物。同時假設人是自我利益（或謂自由意志）的動
物，在考量個人因素（例如金錢、報仇、歡愉以及享樂）與情境因素（例
如目標物的可得性、保全設施是否裝設以及警察是否出現）後有意願去從
事違法行為。如果在計算犯罪後所得，利潤是大的、成本或風險是小的，
任何人都會是潛在的犯罪人。換言之，一個犯罪案件是否既遂，完全端視
犯罪人對於犯罪案件完成後是否得到經濟上的效益為主要的考量，而不再
是取決於犯罪人本身內外環境因素的考量 ❹ 。

　　康尼許與克拉克視犯罪包含為特殊罪型 (Offense-Specific) 與特殊犯罪
人 (Offender-Specific) 兩種特質。特殊罪型係指犯罪人選擇性地採取某種特
殊犯罪行為的行動，強調犯罪類型具有何種特質或特徵或處於何種環境，
引誘潛在性犯罪人採取行動；而特殊犯罪人，係指潛在性犯罪人會評估其
技術、動機、需求與恐懼感因素後，進而選擇是否從事犯罪行動。以犯罪

第 166 期，2006 年 4 月。

❹　Murray & Cox: *Beyond probation: Juvenile corrections and the chronic
　　delinquent*, Beverly Hills: Sage Publications, 1979.

❹　Cornish & Clarke (eds.), *The reasoning criminal: Rational choice perspectives on
　　offending*, Springer Verlag, 1986.

是特殊罪型為例，是因為潛在性犯罪人會選擇性地鎖定一些在立即環境中的特殊犯罪類型予以行動。例如，住宅竊盜犯，他可能會考量房屋外觀、可侵入性與可逃脫性等，進一步侵入行竊。康尼許與克拉克具體的提出潛在性犯罪人對於立即環境特殊犯罪型態採取行動的考量因素[145]：

1.評估標的物是否會投降。

2.保全設施裝設的可能性。

3.警察巡邏的效能性。

4.被逮捕的可能性。

5.贓物銷售的容易程度（著重物的價值）。

6.住家主人或擁有者的是否呈現。

7.是否有鄰居發現後會通知主人或報警。

8.飼養狗是否在場。

9.逃脫路線。

10.進入口與出口。

而犯罪也具有特殊犯罪人特質，是因為犯罪人不是像機器人一樣沒有思考或計畫的從事犯罪，相反地，他們在犯罪之前，其實會考量他們本身自身的能力與需求等，以確保犯罪行為的成功。而他們所評估的重點包含[146]：

1.犯罪的必要技術（例如開鎖）。

2.對於金錢或其他有價物品，具有立即的需求。

3.對於犯罪的合法金融替代措施具有可得性（可運用合法措施掩飾非法之進行）。

4.擁有從事犯罪的資源。

5.對於逮捕或刑罰無懼。

6.對於犯罪所得具有銷贓管道：例如販毒管道（著重犯罪人的社交能力）。

---

[145]　Siegel (2017), ibid., p. 96.

[146]　Ibid., p. 97.

7.外觀的肢體能力，包含健康、強壯以及行動敏捷度。

第三項　犯罪防治策略

根據上述主張，犯罪是一種理性選擇的結果，而人們會因為從犯罪中獲得利益導致其從事犯罪行為。因此，犯罪學家在防治犯罪的思維模式即環繞在「勿使犯罪成為一件吸引人或值回票價的選擇」，亦即要讓犯罪人於犯罪後所得的不是有利的獎賞與酬勞，而是痛苦、是懲罰，使他們評估後不從事犯罪或不再犯罪。

基於這樣的思維模式，犯罪的防治策略，強調特殊罪型與特殊犯罪人的移除 (Eliminating) 策略，可分為「從社會大眾（含潛在性犯罪人）本身預防犯罪」與「從加害人（犯罪人）本身預防犯罪」兩大部分，說明如下[147]：

㈠從社會大眾（含潛在性犯罪人）本身預防犯罪

1.情境犯罪預防策略 (Situational Crime Prevention Approach)

其策略目標在於降低可能的犯罪行為成為特殊的標的物。該策略著重於如果有動機的犯罪人與合適的標的物之通道被阻絕的話，那麼犯罪將可以被避免。因此，當人們在他們的居家環境裝設了保全系統或僱用保全人員的話，即對外宣示具有監控的能力與力量，那麼潛在的危險將不會發生。有關情境犯罪預防策略之說明，詳見第七章環境犯罪學。

2.一般嚇阻策略 (General Deterrence Approach)

此乃「殺雞儆猴」之觀念，其策略目標在於使潛在的犯罪人或一般民眾感受到犯罪後刑事司法體系之反應是嚴厲的。而刑罰的目的在於說服有理性的人視犯罪為不是一件值回票價的選擇。因此，刑罰愈具嚴厲性、迅速性和確定性，愈能嚇阻犯罪。因此，主張刑罰應加重、刑事司法體系的執法效率應增加、並實施定期刑不得假釋，犯罪率應會下降。

㈡從加害人（犯罪人）本身預防犯罪

1.特別嚇阻策略 (Specific Deterrence Approach)

---

[147]　賴擁連：〈理性選擇理論與其犯罪防治對策之探討〉，刊：《警學叢刊》，第 36 卷第 2 期，2005 年 9 月，191–208 頁。

其策略目標在於懲罰那些已經犯罪的犯罪人，如果刑罰愈嚴厲，那麼他們再重操舊業的機會就愈低。此外，如果犯罪人是有理性的，那麼痛苦的懲罰，應該可以減少他們未來再度被犯罪所吸引。

2. 長期監禁策略 (Long-Term Incarceration Approach)

此策略目標在於藉由隔絕有動機犯罪人從事犯罪之機會以達犯罪之消除。因為，他們認為刑罰再怎麼嚴厲，還是有些人仍然深深受到犯罪之吸引，因此，對付這種人的最佳之方式即是將他們長期監禁隔離。此即美國加州於 1994 年所實施的 「三振出局法案」 (Three Strikes and You're Out Law) 的基礎。

3. 公平正義策略 (Justice Deserved Approach)

此策略強調有理性的犯罪人從事犯罪行為後的懲罰，應該成比例，應該與其理性的犯罪行為付出等同代價才是。過與不及，對犯罪人而言，都是不對的。

第五章　犯罪分析

第一節　犯罪分析的功用和分類

犯罪分析 (Crime Analysis) 是一套系統化的程序，用來提供描述性與統計性的資訊，以輔助警方在策略研擬、方案評估、資源配置和犯罪偵防等過程上，做出迅速正確的決策❶。它通常有以下五項功用❷：

㈠可及早確認犯罪活動型態，找出犯罪案件發生時間、地點及手法的共通特徵，並適時提出改進措施，以抗制犯罪發生；

㈡從犯罪人、嫌疑人和刑案中，找出其間的關聯性，以輔助緝捕兇嫌；

㈢對特定區域的治安情況進行分析，預測可能發生的犯罪案件和可能的被害標的，以協助預防犯罪；

㈣向市民和特定族群，解說區域性犯罪活動型態的分析結果，爭取民眾在犯罪偵防上的協助，並促進警民關係；

㈤定期運用犯罪分析的結果，可將警察人力資源作更有效配置，以利於巡邏勤務的運作，且強化犯罪偵防工作。

犯罪分析並不是一套新進的技術，早期警察從眾多發生的刑事案件中，找尋其間的相似性；或者檢視已發生的某一案件，並與過去所發生的類似案件相比對，這些動作皆已初具犯罪分析的外觀和作法。然而，這套初期的分析方法，僅止於個別的經驗及記憶，並未整合眾人或其他執法機關的經驗和情資，充其量僅是一種「非正式化的犯罪分析」，其缺點如下❸：

---

❶ Palmiotto: Crime Pattern Analysis, in M. Palmiotto (ed.), *Critical Issues in Criminal Investigation*, 2nd. Edition, Anderson, 1988, pp. 59–66.

❷ Swanson, Chamelin, & Territo: *Criminal Investigation*, 7th. Edition, McGraw-Hill, 2000, pp. 160–161.

㈠單憑個人記憶以保存過去經驗；

㈡犯罪手法等資料保存量小；

㈢所得的結果較趨於主觀、偏頗且過時；

㈣並未發揮協調功能而導致用途受限；

㈤人工處理大量資料須花費較長時間；

㈥受制於資訊範圍及個別能力，較難全盤了解犯罪狀況。

至於「正式化的犯罪分析」，則是由特定一組人或專責單位執行此一工作，必須是有經驗且具分析能力的人員，才被遴選從事此項作業，主要特點有❹：

㈠由一「整組人的眼光」，來檢視犯罪的全盤狀況；

㈡提供更客觀的分析結果；

㈢針對犯罪手法加以分析，企圖辨認犯罪型態；使工作目標更趨明確；

㈣較能全盤了解犯罪狀況，且迅速確認犯罪型態；

㈤系統化存取犯罪手法的資料；

㈥即時提供第一線員警串聯重要情資的服務。

若與「非正式化的犯罪分析」相較，「正式化的犯罪分析」顯得更為精準、迅速、專業、整合且系統化。另外，犯罪分析也有「靜態」與「動態」之別，靜態犯罪分析是解析現在和過去的犯罪狀況，進以預測未來的犯罪狀況或可能問題，較偏重在「趨勢」的分析，內容大多呈現犯罪種類、時間、空間、情況等，描述性的統計及解析，而其所分析的時間序列通常是較長期性的，一般是供計劃參研及成效評核之用❺；如警政署的「臺閩刑案統計」，以及法務部的「犯罪狀況及其分析」，即屬靜態犯罪分析。至於動態犯罪分析，則是在輔助解決眼前的犯罪問題，它較偏重於犯罪「手法」、「模式」分析，且是針對特定類型的犯罪或特定的案件進行分析，有時也會對某類型犯罪潛在的兇嫌、或被害者進行推測，結果則是用於輔助

---

❸　Ibid., p. 161.

❹　Ibid., p. 162.

❺　Brantingham & Brantingham: *Patterns in Crime*, Macmillan, 1984, pp. 102–112.

線上巡邏勤務的派遣，以及強化犯罪偵防工作。本章第四節所探討的犯罪剖繪，則是最近發展出的動態犯罪分析法。

　　另就分析範圍而言，也可將犯罪分析區隔為「聚集」(Aggregated) 及「個別」(Individual) 兩類。目前常見的是聚集型犯罪分析，傾向將大筆資料依人、地、時、案類、損失等作概括描述或預測，主要供作策劃和學術研究用途。而個別型犯罪分析，則是對特定或少量的案件進行比對，有時更進一步推測兇嫌的社會背景和人格特質，以協助犯罪偵防工作。

第二節　犯罪分析的程序

　　犯罪分析概念的起步及成長，有兩項前提：首先，是基於巡邏區員警的知識及經驗，不足以完整辨識巡邏區內的犯罪型態；其次，則是基於系統化收集並分析特定犯罪資料，且適時、定期分送分析結果給巡邏及偵查單位，將有助於實施犯罪抗制的作為❻。而系統化的分析程序，基本上是由❼：1.犯罪資料的收集；2.犯罪資料的整理；3.整理後資料的分析；4.分析結果的分送；5.結果分送後的檢討評估等，五項連鎖步驟組合而成。其間各步驟的要項及關聯性，詳如下圖所示：

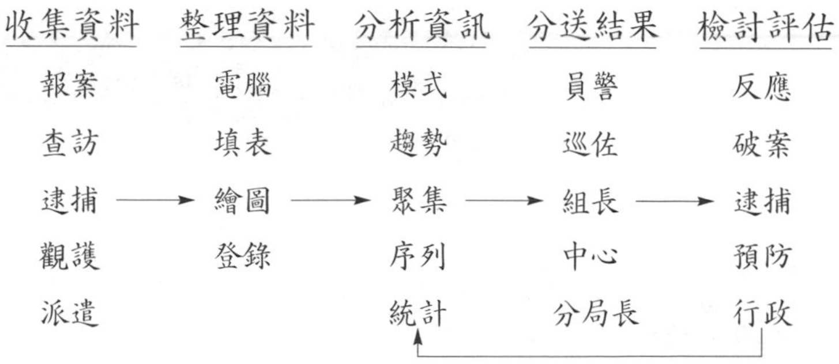

收集資料	整理資料	分析資訊	分送結果	檢討評估
報案	電腦	模式	員警	反應
查訪	填表	趨勢	巡佐	破案
逮捕 →	繪圖 →	聚集 →	組長 →	逮捕
觀護	登錄	序列	中心	預防
派遣		統計	分局長	行政

圖 5-1　系統化的犯罪分析程序

---

❻　Spice: *Crime Analysis Manual*, Public Administration Service, 1980, p. 15.
❼　Ibid., pp. 17–21.

一、收集資料

大抵是從一般警察原始文書報表中,過濾出犯罪分析所需資料,包括報案、查訪、勘查、逮捕及後續等項資料。而原始資料所能發揮的功效,則取決於資料的效度和信度,因此資料收集首應評量資料的正確性;而且,名詞及格式也應求一致,所以最好先準備統一的指引手冊,俾隨時查詢及確認。

二、整理資料

主要是將前一步驟所收得的資料,整理成適合進行分析的結構化格式,其中包含從原始文件中萃取資訊,並依照分析變數和要項進行歸類,之後加以編碼,且填入圖表中、或逕行輸入電腦中。

三、犯罪分析

是針對整理過後的資料進行審閱、比對與解析,將犯罪有關的時間、空間及手法等資料作交叉分析,從中找出類似犯罪案件的地緣關係、犯罪模式及犯罪趨勢等。

四、分送結果

乃是將犯罪分析的結果分送給巡邏、偵查、預防及其它執法機關運用。至於實用與否,則取決於分送資訊的時效性、正確性及標準化等三項因素:

㈠時效性

及時提供現況分析給執勤人員是很重要的,目前經常發生分送延宕,以致巡邏及偵防上無法取得預期功效;

㈡正確性

所分送出的資訊必須是客觀的,且應把確切的「結論」與可能的「臆測」作區隔,並特別標示出內容的正確程度;

㈢標準化

分送格式的標準化，讓使用者可完整獲知所分送的內容。

五、檢討評估

根據第一線人員，以及指揮、督導等相關人員，運用後的反應及成效加以檢討評估，以確定分析結果的實用性及其影響，並藉由修改分析的內容或分送格式，俾更符合使用者需求。

六、分析單位

負責犯罪分析的人員，在收回各方的資料後，就分別從兩方面著手處理：首先將整理後的資料登入犯案手法、嫌犯／車輛描述、前科犯及現場查訪等四種檔案裡，一旦有新的資料再度送來時，就對有關的檔案進行搜尋；例如，當新收到一紙記有嫌疑人的「重大刑案通報單」時，即可搜尋犯案手法檔案，以確認該嫌犯是否尚有犯下其它相似案件，然後才將其重要資料登入前科犯的檔案裡。另一方面，則是進行分析工作以確認犯罪型態，隨後才將分析結果分送到適切的執行單位去運用。上述兩項工作，都是犯罪分析人員每天的例行職務。

第三節　犯罪分析的方式

犯罪分析的作用，在於確認犯罪模式和犯罪趨勢。犯罪模式並不侷限於某一特定嫌犯或一群嫌犯，它是一些具共通特徵（如犯罪類型、被害標的、犯罪工具、嫌犯描述等），以及相近犯罪手法的合成；犯罪趨勢(Trend)則是指一特定類型的犯罪，在一特定區域內，經過一段期間的波動情形。而犯罪的模式又可分為地區模式 (Geographic Pattern) 及近似犯罪模式 (Similar Offense Pattern)❽。其中「地區模式」的重點，在於分析一定區域範圍內的類似案件；至於「近似犯罪模式」，即是兩件或兩件以上的案件具有類似的犯罪手法。茲分述如下：

---

❽　Ibid., pp. 89–93.

一、犯罪趨勢分析

趨勢分析主要在於及早發現一地區的某類型犯罪的增減情形。此方法是將過去一段期間的犯罪數字，加以切割成為「分析點」（例如星期、日、時刻），然後以繁複的統計方法，建立數學上的模組 (Model)，進以預測未來的犯罪發生情勢❾。在建立預測的模組時，一些影響該類別犯罪的因素，如吸毒人數、失業率、毒品價格等均應納入考量。除了未來一年犯罪變化的百分比，以及下三個月的預期變化等資訊外，犯罪趨勢分析的報告內容，尚應標示出時間週期裡的例外情況，藉以轉知規劃人員，提醒該類犯罪發生的頻率可能已超出正常基準。

這種犯罪趨勢分析所運用的技術，幾乎全是統計上的機率及其相關推論，也深受外在政治、經濟、地理環境等因素的干擾，即便是得助於電腦運算和繪圖，截至現在也很難作出極為正確的預測結果。倒是目前一些積極運用資訊科技上的資料庫及人工智慧，進行自動化犯罪剖繪，以輔助偵辦連續型暴力犯罪的發展情形，頗值得密切觀察。

二、地區模式分析

主要是提供關於某一特定地點所發生刑案的質與量等資訊，所分析的犯罪案件可能只是因為同在一地區發生，但案件之間並沒有任何明顯的關聯性。早期這項分析的進行，是在一警察轄區圖上，依照案件的發生時空，使用各種不同顏色或符號在該圖上作標記，目前尚有許多首長的辦公室或勤務指揮中心，仍懸掛這類圖表（例如，轄區治安斑點圖），目的在提醒警察人員，或是企圖找尋潛在的地區模式，也可能在找出同類案件間的粗略關係。近期的地區模式分析，大抵上是提供描述性的資訊，包括模式中同類案件的數量、其他與此模式可能有關聯的案件、每天的發生時間、每週發生於星期幾、案件發生的周遭情況、嫌犯的描述、可疑車輛、作案方式等❿，且這些資訊必須依據現況持續更新。除提供以上資訊外，也可能根

❾　Brantingham & Brantingham, op. cit., pp. 104–106.

據分析結果，進一步提供建議及結論。

　　目前已可利用「自動報案系統」，自動登錄當天所發生的全部案件及其相關資料，然後配合轄區地圖，自動進行地區模式分析，並將結果標示於螢幕上的轄區圖，且可列印各種詳盡資料，作為隔天勤務派遣之用❶❶。而累積每天的自動登錄結果，甚至可進行所謂的犯罪「熱門地點」(Hot Spot)分析，歸納出經常發生違法或擾亂事件的問題場所❶❷。例如圖 5-2 為 2008

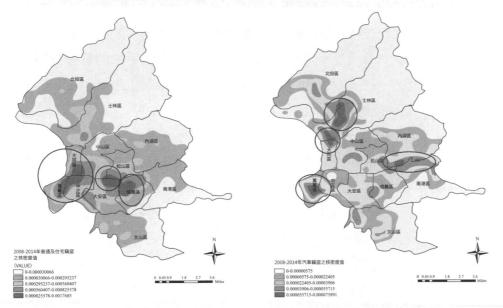

圖 5-2　臺北市 2008 年至 2014 年普竊與汽竊熱點分布圖

---

❶❶　Spice, op. cit., p. 89.

❶❶　Osterburg & Ward: *Criminal Investigation: A Method for Reconstructing the Past*, 2nd. Edition, Anderson, 1997, pp. 232–234.

❶❷　美國 Minneapolis 警察局的電話報案紀錄分析顯示，全市 50% 的市民電話報案地點，是來自於少數約 3% 的「熱門地點」，且集中在某些特定的熱門時段；因此，研究人員建議警方應依據這項「時」、「空」的分析結果，妥為派遣與部署警力，以迅速有效降低犯罪率。參閱 Kenney: Developing the Capacity for Crime and Operations Analysis, in Hoover, L. (ed.), *Quantifying Quality in Policing*, Police Executive Research Forum, 1996, p. 59.

年至 2014 年間 ， 根據臺北市政府警察局登錄之普通竊盜與汽車竊盜案件數，所繪製之犯罪熱點分布圖 ❸ 。

三、近似犯罪模式分析

此一分析的功用，在於及早確認是否由某人或某集團犯下一連串的刑案。若沒有借助於資訊科技，從事犯罪分析的人員必須單靠個人的強記力，來配合過濾有關的犯罪資料檔案。例如，犯罪分析人員每天檢視刑案通報單，有一天發現一些竊盜案均有失竊數位相機的特徵，這可能就是一組模式的部分呈現，也有可能不是，仍有待進一步比對犯罪手法的其餘特徵點，查對是否吻合。換言之，分析人員必須絞盡腦力繼續過濾，設法找出當中的模式來。這種分析方式，若遇上一些相似案件發生時，分析人員可能就面臨到兩項困擾：首先，在大量的刑案通報單裡，可能已有犯罪模式存在著；其次，判別時如何決定那一些案件是屬於同一組模式。因此，有必要採用「犯罪系列分析矩陣表」(Crime Series Analysis Matrix)。

它純然是一項偵查工具，以便利於各刑案犯罪手法中特徵點的比對。矩陣表的 「行」 是載明犯罪手法中的特徵點、嫌疑人及被害者的描述，「列」則是有關犯罪通報的訊息。其填寫方法，是在案件資料中找出犯罪手法的特徵點，接著就在表中的適切空格處打鉤。由是，這矩陣可用來辨認犯罪模式並檢視犯罪手法的關聯性；不但輔助分析人員作資料彙整，也協助偵查人員辦案 ❹ 。

而收集完整且正確的各項資料，是犯罪分析成功的前提。單有進步的分析技術，而資料的效度和信度卻不佳、或不夠完整，勢必無法獲得高度實用性的分析結果。因此，除了正確落實填報有關文書表格外，更應運用資訊科技建立儲存、核對及分析的資訊系統。不論動態或靜態的犯罪分析，是奠定在大量且正確完整的資料之上，人力處理費時而不正確，必須借重

❸　賴擁連、 許春金、 郭佩棻等：《臺北市錄影監視系統運用於犯罪偵防效能研究》，臺北市政府警察局 104 年委託研究，2015，頁 63。

❹　Spice, op. cit., pp. 90–93.

電腦容量大、迅速、精準的特性；而統計分析及數據的轉換，尤其是在實施犯罪趨勢分析時，更須倚賴資訊科技進行繁複的分析與繪圖。

四、犯罪手法、犯罪模式、簽名特徵的比較

往昔警方單靠犯罪手法來連結連續發生的案件，有時仍不足以應付複雜多變的犯罪型態；而美國聯邦調查局，則另外又以簽名特徵 (Signature Aspect) 或儀式行為 (Ritual Behavior) 來連結相關聯的刑案。犯罪人的犯罪手法主要有以下三項功效：㈠保護身分；㈡成功犯案；㈢便利脫逃。不過，性犯罪的犯罪手法通常在三至四個月之後，即會有所改變或演進；這種改變主要是由於犯案經驗所致，或是因為服刑、媒體報導相關案件、書刊或輿論等影響的結果。至於簽名或儀式特徵則不會有短期變化，其主要目的在滿足動機上的驅策幻想 (Motivationally Driven Fantasy)，以保持犯罪人長期的心理亢奮狀態❺。兩者皆可用以連結案件，其中又以簽名特徵更為精準，可惜並非每一案件都會顯露，且簽名特徵有時也難以發掘❻。

簽名特徵是犯罪人特殊而不可或缺的犯罪行為，它是行為或動機背後的精神或情緒作用❼；犯罪手法是學習而來的行為，這是犯罪人犯案時的所作所為，它是流動的，亦即可以改變；而簽名特徵則是犯罪人為了滿足自己，必須做的事情 (Have to Do to Fulfill Himself)，它是靜止的，亦即不會改變。譬如，一名少年在成長過程中每一次都以同樣手法犯案，除非他第一次犯案就臻於完美，不然會從中學習，然後逐步精益求精，這就是為

❺　Hazelwood & Warren: The Relevance of Fantasy in Serial Sexual Crime Investigation, in R. Hazelwood & A. Burgess (eds.), *Practical Aspects of Rape Investigation: A Multidisciplinary Approach*, 3rd. Edition, CRC Press, 2001, pp. 89–93.

❻　Holmes: Psychological Profiling: Uses in Serial Murder Cases, in R. Holmes & S. Holmes (eds.), *Contemporary Perspectives on Serial Murder*, Sage Publications, 1998, p. 180.

❼　Geberth: *Practical Homicide Investigation*, 3rd. Edition, CRC Press, 1996, p. 857.

什麼犯罪手法是流動的緣故；反之，如果這人犯罪是為了宰制被害者，對其施暴或使其苦苦求饒，那就是簽名特徵。它會顯示犯罪人的個性，因為這是他必須做的事❶❽。

犯罪手法指的是犯罪人完成一件犯行所需採取的行動。這是經由學習得來的行為，犯罪人視情況加以修正，隨著經驗的增長，犯罪人的作案手法會變得愈來愈熟練；反觀犯罪簽名特徵，則是犯罪人純粹為滿足個人情緒需求而從事的行為，與犯行未必有關係，但卻是犯罪人一開始決定犯下此案的動機❶❾。

犯罪手法與簽名特徵之間的差異可能很微妙，譬如有名銀行搶匪要銀行內所有人皆脫光衣服，擺出性感的姿勢，然後加以拍照；此行動不一定有助於銀行搶案的完成，事實上卻反而使他在現場駐留更久，因而增加被捕的危險性，但他就是覺得非做不可，這就是他的簽名特徵。另外，也有一名銀行搶匪，他命令銀行裡的每一個人都脫光衣服，但是並沒有拍照；他這樣做是要使在場人士因羞怯而自顧不暇，無法正眼看他，事後便無法清楚指認他的特徵，這是要使銀行搶劫順利完成的方式，這就是他的犯罪手法。又例如有名強暴犯侵入民宅後控制一對夫妻，先是命令丈夫面朝地板趴下，隨後在他背部放置一組杯盤，並告之「如果讓我聽到杯盤掉落的聲音，就立刻殺掉你太太」，然後他把那位太太帶到另一房間加以性侵害；在這位先生背部放置杯盤，是一種有效控制的犯罪手法。可是如果該名強暴犯控制了太太後，叫她把在外面的先生找回來，且當先生回家時，將先生綁在椅子上，並讓先生目睹整個性侵害過程；這種綑綁先生的行為就不是犯罪手法，此舉遠超過完成性侵害行為所需要的，他是要經由主宰、羞辱丈夫中獲得情緒上的滿足❷⓿。

❶❽ Douglas & Olshaker: *Mind Hunter: Inside the FBI's Elite Serial Crime Unit*, Scribner, 1995, p. 251.

❶❾ Douglas & Olshaker: *Obsession: the FBI's Legendary Profiler Probes the Psyches of Killers, Rapists, and Stalkers*, Scribner, 1998, pp. 83–84.

❷⓿ Douglas & Munn: Modus Operandi and the Signature Aspect of Violent Crime, in

綜上所述，犯罪模式是同類型刑事案件犯案途徑中犯罪手法的系統化彙整，亦即犯罪模式是犯罪手法的邏輯合成，其所探究的範疇比犯罪手法大，故犯罪手法的概念應包含於犯罪模式之內；而簽名特徵和犯罪手法有部分重疊，但其範圍又比犯罪手法小。這三者在定義、特性、功能、變動性、個化能力、研究範圍、探尋標的、探討對象、影響因素、現場出現情形、分析方法及與犯罪資料庫的關係等，多方面差異比較結果，詳如下表5–1 所示：

表 5–1　犯罪模式、犯罪手法及簽名特徵三者比較

項目＼名稱	犯罪模式	犯罪手法	簽名特徵
原文	Crime Pattern	Modus Operandi	Signature Aspect
定義	同類刑案犯案過程中的共通途徑	個人或集團犯案方法上的行為方式	個人犯案心理上的獨特行為表徵
特性	是各途徑犯罪手法的合成	是成功犯案的必要手段	是犯罪人心理上的強迫力
功能	犯罪預防 掌控辦案全局 教育訓練	連結刑案 擴大偵破 辨認嫌犯	連結刑案（更精準） 洞察犯罪動機 個化兇嫌（更正確）
變動性	很小	不高	幾乎固定
個化能力	低	頗高	極高
探尋標的	共通性	專門性	特異性
探討對象	同類型案件	個人或集團	個人
研究範圍	頗廣	較小	細微
影響因素	社會變遷	經驗、學習、自信	情緒、心理、幻想
現場出現	各途徑選項的串連	其中的一部分	機率不是很高
分析方法	諸多同型個案的實證歸納	犯罪現場物證分析	犯罪現場行為跡證分析
犯罪資料庫	基礎理論架構	基本單位	潛在效果呈現

John. Douglas, Ann. Burgess, Allen Burgess, & Robert Ressler (eds.), *Crime Classification Manual*, Jossey-Bass, 1997, p. 262.

第四節　犯罪剖繪

一、犯罪剖繪的意義

　　犯罪剖繪 (Criminal Profiling) 是蒐集犯罪現場、犯罪形態及被害人特性等三方面的跡證,藉以推測兇嫌特徵或人格特性的犯罪偵查輔助技巧。通常連續性的暴力犯罪,其作案方式及犯案者的人格特質,不但難以捉摸,更不易釐出一套足供偵查人員判斷的準據。為了克服這項困難,美國集合多位從事犯罪人格特徵剖繪的專家,也整合全國執法單位這類型犯罪的訊息,更引進人工智慧及資料庫等資訊科技,成功擷取出準則,以推測兇嫌的作案方式及人格特質,並進行犯罪現場的重建。其目標是提供刑事司法機關以下資訊[21]:

　　㈠評量兇嫌的社會背景和心理特質

　　不但可過濾嫌犯、縮小偵查範圍,更可預測未來可能被攻擊的目標和地點。

　　㈡評估兇嫌可能持有的物品

　　例如,供作回憶犯案情節或重溫舊夢的「紀念品」(Souvenir) 或「戰利品」(Trophy)。

　　㈢提供偵訊策略和審訊資料

　　當兇嫌被捕後,可提供警方相關資訊,俾利採取適切有效的訊問策略。

二、犯罪剖繪的原理

　　這套方法是目前最先進的動態犯罪分析,在英國、美國、加拿大等國家已輔助警方偵破不少性凌虐、性謀殺、分屍、連續殺人、連續性侵害、連續縱火、宗教狂殺人、戀童狂等案件[22]。它較適用於人格異常,或是與

---

[21]　Ibid., p. 3.

[22]　Holmes & Holmes: *Profiling Violent Crimes: An Investigative Tool*, 3rd. Edition,

性幻想有關的特殊案件；而且，最好是「再現率」(Reoccurrence) 高的犯罪類型，如果是單一偶發案件的分析，其效用並不大。目前民眾向警方報案的刑案中，許多是由過去曾犯下類似案件的犯罪人所為，因此這些兇嫌的犯罪手法多少已有模式浮現，仔細分析不但有助於破案，也可抗制並預防類似案件的再度發生。關於犯罪剖繪的原理，分別介紹如下❷：

㈠兇嫌人格不變

一個人的人格核心不會因時間而改變，只有少部分非核心的性格可能因時間、環境和壓力等因素而改變，即使是當自己想要積極改變其基本人格，卻發現這是非常困難、甚至是不可能的。因為這是經過長時間塑造而成，不可能在短時期內徹底改變，所以並非兇嫌不想改變，而是即使他們想要也無從改變。此一基礎對性犯罪剖繪工作來說非常重要，由於兇嫌人格無法改變，會使他們一再以相近的手法犯下同類型的案件，而且也會迫使每位被害人去做前一位受害者被迫去做的事情。

㈡現場反映人格

沒有二個不同兇嫌的人格會是完全相同，也沒有二個犯罪現場會完全一樣，且犯罪現場會反映出兇嫌的人格特性，因此現場勘查結果將可協助警察提供偵查方向、縮小範圍。尤其在對於性暴力犯罪案件現場特徵進行分析時，除了要注意現場的物證 (Physical Evidence) 外，同時也要留意現場的非物理性跡證 (Non-physical Evidence)，例如從現場一片混亂的情形，如果不是被害人所為，則可嘗試朝向無組織力 (Disorganized) 兇嫌所為的方向偵辦，從而依據剖繪技術來推論兇嫌的性格特徵；反之，如果犯罪現場顯示有極度控制的傾向，大多可能係有組織力 (Organized) 兇嫌的性格特徵。

㈢犯罪手法相似

犯罪手法是兇嫌以什麼樣的特定手段或方法進行犯罪，其範圍包括準備工作、犯案時間、地點選擇、被害者選擇、犯罪工具、技巧選擇、脫逃路線等。所以犯罪手法裡蘊藏著種種關於兇嫌的訊息，亦是刑案現場跡證

Sage Publications, 2002, p. 4.

❷　Ibid., pp. 40–44.

的重要單元,可用以辨識數件案子的相關性及是否由同一人所犯下。而兇嫌之所以會重複採用相似手法犯案,不外是因該手法管用;可是,犯罪手法是有可塑性的,大多會朝向降低風險,並提高報酬的方向逐漸改進。

㈣簽名特徵相同

簽名特徵是兇嫌犯案時的一種獨特舉止,可能存在於兇嫌的殺戮行為、對被害人所說的特定言詞、留在現場某些物品的特殊舉止,或者是在一些其它的特點之中;不若犯罪手法會學習改進,簽名特徵因係個人人格上的強制特質,且是特殊人格的重複展現,故幾乎穩定不變。辦案人員可根據犯罪現場、犯罪形態及被害人特性等跡證,而歸納出是同一人所為,這就如同此兇嫌在犯罪現場簽名一般,具有高度個化效果。

三、犯罪現場與兇嫌人格

犯罪剖繪技術的運用必須構築在基本的前提上,此前提就是當一個人犯罪時,必須在犯罪的過程中有反應出病態的人格特質。例如,犯罪過程雜亂無章、無計畫性、毀損被害者肢體部位等,都是其人格特質的反映。由於犯罪現場本身會反映出犯罪者的病態徵候,辦案人員就必須從這些犯罪現場跡證所顯露的病態徵候,透視犯罪者的人格特質❷④。

而對犯罪現場特徵加以分析並類型化,相當有助於研究犯案兇嫌的心理狀態,從而引申到針對兇嫌實際犯行的衡量。例如,倘若歹徒當時有拿凶器時會有何種行為、沒攜帶凶器又會有何種行為;以及在這二種情形下,對於被害人的傷害情形又如何等。由於這些判讀的依據,均是確實可行的觀念和作為,且有行為科學及統計學上的研究基礎,只要能提高判讀的準確性,將有助於提升辦案技巧和破案機率。

實際進行犯罪剖繪時,首先是將犯罪現場區分為有組織力和無組織力;接著是將兇嫌人格特質,也同樣分成有組織力與無組織力;其後嘗試連結犯罪現場特徵與對應的罪犯人格特質;進而針對犯案兇嫌的社會和心理特

---

❷④ 廖有祿:〈社會心理剖繪技術在犯罪偵查上的應用〉,刊:《警學叢刊》,第 28 卷,第 6 期,1998,10 頁。

性，加以推論其可能的背景輪廓。特別是以「性」為主要犯案動機的兇嫌，通常其人格特質、犯罪行為和現場跡證，三者會有密切關聯性。此二種兇嫌在人格特質及現場特徵上互有差異，詳情請參照表5-2❷。不過，有學者認為將複雜的命案現場簡約為二，是為了溝通與教學訓練之便；其實這是不正確的，其理由有下列數端❷：

(一)絕大多數的命案現場是介於兩者之間；

(二)現場跡證不可單獨隔離檢視，而是要循整體脈絡觀察；

(三)殺人動機屬於純粹報復、家庭暴力、故佈疑陣、喝酒、吸毒等非心理異常 (Non-Psychotic)，或是非精神疾病者 (Non-Mental Illness)，現場亦會呈現無組織力特徵；

(四)有組織力命案的現場特徵，不是心理病態人格者的犯案專利；

(五)命案兇嫌類型一分為二，忽略了犯罪生涯的真實進展；

(六)二分法是以犯罪手法為剖析基礎，卻未將犯罪簽名特徵此一關鍵因素納入分析；

(七)忽略臨床診斷結果之下，在法庭上會有妄下定論的風險。

綜觀此法雖屬創新且有其效用，卻容易讓人誤解犯罪行為本質的進展和犯行重建的價值；根本之道，仍應回歸現場物證和整體脈絡的邏輯連結。

表5-2 有組織力與無組織力兇手在背景特質及犯罪現場的差異比較

有 組 織 力 兇 手	無 組 織 力 兇 手
資質高、有天分	資質平庸
在社會上頗具社交能力	在社會上表現頗不成熟
喜歡從事技術性高的行業	工作歷史不長且表現不佳
在性方面頗具能力	通常屬於性能力不佳者
在家中的排行往往在前面	在家中的排行往往殿後

❷ Ressler, Burgess, & Douglas: *Sexual Homicide: Patterns and Motives*, Lexington Books, 1988, pp. 121–123.

❷ Turvey: *Criminal Profiling—An Introduction to Behavior Evidence Analysis*, Academic Press, 1999, pp. 145–149.

背景特質	父親的工作穩定	父親的工作不穩定
	兒時父母的管教不一致	兒時父母的管教十分嚴酷
	在犯案時能控制住自己的情緒	犯案時心情焦慮煩燥
	犯案前通常會喝酒	甚少有飲酒的習慣
	案發前遭逢壓力情境	案發前罕有情境壓力
	與人同住	一人獨居
	機動性高，汽車性能維持良好	在刑案現場附近居住或工作
	會從新聞媒體中追蹤案件的發展	對有關該案的報導漠不關心
	案發後或許會換工作或改變住所	案發後生活型態沒什麼大的改變
犯罪現場	事先經過縝密的計劃	在瞬間的情況下發生
	被害人是目標下的陌生人	被害人或作案地點是兇手所熟悉者
	把被害人當人看	沒把被害人當人看（非人化）
	能控制住自己的談話	較無法控制住談話的語氣或內容
	可由刑案現場看出刑案是在其掌握中	現場不是刻意挑選，且整個過程顯得漫不經心
	要被害人絕對地順從其旨意	會突然對被害人施加暴力
	束縛或拘禁被害人	很少束縛或拘禁被害人
	在被害人死前進行性侵害行為	在被害人死後才進行性侵犯
	會掩藏起被害人的屍體	屍體棄置在一般人目光所及處
	刑案現場通常找不到兇器或證據	證據或兇器會遺留在刑案現場
	會移走被害人屍體	屍體會遺留在刑案現場附近

四、犯罪剖繪的過程

　　因為犯罪剖繪所呈現的結果並不十分明確，且常隨承辦人的認知與經驗而異，所以有人認為犯罪剖繪的工作是一項「藝術」而非「科學」。傳統上，偵查人員是經由腦力激盪、猜測和直覺來進行犯罪剖繪；而專業人員的犯罪剖繪，則是經年的知識與臨場工作經驗累積的邏輯推理結果，以及對許多案件的熟悉度所致。

　　目前嫌犯人格特徵的剖繪，是透過犯罪類型分析系統，來推測暴力犯的行為特質，例如剖繪人員可透過這套系統，來推測連續縱火案、性侵害案或殺人案等，再度發生的日期、時間、案發地及嫌犯住所等的可能範圍，

其過程大致可分為下列六步驟（請參照圖 5–3）❷：

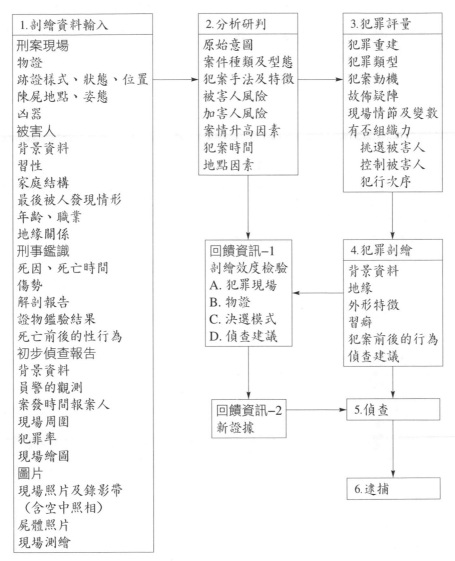

圖 5–3　犯罪剖繪產生的過程

㈠剖繪輸入 (Profiling Input)

是搜集剖繪工作所須各項完整資料，包括犯罪現場、被害人、刑事鑑

❷　Ressler, Burgess, & Douglas, op. cit., 1988, pp. 136–146.

識、初步偵查報告和彩色照片等。在此不要將可能的嫌疑人名單，提供給剖繪人員，因為這樣會誤導他們循著名單裡的嫌犯去進行剖繪。

㈡犯意決選型模 (Decision Process Models)

是將前一步驟所搜集的資料整理成有意義的模組，在此有(原始意圖、案件種類及型態、犯案手法及特徵、被害人及加害人風險、案情升高因素、犯罪時間、地點因素) 七項要點，是用來串連或區分資料，以供剖繪人員來推測兇嫌犯案的決意情形。

㈢犯罪評量 (Crime Assessment)

根據犯意決選的資訊來重建犯罪的每一幕，並將其串聯，這項重建工作包括：事情是如何發生、如何計畫與準備，以及當事人在現場的行為等；此外，也要評定犯罪現場是否被變造，以及犯罪現場的位置、殺法、屍體位置、傷口部位、殘殺 (Overkill) 等。由此一步驟往前回溯到第一步驟，即可了解到犯罪「現場重建」並非僅是根據物證，尚應參研犯罪人的心理狀態。再者，犯罪重建主要是建立與犯罪有關的事實，排除無關的人和事，以確認犯罪的行為，並重建事件發生的先後順序；亦即，整個「犯罪重建」的過程是在確認犯罪現場的地點、實施犯罪的位置、犯罪過程中的順序、實施犯罪的人，以及犯罪的行為、時間、目的和性質。

㈣犯罪剖繪

這是在推測犯罪者犯案的行為，並提出對偵查、辨認、逮捕及偵訊等工作有益的建議。剖繪結果必須與犯罪重建、物證及犯意決策模式的結果相吻合，且所提建議也要對應到兇嫌的反應模組，如有任何的不一致，則必須回頭檢視所有資料。

㈤偵 查

運用剖繪結果來搜尋比對符合剖析描繪的嫌疑人，如果確認而逮捕認罪則任務完成；如有新證物產生 (例如，另一殺人案)，或是沒有找出嫌犯，那整個剖繪過程必須再重新進行。

㈥逮 捕

捕獲嫌犯後，必須再檢查過程中的每一步驟，且在嫌犯俯首認罪後，

應再訪問該嫌犯，以確認整個剖繪過程的效度。

　　而為了便於各執法機關實際應用，美國 FBI 更編製一套犯罪分類方法，依照被害情形、刑案現場（處所、環境、地點、時間、兇嫌人數、有組織力或無組織力、物證、凶器、屍體處置、遺留或遺失物品）、有無故佈疑陣、刑事鑑識發現（死因、傷勢、性侵犯）等，將各型暴力犯罪加以分類，並據此作出偵查和搜索上的相關建議❷❽。

五、犯罪剖繪的展望

　　犯罪剖繪技術發展初期，在連續縱火和連續殺人等案類，雖有少許成功個案，但其客觀性及正確性均備受質疑。有一研究對曾被施以犯罪剖繪的 192 件案子加以評估，其中 88 件已經破案；而這 88 件案子當中，僅 17% 的剖繪結果是對兇嫌的辨認有所助益❷❾。而英國的調查指出，剖繪技術在破案上的幫助僅 14%；不過，其真正價值並非是直接破案，而是藉由向剖繪專家諮詢的過程，增進辦案人員對案情的深入了解及正確研判❸⓪。另有一評估顯示，若是具有相當經驗之單位所做的分析，則具有高達 62% 的準確率❸①。

　　可見對於犯罪剖繪的評價，至今仍缺乏一致的看法。究其原因，除了延宕送件和資料彙整不全等客觀因素外❸②，也導因於此一技術所依循的行為科學或統計分析等專業知識本身未臻成熟，故無法依邏輯推理，以正確

❷❽　Ressler, Burgess, Burgess, & Douglas, op. cit., 1997, pp. 6–12.

❷❾　Holmes & Holmes, op. cit., 2002, pp. 45–46.

❸⓪　Gudjonsson & Copson: The Role of the Expert in Criminal Investigation, in J. Jackson & D. Bekerian (eds.), *Offender Profiling－Theory, Research and Practice*, 1997, pp. 74–75.

❸①　Homant & Kennedy: Psychological Aspect of Crime Scene Profiling, *Criminal Justice and Behavior*, 25 (3), 1998, p. 325.

❸②　Jackson, Eshof, & Kleuver: A Research Approach to Offender Profiling, in J. Jackson & D. Bekerian (eds.), *Offender Profiling－Theory, Research and Practice*, 1997, pp. 126–129.

釐清現場、犯行、被害者及物證等四者互動的關聯性；換言之，當前研究者的知識程度 ，尚不足以洞察行為跡證 (Behavioral Evidence) 和現場物證 (Physical Evidence) 之間所衍生的諸多疑點，因此正意味這門技術仍待持續開發。

當今辦案除需了解現場除了留有物證之外，尚有以往較不受到重視的行為跡證。犯罪剖繪技術乃結合現場物證、犯罪形態及被害人背景特性等三方面訊息，以加強行為跡證分析，盼能協助縮小偵查範圍、過濾嫌犯名單及提供偵訊策略；其實，這套偵查輔助技術的真正可貴之處，是它促成行為科學與鑑識科學的整合，串連犯罪偵查學、犯罪心理學和刑事鑑識學，而另創一套分析犯罪現場的方法，使得現場物證的隱含意義得以彰顯。這將有助於提供犯罪偵查的新方向，以及提升辦案人員的專業水平。

此外，犯罪剖繪技術發展的另一重點，是它採行不同於往常的研究途徑，那就是研究人員進入犯罪矯治機構，直接求教於連續暴力犯。嘗試從犯案人的角度，去深入探尋這些罪犯的價值取向和思考模式，以及犯案過程和行為意涵。亦即是透過犯罪人的親自解說，設法了解現場物證、犯罪行為及犯案心理三者之間的交互關係，從中獲取寶貴資訊，以運用於偵辦未來發生的類似案件。

第五節　地緣剖繪

環境犯罪學者認為犯罪是犯罪者和周遭環境互動的產物，它是從人類生態學、環境心理學、行為地理學和認知科學衍生出來的，犯罪者搜尋被害標的通常會偏向於他所熟悉的地方，因為在此處活動感覺較安全，且風險較低；犯罪者不太可能在感到不舒服且全然陌生的環境裡作案，加上這裡有適切的被害標的，又容易脫逃，犯罪就可能會發生。犯罪者作案時的空間行為模式 (Spatial Pattern)，其實和日常活動前往工作或購物極為相似，因此其移動方式是可以預測的 ，犯罪地點通常也是犯罪者的主要活動區域❸。相關的實證研究發現，包括❹：

㈠犯罪常發生在犯罪者居住地附近 ； 符合最省力原則 (Principle of Least Effort)。

㈡作案路程符合距離遞減效應；越遠離犯罪者居住地，犯案次數越少。

㈢青少年犯案大多在居住地區附近，作案路程距離比成年犯短。

㈣作案路程隨犯罪類型不同而有明顯差異，暴力犯罪的作案路程比財產犯罪短。

㈤城市裡高犯罪地帶的形成，與街道、建物和設施的空間環境陳列有相當關聯。

而「地緣剖繪」則是以環境犯罪學理論及其相關研究為基礎的新技術；它是在犯罪分析過程中 ， 設法取得犯罪者可能的空間行為 (Spatial Behavior) 或犯罪相關位置的地理環境脈絡[35]，主要針對一系列的案發地點詳加剖析，以推測歹徒的可能住處，甚至預估再度犯案的時段及位置[36]；它嘗試重建犯罪加害者和被害人在犯罪前後行走的路程，當歹徒的活動空間裡發現有合適的被害對象經過時，這些地方往往就是犯罪最易發生的位置。另就學術研究而言，將有助於認識地理環境與犯罪發生的關聯情形，對於連續慣犯作案相關位置與個別犯罪行為的脈絡關係，也能獲得進一步認識；相關的研究議題包括：距離遞減、劫掠型或通勤型、圓圈假設、緩衝區、犯行偏角、平均作案路程、空間行為差異情形等。

一、距離遞減 (Distance Decay)

「距離遞減」型態來自於環境犯罪學的研究發現：犯罪者通常會在其

---

[33] 廖有祿：《犯罪剖繪──理論與實務》，中央警察大學出版社，2006，120–121頁。

[34] Rossmo: *Geographic Profiling*, FL: CRC Press, 2000, pp. 99–100.

[35] Rossmo: A Methodological Model, in Ronald M. Holmes & Stephen T. Holmes (eds.), *Contemporary Perspectives on Serial Murder*, CA: Sage Publications, 1998, pp. 199–200.

[36] Rossmo, op. cit., 2000, pp. 1–3.

熟悉的舒適區域 (Comfort Area) 裡搜尋被害標的，但隨著距離居住地 (Home Base) 愈遠，犯罪者內在地圖 (Mental Map) 裡所累積的資訊自然減少，覺得生疏與不安的程度因而升高，犯罪活動地點的分佈即隨著遠離犯罪人居住地而遞減；再者，由於居住地附近活動較頻繁，犯罪者初次的作案地點，多數都在其居住地附近，而後隨著成功犯案所帶來的滿足和信心，就嘗試到達離居住地較遠處搜尋被害標的，其犯罪範圍便逐漸以此為中心而向外延伸（如圖 5-4） ❸❼ 。

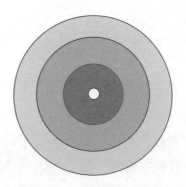

圖 5-4　距離遞減型態

英、美、加等國的三項研究顯示，陌生人間連續性侵害案件發生的接觸地點分佈，的確隨著與性侵害犯居住地直線距離逐漸增加而呈現遞減，且半數以上都在距離居住地 5 公里（或 3 英哩）以內作案；加拿大的研究也同時檢測城市區塊／街道 (City Block) 距離，發現距離遞減的分佈型態仍然存在（詳如表 5-3 所示）。

表 5-3　距離遞減相關研究結果彙整

作者	年代	研究樣本	研究方法及焦點	研究結果
Davies Dale	1995	一、研究地點：英國 二、79 名男性性侵害犯；	測量犯罪接觸地點 及犯罪時的居住地	17% < 0.5 哩； 29% < 1 哩；

❸❼　Godwin: Geographical Profiling, in Grover M. Godwin (ed.), *Criminal Psychology and Forensic Technology: A Collaborative Approach to Effective Profiling*, New York: CRC Press, 2001, p. 278.

				52% < 2 哩； 60% < 3 哩； 69% < 4 哩； 76% < 5 哩
		共 322 件 三、陌生人間性侵害案	之直線距離	
Warren Reboussin Hazelwood Cummings Trumbetta	1998	一、研究地點：美國 二、83 名男性性侵害犯 三、最少 2 件、最多 17 件，共 565 件 四、陌生人間性侵害案	測量犯罪接觸地點及犯罪時的居住地之直線距離	13% < 0.4 哩（最高峰）；之後案件數隨距離增加而驟減
Mowbray	2002	一、研究地點：加拿大 二、37 名男性性侵害犯 三、最少 2 件、最多 36 件，共 235 件 四、陌生人間性侵害案	一、圓圈假設 二、分別測量犯罪接觸地點及犯罪時的居住地之直線距離及城市區塊距離	一、直線距離：54% < 5 km，且隨後立即下降 二、城市區塊距離：33% < 2.55 km、51% < 5 km，且隨後立即下降

二、圓圈假設 (Cycle Hypothesis)

　　圓圈假設是地緣剖繪研究中最受矚目的焦點之一。坎特 (Canter) 等人曾針對英國 54 名連續性侵害犯進行研究，結果發現有 9 成個案的作案地點，是落在以個案所犯最遠的兩個作案地點作為直徑，所繪製而成的圓圈範圍內❸。此外，關於連續性侵害犯居住地與作案範圍的空間關係另有二種假設，一是**通勤型** (Commuter)，係指從居住地走一段距離，再到另一地區去犯案，居住區域 (Home Range) 和作案區域 (Offense Range) 並不重疊（亦即犯罪者的居住地不在圓圈範圍內者）；二是**劫掠型** (Marauder)，這類犯罪者係以居住地當作犯案的基地，從居住地出發外出犯案再回到家裡，居住區域和作案區域重疊（亦即犯罪者的居住地包含在其作案地點集合所構成的圓圈內者）（詳如圖 5–5 所示）❸。

---

❸　Canter & Larkin: The Environmental Range of Serial Rapists, *Journal of Environmental Psychology*, No. 13, 1993, pp. 63–69.

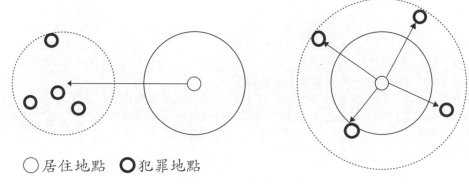

○居住地點　●犯罪地點

圖 5-5　通勤型（左）與劫掠型（右）

　　表 5-4 所示為對於連續性侵害犯所作圓圈假設的檢測彙整表，研究樣本數雖有差異，英國、加拿大、澳洲等三國的五項研究均支持圓圈假設，且分析結果也一致支持劫掠型假設，亦即犯罪者通常不會離居住地太遠去犯案，在空間上會接近住處，但亦有少數較具經驗的連續性侵害犯是屬於通勤型，會遠離容易被認出的地方而到較長距離處去作案；不過，就地理空間而言，仍會趨向於在小半徑範圍內搜尋被害對象❹。

表 5-4　圓圈假設相關研究結果彙整

作者	年代	研究樣本	研究方法及焦點	研究結果
Canter Larkin	1993	一、研究地點：英國 二、45 名男性性侵害犯 三、最少 2 件、最多 14 件，共 251 件 四、陌生人間性侵害	一、犯罪接觸地點及犯罪時居住地之直線距離 二、範圍測量 三、圓圈假設	一、41/45（91%）符合範圍測量 二、39 名（87%）為劫掠型、6 名（13%）為通勤型
Altson	1994	一、研究地點：加拿大 二、29 名男性性侵害犯 三、最少 2 件，共 102 件	犯罪接觸地點及犯罪時的居住地之直線距離及曲線距離	17 名（56.6%）為劫掠型、13 名（43.4%）為通勤型

❸　Godwin, op. cit., pp. 282–283.

❹　Alston: The Serial Rapist's Spatial Pattern of Victim Selection, in Grover M. Godwin (ed.), *Criminal Psychology and Forensic Technology: A Collaborative Approach to Effective Profiling*, New York: CRC Press, 2001, p. 234.

		四、陌生人間性侵害		
Kocsis Irwin	1997	一、研究地點：澳洲 二、24 名男性性侵害犯 三、最少 2 件、最多 20 件，共 178 件 四、陌生人間性侵害	一、犯罪接觸地點及犯罪時的居住地之直線距離 二、圓圈假設	17 名 (71%) 為劫掠型、7 名 (29%) 為通勤型
Mowbray	2002	一、研究地點：加拿大 二、37 名男性性侵害犯 三、最少 2 件、最多 36 件，共 235 件 四、陌生人間性侵害	一、犯罪接觸地點及犯罪時居住地之直線距離 二、圓圈假設	25 名 (68%) 為劫掠型、12 名 (32%) 為通勤型
Meaney	2004	一、研究地點：雪梨 二、32 名性侵害犯 （男 30、女 2） 三、最少 2 件、最多 6 件，共 88 件 四、包含熟識及陌生人性侵害	一、犯罪接觸地點及犯罪時居住地之直線距離 二、圓圈假設	30 名 (93%) 為劫掠型、2 名 (7%) 為通勤型

三、緩衝區 (Buffer Zone)

　　犯罪者與居住地附近的互動頻仍且環境熟悉，有助於建構較完整的內在地圖；相對地，在居住地附近犯案，也較容易被當地居民所察覺，於是部分案件在犯罪者與被害者接觸的區域中，可能會產生一個不會作案的緩衝區，避免被指認以降低被捕風險；這個緩衝區通常是緊鄰著犯罪者的居住地，也就是在離住所至少一段安全距離 (Minimum Safe Distance)，犯罪者會避免在這地帶附近作案❹。

　　坎特 (Canter) 等人 (1993) 對緩衝區的操作化方式，係以相距最遠的二點犯罪地點的距離為 X 變項，而住居所至最遠犯罪地點的距離為 Y 變項，進行簡單迴歸分析。若 X 的迴歸係數等於 0.5 表示居住地即為圓心，然實際狀況住居所不會落於圓心，因此 X 的係數應落於 0.5 與 1 之間；另常數項即為緩衝區的距離。目前針對此一議題的實證分析結果並不一致；坎特

---

❹　Godwin, op. cit., pp. 280–281.

等人在英國檢驗 45 名個案，發現有離住居所約 0.61 哩的緩衝區；但柯西斯 (Kocsis) 等人 (1997) 以相同的方法，分析 24 名澳洲的連續性侵害犯，則未發現有顯著的緩衝區（如表 5-5）。

表 5-5　緩衝區相關研究結果彙整

作者	年代	研究樣本	研究方法及焦點	研究結果
Canter Larkin	1993	一、研究地點：英國 二、45 名男性性侵害犯 三、最少 2 件、最多 14 件，共 251 件 四、陌生人間性侵害	一、距離測量：直線 二、每一犯罪地至居住地的距離為 Y；犯罪地至最遠犯罪地為 X，進行簡單迴歸分析，若 X 的迴歸係數接近 0.5 表示居住地愈接近圓心；常數項即為緩衝區的距離	一、Y=0.84X + 0.61，模式顯著 二、X 的迴歸係數顯著；常數是 0.61 哩（顯著），此即為性侵害犯之假設中的離家安全距離（意即性侵害犯的緩衝區為 0.61 哩）
Kocsis Irwin	1997	一、研究地點：澳洲 二、24 名男性性侵害犯 三、最少 2 件、最多 20 件，共 178 件 四、陌生人間性侵害	一、距離測量：直線 二、每一犯罪地至居住地的距離為 Y；犯罪地至最遠犯罪地為 X，進行簡單迴歸分析，若 X 的迴歸係數接近 0.5 表示居住地愈接近圓心；常數項即為緩衝區的距離	一、Y=0.77X + 0.18，模式顯著 二、X 的迴歸係數顯著；常數項不顯著，表示緩衝區不存在

四、犯行偏角 (Directional Bias)

　　由於犯罪者的日常活動和經驗，大多侷限在少數地區，會形成方向的偏好 (Directional Bias)，而非整個地區範圍都涵蓋，因此犯罪活動也會集中在某個角度而形成扇形狀 (Wedge-Shape)；在偵查中如果能考慮此方向性，將能有助於準確預測犯罪者的居住地[42]，且若能將一些空間的相關因素也納入考量，相信更可有效縮小偵查的範圍，例如：有些地區是高風險區域（包括：風化場所、車站、校區），性侵害犯可能在此鎖定特定類型的被害標的[43]。

　　當前對於犯行偏角的測量法有二：其一是以犯罪人的居住地為圓心，對分佈最散的犯罪地點劃線，此範圍可涵蓋所有犯罪地點，此夾角即為「最大犯行偏角」；另一種則為作案的「續行偏角」，測量法是以犯罪人居住地為圓心，分別劃一直線至各犯罪地點，接續兩案件的夾角，其角度範圍應介於 0°–180°。這兩種測量法的功用有別，最大犯行偏角是以巨視角度，大致瞭解連續犯作案空間方向的偏好情形；而續行偏角則是以微視角度，檢視前行作案的空間行為是否會影響接續作案的狩獵範圍 (Hunting Region)。對於連續住宅竊盜犯的最大犯行偏角研究顯示，通勤型 (38.0°) 明顯小於劫掠型 (111.8°)；另一則為續行偏角研究，發現有 8 成以上 (85.4%) 的連續性侵害犯是集中在 31°–120° 之間，有 3 分之 2 (66%) 的連續殺人犯是大於 90°，但有 7 成 (73%) 的連續住宅竊盜犯卻是小於 90°（如表 5–6）。

---

[42]　Godwin, op. cit., pp. 284–286.

[43]　Davies: Specific Profile Analysis: a Data-Based Approach to Offender Profiling, in Janet L. Jackson & Debra A. Bekerian (eds.), *Offender Profiling: Theory, Research and Practice*, England: John Wiley & Sons, 1997, pp. 191–207.

表 5-6　犯行偏角相關研究結果彙整

作者	年代	研究樣本	研究方法及焦點	研究結果
Kocsis Cooksey Irwin Allen	2002	一、研究地點：澳洲 二、研究對象：住宅竊盜 三、共 58 人（54 男 4 女）、共 319 件	一、直線距離測量 二、以北方為 0° 及 360° 三、以犯罪人的居住地為圓心，對分佈最散的犯罪地點劃線，此範圍可涵蓋所有犯罪，此夾角即為犯行偏角	一、劫掠型：平均為 111.79° 二、通勤型：平均為 38.00° 三、二者之間有顯著差異 (p < 0.001)
Goodwill Alison	2005	一、研究地點：住宅竊盜為英國北部、性侵害及殺人為美國的樣本 二、研究對象：35 名殺人、41 名性侵害、30 名住宅竊盜 三、研究樣本：各類型，每人至少犯 5 件以上	一、直線距離測量 二、角度測量方法為以犯罪人居住地為圓心，分別劃一直線至各犯罪地點，接續兩案件的夾角，其角度範圍應介於 0°-180°	一、發現有 85.4% (35/41) 的連續性侵害犯的接續犯行夾角集中於 31°-120° 間 二、殺人犯有 66% (23/35) 的狩獵角度大於 90°、住宅竊盜有 73% (22/30) 的狩獵角度小於 90°

五、作案路程 (Journey to Crime)

　　作案路程 (Journey to Crime) 是犯罪者（其背景特徵、本身素質、知識認知）、被害標的（其型式、位置、吸引力）及犯罪本身（其風險、報酬、機會）三者之間的複雜呈現；真實作案地點的選擇，可視為犯罪者本身依目的和經驗的交互作用，這樣的選擇結果，將建構成一種與當時犯罪者居住地密切關連的空間模式 (Spatial Patterns)，且不同案類的犯罪者，具有不

同的空間模式❹。

連續性侵害犯的平均作案路程是 1.85 公里；在全部所犯案件裡，其中 94% 會落在 2.5 公里範圍內；年輕者作案路程較短；採取入侵或強擄等較費力方式去接近被害人者，傾向於在離住所較近處作案；且挑選被害標的 (Victim Selection) 是影響作案地點的主要因素❺。 與單一案犯 (Single Rapist) 比較之下，連續性侵害犯 (Serial Rapist) 的平均作案路程稍短些❻；而發生於相識人之間的性侵害案 (Acquaintance Rape)，犯罪者平均作案路程小於陌生人之間的案件 (Stranger Rape)；若與白天作案的性侵害犯相比，夜間作案者通常會選擇離住所較近的地點犯案❼；但有下列情況時，性侵害犯罪的發生地點與歹徒居住地距離可能會拉長，包括❽：

1. 性侵害犯的住所、工作地點或親友住處較為分散。

2. 利用假日時段到遠處作案。

3. 生活型態經常改變。

4. 偏好特定地區或類型的被害人，而他們所在的距離較遠。

5. 性侵害犯附帶竊取或搶劫高價位的財物 （通常是較偏僻的高級住宅）。

6. 擁有汽車或便捷的交通工具，並花較長時間搜尋被害人。

7. 由於案件有媒體披露或警方增加巡邏密度，因而改換作案區域。

---

❹ Canter: Offender Profiles, *The Psychologist*, 2, 1989, pp. 12–16.

❺ Fritzon: An Examination of the Relationship between Distance Traveled and Motivational Aspects of Firesetting Behavior, *Journal of Environmental Psychology*, No. 21, 2001, pp. 45–48.

❻ Alston: The Serial Rapist's Spatial Pattern of Victim Selection, in Grover M. Godwin (ed.), *Criminal Psychology and Forensic Technology: A Collaborative Approach to Effective Profiling*, New York: CRC Press, 2001, p. 234.

❼ Santtila, Zappala, Laukkanen & Picozzi: Testing the Utility of a Geographical Profiling Approach in Three Rape Series of a Single Offender: A Case Study, *Forensic Science International*, No. 131, 2003, p. 51.

❽ Davies, op. cit., p. 203.

此外，美國 FBI 曾針對 108 名連續性侵害犯的研究，發現這群連續犯作案大都選在夜間（32% 是晚上六點到十二點；52% 是晚上十二點到凌晨六點）、大多侵害陌生被害人 (92%)、發生地點在被害人家裡 (60.2%)、採取突襲的接近方式 (Surprise Attack)(78%)；劫掠型比通勤型較傾向於選在夜間作案（90% 比 70%），但通勤型的犯罪行為比劫掠型更趨於儀式化；在平均作案路程方面，劫掠型（0.71 哩）較通勤型（2.51 哩）為短，白種人（1.23 哩）較非白種人（2.70 哩）為短，年輕者（0.59 哩）比年長者（2.58 哩）短，夜間（1.44 哩）較白天作案者（3.12 哩）為短；其中僅 15% 連續性侵害犯，有駕駛汽車去作案❹。

關於不同犯罪類別在作案路程上的差異情形，表 5–7 所列分別針對性侵害、商業強盜、住宅竊盜、殺人等四類犯罪者續犯的研究結果均指出，作案路程與年齡呈負相關，且與交通工具的機動性呈正相關；在商業強盜和住宅竊盜方面，作案路程也與期待報酬呈正相關。另有學者指出，暴力犯的平均作案路程通常比財產犯為短❺。

表 5–7　不同案類作案路程比較

作者	年代	研究樣本	研究方法及焦點	研究結果
Warren Reboussin Hazelwood Cummings Gibbs Trumbetta	1998	一、研究地點：美國 2,108 名男性性侵害犯 二、最少 2 件、最多 17 件，共 565 件 三、陌生人間性侵害案	測量犯罪接觸地點及犯罪時的居住地之直線距離	年齡與作案路程呈負相關
Van Koppen	1998	一、研究目的：了解商業強盜犯的個人特徵在作案路程的差異 二、研究樣本：434 件、585 名強盜犯	測量犯罪接觸地點及犯罪時的居住地之直線距離	作案路程愈長者，犯罪手法愈專業、目標愈困難、成功率低、期待有高報酬

❹　Rossmo, op. cit., pp. 42–44.

❺　Rossmo, op. cit., pp. 99–100.

Snook	2004	研究目的：分析住宅竊盜犯的個別因素在作案路程上的差異	測量犯罪接觸地點及犯罪時的居住地之直線距離	一、作案路程與年齡呈負相關 二、作案路程與交通工具的機動性呈正相關 三、作案路程與獲得報酬呈正相關
Snook Cullen Mokros Harbort	2005	一、研究目的：分析連續殺人犯的空間抉擇因素 二、研究樣本：德國53名連續殺人犯	測量方式：直線距離	一、作案路程與年齡呈負相關 二、作案路程與IQ呈正相關 三、63%的連續殺人犯作案地點與居住地相距不超過10 km 四、研究發現是否使用交通工具亦與空間抉擇密切相關

國內有一針對 38 名曾犯下 3 件以上陌生人間性侵害犯，進行空間行為特性分析，結果發現❺ ：

㈠連續性侵害犯作案地點與發生數之間，有「距離遞減」效應發生；在此研究發現有 50% 的作案路程小於 3.3 公里，60.35% 的作案路程會小於 5 公里。

㈡關於「圓圈假設」，在 38 名個案中有 33 名個案 (86.84%) 成立；其中「劫掠型」、「通勤型」分別各占 20 名 (60.6%)、13 名 (39.4%)。

㈢此研究並未發現連續性侵害犯選擇作案地點時有「緩衝區」的特殊

❺　林燦璋、廖有祿、陳瑞基、陳蕾伊：〈犯罪地緣剖繪——連續性侵害犯的空間行為模式分析〉，刊：中央警察大學《警政論叢》，第 6 期，2006，163–190 頁。

考量。

㈣連續性侵害犯罪活動是會有形成方向的偏好，在 38 個個案中有 29 個個案 (76.32%) 具有犯行偏角的型態，平均扇形角度為 77.38°；另此研究在檢驗續行偏角的同時，意外發現有續行偏角遞減的情形，即 50% 的犯罪續行偏角小於 12.34°，且有 58.15% 的作案路程會小於 20°。

㈤連續性侵害犯的平均作案路程為 7.43 公里，遠較國外研究發現為長。

㈥在空間行為的差異檢定方面：

1.劫掠型與通勤型在作案件數上並沒有顯著差異情形產生。

2.劫掠型的犯行偏角顯著大於通勤型，且犯行偏角並不會因個人背景因素而有顯著差異。

3.已婚、喪偶或離婚者的平均作案路程明顯長於未婚者；劫掠型的平均作案路程顯著長於通勤型。

在進行連續性侵害犯下次作案地點的預測時，此研究發現「續行偏角」比「最大犯行偏角」更能有效做出預測；另有研究顯示，在「距離遞減」及「圓圈假設」的地緣剖繪指導原則下，進行連續犯居住地位置的預測時，劫掠型的誤差距離明顯小於通勤型，亦即通勤型的居住地位置預測，較劫掠型困難、不精準❷；這也透露出「距離遞減」比「圓圈假設」，更能有效降低預測結果的誤差距離 (Error Distance)，因為後者較容易受到樣本中通勤型案件的干擾，以致預測結果會有較大誤差產生❸。

❷ Snook, Canter, & Bennell: Predicting the Home Location of Serial Offenders: A Preliminary Comparison of the Accuracy of Human Judged with a Geographic Profiling System, *Behavioral Sciences and the Law*, No. 20, 2002, pp. 109–118.

❸ Snook, Taylor, & Bennell: Geographic Profiling: The Fast, Frugal, and Accurate Way, *Applied Cognitive Psychology*, No. 18, 2004, pp. 105–121.

第六節　犯罪預測

第一項　犯罪預測的概念

相較於上述的犯罪分析強調的是警察於犯罪偵辦的面向，對於已有偏差行為者或觸法行為、甚至接受刑罰階段的犯罪人，其是否曾犯罪或再度犯罪的犯罪分析，稱為犯罪預測 (Criminal Prognoses)。所謂犯罪預測，係指對於特定族群者（通常是偏差行為者或犯罪人）犯罪發生的預估，它包括兩種型態，一種是集體預測 (Kollektivprognose)，一種是個別預測 (Individualprognose)。集體預測是對於特定族群在特定時期、特定地區的犯罪率的預估；個別預測則針對特定個人未來犯罪可能性的預估❺❹。本節討論的犯罪預測是個別預測。

個別預測依其預測的時間與目的，可以分為早期預測、判決預測及假釋預測。早期預測是預估一個幼童將來犯罪的可能性；判決預測及假釋預測，則是預估犯罪人將來再犯罪的可能性，俾作為量刑輕重，或決定應否宣告緩刑，以及決定應否假釋的參考。由於判決預測及假釋預測，均是針對已有犯罪紀錄者的預測，因此，兩者又稱為「再犯預測」(Rückfallprognose)。早期預測在刑事政策上具有特殊意義；再犯預測則在刑法實務與刑事政策上均具有重要的意義。

第二項　再犯預測的方法

如何預估犯罪人將來再犯罪的可能性，一般而言，有三種方法，此即：直覺法、臨床法及統計法❺❺。

---

❺❹　Spiess: *Kriminalprognose*, in: Kaiser (Hrsg.), *Kleines Kriminologisches Wörterbuch*, 2. Aufl., 1985, S. 253.

❺❺　參閱：

　　1. Spiess, aaO. S. 255 ff.

直覺法是由實務工作者，包括檢察官、法官、監獄官，依據自己的專業訓練與經驗，參考若干因素（例如前科紀錄、家庭、學校、職業背景等），預估犯罪人的再犯可能性。直覺法在實務上廣被運用，它的缺點是，預測者無法系統地全盤掌握可能再犯的因素。因此，其預測不免帶有濃厚的主觀色彩，而較不可靠。

臨床法是由受過犯罪學訓練的心理學家或（與）精神醫學家負責調查可能再犯的因素，提供司法實務者做參考。臨床法的正確性，決之於「鑑定人」的特殊經驗與訓練。

統計法是根據犯罪預測表作為預測的主要參考。統計法的基本假定是：凡具備較多犯罪特質的人，將來再犯的可能性越大。預測表的製作，通常是比較犯罪人與非犯罪人，再犯與非再犯的不同，找出易於犯罪的若干特質，就這些特質給予同一分數或不同分數。實際上運用時，只要就預測表上的特質加以調查，如果犯罪人符合預測表的特質越多，那麼，他再犯的可能性即越高。

臨床法與統計法的優劣，似乎不容易下評論。德語國家的文獻上偏愛臨床法，而英語國家則偏愛統計法 **⑤⑥** 。依據德國犯罪學者包爾 (Fritz Bauer) 的看法，臨床法固然可以參考預測表，但預測表（統計法）卻不能取代臨床法，因為預測表如同體溫計，它只能顯示體溫是否正常，但無法說出體溫異常的人是否真的有病 **⑤⑦** 。

犯罪學文獻上，偶爾可以看到「整體預測」(Ganzheitliche Prognose) 的用語，整體預測不是一個獨立種類的預測方法，而是直覺預測與統計預測

2. Göppinger: *Kriminologie*, 4. Aufl., 1980, S. 336 ff.

3. Schneider: *Kriminologie*, 1987, S. 313 ff.

4. Schöch: *Kriminalprognose*, in: Kaiser/Schöch: *Kriminologie, Jugendstrafrecht. Strafvollzug*, 3. Aufl., 1987, S. 90 ff.

⑤⑥ Schneider, aaO. S. 320.

⑤⑦ 引自 Mergen: *Die Kriminologie*, 1967, S. 502. 不過，研究犯罪不遺餘力的葛魯克 (Glueck) 並未建議，以預測表來取代個別案件的臨床診斷，他自己也說，預測表只是一種輔助工具。參閱 Mergen, aaO. S. 512.

的混合方法❺❽。

第三項 犯罪預測研究的發展

犯罪預測研究於 1923 年在美國開始。預測研究的目的，主要是預估成年犯假釋的成敗，即預估假釋人再犯罪的可能性，同時也預估少年犯受緩刑宣告時，保護管束的成功可能性。以非犯罪人為預測對象的早期預測，則於 1940 年才開始❺❾。

第一個實務上使用的犯罪預測表，是芝加哥大學的柏傑斯 (Ernest W. Burgess) 於 1928 年所建造的。柏氏分析伊利諾州三所監獄釋放的 3,000 名受刑人於保護管束期間再犯罪的可能原因，從監獄的資料檔案中找出二十一個因子，製成一個可以預估假釋成敗的預測表。這二十一個因子是❻⓿：①犯罪的性質②共犯人數③國籍④雙親狀態⑤婚姻狀態⑥犯罪的類型⑦社會類型⑧犯罪行為地⑨居住社區的大小⑩近鄰的類型⑪有無固定住所⑫檢察官、法官的處理意見⑬有無經過「有罪答辯」(Pleas of Guilty)❻①⑭宣告刑的長度⑮假釋前所服的刑期⑯前科⑰就業紀錄⑱監獄內的處罰紀錄⑲釋放時年齡⑳智力年齡 ㉑性格類型與精神醫學的診斷。

哈佛大學的葛魯克夫婦 (Sheldon & Eleanor Glueck) 於 1925 年開始他們的預測研究。他們以多年的實證追蹤調查及橫斷研究法為基礎，從 1940 年起，制訂了大約五十種不同類型的預測表。其中被引述最多的是，用來早期預測，由五個因子組成的「社會預測表」(Social Prediction Table)。這

---

❺❽ Göppinger, aaO. S. 336; Schöch, aaO. S. 90. 不過，Schneider 則認為混合直覺與統計的預測法，是一種獨立的預測方法，參閱 Schneider, aaO. S. 320. 國內文獻把整體預測法，認為是直覺法（恐怕有誤），參閱法務部：《再犯預測之研究》，1987，4 頁。

❺❾ Schneider: *Kriminologie, Jugendstrafrecht, Strafvollzug*, 2. Aufl., München, 1982, S. 153.

❻⓿ 張甘妹：《犯罪學原論》，1980，247 頁。

❻① 關於美國法上的有罪答辯制度，可參閱黃東熊：《刑事訴訟法研究》，1981，361–406 頁。

五個因子是：①父親對少年的教育②母親對少年的監督③父親對少年的情感④母親對少年的情感⑤家庭的凝聚力。由於這五個社會預測表的信度與效度遭到懷疑，因此，這個預測表後來被精鍊成為三個因子，即：母親對少年的監督、母親對少年的教育、家庭的凝聚力。這個預測表的製作過程，在葛氏夫婦最負盛名的著作《闡明少年犯罪》(Unraveling Juvenile Delinquency)，有詳細的說明（1950 年初版，1957 年三版），葛氏夫婦甚至還製作出一個預測表，認為可以對 2、3 歲的幼兒施測，預估將來犯罪的可能性，在這個預測表之中，包含如下的五個因子：①雙親的精神病與精神困擾②雙親對於孩子的情感③嬰兒時期極度的不安④幼兒不屈從於雙親的威權⑤幼兒的破壞慾動❷。然而，在 1970 年代，對於監獄犯罪人的矯治效能產生質疑，導致美國各州陸陸續續廢除假釋制度，例如緬因州於 1975 年首先廢除該州假釋制度，而美國聯邦監獄局 (Bureau of Prisons, BOP) 亦於 1987 年 11 月 1 日廢止假釋制度後，犯罪或再犯預測的議題始告沒落。目前美國已有 16 個州廢除假釋制度（詳表 5-8）。

表 5-8 美國廢除假釋制度之州名及年份

州　名	年份	州　名	年份
緬因州	1975	德拉瓦州	1990
印第安納州	1977	堪薩斯州	1993
伊利諾州	1978	亞利桑那州	1994
明尼蘇達州	1980	北卡羅來納州	1994
佛羅里達州	1983	密西西比州	1995
華盛頓州	1984	維吉尼亞州	1995

德國犯罪預測的研究，始自 30 年代，慕尼黑大學的刑法教授葉克師呢 (Franz Exner) 訪美歸來。葉氏的學生席德 (Robert Schiedt) 調查 1931 年從巴伐利亞 (Bayern) 監獄釋放的 500 名受刑人，從其生活經歷中選出與再犯關聯性較大的十五個因子，於 1935 年，仿效美國柏傑斯的給點方法，製成再

---

❷ Göppinger, aaO. S. 348.

犯預測表 。 這是德國的第一個犯罪預測表❻ 。 席德預測表的十五個因子
是❻：①遺傳負因②先系的犯罪③不良的教育關係④不良的學業成績⑤學
徒的半途而廢⑥不規則的上班⑦ 18 歲以前的初犯⑧ 4 次以上的前科⑨特
別迅速的累犯性⑩涉及他地區的犯罪⑪性格異常⑫飲酒嗜癖⑬獄中的不良
行狀⑭ 36 歲以前的釋放⑮釋放後不良的社會關係。席德對於各因子均給予
同一的壞分數，根據席德的研究，壞分數在 1 至 3 分者，為改善可能（再
犯率 14.8%）；壞分數在 4 至 9 分者， 為改善可疑 （再犯率 40.6% 至
68.6%）；壞分數在 10 分以上者，為改善不能（再犯率 94% 以上）。席德之
後，德國陸續有人從事犯罪預測的研究，不過，現代的德國犯罪學，已不
熱衷犯罪預測的研究工作，甚至於停滯不前❻ 。

　　我國第一個再犯預測研究，於 1964 年，由臺大教授韓忠謨、周冶平、
張甘妹等人，以臺北監獄釋放的男性受刑人 200 名為對象（其中初犯與累
犯各 100 名），進行研究。他們就二組受刑人在入獄前、在服刑中、出獄後
的各種情況，選出與再犯有顯著關聯的若干因子，製成三種不同的再犯預
測表，以供法務當局選擇假釋者的參考。這三種預測表是：①偏重家庭方
面的五因子預測表②偏重職業條件的六因子預測表③綜合性的八因子預測
表❻。二十年後，由張甘妹教授主持國內的第二次再犯預測研究。此次研
究，隨機抽樣選出 1979 年由臺灣各監獄釋放的受刑人，在出獄後四年八個
月內，再犯 157 名及未再犯 160 名，根據其出獄前各種可能影響再犯的原
因，予以調查統計分析，尋出影響再犯的重要因素，而後檢選二組間產生
顯著統計差異的重要因子若干，編製再犯預測表。該預測表採用六個預測
因子：①犯罪者類型（初犯、累犯、再犯、常習犯）②判決刑期③入獄前
的受刑紀錄④第一次犯罪年齡⑤配偶的狀態⑥紋身狀況❻。之後，諸如莊

❻　Schneider, aaO. 1982, S. 154.

❻　張甘妹，前揭書，251–252 頁。

❻　根據 Kaiser 的看法，即使國際間的犯罪學，亦已不熱衷於犯罪預測的研究。
　　參閱 Kaiser: *Kriminologie*, 6. Aufl., Heidelberg, 1983, S. 127.

❻　詳細請參閱張甘妹，前揭書，266–301 頁。

耀嘉 (1993) 減刑出獄成年受刑人再犯追蹤研究，許春金、馬傳鎮、陳玉書等 (1999) 少年偏差行為早期預測之研究，陳玉書、簡惠霑 (2002) 成人受保護管束人再犯預測之研究，陳玉書、張聖照、林學銘 (2009) 假釋再犯預測研究，陳玉書、李明謹、黃家珍、連鴻榮 (2010) 成年再犯影響因素之追蹤研究以及陳玉書 (2013) 再犯特性與風險因子之研究，這些研究逐漸引發臺灣犯罪縱貫性追蹤研究，也奠定本土化犯罪預測研究之基礎❻❼。換言之，相較於國際間對於犯罪再犯議題的不再熱衷，臺灣對於犯罪預測之議題，仍然方興未艾，最主要的問題在於，國際間對於假釋制度傾向廢止或限制適用，而臺灣對於假釋制度仍然高度仰賴所致。

　　陳玉書 (2013) 研究綜整提出臺灣地區假釋再犯風險因子摘要表如表 5–9❻❾。

表 5–9　假釋再犯風險因子摘要表

主要風險因子	次要風險因子
性別（男性）	入監前教育程度
初次判決有罪年齡	子女數、與配偶子女同住
曾被撤銷處分紀錄	有罪判決次數、罪名種類數
竊盜前科紀錄	低自我控制傾向
初再犯紀錄	職業等級、工作穩定程度
婚姻狀況	遊樂生活型態
家庭依附程度	負向因應壓力作為
偏差友伴多少	違規行為

資料來源：陳玉書 (2013)，20 頁。

第四項　生涯犯罪者的預測

　　所謂「生涯犯罪者」(Career Criminal)，是指在過去一段長時間裡，經常

---

❻❼　詳細請參閱張甘妹、高金桂、吳景芳：《再犯預測之研究》，1987。

❻❽　陳玉書：〈再犯特性與風險因子之研究：以成年假釋人為例〉，刊：《刑事政策與犯罪論文集》，第 16 期，2013，2 頁。

❻❾　陳玉書，前揭文，20 頁。

從事違法活動的慢性（或稱長期、慣性）犯罪人。其相關研究的重要發現，對於美國過去三十年的犯罪抗制對策，產生很大影響。例如，警方的「嚴密監控」 (Intensive Surveillance)、檢方的 「重罪犯起訴」 (Major Offender Prosecution)、審前的「預防性羈押」(Preventive Detention)、再犯的「選擇性監禁」 (Selective Incapacitation) 和假釋前的 「未來危險性預測」 (Predicting Future Dangerousness) 等計畫，都是以 1972 年渥夫岡 (M. Wolfgang) 所發表，在費城的研究結果為基礎；當中，又都牽涉犯罪預測此一議題。

一、世代追蹤研究的發現

渥夫岡的「世代」(Birth Cohort) 追蹤研究，網羅 9,945 名於 1945 年在費城出生的 18 歲 (1945–1963) 男性少年，彙整其學校和警方等官方紀錄，以回溯查核他們過去十八年的犯罪生活史。分析結果顯示，其中 32% 未曾有過犯案紀錄，另外 16% 有一次犯案紀錄；也發現有 6.3%（627 名）犯下整個世代全部所犯刑案的 52% 和所犯重罪行為的 70%。由此推論，多數人在成長過程中，很早就已經停止，不再從事違法活動；然而，也有極少數的一撮人，卻長期沒中斷過，繼續從事違法活動。後來，這一小撮高重複犯案的特殊分子，被稱為「生涯犯罪者」❼⓿。

經過數年，渥夫岡又進行後續研究，這次不但擴大研究 28,338 名於 1968 年至 1974 年間出生的世代（年齡 10 至 18 歲），且研究對象也包括女性及不同種族者。所得研究結果，與前次發現大致吻合，相關數據只有些微變動；例如，未曾有過犯案紀錄者，由 32% 增為 33%；而極少數、一小撮的生涯犯罪者，則由 6.3% 略升至 7.5%。

另有美國學者，在威斯康辛州複製類似的研究，這次樣本有 6,127 名，並網羅 1942 年（33 歲）、1949 年（26 歲）、1955 年（18 歲）等三個世代。分析結果顯示出，生涯犯罪者所佔百分比分別是：9.5%（33 歲）、8.0%

---

❼⓿　這一小撮人，最初被冠以不同稱呼，包括：高重複性犯罪者 (High Repeated Offender)、慢性或長期累犯 (Chronic Recidivists)。參閱 Walker: *Sense and Nonsense about Crime and Drugs*, 5th. Edition, Wadsworth, 2001, pp. 62–64.

（26 歲）、5.8%（18 歲）。而在英國進行的追蹤研究，也同樣發現有 6% 的人，犯下整個世代全部所犯刑案的 49%❼。

無獨有偶，許春金、陳玉書與賴擁連 (2012) 以 1997 年至 1999 年臺灣北部某城鎮地區 817 位國中生與受保護管束青少年為對象，蒐集樣本於 1997 年至 2007 年遭受警察機關所逮捕的資料，並將犯罪少年組區分為一次犯、二至四次犯與持續犯組（五次犯以上），以觀察持續與中止犯罪現象，以及整合型控制理論對此現象之解釋力。研究發現，持續犯組佔所有樣本的 11.4%，其所違犯的犯罪案件數卻佔所有樣本的 69.04%，驗證了渥夫岡、費格利歐與雪林（Wolfgang, Figlio, & Sellin）(1972) 所提「慢性犯罪人」的主張。此外，這些持續犯的犯罪型態（即毒品罪與竊盜罪），也具有集中傾向的趨勢❼。

由此可知，社會上的確存在著一小撮的生涯犯罪者。據此，若能夠準確鑑別出，並有效控制這為數約 6% 的人，便有辦法使犯罪率降低許多。於是有警察局根據這研究發現，鎖定一小群高重複犯罪者，加以監控或逮捕，以求迅速有效壓制高漲的犯罪率；甚至有人建議篩選出這批人，施以長期監禁，使他們無法出獄，再度危害社會。然而，不論以何種方法進行鑑別，其中都涉及犯罪預測，也就無法迴避準確度的問題。

二、預測準確度的評估

美國「國家少年犯罪委員會」(NCCD)，曾經委託多位學者，進行再犯預測評估，研究樣本網羅 4,146 名加州少年犯，其中 104 名後來演變為暴力累犯 (Violent Recidivists)；本此，如果事先有良好的預測工具，可用以準確辨識出這 104 名，便能先行防止他們日後成為累犯。於是結合刑案紀錄、暴力前科、藥物濫用等前科紀錄 (Prior Record)，以及心理測驗、面談

❼ Ibid., pp. 64–66.

❼ 許春金、陳玉書、賴擁連：〈形塑青少年中止犯與持續犯原因之縱貫性研究：整合型控制理論觀點〉，刊：《中央警察大學犯罪防治學報》，第 15 期，2015，35–65 頁。

等臨床評量 (Clinical Assessment)，作成再犯風險預測工具，並加以驗證其準確度。所得結果，詳如下表所示：

表 5-10　預測情形與實際結果比較 (N = 4,146)

實際結果＼預測情形	預測為暴力累犯 (456)	預測為非暴力累犯 (3,690)
實際為暴力累犯 (104)	真陽性 (True Positives)：52 暴力犯罪者，被準確鑑別，並加以監禁	偽陰性 (False Negatives)：52 暴力犯罪者，卻被誤判為非暴力犯，而未遭監禁
實際為非暴力累犯 (4,042)	偽陽性 (False Positives)：404 非暴力者，卻被誤判為暴力犯，而遭無辜監禁	真陰性 (True Negatives)：3,638 非暴力犯罪者，被準確鑑別為非暴力犯

　　就這 104 名後來變為暴力累犯而言，本工具準確鑑別出 52 名，可是其餘 52 名，卻被誤判為非暴力累犯（偽陰性錯誤）；因此，這方面的準確度剛好是 50%。另就 4,042 名日後的非暴力累犯而言，有 404 名被錯誤預測為暴力累犯（偽陽性錯誤）；以此換算，這工具每誤判 8 人後，才能正確鑑別出 1 人，其準確度才 12% 而已。若在真實情境裡，以此數據換算，為了監禁 1 名暴力累犯，可能會額外監禁 8 名非累犯；不但成本過大，且嚴重侵害人權。

　　由此可知，人類行為是多麼不可測，即便掌握充足資料，所作預測仍有很大的錯誤風險，包括在生涯犯罪者的預測上，也不例外。譬如，以渥夫岡的世代研究為例，如果法官採用此預測工具，冀以預測出這 627 名慢性累犯，結果可能錯失半數（313 名），且又無辜監禁 2,500 名非累犯，此代價頗大❼❸。這就是為何晚近率先研究犯罪預測的美國，已不再如此熱衷於犯罪預測以及預測因子的研究與發展。

　　此外，基於倡導「選擇性監禁」政策，蘭德研究智庫 (Rand Corp.)，亦曾探究再犯預測。先是以自陳報告方式，在加州、德州、密西根州等，針對 2,190 名受刑人，個別詢問本次與前次被捕入獄，之間的總犯案次數。接著以直覺預測方法，交叉查證其生活史，整理出十三項與犯罪活動有關

❼❸　同❼❶, pp. 67–69.

的顯著因素，並在排除非法定因素（如種族等）之後，發展出具七項因素
的再犯預測量表。於實際進行評量時，在這七項因素中，若有各別一項法
定因素存在，則配給 1 分，否則是 0 分；之後累加各項配分，加總結果從
0 分到 7 分；若預測總分達 4 分以上，則是高風險者，而 3 到 2 分是中度，
其餘是低度。此七項因素，條列如下❼：

　　1.曾遭相同罪名控告，因而被定罪；

　　2.最近兩年來，被監禁時間超過 50%；

　　3. 16 歲前，曾犯案而被定罪過；

　　4.曾待在少年輔育機構中；

　　5.近兩年來，有濫用藥物紀錄；

　　6. 18 歲前，曾有濫用藥物紀錄；

　　7.最近兩年來，就業時間少於 50%。

　　當將自陳報告的次數，與預測的分數加以對照（詳參下表 5–11），可
發現完全正確預測低度、中度、高度風險者，其百分比分別是 14、22、15
（數據由左上角至右下角）。因此，這預測工具的準確度剛好過半 (51%)；
而無須借助此一複雜的預測工具，由承審法官單憑直覺來作預測，也至少
有 42% 的準確度，兩者相差僅是 9 個百分點❼。這般預測結果，委實無法
令人滿意。顯然，根據往常各種紀錄，要來預測未來再犯風險，似乎是不
切合實際。

表 5–11　自陳報告次數與預測分數比較 (N = 2,190)

預測分數 ＼ 自陳報告	低 (%)	中 (%)	高 (%)	合計 (%)
低風險 (0–1)	14	10	3	27
中風險 (2–3)	12	22	10	44
高風險 (4–7)	4	10	15	29
合計	30	42	28	100

❼　引自 Hagan: *Research Methods in Criminal Justice and Criminology*, 6th. Edition, Allyn & Bacon, 2003, pp. 311–314.

❼　Walker, op. cit., pp. 69–71.

三、未來危險性的預測

曾有批精神醫學家指出，於重刑累犯假釋出獄之前，透過精神診療方法，並結合個案背景資料分析，可準確作出未來危險性的預測。試驗結果，不僅無法準確預測出 3 分之 2 後來實際發生的案件（31/48 件）；更離譜的是，錯估了 3 分之 2 日後未再犯案的假釋犯（32/49 人）❼。

於是另有學者全面檢討前述這套臨床技術。最後總結表示，未來危險性的準確預測，必須在非常嚴謹的條件下進行，這些包括：(1)比較該案主未來將面臨的情境，與過去暴力行為發生的情境，兩者相近情況如何；(2)評估該案主過去暴力行為，發生時間的遠近程度 (Recency)、嚴重性和頻率；(3)參照與該案主相似背景的族群（如年齡、性別、種族、學歷、就業、前科等），暴力行為發生的統計機率。但如果預測期限過長，或轉入不同情境，就不可能有準確的預測。

鑑於成人暴力重罪相當難以預測，遂有人改從少年非行著手，研究重點也轉向會增加或降低未來犯罪可能性的因素。分析結果顯示，擾亂教室秩序、攻擊性、說謊、不守信等童年問題行為，是最佳的預測因子；而且，這種負面影響會持續到成年以後。可是，這些早期成長問題，在犯罪預測上，並非法定因素❼❼。

第五項　犯罪預測與刑事政策的關係

在報應或正義理論的刑事政策思想下，犯罪預測幾乎沒有生根發展的餘地。只有在強調社會防衛與去除行為人的社會危險性的特別預防思想下，犯罪預測才有其研究的價值。

在強調特別預防的刑事政策思想下，我們可以找出犯罪預測的實用意義。

---

❼ 參閱 Vold, Bernard, & Snipes: *Theoretical Criminology*, 4th. Edition, Oxford University Press, 1998, p. 101.

❼❼ Ibid., pp. 101–103.

　　首先談早期預測。早期預測是希望從兒童的生活經驗中，發現他（她）們將來可能成為犯罪人的若干危險徵兆，以便及早採取防微杜漸的措施。如果早期預測的信度與效度均無疑問，那麼，對於預測所發現的「危險」兒童，儘早的予以協助，將有助於犯罪的預防。例如，有關單位可以協助父母，如何去教養這些有危險徵兆的兒童，學校也必須加強對這些兒童的諮商輔導。

　　其次談再犯預測。再犯預測在刑法實務上，有其重要的意義。茲分述如下：

一、檢察官職權不起訴處分的參考

　　立法者授權給檢察官，得就刑事訴訟法第 376 條的輕微犯罪，參酌刑法第 57 條所列事項，得為不起訴處分（刑事訴訟法第 253 條），無非是要檢察官就各個案件加以考量，如果認為犯罪人沒有再犯的可能，即無必要使之進入審判程序。利用再犯預測表，可以使檢察官比較迅速並且周延地得知「被告」再犯的可能性，俾決定是否處分不起訴。

二、法官裁定預防性羈押的參考

　　根據刑事訴訟法第 101 條之 1 規定，被告經法官訊問後，認為違犯特定犯罪嫌疑重大，有事實認為有反覆實施同一犯罪之虞者，基於社會公眾的利益，而有羈押必要者，得羈押之。

三、法官裁判免刑的參考

　　刑法第 61 條的輕微案件，經檢察官或自訴人起訴後，法官可以斟酌情形，免除被告的刑罰（少年犯受裁判免刑的條件較寬）。免除刑罰的原因，固由於「行為罪責」(Tatschuld) 的輕微，亦由於行為人缺乏再犯的可能性。再犯預測表可以幫助法官，決定是否裁判免刑。如果情節輕微，但再犯可能性甚高，亦應適當宣告刑罰。

四、法官量刑輕重的參考

在特別預防思想的考慮下，被告的再犯可能性如果較高，顯現其人格結構需要改造的期間較長，自由刑的宣告當然應該較長，甚至於應當另外宣告保安處分（例如強制工作），徹底改造被告的人格；如果被告的再犯可能性較低，則可以考慮單科罰金，或准予易科罰金。法官在決定對於何種被告要量處較長期自由刑，何種習慣犯應宣告強制工作，何種被告只須罰金刑加以警告即為已足，可以參考再犯預測表。

五、緩刑宣告的參考

對於受二年以下自由刑宣告的成年犯（刑法第 74 條參照）、受三年以下自由刑宣告的少年犯（少事法第 79 條參照），法官可以考慮受判決人再犯可能性的高低，以決定是否宣告緩刑。再犯預測表對於法官的緩刑決定，應有相當的幫助。

六、假釋決定的參考

受刑人已服刑至相當時期，累進處遇達二級以上，監獄當局依其悛悔程度（即再犯可能性的高低），可以報請法務部矯正署決定假釋（監獄行刑法第 81 條參照）。監獄及法務部矯正署可以參考再犯預測表，做公正客觀的決定。

七、法院裁定強制治療處分之參考

刑法第 91 條之 1 規定，犯第 221 條至 227 條……而有下列情形之一者，得令入相當處所實施強制治療處分：一、徒刑執行期滿前，於接受輔導或治療後，經鑑定、評估有再犯之危險者；二、依其他法律規定，於接受身心治療或輔導教育後，經鑑定、評估認有再犯之危險者。

八、少年法院行使先議權的參考

少年刑法是特別預防思想的產物❼❽，我國少年事件處理法第 27 條授權

少年法院對於許多犯罪[79]，可以斟酌情形，決定是否移送檢察官，依刑事案件處理，或者不移送檢察官，只依單純的保護事件處理。移送或不移送，對少年的影響甚大。理論上應該考慮的，是少年的再犯危險性，而非行為罪責[80]，如果再犯危險性頗高，則移送檢察官。此種事關重大的先議權，由少年法官獨自行使，有時不免難以兼顧許多事實。倘依據少年調查官的調查結果，佐以再犯預測表，應當可以做出比較妥善的裁量。

九、少年法院裁定保護處分的參考

少年法院對於保護事件有四種裁定的可能：如果少年的再犯可能性較高，可以裁定感化教育（實務上通常是以有前科為標準），否則可以裁定訓誡並得予假日生活輔導、保護管束並得命勞動服務、安置於適當之福利或教養機構等（少事法第 42 條參照）。再犯預測表可以幫助少年法院做最妥當的裁定。

第六項　對於犯罪預測的質疑

犯罪預測的研究，有不少的支持者，也有不少的質疑者。支持犯罪預測的人，大都肯定人類的行為如同其他社會現象或自然現象，可以經由統計上的分析而準確地預告；對於犯罪預測持懷疑態度者，有的只是對於預測的效度沒有太大信心，有的則是全然的反對，認為人心實不可測[81]。本項將扼要摘述若干持疑的意見。

關於早期預測有不少的批評：

1.對於一個 5、6 歲，甚或 2、3 歲的幼兒，認定他將來可能變成犯罪

---

[78]　Schaffstein: *Jugendstrafrecht*, 8. Aufl., 1983, S. 27.

[79]　即少年事件處理法第 27 條第 2 項規定之情形。

[80]　少年所犯，如果是法定刑五年以上有期徒刑之罪，少年法庭只能移送檢察官，依刑事案件處理。告訴乃論之罪未經告訴，或經撤回告訴，則可依少年保護事件處理。

[81]　Mergen, aaO. S. 509.

少年，不無宿命論之嫌❷。

　　2.如果預測不實，誤指為潛在的犯罪少年，將影響該兒童的發展，在學校裡受老師與同學的異樣對待，在家裡難以被父母親與兄弟姊妹接納❸。

　　3.預測表植基於（類似民法上的）情勢不變條款 (Clausula Rebus Sic Stantibus)，可是被預測者的家庭環境與社會環境可能改變，根據過去的環境背景（例如家庭關係、親子關係）而欲預測將來的行為表現，恐難準確❹。

　　關於再犯預測的質疑，除了前述第 3 點的批評之外，值得一提的，有如下數點：

　　1.再犯預測運用於刑罰裁量❺，必須完全建立在特別預防思想的基礎上，可是，刑罰裁量不能只考慮特別預防的目的思想，而應兼顧罪責原則或一般預防的威嚇目的。

　　2.再犯預測表的編製，必須以官方統計上的犯罪人與非犯罪人，累犯與非累犯做比較，從兩組人之中，尋找易於犯罪或再犯的因子，可是，眾所周知，有許多的犯罪人或再犯，並未被官方所掌握。簡言之，預測表可能忽略了犯罪黑數的問題❻。

　　3.從預測表之中，認定某些人再犯可能性甚高，而不准緩刑或假釋或量處重刑，無異給予標籤，而產生「自我實現預言」(Self-Fulfilling Prophecy) 的副作用❼，而且社會對行為人也可能產生歧視的態度❽。

　　4.預測表的客觀性值得懷疑，因為不同使用者，對於預測表的因子，可能有不同的認定標準❾。

---

❷　張甘妹，前揭書，266 頁。

❸　Schneider, aaO. (1982), S. 156.

❹　Schöch, aaO. S. 94.

❺　關於刑罰裁量的有關問題，可參閱林山田：《刑事法論叢》㈠，1987，63–104 頁。

❻　Schöch, aaO. S. 94.

❼　Schöch, aaO. S. 93.

❽　Göppinger, aaO. S. 335.

❾　Schöch, aaO. S. 93.

5.過分依賴預測表，即不免有「決定論」的宿命觀，忽略了人的自由意志。

6.除非有多種不同的預測表，否則，以竊盜犯的背景資料所建立起來的預測表，要運用於性犯罪人或暴露狂，恐怕扞格難入。就算同樣背景的犯罪人，即使症狀相同，卻未必會有相同的反應。

7.再犯預測的準確性有待改進。根據莫那漢 (J. Monahan) 對於暴力犯罪人的預測研究，大約有 60% 至 85% 被認為將來會再度有暴力行為的人，事實上後來都循規蹈矩。

---

⑨⓪ Schöch, aaO. S. 92.

⑨① Göppinger, aaO. S. 343.

⑨② G. Spiess, aaO. S. 259.

第六章　被害者學

第一節　被害者學的意義及其發展

壹、被害者學的意義

　　18 世紀中葉興起的古典學派犯罪學，所重視的是客觀的犯罪「行為」；19 世紀末葉興起的實證學派犯罪學，所重視的是主觀的犯罪「行為人」；二次世界大戰結束後，犯罪「被害人」的研究，才開始受到較大的重視。犯罪被害人的研究之所以引起學界的重視，是因為若干學者發現，犯罪人與被害人為犯罪事件的兩造，有許多的犯罪（尤其是暴力犯罪），若無被害人的參與，很難想像會有犯罪的發生。有些犯罪，被害人甚至扮演積極的角色，而非消極的角色，也就是被害人對於犯罪事件的發生，有其重要地位。

　　被害者學 (Victimology) 是一門新興的學科，以犯罪被害人為主要研究對象。被害者學研究被害人的人格特質、被害人與犯罪人的互動關係、被害人的犯罪恐懼、被害預測與被害預防、被害補償、被害人的協助及處遇、被害人在刑事司法體系中權利地位的提升等等問題。有些學者更主張，被害者學應與犯罪學分離，自成一門獨立的學科（詳見下述本章第八節）。

貳、被害者學的發展

　　被害者學的發展，源起於被害人與犯罪人關係的探討，而且對於被害人帶有批判的意味。早在 1915 年，奧地利的文學家魏爾福 (Franz Werfel, 1890–1945) 在其世界著名的小說 《兇手無罪， 被害人有罪》 (*Nicht der Mörder, der Ermordete ist schuldig*)，即明揭犯罪事件中被害人的責任問題。

1938 年，德國學者羅斯能 (Ernst Roesner) 利用官方的統計資料，分析殺人罪兇手與被害人的關係， 發表論文 〈兇手及其被害人〉 (Mörder und ihre Opfer)❶，對於殺人罪兩造的關係有詳盡的陳述。

對於被害者學的誕生，有重大的影響的，當屬德國的犯罪學先驅，亨替希 (Hans von Hentig, 1887–1974)。亨替希於 1933 年被希特勒政府從波昂大學逐出校門，即流亡至美國，並入籍美國。1941 年，亨氏在耶魯大學發表的一篇論文〈犯罪人與被害人的互動關係〉(Remarks on the Interaction of Perpetrator and Victim)，認為被害人在犯罪的歷程中，有時並不是被動的角色，而是一個積極的主體，對於犯罪的發生有相當的責任。亨氏同時也認為，刑事訴訟上不能只有重視犯罪人的人權，對於被害人的人權也應加以慎重的考慮❷。

在亨替希之後，以色列的律師孟德爾頌 (Beniamin Mendelsohn) 於 1947 年在羅馬尼亞的首都布加勒斯特 (Bukarest) 發表一場甚受各界矚目的演講，講題為「新的生物、心理、社會地平線：被害者學」(New Bio-psycho -social Horizons: Victimology)，創用「被害者學」一語❸，因此，1947 年可以認為是被害者學的誕生年。

1948 年， 亨替希發表他的名著 《犯罪人及其被害人》 (*The Criminal and his Victim*)，被奉為被害者學的經典之作。亨氏認為，被害人本身即為許多犯罪原因之一，在某種場合，犯罪人及犯罪行為是被害人所促成的。1954 年，加拿大精神醫師艾連貝格 (Henri Ellenberger) 在日內瓦發表論文，題為 〈犯罪人與被害人之間心理學上的關係〉 (Relations Psychologiques entre le criminel et sa victime)，由心理學及精神醫學的立場，詳細分析犯罪被害人個人的心理 、 精神方面的諸特性❹ 。 艾氏同時指出 ， 社會孤立

---

❶　Roesner: Mörder und ihre Opfer, in: *Monatschrift für Kriminologie und Strafrechtsreform* 29, 1938, S. 161 ff.

❷　Schneider: *Kriminologie*, 1987, S. 752.

❸　Schneider, aaO. S. 752.

❹　張甘妹：《犯罪學原論》，1980，305 頁。

(Social Isolation) 特別容易使人成為被害人，因為社會孤立可能使人不能深思熟慮犯罪人的手段而受騙；殺人犯也可能在社會孤立的人群中尋找被害人，因為加害此種人可以用最少的力氣而且危險性最低❺。

　　1963 年，孟德爾頌及荷蘭學者那格 (Willen Hendrik Nagel) 對於被害者學應否獨立，自成一門學科，有精彩的爭論❻。同年紐西蘭公布一項具有劃時代意義的法律：「犯罪被害人補償法」。1966 年 8 月，在加拿大蒙特婁舉行的第五屆國際犯罪學會議，被害者學成為重要的議題之一。

　　以被害者學為專門討論題綱的學術研究會，於 1973 年以後，陸續在世界各地舉辦。第一屆的「國際被害者學研究會」(International Symposium on Victimology)，於 1973 年在以色列的耶路撒冷 (Jerusalem) 舉行，討論被害者學及犯罪被害人的概念，犯罪人及被害人的關係。1975 年，由義大利學者威阿諾 (Emilio C. Viano) 召集，在該國貝拉吉歐 (Bellagio) 舉行的「國際被害者學討論會」(Das Internationale Seminar für Viktimologie)，比較實際地討論了被害者學的研究方法，以及被害人在刑事司法中的地位與被害人的處遇問題。第二屆的「國際被害者學研究會」於 1976 年在美國波士頓舉行，討論被害者學的比較研究問題，以及被害預防，被害人在刑事追訴上應否居於積極主動等問題。第三屆的「國際被害者學研究會」於 1979 年在德國的明斯特 (Münster) 舉行，討論被害調查的理論與方法問題，開發中國家的犯罪被害問題，犯罪恐懼，刑事司法體系中被害處遇及被害人地位的問題。同年，「世界被害者學協會」(World Society of Victimology) 也在明斯特正式成立。1982 年，第四屆「國際被害者學研究會」在日本東京與京都舉行，在此次會議，學者們開始注意到一個兩難的問題：被害者的權利被過分強調，可能會導致刑事追訴上犯罪人權利的被縮減。在該次會議，德國的「犯罪被害人補償法」（該法於 1976 年公布施行）的施行效果，也被提出來討論。此外，犯罪被害人與證人的保護，也是該次會議的重要議題之一。1982 年，美國頒布了一項聯邦法律：「被害人與證人保護法」(Victim and

---

❺　Schneider, aaO. S. 752.

❻　Schneider, aaO. S. 753.

Wittness Protection Act)，依據該法，在刑事司法體系中，犯罪被害人擔任證人時，應嚴加保護。第五屆「國際被害者學研究會」於 1985 年在南斯拉夫的撒格雷布 (Zagreb) 舉行，討論老人、外國人、觀光客的被害問題，以及被害人在刑法與刑事訴訟法上的法律地位❼。第六屆會議於 1988 年在以色列的耶路撒冷 (Jerusalem) 舉行，討論的主題包括：①被害人在刑事審判程序上的法律地位，②被害者救助計畫，③被害者的權利，④暴力犯罪被害者，⑤交通被害者，⑥大屠殺被害者，⑦環境污染與原子能被害者，⑧少數團體被害者，例如老人、兒童、女性、殘障者、少數民族、愛滋病患等。

從前述被害者學的發展，可以得知被害者學最初由一個帶有質問被害人色彩的立場出發，以至於今，則同情重視被害人，極盡可能地要為被害人的權益做種種努力。復次，被害者學由最初隸屬於犯罪學的地位，而至有獨立自外於犯罪學的主張。

第二節　被害者學的任務

被害者學的任務（或研究價值）是多方面的，要言之，大略有如下數項：

一、比較確實的認識犯罪原因

偏向加害者單方面的犯罪研究，容易曲解事實，易於高估犯罪人積極的加害性，以致不能對犯罪原因有正確的認識。例如，殺害直系血親尊親屬，乍然視之，以為犯罪人均屬大逆不道，罪無可逭。然而，日本學者吉益脩夫，在其弒父心理的研究中，發現若干被害者有極高的被害傾向，諸如，有虐待狂、性道德低劣、酗酒、毫無家庭責任觀念等等；而在加害者方面，則無前科，無其他不道德的行為，平日表現良好❽。

---

❼　Schneider, aaO. S. 753 f.

❽　張甘妹：〈被害者學的重要性〉，刊：《刑事法雜誌》，第 9 卷，第 2 期，1965，20 頁。

二、闡明犯罪人與被害人的相互關係而對民刑法實務提供確切的資料

犯罪人與被害人不但為刑事訴訟上的對立者，而且為民事訴訟上損害賠償之訴的兩造，彼此利害相反，但互具關聯。犯罪人與被害人的關係，被害人的刺激，為科刑時應審酌的情狀（參閱刑法第 57 條）。被害人對於犯罪的發生或損害的擴大，是曰「與有過失」，為法院決定賠償金額的標準（參閱民法第 217 條）。因此，就個別犯罪事件兩造的關係加以探究，並非徒具研究之趣味，在司法上，應有其研究的實益。

三、探討被害人的人格特質而有助於犯罪預防

犯罪預防除了一般預防與特別預防之外，亦應注意被害預防的問題。此即提醒潛在的被害人，使彼等深知「禍福無門，惟人自召」的道理，則犯罪的發生，必可減少至相當程度。被害者學的任務之一，在對於犯罪被害人的一般人格特質加以了解，以便於被害預防工作的推展。

四、被害調查有助於犯罪黑數的了解

官方的犯罪統計不能確切的顯示整個犯罪現象圖，此乃眾所周知的事。被害者學的任務之一，在調查一般民眾的被害經驗，就此調查結果，可以推知官方的犯罪統計與真實的犯罪發生數，究竟有何差距❾。在我國尚無較大規模的被害調查，在國外則不乏此類研究，茲舉兩個調查結果說明之。其一、在 1965 年，美國的「全國民意調查中心」(National Opinion Research Center) 做過全國性的被害調查，發現實際的犯罪發生數與聯邦調查局的犯罪統計頗有出入，在主要的犯罪類型，有兩倍以上，被害人未向警方報案❿；其二、在 1975 年，美國「總統的執法與司法行政委員會」

❾　就「被害調查」而言，是犯罪黑數與被害者學交集的地方。

❿　Ennis: Crime, Victims and the Police, in: *Transaction*, Vol. 4, No. 7, June 1967, pp. 34–36.

(President's Commission on Law Enforcement and Administration of Justice)
所做被害調查指出，實際上的強制性交被害人，約為聯邦調查局統計數字
的四倍之多**❶**。

五、被害調查結果可作為刑事追訴機關的業務參考

自被害調查結果，可以得知被害人不願訴之於法的原因，例如，是否
對於刑事追訴機關缺乏信心，畏懼訴訟程序的繁瑣，或擔心隱私權遭致侵
害（尤其是性犯罪）。由於被害人的報案意願對於犯罪追訴有絕大的影響特
別是告訴乃論的案件。因此，被害調查所得到的結果，應當可以作為刑事
追訴機關（包括司法警察與檢察官）或法院，改進業務的參考。

六、對犯罪被害人提供種種協助

經由被害者學的研究可以得知，犯罪所造成的損害，通常不只是被害
人生命、身體、財產的損害，也可能導致被害人精神上久久無法平復的創
痛，同時也有可能使被害人的生活關係及社會關係產生變化。被害者學不
只是研究如何讓被害人在法律體系內得到應有的權利保護，同時也希望經
由其他的措施來協助被害人，例如被害人的諮商輔導，被害人的再社會化，
重建被害人與社會之間的良好關係。

第三節　被害人與犯罪人的關係

被害人與犯罪人的關係，是被害者學的研究核心。被害人與犯罪人的
關係，有屬於動態者，有屬於靜態者。動態的關係顯示被害人與犯罪人，
可能有角色互換的現象。例如，行騙的人，反而被他的詐欺對象所騙；行
凶的人，反而被實施正當防衛的人所殺。此種關係在若干犯罪類型上，不

---

❶ President's Commission on Law Enforcement and Administration of Justice: *The
Challenge of Crime in a Free Society*, Washington D. C. U. S. Govt, Printing
Office, 1975, p. 21.

乏實例。

　　靜態的關係指被害人與犯罪人在案發之前，究竟有無認識的關係，以及雙方的親疏程度。由於殺人犯罪及強制性交犯罪可能在各個犯罪類型中，被害人與犯罪人的關係最值得探究。因此，本節即以該二犯罪類型為討論對象。

第一項　殺人犯與其被害人的關係

壹、兩造關係的事實陳述

　　我國官方的犯罪統計，迄至目前為止，對於犯罪被害人的資料，向予忽視。學術性有關被害人的研究，似乎只有前司法行政部犯罪問題研究中心所做的《殺人傷害犯罪被害人之研究》。此一發表於 1977 年的研究，係以 64 年度桃園地方法院暨同院檢察處，新收的 30 件殺人案件（包括殺人未遂），為研究對象。若以「陌生」及「非陌生」區分兩造的關係，則有 36.7%（11 件）為陌生關係；63.3% 為非陌生關係❷。

　　國外對於殺人案兩造關係的研究，則有頗足參考者。

　　較早而且重要的研究，見之於 1958 年，美國犯罪學家渥夫岡 (M. Wolfgang) 的《謀殺案的模式》(*Patterns in Criminal Homicide*) 一書。渥氏以美國費城 1948 年至 1952 年所發生的 588 件謀殺案為分析對象，發現被害人與犯罪人彼此認識者，所佔比率甚高，互不認識者，所佔比率大約只有 14%。令人不敢置信者，在此 588 件謀殺案之中，恰好有 100 件係發生於夫婦之間❸。

　　美國學者墨斯 (H. C. Voss) 及黑波本 (J. R. Hepburn) 於 1968 年，對芝加哥發生的 405 件謀殺案所做的分析，發現其中有 20%，兩造之間為陌生關係，47% 為家庭關係 (Family Membership)❹。

---

❷　參閱司法行政部：《殺人傷害犯罪被害人之研究》，1977，36–37 頁。

❸　Wolfgang: *Patterns in Criminal Homicide*, 1958, pp. 203–217. 在被害者學的文獻上，Wolfgang 的這本書，是有關暴力被害人的重要著作。

前述兩個研究，屬於低下階層殺人案的分析，至於上階層社會所發生的謀殺案，其被害人與犯罪人的關係又如何？

美國的兩名犯罪學研究者格林 (E. Green) 及魏克裴德 (R. Wakefield) 特別以 1955 年至 1975 年之間，《紐約時報》(*New York Times*) 所報導涉及上階層的 119 件謀殺案，作為研究資料，分析結果發現其中有 56 件（佔 47%）的被害人犯罪人為夫妻，26% 為其他的家庭成員關係（如父子或兄弟姐妹等），10% 為親密的朋友關係❺。顯然的，在上階層社會中，謀殺案的兩造，遠較低下階層有更親密的關係。

前述三個研究，均以精神正常的犯罪人為主要研究對象，至於精神異常的犯罪人與其被害人，又具有如何之關係？

英國學者伊斯特 (N. East) 在 1950 年，以 200 名精神正常的殺人犯及 300 名精神異常的殺人犯為對象，分析彼等與被害人的關係。分析發現，在 300 名精神異常的犯罪人之中，僅有 6.6% 名是殺害陌生人，而在 200 名精神正常的犯罪人之中，則有 16.5% 是殺害陌生人（參閱表 6–1）。根據表 6–1 所示，太太們與精神異常的人生活在一起，比起跟精神正常的人生活在一起要來得危險。然而情婦（夫）或戀人，遭到精神正常者殺害的可能性，則遠比遭到精神異常者的殺害可能性為高❻。

如果以猶太社會（文化背景接近西方社會）與阿拉伯社會之間的殺人犯罪，做泛文化的比較研究，則又可能有何種發現？

---

❹ Voss & Hepburn: Patterns in Criminal Homicide in Chicago, in: *Journal of Criminal Law, Criminology and Police Science*, No. 59, 1968, p. 506.

❺ Green 與 Wakefield 二氏的分析研究中，所指的上階層，是具有專門職業（如律師、會計師、醫師、建築師等），以及工商業鉅子等，此外，尚包括這些人的家屬。詳見：Green & Wakefield: Patterns of Middle and Upper Class Homicide, in: *The Journal of Criminal Law and Criminology*, Vol. 70, No. 2, 1979, p. 176.

❻ MacDonald: *The Murder and his Victim*, Chales C. Thomas, 1961, pp. 64–65.

表 6-1　精神正常與精神異常犯罪人所殺的被害人

被害人的類型	精神正常犯罪人	精神異常犯罪人
陌　生　人	16.5%	6.6%
朋友、相識者	20.4%	29.2%
情婦（夫）或戀人	31.2%	8.1%
妻　　　子	16.5%	26.5%
其　　　他	15.4%	29.6%
總　　　計	100.0%	100.0%
（人　　數）	(200)	(300)

　　負責召開第一屆 「國際被害者學研究會」 的以色列學者德瑞普金 (I. Drapkin)，在 1974 年對於猶太社會與阿拉伯社會的殺人案兩造關係加以分析，發現不同的文化與傳統習俗，確實對於殺人犯罪有特殊的影響。德氏發現，被害人與犯罪人為夫妻關係者，在猶太社會所佔比率為 23.7%，在阿拉伯社會所佔比率為 5.2%；被害人與犯罪人為兄弟姐妹關係者，在猶太社會所佔比率為 0.6%，在阿拉伯社會所佔比率則為 13%[17]。

貳、對於兩造關係的解析

　　從前述的事實陳述，可以得知殺人案的被害人與犯罪人，通常具有比較親密的關係。何以殺人案的兩造，多有相當程度的情感關係？此一問題實有深入探究的必要。

　　美國精神醫學家郭德史坦 (J. H. Goldstein)，就心理分析說的觀點指出：人與人情感上發生積極的結合時，也同時放棄了一些自主權或自由（例如為了遷就他方，而改變自己的價值觀念、生活方式與原有的活動計畫），此種積極的情感結合愈是加強，那麼他的個性亦須放棄愈多。因此，人與人之間，總是有一種愛恨交織的矛盾情愫[18]。

[17]　Landau, Drapkin, & Arad: Homicide Victims and Offenders, An Israeli Study, in: *The Journal of Criminal Law and Criminology*, No. 65, 1974, p. 392.

[18]　Goldstein: *Aggression and Criminal Violence*, Oxford University Press, 1975, p. 65.

以此推論，郭氏指出一項假設：「當一個人逐漸與他人熟識，那麼攻擊他所熟識之人的可能性，亦將隨之升高。」他認為，人與人之間，積極情感（積極的互動）與消極情感（消極的互動），是同時並進的。舉例言之，兩個相識不久的人，其積極情感與消極情感的表現，均比較含蓄或微弱。他們的積極互動，不過是握手、微笑、不著邊際地寒暄一番；其消極互動，亦不過是冷漠待之、嗤之以鼻或輕度的侮辱。至於兩個熟識者，其積極互動，通常是熱情的招呼、祕密的分享、所有物的共用、身體的親密接觸；但是他們消極的互動，輒出以較激烈的方式，通常是強烈的指責，怒不可遏的攻擊。正如古人所謂：「愛之欲其生，惡之欲其死。」此外，郭氏認為，人們之所以較易攻擊熟識者，是因為我們在熟人之前的行為表現，比在陌生人之前要放肆，容易強人所難，不能適當地自我克制，凡此皆是造成嚴重衝突的導因❶❾。

至於上階層社會所發生的殺人案，其被害人與犯罪人的關係，顯較下階層社會殺人案兩造的關係為親密，似乎可以從殺人的動機去理解。根據格林 (Green) 及魏克裴德 (Wakefield) 的研究，上階層社會的殺人案，殺害配偶的動機有 26.9% 是出於謀財，例如財產的繼承與保險利益；另有 28% 起於極度的精神抑鬱。這兩種殺害配偶的動機，在渥夫岡 (Wolfgang) 及墨斯 (Voss)、黑波本 (Hepburn) 的研究對象當中，均未之能見❷⓿。

有關精神異常犯罪人的殺人對象，有異於精神正常犯罪人的殺人對象，實不難理解。這是因為兩種人生活方式及生活圈子有所不同的關係。精神異常者因為涉入一般社交活動的機會較少，能力也較差，與陌生人發生衝突的可能性自然較低。又因其精神上的異狀，自不易得到異性情感上的共鳴，因此，其戀人在機率上，遇害的可能性也必然較低。精神異常之人，平日所可以接觸的，多為配偶親友，所以這些人遭到精神異常者殺害的機率也就比較高。

關於猶太社會與阿拉伯社會在文化上的差異，對於殺人案兩造的關係

---

❶❾　Goldstein, op. cit., pp. 66–67.

❷⓿　Green & Wakefield, op. cit., p. 178.

有特殊的影響，也可以理解。德瑞普金 (Drapkin) 認為，阿拉伯社會的規範體系，不輕容敗壞門風，因此，如果一個女子行為不檢而遭致家門受辱，她將遭到父兄毫不遲疑的殺害。復次，在阿拉伯社會，男人的地位是全知全能的一家之主，身兼夫職與父職。從傳統的回教法可以反映出阿拉伯社會的大男人沙文主義。依據回教法，男人可以取妻四個，並且可以輕易休掉他的妻子。與猶太人的妻子比較，阿拉伯人的妻子實扮演更低劣與消極被動的角色，故尖銳的婚姻衝突在阿拉伯社會是很難想像，而極少見的 ㉑。

參、殺人案兩造關係的親疏在犯罪學上的意義

殺人案兩造關係的親疏，有兩層意義。其一，如果兩造關係「互不相識」所佔比率較高，顯示犯罪的「質」較為惡化；其二，兩造之間如果陌生關係較高，則破案率必然較低。

生命無價，人之所以欲取他人的生命，在理論上，必然有其相當的理由，其主要理由，無非是仇恨或嚴重糾紛之類。仇恨或嚴重糾紛，往往生於相識者之間。惟在今日社會，亦有與人素未相識，素無仇怨，竟而欲置人於死地者，其行徑誠令人髮指！因此，暴力犯罪「質」的惡化，當事人兩造的關係，誠為最重要的指標。

根據美國方面的資料顯示，由於「陌生人的謀殺」(Strangers-Murders) 較往年為多 ㉒，使得警方在命案偵查上遭遇更多困難，破案率也因而逐漸減少。例如，紐約警局向來的殺人破案率均高達 90%，但 1976 年，破案率竟大幅滑落而低於 50%㉓。

㉑　Landau, Drapkin, & Arad, op. cit., p. 393.

㉒　這是因為強盜殺人案增加的關係，參閱 Curtis: *Criminal Violence*, Lexington Books, 1974, p. 49.

㉓　Ibid.

第二項　強制性交犯與其被害人的關係

被害者學最先觸及的問題，實為強制性交犯罪兩造的關係。在 1940 年，孟德爾頌 (Mendelsohn) 即對於強制性交被害人提出質疑，對於兩造的關係，亦有所說明。孟氏認為，女性性器官深藏於強有力的大腿保護下，除了下述情況之外，實不易遭到攻擊❷❹：

1. 被害人與犯罪人的力量不成比例，亦即被害人根本手無縛雞之力，而無能力抗拒犯罪人的攻擊。
2. 被害人毫無意識，例如年幼、昏厥、酒醉、被麻醉或被催眠。
3. 遭到強烈威脅而失去抵抗的意志。
4. 過度驚嚇無力抗拒。

因此，孟氏建議，法官在審理強制性交案時，對於被害人在遭遇強制性交之時，其抵抗的可能性如何，應詳加調查。並且，對於被害人與犯罪人的平日關係，亦宜詳加調查。

關於強制性交被害人與犯罪人的關係，究竟彼此相識居多，或者相互陌生所佔比率較高，不容易得到確切的資料。美國的「國家執法與刑事司法研究所」 (National Institute of Law Enforcement and Criminal Justice) 於 1976 年，對全美 234 個警察機關做過強制性交案的問卷調查，其中有 208 個警察機關將問卷寄回。該研究機構的分析結果，指出強制性交案的被害人與犯罪人彼此陌生所佔的比率為 60.9%❷❺。值得注意的是，該項研究以官方的犯罪資料為基礎，恐怕無法清楚地顯示被害人與犯罪人的真實關係。因為被害人對於強制性交行為人，如果有相當程度的關係，為了顧及彼此名譽，可能將隱忍不發，尤其是強制性交未遂的案件。

強制性交案兩造的關係，可能較其他暴力犯罪為重要。因為兩造關係

---

❷❹ Mendelsohn: The Origin of the Doctrine of Victimology, in Drapkin & Viano (ed.), *Victimology*, 1974, p. 4.

❷❺ U. S. Department of Justice, *Forcible Rape*, U. S. Govt, Printing Office, 1977, p. 20.

的親疏，往往在法律上或社會評價上，是決定歸責問題的關鍵點。例如，假使兩造之間有甚為親密的關係，則被害人要主張其係無辜，較難被採信。如果被害人是與犯罪人一起飲酒之後失身，那麼被害人要主張清白，恐怕更難❷ 。

第四節　被害人的特性與被害預防

　　根據被害者學的研究，得知具有某種人格特質者，或生活在某種環境的人，容易成為犯罪的被害人。被害預防即是對於具有被害人特性者，即潛在的被害人，以及一般民眾加以教育。不但曉以利害，使避免形成犯罪的刺激或誘因，並授以技巧，使之面臨犯罪行為時，不致驚慌失措。目前國內司法機關及民間團體，正努力從事此種工作。例如，警政署多年來即利用電視媒體，教導民眾避免成為犯罪的被害人；民間團體如財團法人吳尊賢文教基金會出版《防竊手冊》（1984年），教導民眾種種防竊的觀念與技巧；財團法人現代婦女基金會出版《婦幼安全手冊》（1988年），教導婦女民眾如何保護自己以及幼童的安全。

　　犯罪被害人並不一定具有被害人的特性，有時人們雖極盡注意之能事，仍不免遭受無妄之災。雖然如此，具有某些人格特質者比較容易成為某些犯罪類型的被害人，則為無庸置疑。例如，一味貪圖高利的人，較有可能成為詐騙投資的被害人；喜歡逃學逃家而且貪玩的女生，比較容易成為性犯罪或妨害自由罪的被害人；參與犯罪幫派活動或經常在犯罪邊緣討生活的人，比較容易成為殺人傷害的被害人。

　　根據國外學者的研究分析，性犯罪，尤其是強制性交罪的被害人，有行為不檢點的傾向（當然也有許多完全無辜的被害人）。例如，美國精神醫學者考夫曼（A. Kaufman）於1978年在新墨西哥州，對341名強制性交被害人做過調查分析。他發現，這341名被害人之中，有82人曾受過性侵

---

❷　這是美國刑法實務上的情形，參閱 Amir: *Pattern in Forcible Rape*, Uni. of Pennsylvania, 1965, p. 48.

害，另外 259 名則未曾有過相同的經驗。對於這兩組被害人再加以分析，發現第一組（曾有被害經驗的 82 人之中），有 15 名曾有近親性交的行為，而第二組（沒有被害經驗的 259 人）之中，有 11 名曾有近親性交的行為。經統計檢定，兩組被害人曾有近親性交行為者，有極顯著的統計上差異 (P < 0.001)。此足以說明，性態度隨便的女性，較有可能成為強制性交被害人，而且可能一再遭到性侵略 ❷。 又例如蘇俄學者明斯卡亞 (V. S. Minskaja) 於 1972 年，在莫斯科所做的強制性交犯罪研究，發現 27% 的強制性交案，犯罪人在行為前已經得知被害人有不好的風評；25% 的被害人貪好杯中物、性態度隨便、擇友輕率。這些特性，在某些環境之下，若為犯罪人得知，會以為被害人是易於求歡的對象 ❷。

　　關於暴力犯罪，尤其是殺人罪與傷害罪的被害人特性，根據國外的分析調查，大約半數的被害人曾有犯罪紀錄。渥夫岡 (Wolfgang) 在 1958 年對於費城 588 件謀殺案的研究，即發現 621 名犯罪人之中，400 名 (64%) 有犯罪前科，588 名被害人之中，277 名 (47%) 有前科紀錄，而且不論犯罪人或被害人，其前科紀錄均為「人身犯罪」多於「財產犯罪」 ❷。此外，根據 1974 年，芝加哥警察局發表的謀殺案分析，46% 的被害人曾有前科紀錄 ❸。當然，沒有犯罪前科，但是常有言行舉止欠當的人格特性，也容易成為暴力犯罪的被害人。因為發言刻薄尖酸，或帶有侮辱性與攻擊性，常使人聞言怒不可遏，而採取暴力侵害行為；態度惡劣、驕橫、傲慢、不容人、倚老賣老、倚財仗勢、背信忘義均足以引人大起反感，而實施侵害行為 ❸。

---

❷ Kaufman: Recidivism among Sex Assault Victims, *Abstracts on Criminology and Penology*, Vol. 19, No. 1, 1979, p. 68.

❷ Minskaja: Victimological Research in Rape, *Abstracts on Criminology and Penology*, Vol. 14, No. 2, 1974, p. 214.

❷ Wolfgang, op. cit., pp. 175–180.

❸ Barkas: *Victims, Charles Scribner's Sons*, New York, 1978, p. 61.

❸ 蔡墩銘：《犯罪心理學》，上冊，1979，272–282 頁。

第五節　被害者學理論

在過去幾世紀，犯罪學的理論都聚焦於犯罪人與犯罪行為之成因，然而被害人的角色，幾乎不成比例地被遺忘。大約六十餘年前，學者開始認知到被害人在刑事司法上的地位，並瞭解到犯罪事件的發生，若無法從被害人的角度，恐無法一窺全貌，因此，犯罪學界開始轉向於被害者學理論的發展。因此，早期的研究作品大多著眼於被害人在犯罪問題的角色以及探究整體犯罪事件的全貌。時值今日，已有許多不同的理論企圖解釋被害之原因。進一步介紹如下。

第一項　被害者促發理論

根據被害者促發理論 (Victim Precipitation Theory) ，在一些犯罪案件中，有些人是整起犯罪事件的肇始者並進一步導致他們的受傷或死亡，因此稱為被害者促發理論。該理論可謂是渥夫岡 (Wolfgang) 於 1958 年研究費城殺人事件時所提出。根據其研究，計有 588 個殺人案件中，有 150 件即 (26%) 屬於被害人主動、積極促發的 (Active Precipitation)，亦即是被害人使用威脅或攻擊字眼或是首先發動攻擊之案件。此可謂該理論的原型 ❷。1971 年，學者艾彌兒 (M. Amir) 應用被害者促發的觀點，調查費城所發生的 646 件性侵害案件，結果發現約有 5 分之 1 的個案，與渥夫岡的見解相同。並進一步提出，女性被害人經常是因為穿著暴露，刺激或吸引追求他們的犯罪人，導致其被害；此外，他也認為，這些個案的被害者，事實上是半推半就順從了加害人的性侵害行為 ❸。從艾彌兒的研究可得知，他認為在性侵案件中，女性是扮演著推波助瀾的角色，讓加害人有一種以為可以對其性侵害的遐想，進而性侵成功，所以這樣的性侵害行為，被害者可

---

❷ Wolfgang: *Pattern of Criminal Homicide* (Philadelphia: University of Pennsylvania, 1958).

❸ Amir: *Patterns in Forcible Rape* (Chicago: University of Chicago, 1971).

以說是主動積極挑起的,因此也應該受到譴責❸。雖然艾彌兒的研究發現,受到高度的爭議,而且有很多的性侵害被害人在法律上的立法與司法處遇已大幅修正,但性侵害的迷思仍然存在(例如女性會在性行為之後覺得後悔於合意的性交行為,進而到警察局報案自己被性侵)。此外,對法庭而言,要免除被告在性侵案件中的罪刑,是很難的,除非有壓倒性的證據證明被害人並沒有同意與被告從事性親密行為❸。

相對地,另一種型態為消極性促發被害 (Passive Precipitation Victim),是當被害人在被對方挑起後,首先反應與回擊進而導致犯罪事件的發生。換言之,被害人是被鼓勵或被刺激導致犯罪事件的發生。被害人促發是許多不同犯罪型態的組成員,最顯明的類型就是殺人、重傷害、性侵、強奪等罪。而消極促發被害事件可能會因為被害者呈現出一些個人特質莫名地導致犯罪人不是威脅就是攻擊被害人,例如性別是犯罪人決定是否攻擊侵害的考量因素,犯罪人可能會視女性為適合的標的物,因為他們認為女性是較容易且較不會受到其威脅的標的。因此,讓女性成為較容易攻擊的易受傷害族群,其他個人特質上尚有族裔、體型等。

第二項 生活型態暴露理論

第一個有系統性的被害者學理論,堪稱為是辛德朗、高夫森與加洛法羅 (Hindelang, Gottfredson, & Garofalo, 1978) 所提出的生活型態暴露理論 (Lifestyle-Exposure Theory)❸。這個理論認為一個人之所以被害,與個人基本特性的差異性 (Demographic Differences),息息相關。因為每個人的基本

---

❸ 黃富源:〈被害者學理論的再建構〉,刊:《中央警察大學犯罪防治學報》,第 3 期,2002 年 12 月,1–24 頁。

❸ Dinos, Burrowes, Hammond, & Cunliffe: A Systematic Review of Juries' Assessment of Rape Victims: Do Rape Myths Impact on Juror Decision-Making?, *International Journal of Law, Crime and Justice*, 43 (2015): 36–49.

❸ Hindelang, Gottfredson, & Garofalo: *Victims of Personal Crime*, 1978, Cambridge, MA: Ballinger.

特性不同，會影響其個人的生活型態之不同，連帶地影響其遭致被害的程度也不同。換言之，一個人生活型態的差異會使其暴露於不同程度的危險地點、時間以及其他的情境之中，增加或減少其被害的風險程度。該理論的架構圖詳如圖 6-1。

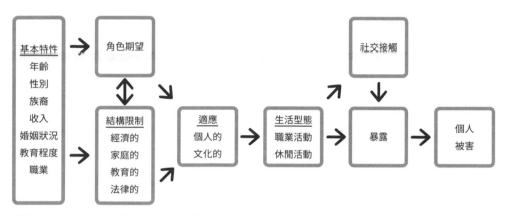

圖 6-1　生活型態暴露被害模式 (Hindelang, Gottfredson, & Garofalo, 1978)

　　該理論認為，一個人的生活型態決定其是否被害程度的風險。因此，個人的生活型態扮演著關鍵因素 (Critical Factor)。在他們的理論中，所謂的生活型態係指每天固定的作息活動，包含職業活動（工作、上學、待在家中等）以及休閒活動，而每天的作息活動可能會帶給個體與犯罪人接觸，或是增加他們被害的風險程度。換言之，如果一個人待在家裡的時間愈長，其被害的風險愈低，反之，一個人若待在公共場所的時間愈長，其被害的可能性就愈高。

　　辛德朗等人也認為，每個人的生活型態會存有差異，其實是被個人對於自己的角色期望 (Role Expectation) 以及社會結構限制 (Social Structure Constraints) 所決定。不同的基本特性，例如性別、年齡、族裔以及教育程度或職業，會與掠奪性的犯罪行為有關，因為這些基本特性會決定一個人的角色期盼與結構限制，進而限制或約束自己的行為或選擇，以求個體在社會上找到適合的適應方式。個人迎合於文化與結構的適應後，就會建立自己的生活作息型態，並與合乎自己身份或適應型態的人事物接觸，這樣

的生活作息型態與社交接觸，進而強化一個人暴露於被害的風險或被害的脆弱情境 (Vulnerable Situations)。

第三項　生活型態理論

有些犯罪學家相信，有些人之所以會成為被害者是因為他們的生活型態 (Lifestyle) 增加了他們暴露於犯罪人的機會。例如被害風險的增加，與經常出現於偏差青少年面前、夜間經常外出到公共場所以及居住在都市區域有關。相反地，一個人被害的機會會降低，則與其晚間待在家中、搬到郊區居住、遠離公共場所以及賺錢（留在職場的時間長）和結婚有關。生活型態理論 (lifestyle theories) 的基本假設就是：犯罪不是隨機發生的，犯罪是被害人生活型態的一種功能。

擁有高風險的生活型態 (High-Risk Lifestyle) 的人，例如好飲酒、濫用藥物、經常晚間外出、夜不返家、甚至以街為家者，他們擁有極大的風險成為被害者[37]。原因之一是因為，他們的生活型態與犯罪人相似，讓他們接近於危險的潛在性犯罪人，增加他們被害的風險。例如男性的青少年，他們有非常大的可能性成為被害人，因為他們的生活型態讓他們置身於學校以及離開學校後的活動，例如與朋友在校外廝混或追求娛樂活動[38]。研究顯示，那些擁有活躍的夜生活男孩（亦即傍晚 6 點以後），例如經常出沒於公眾場合並消費含酒精飲料者，顯著地有比較多被害經驗[39]。

此外，擁有犯罪生活型態 (Criminal Lifestyle) 的人，例如參加幫派、販售非法藥物等等，相較於沒有犯罪生活型態之人，都讓自己容易陷於被

[37]　Zhang, Welte, & Wieczorek: Deviant Lifestyle and Crime Victimization, *Journal of Criminal Justice*, 29 (2001), 133–143.

[38]　Jensen & Brownfield: Gender, Lifestyles, and Victimization: Beyond Routine Activity Theory, *Violent and Victims*, 1 (1986), 85–99.

[39]　Felson, Savolainen, Berg, & Ellonen: Does Spending Time in Public Settings Contribute to the Adolescent Risk of Violent Victimization?, *Journal of Quantitative Criminology*, 29 (2013), 273–293.

害的機會與情境中❹。例如，有些犯罪團體專精於販售非法藥物，他們的生活型態經常日夜顛倒、畫伏夜出，並因為販售非法藥物，身上經常攜帶大量現金，而甚少使用信用卡，因此，經常吸引著同樣犯罪生活型態的人對其搶奪現金。即使他們被害了，也不敢打電話報警。因此，這些人的預防被害策略，就是以暴制暴❹。

　　值得注意的是，生活型態暴露理論與生活型態理論，概念雖然相似，但有其差異性，其最大的差異在於個體被害的基本假設不同。生活型態暴露理論主張，一個人被害的危險程度，與其社會適應與社會對於其角色的期待，形成所屬的生活作息活動，進而導致其被害，具有高度關連性；然而生活型態理論所強調的則是，被害人與犯罪人似乎同屬於一個族群，因為自己生長或所處的環境是與犯罪人高度相關的，因此讓自己成為被害族群，換言之，在生活型態理論中，被害人與犯罪人可以說是同一族群，被害人可能是犯罪人，犯罪人也可能成為被害人，原因在於他們同屬於一個相同或相類似的生活型態。

第四項　偏差地區理論

　　根據偏差地區理論 (Deviant Place Theory) 主張，愈暴露於危險地區的人，他們愈有可能成為犯罪與暴力的被害人。確實，有些地區會助長或鼓勵犯罪與被害的同時發生。如果犯罪人與被害人是同一個人或相似，那可能是因為他們住在同一個地區的緣故，而不是他們是誰的緣故。被害人是易受傷害的，那是因為他們居住在社會解組與高犯罪的社區中，導致他們有高度的機率及風險與犯罪人接觸或互動❹。研究發現，鄰里偏差情況的

---

❹　Lober, Kalb, & Huizinga: Juvenile Delinquency and Serious Injury Victimization, Washington, DC: Office of Juvenile Justice and Delinquency Prevention, 2001.

❹　Berg & Lober: Violent Conduct and Victimization Risk in the Urban Illicit Drug Economy: A Prospective Examination, *Criminology*, 46 (2008): 47–91.

❹　Garofalo: Reassessing the Lifestyle Model of Criminal Victimization, in *Positive Criminology*, Michael Gottfredson & Travis Hirschi (eds.), Newbury Park, CA:

嚴重程度對於一個人是否被害，顯著高於一個人的特徵或一個人的生活型態[43]。

而所謂的鄰里偏差地區，具有貧窮、人口密集、以及人口高度流動的特性，在這些地方商業活動與住宅區交錯縱橫。商業活動提供犯罪人一些潛在的標的物，讓他們可以隨時犯罪，例如商店的扒竊行為與商業竊盜。然而，上流社會的人們對於這種被標籤化的居住環境，卻避之唯恐不及，他們的住家遠離這些沒有道德的人們，例如流浪漢、精神疾病患者與年長的窮人[44]。

第五項　日常活動理論

學者科恩與費爾遜 (Cohen & Felson) 於 1979 年提出日常活動理論 (Routine Activity Theory) 並假設人類犯罪的動機與犯罪者的提供，都是不變的 (Constant)。社會上每天總是會有一些人因為復仇、貪婪或其他動機，違反法律。因此，掠奪性犯罪型態（例如對於他人的暴力犯罪或是犯罪人欲從被害人處偷得財物）的數量與分布，與以下典型美國人日常生活的三個變項之互動程度，息息相關[45]：

1.合適標的物的可獲得程度 (the Availability of Suitable Targets)，例如房屋中放置有易於銷售的物品。

2.有能力的監控者不在場 (the Absence of Capable Guardians)，例如警察、房屋擁有人、鄰居、朋友與親戚。

3.有動機的犯罪人出現 (the Presence of Motivated Offenders)，例如一

Sage, 1987, pp. 23–42.

[43] Miethe & McDowall: Contextual Effects in Models of Criminal Victimization, *Social Forces*, 71 (1993), 741–759.

[44] Stark: Deviant Places: A Theory of the Ecology of Crime, *Criminology*, 25 (1987), 893–911.

[45] Cohen & Felson: Social Change and Crime Rate Trends: A Routine Activities Approach, *American Sociological Review*, 44 (1979), 588–608.

大群的青少年。

　　上述的三個變項或要素聚集在一起時，會增加掠奪性犯罪發生的可能性，並提高被害的風險程度。亦即當較差的監控者呈現，並暴露於一大群偏差青少年的面前，一個合適的標的物被害的機會就會大增。增加潛在犯罪人的數量並將這些人安置在有價值的財物附近，則會增加這些財物被搶或被偷的機會。即使有一些被設計來降低犯罪活動的課後輔導課程，也可能會產生高犯罪率，因為這些課程會讓有動機的犯罪人與易受害族群廝混在一起，例如青少年朋友，導致強者欺凌弱者的情形發生❹。上述日常活動理論三要素的互動關係，詳圖 6–2。

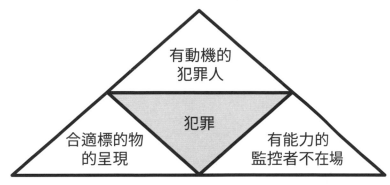

圖 6–2　日常活動理論三要素互動關係圖

❹　LaGrange: The Impact of Neighborhoods, Schools, and Malls on the Spatial Distribution of Property Damage, *Journal of Research in Crime and Delinquency*, 36 (1999): 393–422.

第六項　被害結構選擇理論

學者密斯與麥爾 (Miethe & Meier, 1990) 整合生活型態暴露理論與日常活動理論，提出結構選擇理論 (Structural-Choice Theory)，認為上述這兩個理論中的核心概念，對於潛在犯罪人的鄰近性 (Physical Proximity to Motivated Offenders)、暴露於高風險的環境 (Exposure to High-Risk Environments)、標的物的吸引性 (Target Attractiveness) 以及監控者的不在場 (Absence of Guardian) 對於解釋一個人是否陷於被害情境，扮演重要的角色，而且具有實證研究的支持❹。

對於潛在犯罪人的鄰近性，係指個體和有犯罪加害人存在地方之間的物理距離，例如被害人居住於或身處在加害人的周遭與附近，讓被害人成為加害人行兇或傷害的目標。暴露於高風險的環境，亦可稱為暴露於犯罪的情境，係指被害人對於犯罪者而言，可以被見到的程度 (Visibility) 以及可以被接近的程度 (Accessibility)。例如在醫療暴力之研究中，在急診室的醫護人員，容易被潛在性的施暴病患看見與接近，因此，其被害的機會較其他場域的醫護人員，例如診間或病房來的高。標的物的吸引性，係指標的物本身的價值頗高，吸引潛在加害人的侵害或掠奪 (Predatory)。最後，監控者的不在場，係指沒有相關的抑制機制，來阻止潛在性的加害人對於標的物侵害或掠奪。例如小家庭中，不似傳統大家庭具有抑制機制，導致小家庭的婦孺，經常成為父親或同居男性的施暴對象。

值得注意的是，該理論之所以命名為結構選擇理論，是因為密斯與麥爾主張，鄰近性 (Proximity) 與暴露 (Exposure) 被視為是結構特徵，因為個體形成了社交互動的本質，使其陷於被害的風險。然而吸引 (Attractiveness) 與監控者 (Guardian) 被認為是選擇的組成分子，因為他們扮演著犯罪者在一個社交空間中是否選擇標的物的決定因素。

---

❹　Miethe & Meier: Criminal opportunity and victimization rates: A structural-choice theory of criminal victimization, *Journal of Research in Crime and Delinquency*, 27 (1990), 243–266.

上述被害者理論的重要核心觀念，摘述為表 6–2。

表 6–2　被害者理論之核心觀念彙整表

被害者理論	重要核心觀念
被害者促發理論	被害人挑起犯罪事件的發生。
生活型態暴露理論	不同個人的基本特性，與其所形成的適應狀況與生活作息，對於其是否處於被害風險與情境，息息相關。
生活型態理論	被害人將自己的被害風險，置放於高度的風險行為，例如夜晚經常外出、居住於高犯罪率的地區以及擁有高犯罪風險的朋友或同儕。被害人與犯罪人可以說是同一族群。
偏差地區理論	被害風險與其居住於高犯罪率的鄰里，有高度的關連性。
日常活動理論	當一群潛在的犯罪人出現，發現合適的標的物又缺乏監控者在現場，直接掠奪性的犯罪行為就會產生。
被害結構選擇理論	在一個鄰近以及經常暴露於犯罪或犯罪人的社會結構中（鉅觀），個體具有吸引的特性與缺乏監控者的情況下（微觀），個體被侵害或掠奪的機會就會大增。

資料來源：修正自 Siegel: *Criminology: The core*, 6th ed., Cengage, 2017, p.79.

第六節　被害補償

　　犯罪人通常都是侵權行為人，依法應負損害賠償責任（參閱民法第184 條）。被害人財產上的損失固可請求損害賠償，非財產上的損失（例如精神上的痛苦）在特定條件下❹，亦得請求損害賠償。被害人死亡者，被害人的父母子女配偶有損害賠償請求權（民法第 194 條）。法律上要求犯罪人損害賠償，除了償還被害人的財產損失及平復被害人的精神痛苦之外，尚有其他的意義，例如被害人與犯罪人的關係得以重建，被害人或犯罪人與社會的關係可以重新發展。

　　犯罪被害人雖在法律上享有損害賠償的請求權，可是基於種種原因，這些權利有時不免落空：

　　1.犯罪發生後未能破案，犯罪人渺無蹤跡，被害人無從起訴請求賠償。

---

❹　參閱民法第 18、19、192 至 195 條。

2.犯罪人窮極潦倒，無力賠償或資力短絀，無法給被害人滿意的賠償。

3.犯罪人無行為能力或為限制行為能力人，而其法定代理人並無資力代為履行賠償責任。

4.訴訟程序進行緩慢，有時其結果又難逆料，被害人無法得到即刻的滿足❹。

　　基於前述原因，若干社會福利國家已有法律規定，對於某些犯罪的被害人無法行使損害賠償請求權時，可以向國家提出申請，在特定條件下，由國家代替犯罪人，向被害人補償。

　　被害補償制度的誕生，有下列的理由❺：

　　1.國家有預防犯罪，使人民免於被害的責任。因此，國家如未能盡其防止的責任，而發生犯罪，自應對被害人所遭受的損害，加以適當的補償。這是最普遍的看法，又稱為「損害賠償理論」(Torts Theory) 或「國家責任說」(Obligation of the State)。這種見解基本上源自「社會契約說」❺。依此種說法，人民對於各種犯罪類型的損害，均可以請求

❹　舉例言之，民事訴訟全部或一部之裁判，以他訴訟之法律關係是否成立為據者，法院得在他訴訟終結前，以裁定停止訴訟程序（民事訴訟法第 182 條）。設有某甲被訴殺人，依一般輿論，其罪嫌極為重大，經一、二審法院判處死刑，但在法律上並無充分的殺人證據，經三審法院一再發回更審。倘被害人的父母提起民事訴訟，訴請甲損害賠償，民事法庭不便自行確定甲有無殺人之事實，在此種情形下，法院得以裁定，停止民事訴訟程序。實務上此種情況，不乏其例。

❺　參閱：

①張甘妹，前揭書，345–346 頁。

②許啟義：《犯罪被害人的權利》，1988，59 頁。

③ Deborah M. Carrow: *Crime Victim Compensation*, U. S. Department of Justice, 1980, pp. 5–6.

❺　關於社會契約說，可以參閱趙敦華：《勞斯的正義論解說》，1988，12–20 頁。勞斯 (J. Lawls) 的《正義論》(*A Theory of Justice*)，是 1970 年代之後，有關政治哲學與道德哲學的經典之作，該書的主要內涵，是要以康德 (I. Kant) 的社會契約說，來推翻傳統功利主義哲學對正義的看法。

國家補償。然而，目前施行被害補償制度的國家，絕大多數只對於暴力犯罪的被害人予以補償，顯然這種植基於社會契約說的理由，不被大多數國家所採。

2.國家基於人道的立場，對於窮人、病患、失業者或殘廢退役軍人的生活，有加以照顧的責任，同理對於犯罪被害人也有加以照顧的人道責任，此說稱為「社會福利說」。有比較多的國家採此說。

3.犯罪乃任何社會均無法避免的危害，其被害人得謂為被機會選中的不幸者，被害人無理由獨自忍受並承擔此一不幸所引起的損害。根據此說，對被害人的補償，是社會上的幸運者，共同分擔被害人的厄運。此說又稱為「危險分擔說」(Shared Risk)❺❷。

4.國家對犯罪人科處自由刑或罰金，可能妨害被害人獲得損害賠償❺❸，而且，國家有罰金的收入，得以之作為補償被害人的基金。

5.由國家補償被害人的損害，可消減被害人對犯罪人的仇恨心理，亦可避免被害人自力救濟，有助於犯人的再社會化及社會的詳和。

6.監獄發給受刑人的作業金微薄，影響犯罪人賠償被害人的能力。

犯罪被害補償制度最早誕生於紐西蘭（1964年1月1日），英國在同年8月隨之施行。北美的加拿大 (1968)，美國大多數的州，其他歐洲國家如奧地利 (1972)、荷蘭 (1975)、德國 (1976)、法國 (1977)、愛爾蘭、瑞典、芬蘭、丹麥、挪威等均已有被害補償制度。日本則於1981年1月1日起正式施行被害補償制度。除了加拿大之外，其餘國家的被害補償制度均只限於暴力犯罪的被害人。將被害補償制度限制在暴力犯罪的範疇之內，不外乎基於下列理由❺❹：

---

❺❷　自被害者學的研究發現加以評論，危險分擔說實較可議。因為，在若干案例，被害人之所以被害，係由其自身引起，或其本身有可歸責之處，實難謂為被機會選中的無辜者。

❺❸　Schneider, aaO. S. 781.

❺❹　Hasson & Sebba: Compensation to Victims of Crime: A Comparative Survey, in Drapkin & Viano (eds.), *Victimology*, Vol. 2, Lexington Books, 1974, pp.

1. 財產犯罪所侵害的財產，通常都能物歸原主。

2. 社會大眾對於暴力犯罪的被害人，較為同情。

3. 涉及龐大財物損失的犯罪，被害人可能有不確實的報告。

4. 身體的傷害較財物的損失為嚴重，前者往往有不可恢復性，後者則無。

5. 各類財產犯罪，其財物損失總額甚為龐大，若將之歸入被害補償的範圍，恐非國庫可以負擔。

各國被害補償制度除了限於暴力犯罪之外，有些國家對於家屬間的暴力犯罪，並不給予補償，例如英國。有些國家則由接受申請機關，依職權裁量決定之，例如日本。

我國也於 1998 年制訂「犯罪被害人保護法」，2009 年修正擴大補償對象，對於因他人犯罪行為被害而死亡者之遺屬、受重傷者本人及性侵害犯罪行為之被害人，均得申請犯罪被害補償金及接受保護服務，以保障人民權益。

至於保護服務，自 1999 年成立財團法人犯罪被害人保護協會，依犯罪被害人保護法辦理被害人保護業務，包含法律及訴訟協助、協助申請犯罪被害人補償金及協助被害人向加害人求償、提供心理輔導、就學協助、經濟支持與就業協助等。另 2013 年再度修法，於現行補償機制外，創設扶助金制度。

第七節　被害人的協助與處遇

被害人因犯罪而遭受損害，可能不知如何行使權利請求賠償，甚或根本不知有此權利（交通犯罪的被害人也許是少數的例外），因此需要接受協助。國外如美國不乏民間團體❺，免費地為被害人提供此類協助服務，而

112–113.

❺　例如 1977 年 11 月，由全美猶太婦女協會聖路易分會創立的「犯罪被害人服務協會」，參閱許啟義，前揭書，35 頁。又如已有十餘年歷史的美國明尼蘇達損

且還給予被害人相當程度的物質上的幫助。國內如消費者文教基金會，對於某些商業交易的犯罪被害人，也提供損害賠償請求的服務。

　　犯罪人在刑罰追訴的過程中，可以委任辯護人保護其權利，而被害人在絕大多數的公訴程序中，應該有何種權利，則可能受到忽略。被害人也許在偵查階段遭到不當或不禮貌的詢問，在公訴審判階段以證人身分應訊，由於等待開庭的時間浪費太多，甚或期日變更，或在庭訊時面對辯護人難堪的質問，心理上如同遭遇第二次的被害❺❻。凡此種種都可能干擾被害人的生活並使其畏懼訴訟，而影響到其他（將來）被害人的告訴意願。國內的「現代婦女基金會」對於犯罪被害的婦女，從諮詢服務（例如決定是否告訴）到提出告訴，直至審判階段，均有受過專業訓練的律師或義工，陪同被害人，給被害人種種鼓勵與協助。此項服務自 1988 年開始，不過服務對象在地理環境上，側重大臺北地區的婦女，為了擴大被害人的協助，有關的民間團體或政府機構都應努力提供服務。犯罪人的人權固應加保護，被害人的人權則更不容忽視。西德的犯罪學學者施耐德 (Schneider) 主張，國家既不能預防犯罪於先，至少應在事後的犯罪追訴上，給予被害人若干禮遇，例如法院應有專為被害人設置的舒適的候審室，被害人出庭時不只是付給證人旅費與日費而已，亦應設法解決被害人的問題（例如子女的照顧）❺❼。為了減少被害人到法院的徒勞往返，有些美國的司法機關以電話跟被害人聯繫，決定確實的開庭時間❺❽。他們對被害人的尊重，實值借鑑。

　　我國現行被害人於刑事訴訟法之權利規定，包含得提起告訴（第 232 條）及自訴（第 319 條）、接受訊問時得由其法定代理人等人陪同在場及陳述意見（第 248 條之 1）、法院於審判期日應傳喚被害人或其家屬並予陳述

害賠償中心 (Minnesota Restitution Center)，參閱 Schneider, aaO. S. 779.

❺❻　此種情形在性犯罪的追訴程序中最易發生，參閱林東茂譯：〈強姦被害者與刑事司法制度〉，刊：《警政研究所特刊》，中央警官學校發行，1979 年 6 月，381–388 頁。

❺❼　Schneider, aaO. S. 785.

❺❽　許啟義，前揭書，37–38 頁。

意見之機會（第 271 條第 2 項）、告訴人得於審判中委任代理人到場陳述意見（第 271 條之 1）、告訴人上訴期間內得向檢察官陳述意見（第 314 條第 2 項）及請求檢察官上訴（第 344 條第 3 項）、於簡易處刑過程中，檢察官為求刑或緩刑請求前 （第 451 條之 1）、檢察官於審判外進行協商前 （第 455 條之 2），得徵詢被害人意見等。

　　有鑒於疏離被害人之司法程序不足以實現社會之公平正義，另為落實 2017 年司法改革國是會議關於「建構維護被害人尊嚴之刑事司法」，實有全面強化被害人於訴訟過程之保護措施之必要性，針對侵害被害人生命、身體、自由及性自主等影響人性尊嚴至鉅之案件，引進被害人訴訟參與制度，於現行刑事訴訟三面關係之架構下，藉由通知被害人於準備程序及審理期日到場、閱覽卷宗等機制，使被害人瞭解訴訟程序之進行程度及卷證資料之內容。此外，於程序進行之過程中，賦予被害人即時表達意見及詢問被害之機會，以尊重其主體性。又為使被害人之損害能獲得即時填補，並修復因犯罪而破裂之社會關係，減輕被害人之痛苦與不安，亦透過移付調解及轉介修復式司法程序等機制，以真正滿足被害人之需求。根據上述的規範目的，司法院已擬妥刑事訴訟法部分條文修正草案，共計修正與增訂 15 條條文❺⑨。

　　除了訴訟上應給予被害人協助之外，被害人的處遇也是重要的課題。例如強制性交罪的被害人，有受孕及遭受傳染病的可能，需要醫療上的處遇；也可能經常作惡夢或自責（責怪未以生命做賭注而抵抗），或有心身性疾病的反應 (Psychosomastic Disorder) ，或慮病性症狀 (Hypochondrical Neurosis)（集中在直腸及生殖器部位）❻⓪，需要心理上的諮商輔導，同時被害人及其家屬間的關係，也需要重建。又例如強盜的被害人，會有神經質的傾向，自我活動大受限制，不敢在夜晚出門，或產生強迫性的思想，一再回憶被害的經過，或者自我功能受損，無法集中精神工作，思考紊亂，

---

❺⑨　〈促進犯罪被害人權益保護及修復式司法公聽會報告〉，立法院第 9 屆第 6 會期立法院司法及法制委員會印行，2018 年 11 月，2–3 頁。

❻⓪　Brodsky: Rape at Work, in: Walker & Brodsky (eds.), *Sexual Assault*, 1976, p. 44.

記憶受影響，或抱怨鄰居與社會缺乏溫情[61]。在加拿大，美國行之多年的「危機仲裁」(Krisenin-Tervention) 的技巧，主要即用之於性犯罪與強盜罪被害人的處遇[62]。對於被害人給予適當的處遇，可以避免被害人心懷仇恨而將來變成犯罪人[63]。

第八節　被害者學的展望

被害者學的發展歷史至今尚未逾半世紀，有若干學者極力主張被害者學應獨立自成一門學科，有些學者則表示反對，認為被害者學仍以隸屬於犯罪學較妥。

主張被害者學應獨立自成一門學科者，較具代表性的人物，有以色列的孟德爾頌，日本的宮澤浩一。

孟德爾頌認為，犯罪學以犯罪人為其研究對象，而被害者學則以被害人為對象，二者雖為鄰接的學科，但得以明確的界限將之分離，使成為獨立的學科。被害者學的研究，將喚起市民的警戒心，發現市民的缺陷，致力於被害者的預防，及反覆被害的防止[64]。

宮澤浩一認為，被害人問題若僅包含在犯罪學之中，尚難獲得充分的解決。蓋犯罪學畢竟以犯罪人的研究為其中心，對被害人的關心僅為附隨的，故其在體系中所佔地位，恆屬周邊部位，以致於無法迫近問題的核心。此外，被害者學的研究，尚應及於「潛在的被害人」，諸如誤解自由而我行我素者，為追求己利而不顧他人的困擾或非難者，為實現眼前的目標，恆僅求最捷徑者，此類人的被害可能性，通常遠較犯罪可能性為大。犯罪學的知識，對於這種潛在被害人的指導無能為力，唯有被害者學始克對此種

---

[61]　關於強盜被害人的諮商，可參閱 Cohn: Intervention and the Victim of Robbery, in: Drapkin & Viano (eds.), *Victimology*, II, 1974, pp. 21-23.

[62]　Göppinger: *Kriminologie*, 4. Aufl., 1980, S. 606.

[63]　Schneider, aaO. S. 787.

[64]　張甘妹，前揭書，356 頁。

潛在被害問題，予以適當的答覆❻。

　　反對被害者學獨立成為一門學科的學者，聲勢遠較主張獨立者為龐大。雖然同為被害者學的先驅，但是亨替希、艾連貝格，均反對被害者學自犯罪學獨立而出。英國著名的犯罪學家曼海姆 (H. Mannheim)、比利時學者柯尼爾 (P. Cornil)、荷蘭學者那格 (W. H. Nagel)，亦皆為反對說的代表人物。

　　歸納反對說的見解，不外以下數點：

　1. 被害者學如果獨立成為一門學科，將妨礙犯罪科學的統合性研究❻。

　2. 被害者學的研究，將重點置於被害人身上，則被害人的過失問題勢必被強調，此無疑提供犯罪人辯護自己，解脫罪責的根據，恐將因對犯罪人的處分過於寬大，而導致刑事追訴的鬆弛❻。

　3. 犯罪學的研究本應兼顧犯罪人及被害人，尤其是現代犯罪學對於犯罪事件的動態關係頗為關心。因此，並無必要將被害者學自犯罪學的領域中劃出❻。

　　學術的專精化與分殊化，是學術發展不可避免的現象，從此一角度觀察，被害者學自犯罪學的領域中獨立而出，並非不可能。被害者學獨立自成一門學科，未必有害犯罪問題的統合性研究。假如被害者學有豐富的研究成果，而自成一個學術領域，也許更能有助於犯罪問題的科際整合研究。不過，在被害人的人格特性與被害者學的理論，尚未有系統性的建構之前，被害者學恐怕將因缺乏充分的學術內涵，難以自成一個學術領域。例如當前的這些被害者學理論，至今仍舊依賴普通而粗糙的關鍵概念：生活型態，但是對於生活型態之活動，和較廣泛社會狀態與背景之間的關係，則並未給予足夠的或深度的瞭解或注意。此外，也有學者批評，這些被害者學理

❻　張甘妹，前揭書，357 頁。

❻　同❽。

❻　美國的 Barkas 認為，Mendelsohn 是站在辯護人的本位立場研究被害人，因此，對於被害人的過失責任過分強調。參閱 Barkas, op. cit., pp. 31–32.

❻　Nagel: The Notion of Victimology in Criminology, in Drapkin & Viano (eds.), *Victimology*, 1974, pp. 13–14.

論是「一般性的被害理論」(General Theories of Victimization)，尚未朝向獨特的、特殊的被害行為或類型予以深入研究，例如學校或家庭的被害，可以運用一般性的被害理論探究，但職場的或現今猖獗的網路被害行為，是否一樣可以適用一般性的被害理論解釋，不無疑問。最後，環顧當今的被害者學理論，解釋的被害行為大多侷限於直接接觸的犯罪行為，對於其他類型的被害行為，例如網路詐欺被害或虛擬世界的被害行為，是否具有解釋力，亦頗值懷疑⑥。

---

⑥　黃富源，〈被害者學理論的再建構〉，刊：《中央警察大學犯罪防治學報》，第 3 期，2002 年 12 月，21 頁。

第七章　環境犯罪學

第一節　環境犯罪學之意義

　　傳統以來，犯罪學理論都聚焦於研究犯罪人 (Offenders/Criminals)，特別是探究為何有些人會犯罪？其動機或成因為何？相較之下，環境犯罪學 (Environmental Criminology) 所強調的是犯罪本身 (Crime)，而非犯罪人 (Criminals)，當然，對於一個犯罪事件即將發生（此所指的為本質上的犯罪或自然犯罪），必須要有犯罪人，亦即有一個準備犯罪的人（或謂潛在性犯罪人），但是，僅有一個準備犯罪的人是不足以構成一個即將發生的犯罪，尚須有其他的構成元素或要件 (Elements) 始能讓這個潛在性的犯罪人將此一犯罪事件完成：亦即這個人必須擁有一個機會去犯罪。

　　一個犯罪的發生，必須當一個準備犯罪的人以及一個犯罪機會兩個要素都存在或呈現時，犯罪就會產生。這樣的論述或觀察，其實是有很深層的意涵。如果從傳統上以犯罪人研究為導向之理論 (Offender-Oriented Perspective) 觀之，研究這個準備犯罪的人（亦即潛在性犯罪人）才是理論的核心（例如理性選擇理論），而犯罪的機會則是次要的重點。但從環境犯罪學理論的角度觀之，機會的呈現或不出現，才是決定一個犯罪事件是否發生的關鍵因素。換言之，犯罪事件的分布，深深地受到犯罪機會分布之影響❶。

　　再者，這個環境犯罪學的角度，也給予我們對於犯罪預防一個重新思考的機會，因為犯罪的發生，可歸咎於兩個要素：犯罪人與機會，因此，若要防範犯罪事件的發生，就必須移除上述兩個要素之一，因此，環境犯

---

❶　Cloward & Ohlin (1960): *Delinquency and opportunity: A theory of delinquent gangs*, New York: Free Press.

罪學者主張，操弄或管理機會比嘗試讓那些犯罪人減少犯罪的動機更加簡單且容易，進而提出若干的犯罪預防對策，例如家中加裝安全鎖或設定保全系統以減少被闖空屋的機會，比起去研究如何教化或改造這些小偷變成良民不再犯罪，還要簡單。

　　雖然被稱為環境犯罪學，集合了很多的概念與學術研究之貢獻在裡面，但簡單的講，環境犯罪學共享的核心概念有二：1.解釋犯罪事件；2.探索機會在犯罪事件發生的因果角色。因此，環境一詞，經常被使用來當作是一個組織傘 (Organizing Umbrella)，因為這一類的學者經常性地在調查硬體的或社會的環境特徵，是如何地影響犯罪機會的可得性 (Availability)，進而導致犯罪事件的發生。所以，有時候該理論也被稱為機會理論 (Opportunity Theory)❷。但為免除與克勞渥德和歐林 (Cloward & Ohlin, 1960) 所主張的差別機會理論 (Differential Opportunity Theory) 混淆，也稱為新機會理論 (New Opportunity Theories)❸。

第二節　環境犯罪學之基礎理論

第一項　先驅學者與其研究

　　1930 年代所興起的芝加哥學派，蕭和馬凱 (Shaw and McKay) 兩位學者即已證明，在芝加哥市的某些社區，其犯罪率遠高於其他社區。這樣的觀點啟動的環境犯罪學者對於這些特殊地點或場域的興趣，例如他們開始研究，為何有些社區總是沒有犯罪事件的發生，但有些社區卻一直重複的被害或犯罪一直重複的發生。

　　事實上，第一個觀察犯罪與地理環境關聯性的資料，可以追溯自法國

---

❷　Wilcox, Land, & Hunt (2003): *Criminal circumstance: A dynamic multi-contextual criminal opportunity theory,* New York: Aldine de Gruyter.

❸　Felson & Clarke (1998): *Opportunity makes the thief: Practical theory for crime prevention*, London, UK: Home Office, Policing and Reducing Crime Unit.

內政部於 1820 年代所出版 《法國刑事司法管理的一般性說明》 (*Comptes générales de l'administration de la justice criminelle en France*)，內容描述法國境內各大區域地圖與人口及犯罪狀況分布之統計數據。這本官方的犯罪統計資料，引發當時的許多學者探究犯罪數據與地點的關聯性。1829 年，法國內政部更將全法國犯罪地圖 (Geographical Map of Crime) 予以出版，以顏色深淺的方式，具體地呈現法國各地區與各大城市的犯罪分布現象，可以說是當前犯罪斑點圖的先驅。而當時的法國學者蓋利 (A. Guerry) 以及義大利威尼斯製圖家巴比 (A. Balbi) 出版了一幅大型統計比較圖，該圖裡呈現 3 個法國地理圖，每個地圖中標示法國 1825 年至 1827 年三年間的犯罪數量的分布。這樣的統計地圖，可以說是開當時犯罪問題研究之先河。他們的犯罪統計地圖強調都市化程度與犯罪問題的關聯性，這也是犯罪學家一直所關注的焦點。例如從他們的犯罪統計地圖可以發現，都會區，特別是巴黎，呈現出高數量的財產與個人犯罪型態分布❹。

　　不久以後，蓋利成為法國法務部犯罪統計中心 (Crime Statistics Unit of France) 主任，並持續製作犯罪統計比較圖。1833 年，蓋利出版了一本影響後代甚深的著作：《法國道德統計論文》(*Essai sur la statistique morale de la France*)，在本書中，蓋利發現貧窮與人口密度可能會導致高犯罪率，例如法國北部地區的財產性犯罪率遠高於南部地區。然而，他也認為，光是貧窮不足以導致犯罪率高，其中人口密度扮演著非常重要的角色，兩者相互影響，才可能導致一個地區會呈現出較高的犯罪現象。同一時期，蓋利的好友杜夏特雷 (Parent-Duchâtelet, 1937) 出版一本實證研究書籍，內容描述 1400 年間至 1830 年間法國巴黎地區娼妓數量的地理分布。但因為當時犯罪統計數據掌握在巴黎官方，娼妓的數據有限，所以，有許多年份或期間的數據是闕然的。但有趣的是，與犯罪分布類似，市中心長期以來確實呈現出較多的娼妓數量❺。

　　與法國統計學家蓋利同　時期且經常被提到的學者為比利時的統計及

---

❹　Weisburd, Groff, & Yang (2012): *The criminology of place*, New York: Oxford.

❺　同❹。

天文學家魁特烈 (A. Quetelet)，他在統計方面的貢獻就是迄今仍耳熟能詳的統計常態分布 (Normal Distribution in Statistics)。魁特烈通常使用大規模的區域例如省分或國家，作為犯罪研究的分析單位，他解釋說財產犯罪率經常發生在富裕的省分，是因為有錢人所擁有的財產或物品，是當時的貧窮人所沒有的，讓這些宵小鎖定有錢人的區域行搶、行竊，導致財產性犯罪在富裕區域橫行。對照於 1979 年科恩與費爾遜所提出的日常活動理論中強調犯罪與機會的觀點，魁特烈所提出的貧窮本身不是導致犯罪的成因，反而窮人或是弱勢族群在富裕環境與機會長期刺激下導致犯罪的發生，顯然早了近一百五十年❻。

　　這幾位法國與比利時的學者，可以說是環境犯罪學研究之先驅者。他們專注於運用行政與政治的邊界（例如省分，國家，區域與鄰里）結合犯罪的分析，並開始提出與貧困、城市化、人口組成的異質性，甚至犯罪機會等相關的關鍵性議題，以了解犯罪問題。此外，這些學者的分析數據，大量仰仗官方數據，也可以說是當前大數據分析運用於犯罪問題探究之先河。更重要的是，這些犯罪率以及官方統計數據的引用以協助犯罪問題的研究，引領了後世的犯罪學家崇尚以實證研究的方式進行犯罪學之研究與理論之建構，開啟實證犯罪學派。可惜的是，透過這樣的研究方法，後繼者卻都深入地去探討犯罪人的犯罪成因，而對於犯罪機會與犯罪環境的探究，沉寂至 1970 年代始再獲重視。

　　在以研究犯罪人犯罪成因為主流的發展下，仍有些犯罪學家關注環境與犯罪問題的關聯性，這方面的研究已從歐陸移至美國，特別是芝加哥市。在芝加哥大學裡，有一群社會學家專門研究都市問題，特別是聚焦於都市中的少年犯罪問題。同時，他們也將對於犯罪問題與環境的關聯性，從區域與城市之間的比較，限縮至都市間不同區域的比較。而這些學者包含，派克 (R. Park)、湯姆生 (W. Thomas)、渥斯 (L. Wirth)、柏傑斯 (E. Burgess)、蕭 (C. Shaw) 和馬凱 (H. McKay)。其中蕭和馬凱是芝加哥學派中首先將實證研究運用至犯罪地理分布的學者，他們的研究發現可以說是探

❻　同❹。

究犯罪與地理環境的里程碑。根據柏傑斯的芝加哥市同心圓分布理論，他們將芝加哥市蹺家少年、偏差少年與成年犯的地理分布情況描繪出來。此外，相較於過去都是城市或國家省分作為分析單位，他們的研究是以芝加哥市的鄰里為分析單位，更加精確的描繪出上述犯罪數量的分布。此外，蕭還運用新的技術來驗證犯罪空間分布。首先，他將運用斑點地圖 (Spot Map) 將所有偏差少年家的地址，在地圖上標示出來（類似我國的治安斑點圖）。透過這樣的方法，可以允許讀者很清楚的知道芝加哥市偏差少年都集中或聚集在哪些鄰里或街廓。其次，他又將成年犯罪人的地址與人口普查資料相整合，創造一平方英里的犯罪率地圖 (Delinquency Rate Maps)，呈現出芝加哥市區哪些鄰里的犯罪率較高。最後，建立的放射地圖與區域地圖 (Radial Maps and Zone Maps)，呈現出芝加哥市從市中心到郊區，每一定距離內的犯罪比例圖。

1942 年，蕭和馬凱出版了一本《偏差少年與都市區域》(*Juvenile Delinquency and Urban Areas*)，在本書中他們不僅呈現他們在芝加哥市所發現到的犯罪地理與成因之分析，還包含其他的城市：費城、波士頓、辛辛那提、克利福蘭與利奇蒙等都市。這些城市的研究發現，均指出犯罪地理的分布，存在著相似的模式 (Pattern)。他們的作品建立了一個很重要的觀點，人口的異質性程度在研究犯罪地理與犯罪學時，扮演著很重要的角色。

芝加哥學派的研究（特別是指蕭和馬凱的研究）激發其他犯罪學家運用實證研究的方法在其他城市探討犯罪與區域的關聯性。但是，仍有一些學者對於此一學派的研究進行批評。首先，有人質疑蕭和馬凱的研究所探討的犯罪分布，是植基於偏差少年犯居住的地區或鄰里，而非犯罪發生的地區或鄰里，忽略了犯罪人行動的可見性因素❼。其次，藉由官方的犯罪數據，他們的研究結果被認為是有偏誤的，因為犯罪人都是屬於下階層者，而他們有比較多的機會存留在刑事司法體系內或與刑事司法體系接觸，造成研究的成果都是這些下階層者的經驗與紀錄❽。最後，少年犯罪率在

❼ Boggs (1965): Urban crime patterns, *American Sociological Review*, 30 (6), pp. 899–908.

1945 年後的分布模式 (pattern)，與蕭和馬凱在早年的假設，完全不同❾。

　　此外，亦有學者批評該學派運用的官方數據，都是平均數，平均數所代表的，是兩個極端的族群而非真正的平均數族群。例如中產階級居民 (Middle-Income Residents)，它可能代表極多的有錢人與極多的貧窮人居住在同一個社區所產生的結果，事實上該社區並非中產階級居民最多，因此，運用該變項或概念所詮釋的發現或結果，會與事實有落差❿。即使有這些不同的批評與質疑聲浪，芝加哥學派在扮演傳承與啟發環境犯罪學的發展史上，仍然功不可沒。

第二項　經由環境設計預防犯罪理論

　　在美國犯罪學的發展，有關犯罪與地理或環境關聯性的取向，隨著蕭和馬凱的過世之後，逐漸不受到重視，再加上此一時期犯罪學理論的蓬勃發展，百家爭鳴，個體與社會互動之理論，例如差別接觸理論、緊張理論、副文化理論與控制理論等，逐漸主導犯罪學，因此，犯罪與地理環境關聯性之研究，沉寂一段時間。直至 1971 年傑佛利 (Jeffery) 出版《經由環境規劃設計預防犯罪》(*Crime Prevention Through Environmental Design, CPTED*) 一書，提倡立即的環境 (Immediate Environments) 對於犯罪行為，扮演著重要的角色，進而提出要降低犯罪的發生，必須從立即的環境著手⓫。因此，著重於地理環境分布之犯罪學研究取向，重獲重視。

　　傑佛利進一步指出，透過建築物的安全裝置，強化居民的領域感與自

---

❽　Chilto (1964): Continuity in delinquency area research: A comparison of studies for Baltimore, Detroit and Indianapolis, *American Sociological Review*, 29 (1), pp. 71–83.

❾　Bursik Jr. (1984): Urban dynamic and ecological studies of delinquency, *Social Forces*, 63 (2), pp. 393–413.

❿　Robinson (1950): Ecological corrections and the behavior of individuals, *American Sociological Review*, 15 (3), pp. 351–357.

⓫　Jeffery (1971): *Crime prevention through environmental design*, Beverly Hills, CA: Sage Publications.

然監控、強化標的物的作為如加裝門鎖、街燈的裝設和改善以及居民守望相助的提倡等措施，均能有效地減少犯罪的發生。CPTED 的倡導是植基於潛在性犯罪人的決意犯罪是受到成本與利益考量之假設（即理性選擇理論的主張），學者卡普蘭 (Kaplan) 等人 (1978)❶認為 CPTED 其實是來自於「犯罪機會是標的物、風險、功夫與回報之結果」(Crime Opportunity is the Result of Target, Risk, Effort, and Payoff, OTREP) 的觀念，認為當潛在性的犯罪人有很高的逮捕風險且幾乎沒有可預期的回報認知時，他將放棄從事違法行為。因此，當潛在的成本超過潛在的利益時，犯罪就會減少。所以，操縱硬體環境之設計，可能是一種讓潛在犯罪人實現更高成本、獲得低效益的方式。基此，CPTED 的犯罪預防策略始被提倡。

　　學者卡許暮和惠特摩 (Kushmuk & Whittemore, 1981)❸認為硬體環境設計的改變，對於犯罪的影響是間接的，硬體環境設計應該通過增強以下四個中間目標 (Intermediate Goals) 來實現：通道控制 (Access Control)、監控 (Surveillance)、活動支持 (Activity support) 和動機強化 (Motivation Reinforcement)。

　　1.通道控制：係指能夠管理哪些人進入進出某一個區域或建築物的能力，特別是具有限制那些人取得通道以接觸合法住戶的能力。

　　2.監控：係指透過使用被動設備（例如透過窗戶）或主動措施（例如裝設 CCTV）以增強合法住戶觀察他人及其活動的行動能力。

　　3.活動支持：係指協助或增強市民與其他合法住戶在社區互動的活動，例如舉辦社區居民聯誼會。

　　4.動機強化：係指透過硬體設計的特徵以及建立區域的尊榮感，以強

---

❶　Kaplan, O'Kane, Lavraka, & Pease (1978): *Crime prevention through environmental design: Final report on commercial demonstration*, Arlington, VA: Westinghouse Electric Corp.

❸　Kushmuk & Whittmore (1981): *A re-evaluation of the crime prevention through environmental design program in Portland, Oregon*, Washington, DC: National Institute of Justice.

化居民對於社區領域感與凝聚力。

　　因此，當上述的四個中間目標被實現後，意味著一個住宅環境的硬體設計產生了變化，進而降低了社區的犯罪數量與犯罪率。

第三項　防衛空間

　　環境犯罪學理論的奠基理論之一，即為防衛空間理論 (Defensible Space Theory)。受到傑佛利的 CPTED 的啟發，犯罪學家紐曼 (Newman, 1972) 擴充 CPTED 的內涵，認為犯罪預防可以透過都市設計，進而提出防衛空間之觀念。紐曼 (1972: 3) 定義防衛空間一詞為「透過創造居民自我保護的社會結構所顯現的硬體表徵以達到抑制犯罪為目的之住宅環境模式」❶❹。換言之，防衛空間是研究都市居民所居住的社區，他們所居住房屋的形式以及透過所居住房屋形式，如何設計、改變，以防範犯罪。紐曼透過紐約市內居民住宅形態以及社區鄰里環境的設計，成功地預防犯罪的案例，進而提出了防衛空間的觀念，逐漸地推展至美國其他州以及大都市實施，獲得相當成功的評價，奠定紐曼防衛空間理論的影響力。

　　紐曼在紐約市，觀察到都市、低收入戶的社區，呈現出不同程度的犯罪與失序現象。有些社區對居民而言，是犯罪猖獗的惡夢環境，但有些社區的居民卻可以每日高枕無憂，無懼於犯罪。鑑於這些社區的社會結構非常相似（即在收入水平、種族／民族、家庭結構等方面），但這些社區的犯罪現象卻存在著如此的差異，紐曼推測，這絕對與這些社區的硬體環境設計有關。

　　紐曼強調在低收入戶者的住房項目中，建築物高度是很重要的。然而，他還詳細說明了社區內建築物的高度，是如何與社區其他重要的硬體設計有關聯性，例如建築物的鋪設、建築物的鄰近性和街道活動中的元素、娛樂空間的數量和類型以及建築材料等。他也指出，犯罪和失序最嚴重的低收入戶社區，可以發現高樓層的建築型態是社區的主流建物。在紐曼正在撰寫防衛空間這概念的時候，這種高樓層公寓建築物是當時大多數低收入

---

❶❹　Newman (1972): *Defensible space*, New York: Macmilliam.

戶居民所居住的房屋型態，這種高樓層建築物會成為當時主流房屋型態，與美國 19 世紀中葉，許多城市為了改造市區，蓋了許多高樓層、高密度的公共或社會住宅，並將低收入戶者安置於此類房屋居住，息息相關。這種建築型態一直流行至 20 世紀中葉，這些低收入戶的社區，通常係由數十棟的高樓層建築物組成，每一棟建築物都能容納數百至數千名居民。甚至一些社區中所居住的人口規模，與當時的一些小城市人口數相當❶。

隨著時間的推移，這樣的建築型態因為可以讓許多人居住，反而成為一種主流、流行的社區建物型態。但因為所居住的居民，主要是以低收入戶者為多，因此，慢慢的一些社會與治安問題，就充斥於這一類的房屋或社區之中，例如謀殺、毒品交易與販賣、娼妓以及幫派活動等，讓這種高樓層的公寓大樓或建築物惡名昭彰。後來，這類型高樓層建築物的發展以及所衍生的相關社會問題，最後都被改造或被解決了。但可以發現的是，在城市中設計高樓層住房大樓的社區，迄今仍被視為一個非常糟糕的社會實驗❶。

相較於高樓層的公共住宅大樓的發展，紐曼注意到低收入戶居民如果居住在低樓層的房屋型態者，例如連棟公寓 (Townhouse)，或是中樓層建物者，例如有中庭花園的華廈者 (Garden Houses)，這樣的社區似乎很少有犯罪或失序的問題。根據紐曼的說法，這些低樓層與中樓層建築的排列，允許了居民有活動或生活的空間，居民能夠更容易地從事防衛工作。簡單來說，低與中樓層的居住社區，居民擁有更多可防衛空間。

紐曼之所以稱為防衛空間，是因為居民可防衛的空間，與下列四個原則，高度相關：領域感 (Territoriality)、自然監控 (Natural Surveillance)、形象 (Image) 與週遭環境 (Milieu)❶。

1.領域感

❶ Cullen, Agnew, & Wilcox (2014): *Criminological theory: Past and present*, New York: Oxford.
❶ 同❶。
❶ 同❶。

係指居民擁有一個地區的感受程度（即所有權程度），在此領域中，當居民發現有任何異樣發生時，會願意立即採取行動干預或介入。這種領域感強調的是空間的監控，其基礎在於居民所建立的真實或感知之邊界（雖然沒有圍牆或矮叢，但有空間上的邊界），能夠認知到領域內的陌生人和居民之差異，居民們可以體察到一般的社區氛圍。

2.自然監控

係指居民在不用外力的協助下（例如不需要錄影監視系統的協助），擁有觀察／監控居住環境內外的活動（包含合法與非法）之能力。

3.形象

係指一個居住環境／鄰里，具有不孤立、居民間會互相關心且互相幫忙的特質形象。例如一個社區具有敦親睦鄰的好形象。

4.周遭環境

係指房屋、建物大樓或社區大廈的坐落地點，具有低犯罪的特徵。這樣的周遭環境，會形塑出較好品質的居住環境，宵小侵入的機會也比較低。

整體而言，紐曼認為能夠提供領域感、自然監控、正面形象以及安全周遭環境的空間，可以讓居民更容易地進行防衛工作，因此，他的理論主張住家附近的硬體環境是非常重要的，因為它會影響當地居民的社會控制能力與程度。

自從紐曼的《防衛空間－透過都市環境設計預防犯罪》 (*Defensible Space: Crime Prevention Through Urban Design*) 一書出版以來，學者們即對於他的主張與理論，進行了各種實證性的研究。一方面，已有一些研究對於其所主張的硬體環境設計特徵，會促使居民參與社會控制的意願，產生了疑問。例如，一項由美利 (Merry, 1981) 所進行的研究，他觀察到公共住房開發社區的居民，彼此之間的非正式社會控制力，確實與紐曼所主張的防衛空間的特徵，存有一致性。然而，即便是如此，美利進一步發現該社區基本上是「無法防衛的」(Undefended)。反而發現，社區內種族的異質性 (Racial/Ethnic Heterogeneity) 導致了居民之間的不信任，從而扼殺了硬體設計所提供的非正式社會控制的潛力，而原先假設硬體設計會增強社區

的非正式社會控制，並未得到證實 **⑱**。

另一方面，有許多的研究發現，紐曼所提倡的硬體設計，確實與犯罪的下降有其顯著的關聯性。例如，有些研究顯示，鄰近高速或快速道路的社區、擁有許多住商交錯縱橫的社區、以及有交通流量較多的社區，他們社區的犯罪率確實比較高 **⑲**。整體而言，紐曼的理論或主張，有一個比較持久的論點是，環境設計和居住環境附近犯罪的多寡之間，存在著關聯性。然而，人部分的證據顯示，這種關聯性的存在，是因為硬體設計可以直接影響犯罪的機會。但是，迄今為止，紐曼的另一個假設：硬體設計可以促進居民之間的非正式社會控制力，似乎獲得比較少的實證支持 **⑳**。

第四項　破窗理論

一般而言，環境犯罪學者不太視刑事司法體系為抗制犯罪的主要武器，這是因為刑事司法體系在回應犯罪時，是採取一種被動的角色，它的回應總是在犯罪事件發生後。一旦犯罪發生後，刑事司法的目標就變成是逮捕犯罪人然後制裁那些犯罪的人、應該定何種刑罰與量刑應該多少的問題。通常，犯罪人一定會想方設法規避刑事司法體系的逮捕、追訴與執行，因此，讓他們有機會繼續留在自由社會，繼續傷害無辜民眾。相形之下，環境犯罪學者比較強調犯罪預防，安排與設計硬體與社會環境，儘可能地減少或降低犯罪的助長因素。因此，刑事司法體系在環境犯罪學領域，似乎變得不是很需要 **㉑**。

---

⑱ Merry (1981): Defensible space undefended: Environmental design, *Urban Affairs Quarterly*, 16, pp. 397–422.

⑲ Bernaso & Luykx (2003): Effects of attractivness, opportunities and accessibility to burglars on residential burglary rates of urban neighborhoods, *Criminology*, 41, pp. 981–1002; Greenberg, Rohe, & Williams (1982): Safety in urban neighborhoods: A comparison of physical characteristics and informal territorial control in high and low crime neighborhoods, *Population and Environment*, 5, pp.141–165.

⑳ 同⑮。

㉑ 同⑮。

但是，學者威爾遜 (Wilson, 1975) 則主張，警察，身為刑事司法體系的一成員，應該主動的 (Proactive) 在市區內從事犯罪預防的工作。威爾遜長期以來即不認為貧窮或悲慘的社會問題（例如家庭破碎），是導致犯罪的核心；即使確實是如此，他也懷疑政府有能力去移除這樣的「犯罪根源」(Root Causes)。因此，他認為整合警察力量於社區之中，去創造一個增加社區居民非正式社會控制力的條件、降低犯罪機會，就可以創造一個安全的社區居住環境。事實上，威爾遜的觀點，長期以來飽受爭議，並被自由派的學者標籤為保守派學者，特別是在 1982 年，因威爾遜與凱凌 (Kelling) 所提出的破窗理論，更被認為是保守派的重要代表人物，引領美國上世紀 80 年代刑事政策與警政策略的大轉變❷。

1982 年，威爾遜與凱凌共同發表〈破窗：警察與鄰里安全〉(Broken Windows: The Police and Neighborhood Safety)❷一文，強調社區中非正式社會控制理論 (Informal Social Control Theory) 在社區或鄰里中扮演控制犯罪的角色，影響當時美國警務工作甚深。威爾遜與凱凌認為，社區並不是一個靜態實體，宿命地受到其結構性的風險因素導致他們陷入犯罪與失序的糾纏狀態，無法改變；相反地，對他們而言，社區是動態的實體，是可以改變其結構的風險因素。換言之，社區受到犯罪或失序問題的糾纏，並非宿命或預先確定的，而是在於該社區是否有採取一些適切的措施讓些微的失序或紊亂行為，不致惡化至嚴重的犯罪問題，進而長期糾纏該社區。這是他們與當時的犯罪學家對於傳統犯罪根源的問題，不同的見解與看法。

他們進一步闡述，社區就像是房屋，會有窗戶破掉的經驗。如果一個房屋的一扇窗戶破掉了，屋主發現後，急忙到五金行買零件或請人儘速把破掉的窗戶補好、破掉的玻璃換好，這代表這個房屋的問題已獲得解決，其所釋放的訊息是：現在的屋主細心照顧這個屬於他的財產，並會注意下一個可能破壞的行為。但是，如果一個房屋的窗戶破掉了，屋主並沒有立

---

❷　同❶。

❷　Wilson & Kelling (1982): Broken windows: The police and neighborhood safety, *Atlantic Monthly* (March), pp. 29–38.

即修繕，一段時間後，這個破掉窗戶、沒有修繕的房屋所釋放的訊息是：沒有人關心這個房屋，在這樣的情況下，很快地，其他的窗戶也都會被其他人給打破。

所以，威爾遜與凱凌使用破窗理論隱喻 (Metaphor) 來描述一個社區是如何螺旋式的衰退。許多都市內的社區，所在的位置似乎特別容易吸引一些名聲不好的人到此社區，例如吵鬧的青少年聚集在角落並在建築物上塗鴉、污穢社區外觀；乞丐和妓女在路上閒逛或徘徊、接近路人；精神病患者在街上閒逛並自言自語；還有慢性物質濫用者的問題，他們睡在小巷裡，並在小巷裡大小便。如果社區居民無動於衷，放任這些名聲不好的人之行為，騷擾居民，並讓他們生活或盤據社區內的公共場所（例如公園或廁所），這個社區將陷入混亂、失序的狀態。

所以，一個社區的失序狀態，是一個很嚴重的問題，它就像前面所述：房屋的一扇破窗，釋放出一個訊息：沒有人關心此一房屋。當這樣的訊息成功且持續地釋放出來時，這些人會前仆後繼地進入此一社區，並逐步盤據，甚至惡性重大的犯罪人也會侵入該社區，因為這些人意識到：這是一個漠不關心的社區，即使再大的犯罪，也不會被嚇阻或被懲罰。簡而言之，他們可以更肆無忌憚地打破更多的窗戶。但另一方面，無辜善良的居民，會害怕進入公共場所，甚至會搬離此一社區，搬到其他的地方居住，導致此社區的非正式社會控制力因此被削弱了。

因此，根據威爾遜與凱凌的主張，其因果模式為：**失序狀況→失去控制力→高犯罪率**。這個因果模式非常重要，因為它與傳統的犯罪學理論不同之處在於，它包含一個很清楚的藍圖，指出吾人可以如何讓社區變得更安全：也就是重建秩序 (Restore Order)，然而，這樣的描述似乎也引發了一些問題出來，其中就是：誰來負責重建社區秩序？換言之，誰來修理破掉的窗戶呢？

威爾遜和凱凌提出，警察應該是社區中重建控制的主要機制。為了達到這樣的任務，他們認為警察應該減少時間在開著巡邏車趕赴犯罪現場、追捕逃犯。相反地，警察應該要恢復他們傳統上所使用的執法風格，在社

區的警勤區巡邏，了解當地的居民，並親自採取一些措施來維持秩序。而那些聲名狼藉的人士，更是警察勤務的重點，警察應該想方設法鼓勵或利誘他們搬離此一社區，如果必要的話，利用他們的微罪行為逮捕後，交由其他機構安置或處理。警察對於這些人士的零容忍作為，才能讓社區的公共空間變得秩序井然並給予社區的善良市民能夠無懼的再回到街道行走。

但是破窗理論或零容忍警政 (Zero-Tolerance Policing) 在以下三個部分，仍存在著一些爭論：首先，該理論並未清楚地說明它如何能夠有效地降低社區嚴重的犯罪行為。其次，該理論將世界區分為名聲不佳百姓與善良守法百姓兩類，然後提出利用執法手段較具攻擊性的警察去干預或介入這些名聲不佳的市民的概念，手段過於激烈。事實上，這些人的成因，可能是環境或個人的缺陷所導致他們成為名聲不佳的市民，但該理論卻忽略了應該怎麼治療或處遇他們，僅談到要求警察將他們處理走、離開社區，似乎有「眼不見為淨」的治標意涵。最後，藉由該理論的提倡，一些支持者轉向鼓吹警察在社區從事犯罪預防的重要性，但真正社會上不公不義的結構問題（例如失業或貧窮），滋養了犯罪，導致社區衰落的現象，卻愈來愈不受重視[24]。

第三節　當代環境犯罪學之理論

第一項　日常活動理論

如同理性選擇理論的學者所言，個體選擇從事犯罪行為。但費爾遜 (Felson, 1986: 119)[25] 則強調：人們做選擇，但他們無法做出對他們而言是

---

[24] Taylor (2007): Incivilities reduction policing, zero tolerance, and the retreat from coproduction: weak foundations and strong pressures, In Weisburd & Braga (eds.), *Police innovation: Contrasting perspective*, New York: Cambridge University Press.

[25] Felson (1986): Linking criminal choices, routine activities, informal control, and

唾手可得的選擇 (People Make Choices, But They Cannot Choose the Choices Available to Them)，因為有些人確實會比其他人更容易遭遇到一些讓他們從犯罪中獲得高利潤以及付出低成本的犯罪情境，因此，日常活動理論 (Routine Activity Approach) 就是一個來解釋影響一個人做出犯罪可得性選擇 (Choices Availability of Crime) 的理論。

根據該理論的架構，一個犯罪事件的發生，包含以下三個必需要素：**有動機的犯罪者** (Motivated Offenders)，必須與**合適的標的物** (Suitable Targets) 有所接觸，在**缺乏監控者** (Absence of Capable Guardians) 的情況下，犯罪事件就會產生。其中後面的兩個要素，合適的標的物與監控者，是環境犯罪學理論的核心面向 (Core Dimensions)，亦即他們兩者必須共同產生 (Co-Occur)，使構成犯罪事件的機會，進而衍生出犯罪。進一步說明如下❻：

1. 有動機的犯罪者

即非法活動之發生，在時間及空間方面必須與日常之合法活動相結合。此理論指出，社會中原本即有相當數量之潛在加害者存在，如果出現「機會」促其轉化犯罪的傾向而為行動，則他們即變為「可能的加害者」，不是單純的「加害者」，例如剛失業的青年。因此社會變遷結果，導致人類活動型態產生變化，直接造成犯罪機會增加，被害機率大增。

2. 合適的標的物存在

或謂被害人提供機會。根據費爾遜的說法，標的物之所以會被潛在性犯罪人認為合適，或謂被害人之所以成為潛在性犯罪人鎖定的對象，與其存有 VIVA 特質有關，V 是指物的價值性 (Value)，I 是指標的物的慣性、可移動性 (Inertia)。V 是指標的物的可見性 (Visibility)，A 是指標的物的可接近性及是否易於逃脫性 (Access)。然而，學者克拉克 (1999) 在討論熱門商品 (Hot Products) 時，提出 CRAVED 法則，認為任何商品符合上述法則

criminal outcomes, In Cornish & Clarke (eds.), *The reasoning criminal*, pp. 119–128, New York, Springer-Verlag.

❻　Cohen & Felson (1979): Social change and crime rate trends: A routine activity approach, *American Sociological Review*, 44, pp. 588–607.

之一者，即成為們熱門商品，容易成為適合之標的物，進而被竊。其中 C 是指竊賊於偷竊後藏匿商品的能力（Concealable，可藏匿性），R 是指有些商品的尺寸或重量讓其較其他商品容易攜帶運送（Removable，可運送性），A 是指商品必須存在且容易被取得（Available，可取得性），V 是指商品本身擁有較高的價值性 （Valuable，價值性），E 是指商品會帶給竊賊享樂（Enjoyable，可享樂性） 以及 D 是指商品可以在市場上被銷售 （銷贓）（Disposable，可處理性） ❷ 。

3.欠缺監控者

係指足以嚇阻犯罪發生之抑制者不在場或謂欠缺有能力的監控者,係指一般足以遏止犯罪發生的控制力之缺乏，包含親近關係的監控者(如親友)、守衛 （人或監視器） 以及地點管理者。因此，除警察或警衛外，朋友、親戚、動物、監視器以及一般老百姓，均可謂吾人身體、財產的監控者。

日常活動理論，對於第一要素，潛在性的犯罪人，並不予以探討，因為他們認為這些潛在性的犯罪人是與生俱來的 (Potential Offenders as Given)，亦即是社會上的普遍存在現象。但是，他們認為犯罪事件發生數量的多少以及分配狀況，完全取決於合適標的物（例如昂貴的、輕巧的電子商品） 與有能力監控者（例如鄰居、財產的擁有者以及警察）的變化程度。換言之，合適的標的物所探討的是犯罪的利潤，而有能力的監控者所探討的是成本付出的程度。根據該理論，合適標的物的支援以及有能力監控者的呈現都是吾人每天或日常之活動（例如我們的家庭，工作，休閒，消費以及其他活動），因此，社會上犯罪的發生，並不是一些病態性的社會條件（例如失業或貧窮），反而是我們每天生活活動的改變。例如，科恩與費爾遜 (1979) 指出美國在二次世界大戰之後，民眾日常生活的一項重大改變：人民花了更多的時間遠離房子（例如工作），因此，有動機的犯罪人就很有可能接觸到合適的標的物以及處於缺乏監控者的場域。換言之，許多的房子白天與晚上都處於一種沒有防衛保護的狀態（亦即缺乏監控者），進

---

❷ Clarke (1999): *Hot products: Understanding, anticipating and reducing demand for stolen goods*, London, UK, Home Office, Policing and Reducing Crime Unit.

而提供了宵小潛入屋裡犯罪的機會。同時，人們經常流連於公共場所，例如很晚了還待在街道，讓自己陷於潛在性犯罪人鎖定的標的物。科恩與費爾遜也討論了一些同一時期美國人民日常活動的其他改變，進而發現這些改變，提高合適的標的物之數量以及降低有能力監控者之數量，與美國二次世界大戰後犯罪率的成長，息息相關。此外，學者悌托 (Tittle, 1995) 也指出，該理論最大的挑戰在於，應該要更精確地去辨識，何種特殊的日常活動之改變，與何種的犯罪型態高度具有關聯性❷。

日常活動理論經常被運用來解釋直接接觸掠奪性犯罪 (Direct-Contact Predatory Offenses)，亦即至少有一位犯罪人透過直接接觸方式傷害一個人或從另一個他人處獲得財物❷。然而，近年來，該理論逐漸地被運用來解釋其他的犯罪行為，例如家庭暴力、傳統詐欺、網路詐欺與酒醉駕車等。整體而言，這些研究指出，該理論具有相當強的解釋力。雖然該理論仍有部分概念受到挑戰，但日常活動理論確實是頗負盛名且頗具影響力的當代犯罪學理論之一。

第二項　犯罪蒐尋理論

犯罪蒐尋理論 (Crime Search Theory)，又稱為犯罪型態理論 (Crime Pattern Theory)，是環境犯罪學理論中，難得從犯罪人角度探討犯罪機會的理論。雖然，環境犯罪學的學者並不熱衷於解釋犯罪人犯罪的傾向或動機，但並不意味著他們對於犯罪人不感興趣。不同的是，傳統研究犯罪人取向的犯罪學者，他們所關注的焦點在於研究犯罪人犯罪的傾向、特質或動機，環境犯罪學者探究的是個體是如何的真實地觸犯犯罪行為。換言之，他們所關注的焦點，不在於個體是如何地發展或形塑其犯罪特質或犯罪惡性，而在於什麼樣的情境、刺激或允許那些已有犯罪惡性或素質的個體從事犯

---

❷　Tittle (1995): *Control balance: Toward a general theory of deviance*, Boulder, CO: Westview.

❷　Felson (2001): The routine activity approach, In R. Paternoster & R. Bachman (eds.), *Explaining criminals and crime*, pp. 43–46, Los Angeles, CA: Roxbury.

罪行為。亦即，這些潛在性的犯罪人是如何找到機會犯罪？他們是如何發現一些具有吸引力的標的物之同時，又剛好缺乏監控者呢？

犯罪蒐尋理論是學者布烈亭翰夫婦 (Brantingham & Brantingham, 1993)❸所提，主要探討犯罪人如何在一時空的移動中，發現目標，進一步犯案。根據他們的理論認為，犯罪人與一般的人一樣，不是所有或大部分時間都在犯罪，他們也有日常活動與固定的休閒型態，在這些日常活動與休閒型態中，犯罪人會行走於節點 (Nodes) 之間，例如家、學校、公司、購物商城與一些休閒娛樂的地方 (例如酒館)。因為每日活動或已經形成的固定休閒型態，他們也發展出一個認知地圖 (Cognitive Mapping) 或者是對於熟悉環境的一種意向 (Images)，這些地圖給予這些犯罪人對於上述週遭環境的熟悉 (Awareness) 以及對於哪些地方會提供合適標的物得以從事犯罪的熟悉。

而所謂的認知地圖，包含以下四個要素❸：

1.認知 (Recognition)：係指個體有能力辨識自己的周遭環境。

2.預測 (Prediction)：係指個體會針對自己對於周遭環境的認知，進而有能力預測什麼樣的特殊事件將會在哪裡發生。

3.評估 (Evaluation)：係指個體有能力評估什麼樣的行為在一個特殊場合中是可能以及可被接受。

4.行動 (Action)：係指個體有能力根據上述的三個資訊，做出最後的決定。

試想，今天如果你要選擇一個餐廳吃飯，什麼樣的選擇會出現在腦海呢？通常，腦海中首先浮現可選擇的餐廳，都是集中 (Clustered) 在你可以

---

❸ Brantingham & Brantingham (1993): Environment, routine, and situation: Toward a pattern of crime, In Clarke & Felson (eds.), *Routine Activities and Rational Choice*, New Brunswick, NJ: Transaction Pub.

❸ Smith & Patterson (1980): Cognition mapping and the subjective geography of crime, In Georges-Abeyie & Harris (eds.), *Crime: A spatial perspective*, New York: Columbia University Press.

去得的地理區域且是你所熟悉的餐廳。這就是每一個人對於周遭環境所熟悉的認知地圖，而且個體對於從居住場所到餐廳之間（即兩個節點間）所花時間的估算，也有所熟悉。當然，也有可能一個人會選擇自己花較長的時間並尋找自己不熟悉的餐廳用餐，那畢竟是少數，多數的人仍會選擇自己最為熟悉且最容易到達的餐廳用餐。

基於這樣的論述，犯罪人傾向於以類似的方式或經驗法則，蒐尋犯罪的標的物。如同布烈亭翰大婦 (1993) 所觀察到的：犯罪都高度地集中於每日的行為活動。犯罪傾向於發生在一些已知的地點或接近於犯罪人行走的路線 (Route) 或空間。雖然大多數附有價值的標的物，到處都有，特別是在富裕的社區，但是犯罪人似乎會限縮自己從事被害標的物的尋找區域於自己的節點和行走活動的路線。布烈亭翰夫婦稱為熟悉空間 (Awareness Space)。

該理論繼續論述，一個人的日常活動會以兩種方式尋找出犯罪機會：第一個方式，稱為**消極性日常行走方式**，犯罪人如同一般人的日常行走，犯罪的機會總會很簡單地呈現出來，例如犯罪人在其日常的行走路線上，只要稍加留意，就會發現沒有人看管的皮包或沒有上鎖的機車，只是這種機會，一般沒有犯罪意圖之人可能不會將這樣的犯罪機會轉變成犯罪事件，但潛在性的犯罪人會。第二個方式，如同稱為**積極性日常行走方式**，犯罪人會積極地、刻意地利用其日常行走的路線，尋找犯罪的機會與標的物，當犯罪人積極地搜尋犯罪機會與標的物時，他們會希望降低所花費的功夫或被發現的風險。換言之，他們的用心程度比消極性的方式更加積極，所考量的成本與效益會更高，這就是經常性的犯罪事件都會發生在其所經常行走的上班或從事休閒的路線上。因為他們會利用他們的熟悉空間，不用花太遠的距離就可以知道哪裡會存在著犯罪的機會與合適的標的物。再者，犯罪交易本身就變得更容易預測，因為他們的日常行經路線將使得他們知道警察的巡邏路線與時間、什麼時段哪些房屋沒有人在家以及利用哪些路線逃離犯罪現場等。

因此，犯罪型態理論，所強調的個人日常從事工作與休閒活動時所行

走於居住地點、大眾交通工具、公共／休閒場所以及工作場所的路徑。換言之，就是個體簡單地行走於上述這些地點的路徑活動，影響犯罪人從事犯罪與否甚深。這些地點可以被稱為人類活動的節點 (Nodes)，而節點之間，人類行走的路線則被稱為路徑 (Paths)，一個個體使用這些節點以及節點之間行走的路徑，程度愈高，代表愈熟悉，他對於這路徑與節點周圍的環境，愈加熟悉，愈能形塑出自己對此一熟悉環境的認知地圖，進而誘發其從事進一步的各類型活動，包含犯罪行為（詳圖 7-1）。因此，對一個潛在性的犯罪人而言，他們經常會搜尋他們熟悉的節點與路徑，形塑自己的認知地圖，因此，在這些路徑或節點的邊緣 (Edges)，通常都是犯罪人所犯罪的熱點 (Hot Spots)。這些邊緣可能是物理性的、經濟性的或是社會性的，從犯罪預防的角度來看，物理性的邊緣比較容易受到限制與監控，但社會性與經濟性的犯罪（例如接觸性的詐欺犯罪），因為人際間匿名性的緣故，所以難以預防❸ 。

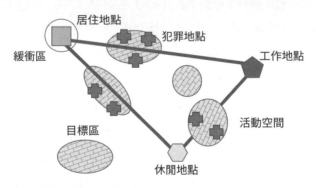

圖 7-1 多核心社區與節點、路徑圖

參考資料：R. V. Clarke & J. E. Eck (2005): *Crime Analysis for Problem Solvers in 60 Small Steps*, Washinton, DC.: Office of Community Oriented Policing Services, U.S. Department of Justice.

這個理論的提出，強調了一個人日常行走路線與犯罪或被害，息息相

---

❸ Brantingham & Brantingham (1993): Nodes, paths, and edges: Consideration on complexity of crime and the physical environment, *Journal of Environmental Psychology*, 13, pp. 3–28.

關，並給予傳統理論很重要的修正：亦即犯罪的發生，並非根源於社會結構的變態現象（例如貧窮或失業），相反地，犯罪根源是社會上每個人日常生活的諸多層面，包含工作、家庭活動、休閒與娛樂。但這也不是意味著說，犯罪人與一般人對於犯罪的動機與傾向，在生心理特質或生活經歷沒有顯著地不同，相反地，該理論強調，犯罪發生的時間和地點，往往存在於人們每日生活中更為平凡的特徵或條件——包括潛在犯罪人及其潛在被害人的日常活動。

第三項　情境犯罪預防理論

環境犯罪學的主要觀點在於：犯罪機會的本質，是否會影響到犯罪的數量、型態和地點。更重要的是，如同學者皮斯 (Pease, 1994: 660) 所說的，「所有的犯罪理論同時也是犯罪預防理論」❸。因為這些理論都是在辨識犯罪的來源（成因），並告訴吾人什麼樣的條件可以被改變，進而移除或降低犯罪事件的發生。從這一個角度觀之，環境犯罪學家就主張，他們的機會理論就是一種直接移除或降低犯罪事件的理論：聚焦於促成犯罪事件發生的機會之移除 (Take Away)。

學者克拉克 (Clarke)，是這種主張中最有影響力的支持學者之一，他用「情境犯罪預防」這個詞來實踐「移除會促成犯罪事件發生的機會」。在克拉克認為，傳統以來，犯罪學家已經花太多的時間與經歷研究「犯罪傾向」的來源，這樣的努力雖然不應該抹滅，但卻也限制了研究的範圍，對於犯罪學理論的發展，產生了些侷限性，因為這樣的研究取向忽略了機會可能在一個犯罪事件中，扮演著既是導致犯罪又是預防犯罪的雙重角色。因此，在他的觀點中，傳統的犯罪學理論，即使他們對於辨識犯罪人的犯罪傾向與動機的發現是正確的，但對於提供如何有效地預防犯罪發生的線索，卻是非常稀少的。

因此，克拉克主張，犯罪人的犯罪性格或傾向一旦形成，要透過教化

---

❸　Pease (1994): Crime prevention, In M. Maguire, R. Morgan, & R. Reiner (eds.), *The Oxford handbook of criminology*, pp. 659–703, Oxford, UK: Clarendon Press.

矯治以化除惡行，是非常困難的工作。再者，嘗試要移除這些導致犯罪惡性的根源，例如經濟的不公平、社區的解組、或是沒有效能的育嬰或親職技術，也都是非常困難的。相形之下，克拉克所提倡的以降低或移除犯罪機會的犯罪預防理論，更加容易操作與實施。換言之，他的理論不是以犯罪產生條件為導向的理論 (如同傳統犯罪學理論強調犯罪人的生活)，而是著眼於當前可能會導致犯罪事件發生的情境。這就是為何他的理論被稱為情境犯罪預防理論 (Situational Crime Prevention Theory)。

情境犯罪預防的觀念可以追溯自 1970 年代英國內政部所進行的犯罪預防工作。為了尋求能夠成功解決不同犯罪問題的干預措施，英國內政部在當時即開展了一系列旨在減少不同犯罪型態、地點和情境等特定因素之研究計畫。克拉克指出，當時這一系列的研究計畫，確實讓犯罪學家對於犯罪人決意犯罪的風險、功夫與回報的運作機制，獲得深入的了解。換言之，犯罪人會選擇哪個機會是最有利可圖的，並根據評估結果從事犯罪。因此，改變環境，讓環境不成為犯罪人認為有利可圖的機會，就是情境犯罪預防發展的核心。

克拉克 (1983) 定義情境犯罪預防為：⑴直接針對高度特定的犯罪型態所採取的措施；⑵這些措施涉及管理、設計或操縱立即的周遭環境，並儘可能得以系統性和永久性的方式為之；⑶如此所採取的策略即可以降低犯罪機會並增加犯罪人評估各種犯罪行為所認知的風險 (p. 225)❸❹。

基於上述的情境犯罪預防之定義，四個步驟被提出來進行如何提出適切的情境犯罪預防策略：⑴研究問題；⑵辨識可能的回應措施；⑶執行干預措施；⑷評估與調整措施。因此，情境犯罪預防是一系列問題辨識、回應辨識、方案執行與評估調整的動態過程。在 1983 年時，克拉克提供一個三維的干預策略原則：

1.監控：包含自然監控、正式監控、職員的監控等。

---

❸❹　Clarke (1983): Situational crime prevention: Its theoretical basis and practical scope, In Tonry & Morris (eds.), *Crime and Justice*, vol. 4. Chicago, IL: University of Chicago Press.

2.標的物的強化：包含上鎖、強化玻璃、保險箱以及其他安全措施。

3.環境的管理：係指降低犯罪機會的改變，例如使用支票已取代使用現金、使用金屬探測門掃描行李與旅客，降低飛機劫機的機會。

由於原始的三維原則過於簡單，且隨著情境犯罪預防干預策略的成長，到 1992 年，克拉克將情境犯罪預防的原則與策略，修正為「增加犯罪功夫」、「增加犯罪風險」、「降低犯罪酬償」，在每一個原則下，擴充為具有實證成效且過往文獻與理論所述及的犯罪預防策略，共計 12 項，分別歸類於上述三個原則，整理與說明如下表 7-1❸：

表 7-1　克拉克 1992 年情境犯罪預防技術

原則	技術
增加犯罪功夫	1.標的物的強化 2.通道的控制 3.轉移犯罪人注意 4.控制促進物（例如槍、酒與電話之管制）
增加犯罪風險	1.進出入口的過濾 2.正式的監控 3.職員的監控 4.自然監控
降低犯罪酬償	1.標的物的移除 2.辨識財產 3.移除誘因（刺激物） 4.設立規則

1997 年，克拉克與荷默爾 (Homel) 再將上述 12 項技術，擴充為四大原則、16 項技術，以回應外界對於情境犯罪預防策略的關注與局限性。首先，有研究指出，原來的分類，無法互斥，甚至可以再度區分為另一個原則，例如原先的控制促進物，在實務上，可以區分為控制犯罪促進物（例如槍、酒與其他武器等）以及控制抑制物（例如規範使用酒精與毒品的障礙），原先的增加困難原則，恐無法框住後者；其次，原先的 12 項技術強

❸　Clarke (1992): *Situational crime prevention: Successful cases studies*, Albany, NY: Harrow and Heston.

調從硬體環境的干預與介入策略，但對於社會或心理的干預與介入策略，例如讓犯罪人增加罪惡感、恥感與羞愧心的作為，似乎沒有著墨。因此，為回應外界的質疑與建議，他們將三原則擴充為四個原則，並增加至 16 種技術，詳如表 7–2 [36]。

表 7–2　克拉克與荷默爾 1997 年情境犯罪預防技術

增加犯罪困難	提昇犯罪風險	降低犯罪之酬賞	產生犯罪的羞恥感
1.目標物強化 ＊汽車防盜鎖 ＊加強住戶公司門鎖	5.出入口檢查 ＊行李之檢查 ＊物品貼上標籤	9.目標物的移置 ＊租用保險櫃 ＊使用票據代用現金 ＊可拆式汽車音響	13.設立規則 ＊飯店住宿規則 ＊騷擾處理規範
2.通道控制 ＊停車場之管制 ＊圍籬 ＊進門時有聲響	6.正式監控 ＊防盜鈴 ＊超速照相 ＊保全人員	10.財物之辨識 ＊財產標識 ＊汽車牌照或引擎號碼	14.強化道德譴責 ＊酒醉駕車遊街宣導 ＊嫖雛妓公佈姓名與照片
3.轉移潛在犯罪者 ＊公車站牌之設置 ＊酒吧之地點 ＊街道的封閉	7.職員監控 ＊室內付費電話 ＊停車及住戶管理員 ＊裝設 CCTV	11.降低誘惑 ＊車停在車庫 ＊出門勿花枝招展	15.控制犯罪抑止因素 ＊設定喝酒年齡 ＊設定槍枝持有條件
4.控制犯罪促進物 ＊信用卡附上照片 ＊槍枝管制 ＊酒精飲料管制	8.自然監控 ＊防衛空間 ＊街燈與街道監視器 ＊旅客留意計程車駕駛的車牌號碼	12.拒絕利益 ＊清除塗鴉 ＊球場禁售酒類 ＊車子音響需輸入密碼	16.促進遵守規定 ＊訂定圖書館借書辦法 ＊公廁之管理 ＊廣設垃圾桶

　　對於上述 12 種情境犯罪預防技術的類型，學者沃特利 (Wortley, 2001) 對於該分類過度強調控制與抑制犯罪的技術，卻忽略促進或導致犯罪因素，頗有意見；此外，沃特利也對於罪惡感、羞恥心和促進因素的討論認為，1997 年的類型中，預防犯罪和犯罪因果關係的社會和心理方面之技術，尚未發展成熟。面對這樣的質疑聲浪與建議，柯尼許和克拉克 (Cornish & Clarke) 於 2003 年再度修正與擴充情境犯罪預防技術為五大原則：　1.增加

---

[36]　Clarke & Homel (1997): A revised classification of situational crime prevention techniques, In Lab (ed.), *Crime prevention at a crossroads*, Cincinnati, OH: Anderson Publishing Co.

犯罪人對於從事犯罪的功夫（增加犯罪功夫）；2.增加犯罪人從事犯罪被發現的風險 （增加犯罪風險）； 3.減少從事犯罪所獲得之酬償 （減少犯罪酬償）； 4.減少犯罪環境的刺激或挑釁（減少犯罪挑釁）；5.移除犯罪人在犯罪場域會說出的藉口（移除犯罪藉口），並擴出為 25 種技術，其中特別增加減少犯罪刺激或挑釁 (Reducing Provocation) 之原則，即為回應沃特利的質疑。因此，2003 年情境犯罪預防技術，詳如表 7–3❸。

表 7–3　柯尼許與克拉克 2003 年情境犯罪預防技術

增加犯罪功夫	增加犯罪風險	減少犯罪酬償	減少犯罪挑釁	移除犯罪藉口
1.標的物的強化 ＊龍頭鎖、防止汽車啟動裝置 ＊防搶螢幕 ＊防破壞包裝	6.擴充監控力道 ＊日常注意提醒：夜間外出結伴、攜帶手機、告知去處 ＊鄰里守望相助	11.標的物的隱匿 ＊車輛不停放路邊 ＊電話簿中性別中立 ＊運鈔車勿有顯明標誌	16.減緩挫折與壓力 ＊有效率的排隊與警察服務 ＊增加座椅數量 ＊柔和的音樂與燈光	21.訂定規範 ＊租賃契約 ＊騷擾防治規範 ＊旅館住宿須登記
2.管制通道 ＊入口裝設對講機 ＊電子通行卡 ＊行李掃描	7.協助自然監控 ＊改善街道照明 ＊防衛空間設計 ＊支持吹哨者	12.移除標的物 ＊可拆式汽車音響 ＊婦女庇護區 ＊預付電話卡	17.避免爭端 ＊隔離敵對球迷觀賞區與出口通道 ＊減少酒吧的擁擠 ＊固定計程車費率	22.敬告守則 ＊禁止停車 ＊私人土地 ＊撲滅營火
3.過濾出口 ＊有票根才可出境 ＊出境文件 ＊電子商品標籤	8.減少匿名 ＊計程車司機識別證 ＊申訴電話 ＊著學校制服	13.辨識財產 ＊財產的標識 ＊車輛牌照與零件註冊 ＊牛隻標記	18.減少情緒挑逗 ＊控制暴力色情影片 ＊強化足球場內好的行為 ＊禁止族裔的毀謗	23.激發良心 ＊路旁超速板 ＊關稅簽名 ＊「偷竊商品是違法的行為」標語

❸ Cornish & Clarke (2003): Opportunities, precipitators, and criminal decisions: A reply to Wortley's critique of situational crime prevention, In Smith & Cornish (eds.), *Theory of practice in situational crime prevention*, Monsey, NY: Criminal Justice Press.

4.轉移犯罪人注意 ＊街道封閉 ＊分隔男女廁 ＊分散酒吧	9.使用地點管理者 ＊雙層巴士安裝CCTV ＊便利商店安排兩位職員 ＊獎勵警惕者	14.搗亂市場 ＊監視當鋪 ＊分類廣告控制 ＊街頭攤販領照	19.減少同儕壓力 ＊白癡才酒後駕車 ＊說「不」是沒有關係 ＊在學校中分散麻煩人物	24.協助遵守規則 ＊簡易圖書借閱手續 ＊公共廁所 ＊垃圾桶
5.管制槍械 ＊智慧型槍枝 ＊失竊後無法使用的行動電話 ＊嚴格管制少年購買噴漆	10.強化正式監控 ＊闖紅燈照相機 ＊防盜警鈴 ＊保全警衛	15.否定利益 ＊墨水商品標籤 ＊清洗塗鴉 ＊減速路凸	20.避免模仿 ＊立即修繕破壞的公物 ＊電視內安裝V晶片 ＊避免作案模式之散佈	25.管制藥酒 ＊於酒吧內酒測 ＊侍者調解 ＊無酒精活動

　　身為理性選擇理論的支持學者，克拉克相信情境犯罪預防策略應該聚焦於讓犯罪的選擇機會，降到最低 (Less Attractive)。但是，不似其他嚇阻理論之學者，克拉克的主張並不強調刑事司法體系的角色，因為他發現，犯罪事件發生、嫌疑犯逃逸後，警察才到達犯罪現場；即使嫌疑犯逮到後，刑罰確定，但刑罰的制裁與執行都在事件發生後的未來，正義對當事人而言，永遠都是遲來的，因此刑事司法體系的效率不彰，一直受到民眾批評，犯罪預防對策應該有其他的途徑。有鑑於此，克拉克將他的關注焦點放置於情境環境的特性，他認為只有將情境環境改變，才能降低一個潛在犯罪事件發生的可能性。因此，克拉克的理論則聚焦於那些會增加犯罪困難的策略或技術。

第四項　犯罪三角理論

　　1979 年科恩與費爾遜所提出的日常活動理論，提供了一個理論性的框架，讓吾人能夠更具體地瞭解到一個犯罪事件的發生，有三個構成要素：地點的特性、犯罪人的特性以及被害人的特性。這樣的理論架構，可以協助犯罪分析家與警察部門視覺化犯罪的問題以及瞭解到三個要素在犯罪事件的關聯性。再者，研究者也指出，犯罪傾向於聚集在一些固定的場合、

犯罪人與被害人身上，學者司沛曼和艾克 (Spelman & Eck, 1989) 檢驗了許多研究並估算出有 10% 的被害者涉入了 40% 的被害案件，有 10% 犯罪人牽扯了 50% 的犯罪案件。而有 10% 的地點發生了一個城市 60% 的犯罪案件。這樣的分佈情況，有助於警政當局如何將有限的警察資源運用在相關的犯罪問題上❸。

　　這樣的發展引起了犯罪問題分析三角理論 (Crime Problem Analysis Triangle Theory) 之提出，簡稱犯罪三角理論 (Crime Triangle Theory)（詳圖 7–3）。犯罪三角理論之所以會被提出，主要是協助警方思考如何回應社區的犯罪問題而產生，因此，該理論與警政工作，息息相關❸。根據該理論提倡者艾克 (2003) 的主張，將原有日常活動理論的三要素所構成的三角形，三邊為原有的三要素，簡化稱為場所 (Place)、犯罪人 (Offender) 與被害人（或謂標的物）(Victim/Target)，各邊各增加一個對應的外環控制者 (Outer Level of Controller)，形成一個外環三角形，當原有的三角形（稱內環三角形）之三要素成立時，代表控制者失靈或失常，犯罪問題即產生；反之，犯罪問題即獲控制，不會發生。進一步說明如下❹：

　1.監控者 (Guardian)

　　係指足以保護被害人或標的物 (Victim/Target) 的要素，包含人（如警察與保全人員）、動物（犬）與設置（監視器或保全設施）。

　2.管理者 (Managers)

　　係指對於場所 (Place) 進行管理並負責其安全的人員，例如旅館的從業人員、大廈管理人員與遊樂園的經營者。例如毒品危害防制條例第 31 條之

❸　Spelman & Eck (1989): Sitting duck, Ravenous Wolves, and Helping Hands: New Approaches to Urban Policing, *Public Affairs Comments*, 35 (2), 1–9.

❸　Braga & Weisburd (2010): *Policing problem places: Crime hot spots and effective prevention*, New York: Oxford.

❹　Eck (2003): Police problems: The complexity of problem theory, research and evaluation, In J. Knutsson (ed.), *Problem-oriented policing: From innovation to mainstream*, Crime Prevention Studies 15, Monsey, NY: Criminal Justice Press.

1，規定特定營業場所（例如旅館業），為防制毒品之危害，應執行防制措施，包含於入口明顯處標示毒品防制資訊，其中應載明持有毒品之人不得進入、指派一定比例從業人員參與毒品危害防制訓練、備置負責人及從業人員名冊以及發現疑似施用或持有毒品之人，通報警察機關處理。這樣的立法規範，即以該理論為立法依據。

3.操控者 (Handlers)

係指那些有權力對於犯罪人 (Offender) 行為控制或提供仿傚、學習的榜樣，例如個體的重要他人以及刑事司法執行人。

圖 7-2　犯罪三角理論架構圖

參考資料：R. V. Clarke & J. E. Eck (2005): *Crime Analysis for Problem Solvers in 60 Small Steps*, Washinton, D.C.: Office of Community Oriented Policing Services, U.S. Department of Justice.

第四節　環境犯罪學之副作用

環境犯罪學的價值在於它提供了一個全新的觀點，認為機會是製造犯罪要角的同時，也是關閉機會以降低犯罪的角色，該理論與傳統那些關注犯罪人的理論不同，它的全新思維僅聚焦於場地或情境，並透過環境的操縱、設計與改造，讓這些空間更具有防衛性。換言之，他們認為，即使不用對於犯罪人為何要從事犯罪的動機與傾向，感到興趣並進行研究，犯罪還是可以透過環境、場域與機會被瞭解與解釋的，亦即，不是犯罪人的犯罪動機、傾向或特質製造犯罪，而是犯罪人遇到了適切的機會與環境後，

製造犯罪。因此，犯罪預防工作，須從立即的周遭環境著手改善，切斷可能從事犯罪與被害的機會，始能克竟全功。

犯罪預防工作有無效益，主要的評估指標就是犯罪數量是否減少，民眾對於周遭環境的恐懼感程度以及民眾的行為是否改變[41]。換言之，透過環境犯罪學所發展出來的犯罪預防工作，在評估其成效或效應時，均會觀察實施這些預防方案或計畫時，這些鎖定的標的物、鄰里與社區的犯罪狀況，是否有改變。但同一時間，這些預防犯罪的方案與計畫，也可能非故意地對於上述的標的物、鄰里與社區，產生非故意的衝擊與影響。例如，是否有可能預防一個鄰里犯罪所進行的犯罪預防方案，卻導致其附近的鄰里增加或減少犯罪數量呢？一個犯罪預防方案介入的期程要多久，才會有犯罪預防效益？如果超過一段時間後，犯罪預防效益還存在嗎？因此，在吾人探討環境犯罪學所衍生的犯罪預防策略時，其成效所衍生的副作用，主要有以下三個：犯罪轉移 (Crime Displacement)、效應滅失 (Effect Extinction) 以及利益擴散 (Diffusion of Benefits)。

第一項　犯罪轉移

犯罪轉移的產生，代表個體的或社會的犯罪預防行為，讓犯罪數量產生變化。在這方面經常性的探討，就是一個地區的犯罪轉移到另一個地區（也稱為犯罪的溢流 Crime Spillover）。例如在一個社區增加警力，可能會減少該社區的犯罪數量，但也可能會增加該社區附近犯罪的數量，因為原先增加警力社區的犯罪人口，可能會竄流至其他警力沒有增加的社區犯罪。

學者雷佩托 (Reppetto, 1976) 指出，談到犯罪轉移，提出其他五種轉移型態，而巴爾和皮斯 (Barr & Pease, 1990) 再增加一種，總共有六種，說明如下[42]：

---

[41] Lab (2010): *Crime prevention: Approach, practice, and evaluations* (7th ed.), New Providence, NJ: LexisNexis.

[42] Reppetto (1976): Crime prevention and the displacement phenomenon, *Crime and Delinquency*, 22, 166–177; Barr & Pease (1990): Crime placement, displacement,

1.地理的轉移 (Territorial Displacement)：係指犯罪從一個地區，轉移到另一個鄰近、接連的地區，例如一個社區實施守望相助工作 (Neighborhood Watch Program)，該社區的犯罪人口轉移到其他社區。

2.時間轉移 (Temporal Displacement)：係指一種某一段經常發生犯罪的時間，轉移到其他時段。例如深夜加強家戶巡邏後，原先深夜時段常發生的住宅竊盜，轉移到白天時段。

3.策略的轉移 (Tactical Displacement)：係指從事犯罪的方法或策略，進行改變，有精益求精之感。例如加裝門鎖後，讓宵小不容易從門處闖空門，且改由窗戶進入。

4.標的物的轉移 (Target Displacement)：在一個相同的區域中，選擇不同的侵害標的。例如一個社區中，僅有一半的住戶實施守望相助工作，就會引起犯罪人鎖定那些未參加守望相助的住戶，為侵害的對象。

5.功能的轉移 (Functional Displacement)：又稱為類型的轉移，係指犯罪人由專精從事一項犯罪類型，轉變為從事其他的犯罪類型。例如當住宅竊盜因為守望相助工作的落實，變得難以進行時，竊賊改進行搶奪犯罪。

6.犯罪人的轉移 (Perpetrator Displacement)：一個或一群犯罪人因故減少犯罪活動後，被其他一個或一群人取而代之。例如警察針對轄區內的治安顧慮人口進行佈建、盯梢，因而減少犯罪活動後，被同區的其他非治安顧慮人口所取代。

愈來愈多研究顯示，犯罪轉移效應並非進行犯罪預防措施時所伴隨而來的必然結果，即使犯罪轉移效應確實發生，它也不是百分之百的轉移。但由於犯罪轉移現象不容易偵測與掌握，因此，許多評估研究都失敗。換言之，過往的文獻對於犯罪轉移現象的研究，是很少的。但有兩篇研究宣稱，他們發現了些微的證據支持犯罪轉移效應是存在，並認為不需要過於關注。黑瑟林 (Hesseling, 1994) 和艾克 (Eck, 1993) 的研究顯示，大約有將近一半的研究發現，他們的犯罪預防策略確實產生了犯罪轉移的效應，特

and deflection, In Tonry and Morris (eds.), *Crime and Justice*, vol. 12, Chicago, IL: University of Chicago Press.

別是地理與標的物的轉移。由於該兩位研究者均沒有發現 100% 的犯罪轉移現象，或是所整理的文獻中，並非全部的研究均論及有犯罪轉移效應的產生，因此他們均下結論認為，犯罪轉移並不是很嚴重的問題❸。

　　然而，從另一角度來看，如果一個犯罪預防策略被發現有犯罪轉移效應的產生，對於實施犯罪預防工作或措施的執行者或部門而言，也正是一個檢視或討論此一計畫或方案的時候。此時犯罪轉移現象應該被視為是一個好的徵兆，也就是犯罪預防的策略或工作，確實有能力改變犯罪人的行為，無論是竄逃至其他鄰近區域犯罪或是從此後金盆洗手。這意味著犯罪人對於一般市民的預防措施正在回應與修改，並逐漸地將犯罪行為予以限制或減少。然而，是不是有正向的效益，是很難遽下定論的，因此，要真正瞭解犯罪是否轉移的唯一方法，可能要藉由訪談的方式，才能真正探詢到犯罪預防措施是否真的改變了犯罪人的犯罪型態與活動❹。

第二項　效應的滅失

　　犯罪預防效應的滅失，係指犯罪預防策略實施一段時間後，犯罪人就會適應這樣的作為或作法，犯罪預防的效應就會消退，稱為滅失 (Extinction)。例如增加警察巡邏的次數，一段時間後，即可計算出警察巡邏的時間、次數與動線，利用警察巡邏後再一次來巡邏之前犯案；又裝設汽車防竊警報器，此種產品剛剛上市時，對於廣大車主的防範竊車，十分有效，但一段時間後，真正小偷偷車、車主誤按以及行人不小心震動等行為，啟動了警報器，真正失竊或誤按通報，聲音充斥、交雜一起，人們再聽到汽車警報聲時，還有警覺嗎？因此，效應滅失，是提醒犯罪預防工作的執行者或部門，要定期巡察與評估這些工作的效應，是否呈現遞減狀況，

---

❸　Hesseling (1994): Displacement: A review of the empirical literature, In Clarke (cd.), *Crime prevention studies*, vol. 3. Monscy, NY: Criminal Justice Press; Eck (1993): The threat of crime displacement, *Criminal Justice Abstracts*, 25, pp. 527–546.

❹　同❹。

形成了「煮蛙效應」(Frog-Boiling Effect)，讓一般的居民對於此一防範措施已麻木不仁。例如警察的巡邏勤務，針對轄區境內的犯罪熱點，進行警力的部署與重兵埋伏，但發現犯罪案件量逐漸減少，或發現警方的巡邏設計或策略已遭嫌犯識破時，表示效應滅失，應即可檢討改進，予以修正後重新實施。例如索格 (Sorg) 等 (2013)❹針對美國費城警方所進行的徒步巡邏是否會降低暴力犯罪率的犯罪預防方案，進行縱貫性效益之評估研究，結果顯示，該方案實施初期，確實對於徒步區內的暴力犯罪數量之下降，確實有效，但很快地，效益就消退了 (Dissipate Quickly)。他們解釋說，有可能該方案一開始實施時，有關該計劃的宣傳奏效，讓這些犯罪分子害怕，蟄伏起來，因此暴力犯罪率下降。但隨著時間的推移，他們的恐懼感消退了，很快地，他們又恢復了非法活動。

第三項　利益的擴散

如同前述，利益的擴散 (Benefits of Diffusion) 是指非犯罪預防方案所針對的區域、標的與個體，也可能會從此一方案中，獲得利益。例如，一個社區中有一半的住戶加入了守望相助方案 (Block Watch Program)、標示他們的財產與參加社區巡守工作，在此一社區的任何人都會感受到犯罪與恐懼感的下降，這可能是參與者所投入的犯罪預防工作，對於未參與者也發揮了影響的效益。這就是利益的擴散。而利益的擴散，可以區分為兩種，第一種是預防一種犯罪行為，產生預防其他犯罪行為的效益結果，例如超商在店內裝設錄影監視器，預防店內有人行竊，但也同時預防了一些鄰近超商附近的街頭破壞公物 (Vandalism) 的結果；警察增加巡邏勤務是要掃蕩境內的毒品交易，結果卻也導致境內娼妓、遊民與遊蕩街頭的人減少。第二種是預防一個地區的犯罪，也產生預防其他地區犯罪效益的結果。例如加強某一社區警力派遣，以取締毒販交易，導致其他區域的吸毒者因為無

---

❹　Sorg, Haberman, Ratcliffe, & Groff (2013): Foot patrol in violent crime hot spots: The longitudinal impact of deterrence and posttreatment effects of displacement, *Criminology*, 51, pp. 65–101.

毒可以購買，這些人在原先的地區之吸毒行為，呈現減少狀態❹。

　　傳統上在研究利益的擴散效益，大致上均採取實驗組與控制組的方式進行，例如克拉克 (1995) 指出，實驗組境內的利益擴散至鄰近區域，但控制組並沒有影響。但是，也有可能實驗組與控制組在犯罪數量變化，一致地呈現下降的情況，這可能是社會上一般性的下降所致。例如賴擁連等 (2018) 針對臺北市地區錄影監視系統 (CCTV) 在犯罪預防之效益，進行實驗組與對照組的縱貫性比較研究發現，實驗組與控制組在四種街頭犯罪型態（普竊、住竊、汽機車竊盜與搶奪）的下降程度，結果發現，實驗組與控制組的四種街頭犯罪案件數，都呈現下降趨勢，並未達顯著差異，換言之，錄影監視系統並未顯著地嚇阻了實驗組內的犯罪現象。他們解釋說，事實上臺北市已經步入低犯罪的時代 (Low Crime Era)，在過去這十餘年間，許多的犯罪預防策略，讓臺北地區的犯罪數量下降，例如普竊從 2002 年至 2015 年下降 38%，汽機車竊盜下降 90%，整體犯罪率從每 10 萬人 2,135 人，下降至 1,561 人。因此，他們結論，錄影監視系統或許對於犯罪預防之影響力有限，但對於整體街頭犯罪數量的下降，確實有其一定的貢獻性，不得漠視❹。

---

❹　Siegel (2017): *Criminology: The core*, 6th. Edition, Cengage.

❹　Lai, Sheu, & Lu (2018): Does the police-monitored CCTV scheme really matter on crime reduction? A quasi-experimental test in Taiwan's Taipei city, *International Journal of Offender Therapy and Comparative Criminology*, 63 (1), pp. 101–134.

下　篇
犯罪學各論

第八章　少年犯罪

　　各年齡層的犯罪人，少年犯最受到重視。因為今日的少年犯，可能成為明日的成年犯，所以，犯罪問題的研究者與從事犯罪抗制的實務工作者，均不敢掉以輕心。由於少年犯罪問題甚受重視，所以有關的研究與文獻，可謂汗牛充棟，而大多數犯罪學理論的建構，均在解釋少年犯罪。如果說犯罪問題的重心，在於少年犯罪，實不為過。

　　少年犯罪是一個世界性的問題，工業化國家、開發中國家及東歐集團的社會主義國家，同受少年犯罪的苦擾❶。由於國際資訊的往來方便而且頻繁，加上大眾傳播媒體的推波助瀾，少年犯罪的行為類型有趨於類似的傾向，例如，德國的犯罪學家施耐德 (Schneider) 即認為，西歐的少年犯罪活動（尤其是幫派少年犯罪），通常以美國的少年犯活動為藍本，價值觀亦深受影響❷。

第一節　少年犯罪的概念

　　從刑法論理上的犯罪結構判斷，一個具有違法性與罪責的構成要件該當行為，才是真正的犯罪行為，而可賦予刑罰制裁的法律效果。對於刑法並無研究的犯罪學者、社會學者、心理學者或其他學者，往往誤以為英語文獻上的「少年非行」(Juvenile Delinquency)，即為少年犯罪。其實「少年非行」的範疇，遠超過刑法意義上的犯罪。例如，吸食迷幻藥、逃學逃家、成群結黨、浪跡街頭，這些行為雖屬於「少年非行」的範疇，卻絕非犯罪，不會有刑罰制裁的法律效果。少年事件處理法第 3 條第 1 項第 2 款所規定的 12 歲以上、18 歲未滿的「曝險少年」，是指未來有可能陷於犯罪（偏

---

❶　Schneider: *Kriminologie*, 1987, S. 606.

❷　Schneider, aaO. S. 630.

差）行為高風險之少年。為呼應大法官釋字第 664 號之意旨，在 2019 年 5 月 31 日立法院三讀通過之少年事件處理法中，將原有規定之 7 類事由，刪除其中 4 類，僅保留「無正當理由經常攜帶危險器械」、「有施用毒品或迷幻物品之行為而尚未觸犯刑罰法律」、「有預備犯罪或犯罪未遂而為法所不罰之行為」等 3 類行為，以為辨識曝險少年之判斷標準❸。

狹義的少年犯罪，應指 14 歲以上，18 歲未滿之人的刑法構成要件該當的違法而有責的行為。因為未滿 14 歲，即無刑罰制裁的可能，縱有符合刑法構成要件的違法行為（如殺人、強盜），亦只能由少年法院裁定保護處分；18 歲以上，原則上即有完全的責任能力，其犯罪行為，在我國即可視為成年犯罪。

廣義的少年犯罪係指 12 歲以上，18 歲未滿之人的犯罪行為。蓋少年事件處理法所指的少年係指 12 歲以上至 18 歲未滿之人。未滿 12 歲人的觸犯刑罰法令行為，習慣上被稱為「兒童犯罪」，在 2019 年 5 月 31 日立法院三讀通過之少年事件處理法中，刪除原少年事件處理法第 85 條之 1，確認 7 歲到 12 歲兒童未來如有觸法事件，應回歸到 12 年國民基本教育及學生輔導機制，不再移送少年法庭審理❹。

最廣義的少年犯罪則泛指一切未滿 18 歲人的犯罪，刑事警察局的臺灣刑案統計，即依此最廣義的概念。臺灣刑案統計在國內少年犯罪的研究文獻上，被援用最多，研究者觀念中的少年犯罪，幾乎就是此種最廣義的概念。詳言之，最廣義的少年犯罪概念，實包括兒童犯罪。

由於犯罪學的研究，官方犯罪統計是頗為重要的觀察工具，加以犯罪學的研究，主要在現象的觀察與解釋。因此，可以不必受實定法的拘束，而宜就最廣義的概念，並及於「非行少年」，研究少年犯罪。

---

❸ 原少年事件處理法第 3 條第 2 款中，被刪除之 4 類行為，係為「經常與有犯罪習性之人交往者」、「經常出入少年不當進入之場所者」、「經常逃學或逃家者」、「參加不良組織者」。

❹ 原少年事件處理法第 85 條之 1 規定，未滿 12 歲人的觸犯刑罰法令行為，得依少年保護事件審理，裁定保護處分。

第二節　少年兒童犯罪的總體現象

對於我國少年兒童犯罪的總體觀察，發現有下列值得注意的現象：

一、少年兒童犯人數呈現先升後降趨勢

2008 年至 2017 年間，兒童少年犯的人數呈現先上後下降之趨勢，2011 年首次上升超過 10,000 人，達到 11,373 人，並持續至 2014 年，期間維持於 10,000 至 12,100 人，但 2015 年降至 9,041 人，2017 年較 2008 年減少 503 人，減少 5.3%。

兒童少年人數占總犯罪人口率也是呈現略微上升後下降現象，2008 至 2012 年間，兒童少年犯罪占總犯罪人數比率維持在 4.75 至 6.92 間，自 2013 年起，逐年下降，以 2017 年為例，降至 4.64，是近 10 年最低點（如圖 8-1）。

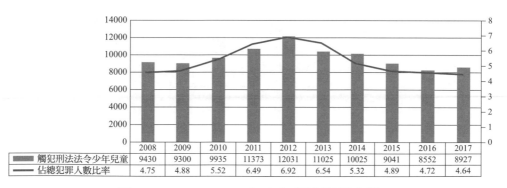

	2008	2009	2010	2011	2012	2013	2014	2015	2016	2017
觸犯刑法法令少年兒童	9430	9300	9935	11373	12031	11025	10025	9041	8552	8927
佔總犯罪人數比率	4.75	4.88	5.52	6.49	6.92	6.54	5.32	4.89	4.72	4.64

圖 8-1　2008-2017 年少年兒童犯罪人數

資料來源：作者自繪，摘自法務部：《中華民國 106 年犯罪狀況及其分析》，表 3-1-1，2018，195 頁。

二、受保護處分少年兒童人數亦呈現先升後降現象

　　2008 年至 2017 年少年兒童犯交付保護處分案件數，亦呈現先升後降現象，例如在 2008 年，各類型受保護處分少年兒童人數為 10,299 人，然而逐年上升，在 2012 年達到 14,000 人最高峰後，自 2013 年起又逐年下滑，2017 已降至 9,470 人。在四種保護處分型態中，訓誡（含假日生活輔導）與保護管束，適用之人數最多，兩者適用約達 8 成以上，其次為感化教育，而安置輔導最少，每一年不到 200 人（如圖 8-2）。

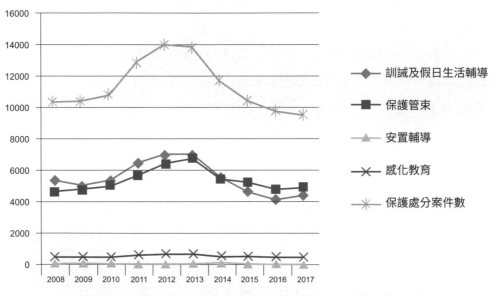

圖 8-2　歷年地方法院少年暨兒童保護事件終結情形

資料來源：作者自繪，摘自司法院：《2017 司法院司法統計》，表 114，9-229 頁。

三、兒童少年之竊盜與傷害罪所占比率最高

　　犯罪類型部分，多數兒童少年主要犯罪類型為竊盜、傷害、妨害性自主、毒品及公共危險等等。竊盜犯罪是最常發生的犯罪類型，十年內的分布於 35.40% 至 16.43%，呈現逐年下降趨勢，2017 年 1,467 人是十年來的新低，2017 年比 2008 年減少 1,871 人，減少 56.18%；另一方面，傷害、

妨害性自主及毒品、公共危險與詐欺等犯罪人數，均呈現上升之趨勢，尤以詐欺罪增幅最大，近十年增加率達 164.2%，其次為毒品罪，近十年增加率為 115.0%，第 3 名為公共危險罪，近十年增加率為 41.8%。變動最大之罪為傷害罪，自 2008 年至 2012 年的最高峰，曾經上升 72.7%，但自此以後，逐年下降，2008 年至 2017 年間，僅些微成長 9.6%（如圖 8-3）。

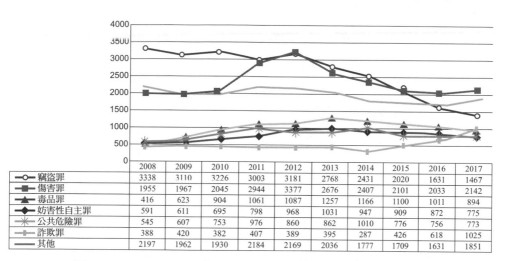

	2008	2009	2010	2011	2012	2013	2014	2015	2016	2017
竊盜罪	3338	3110	3226	3003	3181	2768	2431	2020	1631	1467
傷害罪	1955	1967	2045	2944	3377	2676	2407	2101	2033	2142
毒品罪	416	623	904	1061	1087	1257	1166	1100	1011	894
妨害性自主罪	591	611	695	798	968	1031	947	909	872	775
公共危險罪	545	607	753	976	860	862	1010	776	756	773
詐欺罪	388	420	382	407	389	395	287	426	618	1025
其他	2197	1962	1930	2184	2169	2036	1777	1709	1631	1851

圖 8-3　2008-2017 年兒童少年保護事件犯罪類型人數

說明：「其他」類型包含殺人、強盜搶奪盜匪、恐嚇取財、贓物、妨害風化、妨害自由、擄人勒贖、槍砲彈藥刀械管制條例及其他類等罪。

資料來源：作者繪製，摘自法務部：《中華民國 106 年犯罪狀況及其分析》，表 3-1-3，2018，197 頁。

四、藥物濫用的比率已居兒童少年虞犯原因首位

十年來兒童少年虞犯人數呈現單峰現象，亦即從 2008 年逐年攀升，至 2013 年 3,301 人時達到最高峰，之後則呈現下降趨勢，2017 年時已降至 836 人，較 2008 年減少 27%。

在虞犯型態變化，經常逃學或逃家者，至 2008 年後就逐年下降，至 2017 年 111 人，為十年來新低。藥物濫用（吸食或施打煙毒以外之麻醉或迷幻物品者）自 2008 年起就逐年攀升，至 2013 年達到最高峰 2,987 人，但自 2014 年後逐年下降，2017 年為 553 人，十年間僅成長 0.1%。綜觀過

去十年兒童少年虞犯人數增加，主要是受到藥物濫用（吸食或施打煙毒以外之麻醉或迷幻物品者）型態的大幅成長所致（如圖 8–4）。

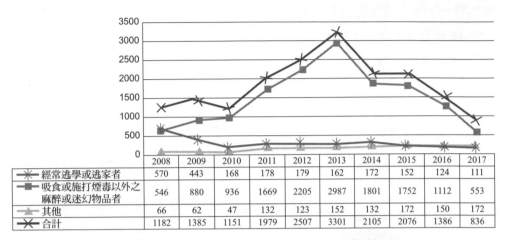

	2008	2009	2010	2011	2012	2013	2014	2015	2016	2017
經常逃學或逃家者	570	443	168	178	179	162	172	152	124	111
吸食或施打煙毒以外之麻醉或迷幻物品者	546	880	936	1669	2205	2987	1801	1752	1112	553
其他	66	62	47	132	123	152	132	172	150	172
合計	1182	1385	1151	1979	2507	3301	2105	2076	1386	836

圖 8–4　2008–2017 年少年虞犯原因趨勢圖

資料來源：作者繪製，摘自法務部：《中華民國 106 年犯罪狀況及其分析》，表 3–1–21，2018，214 頁。

第三節　少年竊盜犯

根據圖 8–3 的觀察，發現竊盜犯在少年犯罪中佔有突出的比率。因此，少年竊盜犯值得進一步的討論。

歸納國內外若干研究與官方犯罪統計，少年竊盜犯可得討論者，有如下數端：

一、貧困的少年竊盜犯所佔比率甚微

14 歲至 18 歲之少年竊盜犯，依少年事件處理法的規定，得依刑事案件處理，亦得依保護事件審理；未滿 14 歲之竊盜犯（包括兒童竊盜）則僅得依保護事件審理。根據法務部的統計，少年竊盜犯被依刑事案件處理，該少年竊犯的家庭經濟狀況屬於低收入戶者，所佔比率很低。以 2008 年至 2017 年為例，竊盜刑事犯受執行刑罰者，其家庭經濟狀況屬於低收入戶者，

約佔 4.64 至 9.78% 之間，未曾超過 10%（如圖 8–5）。由於絕大部分少年竊盜犯的家庭經濟不差（勉足維持生活、小康之家與中產以上），而少年的經濟來源通常是家庭。因此，其犯罪原因已非「饑寒起盜心」所可以解釋。學者有謂「相對剝奪感」與「犯罪次文化」可以解釋少年竊盜犯的原因❺。

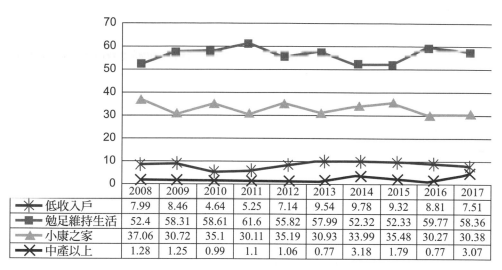

	2008	2009	2010	2011	2012	2013	2014	2015	2016	2017
✳ 低收入戶	7.99	8.46	4.64	5.25	7.14	9.54	9.78	9.32	8.81	7.51
■ 勉足維持生活	52.4	58.31	58.61	61.6	55.82	57.99	52.32	52.33	59.77	58.36
▲ 小康之家	37.06	30.72	35.1	30.11	35.19	30.93	33.99	35.48	30.27	30.38
✕ 中產以上	1.28	1.25	0.99	1.1	1.06	0.77	3.18	1.79	0.77	3.07

圖 8–5　2008–2017 年少年刑事案件家庭經濟狀況統計

資料來源：作者繪製，摘自法務部：《中華民國 106 年犯罪狀況及其分析》，表 3–1–18，2018，211 頁。

二、少年竊盜的標的

國內研究青少年偷竊的標的不少，有腳踏車、機車、汽車、百貨公司東西及民宅住家東西❻；標的以機車最多，其次是金錢，再來是商品❼。

---

❺ 蔡德輝、高金桂：〈少年竊盜犯罪問題〉，刊：《青少年犯罪心理與預防》，1983，177–179 頁。

❻ 侯崇文、洪忠祺：〈理性選擇與犯罪決定：以青少年竊盜為例〉，刊：《行政院國家科學委員會專題研究計畫成果報告》，2002，11 頁。

❼ 曾淑萍：《自我控制與少年竊盜行為：一般性犯罪理論之驗證》，國立中正大學，犯罪防治研究所碩士論文，1999，88 頁。

三、共同正犯比率不低

　　以 2017 年為例，少年及兒童保護事件，犯竊盜罪計 1,466 人，其中二人以上共同行竊者有 754 人，佔 51.4%❽。國內研究指出，在犯罪過程中，一般均會與朋友討論如何偷竊，可以增強偷竊犯罪動機和增進偷竊技術；另一個研究調查也指出，與同伴一起犯案，一個人、二個人和三個人以上共同犯罪，各約佔 3 分之 1。所以，偷竊多是集團作案，是偷竊特有的現象，也是偷竊的文化❾。

四、偶發犯的比率不低

　　2017 年，少年及兒童保護事件，犯竊盜罪中，偶發犯 1,126 名，佔 46.81%，其餘皆為經常犯罪者❿。少年法院在決定將少年竊盜犯移送檢察官依刑事案件處理時，偶發犯與否，可能是重要的考慮，如果是偶發犯，較有可能被依保護事件處理；至於少年保護事件之中，仍有相當比率的再犯與常習犯，很有可能是少年在行為時，尚未滿 14 歲。

五、少年竊盜犯有逃學經驗者比率甚高

　　國內對於少年竊盜犯的研究，發現少年竊盜犯有逃學經驗者，約佔 87%，而一般少年有逃學經驗者，只佔 34%⓫。另有對於竊盜犯的研究，亦發現竊盜犯之中，33% 經常逃學，40% 偶爾逃學⓬。

六、少年竊盜犯的生活習慣較為不佳

　　若干研究指出，少年竊盜犯有較多的賭博、涉足風化場所、藥物濫用、

❽　司法院：《中華民國 106 年司法統計年報》，表 119，2018，9–306 頁。
❾　侯崇文，前揭文，17–18 頁；曾淑萍，前揭文，96 頁。
❿　同❽，9–307 頁。
⓫　陳福榮：《少年竊盜犯家庭學校社會環境因素及其預防對策之研究》，中央警官學校警政研究所碩士論文，1982，139 頁。
⓬　蔡德輝、高金桂，前揭文，176 頁。

吸煙及喝酒等經驗，如果是竊盜累犯，則此種經驗，尤其顯著❸。

第四節　少年濫用藥物行為

從前述第二節得知，少年濫用藥物之情形所佔比率甚高。嚴格而言，所謂的藥物，應包括鴉片、高根、嗎啡、海洛因等毒品，可是，由於這些毒品的取得較為困難，而且價格昂貴。因此，少年使用這些毒品的情形極少。舉例言之，2017 年，少年輔育院及少年矯正學校新入院（校）學生因觸犯「毒品危害防制條例」者，共 232 人，而該年（2017 年）全臺灣新入監的煙毒受刑人共計 11,699 人❹。由此可見，鴉片等毒品，在少年藥物濫用的範疇裡，並不是舉足輕重的地位。

周碧瑟教授 2000 年調查臺灣地區在校青少年毒品終生期盛行率在 1.1–1.4% 之間❺，至 2006 年陳為堅「全國青少年非法藥物使用調查」，就任一種毒品使用粗盛行率調查結果，男、女國中生曾使用非法藥物之粗盛行率分別為 0.65% 和 0.6%；男、女高中生分別為 0.82% 和 0.31%；男、女高職生則分別為 1.36% 和 1.15%，但曾有上課時間於街頭遊蕩經驗的青少年中，使用非法藥物之粗盛行率會提高到男生 10.44% 和女生 4.31%❻，另

---

❸　陳福榮，前揭文，137 頁。

張平吾：《臺灣地區竊盜初犯與累犯受刑人社會相關因素之比較研究》，中央警官學校警政研究所碩士論文，1985，156 頁。

法務部：《竊盜累犯之研究》，1983，320 頁。

❹　法務部：《中華民國 106 年犯罪狀況及其分析》，2018，237、152 頁。

❺　Chou, P., Liou, M-Y., Lai, M-Y., Hsiao, M-L., Chang, H-J.: Time Trend of Substance Use Among Adolescent Students in Taiwan, 1991–1996，引自劉美媛：〈校園藥物濫用防制之探討〉，刊：《生活科學學報》，第 9 期，國立空中大學生活科學系，2005，216 頁。

❻　陳為堅：《全國青少年非法藥物使用調查》，引自李易蓁：〈高風險用藥少年戒癮防治處遇之實務探討〉，刊：《刑事政策與犯罪研究論文集⑴⑶》，法務部印，2011，119–144 頁。

外有調查大專學生的毒品盛行率為 1.9%❶。總之,國中至大專在校學生毒品盛行率約在 1.0–1.9% 之間。

在少年犯罪人數統計部分,根據法務部《中華民國 106 年犯罪狀況及其分析》,少年兒童保護事件中,觸犯毒品犯罪人數自 2008 年的 369 人(佔當年保護人數的 4.05%),逐年增加,並上升至 2013 年的 1,037 人(佔 9.75%),為近 10 年新高,並躍居為該年第三大主要犯罪類型。2014 年後開始下降,至 2017 年降為 755 人(佔 8.74%),為主要犯罪類型的第 5 位。另外少年刑事部分,相類似地,自 2008 年至 2012 年間大幅增加,並自 2010 年成為少年刑事案件之最大宗犯罪類型,其所佔比例為 36.09%,至 2012 年以後更突破 5 成。2015 年後始下降,2017 年人數為 139 位,佔所有類型之 47.44%,比率仍偏高❶。

第一項　少年濫用的藥物及藥性的影響

1960 至 1980 年代,臺灣青少年最常濫用的藥物是紅中、白板、強力膠、速賜康,至 1990 年代,安非他命因製造容易,價格便宜,成為主流,而海洛因也逐漸侵入毒品市場。2000 年後,新興毒品興起,青少年用藥種類漸趨多元,MDMA(搖頭丸)、LSD(搖腳丸)、FM2(強姦藥片)、GHB(笑氣)、愷他命(K 他命)及神奇磨菇 (Magic Mushroom) 等新興毒品趁勢成為毒販新目標,於青少年經常聚集之場所如酒吧、KTV、PUB、舞廳及網咖等場所販售,目前已竄升為青少年吸食藥物中的最愛❶。茲分述這些藥物的特性如下❷:

---

❶　柯慧貞等:《全國大專校院學生藥物使用盛行率與其相關心理社會因素之追蹤研究》,行政院衛生署管制藥品管理局,93 年度科技研究發展計畫,23 頁。

❶　法務部:《中華民國 106 年犯罪狀況及其分析》,2018,177、179 頁。

❶　劉美媛,前揭文。

❷　以下主要參考高金桂:《青少年藥物濫用與犯罪之研究》,1984,36–38 頁;國立臺南大學毒品分類分級介紹。 http://enc.nutn.edu.tw/Page/Index/%E6%AF%92%E5%93%81%E5%88%86%E7%B4%9A%E4%BB%8B%E7%B4%B9。

一、紅中、白板與青發

紅中 (Seconal) 是一種紅色膠囊劑，白板 (Norminox) 是一種白色藥片劑。紅中與白板均是青少年所使用的暗語。使用這些藥物後，會有神智不清及輕微的幻覺作用。因此，又被稱為「迷幻藥」。與紅中、白板同一系列的藥物，尚有青發 (Amytal)。這三種藥物，都是醫療上使用的安眠與鎮靜劑。這些藥物通常作用於中樞神經系統，過度使用可能會導致中毒或死亡。

二、強力膠

強力膠的組成成分中，可供吸用者，為有機溶劑與稀釋劑。吸用的方法，大多數人都將膠放於塑膠袋內，用手搓熱，吸入揮發的氣體。有些人為求快速發揮效果，用火直接或間接加熱後，吸其揮發的氣體。由於強力膠價格低廉又容易購買，故青少年、工人及學生，濫用者較多。短期吸用強力膠，可導致中樞神經系統的障礙，使人有意識不清、幻覺等精神症狀，並使心、肝、腎、肺等內臟，造成輕度淤血及部分細胞的實質變性。長期吸用者，運動功能協調破壞越嚴重，形成思考混亂，甚至昏迷不醒，喪失意識，而內臟肌肉與細胞的破壞，也越見明顯。

三、速賜康

速賜康是一種潘他唑新 (Pentazocine) 製劑，有些製藥廠商名之為「速賜康」，藥物次文化團體及社會大眾則稱之為「孫悟空」。潘他唑新製劑包括膠囊劑、藥片劑及注射劑。速賜康是一種注射劑。初期使用速賜康者，多採皮下注射方法，但由於成癮的關係，會慢慢改成靜脈注射，由於注射針劑重複使用，未經適當處理，常引起皮膚病或其他傳染病。潘他唑新的耐藥力甚強，使用者常須不斷增加使用量，造成嚴重的社會問題與犯罪問題，也使成癮者的治療工作更加困難，有時甚至引起精神病症狀。

四、安非他命

　　安非他命 (Amphetamine) 是一種化學合成產品，無色無味，在室溫中會緩慢揮發，稍加熱極易吸收空氣中的二氧化碳而成白色煙狀，俗稱「白飯」、「追龍」、「冰塊」**㉑**。依藥理分類，安非他命屬於中樞神經興奮劑**㉒**。安非他命的藥品種類很多，在臺灣市面上所稱的安非他命，大多是指「甲基安非他命」(Methamphetamine)**㉓**。甲基安非他命可由酮類以人工合成，也可以由麻黃素 (Ephdrine) 製造之**㉔**。初用時會有提神、振奮、欣快感、自信、滿足感；多次使用後，前述感覺會逐漸縮短或消失，不用時會感覺無力、沮喪、情緒低落而致使用量及頻次日增。長期使用會造成如妄想型精神分裂症之安非他命精神病，症狀包括猜忌、多疑、妄想、情緒不穩、易怒、視幻覺、聽幻覺、觸幻覺、強迫或重覆性的行為及睡眠障礙等，亦常伴有自殘、暴力攻擊行為等。停用之戒斷症狀包括疲倦、沮喪、焦慮、易怒、全身無力，嚴重者甚至出現自殺或暴力攻擊行為。因具有抑制食慾作用，常被摻入非法減肥藥中，使用藥者在不知情的情況上癮，並造成精神分裂、妄想症等副作用。自 1990 年代起為臺灣盛行之毒品。目前列為第二級毒品。

五、愷他命

　　愷他命 (Ketamine)，又稱為 K 他命、Special K、K 粉、克他命、K 仔。濫用方式為口服、鼻吸、煙吸、注射。濫用後會產生噁心、嘔吐、複視、視覺模糊、影像扭曲、暫發性失憶及身體失去平衡等症狀，亦可使人產生無助、對環境知覺喪失，並伴隨著嚴重的協調性喪失及對疼痛感知降低，令服食者處於極度危險狀態。副作用為心搏過速、血壓上升、震顫、肌肉緊張而呈強直性、陣攣性運動等，部分病人在恢復期會出現愉快的夢、意識模糊、幻覺、

㉑　梁玲郁：〈認識安非他命〉，刊：《衛生報導》第 1 卷第 1 期，1991，13 頁。

㉒　蔡維禎：〈安非他命中毒〉，刊：《臨床醫學》第 26 卷第 5 期，1990，339 頁。

㉓　梁玲郁，前揭文，13 頁；蔡維禎，前揭文，339 頁。

㉔　駱宜安：《毒品認識與毒害防治》，1994，42 頁。

無理行為及胡言亂語，發生率約 12%。其濫用者最近被發現可能罹患慢性間質性膀胱炎，變得頻尿、尿急、小便疼痛、血尿、下腹部疼痛，嚴重者甚至會出現尿量減少、水腫等腎功能不全的症狀。長期使用會產生耐藥性及心理依賴性，造成強迫性使用，不易戒除。目前為新興影響精神物質之新寵，此類毒品已大量出現在市面上，外觀除了燒仙草外，還有奶茶包、鐵觀音茶包、三合一咖啡包等各種樣式，吸引少年好奇使用。目前列為第三級毒品。

六、海洛因

海洛因 (Heroin)，俗稱白粉、四號、細仔，濫用方式以注射及吸食為主。使用初有興奮及欣快感，但隨之而來是陷入困倦狀態。具高度心理及生理依賴性，長期使用後停藥會發生渴求藥物、不安、打呵欠、流淚、流汗、流鼻水、盜汗、失眠、厭食、腹瀉、噁心、嘔吐、肌肉疼痛、「冷火雞」等戒斷症狀。副作用包括呼吸抑制、噁心、嘔吐、眩暈、精神恍惚、焦慮、搔癢、麻疹、便秘、膽管痙攣、尿液滯留、血壓降低等。部份濫用者會產生胡言亂語、失去方向感、運動不協調、失去性慾或性能力等現象。毒性為嗎啡的 10 倍，濫用者常因共用針頭注射毒品或使用不潔之針頭，而感染愛滋病、病毒性肝炎（B 或 C 型肝炎）、心內膜炎、靜脈炎等疾病。由於海洛英昂貴，青少年負擔不起，因此，在青少年族群中，鮮少使用此類毒品。目前列為第一級毒品。

七、搖頭丸

搖頭丸 (MDMA)，又稱快樂丸、綠蝴蝶、亞當、狂喜、忘我、Ecstasy、衣服、Eve、夏娃等，使用方式以口服為主，常以各種不同顏色、圖案之錠劑、膠囊或粉末出現。具有安非他命的興奮作用及三甲氧苯乙胺 (Mescaline) 之迷幻作用。口服後會有愉悅、多話、情緒及活動力亢進的行為特徵。濫用者與安非他命及古柯鹼之副作用類似，例如精神症狀如混淆不清、抑鬱、睡眠問題、渴求藥物、嚴重焦慮、在使用期間或數週後產生誇大妄想等；生理症狀有食慾不振、心跳加快、精力旺盛、運動過度、肌

肉緊張、不隨意牙關緊閉、噁心、嘔吐、視力模糊、眼球快速轉動、軟弱無力、寒顫或流汗、疲倦及失眠等。而中毒症狀包括體溫過高（可高達 43°C）、脫水、低血鈉、急性高血壓、心律不整、凝血障礙、橫紋肌溶解及急性腎衰竭等症狀，嚴重者可能導致死亡。由於中樞神經抑制能力減弱，加之易產生不會受傷害的幻想，濫用者往往對行為能力的安全性掉以輕心，造成意外。目前列為第二級毒品。

八、苯二氮平類 (Benzodiazepines) 安眠鎮靜劑

此類管制藥物，經常在青少年間濫用者，首先是氟硝西泮，英文為 Flunitrazepam，即為俗稱的 FM2、約會強暴丸、十字架、615、815、強姦藥丸等。其次為硝甲西泮 (Nimetazepam)，即俗稱的一粒眠、K5、紅5、紅豆。第三種為目前市面上屬於新興影響物質之阿普唑他 (Alprazolam)，俗稱蝴蝶片、藍色小精靈。這類管制藥品以注射、口服方式使用之。屬於強力安眠藥，會迅速誘導睡眠，如依照醫生指示使用，會使緊張及焦慮減輕，有安詳鬆弛感。但因為會具有心理及生理的依賴性，過量使用會引起嗜睡、注意力無法集中、神智恍惚及昏迷現象，並造成反射能力下降、運動失調、頭痛、噁心、焦躁不安、性能力降低、思想及記憶發生問題、精神紊亂、抑鬱等情況。急性中毒因中樞神經極度抑制而產生呼吸抑制、血壓驟降、脈搏減緩、意識不清及肝腎受損終至昏迷而死。安眠鎮定劑是意外或非意外過量用藥事件中最常見者，不論劑量多寡，都可能對駕駛或操作複雜儀器等技能造成不良影響。禁斷症候包括焦慮、失眠、發抖、妄想、囈語、痙攣，亦有可能致死。苯二氮平類藥物，被濫用情形有增加趨勢，如下毒當作強暴犯罪工具（將被害者迷昏予以性侵害）、自殺工具等。目前列為第三級或第四級毒品。

九、甲基甲基卡西酮

甲基甲基卡西酮 (Mephedrone)，又稱喵喵 (Meow Meow)，因為施用者常與愷他命併用，用來緩和 Mephedrone 藥效消失後所產生的副作用。而愷他命被稱為 Ket，與 Cat 發音相同。濫用方式為口服。具中樞神經興奮作用，

施用後會產生類似安非他命之擬交感神經作用，包含心悸、血壓升高及精神症狀，例如幻覺、妄想、錯覺、焦慮、憂鬱、激動不安、興奮。另也有短期記憶喪失、記憶力不集中、瞳孔放大等症狀。根據國外資料顯示，濫用此類毒品已造成多起死亡個案，我國亦於 2010 年列為第三級毒品管制。

十、搖腳丸

搖腳丸 (Lysergide, LSD)，也稱為 Acid、一粒沙、ELISA、加州陽光、白色閃光、Broomer、方糖等。濫用方式以口服、舌下、抽吸、注射為主。濫用後生理上會有瞳孔放大，體溫、心跳及血壓上升、口乾、震顫、噁心、嘔吐、頭痛等現象；情緒及心理上產生欣快感、判斷力混淆、失去方向感及脫離現實感、錯覺及幻覺，感覺異常，嚴重者還會出現焦慮、恐慌、胡言亂語、精神分裂症、自殘、自殺等暴力行為。若過量會導致抽搐、昏迷，甚至死亡。長時間使用會產生耐藥性、心理及生理依賴性，並產生「倒敘現象」——即使已經很久沒有使用 LSD，但精神症狀或幻覺仍會不預警地隨時發生。許多濫用者係因判斷力混淆、幻覺及脫離現實感，因而對自身行為安全掉以輕心，造成意外傷害甚至死亡。目前列為第二級毒品。

臺灣地區濫用安非他命的現象，從 1980 年代末期開始惡化。市面上的安非他命價格不斷降低，吸食的人口也在增加。根據學生濫用藥物種類通報，歷年以安非他命居首，在教育部 2010 年至 2017 年統計通報件數，三級毒品 K 他命、FM2、一粒眠案件為通報案件的第一名，其次為二級毒品類的安非他命、搖頭丸、大麻（如表 8-1）。再從學制統計，高中職通報件數一直都是所有學制中第一位，其次為國中，第三名為大專生，國小生的通報件數最少。高中職通報件數較多的原因，可能是教官執行尿液篩檢及採用快速檢驗試劑的結果有關（表 8-2）❷⑤。

---

❷⑤　教育部、法務部、外交部、行政院衛生署：《99 年反毒報告書》，法務部印，89-90 頁；行政院衛生署、法務部、教育部、外交部：《100 年反毒報告書》，行政院衛生署編印，23-24 頁。

表 8-1　歷年學生濫用藥物類型通報件數表

單位：人數

年份	一級毒品 海洛因、嗎啡	二級毒品 安非他命、搖頭丸、 大麻	三級毒品 K 他命、FM2、一 粒眠	其他	合計
2010	2	282	1271	4	1559
2011	4	257	1548	1	1810
2012	0	241	2188	3	2432
2013	1	201	1819	0	2021
2014	5	241	1453	1	1700
2015	1	263	1485	0	1749
2016	3	323	676	4	1006
2017	4	414	594	10	1022

資料來源：行政院衛生署、法務部、教育部、外交部：《100 年反毒報告書》，行政院衛生署編印，
23 頁。藥物濫用案件暨檢驗統計資料【106 年】年報分析，衛生福利部彙編，24 頁。

表 8-2　2010 至 2017 年校安中心學生藥物濫用各學制通報件數表

單位：人數

年份	國小	國中	高中（職）	大專	合計
2010	12	435	1099	13	1559
2011	3	598	1174	35	1810
2012	8	855	1503	66	2432
2013	10	641	1257	113	2021
2014	8	582	1031	79	1700
2015	7	600	1029	113	1749
2016	5	361	581	59	1006
2017	4	260	498	260	1022

資料來源：行政院衛生署、法務部、教育部、外交部：《100 年反毒報告書》，行政院衛生署編印，
24 頁。藥物濫用案件暨檢驗統計資料【106 年】年報分析，衛生福利部彙編，24 頁。

第二項　少年濫用藥物的原因

國內外對於少年藥物濫用原因的研究為數不少。茲以蘇東平醫師及美國學者格林德 (R. E. Grinder) 的研究結果，略陳如下。

1981 年，蘇東平醫師根據 212 個濫用藥物青少年個案，研究其濫用藥物的原因，依百分比的次序，歸納為下列十點[26]：

一、好奇 (96%)。

二、解決個人問題和不適當的感受 (58%)。

三、尋求刺激 (25%)。

四、反抗權威命令 (21%)。

五、被忽視或失落的感覺 (18%)。

六、嘗試個人挑戰。

七、與他人接近並被團體接納。

八、學業或職業成就差，藉藥物來逃避現實。

九、追尋人生真義。

十、證明自己情緒成熟及深度的潛能。

美國學者格林德 (1973) 所著《青少年》(*Adolescence*) 一書中指出，青少年濫用藥物的原因包括[27]：

一、為了改變其知覺中的現實世界。

二、為了獲得情緒上的幸福感及安樂感。

三、不了解藥物所產生的不良後果。

四、休閒時間太多，無所事事，而試用能變幻心靈的藥物。

五、藥物，尤其是化學合成的藥物，來源充足，得之太易。

六、逃避煩惱，避免面對心理所生的無能感。

七、模仿成人的用藥行為。

八、對雙親及社會規範不滿，以藥物濫用行為表示反抗。

---

[26]　引自陳忠義：〈青少年藥物濫用的行為習慣〉，引自高金桂，前揭書，53–54 頁。

[27]　Grinder: *Adolescence*, 1973, pp. 163–164，引自高金桂，前揭書，53 頁。

九、尋求自我的探索。

十、尋求幻覺與審美經驗。

至 1990 年起至 2000 年後，國內對少年藥物濫用的研究更為豐富，已將原因歸納為個人、家庭、學校、社會文化及獲得毒品管道等因素，簡要說明如下❷：

一、個人因素：有特定身心困擾的少年，會藉由使用藥物解決心理困境，另外，好奇、不能拒絕朋友的引誘也是重要原因；而在人格特質部分，衝動性高、自制力弱、追求刺激、自尊心低等均易傾向濫用藥物。

二、家庭因素：青少年的父母或兄弟姐妹，有藥物濫用行為時，少年會模仿藥物使用的行為，同時，家庭失能、家庭變故、無愛滋潤、家庭經濟困難等，是少年使用藥物的危險因素。

三、學校因素：學生在校課業不佳，或參加組織幫派、師生、同學關係不佳者，容易被吸收引導使用藥物，而有使用藥物的同儕，是獲得毒品的來源，也會被鼓勵用非法藥物。

四、社會、文化因素：貧窮、教育不足、受到排擠歧視、都會居民等不利因素，均較易接觸到非法藥物；而接近的團體中，視使用非法藥物為生活模式的一種，也是解決問題的方式，則容易陷入非法藥物的使用。

五、容易取得非法藥物：近年三～四級毒品因為公開、群眾使用，流通快且便宜取得，是氾濫的主要原因。

第三項　少年濫用藥物與犯罪的關係

國內外有關少年濫用藥物與犯罪關係的研究，為數不少。茲各舉一例，略陳如下。

國內的研究，指出藥物濫用與犯罪的關聯性，可分就三方面來說❷：

---

❷　劉美媛，前揭文，211–217 頁；李易蓁，前揭文，121–122 頁。

❷　參閱高金桂，前揭書，72 頁。

1.由藥物特性而引起者

⑴許多興奮劑及迷幻藥，常易引起侵略性或攻擊性的犯罪行為，例如許多青少年吸食強力膠或注射速賜康後，持刀殺人，或對婦女為強制性交之行為。

⑵藥物特性會激起犯罪的勇氣與膽量，使平常能抑制的犯罪動機爆發出來。

⑶藥物濫用者會神智不清或有幻覺，以致不能明辨是非，無法控制本身行為，在不知不覺中犯罪。

2.由吸食或施打藥物的場所引起者

⑴在餐廳、旅館、空屋用藥，易造成性犯罪，不少女性因而失身，繼而賣淫；男性則因性衝動而有強制性交行為。

⑵青少年結夥使用藥物，易大聲喧擾，彼此發生衝突，或與其他青少年團體發生衝突。

3.因藥物的貨源或所需經費而引起者

⑴有些成癮者為使藥物能充分供應，常由使用者轉變為販賣者。

⑵為支應日益龐大的購藥費用，常以詐欺、竊盜、搶奪等手段來獲取財物。

⑶為獲得藥物來源，有時得與藥物次文化團體或有前科的人來往，甚至甘為黑社會所利用，參與犯罪集團的活動。

美國犯罪學家赫斯可 (Haskell) 及亞伯蘭斯基 (Yablonsky) 二人 (1978)，在其所著《犯罪與少年非行》(*Crime and Delinquency*) 一書中，曾就下列各點，強調藥物濫用與少年犯罪的密切關係❸：

1.藥物成癮者為了持續其習慣，常觸犯各種犯罪行為，有些是在成癮前即已犯罪，但大部分是在成癮後才犯罪或加深其犯罪之嚴重性。

2.藥物成癮者所犯的罪，大多為非暴力的財產犯罪（例如竊盜），但大眾傳播媒體常對其所犯的罪，作情緒化的描述，而影響到社會大眾的印象。

3.女性藥物成癮者常賣淫營利；男性藥物成癮者較易觸犯傳統的財產

❸　參閱高金桂，前揭書，69頁。

犯罪，如竊盜、搶奪、詐欺，但由於犯罪行為缺乏計畫及準備，有時會使用不必要的暴力。

第四項　少年濫用藥物的預防

少年濫用藥物，不獨摧殘自己身心，而且也可能衍生若干犯罪。因此，如何預防少年的濫用藥物，實為重要的課題。

一、我國預防少年濫用藥物的架構

我國對青少年濫用藥物防制的機制，從教育著手。目前以教育部訂定的「防制學生藥物濫用三級預防實施計畫」及「各級學校特定人員尿液篩檢及輔導作業要點」為實施青少年防制濫用藥物的基本架構。

教育部自 1994 年訂定「春暉專案」，宣導拒絕毒品與辨識技巧，並加強毒品施用者的篩檢。至 2003 年再訂定「防制學生藥物濫用三級預防實施計畫」，確立青少年防制藥物濫用三級制度。一級預防主要在減少危險因子、增加保護因子；二級預防，進行高危險群篩檢，並實施介入方案；三級預防結合醫療資源，協助戒治。行政院又於 2008 年函頒「防制毒品進入校園實施策略」，一級預防的實施要項包含：辦理反毒師資培訓、編制教材以落實反毒教學、辦理學校與社區反毒教育宣導、家長參與以增加反毒認識、充實學校輔導人力資源以妥適照顧高關懷學生、設計多元適性課程以強化學生學習興趣和預防中輟、加強經濟弱勢就學輔導以減少失學、加強升學青少年職業與技藝輔導、加強毒品緝毒工作以及依學生屬性加強保護因子等 10 項；二級預防實施要項包含：完善中輟生回歸校園安置就學措施、強化清查與篩檢功能、完善篩檢師資、強化學生施用毒品輔導諮商網絡、健全施用三四級毒品之罰則等 5 項；三級預防實施要項則針對藥物濫用者，施予學校輔導後仍呈現陽性反應者，移送警察機關處理，並轉介個案至地方毒防中心或相關藥癮戒治處所，尋求戒治。同時，教育部並於 2009 年訂定「各級學校特定人員尿液篩檢及輔導作業要點」，透過各級學校特定人員尿液篩檢，即時發現藥物濫用學生，並針對藥物濫用個案成立

「春暉小組」施予輔導❸，以三個月為一期；若學生經關懷輔導三個月仍持續有藥物濫用情形，學校對疑似濫用三、四級毒品者，即重覆實施輔導三個月。如疑似濫用一、二級毒品，即結合家長，將個案轉介至行政院衛生署指定藥癮戒治機構或戒治處所協助戒治，以降低危害，預防再用❸。

在國際衛生醫學，採用「三段五級的預防模式」❸，我國三級預防架構與國際預防模式類似，但多數是由學校採取的措施，而預防少年藥物濫用，是全面性的工作，須整合學校、家庭、社區、社會網絡，國際上的趨勢，已將防制重心轉向協助青少年身心健康發展的觀點，協助青少年發展成為對自我有決定權 (Self-Mastery) 的個體、具有自尊 (Self-Esteem) 和社會歸屬感 (Social-Inclusion)，以及面對挫折的能力 (Capacity to Cope With Adversity)，幫助他們在人生各個階段發展順利，在面對認知、情緒和行為問題時，仍可以適應❸。所以良好策略應包含面對濫用背後所隱含的青少年人格成長、心理發展、家庭問題、校園與社會適應問題一併解決。

另外，美國國家藥物濫用研究所 (National Institute on Drug Abuse, NIDA) 也提供社區監控系統的指導方針，因為社區是對於孩童及青少年推行藥物濫用預防對策，最直接且最可發揮效益的單位，藉由鼓勵社區成員參與監控系統計畫，評估危險因子及保護因子，並善用可利用的資訊，以及將有用的資訊提供給政策決定者或社區民眾，使青少年遠離危險行為，達到維護社區幸福生活的理想❸。

---

❸ 教育部：《防制學生藥物濫用三級預防實施計畫》，刊：教育部網站：http://www.edu.tw/。

❸ 行政院衛生署、法務部、教育部、外交部：《100 年反毒報告書》，行政院衛生署編印，117–118 頁。

❸ 劉美媛，前揭文，217–218 頁。

❸ 楊士隆、吳志揚、李宗憲：〈臺灣青少年藥物濫用防治政策之評析〉，刊：《青少年犯罪防治研究期刊》，第 2 卷第 2 期，2010，1–20 頁。

❸ 楊士隆、吳志揚、李宗憲、陳竹君、林秝楨：《青少年藥物濫用防制策略評析》，行政院研究發展考核委員會編印，2009，55 頁。

二、少年藥物濫用防制事項

㈠健全家庭功能

家庭結構與功能上的不健全，是少年濫用藥物的主因之一。親子關係與父母親關係的和諧，可以建立良好的家庭氣氛，提高家庭的凝聚力，避免子女與藥物次文化結合。

㈡加強預防宣導工作

防毒從教育著手，衛生機關及學校，多製播宣導影片，並藉由媒體管道傳送，使全國民眾和少年了解藥物成癮的嚴重後果，而不致去嘗試。

㈢隔絕藥物的可能來源並追查來源

加強掃蕩地下藥廠，查緝大、中、小盤商，以斷絕來源，並針對合成毒品的來源加強管制，減少毒品市場的供應，封鎖藥物取得管道，是減少快速散布的方式。

㈣早期覺察少年濫用各種藥物的癥候

第一次用藥到習慣成癮，非一朝一夕，父母、師長、親友如發現少年經常無故攜帶強力膠與塑膠袋、精神恍惚、身上有異味，似可認定該少年有吸食強力膠的行為；少年如身上注射針孔極多，並有出汗、頭昏、恍惚、夢遊時，可能是注射速賜康的結果；如果經常發現少年身上帶有藥粒，但卻無病症，只是有興奮、昏睡或夢囈的症狀時，應注意是否有服用興奮劑、安眠藥或鎮定劑。如發現上述癥症，應立即查明，早日預防、禁止或送醫治療、勒戒。

㈤重視回歸社區後的輔導

已完成戒治的少年，回歸社區後，各地方政府防制中心或輔導機關仍需要納入輔導、監控對象，否則很難脫離復發的命運。

㈥整合與設置各界交換資訊的平臺

反毒、緝毒、抗毒、戒毒等各階段，是長期而艱辛的路程，政府可以在學校、家庭、社區、民間機構等有交換資訊的固定機制平臺，使願意戒癮的人可以找到方法，支持戒反毒的人有志一同，壯大力量，才能使社會

大眾重視毒品嚴重性，而遠離毒品。

第五節　校園暴行

　　校園暴行在犯罪學的概念上，屬於「破壞行為」(Vandalismus) 的一種形態[36]。此種破壞行為，社會大眾認為是無意義、無理性、縱慾的荒唐舉動，而在行為人本身，則認為是有意義的。在工業化國家，校園暴行對於教育當局及治安機關造成嚴重困擾[37]，尤其近年來，校園有關黑道幫派入侵、霸凌、勒索、施用毒品、性侵害等案件，經媒體一再報導，引起家長、社會、教育單位及行政院等重視，已必須針對校園暴力行為加強防制。

第一項　校園暴行的概念

　　美國學者將校園暴行，定義為「發生在校園裡的暴力行為」，包括對人與對物的攻擊破壞行為。日本學者兼頭吉市，將校園暴行區分為廣狹兩種。狹義的校園暴行，是指在校園內，單獨或聚眾對自校師生及學校公物的暴行、傷害、脅迫、損毀等行為；廣義則包括與他校學生所發生的暴力衝突行為，而不以自校校園內所發生的暴行為限。由於校園暴行的行為人以中學學生為主，因而校園暴行被認為是少年偏差行為與少年犯罪的一種[38]。

　　我國教育部對校園暴力事件與偏差行為納入「校園安全及災害事件即時通報系統」，將暴行行為列出具體的行為項目，如下[39]：

---

[36]　Schneider, aaO. S. 627.

[37]　例如，美國大城市學校裡的幫派活動嚴重威脅教師與學生的安全。幫派不但控制學校班級，甚至整個學校亦淪陷在幫派手中，教師與學生成為待宰的羔羊，如果教師與學生敢於向治安機關告發，或在法庭作證，他們會被威脅受到殺害。許多美國的大城市學校，因而不得不設置特別的校警以保護校園安全。參閱 Schneider, aaO. S. 634–635.

[38]　黃富源：〈校園暴行之研究與抗制〉，刊：《現代教育》，1988 年 10 月，25 頁。

[39]　教育部：《教育部九十九年各級學校校園事件統計分析報告》，教育部校園安全暨災害防救通報處理中心，2011，6 頁。

一、械鬥：械鬥兇殺事件、幫派鬥毆事件、一般鬥毆事件。

二、疑涉殺人事件。

三、疑涉強盜搶奪。

四、疑涉恐嚇勒索、疑涉擄人綁架。

五、疑涉偷竊案件。

六、疑涉賭博事件。

七、疑涉性侵害或猥褻、疑涉性騷擾事件，有從事性交易者或有從事之虞者。

八、疑涉及槍砲彈藥刀械管制事件。

九、疑涉及違反毒品危害防制條例。

十、疑涉妨害秩序、公務、疑涉妨害家庭。

十一、疑涉縱火、破壞事件。

十二、飆車事件。

十三、其他校園暴力或偏差行為或其他違法事件。

十四、離家出走未就學（高中職以上）。

十五、學生騷擾學校典禮事件。

十六、霸凌。

十七、學生騷擾教學事件。

十八、幫派介入校園。

十九、學生集體作弊、入侵、破壞學校資訊系統。

二十、電腦網路詐騙犯罪案件。

依據上述分類，校園暴力也包含偏差行為，而這些校園事件類型，看似獨立，其實有依存著互動關係與叢集現象，霸凌事件可能會導致被害學生中輟，而中輟生可能會增加藥物濫用或被幫派吸收，更加劇其他相關負向行為之惡化。而在於各級學校慣常發生的校園霸凌事件，常是校園槍擊事件、重大暴力事件、犯罪事件等重大負向行為的源頭❹。

---

❹　鄧煌發：〈校園安全防護措施之探討——校園槍擊，校園霸凌等暴行事件之防治〉，刊：《中等教育》，58 卷第 5 期，2007 年 10 月，8–29 頁。

第二項　校園暴行的概況

教育部為維護校園安全，自 2001 年 7 月依「災害防救法」成立「校園安全暨災害防救通報處理中心」，統籌各級學校校園安全通報與處理，平日實施 24 小時值勤，以為緊急應變窗口，另亦要求高中職以上學校軍訓人員落實值勤，以即時處理學生意外事件。以 2017 年校園通報事件為例，共分為八類，總計通報案件達 136,615 件（如表 8-5），其中疾病佔 60.5%。而和兒少安全有關的兒少保護、暴力偏差及校園安全等三項合計 32,574 件，佔總數 23.8%。

表 8-5　2015-2017 年校園事件分類統計表

項目	2015 年通報件數 (%)	2016 年通報件數 (%)	2017 年通報件數 (%)
疾病事件	71,628 (57.2)	114,633 (68.4)	82,650 (60.5)
意外事件	15,038 (12.0)	14,745 (8.8)	16,933 (12.4)
兒少保護事件	19,255 (15.4)	19,498 (11.6)	20,753 (15.2)
暴力與偏差行為事件	7,941 (6.3)	6,959 (4.1)	7,756 (5.7)
安全維護事件	3,563 (2.8)	3,518 (2.1)	4,065 (3.0)
其他事件	2,374 (1.9)	2,209 (1.3)	1,969 (1.4)
天然災害事件	4,833 (3.9)	5,302 (3.1)	1,652 (1.2)
管教衝突事件	692 (0.6)	832 (0.5)	837 (0.6)
總計	125,324 (100.0)	167,696 (100.0)	136,615 (100.0)

資料來源：作者統計自教育部：《教育部 106 年各級學校校園事件統計分析報告》，教育部校園安全暨災害防救通報處理中心，2018，15 頁。

一、校園暴力與偏差行為統計[41]

教育部統計 2017 年校園中暴力與偏差行為事件發生通報件數 7,756 件，佔校園事件 5.7%（參閱表 8-5），其中其他校園暴力與偏差行為次數

---

[41]　教育部：《教育部 106 年各級學校校園事件統計分析報告》，教育部校園安全暨災害防救通報處理中心，2018，45 頁。

最高，計 1,683 件，佔本項 21.7%，其次為一般鬥毆事件，計 1,126 件，佔
15.4%，其他違法行為計 987 件，佔 12.7%，疑涉偷竊案件發生次數計 959
件，佔 12.4%，霸凌事件（含知悉）600 件，佔 7.7%。

表 8-6　2017 年校園暴力與偏差行為事件統計表

項目	件數	佔校園暴力與偏差行為案件比率 (%)
其他校園暴力與偏差行為	1,683	21.7
一般鬥毆	1,126	14.5
其他違法行為	987	12.7
離家出走未就學	980	12.6
疑涉嫌偷竊	959	12.4
霸凌事件（含知悉）	600	7.7
電腦網路詐騙犯罪	160	2.1
疑涉恐嚇勒贖	120	1.5
疑涉賭博事件	86	1.1
疑涉縱火與破壞事件	64	0.8
疑涉妨害秩序與公務	62	0.8
械鬥兇殺事件	41	0.5
疑涉槍砲彈藥刀械管制事件	33	0.4
飆車事件	29	0.4
學生騷擾教學事件	20	0.3
幫派介入校園	18	0.2
疑涉殺人事件	17	0.2
疑涉強盜搶奪事件	15	0.2
疑涉擄人勒贖	9	0.1
幫派鬥毆事件	8	0.1
其他	8	0.1
合計	7,756	100.00

資料來源：作者統計自教育部：《教育部 106 年各級學校校園事件統計分析報告》，教育部校園安全
暨災害防救通報處理中心，2018，45 頁。

二、暴力行為被害統計[42]

　　師生被害部分，教育部列入「校園安全維護事件」中統計共有 24 項。根據表 8-7，2017 年計發生 4,065 件，其中發生次數最高者為其他校園安全維護事件計 809 件，佔事件總通報數的 19.9%，其次為知悉家庭暴力事情與置弱勢者於危險或傷害環境計 581 件，佔事件總通報數的 14.3%，校屬財產、器材遭竊案件發生次數計 392 件，佔總件數 9.6%，校內外火警計 165 件，佔總件數 4.2%，外人侵入騷擾師生事件計 143 件，佔總件數 3.5%，遭詐騙事件發生次數計 116 件，佔總件數 2.9%。

　　由統計資料顯示竊盜受害佔 9.6%，是校園安全維護事件最多的類別。校園被害人身安全項目（含遭殺害、強盜搶奪、恐嚇勒索、擄人勒贖、性侵害、家暴事件與其他外力傷害）計 776 件，佔校園安全案件 19.1%，是學生、學校和家長重要的威脅。因而這是校園預防被害的兩項重點工作。

表 8-7　2017 年校園安全維護事件類別統計表

項目		件數	佔案件比率 (%)
人身安全	遭殺害	3	0.1
	遭強盜搶奪	6	0.1
	遭恐嚇勒索	40	1.0
	遭擄人勒贖	3	0.1
	性侵害（含性平法事件及非性平法事件）	45	1.1
	知悉家暴事件與置弱勢者於危險或傷害環境	581	14.3
	其他遭暴力傷害	98	2.4
	小計	776	19.1（776 件／4,065 件）
竊盜案件（校屬財產、器材、其他財物）		392	9.6
遭詐騙事件		116	2.9

---

[42]　教育部：《教育部 106 年各級學校校園事件統計分析報告》，教育部校園安全暨災害防救通報處理中心，2018，34 頁。

校內外火警	165	4.2
校屬人員遭電腦網路詐騙	7	0.2
校內設施（備）遭破壞	88	2.2
遭外人入侵破壞各級學校及幼兒園資訊系統	15	0.4
外人侵入騷擾師生事件	143	3.5
爆裂物危害	4	0.1
租賃、交易與網路購物糾紛	96	2.4
受犬隻攻擊事件	7	0.2
其他校園安全維護事件	809	19.9

資料來源：作者統計自教育部：《教育部 106 年各級學校校園事件統計分析報告》，教育部校園安全暨災害防救通報處理中心，2018，34 頁。

第三項　行為人的特徵

　　根據黃富源對日本校園暴行的研究，指出日本東京家事法庭及東京少年鑑別所，對校園暴行學生所做的心理測驗，發現這些學生的人格特質為：自我顯示性、輕佻性、攻擊性、活動性、易受影響性等傾向。日本警察廳 (1979) 及犯罪學者麥島文夫 (1985) 等所做的調查，發現校園暴行的少年，其家庭多半有問題，親子關係不佳，父母管教不好，尤其被父母親放任者，所佔比率甚高（日本警察廳的調查，約佔 71.3%）[43]。林孝慈的研究發現，與日本的研究發現，頗相近似。

　　本土研究，校園暴力加害學生有以下四類[44]：

　　㈠懷恨報復型：因為受到欺負、認為老師處罰不當，心懷不滿，而伺機報復。

　　㈡遊戲作弄型：因為模仿、好玩、惡作劇或為與眾不同，而與同伴欺負同學或破壞公物。

　　㈢投機取利型：在校內逼索財物，若有不從便暴力相向。

---

[43]　黃富源，前揭文，33 頁。

[44]　陳皎眉：〈校園的衝突與暴力〉，刊：《學生輔導》，第 57 期，1998 年 7 月，20–31 頁。

㈣防衛過度型：因不滿同學的舉發，或預測自己可能受到攻擊，事先召集幫手，伺機襲擊。

熟悉校園嚴重暴行學生的特徵，可以及早注意加強監督、預防與輔導措施，以預防嚴重暴行發生，這些行為特徵如下❹：

一、顯現極度的社會退縮行為。

二、具有下列強迫性情感反應：

　　㈠害怕被孤立、畏懼獨處。

　　㈡唯恐被拒絕。

　　㈢常遭揶揄卻無反應。

　　㈣情緒無法有效控制，經常發怒。

三、曾是暴行之被害者。

四、現正處於暴行的威脅、恐嚇中。

五、在校學業成績表現不佳。

六、對上學了無興趣。

七、行為舉止間充滿暴力意涵的言語、文字、圖畫。

八、經歷負面家庭之管教問題。

九、曾有暴力攻擊行為之病史。

十、身心殘障。

十一、酒精或藥物激化。

十二、渴望擁有槍械。

第四項　被害人的特徵

關於被害人特徵，可分就學生與老師兩部分說明。

一、學生被害人

日本的山畸森 (1981) 將校園暴行的被害學生分為三類。第一類的學生

---

❹　鄧煌發：〈校園安全防護措施之探討——校園槍擊，校園霸凌等暴行事件之防治〉，刊：《中等教育》，第 58 卷第 5 期，2007 年 10 月，8–29 頁。

會引發行為人施虐，因為這類學生多半孱弱，施虐者可以從暴行中轉移自己的挫折或得到補償；第二類的學生會引發行為人攻擊，此類被害人所佔比率最多，其個性與行為人相似，均暴躁難以自制，遂易引發暴力衝突；第三類學生引發行為人的自卑感而受攻擊，因為這類學生功課與家世均不錯，深受老師及異性同學的喜愛，使行為人產生自卑感而對之施加暴行❻。林孝慈的研究，則發現臺北市的被害學生，大多較不被老師關心，學業成績較差，交友情形不良，與家人關係不佳。

國內研究，被害的學生有下列的特質❼：

㈠被妒型的學生：因成績優異、家境富裕等條件，遭受學生嫉妒，進而傷害。

㈡自大型的學生：態度驕慢，誇大自傲，易與同學發生糾紛。

㈢自卑型的學生：體型弱小、肢體障礙的學生，易受到同學欺負。

㈣孤獨型的學生：喜好獨來獨往的學生，在獨自一人時，易成為加害對象。

另外研究指出受霸凌者通常具有：體型瘦弱、有特殊外表、功課不好、身上有異味、自尊心低、人緣不佳等特徵，而成為同儕霸凌的對象。他們的自信心與情緒受到傷害，進而影響到學習，造成學業退步，嚴重的話，還會造成逃學、輟學或自殘等行為❽。

二、老師被害人

山崎森將被害老師歸納為三類。第一類為嚴苛型，此類被害老師比率最高，其特徵為刻板無通融性，嘮叨喜歡挑毛病，對犯小過錯的學生亦不放過，懲戒方式過於嚴厲難以令學生接受；第二類為歧視型，此類老師對成績不好的學生加以歧視，冷嘲熱諷，造成學生自尊喪失，而有嚴重的自

---

❻ 黃富源，前揭文，34 頁。

❼ 陳皎眉，前揭文。

❽ 雷新俊：〈校園霸凌事件的防治與輔導〉，刊：《國教之友》，第 60 卷第 4 期，2009 年 12 月 15 日，33–41 頁。

卑感與敵對感；第三類則為過度放縱學生或是過度體罰學生的老師❹。

　　國內研究，被害老師的特質如下❺：

　㈠嘮叨型：不懂學生心理，講大道理，學生厭煩無比。

　㈡諷刺苛薄型：以言語羞辱、刺激學生。

　㈢體罰管教型：以打罵為教育方式，讓學生自尊受傷。

　㈣喜怒無常型：情緒變化無常，讓學生難以適從。

　㈤品德有瑕疵型：喜歡對女學生毛手毛腳，男學生心生不滿而毆打老師。

第五項　校園暴行的防制對策

一、教育部

　　教育部發布「維護校園安全實施要點」❺，有關校園防暴的計畫摘列如下：

　㈠建構三個層級校安運作平臺

　　1.中央層級：中央跨部會維護校園安全聯繫會報。

　　2.地方層級：直轄市、縣（市）政府校園安全會報。

　　3.學校層級：落實校內學生三級預防工作。

　㈡實施三級預防策略

　　1.一級預防

　　完善合作與支持網絡，增加保護因子，減少危險因子，主要措施有：

　　⑴營造安全、友善、健康之學習環境：積極培育學生具備現代公民素養內涵，充足教材及師資，完善教育宣導；落實犯罪預防及被害預防宣導工作。

---

❹　黃富源，前揭文，35 頁。

❺　彭國華：《少年校園暴力行為研究——以學生對教師之暴行為例》，中正大學，犯罪防治研究所碩士論文，145–146 頁。

❺　教育部：《維護校園安全實施要點》，2011 年 2 月 23 日臺軍㈡字第1000018469C 號令發布。

(2)強化中央跨部會維護校園安全功能：定期邀集內政部、法務部、行政院衛生署等部會，召開中央跨部會維護校園安全聯繫會報，訂定維護校園安全政策。

(3)統整地方教育、警政、社政、衛生資源，召開校安會報；與轄區警察分局訂定維護校園安全支援約定書，建立即時通報協處機制；設立校園事件法律諮詢服務小組。

(4)強化校外會支援功能：社政、警政、衛生、毒品危害防制中心、少年輔導委員會等單位聯繫合作，並辦理校安研習、校園安全宣導活動、校外會（分會）校安會議或工作檢討會等。

2. 二級預防

強化辨識及預防作為，協助高關懷學生解決適應問題，措施如下：

(1)加強特定人員及高關懷學生之辨識：導師、訓輔人員須強化對藥物濫用、暴力、霸凌、疑似參加不良組織等偏差行為學生之辨識能力；定期辦理教育人員防制藥物濫用、暴力、霸凌、高關懷學生輔導知能工作坊或研習；藥物濫用特定人員尿液篩檢應依毒品危害防制條例、特定人員尿液採驗辦法及本部各級學校特定人員尿液篩和檢輔導作業要點之規定辦理，以早期發現學生濫用藥物情形，並編組春暉小組即時介入輔導。

(2)中輟生復學通報及輔導就讀，時輟時學及躲避中輟通報高關懷學生輔導；辦理高關懷學生輔導及多元教育活動。

(3)高級中等學校中途離校學生復學輔導。

3. 三級預防

落實個案追蹤與輔導，健全學生身心發展，保障校園安全：

(1)提供藥物濫用學生輔導支援網絡。

(2)落實霸凌個案之追蹤輔導。

(3)確認參加不良組織個案之追蹤輔導。

(4)國民中小學中輟學生復學輔導。

(5)高級中等學校中途離校學生追蹤輔導。

㈢教育、警政、法務攜手合作，建立綿密相互支援網絡

二、學者提出校園內防制建議[52]

㈠改善校園氛圍：包括增加相關課程、法律宣導、學校與社區合作及校園安全計畫等。

㈡設定校園安全區域：設法延伸學校校園公共區域，以及透過學校認養、贊助之功能，標定安全區域。

㈢加強校園內外管理：樹立明顯的訪客接待標誌；為防護學生與教職員工之安全，廣泛運用諸如監控攝影機、防入侵的通電柵欄、金屬探測器、流動安全警衛等軟、硬體設施。

㈣執行社區計畫：學校主動與社區合作，並充分利用社區資源，適時地將學生問題轉介給專業機構處理，例如將毒品施用學生轉介至校外專業機構處遇，並延聘專家參與校內活動。

㈤審慎處理霸凌事件：霸凌事件是學校暴行的源頭，積極處理可以有效降低其他暴力案件的發生。

第六節　少年犯罪的形成相關因素

第三節至第五節，是對於少年犯罪個體現象的討論，已約略提及少年犯罪的可能原因。本節所要敘述者，乃總體少年犯罪的可能原因。犯罪學的實證研究，試圖解析少年犯罪的可能原因者，真可說是不勝枚舉，極其繁多，本節僅就較具重要意義者加以敘述。

第一項　親子關係與少年犯罪

人之初生至其就學的階段，朝夕相處的是父母。就學之後，在學校的時間，仍然短於與父母相處的時間。因此，親子關係對少年人格與行為的

---

[52] 鄧煌發：〈校園安全防護措施之探討——校園槍擊，校園霸凌等暴行事件之防治〉，刊：《中等教育》，第 58 卷第 5 期，2007 年 10 月，8–29 頁。

影響，實最深遠。

　　廣義的親子關係，指父母對子女教養態度與親子之間的心理交互反應；狹義則指，特殊性格傾向的父親或母親，對子女性格或心理健康狀態的影響❸。本項所述的親子關係，採廣義見解。

　　國內外「親子關係與少年犯罪」的實證研究，實甚可觀，茲擇其數項研究結果，扼要陳述如下：

壹、國內的有關研究

一、林登飛（1967 年）

　　對於中學問題學生及一般少年，加以比較研究，發現問題少年大多有下列情形：父親去世、母親在外工作、父母常責打孩子、親子間有隔閡現象、家庭分子間的關係惡劣、孩子對父母親的疼愛方式不滿意等❹。

二、賴保禎（1977 年）

　　以 134 名犯罪少年及 165 名國中生為研究對象，比較兩組少年在父母管教態度方面之差異，結果發現兩組有如下的顯著差異：犯罪少年的父母管教態度，較一般少年的父母，更加拒絕、嚴格、期望太高、前後矛盾、雙親意見紛歧，而且犯罪少年的父母較一般少年的父母，更溺愛其子女❺。

三、馬傳鎮（1978 年）

　　以 378 名犯罪少年與 3,151 名一般少年做父母管教態度的比較研究，結果發現❻：

---

❸　廖榮利：〈親子關係〉，刊：蔡漢賢主編，《社會工作辭典》，1984，785 頁。

❹　林登飛 ：《臺灣問題少年形成的原因及其輔導實況之調查與分析》， 1969，27–29 頁。

❺　賴保禎：《少年犯罪原因的探討及其預防措施之研究》，1974，13 頁。

❻　馬傳鎮：《臺灣地區犯罪少年與一般少年之比較研究》，1978，184–186 頁。

　　1.犯罪少年的父母比一般少年的父母，較為拒絕子女。例如缺乏愛護、不關心、不信任、甚至虐待，以致子女更易於產生粗暴、攻擊、反抗等不良行為。

　　2.犯罪少年的父母比一般少年的父母，對子女的管教態度較為頑固、嚴苛、強制、命令式，結果子女一方面逃避現實；另一方面在家庭以外，任意表現攻擊行為，以作為內心焦慮的替代出路。

　　3.犯罪少年的父親或母親，對子女的相同行為，常有前後不一致的管教態度，有時禁止，有時寬恕，子女受其影響，亦必情緒失衡，而呈現神經質的症狀，甚至產生非社會及反社會的行為。

　　4.犯罪少年的父母管教態度，較一般少年的父母更不一致。例如，父親嚴屬母親卻放縱，父親答應孩子的事，母親卻加以反對，使子女無法產生適當的認同作用，且情緒困擾甚為嚴重。

四、周震歐、簡茂發、葉重新、高金桂（1982 年）

　　以 133 名犯罪少年及 120 名一般少年為研究對象，結果發現：犯罪少年較少和父母親（尤其是父親）溝通，較少一起參加活動，與父母親在一起的時間較少，且對於父母親之溝通持拒絕態度（他們認為溝通無益）。犯罪少年的家庭氣氛比正常少年家庭為差，其父母親在子女面前爭吵的情況較為嚴重，因此家庭成員的凝聚力較差，犯罪少年因而也喜歡逗留在外，若其學業適應有困難，或受老師及同學歧視、冷漠、拒絕，則很容易為尋求情感上的支持，而與次文化結合，或彼此同病相憐而組合犯罪次文化團體❺❼。

五、黃富源（1986 年）

　　以 382 名犯罪少年及 538 名一般少年做比較研究，結果發現：親子關係的良窳，對少年犯罪傾向，深具影響力，親子關係越差的少年，其犯罪傾向越嚴重❺❽。

---

❺❼　周震歐等：《臺灣地區男性少年犯罪與親職病理的研究》，1982，161 頁。

❺❽　黃富源：《親子關係人格適應與內外控取向對少年犯罪傾向影響之研究》，156 頁。

六、許春金、侯崇文、黃富源、謝文彥、周文勇、孟維德（1995 年）

調查 239 名國小生，391 名國中生，以及 596 名犯罪兒童及少年，將樣本區分為一般少年（282 名）、一般兒童（255 名）、犯罪少年（377 名）、觸法兒童（219 名）等四組。研究結果發現，在四組樣本中皆呈現，親子關係愈佳，孩子的偏差行為愈低❺❾。

貳、國外的有關研究

一、美國犯罪學家希利 (Healy) 及布洛妮 (Bronner)（1926 年）

研究發現，90% 的少年犯，其雙親的管教態度不適切，少年犯均有被拒絕與愛意被剝奪的感受❻⓿。

二、美國犯罪學家葛魯克 (Glueck) 夫婦（1950 年）

以 500 名犯罪少年及 500 名一般少年為對象，做比較研究，發現父親的冷漠與敵對態度，對於少年犯形成的影響力，遠甚於母親的冷漠與敵對態度❻❶。

三、英國的安德烈 (Andry)（1960 年）

研究指出絕大多數的累犯少年，感受到父親的拒絕，只能從母親得到溫暖，相反地，一般少年則從雙親均能得到愛護與溫暖❻❷。

---

❺❾　許春金、侯崇文等：《兒童、少年觸法成因及處遇方式之比較研究》，行政院青年輔導委員會，1996，109 頁。

❻⓿　周震歐：《犯罪心理學》，1979，再版，206 頁。

❻❶　黃富源，前揭研究，49–50 頁。

❻❷　黃富源，前揭研究，50 頁。

四、德國犯罪學家葛品格 (Göppinger) 及施耐德 (Schneider)

二氏均指出，親子關係不和諧所形成的家庭的「功能不完全」，其不良影響，遠甚於破碎家庭的「結構不完全」[63]。

我們認為，影響少年成為少年犯的原因，固有許多，但最重要者，應屬親子關係的疏離，雙親（尤其是父親）的教誨，根本無法在少年的心中「內化」，形成失功能家庭 (Dysfunctional Family)，學者梅斯納與羅森菲爾 (Messner & Rosenfeld, 1994) 稱此為機構性亂迷 (Institutional Anomie) 的結果[64]。在現代商業社會，此種問題可能更值得重視。由於事業上的忙碌，以及周旋於交際應酬的時間太多，許多父母根本沒有餘暇與兒女好好相聚，而寄望由家庭教師代管，或把責任推給學校。更有甚者，只知道給兒女充分的零用錢，以彌補責任未盡的愧咎，使得自己的兒女恃寵而嬌，養成「敗家子」性格，花錢揮霍無度不打緊，還在外惹是生非、作奸犯科，拉幫結派，紊亂社會，知道惹禍了仍然毫無悔意。依照張春興教授的看法，敗家子的特色是：「對人不感激、對物不珍惜、對己不克制、對事不盡力」[65]。因為許多少年犯或潛在的少年犯，其父母根本就不具有教育兒女的能力，而需要深自反省或再接受教育，所以，如何透過各種管道，提供親職教育的機會（民間的基金會及政府均可提供），並鼓勵甚或強制一般少年或少年犯的父母參加，應有其重要意義。

第二項　學校教育與少年犯罪

我國實施九年國教，所有 7 歲至 16 歲的兒童與少年，必須義務地接受

---

[63] Göppinger: *Kriminologie*, 4. Aufl., 1980, S. 268. Schneider, aaO. S. 651.

[64] 賴擁連：〈淺談台商子女在大陸結夥搶劫之成因與預防〉，刊：《展望與探索》，第 9 卷第 12 期，2011 年 12 月，23–27 頁。

[65] 引自黃越宏：〈有錢買不到好孩子〉專題，刊：《中國時報》，1989 年 1 月 12 日，第 13 版（桃竹苗綜合新聞版）。

國小及國中教育。此階段正值人格發展的重要時期，學校教育因此也扮演甚為重要的角色。

有許多的實證研究，指出課業不佳、學習不良、不喜歡學校，是預測少年偏差行為的重要變項❻❻。美國犯罪學家希利 (Healy) 更直截了當地指出：「逃學是犯罪的幼稚園」 ❻❼。希利 (Healy) 及布洛妮 (Bronner) 的研究 (1936)，顯示少年犯之中，有 58% 的逃學者。葛魯克夫婦 (Gluecks) 的研究 (1950) 則顯示出，少年犯之中，有 94.8% 逃學，而非少年犯之中，僅有 10.8% 逃學；而且，少年犯的逃學年齡較早（在 11 歲以前），非少年犯較晚（在 11 歲之後） ❻❽。

逃學的孩子通常也逃家，而且無法從父母親學習到對學校的正面印象 ❻❾。因此，逃學的責任，並不全在於學校。逃學與逃家的問題，似乎應一併加以研究。此外，家庭有問題的兒童或少年，即使不逃家，在學校亦多無心上課，成績低落自屬不可避免之事。

儘管逃學之責任，不必然在於學校，可是，確有來自健康家庭之中，雖未至於逃學，但已對於學校感到厭惡與畏懼者。問題的癥結，仍在學校的教育。關心學校教育之人士，就此已有頗多指摘。

論者有認為，「時下臺灣的教育問題千瘡百孔，尤以國中為最」❼❿。與國小高中比較，國中教育之所以問題更多，實因為國小無升學壓力，而且兒童年幼，易於管教；至於高中高職，也許較為年長，易於說理，而且升學與否，學生及其家長自有認識，學校施教尚不致有太大困擾與壓力。國中教育存有的問題中較大者，計有下列數端而與少年犯罪有關：

1.課業過份繁重

由於升學壓力，國中生的校內外課業極其繁重，學習能力不好，功課

---

❻❻　許春金：《青少年犯罪原因論》，1986，110 頁。

❻❼　引自 Schneider, aaO. S. 617.

❻❽　Schneider, aaO. S. 617.

❻❾　Schneider, aaO. S. 618, 620.

❼❿　教匠：〈國中教育拉警報〉，刊：《中國時報》，1989 年 1 月 9 日，第 7 版。

較差的學生，必無法討好同學及師長，亦因此無心眷戀學校或產生學校恐懼症。逃學可能與此有關。

　　2.分班制度的存在

　　為了施教方便，許多國中均有升學班與非升學班的區分，而升學班尚有好班與壞班的區分。根據一位國中教師的投書：「好班與壞班不僅把學生分了等級，使學生有自卑感，也把老師分了等級，使許多老師沒有正常的教學情緒。學校分班的依據，除考試成績外，也有以家境及家庭背景來分的。由於好班家長的社經地位較高，好班學生自能享受最好的待遇；而社經地位較差的中下階級子女，卻受到不平等的待遇，分到中、後段班。中下階層之家長，在社會上本就屬於劣勢，如其子女在學校又被分到壞班，受到不平等待遇，如此無止境的惡性循環，他們還有出人頭地的一天嗎？」❼1950 年代，美國犯罪學家柯恩 (Cohen) 描述的幫派少年犯，是由下階層學生所組成，而其形成的背景，是因為彼等在學校的身分地位挫敗，自組幫派團體乃為了建立屬於自己的價值體系，互訴衷曲❼。柯恩的描述，令人擔心目前國中教育的分班制度，可能助長少年偏差次文化的形成。如果分班制度不可避免，應如何安撫「後段班」老師與學生的情緒，實值教育主管機關重視。

　　3.不能留級與退學

　　國中生即使惡行累累，除非行為成立犯罪，受少年法庭判決徒刑或裁定感化教育，否則學校不能予以留級、退學或開除，學校教師對之束手無策，只能任其擾亂校園秩序，並影響其他學生。如果可以退學或開除，將這些學生安置於學校與輔育院的中介機構，接受追蹤輔導，或許較有益。

　　4.導師責任過分繁重

　　導師制度可謂學校的樞紐，但是事繁而津貼少，令許多教師視導師職

───────────────

❼　詹德輝：〈好班壞班名亡實存，有礙教育正常化〉，刊：《中國時報》，1989 年 1 月 9 日，第 7 版。同樣的報導，參閱郭淑齡：〈別把孩子往缸裡塞〉，刊：《張老師月刊》，第 22 卷第 3 期，1988 年 9 月，101–102 頁。

❼　Vold and Bernard: *Theoretical Criminology*, 3rd. Edition, 1986, pp. 194–195.

務為畏途，甚或設法離開國中。以現代商業社會處處講究對價關係，令導師全心奉獻，卻又無相當對價，那有可能？欲使導師在學校裡發揮防微杜漸的功能，盡心盡力處理學生的問題，實應先讓導師甘心奉獻。

第三項　社會環境與少年犯罪

家庭與學校對少年行為的影響力，實為鉅大，而社會環境的影響，亦不可忽略。因為少年無法自外於社會，無法不受社會大環境的影響。有關社會環境，可得討論者甚多。茲所要討論者有二，其一為大眾傳播，其二為休閒場所。

第一款　大眾傳播與少年犯罪

現代社會意識的形成，大眾傳播媒介，如電視、報紙、電影、雜誌、廣播等，實居於重要的地位，其對於一般國民（尤其青少年）的影響，至為重大。

根據一項「國中生對大眾傳播工具之意見」的調查研究報告（1988年），國中生接觸大眾傳播媒體的時間，以電視最長（平均每天一至二小時，所觀看的電視節目，以連續劇最多，約 50%），其次為錄影帶或雜誌（平均每天一小時以內）。至於大眾傳播媒體對他們的影響，國中生的感覺，依序為：電視、報紙、書刊、雜誌。而認為媒體對他們會有不良影響者，報紙躍居首位 (68%)，電視退居其次 (21%)❼❸。

自前述研究結果得知，電視雖為國中生接觸最多的媒體（一般國民恐亦不例外），但其對國中生之可能負面影響，反不如報紙。此種研究結果，實不難想像。蓋電視節目雖充滿庸俗的商業氣息（有人譏為垃圾文化），但畢竟經由官方過濾與控制，所以負面影響較小。而報禁在 1988 年 1 月 1 日解除後，品質的低劣似乎踰於從前，負面的影響自不可能減少。根據前述

❼❸　邱惠珠：〈國中學生對大眾傳播工具之意見調查研究報告〉，刊：《教育資料文摘》，第 22 卷第 6 期，1988 年 12 月，116–136 頁。該研究以臺北縣江翠國中學生為樣本，隨機抽象，共 514 名。

研究，國中男生最喜歡看的新聞報導，為「社會百態」（女生則最喜歡看影劇動向）。因此，社會新聞的報導，對於少年行為的影響，值得注意。事實上，報紙對於少年犯罪的可能影響早有學者提醒❼：

1.報紙描述犯罪事件的誇大渲染，有誘發犯罪的可能。潛在的犯罪者，會從犯罪新聞的報導中，得到靈感。

2.絕大多數守法國民的生活，報紙甚少提及，卻經常長篇巨幅的報導犯罪事件與犯罪人的生活，易誤導社會大眾的觀念，特別是智慮尚未成熟的少年，以為犯罪即是一般人的生活模式，竟至不以犯罪為可恥的事。

3.犯罪新聞的報導，往往將檢警機關的偵查行動公諸於眾，使犯人及關係人有所預防，無異幫助或獎勵犯罪。

4.犯罪新聞有時無意中顯揚了犯罪人，提高其在同輩團體中的聲望。少年被逮捕後，多有特別關心自己行為在新聞中所佔的地位者；其為企圖成名，而以犯罪行為顯揚的異常性格者，亦所在多有。

5.新聞記者對於細微、異常的犯罪動機，有喜歡加以描述的傾向，因為如此，方能達到震撼的效果。可是，此種異常心態的描述，很可能有煽惑犯罪的作用。例如：「因為體育老師對我們吼叫，所以我們就放火燒學校」，「因為老爸總是批評我，所以我就宰了他」，這類犯罪動機的描繪，對於心智尚未成熟的少年，可能有暗示作用。

第二款　休閒場所與少年犯罪

國內人口不斷往都市集中，都市的活動空間逐漸縮小，都市人的主要煩惱之一，即是缺乏適當的休閒活動空間。此種情形，必將隨著都市計畫的欠缺前瞻性，而更加嚴重。由於活動空間稀少，因此，凡是能提供官能娛樂的商業休閒場所，莫不人潮洶湧，為商人帶來可觀的財富。這些場所，例如：網咖、MTV、地下舞廳、卡拉 OK、電動玩具遊樂場、溜冰場、電影院、彈子房等等，可能是少年樂於光顧的地方。商人們尚在挖空心思，建構合法與非法的新型休閒場所，提供二十四小時的全天候服務，以吸引

❼　Sutherland and Cressey: *Criminology*, 9th. Edition, 1974, pp. 245–248.

出手闊綽的消費新貴。對於放棄升學的學生，或無業、或已就業的少年，這些場所無疑是最佳的去處。在這些場所之中，MTV、卡拉 OK、電動玩具遊樂場，是最易滋生事端的處所。

卡拉 OK，可能是近年來都市中，最易滋生事端的休閒場所，由於消費額低廉，進出的分子自然複雜。更由於這是一個提供酒類的地方（甚至充當地下舞廳），往往為了細故（如有人長時間佔據唱枱）而起衝突。據報導，MTV 及卡拉 OK，都是逃學逃家學生的庇護所，許多少女在此失身而愈趨墮落。

電動玩具遊樂場，最能令年輕學生或一般少年沉迷其中，由於許多電動玩具帶有賭博性質，越發使少年無法自拔。因為沉迷於電動玩具，需要較多的金錢來源，可能誘發少年從事竊盜行為，或其他財產犯罪。

侯崇文和周愫嫻（1997 年）調查 1,002 名出入「不宜進入場所」者，187 名輔育院少年出入「不宜進入場所者」，以及 405 名未曾出入「不宜進入場所」者，藉以調查出入不當場所與個人偏差行為之間的關係。該研究所謂「不宜進入場所」係指 KTV、MTV、DTV、PUB、舞廳等場所。研究結果發現，對於「不宜進入場所」進出頻率較高的人，從事偏差活動的頻率也高，而其中又以出入 PUB 者的偏差行為最為嚴重。同時，青少年偏差行為與出入 KTV、MTV 等不宜進入場所互為因果關係，青少年出入不宜進入場所會影響他們的偏差行為，但偏差行為也導致他們出入 KTV、MTV、PUB 等地方[75]。

如何提供正當的休閒活動場所給好奇、易動、敏感的少年，是政府以及民間業者的共同責任。為了提倡精緻文化，政府更應不惜採取補貼政策，以贊助精緻文化活動的演出。這些作為，不僅有助於預防少年犯罪的發生，亦在於替精神饑荒的臺灣社會做拯救的工作。

---

[75] 侯崇文和周愫嫻：《少年出入不宜進入場所問題之探討及防範策略》，行政院青年輔導委員會，1997 年 6 月，13、25、83 頁。

第七節 少年犯罪的刑事司法

少年犯罪的有效預防，有賴家庭結構與功能的健全、學校教育的正常發展及社會環境的無污染。法律只是事後的反應手段，比較不具有積極的作用。

由於少年對自己的行為後果，較缺乏清楚認識的能力，而且犯罪少年將來也可以成為社會的生產者。因此，法律的反應手段，不得不小心謹慎。法治國家在普通刑法之外，大多有少年刑法的規定，形成一個獨立的刑法領域，用以處理犯罪少年。

各國少年刑法，對於犯罪少年的反應手段，均不一致。有些國家，對於犯罪少年完全放棄刑罰的使用，對於少年的犯罪危險性，只有使用養護與教育的處分加以對付❼⃝。又如德國，未滿 14 歲人的犯罪行為，只能交由監護法官，施以教育處分（非如我國，可以裁定剝奪自由的感化教育）；14 歲至 18 歲的犯罪少年，行為時精神狀態正常，原則上應有罪責，但德國少年法院法第 3 條有「特別阻卻責任事由」的規定：少年於行為之際，即使精神狀態正常，但如另有道德或精神發展的不成熟情形，仍不負刑事責任❼❼。外國法制有其特殊的社會背景，其法制精神固令人嚮往，但支撐此

---

❼⃝ Schaffstein/Beulke: *Jugendstrafrecht*, 10. Aufl., 1991, S. 12. 此種少年法制，必輔有完善的養護與教育措施。

❼❼ 關於「特別阻卻責任事由」，參閱林東茂，前揭文，56–58 頁。

所謂「道德與精神發展」，涉及心理要素，而與少年的「識別能力」及「行為能力」有關。

識別能力 (Einsichtsfähigkeit) 是指，少年已發展至相當程度，有能力識別其不法行為，係與人類的和平共同生活不相協調，並且為法秩序所無法忍受。此種發展程度，不僅指已有相當的知識成熟，而且也指相當的倫理成熟。

行為能力 (Handlungsfähigkeit) 是指，有能力認識其行為的不法，並有充分的人格成熟，充分的自由與機會，依據自己的認識而行動，如果欠缺此種能力，應認為欠缺責任。例如，15 歲少年受父親指示，在父親入宅行竊時，於門外

一法制的背景，如為我所不逮，仍不宜貿然採用外國法制。本節所要敘述者，原則上，以我國少年事件處理法的規定為主。

第一項　少年保護事件

少年保護事件是我國少年事件處理法的核心。

少年保護事件的對象，包括：

⑴ 12 歲至 18 歲的虞犯少年。

⑵ 14 歲未滿的犯罪少年及兒童。

⑶ 14 歲至 18 歲的犯罪少年，未被少年法院移送檢察官者。

⑷ 14 歲至 18 歲少年，犯告訴乃論之罪，未經提出合法告訴，或經撤回告訴者。

14 歲至 18 歲的犯罪少年，在何種條件下，可以由少年法院依保護事件處理，在何種條件下，則必須移送檢察官，依少年刑事案件處理，是少年法院極為重要的權限，學說上稱之為「先議權」。先議權的法律基礎，是少年事件處理法第 27 條。決定是否移送檢察官，依犯罪行為法定刑的輕重作為標準（不移送檢察官，即為少年保護事件）：

1.應移送檢察官的案件

少年法院受理少年犯罪案件，發現少年所犯之罪，其法定刑最輕為五年以上有期徒刑之罪，或事件繫屬後已滿 20 歲者，應移送有管轄權之法院檢察署檢察官。例如，殺人、重傷、放火、擄人勒贖等。

2.得移送檢察官的案件

少年所犯的罪，如非最輕本刑為 5 年以上有期徒刑之罪，可以由少年法院自行斟酌，是否移送檢察官。例如，當場激於義憤而殺人（刑法第 273 條），法定刑為 7 年以下有期徒刑，由於最輕本刑為 2 月有期徒刑，並非「應」移送檢察官之案件，因此少年法院得不移送檢察官，而逕依保護事件處理。又如，少年最常犯的竊盜罪（刑法第 320 條），法定刑為 5

把風，雖然少年知道把風行為為法所不許，但懾於父親的嚴厲，不敢不從。此種情形，西德學界認為欠缺行為能力，應無責任。

年以下有期徒刑，少年法院亦可以不移送檢察官。而未移送檢察官的案件，即為少年保護事件。例如，過失致人於死（刑法第 276 條）、無故侵入住宅（刑法第 306 條）、公然侮辱（刑法第 309 條）、誹謗（刑法第 310 條）等。決定是否移送檢察官之際，少年法院應依調查結果，認為犯罪情節重大，並參酌少年的品行、性格、經歷等情狀。有關少年資料的調查與搜集，是少年調查官的權責。

少年保護事件的法律效果，共有四種：

⑴訓誡，並得予以假日生活輔導。

⑵交付保護管束，並得命為勞動服務。

⑶交付安置於適當之福利或教養機構輔導。

⑷令入感化教育處所施以感化教育。

2017 年，臺灣地區各地方法院少年法院「審理」少年保護事件，總計終結人數為 20,286 人，交付保護處分者共 9,470 人，其中裁定感化教育者僅 586 人，佔 6.2%；裁定保護管束者 4,496 人，佔 47.4%；裁定訓誡 4,270 人，佔 45.1%；安置輔導 128 人，佔 1.4%；其餘為其他裁定，如不付保護處分 159 人，移送檢察署 71 人，移轉管轄 2 人，協尋 15 人，併辦 1,097 人，其他 2 人❼❽。

由於少年犯罪絕大多數依保護事件處理，而保護事件的法律效果僅有四種，用以反應繁多的少年犯罪案件，顯屬不足。因此，宜增列其他保護處分。有學者建議，在訓誡與感化教育之間，增列三種處分（措施）：課以適當工作、令為勞動服務、禁足❼❾。

少年法院受理少年保護事件，並不必然要裁定保護處分。即使少年之行為成立犯罪，如其情節輕微，仍得予以轉向處分 (Diversion)。我國少年事件處理法所規定的「應不付審理」（第 28 條）、「得不付審理」（第 29 條）及「不付保護處分」（41 條），即為轉向處分。所謂轉向處分，簡言之，即

---

❼❽　法務部：《106 年犯罪狀況及其分析》，2018，表 3-2-2，224 頁。

❼❾　參閱沈銀和：《中德少年刑法比較研究》，1988，245 頁。現已有勞動服務處分，並另增機構輔導。

對於輕微犯罪的少年，不予審判，更不予處罰，而代之以教育性的輔助措施❽⓪。2017 年，臺灣各地方法院少年法庭「受理」少年兒童刑事案件，終結人數為 18,435 人，依少事法第 29 條裁定「不付審理」者，計 5,107 人，佔 27.7%；同年，各少年法院審理少年保護事件，總計終結 9,470 人，其中裁定「訓誡處分者」共計 4,270 人，佔 45.1%❽①。

受轉向處分的裁定者，由於根本未受實體上的宣告，對於少年而言，自較「社區處遇」（如保護管束）更為有利。轉向處分也因此成為現代國際間刑事政策上甚受重視的課題。

第二項　少年刑事案件

如本節第一項所述，保護事件是我國少年法的核心，少年刑事案件退居次要的地位。以 2017 年為例，各少年法院受理的犯罪少年，共 20,286 人，移送檢察署者，僅 71 人，佔 0.3%❽②。

檢察官對於少年法院移送的案件，偵查終結，認為應起訴者，仍應向少年法院起訴。少年法院審判終結，如為有期徒刑的宣告而未宣告緩刑，則徒刑的執行，應於少年矯正機構執行之；如宣告緩刑，則緩刑期間應付保護管束。對於少年，原則上不能宣告死刑與無期徒刑，除非殺直系血親尊親屬。對於少年，法律雖未禁止宣告罰金，但仍以不宣告為當❽③。因為少年多無資力繳納罰金，罰金必由其父母代繳，因而沒有教育上的意義❽④。德國少年法院法則根本未設有罰金刑的規定。

檢視我國少年事件處理法有關少年刑罰的適用，與普通刑罰的規定並無差異，只是免刑、緩刑、假釋的條件較為寬大而已。由於免刑應交付保

---

❽⓪　沈銀和，前揭書，127 頁。

❽①　法務部：《106 年犯罪狀況及其分析》，表 3–2–1，2018，223 頁。

❽②　法務部：《106 年犯罪狀況及其分析》，表 3–2–2，2018，224 頁。

❽③　2010 年，沒有少年受罰金之宣告。參閱法務部：《99 年犯罪狀況及其分析》，表 4–3–1，254 頁。

❽④　關於罰金刑在刑事政策上的意義，參閱林山田：《刑罰學》，1992，277–300 頁。

護管束、安置輔導或令入感化教育處所，實務上很少做免刑宣告（2017年，沒有人被判免刑）。因此，少年法的免刑制度，名存實亡。普通刑法中的拘役，因其毫無教育與威嚇作用而甚受批評[85]，對於少年更不應宣告拘役（2017年，宣告11人）。

第三項　少年之家

少年犯罪有低齡化的現象，依照少年事件處理法的規定，未滿12歲人有觸犯刑罰法令者，得依少年保護事件處理之。因此，乃有未滿12歲人被裁定感化教育或保護管束之例。犯罪兒童與少年犯，共同在輔育院接受軍事管理的感化教育，實非所宜，而且不人道；而接受保護管束的兒童，可能生活在結構與功能均不健全的家庭。職是之故，如何在機構性處遇與社區處遇之間，創設一個新的處遇措施，實為刑事政策上的重要課題。

中途之家 (Halfway House) 即為對應此一刑事政策的新措施。中途之家是一種介於犯罪矯治機構與社區處遇之間，具有調整生活環境作用的處遇方式，它是用來收容自矯治機構釋放的受刑人，以及由少年法院責付收容的少年。由於少年的反社會程度，尚未達到收容於犯罪矯治機構的地步，但又不宜繼續居住在家庭中，故將其收容於中途之家[86]。

我國具有中途之家性質的機構，稱為「少年之家」。第一、二所少年之家，分別於1983年、1984年，在彰化少年輔育院左前方建造完成；第三所少年之家，則於1986年6月，在桃園少年輔育院右前方建造完成，三所少年之家於1992年更名為「桃園兒童學苑」，自2002年起，委託財團法人基督教更生團契附設桃園市私立少年之家辦理收容輔導保護工作。收容之對象，有未滿18歲而受感化教育宣告者，以及家庭遭受重大變故或其他重大事由無法生活者。少年之家收容的少年，以18歲未滿為原則，但收容後年齡超過18歲，或有其他特殊情形者，得延長收容[87]。

---

[85]　關於拘役的存廢問題，參閱林山田，前揭書，187頁。

[86]　郭利雄：〈中途之家與犯罪防治〉，刊：《第一屆中美犯罪防治研究會論文集》，1988年7月，253頁。

依據 2000 年 2 月 2 日修正通過之「少年事件處理法」第 54 條第 2 項規定:「執行安置輔導之福利及教養機構之設置及管理辦法,由少年福利機構及兒童福利機構之中央主管機關定之。」所以內政部自 1999 年起,成立兒童局,同時成立北、中、南區及內政部少年之家,辦理有關少年兒童保護等工作,後因衛生福利部成立改組(兒童局併入衛生福利部社會及家庭署),原內政部少年之家業已於 2013 年改為衛生福利部少年之家。而民間的少年之家也因而多方發展,尤其是基督教所屬非營利事業團體,投入這塊領域甚多。這種轉向計畫的實施,避免兒童和少年在年齡尚小就進入司法體系標籤化,且由法院轉介至社會福利機構安置輔導,是立足於兒童和少年權益為思考,為「少年事件處理法」修法之主要目的 ❽❽ 。

第八節　抗制少年犯罪的對策

從犯罪學的研究得知,大部分的犯罪人都是從微小的過錯行為開始,而逐漸地演變成為不可收拾的重大罪犯,只有很少人是突如其來地,一下子就成為罪大惡極的罪犯。同時,在犯罪學的研究中也發現,多數的成年犯在其少年階段,假如不是家庭或是學校的問題少年,就是曾經一度有過破壞法律的行為,而有犯罪紀錄。因之,我們可以說:今日的少年犯,大多即是明日的成年犯。少年犯即是成年犯的預備隊。所以,要想有效地抗制犯罪,務必從少年犯罪問題著手,對於今日的少年犯罪問題做有效地處理。

少年犯罪問題不容等閒視之,我們絕不可認為少年犯罪問題只是那些未成年的「小毛頭們」的問題,以為只要委由刑事司法機構對於那些少年罪犯與少年虞犯,使用法律的強制手段加以制裁或加以管訓,以嚴屬的刑

---

❽❼　黃政吉:〈少年輔育制度〉,刊《警察百科全書㈣──犯罪學與刑事政策》,2000 年 1 月,326 頁;兒童學苑:《緣起》,刊:http://library.taiwanschoolnet.orgl.

❽❽　楊孝濚:〈少年事件處理法中轉介及安置輔導與民營化社會服務機構之承接〉,刊:《社區發展季刊》,第 108 期,2005 年 1 月,109–120 頁。

罰發生威嚇與儆戒的效果，即足以解決這種「小朋友們」的問題。這是大錯特錯的看法，它將導致過分依賴司法手段以解決少年犯罪問題的消極的治標做法，而不會或不想去從事一些治本性的積極工作。這些都是由於不瞭解少年犯罪問題的本質所造成的後果。

為有效抗制少年犯罪，應有下列的認識與對策：

一、設置輔導問題少年的社會機構

犯罪學的實證研究發現，大多數的犯罪少年係由多次的微小過錯或偏差行為的累積，而慢慢地演變成為非以刑罰的制裁無法衡平其惡害的少年犯。因此，抗制少年犯罪的治本性的工作中最重要的事，乃是從速設立社會性的常設專業機構，來輔導一些雖然已有偏差行為，例如逃學或逃家等現象，但是尚未至犯罪階段的問題少年，讓這些人在還沒有真正演變成為罪犯之前，就已受到國家機構的警告，並進而加以輔導，使其得以改正其偏差行為，或者至少使其偏差行為不再惡化，終於可以避免經由司法機關以刑罰與保安處分的強制手段，來加以制裁的必要。因此，抗制少年犯罪的工作應該具有兩個層次：第一個層次係以社會性的機構警告已有偏差行為但尚未至犯罪的少年虞犯或家庭與學校的問題少年，並以各種方法，加以適當的輔導。第二個層次才是司法性的機構，它係在社會機構的警告與輔導之下，顯然無法收效而致發生犯罪行為時，方始動用刑事司法的手段，來制裁並矯治少年犯。

觀察我國目前防制少年犯罪的刑事政策，則似與上述的理論大有出入，例如「少年事件處理法」，把少年虞犯的範圍擴大到逃學與逃家的做法即是一個明證❽。因為逃學與逃家有其多元的成因，係問題少年最常見的偏差行為，雖說有觸犯刑罰法令的危險而須防患於未然，可是這些工作還是應屬於社會性的機構，而非屬司法機構的少年法庭。把這些具有偏差行為的問題少年不經由社會性的機構加以輔導，而直截了當地交由司法性的機構進行司法程序，不但於事無補，而且還會衍生更多的少年犯罪！根據司

---

❽　參閱少年事件處理法第 3 條第 2 款所規定的少年虞犯。

法院大法官會議第 664 號解釋，使經常逃學或逃家而未觸犯刑罰法律之虞犯少年，根據（舊）少年事件處理法第 26 條第 2 款以及第 42 條第 1 項第 4 款之規定，收容於司法執行機構或受司法矯治之感化教育，與保護少年最佳利益之意旨已有不符，亦與憲法第 22 條保障少年人格權以及第 23 條比例原則不符，進而被宣告違憲。換言之，司法院大法官認為對於經常逃學或逃家之虞犯少年，由少年法院依少年事件處理法處理，係立法者綜合相關因素，為維護虞犯少年健全自我成長所設之保護制度，然而動用司法執法機構或受司法矯治之感化教育，予以收容，顯不適當。

迄今不少犯罪學的實證研究業已證實，大多數的少年犯均來自家庭結構破碎或家庭功能失調的問題家庭，而且大多數均為不適應學校教育與學校生活，且對於學業不感興趣的問題學生。這些少年人往往由於不喜歡上學而逃學，乃至遊蕩街頭，最後終於犯罪。現在假如有專設的社會性機構，對於所有來自結構破碎或功能失調的家庭，且乏人管教的問題少年，以及所有在學校中有不適應的行為，而非學校訓導人員可以做有效地輔導的問題學生，均能及時由專人負責輔導，並建立其個人資料，時加考核，使其得以懸崖勒馬，不致墜入犯罪的深淵之中。以美國為例，對於少年司法處遇強調多元、豐富與私人性為特色，對於未進入司法程序或判決前即轉向者，提供家庭外社區安置處所，例如少年庇護所、團體之家、寄養家庭等機構。特別是私人機構 (Private Institutions) 持續扮演著重要角色，包含設立拘留機構 (Detention Facilities)、庇護家庭 (Shelter Home)、團體家庭 (Group Family)、訓練學校 (Training School)、藥物及酒精方案 (Drug and Alcohol Program)、戶外體驗計畫 (Outdoor Experiential Program) 與心理衛生機構 (Mental Health Facilities) 等，這些私人機構被稱為隱藏系統 (Hidden System)，協助政府部門保護虞犯少年著力甚深❾⓿。

---

❾⓿ 潘昱萱：〈少年多元處遇〉，刊：《觀護制度與社區處遇》，鄭添成主編，洪葉文化，2013，209–211 頁。

二、改革各級教育

　　教育在個人「社會化」(Socialization) 的過程中扮演一個非常重要的角色，所以它與少年犯罪的發生與預防具有密切的關係。一般而論，教育應能配合社會的現實需要，儘量提供受教育者接受職業訓練的機會。學校授業的內容應該是有計劃性地配合社會所需要者，而不是為達「升學主義」與「文憑主義」的目的所不得不學習與死背者。在校的青少年正處於人格成長過程中，一方面在現今物質享受的引誘；另方面在升學與文憑的壓力，再加上畢業即失業的顧慮下，很容易造成「學習的冷感症」，形成其在「學校社區」中的不適應。因此，從輕微的偏差行為開始，慢慢地走上犯罪之路，終致半途而廢，提前離開單純的學校，進入環境更為複雜、而存在更多犯罪誘因的社會，在這種情況之下，更是難以自拔。

　　因此，各級學校教育應從速排除「升學主義」與「文憑主義」的病態現象。國中教育絕不只是高中教育的階梯，高中絕不只是大專教育的階梯，大專教育也絕不應只是大量生產文憑的場所，更不是出國留學的階梯教育。各級學校教育應該能夠提供國民一切現代生活必備的知識，以及傳授從事職業活動所必需的專業知識；同時，並應培育學生對於事物的是非判斷力，以及適合工業社會生活所必需的新觀念與法律常識，絕不應一味大量製造社會所不需要的文憑；否則，文憑充斥於市，高不成，低不就，雖然國民的教育水準在表面上是提高了，可是對於社會的安定與進步，不但沒有幫助，反而製造更多的社會問題。

三、廣設青少年活動中心

　　青少年人大多是好動的，政府或社會若未能提供適當的場所與設備，青少年自然極易成群結隊，遊蕩街頭，從事諸多對其身心均有不良影響的活動。近年來由於都市化的結果，大都市及其周圍衛星城鎮的人口過度密集，且因欠缺良善的社區規劃，任由房屋營建公司以賺取最高利潤的方式，大量興建密集不堪的住宅，公園與綠地以及兒童或青少年的活動空間，均

付之闕如。在此情形下,青少年在課餘或假期中遊蕩於街頭或遊樂場所,致滋生事端,自屬無可避免的必然現象。

因此,今後政府應加強社區規劃與執行工作,預留的公園或綠地必須足夠社區居民的需要,且不可輕易變更用途,並應增列預算,興建各種有益青少年身心的閒暇活動中心,舉辦各種活動或資助青少年從事各種正當的康樂活動。

四、改革少年感化機構與少年刑罰執行機構

政府為降低少年輔育院(執行感化教育處所)之機構性處遇色彩,於2017年「總統府司法改革國是會議」決議少年輔育院應儘速完成改制矯正學校之工作,法務部遂於2019年1月至3月間召開跨部會會議,決議以優先保障受感化教育處分少年之「受教權」、提供良好學習環境,作為革新首要工作,在現有之2所少年輔育院未完成改制矯正學校前之過渡階段,少年輔育院暫由矯正學校「誠正中學」設置分校,以協助教育事宜[91],法務部並於2019年7月31日於桃園少年輔育院成立「誠正中學桃園分校」、彰化少年輔育院成立「誠正中學彰化分校」,該2院專責少年感化教育之執行。

對於曝險少年或犯罪少年之處置,實務上前者送交「誠正中學桃園分校」或「誠正中學彰化分校」執行感化教育;而後者之少年受刑人送交「明陽中學」執行少年刑罰[92]。但無論是少年矯正學校或者其分校,性質上均屬「機構性的處遇」(Intuitional Treatment),其本身存有諸多弊端。例如這些機構往往缺乏足夠的教育、特教與輔導人員,未能有效地從事教化工作;不良友伴惡習互相傳染,並彼此建立擴張犯罪社會關係;監獄化負面影響等窘境。有鑑於此,對於觸犯輕罪及改善可能性高之犯罪少年,其處遇方

---

[91] 法務部矯正署彰化少年輔育院(明陽中學彰化分校)網站。造訪日期:2019年11月17日。https://www.chr.moj.gov.tw/15824/15826/15836/118079/post。

[92] 目前臺灣已無少年監獄。明陽中學於1999年7月1日成立,專責收容少年受刑人。

式應儘量避免「機構性的處遇」，而以「非機構性的處遇」 (Non-institutional Treatment) 或「社會的處遇」(Social Treatment) 取代之，使犯罪少年之處遇兼顧人道精神與教育優先之理念，在不受社會隔離的條件下，接受矯治與輔導。另對於惡性較重或對於社會具有重大危險性的少年犯還是要施以「機構性的處遇」，惟在機構中則應重視教化工作的推展，而非只以消極的監禁為能事。否則，就會像 19 世紀末的德國刑法學家李士特 (Franz von Liszt) 所說的：「當一個少年人犯罪時，我們若不加追究而放過他，則其再犯的可能性遠比我們對他加以刑罰處分還要低！」

五、淨化電視節目

電視對於社會大眾具有莫大的影響力，它甚至於會創造出「電視文化」，並可左右社會大眾的社會態度，改變社會大眾的價值判斷標準，而且對於青少年還會製造出「電視的行為模式」。電視與犯罪的關係已是犯罪學上探討多年的論題，大多數的學者莫不認為電視節目中出現血腥殘酷的暴力場面或是描述犯罪情節的映象，對於人格正在成長中，而且可塑性又高的青少年，甚具模仿的作用。因此，極易造成相當不良的後果。

目前的電視節目中，出現打殺的暴力行為的比率仍舊很高。因此，現行的電視節目應適度地加以改革，一方面主管官署應嚴加督導，另方面或許可以仿照西德的範例，徵收電視收視費，而以這一筆經費來製作夠水準且具建設性與教育性的電視節目。例如與法律常識、法治觀念的推廣和社會正義理念的建立有關，而具娛樂性的節目。如此，方能淨化電視節目。否則，假如電視臺依舊賴廣告以為生，其節目當然要受廣告客戶的操縱。在這種情況下，則電視充其量只是工商企業界的廣告工具而已，一點也不能發揮其在大眾傳播系統中的積極性的功能，並扮演社會教育的角色。

第九章　女性犯罪

第一節　女性犯罪在統計上的觀察

　　各國的人口，男女的比率，大約呈一比一的現象❶。可是，女性的犯罪人口總是遠較男性犯罪人口為少。以 2017 年為例，臺灣警方所知的犯罪嫌犯總數，男性為女性的 4.53 倍（男性嫌疑犯 235,388 人，女性嫌疑犯 51,906 人）。易言之，女性佔犯罪嫌犯總數的 18.1%❷。觀察過去的警方犯罪統計，男性嫌犯曾有過女性嫌犯 19.4 倍的高紀錄（1973 年）❸。2017 年，臺灣各級檢察署已執行人犯（不含票據犯），男性為 165,604 人，女性為 16,554 人，女性佔受刑罰執行總人數的 13.8%❹。

　　根據官方的犯罪統計，女性的犯罪人佔總犯罪人口的比率，在已開發的工業國家，大約為 10% 至 20%；而在開發中國家，大約為 3% 至 5%❺。雖然官方的犯罪統計，男女有比較大的差異，可是，根據犯罪黑數的研究，其間的差距並不是很大，在西方工業國家，女性犯罪人大約佔總犯罪人口的 35%❻。

　　根據歷年的犯罪統計，女性犯罪在近年來的增加，比起男性犯罪為快，

---

❶　遇有戰爭，由於年輕男性戰死沙場者眾，情況自然會有不同。例如，1978 年的西德人口，女性比男性多 300 萬，此種現象與二次世界大戰應有重大關聯（資料引自 Göppinger: *Kriminologie*, 4. Aufl., 1980, S. 501）。

❷　參閱內政部警政署：《106 年警政統計年報》，2017，240 頁。

❸　參閱許春金：《犯罪學》，1988，80 頁。

❹　法務部：《中華民國 106 年犯罪狀況及其分析》，2018，130 頁。

❺　Schneider, aaO. S. 561.

❻　Schneider, aaO. S. 561.

值得注意。根據內政部警政署《106 年警政統計年報》顯示，近十年，女性犯罪嫌疑人的人數，以及所佔整體每年嫌疑犯總數之比例，均有增加之現象與趨勢。例如自 2008 年以來至 2017 年，女性嫌疑犯已成長 13.2%，同一時期，男性僅成長 4.5%。再者，2008 年，女性嫌疑犯佔全部嫌疑犯的 16.91%，但 2017 年已佔 18.07%（詳表 9-1）。此與臺灣地區近年來，教育的普及以及社會快速的變遷，女性意識抬頭，女權地位提高，女性受到傳統禮教與社會束縛的觀念，在工商發達的今日，愈顯淡薄，因此，女性離開家庭、走進社會後，人際往來益發複雜，廣泛參與社交活動、與人互動的結果，犯罪率似乎愈來愈嚴重。

表 9-1　近 10 年來警察機關受（處）理刑事案件嫌疑犯人數

年別	總人數	男性	比例 (%)	女性	比例 (%)
2008	271,186	225,335	83.09	45,851	16.91
2009	261,973	214,583	81.91	47,390	18.09
2010	269,340	219,709	81.57	49,631	18.43
2011	260,356	212,981	81.80	47,375	18.20
2012	262,058	213,949	81.64	48,109	18.36
2013	255,310	209,222	81.95	46,088	18.05
2014	261,603	214,701	82.07	46,902	17.92
2015	269,296	221,904	82.40	47,392	17.60
2016	272,817	224,383	82.25	48,434	17.75
2017	287,294	235,388	81.93	51,906	18.07

資料來源：《106 年警政統計年報》。

以上是就總體現象的觀察。如果從各別犯罪現象觀察，是否可以發現女性犯罪（與男性犯罪比較）的特異之處？

由於西方國家的犯罪統計顯示，女性的暴力犯罪比率很低❼。因此，女

---

❼　例如 1975 年至 1977 年，西德各類犯罪的受判決人，女性所佔比率大約為：殺人 7%，重傷害及普通傷害各為 5%，強盜及恐嚇取財 5%，參閱 Göppinger, aaO. S. 504.

美國的文獻，如 Haskell 及 Yablonsky 的犯罪學教科書，也提到女性的暴力犯

性犯罪與老年犯罪同被稱為「弱者的犯罪」(Kriminalität der Schwäche)❽。不過很低比率的暴力犯罪，並不是女性犯罪的普遍基本特質，因為有些國家的女性暴力犯罪，佔有不少的比率。例如若干南美洲國家女性犯罪總數的4分之1是暴力犯罪❾。臺灣地區的女性暴力犯罪，基本上所佔比率很低，但歷年來均有一特殊現象，即傷害罪總是佔有不低的比率。例如2017年女性犯傷害罪，佔女性嫌犯總數的5.08%（1978年，高達11.1%），非常接近於男性傷害犯佔男性嫌犯總數的比率5.47%（參表9–2）；傷害犯總數之中，女性比率為17.00%（參表9–2）。此種現象值得注意。復次，愈是非暴力的犯罪型態，例如妨害家庭、詐欺、妨害風化與賭博罪等，女性參與的比例愈高，因此，宜否視女性犯罪為「弱者的犯罪」，可能需要重新考慮。

表9–2　2017年各犯罪類型男女嫌犯在各同性嫌犯中所佔比率

犯罪類型	合計 (e)	男		女		
		人數 (b)	佔男嫌犯比例 (b/a)×100%	人數 (c)	佔女嫌犯比例 (c/a)×100%	女性佔該案類比例 (c/e)×100%
違犯槍砲彈藥刀械管制條例	1,714	1,639	0.69	75	1.27	4.38
恐嚇取財	1,217	1,103	0.47	114	0.22	9.37
故意殺人	765	715	0.30	50	0.10	6.54
強盜搶奪	707	664	0.28	43	0.83	6.08
擄人勒贖	23	23	0.00	0	0.00	0.00
竊盜	32,204	25,725	10.93	6,479	12.48	20.11
毒品	62,644	54,295	23.07	8,349	16.08	13.33
妨害公務	1,534	1,368	0.58	166	0.32	10.82
公共危險	67,874	61,083	25.95	6,791	13.08	10.00
贓物	261	207	0.88	54	0.10	20.69

罪所佔比率很低，參閱 Haskell and Yablonsky: *Criminology,* 3rd. Edition, 1983, pp. 83–85.

❽　A. Merger: *Die Kriminologie*, 2. Aufl. 1978, S. 224.

❾　J. Feest: Frauenkriminalität, in: *Kleines Kriminologisches Wörterbuch*, 2. Aufl., 1985, S. 121.

傷害	15,505	12,868	5.47	2,637	5.08	17.00
詐欺	24,330	17,239	7.32	7,091	13.66	32.47
妨害風化	1,682	1,132	0.48	550	1.06	32.70
妨害性自主	3,193	3,125	3.33	68	0.13	2.13
賭博	11,038	7,527	3.20	3,511	14.50	31.81
妨害家庭	743	396	0.17	347	0.76	46.70
駕駛過失	14,183	10,593	4.50	3,590	6.91	25.31
其他	47,677	35,686	15.16	11,991	23.10	25.15
總計 (a)	287,294	235,388	100.00	51,906	100.00	18.07

資料來源：刑事警察局：《106 年臺閩刑案統計》(2018)，34 頁。

　　有趣的現象是，2017 年臺灣的女性犯罪中，賭博犯高達 14.5%（男性犯罪的賭博犯佔 3.20%，參表 9-2）。此種特殊現象似乎不難理解：由於地下簽賭的組頭多由女性出名（實際上的組頭可能是男性），遭受取締與追訴處罰的，自然就是女性居多。此種現象與空頭支票刑罰廢除之前，歷年女性票據犯特別多的情況，應該是極其類似的❿。

　　茲對 2017 年我國女性犯罪的各別現象，做一個簡單的歸納：其他、毒品、賭博、詐欺、竊盜、公共危險，高居前六名；其他犯罪如違反槍砲彈藥刀械管制條例、恐嚇取財、故意殺人、強盜搶奪、擄人勒贖、妨害公務、贓物、妨害性自主與妨害家庭，所佔比率均不及 1%。

　　關於女性犯罪人的年齡分佈情形，根據國外的統計，初犯年齡與平均年齡，都比男性略高⓫，至於 60 歲以上的犯罪人，男女的年齡分佈，則已無差異⓬。

　　我國的情況與此相比，18 歲未滿的少年犯，男女的比率相差不大 (4.02%：2.88%)；然 20 歲以下的犯罪年齡層，男性均高於女性。而 21 至 39 歲間，卻轉變為女性高於男性的現象。自 40 至 59 歲年齡層間，又回復到男性高於女性的分布。惟 60 歲以上又呈現女性高於男性的現象（參表

⓾　關於女性票據犯，可參閱呂榮海：《法律的客觀性》，1987，116–134 頁。

⓫　Göppinger, aaO. S. 505.

⓬　Feest, aaO. S. 121.

9–3）。換言之，如果將年齡層的分布分為 4 個波段，20 歲未滿為第 1 波段，21 至 39 歲為第 2 波段，40 至 59 歲為第 3 波段，60 歲以上為第 4 波段，男性在第 1 與第 3 波段年齡層的犯罪嫌疑人比率略高於女性，但女性在第 2 與第 4 波段年齡層的犯罪嫌疑人比率，則略高於男性。

　　女性犯罪人的平均年齡高於男性犯罪人，可能的原因是：①在少年時期，女性受到的家庭管教與監督，都比男性嚴厲。②年輕女性正值如花之年，縱有不法行為，易受男性寬容與保護。③女性中年之後色衰，可能失歡於丈夫，子女亦長大獨立而膝下空虛，加上更年期失調的心身狀態，較易陷於犯罪❸。

　　關於再犯或習慣犯的比率，女性比男性為少。根據 106 年臺灣刑案統計，2017 年的女性習慣犯 506 名，佔全體女性犯罪人的 0.97%；男性習慣犯 3,545 名，佔全體男性犯罪人的 1.51%❹。德國及日本的官方統計，女性累犯的比率亦較男性累犯的比率為低❺。

表 9–3　2017 年臺灣地區男女嫌犯的年齡分佈

年齡	男		女	
	人數 (b)	佔男性嫌犯比例 (b/a1) × 100%	人數 (c)	佔女性嫌犯比例 (c/a2) × 100%
18 歲未滿	9,452	4.02	1,495	2.88
18–20	12,450	5.29	2,404	4.63
21–29	44,204	18.78	10,413	20.06
30–39	58,874	25.01	13,571	26.15
40–49	54,342	23.09	10,460	20.15
50–59	36,516	15.51	7,743	14.92
60–69	15,662	6.65	4,416	8.51

---

❸　張甘妹：《犯罪學原論》，1980，再版，113 頁。

❹　參閱刑事警察局：《106 年臺閩刑案統計》，2018，67–68 頁。

❺　① Schneider, aaO. S. 563.

　　②黃富源 ：《臺灣北部地區女性與男性受刑人人格特質及適應問題之比較研究》，1983，中央警官學校碩士論文，53 頁。

70 歲以上	3,869	1.64	1,397	2.69
不詳	19	0	7	0
總計	(a1) 235,388	100.00	(a2) 51,906	100.00

資料來源：刑事警察局：《106 年臺閩刑案統計》(2018)，34–41 頁。

第二節　女性犯罪學理論

　　從犯罪學的發展史觀之，大部分的犯罪學理論都著重於研究男性犯罪的現象與成因，特別是解釋少年與成年男性為何從事犯罪行為。有關女性犯罪成因之探究以及理論之建構，在某一程度上可說是被忽略了。究其原因與女性從事犯罪，特別是一些嚴重的暴力犯罪，比例過少有關。因此，過往的犯罪學家似乎認為沒有必要研究女性犯罪的議題。此外，也有一派的說法認為，傳統以來，犯罪學家清一色都是男性，因此他們研究男性，撰寫的研究報告也有關男性。即使是那麼的稀少，在探究研究女性犯罪成因的歷史上，可以發現犯罪學之父龍布羅梭 (Lombroso) 曾經撰寫過《女性犯罪人》(*The Female offender*)，值得探究。再者，自 20 世紀 70 年代以後，由於女權運動的興起、女性平權意識的抬頭，助長了女性主義者對於女性犯罪之主張，認為女性犯罪應有其獨樹一幟的成因與體系架構，當然在此發展過程中，仍不免俗的會從既有的犯罪理論，套用於女性犯罪的解釋。本節將針對女性犯罪學理論，詳盡介紹之。

第一項　早期的女性犯罪理論

　　龍布羅梭曾在 1895 年出版《女性犯罪人》(*the Female Offender*) 一書，可以說是犯罪學界第一本專門探究女性犯罪人的書籍。在本書中，龍布羅梭認為，相較於男性，女性屬於較為被動且不具犯罪之性格，但即使如此，與犯罪有關的一小群女性犯罪人，缺乏女性擁有的典型特性，例如同情、憐憫以及柔弱等性格，並在情感上、生理上與心理上具有錯亂性情之人 [16]。

---

[16]　Lombroso (1920): *The female offender*, New York: Appleton Publishers；許春金，

　　龍布羅梭亦認為，女性在進化量表 (Evolutionary Scale) 上比男性來得低，亦即進化程度較男性為慢，因此也較具有幼稚、較不具感性以及較不聰明。犯罪的女性（特別是指娼妓或其他與性有關之犯罪）與正常女性，在身體外表上有明顯的差異性，例如有特殊的體毛、皺紋、烏鴉腳以及特殊的頭蓋骨等。無論在外表或情感上，女性犯罪人均較正常女性還要接近男性的性格。因此，龍布羅梭的理論，也被稱為男子氣概假設 (Masculinity Hypothesis)，亦即犯罪的女性有類似於男性的外表、情感與氣概。這樣的主張較後來的梅瑟史密特 (James Messerschmidt) 所主張之男子氣概理論 (Masculinity Theory) 早了八十年。

　　1950 年，學者波拉克 (Pollak) 出版 《女性犯罪》 (the Criminality of Women)，內容指出女性犯罪者誤入歧途，其犯罪行為因為惡性不大、許多都是長期暴力下之受害者，因此，刑事司法機構不願對她們採取任何行動而受到掩飾。故波拉克的理論被稱為俠義精神假設 (Chivalry Hypothesis)，亦即刑事司法機構扮演著敬重婦女、濟弱扶傾之騎士俠義精神，使得女性之犯罪受到了掩飾，只有如冰山一般浮出一角。事實上，波拉克也認為，女性犯罪者並非受到男性之剝削與操縱，而是女性之剝削與操縱者，鼓譟女性去從事犯罪行為❶❼。

　　到了 1950 年代至 1960 年代，許多犯罪學家將犯罪研究焦點轉至青少年，因此，也一併研究青少女。研究發現，這些偏差青少女是離開家庭、與家庭的情感產生疏離的一群，進而以追求犯罪方式彌補分崩離析的個人生活，街頭可能是她們第二個家，因為她們或可能來自單親家庭，或可能父母離婚或分居，使得她們生理與心理的適應，受到了阻礙，為了彌補心中對於情感的追求，遂離開家庭、與偏差少年過著有餐沒餐的街頭生活❶❽。

　　　　《犯罪學》，中央警官學校印行，1991。

❶❼　　Pollak (1950): *The criminality of women*, Philadelphia, University of Pennsylvania.

❶❽　　許春金，《犯罪學》，中央警官學校印行，1991。

第二項　女性解放理論

1970 年代，隨著美國婦女解放運動的推展，男女性的地位益形平等，那也意味著女性在日常生活的型態，包含角色扮演、人際關係、甚至社會化程度，與男性愈來愈無異，因此，可以預見的，女性違法犯罪的問題，也愈來愈多。如果女性的成長背景與教養方式，與男孩無異，生活形態與人際互動的機會，與男性無異，可以合理地推論，他們的行為，包含犯罪行為，應該與男性沒有兩樣了，換言之，女性的解放主義最後造成了男女在犯罪行為的量產上，產生的平等 (Equality)❶。

這樣的觀察與想法，來自於西蒙 (Simon, 1975)，她在其出版的《女性與犯罪》(*Women and crime*) 一書中提到，女性投入就業市場後，隨之而來的就是接觸犯罪的機會，例如金融與白領犯罪，例如詐欺、侵佔、竊盜與偽造文書等罪。但西蒙不認為女性的投入職場工作，會增加暴力犯罪，因為她認為女性的暴力犯罪與其在家庭中長期以來扮演著從屬以及依附的角色，進而產生的挫折與壓力有關。相反地，西蒙認為，女性投入就業市場的發展與成就，反而會減少長期在家中的受害和被剝削的感覺，進而削弱了他們殺人或暴力行為的動機❷。

另一位女性解放理論學者阿德勒 (Adler, 1975)，與西蒙的看法，略有不同。在她的經典書籍《犯罪女性：新女性犯罪人的興起》(*Sisters in Crime: The Rise of the New Female Criminals*) 指出，女性在社會變遷以及傳統家庭附屬的角色解放後，女性與男性在社會的地位與角色分工，愈趨一致，女性不僅觸犯更多的犯罪行為，也更加的觸犯傳統僅有男性觸犯的犯罪行為。她指出，1960 年至 1972 年的美國，女性住宅竊盜逮捕率成長 168%、強盜成長 277%、侵佔成長 280%，普通竊盜成長超過 300%。她將美國社會當時女性犯罪的戲劇性變化，與當時在社會變遷中，連帶性別角

❶　Cullen, Agnew, & Wilcox (2014): *Criminological theory: Past to present*, New York: Oxford University Press.

❷　Simon (1975): *Women and crime*, Lexington, MA: Lexington Books.

色的平等性串連起來❷。

西蒙與阿德勒的理論，對於將女性運動所提倡的性別平等議題，納入犯罪學以及鼓勵學界對於女性犯罪議題的持續研究，具有至關重要的意義。他們的解放理論一經提出後，受到許多嚴格的檢視。許多犯罪學家是拒絕了此一論點的。其理由有三❷：

首先，該理論的經驗或觀察預測，其實經實證檢驗後發現，不是正確的。根據官方統計資料顯示，美國自 20 世紀 60 年代以後，女性嫌疑犯的逮捕率，確實增加了很多，增幅最大的是住宅竊盜、欺詐和偽造文書等，這些包含傳統的女性犯罪行為，例如商店竊盜、票據罪和社會福利詐欺罪。但是，這些犯罪行為數量的增加，其實是在美國婦女運動發生之前即已增加，而非在婦女運動發生之後，所以女性犯罪數量的增加，在這個時間序列上，與事實不符。

第二，解放理論暗示，女性的投入勞動市場參以及在許多社會機會中，實現了性別平等，結果將促進了女性犯罪。然而，數據卻顯示，性別平等所帶來的負面效益，不是製造更多的女性罪犯。相反，在一些沒有實現平等的人群中（例如下階層人們），經濟上處於邊緣地位的婦女從事犯罪，更是常見。換言之，真正的性別平等，可能會減少而不是增加女性犯罪。反而是經濟的不平等，增加女性的犯罪。

第三，關於性別社會化和職業機會性平化，有些學者認為解放理論並未考慮到男女間不平等的結構根源 (Structural Roots of the Inequality Between Male and Female)。可以肯定的是，身為自由派的女性主義者，像阿德勒和西蒙這樣的學者，反而被批評是女性解放運動的障礙者，因為女性受到父權影響的傳統窠臼，尚未突破。因此，更激進的女權主義者認為，解放理論學者的分析，其實沒有解決性平問題的核心：父權制（男性對女性主導的系統），例如在父權制下女性是如何被社會化？為什麼女性在工作

❷ Adler (1975): *Sisters in crime: The rise of the new female criminal*, New York: McGraw-Hill.

❷ 同❶。

場所遭受歧視？為什麼婦女經常處於經濟上的邊緣地位並經常被託付獨自照顧子女的角色？以及權力是如何影響女性的犯罪與被害？這些問題，女性主義者似乎都沒有妥善的解釋與回應。

第三項　父權主義理論

激進派的女性主義 (Radical Feminism) 學者錢思妮·林德 (Chesney-Lind, 1988)❷❸，認為父權主義才是探討女性犯罪的核心。他發現，在整個刑事司法體系中，許多研究已經指出法官的量刑存在著性別的不平等，並也可以發現法律如何地被使用來確認女性仍存在著傳統上從屬於男性的角色，以及被使用來控制女性的性行為。換言之，刑事司法體系內對於男女的審判與法律的規範和適用，存在著雙重標準 (Double-Standard)。這樣的觀點也被使用來證明女性被害議題的重要性。研究顯示，男性如何傷害女性，例如非陌生人間的性侵以及親密暴力，這在傳統以來好像被視為是家務事，不足為外人道也，因此法院都以不受理結案，而法院之所以不受理，就是認為女性是男性的附屬品。但這種暴力事件，從概念上來說，其實就是男性支配女性的傳統迂腐想法，藉由這樣的作法，我們的社會其實一直在複製社會上所存在的父權主義，並姑息其存在。

除了一昧地拒絕以男性為中心的犯罪學 (Male-Centered Criminology)，激進派女性學者也主張應該發展出性別特殊理論 (Gender-Specific Theories)，因為他們認為，傳統的犯罪學理論忽視了性別，也忽視了父權主義對於男女性行為之影響所衍生之差異性，因此傳統犯罪學理論無法闡明性別經驗的不同對於女性（或男性）的犯罪性，有何不同的影響。有鑑於此，激進派女性學者鼓吹並推動了一系列關於女性犯罪的質性研究，透過研究人員的觀察以及對於女性犯罪人進行密集訪談，以形成女性犯罪學理論。他們的研究結果確實揭露了許多女性犯罪人的犯罪歷程與內心世界，並促進了性別特殊理論的發展以及對於傳統理論的修正。

---

❷❸ Chesney-Lind (1989): Girls' crime and woman's place: toward a feminist model of female delinquency, *Crime and Delinquency*, 35, pp. 5–29.

　　錢思妮‧林德提供了女權主義理論的一個重要例子，其中父權主義扮演著女性從事犯罪的特殊原因。她注意到女孩經常是家暴和性虐待下的受害者，而父權主義是導致這種暴力行為與性侵氾濫的原因，因為長期在父權主義主導下，女性被視為是「性的財產」(Sexual Property)。特別在一個男女關係不平等以及男性在女性眼中備受崇拜的社會，女性很容易被男性定義為性的吸引物 (Sexual Attractive)，為了性予以施暴與虐待。然而，女性要擺脫這種性的施暴與虐待，並不容易，因此經常逃跑。更糟的是，她們逃跑的結果，又被國家抓到後送回家中，這種不尊重女性權益的作法，是讓她們持續受害、身心飽受恐懼的原因。換言之，國家的制度是幫兇，協助並有助於確認這些女性的父母，具有對她們掌控的權威。因此，許多受虐待女孩的唯一選擇，就是在街頭尋求（幫派）庇護，結果在那裡，她們又犯罪（例如賣淫）以求生存。父權主義在案例中說明了女性在家中的暴力與性侵被害以及在街頭上如何運用自己身上僅存的資源（性）從而犯罪以求生存。換言之，女性在街頭遊蕩賣淫，並非偶然。值得注意的是，錢思妮‧林德發現，在男性所撰寫的主要犯罪理論中，幾乎沒有關於女性性虐待行為的原因探究，更遑論父權主義與女性犯罪行為間的關聯性。

　　另一位女性主義學者，梅瑟史密特 (Messerschmidt)❷❹於 1986 年在其著作《資本主義、父權社會與犯罪》(*Capitalism, Patriarchy, and Crime*) 提出社會女性主義理論 (Socialist Feminist Theory)，他認為女性犯罪率低的原因，是因為資本主義的社會，充斥著父權主義與階級衝突的表徵。資本家控制了勞工的勞力，然而男性卻同時透過經濟與生物手段控制了女性。這種雙重邊緣化 (Double Marginalization) 解釋了女性為何在一個資本主義的社會中其犯罪率遠低於男性。因為他們在家庭中被孤立，他們甚少有機會接觸到菁英犯罪行為（如白領犯罪及經濟犯罪）。雖然有些有權力的女人能和男人一樣觸犯白領犯罪，但女性犯罪率仍然是有限的，因為資本主義中也充斥著父權本質的色彩。另外，即使是一些街頭犯罪也可看見很少有女

❷❹　Messerschmidt (1986): *Capitalism, patriarchy, and crime: Toward a socialist feminist criminology*, Totowa, NJ: Rowman & Littlefield.

性犯罪,因為資本主義下低階層的女性是沒有權力的,他們被迫從事犯罪行為的話,也是一些不嚴重、非暴力以及自我戕害的犯罪型態,如從娼賣淫 (Prostitution)(詳表 9–4)。

表 9–4　階級、性別與犯罪型態的關聯性

性別 (Gender)		階級 (Class)	
		資本家 (Capitalist)	勞動階級 (working-level)
	男	白領犯罪	街頭犯罪
	女	×	從娼、賣淫

資料來源:作者自行整理。

他也認為女性的無權力特性 (Powerlessness),也導致女性具有被害的地位,因為在資本主義的社會下,低下階層的男性在追求生活溫飽或物質享受時,如果遭遇到挫折,就會採取暴力手段攻擊家中柔弱的女性以宣洩其壓力與挫折,這就是為何下階層家庭經常發生家庭暴力、親密暴力的犯罪行為。

第三位女性主義學者為加拿大犯罪學家哈根 (Hagan)[25],他於 1985 年提出激進女性主義模式 (Radical Feminist Model),運用性別的差異來解釋犯罪的開始,進而提出權力控制理論 (Power-Control Theory),以詮釋女性犯罪及其他一般非法活動。根據哈根的觀點,犯罪率是兩個因素的功能: 1.社會階級(是指權力)。 2.家庭的功能(是指控制)。他將此兩個因素連結,主張在家庭內,父母親從他們所處的社會階級(如下階層)與工作場所,複製 (Reproduce) 權力;而在職場上的主宰地位等於他們在家庭中的控制能力或權力。這樣的結果,父母親的工作經驗以及社會階級將會影響小孩的犯罪性。換言之,犯罪行為與一個人之社會階層以及家庭功能有絕對之關聯性。尤其是低階層之家庭,父母親之管教與子女犯罪行為有截然關

---

[25] Hagan (1985): *Modern criminology: Crime, criminal behavior and its control*, Unknown Publisher; Hagan, Gillis, & Simpson (1985): The class structure of gender and delinquency: Toward a power-control theory of common delinquent behavior, *American journal of sociology*, 90 (6), pp. 1151–1178.

聯性。進而提出父母管教作風與男女犯罪率差異的關聯性：

　　1.若是在平權作風的家庭 (Egalitarian Families)，父母親共同分攤管教子女的責任與角色，父母親對於男女孩之要求，一視同仁，女孩將不會受到父母親之管制與約束，男性也不會因此獲得較多的自由與放任。在此成長的女孩，可能會有比較多的機會與外界接觸，相對的接觸到犯罪與偏差行為的機會也高，而男性犯罪之比例將降低，因此在此種家庭教育下的兒女，犯罪與偏差行為的比率相當一致，差距不大。

　　2.倘若是專制作風的家庭 (Paternalistic Families)，由於父親負責生計，母親負責子女生活之照料，母親對女孩之管教將趨於嚴苛，而相對於男孩之管教趨於自由放任。這種父母親與子女的關係是屬於顧家型導向 (Domesticity)，女孩在此種家庭環境中成長，會畏懼權威、畏懼律法，而男性反而受到溺愛或寵愛。因此女性犯罪偏低，男性犯罪則相對偏高。其歷程圖詳圖 9–1。

圖 9–1　資本主義、家庭結構與男女犯罪關聯性

　　該理論近年來已獲犯罪學界的重視與討論，因為他提供另一種新型態研究犯罪的方法，即包含性別差異、社會階層與家庭結構等因素。相關的實證研究也獲得支持，例如布列克維 (Blackwell) 等人 (2002) 的研究指出，女性在專制作風的家庭裡確實比其男性的兄弟們更會被父母親要求要學得尊敬律法與刑罰❷。但該理論亦有受到批評的地方，有些學者批評他的核心假設，權力和控制兩變項可以解釋犯罪嗎？再者，有些研究即使複製哈

---

❷　Blackwell, Sellers, & Schlaupitz (2002): A Power-Control Theory of Vulnerability to Crime and Adolescent Role Exits－Revisited, *Canadian Review of Sociology and Anthropology*, 39 (2), pp. 199–218.

根的作法也無法得到相同的結論。更甚者，有些研究者指出很少有家庭中父母親的管教因性別而異的現象。最後也有學者指出，這樣的研究太單純化家庭的結構，事實上在後現代的社會，家庭結構可能是單親母親家庭，可能是單親父親家庭，可能是分居家庭，這樣的家庭型態是哈根權力控制理論要重新檢視考慮的。

第四項　男子氣概理論

梅瑟史密特 (James Messerschmidt) 除了於 1980 年代提出父權主義與女性犯罪的理論外，於 1993 年再出版《男子氣概與犯罪》(*Masculinities and Crime*) 一書❷，挑戰傳統女性主義者對於女性犯罪所提出的犯罪學理論。如同前述，傳統的理論係以男性為犯罪問題的研究核心，但是他們並沒有檢驗為何成為一個男性 (Being Male) 就會與犯罪有關？男性或許有壓力、缺乏控制以及與同儕接觸學習中習得犯罪行為，但是性別是如何地與犯罪有牽連卻沒有被分析。另一方面，女性主義學者雖然將性別帶入犯罪學研究的中心，但他們對於男性在犯罪行為的觀點，仍然存在刻板印象與單一性。特別是當提到父權主義的時候，男性就被概念化為主導者的角色。然而，這樣的研究方式，其實是忽略了男性之間其實有差異性的考量，特別是他們如何尋求肯定他們的男子氣概 (Masculinity)。因此，犯罪與男子氣概的關聯性，受到了梅瑟史密特的關注。

他認為在社交場合中，男性經常面臨著建立男子氣概的挑戰。當證明男子氣概的合法手段被否定時，犯罪即成為完成這項任務的資源。因此，犯罪行為就被視為「做性別」(Going Gender) 的一種最佳方式。梅瑟史密特認為，男性「做性別」主要是在「霸權男性氣質」的範圍內證明自己。一般社會的文化概念「男子氣概」定義為：對於女性有主導性、異性戀、追求性滿足、獨立等意涵。不過，他也提出，這種一般的男子氣概是由年齡、階級和種族所交集而成。不同的「男子氣概」與個體所屬的結構位置

---

❷ Messerschmidt (1993): *Masculinities and crime: Critique and reconceptualization of the theory*, Lanham, MD: Rowman and Littlefield.

相關，因此一個個體男子氣概的出現，會對於其犯罪行為的比率與型態，產生不同的影響。例如，中產階級男孩經常以從事輕微的犯罪行為來顯示他們的男子氣概，但他們也會透過傳統的方式（例如在學校用功讀書、在勞動力市場努力工作），取得成功。相形之下，低下階層的男孩，面臨到社會結構的鴻溝以及未來的茫然，有可能透過經常性的搶劫和暴力行為來展示他們的男性氣質。正如梅瑟史密特所提，追求這些不同男子氣概的作法，反映並顯現了社會中現有的階級、種族和性別的不平等狀況。

晚近，梅瑟史密特運用男子氣概的論點，詮釋女性犯罪。他認為，在一些社交場合中，女性可能會建構與包容一個與犯罪有關的「壞女孩」之女性氣質。對於許多女性幫派成員而言，這是真實的。事實上，幫派在社區的非典型行為，特別是在鄰里間與他人發生衝突的行為，在一些社會背景與情境下，有些女孩反而受到刺激、助長與鼓勵。換言之，在一些社交情境與場合，男性與女性都被鼓勵、允許與享有這樣的幫派暴力行為，即使幫派少女在情境上與幫派少年一樣，從事了肢體的暴力行為，這也不會挑戰他們的女性性別的辨識 (Feminine Identify)。簡而言之，對於許多青春期少女和年輕女性來說，「做壞事」(Acting Bad) 並不是男性的專屬權利，且與她們是女性並無矛盾之處。男子氣概讓男性想要證明自己具有男性的膽識、勇氣，女性一樣也可以證明自己也有那樣的膽識與勇氣。

然而，學者米勒 (Miller, 2002) 認為，大多數幫派女孩會擁抱男子認同 (Masculine Identify)，這是有道理的，年輕女性會努力認同幫派，成為其中一份子 (One of Guys)，是因為她們認同幫派中的地位和尊重，特別是對於一些表現出具有膽識、勇敢、忠誠的幫派青少年。換言之，她們要追求的是幫派男子氣概 (Gang Masculinities)。無論如何，梅瑟史密特和米勒都認為，男性和女性有時會將犯罪作為「實現性別」的一種手段或工具，也就是說，在某些情況下，他們會建構和顯現他們對男子氣概的特定概念，來證明自己在社會上的被認同程度❷❸。

---

❷❸ J. Miller (2002): The strengths and limits of 'doing gender' for understanding street crime, *Theoretical Criminology*, 6, pp. 433–460.

第五項　傳統犯罪學與女性犯罪

隨著特殊性別理論的興起，許多傳統犯罪學理論也想方設法解釋女性犯罪以及兩性在犯罪的差異。這些理論發現，許多變項確實可以解釋男性犯罪的同時，也可以解釋女性犯罪。這些變項包含偏差同儕、對於犯罪的認同程度、低社會與自我控制、壓力、犯罪的成本與利益以及犯罪的機會等，事實上，檢視這些現有的理論與研究可以發現，男性和女性從事犯罪的重要因素，有許多都是重疊的。相似地，對於降低男性犯罪的對策，也能成功地降低女性的犯罪。

再者，這些傳統的犯罪學也發現，男女性在犯罪的分佈，確實存在差異。特別是他們發現，男女性在犯罪存在差異，是因為男性較女性有比較多的偏差同儕、有較低的社會與自我控制以及較多的緊張與壓力。因此，傳統的犯罪學理論認為他們在性別與犯罪的關聯性中，其實有其存在的價值性。

但是，仍有許多學者認為，這些傳統的犯罪學在男女犯罪的解釋與差異性的解釋，仍是不足的，例如雖然已有研究指出，許多的成因導致男性與女性的犯罪，但也有些證據顯示，有些因素僅大大地影響男性或女性的犯罪，並非同時都影響。例如，大多數的研究指出，偏差同儕大大影響男性犯罪，而非女性。然而，性早熟 (Early Puberty) 卻是導致女性而非男性犯罪的主要引導因素，而傳統的理論卻無法證明此點。同時，也有證據顯示，確實有些與性別有關且確實可以解釋女性或男性犯罪的因素，被傳統的犯罪學所遺忘。例如性別認同、性別歧視的經驗、身體體型的差異、伴侶的虐待、月經期間以及性虐待等。最後，傳統的理論主張男性較女性擁有較多觸犯犯罪的因素，但他們很少解釋為何男性會較女性擁有較多的這些因素。例如，為什麼男性會較女性擁有較多的偏差同儕？或者有較低的自我控制呢？基於這些的不足，許多犯罪學家已經開始著手「性別化」(Gendering) 傳統的犯罪學理論。也就是說，他們已經明確地注意性別可能會影響這些現存理論所已經確認過的因果驅力，亦即，性別是如何影響這

些因果驅力的性質、接觸和反應？而且研究顯示，所有清一色現存的傳統理論都已經嘗試進行性別化的工作。

例如，近年來有許多學者套用生物心理理論 (Biopsychological Theories) 來解釋女性犯罪以及男女性犯罪的差異性。最有名的理論就是學者莫菲等人 (Moffitt et al., 2001) 所發現的大部分犯罪會呈現性別上的差異，是因為女性比較不具備低自我抑制力以及負面情緒的人格特質。他們也認為，雖然這些個人特質有部分是受到外在社會所影響產生的，但它們也受到生理因素的大規模影響，例如基因遺傳和頭部受傷等所帶來的生理損傷。其他的生物因素也被運用來協助解釋男女性犯罪的差異性。例如，較早經歷青春期的女性，更有可能從事犯罪行為，尤其是涉及未成年飲酒、逃學和其他問題行為等。相關研究解釋認為，有一部分因為她們較早進入青春期，身體外觀的成熟度增加了她們與異性發生浪漫關係、接觸較多偏差同儕以及與父母有較多衝突的可能性所致❷。

布羅迪和安格紐 (Broidy & Agnew, 1997) 運用一般緊張理論 (General Strain Theory) 來解釋女性犯罪與性別在犯罪的差異。根據他們深入的探討相關理論與實證研究的文獻，他們認為性別在犯罪存在很大的差異是不能歸咎於男性較女性有經歷較多的壓力，其實，男性與女性都會經歷相似數量的壓力，並沒有太大的差異，事實上，有些研究反而指出，女性較男性經歷過更多的壓力。因此，從此一角度解釋男性犯罪多於女性是因為經歷過較多壓力的結果是不正確的。相反地，他們認為男女性在犯罪呈現差異性，有以下三點解釋：首先，男性更容易遭受有利於從事犯罪的壓力，例如成為犯罪受害者，使用犯罪予以反擊。第二，男性更容易對具有道德侮辱的壓力 (Strains with Moral Outrage) 作出反應，然而女性對於壓力的回應只是憤怒、抑鬱和感到內疚而已，換言之，這種回應可能不會導致犯罪行為的產生。最後，男性更有可能透過犯罪的方式來處理或因應所經歷的壓力和負面情緒。這是因為他們具有更高的負面情緒、較低的約束力特質、

---

❷　Moffitt, Caspi, Rutter, & Silva (2001): *Sex differences in antisocial behavior*, Cambridge, UK: Cambridge University Press.

較低的社會控制、較低的社會支持、並更有可能持有有利於犯罪的信念、更有可能與偏差同伴聯繫在一起。換言之，他們認為男性與女性在犯罪上之所以呈現出顯著的差異，是因為男女在社會的地位和權力、社會化過程和性別認同等方面，存在顯著差異的結果。此外，他們兩位還試圖解釋為什麼有些女性會從事犯罪活動但大部分的女性都沒有。他們認為，許多女性確實經歷過有利於從事犯罪的壓力，而這些壓力有許多是與性別不平等和性別壓迫有關，例如他們遭遇性虐待、性別歧視和親密／約會暴力等壓力，讓他們有利於從事犯罪的機會或理由，予以回應❸。

再者，有些學者運用社會學習與差別接觸理論來驗證性別與犯罪。這些理論的一個關鍵假設是：與偏差同儕的接觸會增加其犯罪可能性。換言之，偏差同儕就是犯罪的主要來源。但是，有些學者卻認為，性別會影響偏差同儕與犯罪之間的關係。例如，女性較少接觸偏差的同儕，部分原因是因為他們受到父母和其他重要他人的嚴密監督。此外，女性也不太可能透過犯罪的方式來回應與偏差同儕的學習，部分原因是在於她們有更強的道德承諾 (Moral Commitment) 和自我約束能力（亦即女性比較會去思考如何行為）。然而，當她們與偏差的男性朋友或伴侶存在親密關係時，對其從事犯罪行為，有很大的影響力，例如藥物濫用。

另外，荷默和迪可斯特 (Heimer & De Coster, 1991) 的研究指出，男生存在較多的暴力行為，是因為他們學習到較多的暴力定義，亦即相信使用暴力是解決問題的方法。他們的主要觀點是，產生暴力定義的因果因素對於男性和女性而言是不同的，這種暴力定義是植基於性別地位並與文化的意義有關。對於男性來說，當父母親不直接控制他們並監督他們與一些具有暴力傾向的同儕之密切關係時，他們就會學到暴力定義。但對於女性來說，暴力行為與其人際關係和對於父權主義所抱持的程度，更為緊密相關。女性主義者經常將女性描述為「比男性更關注人際關係的感情動物」。與這種觀點一致的是，當女性與家庭間的「間接控制」或情感聯繫斷裂時，女

---

❸ Broidy & Agnew (1997): Gender and crime: A general strain theory perspective, *Journal of Research in Crime and Delinquency*, 34, pp. 275–306.

性更有可能學習到暴力定義。此外，他們也發現，抱持著傳統父權主義價值觀的女孩，比較不具暴力性，因為這種暴力行為與「成為女性的意義」不相一致。

卡斯特羅和梅德爾 (Costello & Mederer, 2003) 運用控制理論來解釋性別在犯罪上的差異，他們並非詢問為何男性要犯這麼多的罪，他們的犯罪是不需要解釋的，因為這是人類的本質：透過最便捷的方法追求自我的利益，包含犯罪。相反地，他們詢問「為何女性並沒有像男性一樣觸犯這麼多的犯罪行為？」他們認為相較於男性，女性受到更多的控制。女性的社會化過程讓她們能夠行使更多的自我控制能力以及展現更多關懷他人的情操。女性更有可能受到較男性更緊密的監控，當女性表現暴力行為時，她們更會遭受其他重要他人的制裁與譴責。此外，女性更多的時間擔任照顧嬰幼兒並與家庭的情感聯繫更為緊密，這種投入照顧嬰幼兒與家庭生活的情感，限制了她們的犯罪機會。他們更進一步地指出，女性對於自我的強大控制力是根源於承擔與照顧小孩的責任。傳統以來，女性擔任照顧嬰兒的主要角色，促使她們與家庭緊密地聯繫在一起，導致她們具有女性氣質、具有自我控制能力和關心他人特質。然而，卡斯特羅和梅德爾 (Costello & Mederer, 2003) 也發現，這種傳統的角色安排，在當今平權社會，對女性來說變得越來越無功能了，因為男性必須變得要更像女性一樣，扮演照顧家庭與嬰幼兒的角色，這樣的發展將使女性能夠更好地追求與家庭無關的目標，進而減少男子的犯罪數量 ❸1。

其他的犯罪學家也修正一些傳統的犯罪學理論以進一步了解性別與犯罪間的關聯性，包含標籤理論、嚇阻理論與理性選擇理論、生命史理論以及日常活動理論等。這些學者的研究都有一個共通點，就是結合女性主義的觀點來了解為何女性會犯罪以及為何男性相較於女性有比較高的犯罪率？

---

❸1　Costello & Mederer (2003): A control theory of gender differences in crime and delinquency, In Britt & Gottfredson (eds.), *Control theories of crime and delinquency* (pp. 77–108), New York: Burnswick, NJ: Transaction.

第六項　整合理論

　　總結來說，有許多犯罪學理論被運用來解釋女性和男性犯罪成因，以及性別在犯罪分佈與數量的差距，這些理論包括女性主義理論以及前述之傳統犯罪學理論。但是，由於整合理論的日漸風行，許多學者也試想是否有可能整合某些現存理論以發展出一個更能解釋性別和犯罪的一般化理論。晚近，學者史帝芬斯邁爾和艾倫 (Steffensmeier & Allan, 1996) 試圖進行這樣的整合，進而提出「女性犯罪的性別理論」(Gendered Theory of Female Offending) ❸❷。

　　在該理論中，他們首先借用傳統的理論，認為傳統的犯罪理論有助於吾人理解女性犯罪和犯罪分佈與數量中為何存有性別的差異（此部分請參考第五項）。但他們也發現，這些理論有其缺點。換言之，傳統理論似乎沒有解釋為什麼性別差異，在嚴重的犯罪型態（例如暴力犯罪）中差異是最大的。其次，他們對犯罪的「脈絡」中性別差異的說明，幾乎很少（例如，女性的犯罪往往涉及到親密關係的現象）。於是，史帝芬斯邁爾和艾倫發展了一個整合理論，一方面借用傳統的犯罪學理論，也整合了較新的女性主義觀點，特別是，他們的整合理論整合了一些傳統犯罪理論中已經確定的犯罪因果因素，例如自我控制、差別接觸與學習、從事犯罪的成本和利益分析以及日常活動等。在此同時，他們的理論也運用許多方法描述性別是如何地影響個體對於這些因果因素以及有時這些因素是如何地對犯罪產生影響。此外，他們對性別的關注，也使他們能夠辨識出其他影響犯罪的因素，例如女性是利用性行為作為非法賺錢的機會，進而影響其親職和育兒的不良後果。

　　史帝芬斯邁爾和艾倫的理論旨在解釋女性和男性犯罪、性別在犯罪分佈與數量的差異以及犯罪脈絡下的性別差異。雖然他們的理論可能並沒有完全地納入所有影響女性犯罪和性別差異的因果因素，但是，他們的理論，

---

❸❷　Steffensmeier & Allan (1996): Gender and crime: Toward a gendered theory of female offending, *Annual review of sociology*, 22 (1), pp. 459–487.

截至目前可以說是最充分考慮性別與犯罪之間關聯性的理論。即使如此，目前整合理論所在進行的嘗試，是如何將性別與族裔以及階級等議題，考量與整合後，探究這些因素是如何影響女性犯罪，例如少數族裔且處於低下階層的女性，是否比較容易犯罪以及觸犯哪些犯罪型態？因為，目前在這方面的領域並沒有太多的研究，但是，愈來愈多的研究已指出，如果吾人要充分解釋犯罪，就必須將性別與族裔、階級等問題，一起考量才對。

第三節　女性犯罪的實證研究

關於女性犯罪的實證研究，在國內國外都不多見。本節將就國內外有關的研究，做簡單的摘述。

如前（第一節）女性總體犯罪現象所述，女性的暴力犯罪比率較男性的暴力犯罪比率為少。進一步的分析發現，女性的暴力犯罪對象與男性的暴力犯罪對象，有較大的不同。例如殺人犯罪。一般而言，殺人犯罪的行為人與被害人有相當關係者，比率不低，但是在女性殺人犯罪方面，其與被害人有特殊社會關係者，比率更高。女性殺人犯的被害者，有許多是她的配偶、父母、子女、情人、情敵等（男性殺人犯的被害人，則以朋友為最多）❸。法務部在 1965 年的殺人犯問題的研究，發現女性殺害的被害人以配偶為最多 (38.7%)，而男性殺配偶的比率，只佔 4.3%（男性殺人以朋友的比率所佔最高，21.6%）❸。美國渥夫岡 (M. Wolfgang) 的殺人罪類型的研究，發現女性殺人犯的 51.9%、男性殺人犯的 16.4%，與被害人有家屬關係❸。在德國的研究文獻上，也可以發現相同的分析結果❸。根據黃富源對於臺灣北部地區女性受刑人與男性受刑人人格特質及適應問題的研

---

❸　張甘妹，前揭書，107 頁。

❸　張甘妹，前揭書，107 頁。該研究的摘要，參閱法務部：《25 年來犯罪問題研究報告提要集》，1989，123–129 頁。

❸　張甘妹，前揭書，107 頁。

❸　Schneider, aaO. S. 563.

究，發現在人身犯罪方面，女性犯罪人的家庭適應極為惡劣，有極欲脫離家庭的想法，因此，有效輔導女性的婚姻關係與家庭生活關係，將有助於減少女性犯罪的發生（尤其是暴力犯罪）❸⓻。

共同正犯在女性犯罪方面，扮演一個重要的角色。法務部在 1986 年的女性犯罪的研究指出，女性犯罪中有共同正犯參與者，在暴力犯罪方面，佔 50%；在財產犯罪方面佔 27.7%；在煙毒犯罪方面，佔 57.2%；在偽造罪方面，有 37.2%❸⓼。德國的犯罪學文獻指出，女性參與幫派活動的比率雖遠較男性為少，但女性共犯卻佔有重要的地位❸⓽。女性犯罪人的共犯，有相當高的比率是朋友❹⓪，尤其是男朋友或情人❹①。

德國的文獻指出，女性犯罪人當中，離婚與寡居的比率，高於男性犯罪人❹②。日本學者對於 1941 年至 1951 年十年間該國犯罪人的婚姻狀況做研究，發現女性犯在離婚、寡居兩項上所佔的比率，壓倒性地高出其他婚姻狀況❹③。我國學者於 1977 年的研究指出，婚姻關係是否正常，對於女性犯罪有重大的影響。從下列情形可以得知其影響：①離婚婦女的犯罪率高於未離婚的婦女。②離婚婦女的犯罪率高於未婚婦女。③守寡與離婚婦女的犯罪率高於老而未婚的女子。④老而未婚女子的犯罪率高於正常已婚的婦女❹④。法務部對 831 名女犯與 505 名女性非犯罪人的比較研究，發現女犯有分居與離婚經驗者，佔 26.8%，而一般女性有同樣經驗者，只佔 1.8%，兩者有統計上的顯著差異❹⑤。這個研究發現，再次顯示，婚姻關係

---

❸⓻　黃富源，前揭文，123 頁。

❸⓼　法務部：《女性犯罪之研究》，1986，123 頁。

❸⓽　Göppinger, aaO. S. 510.
　　Kaiser, aaO. S. 152.

❹⓪　法務部的女性犯罪研究中，各類型犯罪的女性共犯，朋友關係者，平均比率為 57.3%，參閱該研究，130 頁。

❹①　Haskell & Yablonsky, op. cit., p. 83.

❹②　Göppinger, aaO. S. 510.

❹③　黃富源，前揭文，52 頁。

❹④　劉良純：《婦女法律地位之研究》，1977，11–42 頁，引自黃富源，前揭文，52 頁。

的和諧對於降低女性犯罪的發生率，具有重要意義。

關於逃學逃家的經驗，女性犯罪少年比起一般女性少年，有統計上的顯著差異[46]。而且，女性犯罪人較諸女性非犯罪人有更多的早期性經驗與懷孕經驗[47]。由於逃學逃家的少女，過早脫離家庭的監督與約束，自然較容易接觸偏差的行為模式。因此，逃學逃家與性偏差行為，有密切的關係[48]。

第四節　女性犯罪較少的相關因素

女性犯罪的比率遠較男性犯罪的比率為少，其可能的原因，可以從兩個方向來討論，其一是生理取向的，其二是社會取向的。

關於生理取向的解釋，是比較舊的說法。歸納此派的說法，大致如下：

1. 女子天生缺乏體力，膽小，並且負有生育子女的生活使命，體質上富於忍耐、抑制等能力，所以較少犯罪[49]。

2. 義大利犯罪學派的看法，男性必須以體力從事犯罪活動，而女性則以賣淫代替犯罪[50]。

3. 1960 年代，有些犯罪學家認為，男性的性染色體為 XY 配對，Y 染色體決定男子氣概與攻擊性，而女性只有 X 染色體。因此，女性較少犯罪（尤其暴力犯罪）是生來註定的[51]。

4. 女性可能經由精神疾病、心身性疾病 (psychosomatische Erkrankung)

---

[45]　法務部：《女性犯罪之研究》，88 頁。

[46]　陳玉書：《社會連結與女性少年偏差行動》，中央警官學校碩士論文，1988，159 頁。

[47]　Göppinger, aaO. S. 510.
　　法務部的研究指出，284 名女性罪犯之中，有 141 名 (49.7%) 在 18 歲之前有性經驗，而 21 名一般女性之中，有 2 名 (9.5%) 具同樣的經驗。其間有統計上的差異 (p < 0.1)。參閱法務部：《女性犯罪之研究》，106 頁。

[48]　法務部，前揭研究，187 頁。

[49]　張甘妹，前揭書，98 頁。

[50]　張甘妹，前揭書，99 頁。Schneider, aaO. S. 544.

[51]　A. Mergen: *Der geborene Verbrechen*, Hamburg, 1968, S. 36.

替代她們的犯罪行為❷。

　　由於生理取向的解釋法不能說明近來女性犯罪增加的現象，而且有些國家的女性暴力犯罪比率不低，因此，比較可以接受的說法，應當是社會取向的解釋，此派的說法大致如下：

　　1.女性比起她們的兄弟自小即受到父母親較嚴格的管教與約束，而且，女性的早年時期，在家裡比較有機會認同學習母親的角色，男性則缺乏同樣的機會去認同適當的成年男性的角色，因為父親必須在外工作❸。

　　2.女性比起男性較容易受到保護與協助，尤其是處在逆境的時候❹。

　　3.沒有特殊訓練的女性比較容易得到僱傭的工作（例如家管、烹飪、褓姆），同樣的男性，在我們的社會被認為不適合擔任這些工作。因此，男性較有可能面臨失業❺。

　　4.男性總是扮演比較積極的角色，容易成為被捕的對象。例如男女兩人均有駕照，在同樣酒醉的情況下，必定是男方開車，肇事責任自然由男方承擔；同屬吸用毒品或麻醉藥物的男女，通常多由男方保管違禁物；男女鬥毆，儘管女方可能是先發者，結果總是男方因為傷害而被追訴處罰❻。

　　5.男性的騎士精神 (Chivalrous) 使得女性不易被追訴。例如男女共犯被捕時，男方必極力否認女方的共犯行為，而由他自己承擔所有的責任❼。易言之，女性可能有許多共同正犯的行為，或幫助犯的行為，並未被確實掌握。

　　6.社會對男性與女性有不同的評價標準。例如，在同樣的環境（如公共場所），女方的大聲斥責不易被認為有嚴重的挑釁意味，而男方的大聲斥

---

❷　Schneider, aaO. S. 564.

❸　Haskell & Yablonsky, op. cit., pp. 85–86.
　　Schneider, aaO. S. 565.

❹　Haskell & Yablonsky, op. cit., p. 86.

❺　Ibid.

❻　Ibid.

❼　Ibid.

責，則會令人大起反感，遭致非難與攻擊❺❽。

　　7.女性承擔較小的家庭責任，與社會的接觸較少，不必參與社會競爭，因此較少犯罪❺❾。近年女性犯罪率上升，可能是因為女性參與社會活動較多，就業機會增加的緣故。不過，女性就業人口的增多與女性犯罪尚無決定性的關連，更重要的原因，可能是婦女解放的結果，女權高張，婦女地位提升的關係。

　　8.有許多女性犯罪發生於社會關係相當接近的圈子裡，她們的行為不易被發現❻⓪。

　　9.有許多女性犯罪是利用與男性的性關係，例如姦宿時行竊，或事後恐嚇取財（「仙人跳」即其著例），被害人礙於情面，多不敢聲張❻❶。

　　10.刑事司法體系對於女性比較寬容，因此，比起男性犯罪，有較多的女性犯罪未被告發、追訴與有罪判決❻❷。

　　11.義大利犯罪學派的龍布羅梭 (Lombroso) 認為，刑事立法上，女性的賣淫與逃家行為未被犯罪化；否則，女性犯罪應當與男性犯罪不相上下❻❸。

---

❺❽　Ibid.

❺❾　此項說法在非洲得到反證，Clifford 於 1974 年調查非洲大陸的女性犯罪，發現非洲有些國家的女性扮演西方社會男性的角色，可是這些非洲國家的女性犯罪仍低於男性犯罪。參閱 Göppinger, aaO. S. 516.

❻⓪　Schneider, aaO. S. 564.

❻❶　Schneider, aaO. S. 565.
　　張甘妹，前揭書，101 頁。

❻❷　此種說法以 1950 年 Otto Pollak 的見解為代表，而且被普遍的接受。不過，從官方的統計資料，尚難證明刑事司法體系對於女性罪犯比較寬容，例如，西德1977 年犯普通竊盜罪的男女嫌犯，女性的被起訴率 (48.5%) 高於男性的被起訴率 (41.5%)；對於男女被告的判決率，也是女多於男（女性被科刑判決者，佔86%，男性則為 79.9%），只不過法官在量刑時，對於女性比較寬大。

❻❸　參閱陳玉書，前揭文，2 頁。
　　對於 Lombroso 的此項見解，筆者認為深值批評：
　　1.各國的立法例，絕無對逃家行為加以刑罰制裁者，賣淫而被犯罪化的立法

　　有關社會取向的解釋，固然較為可信，但是迄今仍缺乏充足的實證研究的支持。有些說法，則不待實證，純就形而上的理論，已難立足，例如前述第 11 點。

　　例，恐怕也是絕無僅有。

2.即使賣淫及逃家行為被犯罪化，男性的（與賣淫相對的）買淫及逃家行為亦絕不低於女性，因此，整體的男性犯罪仍將高於女性犯罪。

第十章　性犯罪

第一節　性犯罪的意義

犯罪學上所謂的性犯罪，係指一切與性有關的犯罪行為。

我國刑法將性犯罪規定於第十六章「妨害性自主罪」；德國刑法則規定於第十三章「違反性的自我決定之犯罪」(Straftaten gegen die sexuelle Selbstbestimmung)（舊刑法稱為違反倫理之重罪與輕罪 Verbrechen und Vergehen wider die Sittlichkeit），至於血親性交，則規定於第十二章「妨害婚姻與家庭罪」，但是犯罪學者仍把血親性交視為性犯罪的一種❶。

賣淫、暴露狂、猥褻圖書等等，事實上均為性犯罪。由於許多犯罪學上的討論，主張將這些行為除罪化，而且若干歐美國家的刑法，也只在特定的情況下，始加以評價。因此，這些犯罪行為似較無犯罪學上的意義。本章所要討論的性犯罪，以強制性交、戀童行為、血親性交及同性戀四個類型為對象。

第二節　強制性交罪

第一項　強制性交罪的概念與其犯罪統計

壹、法律定義

法治國家有關強制性交的法律定義大致相同，是指對於婦女以暴力脅迫等強制手段，違反婦女的自由意志，而發生婚姻關係外的強制性交行為。

❶ Göppinger: *Kriminologie*, 4. Aufl., 1980, S. 630.

　　準強制性交罪是合意與未達一定年齡的幼女為性交行為，雖未違反被害人的自由意志，但由於幼女不可能有健全的意思決定，立法設計上，將此種合意性交的行為論以強制性交罪，是為了保護幼女的身心健全發展。

　　共同強制性交（刑法第 222 條第 1 項第 1 款）是二人以上的集體強制性交行為，我國刑法有特別的規定，法定刑較強制性交為重。德國刑法並無共同強制性交罪的特別規定，輪姦（共同強制性交）行為仍依強制性交罪處罰。

　　強制性交未遂與強制猥褻並不容易區分。理論上，可依行為人的主觀不法意識做如下的判斷：行為人有強制性交婦女的故意，並著手實施，因己意中止或其他因素而未達強制性交既遂的行為，為強制性交未遂。但這些強制性交未遂行為通常已達強制猥褻的程度，客觀上如何認定該行為是強制性交未遂或強制猥褻，實有困難。因此，實務上把強制性交未遂認為是強制猥褻，或把強制猥褻認為是強制性交未遂的情形，便會不可避免地發生。犯罪統計上，特別重視強制性交犯罪，而把強制猥褻忽略掉，從犯罪學的角度觀察，並非允當❷。

貳、犯罪統計

　　強制性交罪有甚高的犯罪黑數，此乃自明之理。此處所提的官方統計，只能作為觀察上的參考。

　　根據刑事局的臺灣刑案統計，2010 年全臺灣共發生強制性交案 1,175件，共同強制性交案 49 件，兩者合計 1,224 件，佔全部刑案的 0.37%❸。

　　臺灣地區十年來（2008 年至 2017 年）的強制性交犯罪，已從 2008 年的1,432 件，逐年下降至 2017 年的 235 件，下降比例達 84%（如表 10–1）❹。

---

❷　德國犯罪學家葛品格 (Göppinger) 所著的犯罪學教科書，則把強制性交與強制猥褻合併一項討論。參閱 Göppinger, aaO. S. 632 f.

❸　參閱刑事警察局：《99 年臺閩刑案統計》，2011，193 頁。

❹　參閱內政部警政署：《106 年警政統計年報》，2018，191 頁。

表 10-1　十年 (2008-2017) 來臺灣地區強制性交與共同強制性交發生件數

罪名 ＼ 年份 (西元)	2008	2009	2010	2011	2012	2013	2014	2015	2016	2017
(共同) 強制性交	1,432	1,317	1,224	1,031	957	664	607	499	378	235

　　無獨有偶地，美國在過去二十餘年來，強制性交罪的官方犯罪統計，也呈現出下降的趨勢。根據美國聯邦調查局 2013 年所發佈的統一犯罪報告 (Uniform Crime Reporting, UCR)，每一年約有 8 萬位強制性交既遂或未遂案件，亦即女性的強制性交率為每 10 萬人 25 位。事實上，美國的強制性交案件，在 1992 年時尚有 10 萬餘件，但自 1992 年以降，呈現下滑趨勢，已經下降至少 16%。

　　美國的統計資料也發現，強制性交案件屬於季節性的犯罪型態，例如其高峰期為每年的 7、8 月；而 12 月至隔年的 1、2 月，發生的數量最低。此外，人口密集程度也是影響強制性交罪的重要因素，例如都會區的強制性交案件數遠高於鄉村與郊區，但是，近年來強制性交數量呈現下降的趨勢，都市的案件量明顯地較鄉村地區下降的更多；這些強制性交犯罪嫌疑人的特徵為：有 45% 都是 25 歲以下的男性，有 3 分之 2 的嫌犯都是白人❺。

　　另一方面，美國犯罪被害調查 (National Crime Victimization Survey, NCVS) 卻發現，每一年全美約有 20 萬件強制性交與性攻擊案件。這樣的數據幾乎是官方數據的 3 至 4 倍。足見強制性交犯罪仍有很多數量並沒有通報於警方。有研究指出大約有低於 20% 的強制性交案件才通報警察❻。

　　為何被害調查與官方統計數據，存在如此大的差異？許多強制性交被害者以及性攻擊被害者並沒有向警察報案，因為她們感覺很丟臉、認為那

❺　FBI, Uniform Crime Reports, Crime in the United States, 2013. www.fbi.gov/about-us/cjis/ucr/crime-in-the-u.s/2013/crime-in-the-u.s.-2013/violent-crime/rape.

❻　Langton & Truman (2014): Criminal Victimization, 2013. Bureau of justice Statistics, www.bjs.gov/content/pub/pdf/cv13.pdf.

是個人的事情、報警後警察也無能為力，甚至譴責自己。有些被害人也會質疑這是不是件性侵行為?特別是這樣的行為發生在與其熟識者或男朋友，並伴隨著使用酒精飲品或藥物濫用的時候，更加難以分辨到底是性侵還是合意的性行為。有些被害人拒絕報警的原因是因為她們坦承她們具有長期酗酒習慣以及複雜的性生活，她們也認同因為她們複雜的性生活與性對象導致她們被害。美國司法統計局的報告顯示，有 4 分之 1 未報案的強制性交被害人認為，這類的犯罪案件是個人的事情，有 5 分之 1 的被害者自陳是種性報復行為。但無論這種強制性交或性攻擊行為被認為是個人行為或復仇行為，這種經驗都會導致女性產生心理的陰影，即使事件已經完成後，仍久久無法忘懷❼。

參、對於強制性交被害人的偏見

社會大眾對於強制性交被害人存有若干偏見，其中最明顯者，厥為如下數端❽：

1.由於性器官藏於大腿之間，處於有利的保護位置，如果婦女執意反抗，應無被強制性交的可能。這種見解實際上並不真確，因為，設若犯罪人孔武有力，被害人驚嚇過度形成麻痺似的休克，或者被害人恐懼死亡，以及其他強制性交情境中所生的心理上強制，都可能使被害人的反抗毫無作用。

2.聲名狼籍的婦女或娼妓，才可能被強制性交（這是最普遍的偏見）。

3.有不少男人認為，婦女們並不感到強迫的性行為是一種差辱，是一種愉快的經驗，因而假想婦女有被行強的意願。事實上這是犯罪人經常用來解免自己罪責的藉口。

4.被害人由於自己的性挑逗才遭致被強制性交。這種見解當然也不確切，因為各個年齡層的女性，都有被強制性交的經驗，不管她們的姿色如

---

❼　Littleton & Henderson (2009): If she is not a victim, does that means she was not traumatized? Evaluation of predictors of PTSD symptomatology among college rape victims, *Violence Against Women*, 15, pp. 148–167.

❽　Schneider: *Kriminologie*, 1987, S. 593.

何（從各國的官方犯罪統計可以發現，即使年幼如 6、7 歲的女童，或年長如 6、70 歲的婦人，也有被強制性交的紀錄）。

第二項　強制性交犯的類型

德國犯罪學家施耐德 (H. J. Schneider) 根據行為人的動機，把強制性交犯區分為五種類型 ❾：

1.攻擊型的強制性交犯

此類強制性交犯約佔所有強制性交犯的 20%。攻擊型的強制性交犯通常會造成被害人的受傷。「性」只是犯罪人用來侮辱被害人的武器。犯罪人的動機，是為了報復被女性拋棄的不愉快經驗。

2.征服型的強制性交犯

此類強制性交犯約佔所有強制性交犯的 50%。此類強制性交犯有性的占有慾，對於被害人有性的征服動機，他想要證明自己有男子氣概，當然也想證明給別人看。犯罪人假想，被害人的反抗只是一種表態，被害人事實上也樂於被強制性交。

3.虐待型的強制性交犯

此類強制性交犯較為少見，約佔所有強制性交犯的 5%。行為人的意圖，是要看到被害人的痛苦與無助，以達到性的滿足。此種行為可能導致被害人的死亡。當然此種行為人只有在極少數的案例得到性的滿足，大部分的行為人都會失望甚而噁心。

4.集體型的強制性交犯

此類強制性交犯僅約佔所有強制性交犯的 5%。此一類型犯罪行為大多出現在少年（14 至 18 歲）與青年（18 至 21 歲）。此種集體強制性交行為，可能只是要在同輩團體間證實自己的膽量，藉以維持自己在同輩團體中的地位。

5.衝動型的強制性交犯

此類強制性交犯約佔所有強制性交犯的 20%。這類強制性交犯只是利

---

❾　Schneider, aaO. S. 591.

用各種可能施行強制性交的機會，因此與前述強制性交犯均有不同。

美國格羅斯 (Groth) 等人於 1977 年發表〈強制性交：權力、憤怒與性慾〉(Rape: Power, Anger, and Sexuality) 一文，主張權力與憤怒才是強制性交犯作案內心真正的心理動力，強制性交行為本身是假性性行為 (Pseudo-Sexual Act)，攻擊目的在於填補對權力慾和主控權的渴望，而非僅是性慾需求的滿足；他們將訪談 133 位連續強制性交犯及 92 位被害人的結果，分為權力型 （約佔 55%）、憤怒型 （約佔 40%） 與性虐待型 (5%) 等三大類❿，影響所及，日後有關強制性交犯的分類莫不奉此為圭臬。這分類法明顯是以強制性交犯的犯案動機作為分類的基準，並指稱強制性交不單是純粹的性犯罪而已，每個性犯罪事件的背後動機可能各有不同，處理上不能等同視之。

美國聯邦調查局進一步以權力 (Power)、憤怒 (Anger) 和性 (Sex) 為分類要素，將強制性交加害人區分為權力再確認 (Power Reassurance)、權力獨斷 (Power Assertive)、憤怒報復 (Anger Retaliation) 及虐待 (Sadistic) 等四種類型，分別敘述如下⓫：

㈠權力再確認型 （又稱補償型）

在四種強制性交犯類型中，此型較不具暴力及攻擊性，也是最沒有社交能力者，深受低度自我肯定所困擾。也許有異裝或雜交的性行為、暴露、窺淫、戀物癖，或過度手淫等性偏差行為；可能有窺淫行為，會到住家附近地區找尋被害人。強制性交的基本目的，是為了提昇自我的地位；這類強制性交犯以性為主要目的，與一般認為強制性交的主要需求並非性行為，而是一種攻擊手段，性則是次要的說法正好相反。覺得本身是個失敗者，藉著去控制與強制性交別人，以暫時確認自身的重要性。

---

❿ Groth, Burgess, & Holmstrom: Rape: Power, Anger, and Sexuality, *American Journal Psychiatry*, 134, 1977, pp. 1239–1243.

⓫ Holmes & Holmes: *Profiling Violent Crimes: Investigative Tool*, 3rd. Edition, CA: Sage Publications, 2002, pp. 144–157；許薔薔、陳慧雯合譯：《人魔檔案：強制性交犯罪實錄》，時報文化出版公司，2001，94–102 頁。

　　這類強制性交犯的行為，性犯罪是性幻想的一種實現。通常僅使用足夠的力量去控制被害人；會考慮到被害人的感覺，通常不會刻意傷害對方。他認為被害人喜歡與他進行性行為，甚至要求被害人對他說猥褻的話，但自己很少會用不敬的言語與被害人交談。也可能禮貌地叫被害人自行脫除衣物，只暴露出供強制性交所需的身體部份；傾向徒步選擇年紀相仿和同種族的被害人，地點通常是在居家附近，或與他工作地點相近的地方。犯案時間通常是在午夜到凌晨五點，強制性交犯犯案間隔約 7 到 15 天；強制性交之初雖使用些微暴力，但當繼續攻擊時，暴力程度可能會增加。若有必要則會從被害人家裡選擇凶器；也可能從被害人家中收集紀念品。此類強制性交犯是所描述四種強制性交犯中，唯一可能事後會再度與被害人接觸，也可能自認被害人喜歡他的強制性交，因而再回來找對方；可能有陽萎等性障礙，甚至寫日記，記下被害人姓名和強制性交過程。

㈡權力獨斷型（又稱剝削型）

　　此類強制性交行為是企圖表達男子氣概和個人支配慾，自認為侵害是男人對女人的優勢權力；強制性交不只是性的舉動，更是掠奪的衝動行為。在強制性交中所展現的攻擊，是意圖驅使被害人依從；並不關心對方的感受或處境，被害人必須按照其指使去配合。常在單身酒吧尋覓獵物，強制性交是混合言語和肢體暴力；若遭反抗，會威嚇被害人，而後為所欲為。常扯破或撕裂被害人衣物，認定被害人不再需要這些衣物，何必費力去脫掉它們？

　　這種強制性交犯會針對特定類別的被害人，施以多重攻擊，而被害人通常是與其同年紀的族群；他不但與被害人進行陰道性交，也進行肛交，抽出之後要求含吸其性器。也許有射精障礙，會強迫被害人與其口交，激起生理興奮以遂行強制性交。性是他表達掠奪的一種衝動行為，犯案的間隔通常是 20 至 25 天；這類加害者常感覺到強制性交的需求，他的攻擊是企圖強迫被害人依從，當持續強制性交時攻擊會增強。可能攜帶凶器到現場，顯示犯案是預先計畫的；他不會對被害人隱藏其身份，因此載面具、躲在暗處或矇眼睛是不需要的；亦無意圖要再接觸被害人，在侵害之後不

會道歉，更不會收集紀念品或寫日記。

㈢憤怒報復型（又稱憤怒或替代型）

不像權力再確認型，此類強制性交犯傷害婦女有其偏激目的；他意圖強制性交所有異性，以扯平生平在女人手中，所遭受真實或想像的不公平對待。他似乎對強制性交有不能控制的衝動，而強制性交行為的發生，傾向在與妻子、母親，或生活中一些重要女性的衝突事件之後，進而以強制性交行為來洩恨。

此型強制性交犯傾向強制性交住家附近的異性；攻擊方式是突然急襲，強制性交主要是表達憤怒，且蓄意傷害對方。過程中顯露的攻擊，依序從口頭攻擊到身體的傷害，甚至是殺害；會對被害人說出很多褻瀆詞句，常扯裂被害人衣物，並隨手取用凶器傷害被害人，其中包括拳頭和腳。這類強制性交犯把達成性滿足與表達憤怒加以連結；使用褻瀆言詞目的是：提高自身性興奮、灌輸恐懼給被害人。自己覺得需要以各種方式表達生氣和憤怒，例如先與被害人肛交，然後立刻強迫對方進行口交，之後射精在被害人臉上，進一步羞辱對方。傾向尋覓同年紀或稍長的女性；強制性交過後，不會再試著接觸同一被害人。

㈣虐待型（又稱憤怒興奮型）

這是最危險的強制性交類別，其強制性交行為是出於性侵略的幻想；主要目的是對被害人施加生理和心理痛楚。這類犯者多數有反社會人格，具攻擊性，尤其是在追求個人滿足而受到批評或阻礙時；他在侵略和性滿足間有著密切關連，亦即將攻擊和暴力加以性愛化。其強制性交行為的攻擊成分不單是控制，且意圖傷害對方；若這類犯罪者沒有被逮捕而繼續犯案，可能最後會殺害被害人。

他小心選擇被害人，確定沒有被人看見，且盡可能採行各種防備措施，來阻礙犯罪的偵查和逮捕。通常將被害人帶到他能掌控行動的地方，即舒適地帶 (Comfort Zone)。這類型強制性交犯在犯罪中，使用塞口、水管綁帶、手銬及其他裝備，與其說是控制對方，不如說是對被害人灌輸恐懼。他也可能將被害人的眼睛矇住，主要在加深被害人的害怕程度。可能用極

度褻瀆和貶低的話，詳細告訴被害人他將要對她做些什麼。攻擊被害人時，可能以另一個名字稱呼對方，或許是他太太或母親的名字。

　　虐待型強制性交犯的行動是很儀式化的，期盼每件強制性交案都必須依照計畫，使自身歷經那般他所相信必要的感覺。可能要被害人對他說些話來激發他，且可能堅持以口交作為性交的前奏。或許有射精的障礙；也會從持續犯案中，學到潛近被害人的更有效方法。這類強制性交犯平常會喝些酒，也可能吸食毒品。他對自己的犯行毫無悔意，持續犯罪且暴行加劇直到被捕。

第三項　強制性交的類型

　　除了強制性交加害人有多種的類型外，強制性交行為也呈現出多樣的類型[12]：

一、約會強制性交

　　是一種涉及雙方兩造因為求愛關係 (Courting Relationship) 所發生的性侵攻擊事件，稱為約會強制性交 (Date Rape)，一些約會強制性交發生在雙方第一次的約會，有些是發生在彼此關係開始發展不久之後，還有一些是發生在這對情侶發展情誼一段時間之後。在長期或親密的關係中，男性伴侶可能會覺得他已經在他的伴侶身上投入了太多時間和金錢，但是欠缺性關係或性親密行為以表達或承認他們的感情正在進行中。約會強制性交是在 20 世紀 80 年代被學者科斯 (M. Koss) 在進行大學女性遭到約會對象性侵時，首次被披露出來的重要社會問題。根據她的調查，有 27% 的受訪者自稱是強制性交或強制性交未遂的受害者。然而，只有大約 4 分之 1 的女性稱其此一行為為「強制性交」；大多數人不是自責，就是否認他們真的遭到強制性交。

　　許多受訪女性告訴他們的朋友他們被強制性侵時，也同時告訴他們拒絕讓學校或警局知道發生了什麼事。而最常被報告是較為嚴重的案件，例

---

[12] Siegel: Criminology: The Core, 6th. Edition, 2017, Cengage, p. 308.

如使用武器時。然而，如果在性侵事件發生前，雙方彼此有使用藥物或飲用酒精時，這類的性侵案件就不常通知學校或報警。這樣的結果就導致嚴重地漏報了約會強制性交的案件數，特別是在大學校園裡，因為許多這類的事件發生，就涉及到受害女性在被性侵或性攻擊前即有自願參與飲酒或藥物濫用之行為。這類事件形成了許多黑數，導致許多大學女學生之後患有心理創傷症候群 (PTSD) 以及心理疾患和疾病，需要諮商輔導的協助。

二、校園強制性交

根據調查，大學校園裡有大量的約會和熟人強制性交案件。研究也發現，在大學二年級的開學前，約有 20% 的大學女學生在喪失自主能力的情況下遭到強制性交，足見校園強制性交 (Rape of Campus) 問題的嚴重性。

美國大學協會曾經委託 Westat 研究公司，針對大學校園的性侵犯罪，進行國家層級最廣泛的調查。該調查在 2015 年招募了 27 所大學、15 萬名大學生，結果發現校園強制性交的發生率已達到流行的比例 (Epidemic Proportions)：近 4 分之 1 的女性報告說，在大學就讀期間，曾經遭受到肢體強制力或肢體強制力的威脅或失去自主能力的情況下進行非合意的性接觸 (Non-Consensual Sexual Contact)。大約 12% 的大學生也曾經歷過不當的性侵害行為，其中女性約佔 23%。然而，約有 5% 的男學生自陳曾遭到性侵犯。而認為自己是跨性別者或同性戀者的大學生，研究也發現他們面臨著遭受性侵害的極高風險。而這些性侵害行為或與性有關的不當行為，有很大的一部分是涉及毒品的使用和酒精的飲用。雖然由於肢體強制力或喪失自主能力而導致非合意的性接觸風險，隨著年級愈高，愈發下降，但事實上，仍然是大約 10 分之 1 的女大學生說，在她們就讀大學期間，曾經歷過肢體強制力或失去自主能力的情況下，遭受到非自願的性侵入攻擊事件。

更嚴重的是，許多發生大學校園內的強制性交事件是沒有向學校通報的，即使向警察局報案的也很少（不到 20%）。一個可能的原因是許多這類的事件都發生在兄弟會和宿舍中，並且在強制性交或攻擊前被害人與加害人均有飲酒或濫用藥物，換言之，被害人似乎也要對其被性侵或被攻擊

的行為負一部份責任。這些被害人不相信整起事件是真正的強制性交，因為他們有過錯。最近 Westat 協助美國大學協會所進行的一項調查發現，即使是最嚴重的性侵事件（例如強迫入侵私處）也只有一小部分（28% 或更少）會通報給學校當局或警方。超過 50% 的被害者表示她們並沒有通報自己被性侵的事件，因為她們認為事件尚不夠嚴重、或是覺得尷尬、感到羞愧、太難以啟齒或者學校或警察也不能協助她們改變什麼。

其實，這些受害的女大學生，對於事發後的錯誤內疚，也可以解釋為什麼這麼多的女大學生在受到性侵或性攻擊後，很快地就會患上創傷後症候群或其他心理疾患。因為，即使當她們確實通報了性侵或性攻擊案件，並對這些加害人以及學校提出訴訟時，被控方經常會譴責這些受害女大生：如果她們沒有用藥、喝酒，讓自己與加害人陷入性交情境或風險，那麼這些性侵或性攻擊事件就不會發生了❸。

為了減少校園強制性交與性侵害案件，加州在 2014 年成為美國第一個州在其教育法 (Education Code) 中有關校園安全部分，增訂一項條文，要求大學生在性行為發生之前，雙方必須要達成肯定同意的意思表示。法律規定，一方沒有抗議或抵抗，並不代表同意雙方進行合意性交，此外，沉默也不意味著同意合意性交。所謂肯定的同意，係指在整個性行為活動的期間，同意是持續進行的，任一方可以隨時解除同意。此外，該法也刪除了強制性交被害者必須證明她或他有為不同意的表示，反而要求被告（加害人）證明被害者對於此次性交行為曾經表達同意，無法舉證則視為不同意。再者，如果某一方人因吸毒或酗酒導致入睡或喪失自主能力，則不能視為同意的意思表示❹。

---

❸ Lawyer, Resnick, Bakanic, Burkett, & Kilpatrick (2010). Forcible, drug-facilitated, and incapacitated rape and sexual assault among undergraduate women, *Journal of American College Health*, 58, pp. 453–460.

❹ California Senate Bill No. 967, Chapter 748, An Act to Add Section 67386 to the Education Code, Relating to Student Safety, 2014.

三、婚姻強制性交

婚姻強制性交 (Marital Rape)，係指在合法婚姻關係存續中，一方利用強制力的方式侵害或攻擊另一方的行為。傳統上，在一個合法結婚關係的存續中，丈夫並不能被指控強制性侵其妻子，稱為婚姻豁免 (Marital Exemption)，這種思想，存在於 1990 年代以前，例如在 1980 年時，美國僅有三個州承認婚姻強制性交是犯罪行為。然而，晚近的研究顯示，許多丈夫利用合法的婚姻存續關係，強制性侵或性攻擊其配偶，以達到性交目的，這樣的手段，被視為家庭暴力或配偶虐待的一部分。換言之，這些家庭中的被害婦女，應該受到法律進一步的保護。事實上，許多婚姻強制性交，施暴者運用著野蠻、殘忍的毆打方式達到性交，這樣的作為實際上與完成性的興趣無關，反而是從暴力、凌虐中獲得快感。因此，時值今日，這類的行為已被歸為犯罪。

四、法定強制性交

法定強制性交 (Statutory Rape) 一詞是指成年男性與未達最低合法性交年齡之女性所發生的性關係。雖然此類的性行為不一定是強迫或脅迫的，但法律規定，這些年輕女孩可能尚缺判斷知情同意之能力，因此被認為與成年人發生性關係是非出於知情同意的、是違法的。此外，「法定強制性交」一詞，一般是指成年人和已進入青春期、性成熟的未成年女性所進行的性行為❶❺。例如我國刑法第 227 條第 3 項「對於 14 歲以上未滿 16 歲之男女為性交者，處 7 年以下有期徒刑」，並沒有考量是否出自於被害人的合意，均成罪。若是和青春期前的兒童所進行的性行為，一般會稱為兒童性虐待 (Child Sexual Abuse)，而會是更嚴重的罪。例如刑法第 227 條第 1 項「對於未滿 14 歲之男女為性交者，處 3 年以上 10 年以下有期徒刑」。

---

❶❺　Siegel (2017): *Criminology: The core*, 6th. Edition, Cengage, p. 310.

五、誘騙強制性交

當性侵犯使用欺詐或欺騙手段說服被害者從事性行為或冒充與被害者親密關係之人時，稱為誘騙強制性交 (Rape by Deception)。在美國有少數的州承認詐騙強制性交罪。例如在愛達荷州，使用詐騙或詐術引誘女性發生性關係，則被定義為強制性交，因為他的詐術、假裝或隱瞞身份，讓被害人認為是她熟識之人，進而與之有性關係，因此，有些學者認為，這種通過詐騙獲得的同意性交，根本不是同意，仍是一種強制性交罪。儘管存在著一些例外，但誘騙性強制性交在美國刑法中，並未得到普遍承認❶。

第四項　強制性交罪的形成相關因素

有關強制性交發生的相關因素，犯罪學者曾經從生理、心理以及社會環境等不同的角度加以解釋。茲分別介紹如下❶：

一、進化心理學的解說

進化心理學觀點 (Evolutionary Psychology View) 可以說是整合生物與心理學之論述。根據該觀點，人類與生俱來、本能的性暴力，是為了讓物種永久生存的手段，人的性驅力會藉由廣泛地散播基因以保護物種的生存以回應人類的無意識需要 (Unconscious Need)。而性慾較為強烈的男性比其他同齡男性更具有生育、保護物種、繼續生存的優勢，因此，他們仍然擁有史前 (Pre-History)、自然且強烈的性慾，驅動著他們盡可能地與多名女性建立親密關係。因此，處於生育高峰期的女性，經常成為他們優先選擇的目標。研究顯示，年輕且處於生育年齡的女性，最常成為這些男性性侵之被害對象。然而，值得注意的是，在愈來愈多的文明社會中，這種進化論觀點正逐漸地被唾棄，這種以進化論點來合理化男性運用暴力性侵女性

---

❶ Rubenfeld (2013): The riddle of rape-by-deception and the myth of sexual autonomy, *Yale Law Journal*, 122, pp. 1372–1443.

❶ Schneider, aaO. S. 593 f.

以求物種持續繁衍的論點，已成為法律上懲罰之標的，因此，運用進化理論來合理化強制性交行為之論點，在當今文明社會已不可採❶。

二、病態心理學的解說

病態心理學上的解釋，認為異常的人格結構（人際交往有困擾、性格孤僻）是形成強制性交犯罪的有力因素。強制性交犯是一個慾動強度與慾動壓抑失去平衡的人。研究顯示，有很大一部分被監禁的性侵犯呈現出精神疾病的傾向，而其他部分則發現他們對女性持有敵對的、虐待的態度。此外，研究也顯示，大部分的連續性侵犯和重複性侵犯，呈現出精神疾患的人格結構，例如，他們存在著自戀型的人格疾患 (Narcissistic Personality Disorder)，這種特徵和行為模式顯示，他們會迷戀和固定於自我，排斥其他人或對其他人有敵意，並為了滿足自己的需求，經常抱持著無情地支配他人、對他人存有佔據之野心或企圖心。因此，對於他人進行強制性交，是一種佔有慾望的滿足，並非真正的享受性的快樂❶。

三、女權主義者的解說

歐美的女權主義者，視強制性交為一種壓抑女性的政治恐怖行為。她們認為，強制性交是男性有意識的一種恐嚇程序，企圖置所有女性於驚慌之中。男性不承認女性有權自行決定自己的身體，而只是把女性視為可以支配的客體，視為他們的財產。強制性交犯則是所有男性的代言人。從刑事司法體系對強制性交犯的寬容，而對於被害人惡劣的處遇，正可以顯示出這是一個敵視女性、男權至上的社會。反強制性交運動（婦女運動的一個分支）把強制性交犯罪行為化約成一個政治上的、意識型態上的課題。

---

❶ McKibbin, Shackelford, Goetz, & Starratt (2008): Why do men rape? An evolutionary psychological perspective, *Review of General Psychology*, 12, pp. 86–97.

❶ Porter, Fairweather, Drugge, Herve, Birt, & Boer (2000): "Profiles of psychopathy in incarcerated sexual offenders," *Criminal Justice and Behavior*, 27, pp. 216–233.

這些女權運動者，利用強制性交被害人以及所有婦女對強制性交被害的恐懼，去培養婦女運動的政治勢力，徒然使得犯罪問題更複雜，而對於問題的解決卻沒有任何正面的意義。

四、心理分析論的解說

心理分析論試圖從心理動力學的觀點去解釋強制性交的形成因素。弗洛伊德 (S. Freud) 提出所謂的「聖母－娼妓情結」(Madonna-Prostituierte-Komplex) 以解釋強制性交犯罪。弗洛伊德認為，在強制性交犯的心目中，女性有兩類，一類是他們所敬愛的人，包括母親、太太以及情人，這些人可以讓強制性交犯兒時的依賴感到滿足；另一類女性對於強制性交犯而言，是不值得信賴與尊重的。對於強制性交犯而言，性的滿足只有從那些被他們蔑視的對象才可以得到。

美國的心理分析學家布朗柏格 (W. Bromberg, 1948) 提出一種心理機轉的說法，以解釋強制性交行為。他認為強制性交犯是由於不能克服的「伊底帕斯情結」(Ödipuskomplex 或譯戀母情結) 而產生被閹割的恐懼，擔心喪失男子漢大丈夫的性能力，以致形成對於女性的自卑感與仇視態度。強制性交犯只是要藉由他的控制女性的行為，來證實自己並沒有喪失男子氣概。實施強制性交行為時，強制性交犯的對象，是一個被羞辱、被壓抑的角色，而強制性交犯則覺得自己是一個支配性的人物，心理需求因而得到滿足。對於布朗柏格的觀點，美國的另一個心理分析家卡普曼 (B. Karpman) 則不表贊同。卡氏 (1954) 認為，與其說閹割恐懼會成為強制性交的原因，不如說閹割恐懼會導致同性戀的傾向。強制性交行為是克服潛在的同性戀意念的一種非理性嘗試，唯有如此，強制性交犯的男子氣概以及性征服感才能顯示出來。

有些心理學家認為，強制性交犯在其兒童時期，曾被強悍蠻橫的母親所凌虐，因而與母親的關係形成愛恨的衝突。由於母親具有不可侵犯性，解決愛恨衝突的方法，只有訴諸其他女性。

美國的性學家格羅斯 (N. Groth) 對於 500 名強制性交犯做過研究

(1979)，發現大約有一半的強制性交犯，在其兒童時期曾遭受性侵害。格羅斯認為，兒童時期的被害經驗，固然不能簡單地化約成強制性交的原因，但是，兒童的性侵害經驗卻不能不加注意，如果放任不管，會導致將來不正當的性發展。

五、社會學的解說

犯罪社會學的理論，試圖從暴力的次文化去解釋強制性交的形成原因。生長於暴力次文化的人，容易接觸到攻擊行為並予以合理化，形成自己的價值觀念。這樣的次文化，說明了強制性交犯及其被害人，大多是來自低社經階層的少年、青年及成年人，強制性交犯及其被害人往往居住在同一地區，相同的鄰里。有不少強制性交犯曾因其他犯罪而受過處罰，大約有一半的強制性交被害人是強制性交犯的朋友、鄰居或熟人。儘管有許多低社經階層的家庭是由母親所控制，父親只是被支配的角色，但是在如此的家庭，兒子們仍不許去認同這樣的父親，在低社經階層，仍然強調男人優越的價值觀。由於少年在他的家庭裡或同輩團體中，學到暴力取向的生活方式，因此，在其社會化過程中，自然也就無法領略與女性交往的恰當態度。如此之少年，也就只知道運用他的性能力，去克服由於生理成熟與社會成熟所生的不安。

六、社會心理學的解說

以色列的犯罪學者艾彌兒 (M. Amir) 在 1971 年提出頗引人爭議的社會心理學的觀念。他認為，在解釋強制性交犯罪時，被害人的行為應當一併列入考慮。他的說法被人誤解，甚至刻意曲解。艾彌兒並非有意對被害人責難，他只是在解釋強制性交的可能原因，並提出建議，如何從被害人方面去預防強制性交的發生。艾彌兒認為，強制性交的發生，是一種強制性交犯與被害人形象互動的過程，在這個過程中，由於傳統社會對於女性的偏見（認為女性是讓步的角色），因而當事人雙方都曲解了對方的行為。例如，被害人與行為人尚未熟識，便應邀去行為人的住處，或如被害人既

不認識行為人，卻去搭他的便車，被害人以為行為人誠摯，而行為人則以為被害人容易求歡。被害人製造了一個被害情境，使她自己可以輕易地成為被害人，並且局限了自己的反抗機會。這些情境使行為人不可能自我譴責，他會認為被害人是自願投懷送抱。在這種情境下，被害人即使有抵抗的舉動，也不會被行為人認為是當真的[20]。在艾彌兒的研究資料中，有19%的被害人對於強制性交的發生應當與行為人負共同責任。另外根據加拿大對於344件強制性交案所做的實證調查，有9.2%的案件，行為人與被害人雙方都承認，被害人對於強制性交的發生有加功的責任[21]。有些案件，被害人事先同意性交，卻又改變初衷，但終被行強[22]。

第五項　強制性交犯的處遇與預防

壹、強制性交犯的處遇

自由刑雖然可以在短時間之內，防衛社會免受強制性交犯的干擾，但對於強制性交犯終究只有微小的作用。去勢以及斷絕生育能力[23]，也無法消除行為人對於婦女的攻擊性。藥物治療雖然能在短期間抑制強制性交犯的性慾，但畢竟無法根本解決問題。有些人試圖以「行為改變技術」來制約強制性交犯，他們認定強制性交犯的症狀是不恰當與錯誤的性反應，只要能讓強制性交犯對於此種性反應引起厭惡感，便可以改變他的偏差行為。這種行為改變技術是否有長期的作用，仍不得而知。有些心理學家認為，

---

[20] 刑法論理上，如果行為人誤以為被害婦女對其行為並未認真地抗拒，只是故作姿態，虛張聲勢，即為「構成要件錯誤」，而可阻卻故意。參閱林山田：《刑法各罪論》（上），228 頁。

[21] Schneider, aaO. S. 597.

[22] 當然在此種情況下，行為人仍無解於強制性交的罪責。參閱林山田，前揭書，227 頁。

[23] 西德於 1969 年曾有一法律公布施行，名為「自願去勢與其他醫療法」(Gesetz über die freiwillige Kastration und andere Behandlungsmethoden)，1973 年該法曾有局部修正。

強制性交犯可能自其兒童時期就有太多的性白日夢。因此，必須以心理治療的方法將其潛伏於下意識的情緒衝突，提至意識層面。心理治療包括廣泛的治療方式與技術，例如：集體治療、家庭治療、心理劇與「自我幫助團體」(Selbsthilfegruppen)。不過，迄今尚無證據顯示心理治療對強制性交犯有何實效。現實治療法 (Realitätstherapie) 則直指行為人的責任，企圖塑造行為人與異性正當的社會接觸態度。

雖然許多諮商方法與技術，發展成熟，並在過去幾十年，廣泛地且適切的引進於監獄及治療機構中，治療性侵害犯罪人，但研究顯示，要改變渠等的行為確實困難重重。根據國內較早的研究發現，分別追蹤一、三、五、八以及十年，再犯率分別為 0%、2.5%、3.7%、6.4% 以及 7.7%[24]；同一時期，另有研究發現，追蹤七年的結果，性侵再犯率介於 7.5%～12.6%[25]。換言之，以臺灣為例，追蹤十年以下，再犯率約在 10% 左右。在國外方面，追蹤五年左右者，再犯率為 14% 左右，但追蹤長達十五年，則再犯率達 25%[26]。隨著出獄或離開機構性治療時間愈長，再犯的比率也愈高。因此，以臺灣為例，如何找一個適切的司法性強制治療機構，而非一昧地監禁於監獄，為當前刻不容緩之情事。

貳、強制性交罪的預防

沒有任何人可以提出一套防衛策略，保證婦女們可以萬無一失。理論上，避免製造「被害情境」是最好的預防措施，例如：不要穿著過分暴露的服裝、不要單獨去喝酒、不要隨便跟隨男性去他的住所（有相當多的強

---

[24] 楊士隆、張清豐：《性侵害犯罪再犯率及危險因子之研究》，內政部 93 年委託研究報告，2004。

[25] 林明傑、董子毅：〈臺灣性罪犯靜態再犯危險評估量表 (TSOSRAS) 之建立及其外在校度之研究〉，刊：《亞洲家庭暴力與性侵害期刊》，第 1 卷第 1 期，2005，49–110 頁。

[26] Harris & Hanson (2004): *Sex offender recidivism: A simple question* (Vol. 3), Ottawa, Ontario: Public Safety and Emergency Preparedness Canada.

制性交案發生在行為人的住處)、不要隨便搭陌生人的便車、不要給男人
「易於求歡」的印象。但是,即使沒有這些被害情境,或者婦女們極盡注
意之能事,仍有可能面對被害的危險。因此,如何在面對危險時做出最恰
當的反應,是婦女們所要特別注意的。

　　由於婦女們所可能面對的「歹徒」有許多不同的類型,他可能是借酒
壯膽的朋友,可能是陌生人,可能有計畫或臨時起意,可能有暴力傾向,
也可能是膽怯的人。因此,如何才是最恰當的反應,只能就個案判斷。不
過,總結婦女的反應方式,不外武力反抗或和平溝通兩者。

　　研究強制性交犯罪的專家(不一定是犯罪學者)對於婦女面對危險時,
究應極力反抗或採低姿態的方式,有下列的看法。這些研究雖然都以美國
為背景,但很值得參考。

　　㈠布羅德斯基 (Brodsky) 在其《性攻擊》(*Sexual Assault*) 一書中的看法
(根據對 39 名強制性交受刑人的訪談),認為婦女們如果面對的行為人是
溫和型,則武力反抗或厲聲斥責通常都能發揮嚇阻的作用;如果面對的行
為人是激烈型,則武力反抗或怒言相向,有時更會激起行為人的惡意,而
使傷害加深,此時最佳的方法是冷靜地與行為人溝通(例如,表示可以給
他錢去嫖妓)、或表示有病、有身孕,甚或哭泣哀求。但是如何判斷行為人
屬於溫和型或激烈型?布氏指出,有一個原則性的辨別法:溫和型的行為
人通常在行動之前,會試探與被害人交談,表現其友善態度,再展現他的
真實面目;至於激烈型的行為人,一開始就有粗暴的舉動,表現出強烈的
敵意❷。

　　㈡美國的「執法與刑事司法國家研究所」(National Institute of Law
Enforcement and Criminal Justice) 以 1974 年全美國的警察統計為資料,發
現被害人對於強制性交犯武力抵抗,比較容易受傷(參閱表 10–2)。因此,
建議婦女,不反抗則已,如要反抗,便要盡其全力❷。不過,官方資料的

❷　Brodsky: Prevention of Rape: Deterrence by the Potential Victim, in M. J. Walker
　　S. L. Brodsky (eds.), *Sexual Assault*, Lexington, 1976, pp. 75–90.

❷　National Institute of Law Enforcement and Criminal Justice, Forcible Rape: *A*

背景，值得我們進一步解釋。婦女由於奮力抵抗而未受傷害地擊敗行為人，報案的可能性較低，所以，我們不能武斷地依據官方資料，認為抗抵必然較易遭到傷害。

表 10-2　被害人因武力反抗而受傷的情形

受　傷　情　形	受　傷　百　分　比
未受傷	28.05%
輕傷，不必接受治療	31.40%
需要接受醫療	31.60%
需要住院治療	8.68%

　　㈢美國舊金山的 Queen's Bench Foundation 以 1976 年 3 月至 6 月當地的強制性交被害人共 106 名為訪談對象（其中 40 名為未遂犯的被害人，66 名為既遂犯的被害人），發現未遂犯與既遂犯的被害人有下列的差別❷：

　　1.未遂犯的被害人比起既遂犯被害人，對強制性交犯較有戒心。

　　2.既遂犯的被害人面對危險時，較為驚慌失措。

　　3.既遂犯的被害人面對危險時，所想到的只是生與死的問題；未遂犯的被害人所想的是抵抗的方法。

　　4.未遂犯的被害人採用較為嚴厲的斥責方式。

　　5.未遂犯的被害人較果斷地以武力反抗。

　　㈣冷靜地面對危機可以化險為夷。格羅斯 (N. Groth) 舉出一個有趣的實例，頗有參考價值：

　　「一個曾經強制性交 6 名婦女的歹徒說，當他準備強制性交第 7 名婦女時，被該婦女冷靜地打消了他的犯意。某個夜晚，當該婦女從一個地下鐵車站走出時，他尾隨她，準備下手。這婦女突然轉身央求他，請他伴隨她回家，因為夜已深，街市冷清，有人作伴，可以讓她有安全感。他伴她

National Survey of the Response by the Police, U. S. Government Printing Office, 1977, p. 22.

❷　未遂犯的被害人是指成功擊退強制性交犯的婦女。資料採自 Haskell & Yablonsky, op. cit., pp. 242–243.

回家，沒有碰她一下。他說，他的強制性交慾念被這個婦女的舉措打消了。」❸⓿

第三節　戀童行為

壹、概　說

　　精神醫學上所謂的「戀童症」(Pedophilia) 是指對於兒童有變態的性愛慾望的性偏差行為。戀童症可能是同性戀，也可能是異性戀，如果被害人與行為人有血親關係，則為血親性交 (Incest)。

　　精神醫學家認為，戀童症的發生，通常與無法從女性得到性的滿足有關。男人有被拒絕感，自覺性無能而轉向幼童尋找補償，並陶醉其間。戀童行為的表現，往往發生於跟妻子爭吵之後，或被朋友與鄰居冷嘲熱諷之後。妻子對於丈夫的性能力加以否定，並且譏刺他，使他覺得缺乏男性氣概，因而對女性產生下意識的憎惡與敵對感，可能導致戀童行為的出現。不過，應加說明的是，夫妻之間心理動力關係的不洽，也可能引致其他的性偏差行為，例如暴露狂、強制性交或其他的性侵略行為❸⓵。

　　大部分的戀童犯在採取行動之前，都有過計畫，而很少使用暴力。他們會先與被害人建立關係，獲得信賴，然後再做比較親密的接觸。他們會讓被害人覺得這些親密的接觸與性無關，而只是一種遊戲。他們會送一些小禮物給幼童以作為獎勵，例如玩具或甜點❸⓶。

　　戀童行為的表現方式有不同的等級。最輕微的行為方式，是出示色情圖片，說淫穢的話，暴露行為人自己的性器官。更進一步的行為方式則為撫摸及摩擦幼童的性器官，以及在幼童面前手淫。較嚴重的行為方式則是

❸⓿　Schneider, aaO. S. 603.

❸⓵　Sadoff: Other Sexual Deviations, in B. J. Sadock (ed.): *The Sexual Experience*, The Williams and Wilkins Company, Baltimore, 1976, p. 434.

❸⓶　Schneider, aaO. S. 689.

口舔幼童的性器官,模擬性交或真的性交❸。

　　由於戀童行為的表現方式不一,因此,被害人的身體上不一定有明顯的異狀顯現出來。比較常見的可能是胸部、下體或陰部有傷痕。有時候陰部可發現精液,甚至被害幼童可能感染性病或受孕(案例較為少見)。被害幼童可能被恐嚇而不敢聲張,可是從外顯行為可以察知異狀。逃學或逃家可能是最先出現的癥兆。被害幼童會常說一些與性有關的話,使用較多的性術語,這些話在同年齡的孩子中很少出現。或者在其玩伴之間,玩起與性有關的遊戲,甚至小女孩在男人面前,會有性誘惑的舉止❹。

　　戀童行為依其輕重,按我國刑法規定,可能成立準強制性交罪、準強制猥褻罪、強制性交幼女罪(刑法第 222 條第 1 項第 2 款)、血親性交罪。西德刑法則將強制性交猥褻未滿 14 歲兒童的行為,統一規定於第 176 條,即「對兒童的性濫用」(Sexueller Missbrauch von Kindern)。

貳、犯罪統計

　　強制性交或猥褻幼童的行為,我國官方犯罪統計並未加以區分登載。因此,無法查知詳細數字。

　　根據西德聯邦刑事局的刑案統計與聯邦司法部的審判統計,戀童犯在整體性犯罪中所佔的比率並不一致。從 1960 年至 1978 年,警方刑案統計所顯示者,每一年戀童犯均佔各類性犯罪之冠(1960 年為 17,908 人,1978 年為 13,003 人),暴露狂佔第二位,強制性交犯佔第三位(1960 年為 6,436 人,1978 年為 6,598 人)。同期間,法院的審判統計所顯示者,每一年仍以戀童犯佔各類性犯罪之冠(1960 年為 3,583 人,1977 年為 2,112 人),強制性交犯佔第二位(1960 年為 1,192 人,1977 年為 1,190 人),暴露狂佔第三位❺。

　　1985 年,西德警方所知的戀童案,共 10,417 件,偵破的比率為 63%。

---

❸　Schneider, aaO. S. 687.

❹　Schneider, aaO. S. 687.

❺　Göppinger, aaO. S. 625.

經調查結果，發現嫌犯 98.2% 為男性。嫌犯年齡 30 至 40 歲者，佔 22.8%；40 至 60 歲者，佔 34.2%；60 歲以上者，佔 8.7%。在 11,098 名被害人之中，91.3% 為 6 至 14 歲，73.7% 為女性。1984 年，全西德被法院宣告刑罰的戀童犯，只有 1,249 人。西德犯罪學家施耐德 (H. J. Schneider) 對此種現象的解釋是：這類性犯罪不易被證實，被害人的告訴意願不強，加以社會風氣較為開放，社會大眾對這類行為人也比較寬容，因而法院的審判也相對地較為放鬆 ❸❻ 。

　　一般相信，此類犯罪的黑數很高。在美國，根據費可霍 (David Finkelhor) 的估計 (1984)，2% 的男性以及 10% 的婦女，在其幼年時曾遭受不同形態的性侵害。在英國，根據研究者對醫生所做的訪問調查 （1981 年），每 1,000 名幼童，約有 3 名曾是戀童犯的被害人 ❸❼。西德犯罪學家葛品格 (Göppinger) 認為，這些犯罪黑數的估計絕不誇張，因為根據一項對有關醫生所做的調查，1966 年在柏林地區，年紀在 13 歲至 14 歲的女童，就有 25% 的人已經失身 ❸❽ 。

　　根據西德警方的破案資料，犯罪人與被害人毫不認識的比率高達 57%。不過，專家的看法恰好相反，他們認為戀童犯與其被害人有相當程度的認識，其比率一定很高。官方統計之所以異於常情，是因為社會對陌生人較易採取訴追的手段，而對於有血親關係、朋友關係或鄰居關係的人，比較不願意加以刑事追訴 ❸❾ 。

　　根據調查（西德），智能不足的幼童以及接受特殊教育的幼童（例如育幼院的小孩），比較可能成為被害人。被害人之中，非婚生子女約佔 20%，大約 3 分之 1 來自破碎家庭或家庭關係不和諧，20% 來自住家環境及經濟條件很差的家庭 ❹❶ 。

---

❸❻　Schneider, aaO. S. 686.

❸❼　Schneider, aaO. S. 686.

❸❽　Göppinger, aaO. S. 628.

❸❾　Schneider, aaO. S. 686.

❹❶　Göppinger, aaO. S. 628 f.

參、戀童犯的類型

英國人費契 (Fitch) 從心理評量的觀點，把戀童犯分為五種類型：

1.不成熟型

這類戀童犯自覺無法成功地扮演男性角色，而對於幼童存有幻想。因此，屬於情緒上的不成熟。

2.挫折型

這類戀童犯曾經從成年女性得到性的挫折感，充滿不安定感與被拒絕感，而訴諸原始的行為模式。此種戀童犯可能以自己的兒女為對象。

3.反社會型

此種戀童犯是由於短暫的衝動所驅喚，通常以陌生的幼童為對象。

4.病理型

此種戀童行為是由於精神疾病、心智缺陷、機體失衡或早衰而無法控制性衝動所引起。

5.多重型

戀童行為的發生，不全然由於情緒問題或性問題所造成，其原因可能是多方面的。

根據費契 (Fitch) 對 139 名戀童犯所做的追蹤研究，其中有 13.7% 屬於反社會型。「反社會型人格」不論與性犯罪或其他犯罪，都有密切的關連❹。

第四節　血親性交

壹、概　說

血親性交是文明社會的禁忌，因為血親性交可能導致遺傳上的缺陷，也破壞了健全的家庭制度。

我國刑法第 230 條規定的血親性交罪，是指直系血親或三親等內旁系

---

❹　Haskell and Yablonsky, op. cit., p. 248.

血親的性交行為。西德刑法第 173 條則規定直系血親之間，或有血親關係的兄弟姊妹間的性交行為，才成立血親性交罪。

養父與養女或養母與養子的性交行為，應認為成立血親性交罪。因為養父母與養子女為擬制血親（民法第 1077 條），其性交行為破壞了健全的家庭關係，也與人倫有重大違反。

繼父與繼女並非擬制血親，因此其性交行為不成立血親性交罪，但犯罪學研究上或有關的研究上，通常被認為是血親性交 ❷。

父子之間或母女之間的同性戀行為雖不一定成立血親性交罪，但其行為絕對不健康，因而在刑法以外的學說上，也被認為是血親性交，此即所謂的「同性戀近親性交」(Homosexual Incest) ❸。

血親性交依當事人的關係，有父女血親性交（比率最高）、兄弟姊妹血親性交（與嚴重的精神病理有關）、母子血親性交、祖父孫女血親性交、叔父姪女血親性交、嬸母姪兒血親性交、父子或母女血親性交 ❹。總之，犯罪學或其他學科概念中的血親性交，其範疇較法律上的概念為廣。

貳、分佈情形

我國官方犯罪統計並無血親性交的紀錄，也似乎未有學者做過調查研究。因此，只能以外國的資料作為觀察上的參考。

近代的許多研究發現，血親性交大多發生於低社經階層，尤其是住屋擁擠、子女數目眾多的貧窮家庭。事實是否如此，恐怕有待深入探討。因為歷史學家發現，古時候埃及、日本、希臘、秘魯的貴族家庭，以及中世紀的歐洲統治階級，也有許多的血親性交行為，並且被默許。由於血親性交屬於文明社會的禁忌，中上階層的人不但羞於告人，也善於隱匿，例如避孕措施做得比較徹底 ❺，或善後措施做得比較天衣無縫。因此，自然不易被發現 ❻。

❷　Henderson: Incest, in: B. J. Sadock (ed.), *The Sexual Experience*, 1976, p. 416.

❸　Henderson, op. cit., p. 416.

❹　Henderson, op. cit., pp. 425–426.

❺　血親性交被發現的主要原因之一是懷孕，參閱 Göppinger, aaO. S. 631.

美國方面的研究資料顯示，1910 年代每百萬人口之中，大約發生血親性交 1.2 件；1920 年代每百萬人口之中，大約發生 1.9 件；1930 年代每百萬人口之中，大約發生 1.1 件。至於血親性交佔性犯罪總數的比率，學者的估計，大約為 2.4% 至 6.3%❼。

美國學者溫柏格 (Weinberg) 於 1955 年以瑞典的研究資料為根據，估計瑞典每百萬人口之中，大約有 0.73 件血親性交❽。溫氏復以美國伊利諾州 203 件血親性交個案為資料 (1955)，發現父女的血親性交最常見，共有 159 件，佔 78%；兄妹姊弟的血親性交共 37 件，佔 18%；母子性交有 2 件，佔 1%；多重關係的血親性交有 5 件，佔 3%❾。

參、血親性交的形成相關因素

美國精神醫學家陸斯丁 (Lusting) 在 1966 年對於血親性交有過深入的研究，他發現下列的家庭因素與血親性交有關❿：

1. 女兒在家庭中取代母親而成為負責家計的中心人物。
2. 父母親的性生活甚不協調，而父親的性興奮並未得到疏解。
3. 父親為了維持在外界的莊嚴形象，而不願去外面尋求性的滿足。
4. 父母親雙方都不願意家庭破裂或有遺棄的行為發生。
5. 母親對於父女性交的行為未做公開的譴責而加以寬恕，甚或容許女兒成為父親的性伴侶。

肆、血親性交的類型

根據貝格利 (Bagley) 在 1969 年對於美國 425 名血親性交個案的分析，而將血親性交區分為下列五種類型⓿：

⑯　Henderson, op. cit., pp. 415–417.

⑰　Henderson, op. cit., p. 417.

⑱　Ibid.

⑲　Ibid.

⑳　Henderson, op. cit., p. 420.

1.制度化的血親性交

此種血親性交發生於一夫多妻制，而且贊成與女兒或姊妹成婚的摩門教，摩門教徒有許多神學上的理由支持此種行為。在 1872 年之前，美國猶他州尚未以刑法禁止血親性交，此種行為頗為普遍。

2.偶發的血親性交

此種血親性交發生於人口高度稠密，社會解組的社區。

3.病理的血親性交

此類血親性交的當事人，一方或雙方有心智上的缺陷或精神疾病。這些人是社會的「外人」，他們根本無法對禁止血親性交的道德規範加以「內化」(Internalize)。

4.客體固定現象的血親性交

此類血親性交源於對早年性喜悅對象的依戀。早年的性喜悅對象皆為年幼孩童，及至年長，血親性交的父親仍以自己的孩童作為最能滿足性慾的伴侶❺❷。

5.病態心理的血親性交

此種血親性交的強勢當事人，具有正常的智商與人格（因此知道自己的行為為法所不容），並且有配偶可供正常的性疏解，可是仍引誘自己的子女。

伍、血親性交的預防

美國精神醫學家梅瑟 (Messer) 建議 (1969)，重新組合的家庭在收養繼子女時，應有足夠的財產支持，使家庭結構得以強固，血親性交的禁忌也較能牢不可破。強固的夫妻關係，可以消彌對於孩子的性企圖。重組的家庭應與兒女就再婚一事互做討論，了解再婚並非對於亡故或離異配偶的不忠，如此才能有助於重組家庭的健康關係。父母親所表現的公開關係如果

❺❶　Haskell & Yablonsky, op. cit., p. 251.

❺❷　關於「固定現象」(Fixation) 詳細的說明，參閱林憲：《臨床精神醫學》，1982，196 頁。

是親暱的，可以養成兒女對健康的異性戀的認同❸。

❸　Henderson, op. cit., p. 428.

第十一章　恐怖活動

第一節　恐怖活動的概要

　　1980 年至 2000 年間，全球持續發生多起恐怖事件，但多遠不如在 2001 年 9 月 11 日蓋達組織在美國發動的 911 事件震驚世界。911 事件是以實拉登 (Osama bin Laden) 為首的蓋達組織 (Al Qaeda) 策劃，由 19 名恐怖份子在成功挾持 4 架美國國內線民航客機後，分別向紐約市雙子星世貿大樓及華盛頓五角大廈進行自殺式攻擊，不僅造成美國數千無辜民眾的死亡，更喚起世人對恐怖主義的重視與恐慌。

　　恐怖活動以往是界定在國家安全的領域，但自 911 事件之後，恐怖組織為籌措資金，結合犯罪集團從事販毒、走私軍火及人口販運等犯罪，使得許多看似單純的犯罪案件，卻有恐怖份子操縱或犯罪集團在幕後操縱；且恐怖份子利用高科技及毀滅性戰略，擴大威脅的層面，使得全球各國均投入反恐怖戰爭❶。

　　經過十年的努力，2011 年 5 月 2 日美國在距巴基斯坦首都伊斯蘭馬巴德 (Islamabad) 64 公里的郊外別墅，發現實拉登 (Osama bin Laden) 的隱身處所，發動攻擊，成功圍剿實拉登，並發布確認實拉登死亡的訊息。這次活動雖然達成美國十年來的心願，但各國也擔心潛伏在世界各國的恐怖份子，為報復首領實拉登的死亡，而在全球各地發動更慘烈的報復行動，所以也持續加強戒備❷。

---

❶　吳東野、鄭端耀：《911 事件與國際反恐》，財團法人遠景文教基金會出版，2003，1–10 頁。

❷　參見黃奎博：〈後實拉登時期的美國全球反恐戰略〉，刊：《全球政治評論 (*Review of Global Politics*)》，第 35 期，2011，1–6 頁；沈明室：〈後實拉登時

我國以往並非恐怖組織發展和攻擊的對象，但因為恐怖組織與犯罪組織的結合，也不能排除我國可能受到恐怖份子的攻擊或利用，因而有必要瞭解恐怖組織的活動概況。

一、恐怖活動的意義❸

最吸引犯罪學者注意的政治犯罪類型，就是為了達成政治目的，非法訴諸暴力行為或威脅使用暴力，意圖製造極度的社會恐慌，甚至不惜傷害無辜群眾的恐怖活動 (Terrorism)。其他類型的政治犯，可能從事街頭示威、偽造貨幣、間諜、販賣祕密等活動，而恐怖份子則是有系統地運用暗殺、破壞、暴力威脅等攻擊手段，迫使個人、團體、社區或政府，屈從其政治訴求。此外，並非所有恐怖活動都是以政治訴求為目標，其他方面的訴求，包括：環境、生態、經濟或社會等，例如當街攻擊穿著皮毛外套的婦女，或於環保抗爭時破壞工廠的設施等❹。

恐怖 (Terror) 一字來自拉丁文 terrere，意思是驚嚇，此名詞曾應用在一些特殊的情況，例如邪惡暴君的綽號（如伊凡大帝）、政治上的動亂（如法國大革命的恐怖統治時期）、或偶發的暴力行動（如今日的國際恐怖活動），但暴力並不是它的關鍵特徵，因為戰爭並不被認為是恐怖活動，暴力只是對大眾灌輸恐懼的手段；灌輸恐懼也可能是為了犯罪的目的（如擄人勒贖），而恐怖活動目的大多是政治或宗教上的原因；大眾也可能在沒有恐怖活動的情況下（如疾病爆發傳染）受到驚嚇，但若是人為散佈病菌，則

期的全球反恐情勢〉，刊：《全球政治評論》(Review of Global Politics)，第 35 期，2011，7–12 頁；蔡育岱：〈蓋達組織與賓拉登年代恐怖活動之概況回顧〉，刊：《全球政治評論》(Review of Global Politics)，第 35 期，2011，13–18 頁；李玟憲：〈後賓拉登時期歐盟反恐戰略之挑戰〉，刊：《全球政治評論》(Review of Global Politics)，第 35 期，2011，頁 19–27。

❸ Bolz, Dudonis, & Schulz: *The Counterterrorism Handbook: Tactics, Procedures, and Techniques*, FL: CRC Press, 2000, p. 3.

❹ Siegel: *Criminology*, 6th. Edition, West/Wadsworth, 1998, pp. 305–306.

可能是生物恐怖活動 (Bio-Terrorism)。

　　恐怖活動通常是以政治為訴求，藉由暴力或威脅達到製造恐怖或強制的目的，恐怖活動是一種政治犯罪，但也是一種暴力犯罪。通常有事前計畫，為了有效達成目標，必須能夠操弄整個社會，以傳達其訴求，這才是其行動的主要目的。因此如果恐怖份子進行搶劫，被害者並不是目的而是工具，其目標在於一般民眾，根據恐怖活動專家 Cooper 的定義，恐怖活動是使民眾產生恐懼，其目的在於獲取或維持對其他人的控制❺。

　　現代與傳統的恐怖活動有以下差異：首先是由於技術的發展，今日的破壞可能更甚於以往；其次是國際旅行增進了恐怖份子的機動能力，而大眾傳播發展迅速，則提升了恐怖組織的能見度；最後是現代的恐怖份子更加相信藉由暴力，他們更容易達成其目標。

二、恐怖活動的發生

　　根據美國國務院分析，恐怖組織使用的武器種類，包括：核子武器、生化武器及一般武器和爆材，例如手槍、步槍、輕型自動武器或手榴彈等；至於採行的恐怖攻擊手段，分別是炸彈、縱火、劫機、暗殺、綁架、俘虜人質、武裝突擊；而主要攻擊目標，有商業機構、外交機構、政府建物、軍事設施等。在 1996 年至 2003 年八年之間，全球共計發生恐怖攻擊 2,457 件，傷亡人數達 26,057 人，尤其以中南美地區發生最頻繁，但單一事件傷亡人數則以北美地區最高（如表 11–1）❻。

　　追蹤分析恐怖案件可以幫助瞭解恐怖主義的特質，包含攻擊分布的地點、犯罪人、被害人及其他的細節。年復一年，攻擊件數在世界各地增長，但在國際社會上卻很難有效的預防這類案件。在 2012 年至 2017 年間，根據美國國務院統計世界各地恐怖攻擊件數，在 2014 年較為嚴重，達 13,463

---

❺　Rcid: *Crime and Criminology*, NY: McGraw Hill, 2003, pp. 223–225.

❻　U.S. Department of State: *Patterns of Global Terrorism 2003*, Office of the Coordinator for Counterterrorism, Appendix A, B, C, D.
http://www.state.gov/s/ct/rls/crt/2003/33777.htm

次，至 2017 年稍降至 8,584 件；傷亡人數，仍是以 2014 年最為嚴重，達到 67,518 人，至 2015 年至 2016 年間稍降至 6 萬件左右，2017 年再降至約 38,214 人（如表 11-2）。

　　以全球來看，在 2012 年至 2017 年間，受攻擊最多的前十國家，以伊拉克、阿富汗和巴基斯坦等三個位於中東地區的國家最多，死傷也最為嚴重，另一個國家敘利亞，死傷人數也不少。西亞則以葉門最多。其次為南亞地區的印度與菲律賓，兩國的攻擊事件與死傷人數，不相上下，而泰國除 2012 年名列全球前十名外，晚近已不在前十名國家之列，表示該國恐攻事件日益減少。非洲國家則以奈及利亞最多，其次為索馬利亞（如表 11-3）。

表 11-1　世界各地 1996-2003 年恐怖攻擊發生次數及傷亡人數

地區	非洲		亞洲		歐亞		中南美		中東		北美		西歐		總計	
年度	件數	傷亡	件數	傷亡	件數	傷亡	件數	傷亡	件數	傷亡	件數	傷亡	件數	傷亡	件數	傷亡
1996	11	80	11	1,507	24	20	84	18	45	1,097	0	0	121	503	296	3,225
1997	11	28	21	344	42	27	128	11	37	480	13	7	52	17	304	914
1998	21	5,319	49	635	14	12	111	195	31	68	0	0	48	405	274	6,634
1999	52	185	72	690	35	8	121	9	25	31	2	0	85	16	392	939
2000	55	102	98	898	31	103	193	20	16	69	0	0	30	4	423	1,196
2001	33	150	68	651	3	0	201	7	29	513	4	4,465	17	20	355	5,806
2002	6	67	101	1,283	8	615	46	54	35	1,047	0	0	9	6	205	3,072
2003	6	14	80	1,427	2	0	20	79	67	1,823	0	0	33	928	208	4,271
總計	195	5,945	500	7,435	159	785	904	393	285	5,128	19	4,472	395	1,899	2,457	26,057

表 11-2　近六年 (2012-2017) 世界各地受恐怖攻擊統計資料

	2012	2013	2014	2015	2016	2017
攻擊件數	6,771	9,707	13,463	11,774	11,072	8,584
死亡人數	11,098	17,891	32,727	28,328	25,621	18,753
受傷人數	21,652	32,577	34,791	35,320	33,814	19,461
綁架人數	1,283	2,990	9,428	12,189	15,543	8,937

資料來源：節錄自 United States Department of State: Country Reports on Terrorism 2012, 2013, 2014, 2015, 2016, 2017, Office of the Coordinator for Counterterrorism. https://www.state.gov/country-reports-on-terrorism/

表 11–3　近六年 (2012–2017) 世界前十名受恐怖攻擊最多國家統計

國家	項目	2012	2013	2014	2015	2016	2017
巴基斯坦	死亡（人）	1,848	2,315	1,757	1,081	955	851
	受傷（人）	3,643	4,989	2,837	1,325	1,729	1,827
	攻擊件數	1,404	1,920	1,823	1,009	734	574
伊拉克	死亡（人）	2,436	6,378	9,929	6,942	9,764	4,269
	受傷（人）	6,641	14,956	15,137	11,856	13,314	4,077
	攻擊件數	1,271	2,496	3,370	2,418	2,965	1,951
阿富汗	死亡（人）	2,632	3,111	4,505	5,292	4,561	4,672
	受傷（人）	3,715	3,717	4,699	6,246	5,054	5,023
	攻擊件數	1,023	1,144	1,591	1,708	1,340	1,171
印度	死亡（人）	231	405	426	289	337	380
	受傷（人）	559	717	543	508	636	601
	攻擊件數	557	662	763	791	927	860
奈及利亞	死亡（人）	1,386	1,817	7,512	4,886	1,832	1,532
	受傷（人）	1,019	457	2,246	2,777	919	852
	攻擊件數	546	300	662	589	466	411
泰國	死亡（人）	174	131	——————	——————	——————	——————
	受傷（人）	897	398	——————	——————	——————	——————
	攻擊件數	222	332	——————	——————	——————	——————
葉門	死亡（人）	365	291	——————	1,571	628	——————
	受傷（人）	427	583	——————	782	793	——————
	攻擊件數	203	295	——————	460	363	——————
索馬利亞	死亡（人）	323	408	——————	659	740	1,469
	受傷（人）	397	485	——————	874	943	1,093
	攻擊件數	185	197	——————	241	359	370
菲律賓	死亡（人）	109	279	——————	258	272	327
	受傷（人）	207	413	——————	548	418	298
	攻擊件數	141	450	——————	485	482	483
敘利亞	死亡（人）	657	1,074	1,698	2,748	2,088	1,096
	受傷（人）	1,787	1,773	1,743	2,818	2,656	1,055
	攻擊件數	133	212	232	382	363	141

資料來源：節錄自 United States Department of State: Country Reports on Terrorism 2012, 2013, 2014, 2015, 2016, 2017, Office of the Coordinator for Counterterrorism. https://www.state.gov/country-reports-on-terrorism/ 另有些國家當年沒有數據呈報給美國國務院，故表格內以 —————— 代表。

　　圖 11-1 顯示，過去六年以來，世界各地恐怖攻擊事件與死亡人數，以 2012 年 12 月左右為最低點後，逐月攀升，至 2014 年的 7 月左右，無論是死亡人數與攻擊人數，來到最高點後，又逐月下降。截至 2017 年底，已來到死亡人數與攻擊案件數最低點。然而 2018 年以來是否持續探底，有待更新的資料與數據產出後，始可得知，然近年來伊斯蘭國 (ISIS) 在中東地區的恐攻事件，方興未艾，換言之，世界上的恐怖活動，似乎沒有停止的一天。

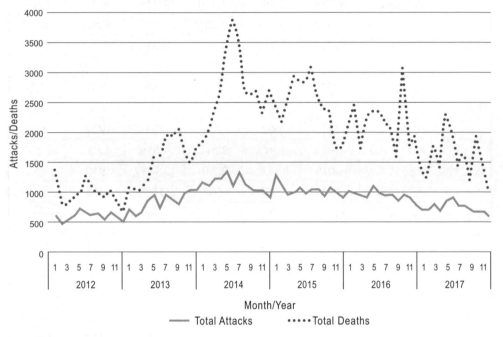

圖 11-1　世界各地 2012-2017 年恐怖攻擊次數與死亡人數趨勢圖

資料來源：Country Reports on Terrorism 2017. https://www.state.gov/country-reports-on-terrorism/

　　即使沒有休息的一天，當前恐怖活動情況已有大幅的減緩趨勢，其原因在於❼：

　　㈠蘇聯的瓦解。

　　㈡恐怖份子動機的改變。

　　㈢大規模毀滅武器的擴散。

　　㈣資訊和科技的容易取得。

---

❼　Bolz, Dudonis, & Schulz, op. cit., pp. 3–4.

㈤重要基礎建設的加速集中，導致被攻擊的威脅升高。

當然大部分的攻擊目標都針對美國，且是集中在都會地區，而其原因大多和宗教、種族及政治有關。

三、恐怖活動的本質

恐怖活動和傳統戰爭 (Conventional Warfare) 及游擊戰 (Guerrilla Warfare) 有別，在後二種情況下，平民和士兵通常可以清楚區分，且攻擊的目標是武裝軍隊；但恐怖活動的攻擊對象，則大多是手無寸鐵的平民，由於恐怖活動的隱密本質，恐怖行動通常是由一小群人所執行，而這些人則接受激進組織的金錢和後勤支援❽。

恐怖活動和仇恨犯罪 (Hate Crime) 都是為了政治或社會目的而從事犯罪，它們和其他犯罪的差異在於沒有個人財務上的動機，通常是超越個人利益，目的在於推翻政府或宣傳某種理念。仇恨犯罪通常包含種族、宗教、性別或族群的偏見，而恐怖活動則通常來自政治上的原因。二者的差別是針對的目標，前者通常是特殊的少數團體，而後者的目標通常是政府❾。

從批判學派的觀點，恐怖活動是對抗資本主義壓迫並打破財產及權利分配不均的工具。根據統計，大多數犯罪的被害者都是資產階級壓迫的失業或貧窮的工人階級，這些被排除於參與政治決策的人，只好轉向其他途徑傳達其心聲；當他們覺醒無望時，恐怖活動就有可能會爆發。但從政府的觀點，恐怖活動是威脅政治、經濟和社會秩序的行為，雖然有定義上的差異，暴力犯罪和恐怖活動的差別，在於犯罪者有無犯罪上的動機和意識型態，因此如果是為了個人或金錢利益的炸彈攻擊和挾持人質，並不是追求政治或社會目標，就只是一般的犯罪行為；反之，恐怖份子也不會認為自己是罪犯，寧願別人稱之為「革命份子」❿。

---

❽　Ibid.

❾　Albanese: *Criminal Justice*, MA: Allyn & Bacon, 2002, p. 130.

❿　Schmalleger: *Criminology Today: An Integrative Introduction*, NJ: Prentice-Hall, 1999, p. 377.

第二節　恐怖活動的特性

一、恐怖活動的目的

恐怖活動的目的有以下幾點❶：

㈠暴力是手段，不是目的，藉由攻擊被害者，達到影響政府的目的。

㈡目標的選擇是為了最大的宣傳價值，以吸引媒體廣泛報導。

㈢採取無正當理由的攻擊，理由只有恐怖份子最清楚。

㈣行動的原則是降低風險，例如炸彈會待放置者離開後再引爆，但最近的趨勢是自殺式攻擊，即「為達目的，不計傷亡」。

㈤出奇制勝以避免反制，運用奇襲以破壞安全系統和保全人員的防護。

㈥使用威脅、騷擾和暴力以製造恐怖氣氛。

㈦通常有無辜的受害者，即便被害人是婦女或兒童。

㈧有時在事發後會站出來承認犯行，運用宣傳擴大暴力的恐怖效果。

㈨對團體和首腦忠誠，願意為組織執行任務，甚至犧牲個人生命，且引以為傲。

由於都市化及人口集中，加上恐怖份子所使用的破壞手段或殺傷力強大，使得恐怖活動對於現代社會的威脅範圍已大幅擴大，舉凡國家內部或國際間的交通工具、通訊系統、能源供應、金融體系、水源供給、衛生醫療、橋樑隧道、食品消費、決策中心、建築物安全等當代社會生活的所有層面，幾乎都可能成為恐怖活動的攻擊目標。

二、恐怖活動的特徵

恐怖活動具備成本低、風險小、效果大、祕密性、代理性、低強度、難以預防、衝突容易升高、容易否認等特性❷。恐怖活動要達到效果，必

---

❶　Bolz, Dudonis, & Schulz, op. cit., pp. 5–8.

❷　張中勇：《當前國際恐怖活動走向及對我可能影響之研究》，著者自版，1997，

須讓目標群眾產生恐懼心理，如有必要，必須勇於犧牲，奈特 (Nettler) 曾指出其具有下列六種特性[13]：

(一)無規範羈絆
恐怖份子和軍人及警察不同，他們是有意識地違反所有規定。

(二)沒有無辜者
恐怖份子對抗不公平的社會，包括所有不支持他們的人，因此平民和兒童同樣可能成為攻擊目標。

(三)本小利大
恐怖活動通常藉由單一事件造成無數民眾之驚恐。

(四)宣傳效果
恐怖份子追求宣傳效果，媒體宣傳將推銷其訴求，反過頭來鼓舞更多恐怖活動。

(五)重獲生命意義
恐怖份子享受其行為，為了追求正義而對抗不公平社會，將使其生命重拾價值和意義。

(六)多重目標
恐怖份子尋求獲取與行使權力，但不同的成員可能對此權力的用途有不同的想法，除了破壞行為會造成立即傷害，長期的目標通常是外人難以理解且不易達成的。

而當前國際恐怖活動更有以下特點，包括：國家支持幕後唆使、宗教狂熱偏執激進、民族宗教分離運動、右翼種族極端排外、特定議題偏激主張、結合毒梟互利共生、生化核武恐怖威脅、恐怖組織兩極端（業餘化、專業化）發展、外來恐怖本土受害[14]。因此恐怖活動的特性，可歸納如下[15]：

12 頁。

[13] Vito: *Criminology: Theory, Research, and Policy*, CA: Wadsworth, 1994, pp. 289–290.

[14] 張中勇，同前註，15 頁。

[15] 張中勇，同前註，7 頁。

㈠是一種祕密的個人、團體或國家的非法行動。

㈡行動是預謀的，意在製造並散播極度恐怖、驚慌氣氛。

㈢恐怖暴行下的受害者，只是傳遞訊息的媒介，並非主要行動標的，最終目標是針對其背後更廣大的群眾。

㈣攻擊對象是隨機擇取，且是象徵性選定。

㈤暴力程度遠超出正常以外，多已違反社會常模，常引發社會公憤。

㈥公開闡揚其政治主張和訴求，並企圖以恐怖暴行，迫使對方讓步或接受其要求。

三、恐怖活動的被害者

恐怖活動的被害者最容易辨識出來，他們是事件發生的直接受害者，包括個人、家庭、社區、甚至某一族群，這些人大多是被隨機選定的無辜者，另外由於反恐報復而受影響的人，亦可視為廣義的被害者。

大部分恐怖活動的被害者是無辜的個人，然而整個社會其實都受到傷害，恐怖活動絕不是一種無被害者犯罪，直接受害者乃是被無端捲入，例如被隨意放置的炸彈所殺害，或是由於特定原因而被選定，如刺殺著名的政治人物或綁架有錢的商人。恐怖份子通常對被害者所造成的傷害無動於衷，視其為致命暴力演出的一部份，或加以任意貶損；恐怖份子對被害者的選擇大多是隨機的，其最終目標是提升其談判的地位，所以被害者的身分是無足輕重的，例如綁架或挾持人質的目的，可能是為了獲取經費、要求釋放囚犯、發表宣言或順利逃脫，被害者只是其談判交易的籌碼，恐怖份子不會關心被害者的生死，這是處理相關事件時必須認清的事實❶❻。

恐怖活動會造成個人和團體的特殊創傷，大多數的綁架被害人會經歷對其挾持者不同的感覺，此一事件對被害者的價值體系構成嚴重的衝擊，最常見的現象是「斯德哥爾摩症候群」(Stockholm Syndrome)❶❼，首先是同理挾持者的訴求，最後將不滿的情緒轉移到執政當局，在某些恐怖事件中，

❶❻　Reid, op. cit., pp. 226–229.

❶❼　此名詞的由來是根據 1983 年在瑞典首都發生的挾持人質事件。

例如 911 攻擊，由於事出突然且死傷慘重，此一現象不易發生。

對於一般人而言，即使不是直接的受害者，恐怖活動仍會造成恐懼感，因而改變生活型態，此一結果普遍發生在美國人身上。在 911 事件之後，除了加強機場安檢造成不便之外，由於害怕飛行而打消旅行念頭者甚多，可見其影響層面極其深遠。

恐怖份子要達成其目標，必須採取某些行動，炸彈攻擊、挾持人質、劫機和綁架都是其傳統使用的方法，最新的趨勢則包括核生化戰爭及網路攻擊，但是炸彈仍是恐怖份子最首要的選擇，因為它提供執行者極佳的匿名性及媒體的高曝光度，炸彈攻擊的目標共分為以下四種⓲：

㈠無特定目標

炸彈裝在人口稠密處以造成高死亡率，並沒有特定目標，有時會由一位自殺式炸彈客執行，他不顧人員死亡，甚至包括自己的生命。

㈡象徵性目標

對象是政府建築物、軍事設備、商業大樓或歷史古蹟，爆炸物會放置在造成死傷最少的地方，攻擊前會發出警告以降低傷亡。

㈢選擇性目標

目標是特定的設施或一群人，以達成其宗教信仰或意識型態上的需求，可能會持續對同一目標進行攻擊。

㈣工具性目標

吸引民眾注意某一特定議題，或是要求釋放被監禁的同夥和恐怖組織的成員。

其他恐怖活動包括挾持人質，強迫政府或私人企業作為或不作為，或是修改某項既定政策；綁架和挾持人質的差異在於知不知道被害者的確切位置，二者都會引起媒體注意，綁架也可用來獲取贖金。此外，尚有散佈錯誤訊息、謠言、施放假警報，而刺殺也是一項有力的武器，不但可以除去敵人，也可造成社會恐慌和心理衝擊，當然政府的過度反應也正中恐怖組織的下懷。

⓲　Bolz, Dudonis, & Schulz, op. cit., pp. 85–86.

第三節　恐怖組織與活動類型

一、恐怖團體的組織

　　凡恐怖行動牽涉到超過一國以上之人民，或活動範圍涵蓋一國以上之領土，即國際恐怖活動 (International Terrorism)；而所謂恐怖團體 (Terrorist Group) 則是任何實行恐怖活動的團體，由於人數眾多，必須有一定的組織才能順暢運作。

(一)恐怖團體的組織結構

　　恐怖組織由於要避免情治單位追查，因此行動需要特別隱密，導致外人不容易了解其組織運作。典型的恐怖組織類似金字塔結構 (如圖 11–2)，除需有人指揮，也要有人實際執行任務，更要有許多人支持，才有可能維持其運作。

　　此一階層結構分為四層，少數人在最頂端負責發號施令 (Command)，就像在軍隊中，領導者制定政策和計畫，並提出發展方向，雖然組織需要隱密，但也必須有暢通的聯絡管道。第二層是主動的核心幹部 (Active Cadre)，這些人負責實際執行恐怖組織的任務，通常各有專長，因此是組織主要的攻擊力量。第三層為主動的支持者 (Active Supporter)，他們對恐怖組織非常重要，負責維持通訊管道，提供安全住所，協助蒐集情報，確保所有後勤補給。最多的一群人則是被動的支持者 (Passive Supporter)，這些人比較不容易識別，因此支持者並不需加入團體，有時候是在不知情的狀況下被利用，甚至只是支持此一運動。當恐怖活動蓬勃發展，人潮就會聚集，但當運動消退，人群就可能逐漸撤離，流動性相當高[19]。

---

[19]　White, op. cit., pp. 35–37.

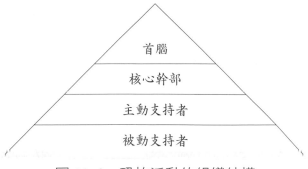

圖 11-2　恐怖活動的組織結構

　　恐怖組織成員目前有學歷提高且年齡降低的趨勢，其行動目標有逐漸由宗教和種族因素轉到政治層面，但仍藏身在種族和宗教之中，使其組織更加隱密也容易募集資金；有許多證據顯示，在世界許多地方有恐怖份子的訓練基地，恐怖組織有時會以射穿被害人膝蓋作為處罰手段，藉由被害人跛行，以提醒其他人不要忽略他們的存在和力量❷⓿。

㈡恐怖份子的任務區分

　　恐怖組織通常包含少數的精英，加上一群執行者，此一核心團體再由一群主動的支持者和大量的被動者所支持。前者負責計畫、參與和執行恐怖活動，內部管理類似軍事部隊；後者則由較鬆散的個人或團體組成，他們大多對恐怖組織表示同情，具有相同的意識型態，並提供金錢、武器、訓練或安全住所❷①。

　　大多數的恐怖組織人數少於 50 人，而且無法發動長期抗爭，在指揮 (Command) 以下依據特定任務而區分（如圖 11-3），情報 (Intelligence) 部門負責評估目標和計畫行動，成員 (Cell) 則負責實際行動，補給 (Supply) 及後勤 (Logistics) 部門提供發動攻擊所需的後援，訓練 (Training) 及紀律 (Discipline) 部門則負責教育訓練及所需的內部紀律維持。在大型的組織中，小單位具有自己行動的能力，大部分的恐怖組織符合此種型態，但仍有許多不同之處。

❷⓿　Bolz, Dudonis, & Schulz, op. cit., pp. 8–10.

❷①　Ibid., p. 80.

圖 11-3　恐怖份子的任務區分

㈢恐怖組織的管理問題

　　恐怖組織領導者面臨許多實際的問題需要解決，首先是隱密 (Secrecy)，它是組織最大的弱點，有時成員彼此都不知道其他人在做什麼，隱密會阻礙有效的聯繫，由於需要隱密，因此成員都相當自主，組織愈大，分散程度愈高，集中式的結構容易被情治單位滲透及破壞，只要一個內奸就可摧毀整個組織。分散化 (Decentralization) 能提供相當的安全性，很少人知道組織的其他成員，但也產生管理上的困難，為避免內鬥 (Factionalism) 和過度自主 (Excessive Autonomy)，領導者必須以內部紀律作為控制手段，但紀律也會成為組織發展的絆腳石，一方面由於害怕而凝聚合作，一方面經由分權和隱密尋求自主，二者可能互相衝突，有時候要求紀律會造成反彈，例如當首腦要制裁誤入歧途的成員，他們將發現自己也會成為其他不滿成員的目標，因此大型恐怖組織多會四分五裂。

　　另一問題是獲得外界的行動支持 (Tactical Support)，如果沒有主動的支持者，勢將無法順利發動攻擊，因此大部份的時間用於發展和維繫支持網絡，而非發動引人注意的行動。

　　此外，發動攻擊所需的後勤支援相當龐大，恐怖份子需要三種支持力量，其中情報對計畫和實施攻擊非常重要，包括偽造旅行文件、選擇和觀察目標；另一項重要的後勤支援是提供武器；最後必須提供安全住處，交通，食物和醫藥。學者指出要維持一個恐怖組織正常運作，至少需要 35 至 50 個支持者。

　　訓練是另一項重要課題，恐怖份子具備政治動機，願意與敵人作戰，也早有對抗敵人的心理準備，但大多欠缺技術實際執行，他們必須準備必需品，製作炸彈，且須事先演練，恐怖份子必須同時具備政治或宗教狂熱

以及支援訓練活動的資源。

　　管理恐怖組織是一個複雜的問題，活動必須隱密，但又必須確保組織的上令可以下達，為了解決此一困境，有些國際恐怖組織將他們的運作程序化，發展成大型的官僚組織以管理其事務，這也常是幕後的資助國家掌控恐怖組織內部事務的替代途徑。但官僚化 (Bureaucratization) 也會衍生許多問題，一旦官僚體系形成，就會遭遇缺乏彈性的窘況，且必須讓成員能夠接受上下統御而非平行互動的關係，這又和恐怖活動宣揚的民主理念有所牴觸。

　　所有的恐怖組織都面臨管理上的問題，導致不易靈活發動攻擊的情況；恐怖攻擊需要計畫、組織和資源，恐怖組織不論大小，都必須將這些因素列入考慮，也要從外界獲取資源，有些學者認為目前已花太多時間在了解恐怖團體的組織結構，而未用心思考組織結構背後的支持網絡，若能充分加以掌握，也許是破解恐怖組織的根本途徑 [22]。

二、恐怖活動的類型

　　恐怖活動的分類方式有多種；若僅就動機而加以分類，主要有以下五種 [23]：

(一)革命型 (Revolutionary)

　　此類型是以暴力作為工具，使主政者及其支持者感到恐慌，最終目標是要推翻既有政權（含帝國主義、資本主義）。對於當權政府的壓迫與鎮壓活動，聲稱為了自我防衛，必須訴諸綁架、刺殺、爆炸等行動；並透過媒體披露不人道的暴行，其目的在公開標榜革命的正當性。此類活躍的革命團體，包括：德國的「紅軍團」(Red Army Faction)、義大利的「赤軍連」(Red Brigade)、中東的「巴勒斯坦解放組織」(PLO) 等。其中 PLO 的某個分支，曾策劃 1993 年紐約世貿大樓地下停車場爆炸案；而 2001 年 9 月 11 日，該建物又遭客機從空中衝撞，主謀者賓拉登 (Osama bin Larden)，為極

[22]　White, op. cit., pp. 37–40.

[23]　Siegel, op. cit., pp. 306–308.

端反美帝國統治的「回教聖戰團體」(Islamic Jihad Group) 首領。晚近活躍於伊拉克和敘利亞北方的伊斯蘭國 (The Islamic State, IS)，前稱為伊拉克和黎凡特伊斯蘭國 (Islamic State of Iraq and the Levant, ISIS)，奉行伊斯蘭原教旨主義瓦哈比派，自詡對於整個穆斯林世界擁有統治地位，因此，致力於伊拉克及沙姆地區建立政教合一的伊斯蘭國家，佔領伊拉克北部及敘利亞中部的部分城市與地區，宣稱擁有伊拉克、敘利亞與阿拉伯地區的主權。自 2011 年以來參加過伊拉克戰爭與伊拉克內戰、敘利亞內戰、利比亞內戰、西奈半島動亂與阿富汗戰爭，其目的是希望透過這些戰爭或內戰，在中東地區建立政教合一的極端伊斯蘭國家，從其在伊拉克與敘利亞採取武裝行動性質可以看出，該組織奉行極權主義、軍國主義與法西斯主義之傾向十分明顯❷。對於推翻鄰近國家政權的野心與企圖心，也十分活躍，可謂是革命型之恐怖組織型態。

㈡政治型 (Political)

本類型的攻擊目標，主要針對壓制其政治意識型態的個人或群體；或是針對被他們定義為「外來者」而必須摧毀的族群。在美國境內，這些極端反政府份子，主張白人優越主義、新納粹主義或自由放任主義，鼓吹以武力推翻聯邦政府。較著名的激進政治組織，包括：「民兵組織」(Posse Comitatus)、「光頭族」(Skinhead)、三 K 黨、「亞利安共和軍」(Aryan Republican Army) 等。由於美國聯邦政府過去十年大力掃蕩，各類小團體多被以非法持有槍械、逃漏稅等罪名送進監獄。其中「密西根民兵組織」成員麥克維 (Timothy McVeigh)，於 1995 年策劃以汽車炸彈摧毀奧克拉荷馬市聯邦辦公大樓，造成 168 人死亡。此外，主張宗教放任主義的極端團體也被歸於此類，因為部分教主終究自立為君王，無視政府當局和現有規範的存在。例如 1993 年發生在德州瓦克鎮 (Waco)，在 FBI 圍困急攻之下，造成大衛教派 (Branch Davidian) 門徒將近 80 人死亡的意外；以及 1995 年聲稱要拯救日本厄運的奧姆真理教門徒，在東京地鐵車站施放沙林毒氣，造成 12 人死亡，超過 5,000 人受傷的慘劇。

---

❷　資料來源：伊斯蘭國，維基百科，自由的百科全書。

(三)民族主義型 (Nationalistic)

主要在對抗多數民族統治所形成的反動，以爭取少數民族的權益。例如，在印度的錫克族 (Sikh) 激進份子，以暴力爭取收復所謂的「祖國」；發生在 1984 年的甘地總理被刺殺案，即與錫克族人報復印度政府襲擊其神殿有關。現今世界最著名的民族主義型恐怖組織，當屬「愛爾蘭共和軍」(IRA)；目標在驅逐英國勢力，除在北愛爾蘭以爆炸、暗殺、綁架等手段，攻擊英國官員和派駐的軍警之外，該組織也對英國本土進行恐怖爆炸行動，以爭取北愛爾蘭與愛爾蘭的合併和自治。

(四)非政治型 (Nonpolitical)

另有恐怖活動是基於特定的經濟、社會或生態環境等議題，其使用暴力並非要推翻政府，而是公開表達不滿和闡揚主張。例如，反墮胎團體對實施墮胎的診所進行示威抗議，其中有的甚至直接攻擊診所病患或炸毀診所；以及部分激進的動物保護組織，在街頭對穿戴皮裘婦女丟擲血袋等。最近更有「綠色和平」(Green Peace)、「動物解放陣線」(Animal Liberation Front)、「地球第一！」(Earth First!) 等生態保護團體，為了阻撓人為過度開發和牲畜養殖對於生態環境的破壞，採取騷擾、縱火、破壞等暴力手段，癱瘓交通或甚至傷及無辜，其目的在形成恐怖壓力，以迫使政府或企業改變政策或退讓。

(五)國家支持型 (State-sponsored)

通常發生在極權統治的政府，壓制人民且迫害少數民族，因而激起政治抗爭，於是政府以恐怖暴力控制政治異議份子。拉丁美洲的許多恐怖活動，是政府軍隊或幕後唆使暗殺團體所為，主要目的在剷除政治反對勢力，例如海地政府祕密警察於 1997 年間，處決 15 名政治異議份子；又根據「國際特赦組織」調查，祕魯保安軍曾在十年之間，暗地讓 4,200 名政治犯消失無蹤。此外，北韓、古巴、阿富汗、利比亞、伊拉克、蘇丹等國，幕後在武器、訓練、財源上資助跨國恐怖組織，進而針對敵對國家政要和設施，以及逃往國外的政治異議人士，發動暗殺、破壞、爆炸等恐怖攻擊，事後並提供庇護據點。

第四節　恐怖組織與媒體的關係

　　恐怖份子較不關心其行動會造成被害人的傷害，反而期望引起其他人的恐慌，因此恐怖行動通常希望引起媒體的注意，進而大肆報導。他們通常會策動暴力行為以增加其新聞性，包括選擇一個知名的被害者，將攻擊時間選定在紀念日或廣受矚目的事件來臨時，選擇新聞報導密集的地點，一位恐怖份子就曾描述其過程㉕：

> 「我們提供媒體所需要的新聞事件，他們當然會加以報導，並試著解釋其原因，甚至不自覺地將我們的行為正當化。媒體對我們的行為非常有興趣，試圖接觸我們，不希望遺漏掉任何訊息，且急切報導我們所說和所做的任何事情，因此我們經常在事後打一通電話，組織的訴求就可以在短時間內成為世界各地的頭條新聞。」

一、恐怖組織的觀點

　　恐怖份子希望從媒體獲得的東西㉖：

　　㈠恐怖份子需要宣傳，通常是無法正常提供或購買的免費宣傳，任何圍繞恐怖活動的宣傳皆提醒世人有問題存在，且不能忽視。從恐怖分子的觀點，如果媒體能不加修飾地報導其首腦的採訪，將是一種莫大獎賞；例如 1997 年 5 月 CNN 採訪沙烏地阿拉伯異議份子、恐怖活動首腦及資助者賓拉登。對媒體而言，能夠接近恐怖份子也是一件炙手可熱的新聞。

　　㈡恐怖份子尋求他人了解並贊同他們的訴求，而非只有關注其行動，一般人可能不會贊同其行為，但至少會同情其處境。恐怖份子相信公眾需要媒體報導，以了解他們的訴求是正當的，而且暴力是他們對抗邪惡勢力的唯一手段，和媒體長期保持良好關係非常重要。

㉕　Conklin: *Criminology*, MA: Allyn & Bacon, 2001, p. 192.

㉖　Griset & Mahan: *Terrorism in Perspective*, CA: Sage Publication, 2003, pp. 144–145.

㈢恐怖組織會引誘或安插人員在媒體，有時甚至尋求透過資助來控制小型新聞媒體，以為其發聲。

㈣恐怖組織希望媒體將其行為正當化，以避免被冠上意識型態、個人仇恨或分離主義的標籤。對恐怖份子而言，恐怖活動是達成政治目的之替代手段，恐怖組織希望藉由宣傳，鼓舞他人加入組織或以金錢贊助。

㈤恐怖組織也希望媒體注意其他非政府組織和研究機構的觀點，以作為募集資金、招攬人員和入境目標國家的掩護。

㈥在挾持人質的情況下，恐怖份子需要人質的身分、數目及價值等細節，而媒體則恰巧會報導這些內容。

㈦恐怖組織希望媒體報導，以造成並擴大其敵人的傷害，尤其是在大眾對其行為和動機仍然不明的情況下。他們希望報導擴大驚慌，散佈恐懼，加重經濟損失（例如嚇跑投資和觀光客），使得民眾對政府保護他們的能力失去信心，並促使政府對單一事件或威脅過度反應。

二、媒體的觀點

另一方面，媒體在報導恐怖事件或議題時，也能獲得他們所需要的東西[27]：

㈠媒體希望獲得第一手報導的獨家新聞，在今日媒體間高度競爭和高科技通訊環境下，能快速取得即時新聞的壓力非常強大。

㈡媒體希望新聞能儘可能即時性和戲劇化，例如在劫機事件中，能夠立即採訪劫機者和人質。

㈢大多數媒體成員希望新聞值得報導，卻不關心消息的正確性，況且正確性並不容易達到，尤其是某些團體會刻意誤導。

㈣媒體希望能夠安全且自由地報導不受威脅，在採訪過程中也不受脅迫、騷擾或暴力傷害。

㈤媒體希望維護人民知的權利，不希望這些資訊被執法單位、安全機構或其他政府組織所限制。

---

[27] Ibid., p. 146.

如果不會造成報導損失或放棄個人價值，媒體成員通常不會反對在特殊情況下，扮演建設性的角色。

第五節　恐怖份子的特徵

一、恐怖份子的特性[28]

恐怖份子 (Terrorist) 是基於傳統本身信念並要求外界加以重視之目的，進而有系統地使用高壓脅迫手段的個人[29]。有學者曾經對 150 位聖戰組織 (Jihad group) 的成員加以分析，發現其中有 3 分之 2 來自中產階級，大都出身正常家庭，也受過良好教育，有良好的職業，也無精神疾病，3分之 2 的成員已婚且育有小孩，平均加入組織的年齡是 26 歲，加入的途徑是透過先前的社會關係，且大多是主動加入[30]。FBI 曾列出中東恐怖份子領導人和追隨者的社會背景特徵如表 11–4 所示[31]：

表 11–4　中東左派團體的背景剖析

背景	領導人	追隨者
性別	男性	男性
學歷	大學畢業或肄業	教育程度低或不識字
年齡	30–45 歲	17–25 歲
階層	中產階級	下層階級，來自 9–15 個小孩的大家庭
居住地	居住都市／世故老練	難民，在異鄉適應不良
語言	會講多種語言	口語技巧不良

[28]　Vito, op. cit., p. 290.

[29]　張中勇：《國際恐怖主義的演變與發展》，非傳統安全威脅研究報告，2002，33–34 頁。

[30]　汪毓瑋：《國際反制恐怖主義作為》，非傳統安全威脅研究報告，2004，34–36頁。

[31]　Schmalleger: *Criminal Justice Today: An Introduction Text for the Twenty-first Century*, NY: Prentice-Hall, 1995, pp. 90–91.

能力	口才良好	從事非技術性的工作
訓練	受過良好訓練／完美主義	訓練不良或根本未曾接受訓練
忠誠度	獻身革命	有限度的奉獻
個性	個性強烈	在街頭幫派中犯罪活躍
政治投入	先前熱衷政治	未涉足政治

二、恐怖份子的種類

恐怖份子可大致分為二種❸❷：

(一)外來的恐怖份子

外來的恐怖份子 (Xenofighter) 之目的如下：

1. 吸引國際的注意。
2. 破壞目標國家與其他國家的關係。
3. 製造不安全狀態以破壞目標國家的經濟和公共秩序。
4. 使其國民對政府產生不信任的敵對感。
5. 導致目標國家人民身體和財產的實際損害。

(二)本土的恐怖份子

本土的恐怖份子 (Homofighter) 為了爭取本國人民的支持，使其對政府喪失信任，因此必須採取步驟以避免與人民更加疏離，方法之一是劫富濟貧，亦即採取一切可接受的理由，以正當化其行為，例如綁架美國富豪的女兒赫茲 (Patricia Hearst)，要求其家族提供食物給貧窮老百姓。本土恐怖份子所採取的策略，包括：

1. 破壞內部安全、公共秩序及經濟體系，以製造人民對政府維持社會秩序能力的不信任。
2. 藉由正面行動以獲取普遍的同情和支持。
3. 由於政府採取極端的控制措施而產生排斥。
4. 破壞目標國家的利益。
5. 貶損現存政權的國家地位。

---

❸❷　Rcid, op. cit., pp. 225–226.

6.導致實體損壞並騷擾代表執政者的個人和機構。

三、炸彈客的類型

炸彈攻擊為造成社會重大恐慌及傷亡的犯罪類型，亦為恐怖份子最喜好的手法之一，但卻少有文獻分析炸彈客的行為及動機。麥當勞 (MacDonald) 在訪談研究 30 位炸彈客後，將其分為：強迫型 (Compulsive)、精神病型 (Psychotic)、反社會型 (Sociopathic)、政治型 (Political)、黑幫型 (Mafia) 和軍事型 (Military) 等六個類型，但此分類樣本數過少且組別間沒有互斥性，難以概化至全體❸❸。而道格斯和奧雪克 (Douglas & Olshaker) 則從其過去對於炸彈客及其犯罪的相關資料分析，提出連續炸彈客可能具有下列特性，包括：尋找熟悉區域作案、屬於單打獨鬥的偏執狂、慾望或權力之投射❸❹，但此歸納法缺乏後續研究的驗證。

美國「聯邦調查局爆炸資料中心」(FBI Bomb Data Center) 分析 1997 年美國國內爆炸及惡作劇炸彈案件，在 3,055 件中，犯罪者的身分以青少年、熟識者、情人／第三者居前三名；至於作案動機依序為：惡作劇、破壞、私人恩怨、恐嚇、報復❸❺。由於炸彈客案件的破獲率不高，犯罪黑數頗高，因此對於炸彈客特性及動機分類的相關描述並不周全。一般而言，炸彈客可分為下列四種類型❸❻：

㈠業餘型 (Amateur)

業餘型製造之炸彈結構較為簡單及粗糙，材料容易取得，通常是隨機寄出或寄給較不重要的人。此類型的炸彈客通常自小時候開始從學校實驗

❸❸ Meloy & McEllistrem: Bombing and Psychopathy: An Integrative View, *Journal of Forensic Science*, 43（3），1998, p. 558.

❸❹ 彭仕宜譯：《哈佛出來的博士殺手》，臺灣先智出版事業股份有限公司，1997。

❸❺ U. S. Department of Justice, Federal Bureau of Investigation: FBI Bomb Data Center: General Information Bulletin 97–1, Retrieved August 24, 2005, from http://www.depts.ttu.edu

❸❻ Bolz, Dudonis, & Schulz, op. cit., pp. 47–48.

室、花園的庫房等地取得材料，進行鞭炮和炸藥之實驗，大多數為青少年或想引起他人注意者。

㈡專家型 (Professional)

專家型具有更高之技術，炸彈的裝置及結構都較為複雜及精密，精確的計時啟動裝置為不可或缺的裝置。他們通常為恐怖份子、貪圖利益者（基於利益考量製作及放置炸彈）或是組織犯罪者，他們攻擊預先設定的特定對象，且造成大量的損傷。

㈢心理病態型 (Psychopathic)

此類型的犯罪者之攻擊行為並沒有明顯理由或脈絡，因此很難預測其行為及目標，而其炸彈裝置、結構亦從非常粗糙到複雜都有，美國耳熟能詳的「大學炸彈客」Theodore Kaczynsi，即屬於此類型 ❸❼。

㈣自殺型 (Suicidal)

自殺型炸彈客近年來成為恐怖組織主要的攻擊武器之一，這種攻擊大都是由殉道者和烈士所為，多數將爆炸裝置安裝於車輛中，並裝載大量之炸藥攻擊目標物。運用此類型炸彈最出名的組織為「哈瑪斯」(Hamas) 組織，藉此對抗以色列人及西方國家。

至於放置炸彈的動機，整理如下 ❸❽：

㈠意識形態

基於宣傳或是某種政治、環境、生態狂熱、種族或宗教等意識形態；一般來說，他們通常是專業炸彈客，炸彈為某種保護或象徵性意義，國內「白米炸彈客」的作案動機即屬於類。

㈡好奇試驗

被爆炸的刺激所吸引，通常為年輕或不成熟之成年人，為業餘型的炸彈客。

㈢破　壞

為了破壞而破壞，通常伴隨酒精與藥物之問題，與好奇試驗者一樣，

---

❸❼　彭仕宜譯，同前註。

❸❽　Bolz, Dudonis, & Schulz, op. cit., pp. 49–50.

通常為年輕或是不成熟之成年人，為業餘型的炸彈客。

㈣獲取利益

基於利益考量而進行爆炸，大多數為藉由恐嚇威脅而勒索金錢的組織犯罪，或是受雇於恐怖份子或激進組織、基於保險、掩飾其他犯行等，通常為專業型炸彈客。

㈤情緒宣洩

用來宣洩情緒，通常與表達挫折與幻想之心理病態炸彈客有關；美國「大學炸彈客」Theodore Kaczynsi 即具有此動機，因對科技進展的病態厭惡，因而透過炸彈發洩其情緒。

㈥報　復

此動機與情緒宣洩具有緊密關聯性，因為受到攻擊目標的侵害行為（可能為真實或是純粹想像）所激發，許多心理病態型炸彈客以報復為動機。

㈦尋求認同

刻意將炸彈放置在他能夠找到的地方，藉由他的發現而讓他人認同其英雄行為。

四、恐怖份子和街頭犯罪者的差異

寇曼 (Coleman) 發現許多恐怖份子有共同的社會經歷，可能是年輕時遭遇疾病或戰爭，所以並不畏懼死亡，他們的意識型態通常將世界的好壞兩極化，也因此將其暴力行為正當化。科思帖特 (Kerstetter) 亦指出恐怖份子大多是年輕的未婚男性，他們常計畫行動以吸引大眾關注其所認定的不公平現象。哈斯提 (Hasty) 則認為恐怖份子大多與現實脫節，有自大狂和被迫害妄想，長期憂鬱失望，缺乏自信。史詮滋 (Strentz) 亦指出，恐怖組織的領導者年齡大多在 25 至 40 歲之間，大學畢業，屬於中產階級，居住在市區，會講多種語言，為專注的政治活動主義者。恐怖份子和街頭犯罪者的差異如下表❸：

---

❸　White: *Terrorism: An Introduction*, CA: Wadsworth, 2002, p. 23.

表 11-5　恐怖份子和街頭犯罪者的差異

街頭犯罪者	恐怖份子
機會型犯罪	為了政治目的而戰鬥
中立	意識型態或宗教的動機
自我中心	以群體為中心
沒有原因	有特定目的
未受訓練	受過特殊訓練
逃脫為首要考量	專注於攻擊

第六節　恐怖份子的手段

一、恐怖份子的傳統手段

　　雖然今日的恐怖份子似乎更加狂熱，他們仍然維持傳統使用的方法，因為他們熟悉這些方法且較容易成功，這些方法包括：刺殺公眾人物、謀殺民眾或大屠殺、劫機、綁架、挾持人質、爆炸，恐怖份子可能會修改或綜合運用這些方法，所造成的死傷也就比過去嚴重❹。

㈠刺殺 (Assassination)

　　刺殺為恐怖份子使用的基本方法，最著名的例子是 1995 年以色列總理拉賓 (Rabin) 的死亡，拉賓由於推動與巴勒斯坦的和平協議而廣受矚目，但也惹惱了極端份子而成為目標，欲除去他以干擾和平進程，而在刺殺行動前已經出現威脅信件，因此拉賓被建議避免出席公眾活動，但為其所拒且拒絕穿上防彈背心，最後在特拉維夫遭人射殺。

　　另一種刺殺是滅族 (Genocide)；極端份子的目標在消滅所有的敵人，而非只是一個象徵的目標，因此會採取屠殺 (Mass Murder) 的方式，最嚴重的屠殺會消滅整個族群和次團體，這類暴行大多數則是由國家支持的恐怖組織所為。

---

❹　Griset & Mahan, op. cit., pp. 197–201.

㈡劫機 (Hijacking)

劫奪運輸工具（以劫機為代表）老早就是傳統恐怖份子所使用的方法，大多是在公共場合接管某一運輸工具作為手段，目標包括汽車、公車、火車、船艦、軍事車輛、飛機、甚至是太空船，以刀或槍威脅司機或駕駛是最常見的方式。

2001 年 9 月 11 日在美國本土發生迄今最為嚴重的恐怖事件，首先是二架飛機撞上紐約市的世貿中心雙塔，接著是國防部的五角大廈，第四架飛機的目標顯然是另一個華盛頓特區的建築物（可能是國會或白宮），但由於乘客起而反抗，最後墜毀在賓州，總計超過 3,000 多人喪生在此一精心策劃的劫機事件。

㈢綁架 (Kidnapping) 和挾持人質 (Hostage Taking)

此一行為包括捕捉、拘禁、威脅殺死或傷害，被害者被留置以強迫第三者作為或不作為，當作釋放人質的條件。綁架是將被害者拘禁在隱密的地點，再要求贖金或其他條件，威脅如果不從就加以殺害；挾持人質則在已知地點公然對抗軍警，目的是提出特定要求或吸引媒體報導。

著名的挾持人質事件發生在 1996 年 12 月 17 日，一群武裝份子侵入日本駐祕魯大使館，挾持政府官員、大使和議員約 400 名人質，恐怖份子要求釋放被監禁的 300 名成員及其領導者；此一事件持續 126 天，部份人質由於健康理由被釋放，其餘有 72 名人質共被拘禁十八週，最後反恐部隊攻入大使館，活捉 14 名恐怖份子，其餘皆被射殺，但亦有 1 名人質和 2 名士兵喪生。

㈣爆炸 (Bombing)

爆炸是另一種恐怖份子常用的策略，由於科技進步，炸彈的種類日益增加，而破壞力也大幅提升，爆炸的目標是炸掉重要的地標或建築物以引起注意，或是去除政治對立者或毀壞財物，最新的趨勢是自殺式攻擊。

著名的爆炸案發生在 1995 年 4 月 19 日奧克拉荷馬市 Alfred P. Murrah 聯邦大樓，共計殺害 168 人，受傷人數則更多，而且導致嚴重財產損失，事件過後不久，首謀麥克維 (Timothy McVeigh) 被逮捕、審判、定

罪和處死，另有一名共犯尼寇斯 (Terry L. Nichols) 被判終生監禁；此一攻擊所用的炸藥估計重量有 1,200 磅，炸彈被放置在停放於大樓旁邊街道的出租貨車上，爆炸留下 30 呎寬 8 呎高的彈坑，爆炸碎片擴散到十條街道以外，此一爆炸事件據稱是為了報復 1993 年大衛教派 78 名成員遭攻擊死亡的事件❹。

二、恐怖份子的新手段

現階段恐怖份子使用的新方法，主要有以下四種❷：

㈠核子武器

1945 年美國曾在日本的廣島和長崎引爆二枚原子彈，爆炸很快結束第二次世界大戰。製造核子武器的能力需視能否取得高品質的鈾和鈽，這些物質經常被運送到核子反應爐，因此容易被攔截和竊取。國內的壓力和國際的政治差異，使得主要的核子國家如俄羅斯、中國、法國、印度和美國，要達成防止核子武器擴散相當困難；例如巴基斯坦最近曾測試核能設備，而北韓、伊朗、伊拉克也試圖發展核子能力。雖然核子攻擊被公認是最具毀滅性的武器，還有許多其他武器也會造成大規模的死傷和破壞，一般統稱為「大規模毀滅性武器」(Weapons of Mass Destruction)❸。

㈡生物武器

生物武器是利用微生物或動植物產生的有毒物質，會造成發燒、瘟疫或其他傳染性疾病，甚至造成死亡。生物武器曾用於古代羅馬，例如用死亡的動物污染敵軍的供水，在 14 世紀韃靼也曾發射被瘟疫感染的屍體到敵軍城堡內，造成所謂「黑死病」，最後蔓延大部分歐洲；日本也曾在第二次世界大戰使用生物武器攻擊中國和蘇聯。除了散佈瘟疫，生物武器也可以用來散佈傷寒、結核、退伍軍人病、伊波拉病毒以及其他傳染病。生物武器相當容易製造和藏匿，少量污染食物和飲水就可能造成大量傷亡。

❹ Schmalleger, op. cit., 1999, pp. 380–381.

❷ Griset & Mahan, op. cit., pp. 228–230.

❸ Bolz, Dudonis, & Schulz, op. cit., pp. 12–13.

生物武器包括細菌、毒素、病毒和微生物，常見的生物武器包括❹：

1.炭疽菌 (Anthrax)

是在發酵過程中產生的一種單細胞有機體，感染後會破壞皮膚、肺部和腸胃道，直接接觸會在身體產生疙瘩，吸入後會破壞呼吸系統，一開始像感冒症狀，接著發燒、呼吸困難，而後嚴重呼吸衰竭最後導致死亡。

2.肉毒桿菌 (Botulinum Toxin)

當被害者暴露在此種毒素之中，會感染神經細胞的胞突結合 (cell synapses)，導致麻痺、抽筋、接著中風，最後快速死亡。

3.霍亂 (Cholera)

由霍亂弧菌導致腸胃疾病，症狀包括開始反胃、嘔吐伴隨嚴重腹瀉、快速流失液體等。

4.瘟疫 (Plague)

藉由老鼠和跳蚤叮咬，最後由人到人傳染，症狀是高燒伴隨疼痛無力、皮膚出血，另一種是從吸入細菌造成肺炎最後死亡，但由於不容易控制而少被運用。

5.傷寒 (Typhoid Fever)

由於細菌感染，透過食物和飲水污染而散佈，症狀是發燒、頭痛，並在皮膚出現玫瑰色斑點。

6.立克次微生物 (Rickettsia)

通常出現在牛、羊等馴養的動物，藉由吸入微粒而感染人類，容易製造和儲存，潛伏期也較長。

但生物武器有其缺點，主要在於難以控制散佈程度（時間和空間），且使用者也容易受害，製作的時間也較長，也容易被日光照射等外在環境所破壞。相較之下，化學武器就較容易控制，但它們的致命性較低，且較適用於密閉空間（如建築物內）❹。

---

❹　Ibid., pp. 101-104.

❹　White, op. cit., pp. 251-253.

(三)化學武器

化學武器有液體和氣體兩種，包括神經興奮劑和神經毒氣，例如沙林毒氣 (Sarin) 以及第一次世界大戰末期廣泛使用的芥子氣 (Mustard Gas)，它會造成眼睛、呼吸系統和皮膚長水泡；化學武器也被使用在 1919–1921 年的蘇聯內戰，1925 年西班牙攻擊摩洛哥，1930 年代義大利出擊衣索匹亞，最近在 1983 年至 1988 年更用於兩伊戰爭，1987 年利比亞出兵查德，以及 1988 年伊拉克屠殺庫德族。許多化學武器被合法使用在醫學、殺蟲和清潔用途，因此很容易以低廉價格購買與使用。

化學武器則不像生物武器容易致命，但是較容易控制，常見的四種化學武器媒介包括：神經、血液、窒息和起泡四種。神經戰劑 (Nerve Agent) 經由污染食物或飲水、空氣或皮膚，破壞神經與器官的聯繫，使肌肉失去控制，引發肌肉抽筋，導致胸悶、視覺模糊、反胃、抽筋、失去知覺、停止呼吸等症狀，當液體快速排出體外，可能導致快速死亡，沙林毒氣就是一種神經戰劑。血液戰劑 (Blood Agent) 則經由呼吸進入人體，與體內酵素反應而導致死亡，過去納粹集中營使用的氰化氫便是。窒息戰劑 (Choking Agent) 例如氯氣，會破壞呼吸系統，當吸入肺部將使人無法呼吸，使肺壁充滿黏液，如同溺水死亡。起泡戰劑 (Blistering Agent) 則會燒灼暴露在外的皮膚，導致失明，最後因為無法呼吸而死亡。

有學者指出生化武器將成為恐怖份子偏好的選擇，理由如下：

1. 生化武器比其他傳統或核子武器容易製造。
2. 許多國家都具備製造生化武器的能力。
3. 生化武器也比核子武器容易運輸和使用。
4. 使用生化武器容易引發大眾恐懼的氣氛。

是以，生化武器又被稱作是窮人的原子彈。

(四)網路恐怖活動

網路恐怖活動 (Cyber Terrorism) 是指恐怖份子在進行恐怖活動時使用電腦及網路，其方法有：在敵人的電腦植入病毒或邏輯炸彈 (Logic Bomb)，潛伏一段時間再進行破壞，出售假晶片 (Bogus Chip) 以破壞敵人的電腦網路，

利用木馬程式 (Trojan Horse) 竊取情報，安裝後使得駭客容易入侵電腦等。

電腦科技吸引恐怖份子有以下原因：保有連絡時的隱密性與匿名性，使用電腦網路並不昂貴，可以很容易傳達理念到目標群眾。由於現代社會運作相當依賴電腦系統，因此網路恐怖活動將會造成重大威脅，例如恐怖份子可能攻擊其基礎設施（如水力、電力、金融、醫學、國防等），重要資訊如被破壞或中斷，可能會造成社會秩序大亂。網路恐怖活動也是資訊戰 (Information Warfare) 的一環，電腦已成為企業、政府和個人的必要設備，恐怖份子、犯罪者和駭客都可能利用電腦進行破壞[46]。

網路上常見的恐怖活動包括張貼謠言、煽動的訊息，提供製作炸彈的方法，散佈非傳統武器的訊息，提供電腦病毒供人下載，在聊天室討論偏激人物、種族歧視、性別歧視及分離主義的觀點，鼓吹以暴力推翻政府[47]。

網路恐怖活動可以造成廣泛的損害，例如恐怖份子使用網際網路聯絡同夥，傳達他們的觀點給廣大群眾，獲取金錢資助，網路也可以提供大量製作炸彈、火箭、火焰噴射器以及許多致命武器和毒藥的詳細指示。恐怖份子也可以透過網路破壞一個國家的基礎設備，並造成驚慌和死亡，因為軍事基地、醫院、機場、銀行、電廠及其他日常生活的重要措施，大多依賴電腦運作；例如可以設計程式使蒸氣鍋爐爆炸，竄改攸關國家安全的重要資料，破壞空中交通控制系統，透過電腦控制指令在食物和飲水中下毒，這些可能性僅受限於恐怖份子的技術和想像。

第七節　恐怖活動的發展

一、恐怖活動的發展要素

歸納恐怖活動得以發展的主要因素有[48]：

---

[46]　Ibid., pp. 253–254.

[47]　Albanese, op. cit., p. 135.

[48]　White, op. cit., p. 17.

㈠科　技

武器更新可使恐怖組織的破壞能力提升，恐怖份子會使用科技攻擊目標，二種最新的威脅是網路攻擊和大規模毀滅武器。

㈡跨國支持

恐怖份子及團體在其他國家的支持下，將擁有較大的活動能力。

㈢媒　體

媒體報導可以強化恐怖事件的氣氛，許多恐怖事件幾乎已成為連續劇，24 小時不停報導，製造了許多轟動的材料。

㈣宗　教

宗教狂熱改變了現代恐怖活動的本質，宗教性恐怖份子不受限於社會規範，因為他們認為自己是替天行道。

此外，恐怖組織經常利用洗錢 (Money Laundering) 來獲得金錢資助，是利用金錢轉移以規避抽稅和政府管制，將非法（如販毒）取得的資金合法化（將黑錢漂白）❹。

二、恐怖活動的成功因素

恐怖行動得以成功的原因有些是可以控制的，有些則不可能，尤其在開放的民主社會，這些成功的因素包括❺：

㈠機動性

恐怖份子在國境內和其他守法公民一樣享有行動的自由，當他們在國外旅行時，擁有護照和簽證的保護，有些證件是合法取得，有些則是偽造。在已開發國家中，便捷的高速公路、鐵路、航運，讓恐怖份子可以長途旅行甚至當日往返，尤其在歐洲，無國界更提高恐怖份子的機動性。

㈡通　訊

通訊科技發展迅速，讓恐怖組織可以更容易同時攻擊多重目標，並擴展組織到較大範圍。電子通訊器材（例如行動電話）可以合法取得，或使

---

❹　Bolz, Dudonis, & Schulz, op. cit., p. 14.

❺　Ibid., pp. 92–96.

用盜取的電話,網際網路更使得恐怖組織得以分散運作,使得識別、觀察和滲透其組織更加困難。

(三)安　全

安全是恐怖份子首要關心的議題,從過去自己和他人的錯誤經驗,他們學習到寬鬆的作業程序容易招致逮捕,因為執法人員更容易滲透組織,為了維持高度安全,恐怖組織通常有詳細的安全措施,以下是較常被強調的安全措施:

1.為了維持行動的隱密性,對於組織的任務、成員和方法嚴加保密,連最親近的親戚和朋友都不能透露。

2.嚴格守時,因為延遲會增加逗留的時間及暴露的風險。

3.在對話時要謹慎,因為隔牆有耳,彼此溝通可採用術語。

4.注意電話安全,非絕對必要時不要使用,只使用公用或盜用的電話,以避免電話監聽或追蹤。

5.開會必須在安全地點,利用隔音、音調降低或加入雜音以防竊聽,參與開會者必須各自有一套掩護的故事,門外有人守望並可發出警報。

6.書面文件只提供給必要人員,如果會議被中斷,必須有人負責銷毀文件。

7.一般安全措施包括使用化名,迂迴前往開會地點,隨時警覺,不要洩漏開會地點,不在可穿透的紙張上書寫或使用軟性筆,不要逗留一處過久,不要在公共場合討論組織事務等。

8.作業安全措施包括避免留下指紋,在街頭示威或抗議場合要迴避照相或錄影,使用爆炸物或槍枝時要小心自身安全等。

9.居住安全措施包括避免外出,只有在事先安排的情況下才可以碰面,保持室內清潔,不要留下煙蒂、酒瓶、空罐、食物容器,以避免留下 DNA及指紋證據,萬一被捕,不透露任何資訊,依事先約定方式留下記號給其他成員。

(四)民主國家的法律體系

一個國家的法律體系和程序,常被恐怖份子濫用來協助其破壞行動。

由於獲得有利證據與進行司法程序通常需要長期調查，每項偵查步驟必須避免觸法，即使逮捕到人，審判流程也相當耗時，當時間拖長，記憶變得模糊，民眾已逐漸厭倦，目擊者也可能生病或死亡，而審判也提供恐怖份子宣傳其理念的舞臺。

㈤武器容易取得

由於武器科技進步訊速，恐怖份子有更多的武器可供選擇，使用小型的時間延遲裝置以及塑膠炸藥，使得隱藏這些裝備更加容易，蘇聯的崩潰也使得武器黑市更加猖獗，部分新型武器流入恐怖份子手中，例如塑膠手槍可逃避金屬偵測，核生化武器也可能經由地下管道取得。

㈥目標的弱點

對恐怖份子而言，有無數個目標可供選擇，對於這些脆弱的設施，雖然政府有安全強化措施，但私人企業通常有多個地點會成為選擇的目標，因為安全措施並不會產生利潤，因此大多被企業列為較低優先項目，在恐怖活動發生頻繁之際，通常會強化安全措施，但當威脅平息後，對於安全的警覺就顯然下降，此點當然不會被恐怖組織忽略，他們通常會選擇安全措施較鬆散的時候下手。

第八節　恐怖活動的抗制對策

一、反制恐怖活動的原則

許多犯罪學家指出，是意識型態和信仰在作祟所致，驅使恐怖份子不惜犧牲自己和傷及無辜，從事爆炸、綁架、暗殺等犯罪活動。有些甚至是來自於上層社會，他們同情或不滿被壓迫情況，認定當局的改革遙不可及，於是訴諸暴力以鼓動改革。這批人通常會列舉一些必須付諸恐怖行動的理由，普遍認定暴力是必要手段，製造一連串的恐怖事件，是長期抗爭的必然過程；而且，自我犧牲的決心，凌駕在傷及無辜的罪惡感之上。

各國執法單位為了對付恐怖活動，多以派臥底滲透恐怖組織，重金懸

賞提供緝拿恐怖份子情報者，以及立法加重恐怖犯行的刑罰，並限制可疑商業活動和政府過度擴權；例如，美國於 1996 年通過反恐怖活動法案，重要內容包括：禁止在美國境內籌募資助可疑恐怖組織的基金、授權駐外機構防堵恐怖份子入境美國、直接從美國本土遣送恐怖份子出境、塑膠炸藥必須添加化學標記 (Chemical Marker) 俾利事後追查、加緊管制核生化武器、加重恐怖犯行的刑罰、限制出售國防設施給反恐不力的國家等❺❶。同時美國國務院為防堵國際恐怖活動蔓延，也策訂國際反恐四大基本準則❺❷：

㈠對恐怖份子絕不退讓，也不進行交易。

㈡對國際恐怖份子要強力執法，逮捕犯法的恐怖份子，使其接受司法審判。

㈢對贊助恐怖活動國家進行隔離或施壓，迫使其改變政策。

㈣強化與美國合作國家的反恐能力（如交換情報與提供訓練），協助其他國家對抗國際恐怖活動的威脅。

世界各地已大力強化反制恐怖組織的能力，以減少日益嚴重的威脅，這些措施大多強調快速打擊的能力，包括保護人民、逮捕恐怖份子、切斷贊助來源、提供被害者協助等；而此種努力可大致區分為事前嚴密預防、事中快速處置和事後周詳善後，以應付恐怖活動的嚴厲挑戰。

二、反制恐怖活動的對策

專家大多強調打擊恐怖活動需要持續的「四 D」，分別是擊潰 (Defeat)、拒絕 (Deny)、消除 (Diminish) 及防衛 (Defend)，說明如下❺❸：

㈠擊　潰

與盟友合作藉由攻擊其庇護所、領導階級、指揮控制、訓練基地、通訊設施、物資支援和金援，來擊潰恐怖組織。

❺❶ Siegel, op. cit., p. 309; Bolz, Dudonis, & Schulz, op. cit., pp. 10–12.

❺❷ Schmalleger, op. cit., 1999, p. 383.

❺❸ 汪毓瑋，同前註，49–50 頁。

㈡拒　絕

　　拒絕對恐怖份子的資助、支持及庇護，以斷絕其對外通訊與資金來源。

㈢消　除

　　藉由促進政治、經濟及社會發展，建立良好治理和法治，以消除恐怖活動可利用的條件。

㈣防　衛

　　擴大防衛作為，藉由單位合作、情報整合、領土警戒，以保護實體及網路基礎設施。

　　反制恐怖活動需要所有個人及團體共同參與此一任務，包括刑事司法人員、情治人員、軍人、公司和私人保全也可能參與反恐活動。對抗恐怖活動通常需要各個執法單位甚至軍方配合，沒有一個機構可以單獨處理所有相關事務，有時要主動出擊，不能只有被動反應。有學者指出對抗恐怖活動有四種主要策略❺❹：

㈠蒐集情報

　　情報可由不同管道取得，由傳統的佈建到複雜的電子監控方式，但人員仍是無法取代的，尤其是線民蒐集的情報，但蒐集情報可能會侵犯個人隱私，因此必須有嚴格的規範。

㈡情報研析

　　所蒐集的情報應由政府及民間專門人員負責彙整及分析，並將分析報告送交相關部門及人員，以採取適當的準備措施。

㈢事前預防

　　藉由提高安全警覺、強化實體安全、成員任務分工、公私部門合作等措施，以嚇阻可能的攻擊，每一個執法單位都應該建立各自的反恐計畫。

㈣事後處置

　　當發生綁架、爆炸和挾持人質等事件，應當有專業單位負責處理，通常地方單位在第一線處理，中央機關則負責協調聯繫，必要時請軍方支援處理，平時就應建立快速打擊部隊，訓練談判人員及爆炸處理人員。

❺❹　Bolz, Dudonis, & Schulz, op. cit., pp. 16–17.

三、反恐戰爭的展望

恐怖活動對所有社會都是嚴重的威脅,尤其是西方世界的開放社會比極權或獨裁政權更為脆弱,例如機場的安檢措施較為寬鬆,媒體報導也可能激勵其他團體模仿,彼此也容易交換資訊和技術,往往只能在事後填補漏洞,限制恐怖份子獲取相關技術和工具。

國際恐怖活動並沒有快速減少的趨勢,如果外交或其他努力都無法抑制恐怖活動,刑事司法體系勢將捲入這場戰爭之中,但刑事司法體系的原始目標是解決爭端和維持秩序,它無法對抗有周密規劃、經濟資助、跨越國界和隱密的準軍事行動。只要恐怖份子在敵對國家找到棲身之所,恐怖活動就將持續出現,直到世界各國願意共同努力維護人民的安全,否則此一問題勢將繼續蔓延❺❺。

911事件後,在美國主導下,已鎖定古巴、伊朗、伊拉克、利比亞、北韓、蘇丹、敘利亞等七個支持恐怖活動國家,從外交、情報、執法、金融與軍事五種途徑主動打擊國際恐怖活動威脅❺❻。

世界各國對抗恐怖活動的方式包括成立快速打擊部隊,人質談判小組,加重處罰,增加機場、車站、公共設施(如法院)的安全措施。但是恐怖活動依然橫行,沒有一個刑事司法體系或單一國家,可以單獨對抗恐怖活動,因此需要世界各國的合作,執法人員必須正視此一威脅,並嚴肅處理任何問題。未來的努力目標將是強化各國的反恐技巧,加強友好國家的多邊合作,促進各國尊重人權,將反恐技術帶向現代化、人道且更有效率❺❼。

---

❺❺　Schmalleger, op. cit., 1995, p. 687.

❺❻　汪毓瑋,同前註,29頁。

❺❼　Vito, op. cit., pp. 290–291.

第十二章　組織犯罪

　　本章將分從兩個面向來討論。第一部分談組織犯罪的現象面（以德國的現象為主要討論範疇）；第二部分談德國對抗組織犯罪的法律措施。在第一部分的現象面（第一節至第八節），主要是談組織犯罪的定義及其基本特徵，組織犯罪的形成理論、分佈情形、活動、對德國的影響、發展趨勢及臺灣組織犯罪現象的歸納分析。第二部分的規範面（第九節至第十五節），主要是介紹德國 1992 年 9 月 22 日公布施行的「對抗組織犯罪法案」❶。該法案屬於包裹立法 (Paketgesetzgebung)❷，在此一法案中新增與修正的法律有十種，包括刑法、刑事訴訟法、麻醉物品法、法院組織法、秩序違反法、刑法施行法、經濟刑法❸、刑事追訴措施損害補償法、證人與鑑定人補償法、聯邦中央紀錄法。其中最主要的修法部分，是刑法與刑事訴訟法。本章所論述者，只就此二法律的新增與修正規定。由於規範面所涉問題甚多，因此，所要討論者，自然比現象面為多。

---

❶ 該法案的全名是「組織犯罪非法毒品交易與其他活動型態之對抗法案」(Gesetz zur Bekämfung des illegalen Rauschgifthandels and anderer Erscheinungsformen der Organisierten Kriminalität)，簡稱「組織犯罪對抗法」(Org KG)。法案全文刊載於德國聯邦法律公報，1992，第一部分，1302–1312 頁 (BGBl. I 1302)。

❷ 關於包裹立法的概念及其實益，可以參閱蘇永欽：〈從法律方案到法律包裹——淺談一個值得引進的立法技術〉，原載於《中國時報》，民國 75 年 9 月 3 日，收錄於蘇永欽：《憲法與社會文集》，1988，460–466 頁。

❸ 此處所指的經濟刑法，是 1954 年公布施行的「經濟刑法」(Wirtschafts-strafgesetz)，國內文獻可參閱林山田：《經濟犯罪與經濟刑法》，1981，97–99 頁；林東茂：《經濟犯罪之研究》，1987，217–230 頁；林東茂：〈西德經濟刑法之簡介〉，《刑事法雜誌》，第 30 卷第 2 期（1986 年），10–25 頁。

第一節　組織犯罪的定義

在德國文獻裡，有關組織犯罪的定義相當多❹。由於德國學術界對於組織犯罪的認知，主要源自德國警方的有關研究報告❺，因此，警方對於組織犯罪所下的定義，顯得頗有參考價值❻。稍早（1986 年），由德國一群知名的高階警官共同編輯的《犯罪偵查百科全書》中，對於組織犯罪所下的定義是❼：「有結構的集團，策略性地計劃並執行國內與國際的長期間的犯罪活動，以追求高利潤，或影響公眾的生活。」1990 年初，由司法界與警界共同組成的「組織犯罪的刑事追訴」研究小組，給組織犯罪一個較新的定義❽：「組織犯罪是追求利潤或追求權勢的有計劃的犯罪活動；組織犯罪由兩個以上的參加者，長期間或不定期間在下列的情況下分工共同合作：a. 運用營業或類似商業的結構，b. 使用武力或其他足以使人屈服的手段，c. 影響政治、公共行政、司法或經濟。」

儘管對於組織犯罪所下的定義不會完全一致，但有一點則是共通的，那

---

❹　參閱 Schwind: *Kriminologie*, 4. Aufl., 1992, S. 375；並參閱❺的 3 頁以下。

❺　參閱 Dörmann/Koch/Risch/Vahlenkamp: *Organisierte Kriminalität-Wie groβ ist die Gefahr?* BKA-Forschungsreihe, Sonderband, 1990, S. 7.

❻　不過對於警方的研究報告，也受到不少質疑。例如律師界的質疑，認為組織犯罪的許多活動，根本無法證實，Meertens: *Das Gesetz gegen die Organisierte Kriminalität*, ZRP 1992, S. 205；有名的刑法學者，同時也是德國北部 Schleswig 的檢察長 Ostendorf，就對於警方的報告頗有懷疑，詳細地舉出反證，認為警方誇大了組織犯罪的嚴重性，參閱 Ostendorf: *Organisierte Kriminälitat-Eine doppelte Herausforderung für die Justiz*, Kriminalistik 1991, S. 509 ff.（這是一篇值得一看，頗值省思的文章。本文內容，作者曾於 1990 年 9 月 10 日在德國的警察領導學院做過演講。）

❼　Burghard/Herold/Hamacher/Schreiber/Stümper: *Kriminalistik Lexi-kon*, 2. Aufl., 1986, S. 172.

❽　引自 Dörmann/Koch/Risch/Vahlenkamp, aaO. S. 6.

就是，組織犯罪以獲取經濟利益為其基本目標❾。就此點而言，恐怖分子的活動與組織犯罪的活動，便可以得到清楚的區分。恐怖分子雖然也有嚴密的分工與計劃，而且與組織犯罪同樣不惜採取血腥的暴力行動，但恐怖分子的主要訴求，在於政治的改革，而非經濟利益的攫取❿。或者說，組織犯罪要在既有的社會體制下圖利；而恐怖分子要推翻現有的社會體制⓫。

第二節　組織犯罪的基本特徵

對於組織犯罪下定義之後，可以對於組織犯罪的基本特徵再加以勾劃，如此便可以對組織犯罪的概念有更清晰的理解。以下是對於組織犯罪基本特徵的描繪⓬：

1.主要目標：獲取極大利潤

關於此點，前已特別強調。組織犯罪採取理智而有計劃的行動，希求在最短時間之內，以最小的風險，獲致最大可能的利潤。追求勢力與影響力，則是附隨的現象。

2.行為方式：分工與專業化

犯罪組織由一群人組成，在組織當中有明確的分工，每個人專門從事

❾　就此點而言，美國方面與德國的看法是相同的。關於美國的相同看法，參閱 *National Advisory Committee on Criminal Justice Standards and Goals, Organized Crime*, 1976, p. 8; Haskell & Yablonsky: *Criminology*, 3rd. Edition, 1983, p. 360；並參閱林山田、林東茂合著：《犯罪學》，1990，322 頁。

❿　*National Advisory Committee on Criminal Justice Standards and Goals, Organized Crime*, op. cit., p. 8.

⓫　Schwind, aaO. S. 373.

⓬　主要的參考文獻有：Kaiser: *Kriminologie*, 8. Aufl., UTB, 1989, S. 214 f.; Beck: *Bekämpfung der Organisierten Kriminalität speziell auf dem Gebiet der Rauschgiftkriminalität unter besonderer. Berücksichtigung der V-Mann-Problematik*, 1990, S. 43 f.; Schneider: *Kriminologie*, 1987, S. 51 f.；尤其是 Dörmann/Koch/Risch/Vahlenkamp, aaO. S. 15 ff.

某種策劃或執行計劃。在將來，組織犯罪更會朝專業化發展。原因是快速的科技與經濟發展，使得組織犯罪的成員必須去觀察合法與非法的市場，並且去分析，找尋他們可以提供服務的市場，同時也需要設法去與人接觸談判，探尋洗錢的新管道與投資處理。刑事追訴機關的念頭與行動，也會成為組織犯罪關心的對象，以便採取適當的應對行動，或在必要時採取賄賂的手段或使用暴力，使得被追訴的風險降至最低。

3.職業化

一切有組織的犯罪者都是職業犯，長期依靠犯罪活動維持生計，熟練掌握犯罪技巧，具有明確無誤的犯罪生涯、犯罪自我形象和犯罪價值觀念。這些職業犯相當富有彈性，可以在政治、經濟或科技的領域當中有良好的適應，他們在犯罪人的群體當中有良好的掩飾，既不易被刑事追訴機關，也不易被競爭者打擾。

4.掩飾性

前述職業化的另一種寫照就是掩飾性。組織犯罪的許多犯罪活動通常經過巧妙的掩飾，從外表看，是合法的行為或是有合法的商業活動作護符。此種現象帶給刑事追訴機關很大的難題，警方的偵查行動往往必須對於組織犯罪的合法商業行為有某種程度的破壞，才可能有所斬獲。

5.階層組織

每個犯罪組織都受一個決策中心的指揮領導。這個決策中心負責探測犯罪活動的時機，權衡風險，評估代價與利潤，並監控犯罪計劃的實施。這個領導階層與其他犯罪組織、合法企業以及官方，有廣泛的關係。由於有組織的犯罪在追求高額利潤，因此領導中心採取穩紮穩打的策略，只有在犯罪活動值得冒最低風險時才下手。

6.隔絕與紀律

為了避免被刑事追訴機關攻破犯罪組織，組織的決策與領導階層不跟直接實施犯罪活動的成員有接觸。他們為了能夠嚴密監視犯罪計劃的精確實施，通常是透過決策階層與執行階層之間的「隔離聯絡人員」。這些聯絡人員是由從事合法職業的成員組成，他們只負責把決策中心的命令轉達給

執行小組，並且把執行小組的活動結果匯報給決策階層。在刑事追訴機關偵訊時，這些聯絡人員什麼也說不清楚，刑事追訴機關最多也只能深入到聯絡員這一層，在大多數的情況下找不到組織犯罪的幕後人物。

第三節　組織犯罪的形成理論

　　組織犯罪的形成理論為數不少，以下舉其要者加以描述，而其中又以陸普夏 (P. Lupsha) 的「理性選擇組織犯罪理論」，較為完整且符合我國的情境，茲簡述如下。

一、理性選擇組織犯罪理論[13]

　　美國陸普夏教授，觀察世界各主要地區幫派犯罪，認為居於交通樞紐及工商文化重心的自然港口（如東京、紐約、香港等），是幫派和組織犯罪得以成長的最基本地形條件。不過，單是地緣和地形條件，並不會導致組織犯罪的產生，而港口亦僅加速其發生而已；仍須結合政治、經濟和社會文化等外在環境變項。再者，國際貿易和工商活動的中心，雖可為許多合法企業創造利潤，卻為相對應的非法黑市經濟和販賣（如酒類、賭博、色情、走私等），同時創造了需求市場；進而形成組織或團體，以提供黑市經濟的市場需求，並設法減少衝突，創造更高的利潤。由是，不論該地理條件下的種族、文化或語言如何，幫派和組織犯罪團體的產生，可說是「理性」選擇的結果；亦即環境因素加上政府的規範，產生社會結構與文化瓶頸時，自然會有人趁機形成團體而填補空缺，創造利潤。

　　據此推論，這些工商文化中心的人口愈同質，政治文化愈開放，其幫派及組織犯罪活動，比較少且不明顯。在此理論之下，促成幫派及組織犯罪活動產生，以及繼續生存的重要環境變項，是政治文化和政治體系。換言之，沒有政治體系的腐敗，以及因政府規範空隙而產生的經濟、社會瓶頸及黑市，幫派和組織犯罪勢難存在。

[13]　許春金：《犯罪學》，中央警察大學印行，2000，669–671 頁。

而一旦組織犯罪在上述地緣條件中，加上經濟及政治因素影響下形成後，便會歷經掠奪時期 (Predatory)、寄生時期 (Parasitical) 和共生時期 (Symbiotic) 等階段的演化：

㈠掠奪時期

在此時期，犯罪團體通常只是街頭聚合，和政治體系連結不多，主要根基於「地盤」(Turf)、街坊鄰里或甚至某種「行業」，當中衝突較多，而暴力使用僅有廣狹和程度上的差異。

㈡寄生時期

此時組織犯罪的雛型開始形成，犯罪團體為減低其風險，會利用各種手段企圖腐化刑事司法或政治體系；其觸角逐漸延伸至整個城市或區域，同時開始吸收附屬組織，並對政治體系進行腐化和賄賂。

㈢共生時期

演化至此時，政治體系為了進一步減低風險，會反過來試圖吸收組織犯罪團體，成為政府外的附屬機構，組織犯罪與政經體系可能會糾纏在一起，甚至很難加以區分；此外，組織犯罪開始著手進行合法化，並整合至合法社會體系，也因此受到各方利益團體的保護，欲將其剷除實已相當困難。

上述理論陳述，大抵勾勒如下圖所示：

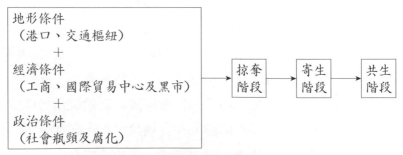

圖 12-1　Lupsha 的組織犯罪成長歷程

二、私人保護理論[14]

　　義大利學者甘貝他 (Gambetta)，在 1993 年發表此一理論，指出在某些不穩定的交易市場中，往往出於買賣雙方互不信任，使得交易不能順利達成。而西西里島上黑手黨的出現，正是為那些在不穩定市場謀生的人提供保護，使其交易過程得以順利進行，故黑手黨在本質上是一種提供「保護」服務的企業 (Protection Firm)。且黑手黨是一組共用同一「商標」的企業，以階級分明的「家族」為其基本結構，且以企業聯合 (Cartels) 的聯繫方式，提供專門的私人保護服務。甘氏並以此為研究基礎，進一步建構了所謂的私人保護理論。整個理論核心摘要如下：

　　㈠保護組織的出現，是為了滿足龐大的私人保護市場需求。

　　㈡保護企業會自然出現在私人保護需求很高的地方，但很難向外輸出。

　　㈢保護企業的內部組織，是層級節制、階級分明的；而保護企業之間，則以鬆散的企業聯合形式聯繫。

　　㈣入會儀式的採用，主要是為了防止其他人盜用保護企業的商標；至於暴力的使用，則是為了建立並維護保護者的信用和聲譽。

　　㈤保護者本身不是勒索者，而是可為其顧客提供真實的保護服務。

　　㈥容易遭受犯罪組織控制的合法企業，包括：產品製造不需精細分工者、進入市場的障礙較低者、技術較低者、較少技術勞工者、對產品需求彈性較低者，以及小規模生產的公司和工會組織。

　　㈦保護企業傾向於在一小塊地盤內，向所有經濟交易提供保護服務。

　　㈧保護服務的前途愈不穩定，將愈有可能轉變成勒索行為。

　　㈨保護者專門為非法市場的經營者提供保護服務；如果他們直接參與非法事業的經營，那就不是保護者，而只是事業主；且假使有保護者投資非法企業，那純粹是個人投資，與其犯罪組織無關。

---

[14]　許春金、鄭善印等：《臺灣地區犯罪幫派影響政經體系運作之實證調查研究──如何解決黑金政治》，未出版，1997，135–143 頁。

三、族裔接替理論[15]

　　艾恩尼 (F. Ianni) 於 1974 年指出，美國的許多族裔在過去與現在，皆是以組織犯罪活動，作為打入上層社會的手段。在義大利黑手黨之前，由愛爾蘭裔與猶太裔所組成的犯罪組織，曾在所屬的社區從事各項活動。等到這些早期移民成為美國社會的主流後，其他社會地位較低的族裔，如西班牙裔與非洲裔也如法炮製，開始參與組織犯罪活動，以提高其社經地位。此即「族裔接替理論」(Ethnic Succession in Organized Crime) 的論點。

　　由是，不同的族裔團體，藉著組織犯罪行為，作為社會流動而晉升到上階層，成為社會主流的手段。以美國為例，今日美國的組織犯罪活動，已轉到華人身上，華裔販毒者已逐漸取代義大利裔，成為海洛因的大盤販運商，「中國黑手黨」已被認為是不可忽略的犯罪組織；而三合會、堂口及華裔幫派，更被冠為「新崛起的犯罪團體」。

第四節　組織犯罪的活動

　　有關德國組織犯罪的活動內容，根據文獻上的敘述[16]，大致如下[17]：

－開設賭場並詐賭

－組織應召站，經營色情行業

－以義大利黑手黨為範本勒索保護費

－非法的毒品交易與毒品走私

---

[15]　陳國霖：《幫會與華人次文化》，臺灣商務印書館，1995，204 頁。

[16]　本文的主要參考文獻有：Lenhard: *Das organisierte Verbrecher, Eine wieder einmal nötige Standort Bestimmung*, Kriminalistik 1991, S. 223 ff.; Beck, aaO. S. 28 ff.; Schwind, aaO. S. 381 ff.; Schneider, aaO. S. 51 ff.; Dörmann/Koch/Risch/Vahlenkamp, aaO. S. 21 ff.；持質疑態度的有 Mertens, aaO. S. 205; Ostendorf, aaO. S. 510 f.

[17]　此處主要參考 Schwind, aaO. S. 381.

－偽造貨幣並加以銷售

－接受訂貨而偷竊汽車

－接受訂貨而偷竊藝術品

－偷竊貨櫃

－非法的軍火交易

－經濟犯罪，例如經濟輔助詐欺、信用詐欺與保險詐欺，非法仲介外籍勞工

根據巴伐利亞邦刑事局局長連哈德 (Lenhard) 的報告 [18]，德國組織犯罪的活動，以毒品交易最為猖獗，其次是勒索保護費（以放置炸彈為恐嚇手段），再其次分別為受僱偷竊，開設賭場並且詐賭，國際性的詐騙投資，保險詐欺（尤其是製造交通事故），汽車偷竊，非法武器交易，偽造貨幣，日間住宅竊盜，非法仲介外籍勞工。

儘管有人懷疑德國本土的組織犯罪並不如傳播媒體與警方所說的那麼嚴重，或者絕不像義大利本土的組織犯罪那麼猖獗 [19]，但是警方相信，「必有為數不少的犯罪，絕非由個別的犯罪人所實施，而是由一群有分工，有計劃的人在長時間之內所實施的」 [20]。基於此種認識，早在十多年前法蘭克福地方法院的檢察署，就設有專責單位偵辦組織犯罪，1980 年代開始，法蘭克福的刑事警察機關也設置了組織犯罪的專責偵辦單位 ﹔漢堡也在 1982 年設置這樣的單位 [21]。

如前所述，毒品交易被認為是德國組織犯罪的最主要的活動 (Lenhard)，不過，有人懷疑，是否可以用毒品交易的泛濫，來當做組織犯罪活動增加的一種指標？因為根據德國的法院審判統計，因煙毒罪被判刑的人，大部分是毒品的消費者（使用者）[22]，這些人不能被認為是組織犯

---

[18] Lenhard, aaO. S. 224.

[19] 例如，Ostendorf, aaO. S. 510 f.

[20] Stümper: *150 Milliarden Mark jährlicher Schaden. Das organisierte Verbrechen in der Bundesrepublik Deutschland*, Kriminalistik, 1985, S. 10.

[21] Schwind, aaO. S. 381.

罪的成員。易言之,真正因為販賣毒品被判刑的組織犯罪成員相當少,因此,如何能證實組織犯罪比以前猖狂❷?此外,雖然德國每年因為使用毒品而死亡的人數一直在增加❷,但此一現象被認為與組織犯罪的活動無關(或至少關係不大)。理由是,毒品使用而致死亡者,可能有自殺的行為,也可能是其他不潔的原因所致(如感染愛滋病),而且長年使用毒品才可能致死❷。

前述質疑固然有所依據,然而,只根據官方的犯罪統計❷,我們仍不能掌握真實毒品交易的全貌。一個概括的原因是,犯罪的追訴,通常都源自私人的告發❷,但是關於毒品交易,只有 4% 的案件是經由告發才被警方所知,也就是說,大約 96% 的毒品交易案件是警方主動展開偵查工作之後才發現的❷。告發毒品交易的件數稀少,主要是因為這一類犯罪並沒有被害人,只有被告,參與毒品交易的人都是刑法處罰的對象。目擊毒品交易的人,通常也都是圈內人,因此也不會出面告發。毒品使用者的父母親、教師、醫師等等,寧可相信教育與治療措施,只有在萬不得已的情況下,才會把事實告知警方。公共場所,如餐廳、酒館的店主或服務生,基於種

---

❷ 法院因為審理太多的毒品消費案件,已經造成過度的工作負擔,論者擔心,長此以往,將使得德國的司法機關無法有較多的時間與精力去好好處理比較嚴重的犯罪案件。此處只引用 Hellebrand: *Große Jagd auf kleine Fische*(對於小魚的大捕獵),ZRP 1992, S. 247 ff.

❷ Ostendorf, aaO. S. 510.

❷ 1970 年,統一前的西德,因使用毒品死亡的人數只有 29 人,1990 年則為 1491 人,引自 Schwind, aaO. S. 354. 近兩年來,德國因毒品消費而死亡者,仍不斷增加,由於本文並無進一步資料,無法引述。

❷ Ostendorf, aaO. S. 510.

❷ 依據德國的警察統計,1989 年,違反麻醉物品法的件數為 99,091 件;1990 年為 103,629 件。資料引自 Schwind, aaO. S. 362.

❷ 依犯罪學者 Kaiser 的說法,在一般的犯罪,超過 90% 的警察統計上的案件,是經由告發而被警方知道的,引自 Beck, aaO. S. 29.

❷ Beck, aaO. S. 31.

種理由❷，不會就其所見的毒品使用或交易行為舉發，甚至警方向他們打聽消息，也不會得到合作。

第五節　組織犯罪的分佈情形

　　組織犯罪的分佈，也就是組織犯罪的活動比較猖獗的地區，一般而言，是在大都市。德國聯邦刑事局 1990 年的研究報告指出❸，德國國內的組織犯罪主要盤據在：柏林、漢堡、科隆、法蘭克福、史圖加特與慕尼黑。這些大都市之所以成為組織犯罪的主要勢力範圍，各有其地理上、經濟上、政治上與文化上的原因。柏林在德國統一之前（1990 年 10 月 3 日德國正式統一），孤懸在東德的包圍之中，有政治上邊陲地帶的意味，毒品交易與娼妓的活動越來越嚴重；由於德國政府對柏林的企業有種種的經濟輔助措施，這種經濟輔助措施也是組織犯罪意圖染指的對象；尤其重要的是，東歐解體之後，通往柏林的邊境已開，自由化的趨勢有利組織犯罪的活動。漢堡是國際港口，有非常便捷的交通設施（陸路、水路與空運）。科隆則是工業與經濟中心，位居交通樞紐。法蘭克福是德國最重要的金融與證券中心，德國最重要的國內外交通樞紐。史圖加特與慕尼黑則是現代科技的中心，繁華的經濟都會，並擁有現代化的捷運設施；慕尼黑更是通往南歐與東南歐的重要都市。

　　總括而言，組織犯罪之所以分佈在大都市，其共同的原因是❹：1.熱絡的經濟結構，資本集中，提供組織犯罪良好的機會，去找尋有償債能力的被害人；2.金融中心有利於組織犯罪就其利潤所得加以確保，增值並加以合法化（適於投資，洗錢）；3.良好的交通條件增加犯罪人的機動性與貨品的流通，消息更加靈通；4.由於大都市的犯罪人口集中，組織犯罪容易

---

❷　這些理由包括：他們不願捲入是非，害怕被報復，不願出賣他人，與犯罪人有親戚關係或是朋友，保持沉默可能會得到報酬等等。參閱 Beck, aaO. S. 30.

❸　Dörmann/Koch/Risch/Vahlenkamp, aaO. S. 47 ff.

❹　Dörmann/Koch/Risch/Vahlenkamp, aaO. S. 44 ff.

徵召新的成員；而且大都市的刑事追訴機關工作負擔已甚繁重，他們可能樂於對付比較容易處理的一般的犯罪，而對付組織犯罪則必須在法律上、策略上、組織上更加的講究；5.人口稠密的大都市，有很高的人口流動性與匿名性，娛樂及消費需求旺盛，價值觀念容易受到誘導與改變，這些情形適合組織犯罪的活動。

最後值得注意的是，德國新的各邦（即從前的東德），已逐漸成為組織犯罪的溫床❸❷。

第六節　組織犯罪對於各部門的影響

根據德國聯邦刑事局的研究❸❸，德國的組織犯罪對於各部門的影響，大致如下所述❸❹：

1.對於政治部門的影響

對於政治部門的影響可分為四個層面，即地方政治、邦政治、聯邦政治、歐洲政治。專家們的看法，目前德國的組織犯罪對於地方政治涉入較深，他們估計，在 2000 年，組織犯罪對於地方政治與歐洲政治涉入的程度將比目前更加倍❸❺。

---

❸❷　Lenhard, aaO. S. 225.

❸❸　此項研究是以德國對於組織犯罪有研究的 26 名學者專家為訪談對象，將他們的意見匯集整理。這 26 名學者專家，包括重要的犯罪學家 （如 Kaiser、Schneider、Kerner、Mergen），刑事高階警官、檢察官、海關官員、新聞從業人員，參閱 Dörmann/Koch/Risch/Vahlenkamp, aaO.

❸❹　Dörmann/Koch/Risch/Vahlenkamp, aaO. S. 65 ff.

❸❺　假如以指數 100 代表影響極深，以指數 0 代表毫無影響，不同領域的專家們的估計是：在目前，組織犯罪對於地方政治的影響分別為 20（警察的估計），15（司法界、學術界、新聞界的估計）；預估 2000 年的影響為 42（警察的估計），30（新聞界），28（司法界），23（學術界）。在目前，組織犯罪對於邦政治的影響為 10（警界與學術界），5（新聞界），6（司法界）；預估西元 2000 年的影響為 23（警界），18 與 17（學術界與新聞界），12（司法界）。在目前，

組織犯罪對於不同政治層面的影響，大致上是❸❻：⑴間接對於政策決定人員的行政行為的影響；⑵直接對於政策決定人員及其單位的影響；⑶間接對於刑事追訴機關決策者的影響。

關於前述第一種影響，包括公共工程的計劃與發包（例如建築的圍標，建築的許可，解除所受的限制與負擔，變更土地使用計劃），影響許可審核的程序，營業許可證的核發與吊銷，影響居留許可與工作許可的決定，駕駛執照與武器管制法上的許可，影響輸入與投資的決定，影響經濟輔助措施及難民申請的核准。

關於前述第二種影響，包括取得立法與行政部門的策劃案的消息，對於卡特爾業者的支持或拒絕，影響下列有關的法律案：法律政策、租稅政策、銀行祕密、經濟輔助政策、人格權、管制制度、刑事追訴、外國人法、商品責任與一般的保護立法（例如環境立法與生活物資法）。

關於前述第三種影響，包括阻擾犯罪的追訴措施，尤其是對於組織犯罪，運用消滅證據與影響偵查工作的方法，使得追訴機關在證據取得上更加困難，影響人事制度（例如封鎖獻策對抗組織犯罪的官員，影響官員任用的決定），獲取警方的有關消息。

為了達到前述的影響，組織犯罪可能使用的手段有：滲透，行求與交付賄賂，強制，脅迫，施加道德上的壓力❸❼。

2.對於公共行政部門的影響❸❽

組織犯罪對於公共行政部門的影響程度，大約與對於地方政治的影響

組織犯罪對於聯邦政治的影響分別為 18（警界與司法界），12 與 6（學術界與新聞界）；預估 2000 年的影響為 25、22、20、15（警界、新聞界、司法界、學術界）。在目前，組織犯罪對於歐洲政治的影響分別為，18（警界、學術界），13 與 2（新聞界與司法界）；預估 2000 年的影響分別為 38、33、23、4（警界、新聞界、學術界、司法界）。引自❸❹，67 頁以下。

❸❻　同❸❹，71 頁以下。

❸❼　同❸❹，70 頁。

❸❽　同❸❹，71 頁以下。

相當 ㊴ 。各類行政部門的人員，依其受影響的頻率，依序為 ㊵ ：建築行政與監督官員、註冊與商業監督官員、行政警察機關（例如經濟警察）、環境保護機關（尤其是垃圾處理單位）、司法機關（檢察署）、郵政局的電訊官員（涉及電話監聽問題）、財政機關、海關、外籍人士管理官員、監理交通單位、勞工機關、卡特爾官署（相當於我國的公平交易委員會）。影響方式主要是透過賄賂。所影響的內容，包括積極的與消極的行政行為，前者例如特種營業之准許，秩序罰的科處；後者例如對於民眾的舉發不予受理或予以存查。

3.對於經濟部門的影響

組織犯罪對於經濟部門的影響，不同專家們的看法比較一致，而且認為比起對於政治與行政部門的涉入更深 ㊶ 。他們所涉入的行業，主要是休閒娛樂業、金融業、貨運與客運業、仲介業、買賣與進出口業。有跡象顯示，組織犯罪對於其他的行業，也有興趣，例如，汽車業、飲食業、時裝業、珠寶與古董業、新聞業、建築業與垃圾處理業。專家們認為，不少組織犯罪在這些公司裡安置人頭充當負責人。有時為了掩護非法的商業活動與資金流向，他們也設立了一些公益團體，如基金會之類。合法與非法的商業活動彼此緊密的掛鉤 ㊷ 。

特別值得注意的是，組織犯罪在非法的就業市場所塑造的地下經濟及其多方面的不良影響。這種地下經濟對於勞動市場傷害至深，合法的企業必須為員工支付社會保險費與繳交稅金，而組織犯罪所操控的非法就業市場，則全都漏掉這些支出，因此，形成不公平的營業競爭現象。競爭能力

㊴ 新聞界、警界、學術界及司法界的看法，在目前，組織犯罪對於公共行政的涉入程度，其指數分別為 21、20、15、15，參閱㉞，80 頁。

㊵ 同㉞，82 頁。

㊶ 各種專家的估計，在目前，組織犯罪對經濟部門的影響指數分別為 25 （警界）、20（司法界與學術界），15（新聞界）；估計 2000 年的影響指數為 48（警界），38（司法界），40（學術界），35（新聞界）。參閱㉞，86 頁。

㊷ 同㉞，97 頁以下。

遭到威脅的合法企業，或許因而崩潰，並導致原有的工作位置的消失，再併生出其他的社會問題。在地下經濟受僱工作的人主要是外國人，他們很可能在毫無保障的情況下被解僱。這些外籍工人由於害怕隨時被解僱，或被送回本國，對於僱主所提供的苛刻條件含痛接受，例如低廉的工資、沒有人性尊嚴的工作條件、與薪資不成比例的長時間工作、缺乏安全與健康保護的工作環境、缺乏失業與疾病的照顧。國家也因為地下經濟而蒙受雙重損失，其一是由逃漏稅而影響財政收入，其二是國家必須對於經不起不公平競爭而崩潰的企業員工，給付失業救濟金❹ 專家們一致認為，組織犯罪對於經濟與社會所造成的重大損害，可能有朝一日使德國這個社會國及其繁榮，失血而枯萎❹。

4.對於社會大眾法意識的影響

社會大眾是否感受到組織犯罪的危險性，專家們的意見相當不一致❹。一般而言，由於組織犯罪大多有良好的掩護，社會大眾難以洞見。社會大眾的刻板印象，總是把組織犯罪與暴力行為相提並論，但事實上，組織犯罪有許多活動不是從外表可以看清楚的。對於傳統犯罪的真實危險性與民眾所認知的危險性，其間的差距並不大，但是民眾對於組織犯罪所認知的與真實的危險性，其間的差距就相當大。許多組織犯罪的活動並無被害人或只有間接的被害人，例如煙毒、賭博與色情，因此，大大影響民眾的告發意願。這種情況，在有組織的經濟犯罪更是如此。由於民眾缺乏專業上的敏感，因此，總是認為組織犯罪所害的若不是外國人就是犯罪人。民眾與政界的人還深深以為，幫派份子殺害幫派份子對於社會不正好嗎？因而，組織犯罪之間的火拼，不易使民眾覺得自身遭受威脅❹。

由於社會大眾對於組織犯罪的嚴重性缺乏認知，專家們擔心社會大眾

---

❹ 同❸，88 頁以下。

❹ 同❸，95 頁。

❹ 新聞界、司法界、學術界、警界所認為社會大眾感受到組織犯罪的危險性，其感受威脅的指數分別為 18、16、12、8。參閱❸，54 頁。

❹ 同❸，55 頁以下。

的法意識將受到影響，尤其是少年可能會越來越不認同法治國家。法意識的薄弱會使非法得來的錢財，逐漸地被接受，人們用不法的手段追求利益的信念也會越來越強固。長此以往，公務員的倫理也可能被腐化，這對於國家與人民之間的關係，會有負面的影響。貪污也因而可能被視為正常。公務員貪污增加，又可能大大減損人民的法律的感受性，而影響到犯罪的抗制工作與刑事司法。此種情形將動搖法治國家的根本❹。

第七節　組織犯罪的未來發展

德國的組織犯罪被認為並不像義大利的黑手黨那麼猖狂，結構也比較鬆散❹。不過，專家們的估計，在總體犯罪當中，組織犯罪所佔的比率，將從 1988 年的 19% 增至 2000 年的 37%❹。預估組織犯罪將在德國越來越嚴重，主要的理由之一，是德國在歐洲國家中，經濟比較繁榮與穩定，高利率政策也使國外的投資與資金流向德國，此外，良好的捷運系統以及自由的法律制度，都有利於犯罪人湧進德國❺。

將來德國的組織犯罪，專家們比較一致的看法是，會朝國際結合的動態發展❺。組織犯罪在將來發生更多的結合，主要的理由是東歐共產集團的解體，以及歐洲單一市場已經形成❺。必然發生各國組織犯罪相結合的犯罪種類，其中包括傳統的毒品交易。其他犯罪也可能發生各國組織犯罪合作的現象，例如，貨幣的偽造與出售，非法武器交易，販賣人口，經濟

---

❹　同❸，63 頁以下。

❹　同❸，26 頁；Ostendorf, aaO. S. 510.

❹　同❸，24 頁。

❺　持此看法者，例如，Lenhard, aaO. S. 224.

❺　如果以指數 0 表示毫不嚴重，以指數 100 表示非常嚴重，專家們的估計是，目前德國組織犯罪與國外組織犯罪結合的嚴重程度是 45；預估 2000 年約為 65。參閱❸，31 頁。

❺　同❸，29 頁、32 頁。

輔助詐欺，非法垃圾清除（例如核能廢料與有毒垃圾的非法清除），非法的人體器官交易，非現金交易的犯罪（例如信用卡的濫用）❸。不過，隨著外國組織犯罪在德國的更加活躍（目前就已存在），據預測，將來也可能發生外國犯罪組織與德國本土犯罪組織的衝突❹。

　　隨著合法企業的國際化以及國家重要設施的超越國界，將會形成不易控制的企業結合現象，這將提供組織犯罪許多掩護的機會。例如，要設立虛設的公司，以及虛偽的建立合法的商業關係，都會比較容易。此一情形，將使刑事追訴機關偵查組織犯罪的行動更加困難，也將為組織犯罪大開方便之門，例如更有利於逃漏稅。此外，國際化的結果，將使組織犯罪更適合找尋銷售市場，更有利於貨物與資金的來往❺。

第八節　臺灣組織犯罪現象的歸納分析

　　為深入瞭解臺灣幫派的結構與運作，本節先簡要回顧臺灣幫派的演進及政府掃黑法令和政策。另就「組織犯罪防制條例」自 1996 年 12 月公布實施至 2017 年 3 月所進行的修法，並參酌警察機關所蒐集調查的幫派列管情資，呈現分析結果。

一、臺灣幫派的演進

　　臺灣組織犯罪的起源，可以追溯到清朝的幫會活動，如天地會、洪門、青幫，當時幫派的活動為搶劫、竊盜、走私、販賣人口、鴉片等犯罪行為。至日據時期，延續清朝時期的幫派組織，日本政府稱遊民和流氓為「浮浪者」，由於浮浪者對鄉民敲詐勒索、強盜、搶劫等，日本政府遂頒布「臺灣浮浪者取締規則」及浮浪者收容制度，將政策法制化，以防制流氓的惡行，但至二次世界大戰結束後，臺灣的幫派問題仍未獲解決。

---

❸　同❸，32–33 頁。

❹　同❸，38–40 頁。

❺　同❸，36–37 頁。

　　光復後，另有大陸幫派隨國民政府來臺，在眷村發起，拉幫結社形成勢力，是為外省幫派。而原在臺灣的本土角頭式幫派，以地區經營為主，是本省幫派。至較近時期，中部地區沿鐵路縱貫線興起另一股勢力，作風慓悍，手段兇狠，外省及本省幫派均避而遠之，稱為縱貫線幫派❺❻。

　　光復後幫派活動，以經營賭場、色情行業、收取保護費等為主，1990年代以後，改以參與選舉方式從政，臺灣政治遂有「黑金政治」的隱喻。至2000年政黨輪替，改以組織型態滲入各種行業，如經營大型簽賭站、地下錢莊、走私槍械、毒品、從事工程圍標、暴力討債等，已朝公司化組織型態經營。

　　晚近，由於國際間跨境犯罪日益猖獗，再加上科技進步以及社群媒介的興起，傳統的組織犯罪型態尚結合毒品與詐欺犯罪集團，讓傳統具有隱蔽性與階層性的組織犯罪，查緝之困難。因此，晚近的組織犯罪具有以下幾點特色❺❼：

　　1.不限於集團性與常習性之組織：傳統幫派組織強調3人以上、內部管理以及以犯罪為宗旨，並以犯罪為常習或常業，但實際上，為數不少的地方派系與角頭，經常作奸犯科、危害鄉里，卻難以構成犯罪組織之要件。因此，晚近的組織犯罪，應該不以集團性或常習性為組織特性。

　　2.不限於從事暴力犯罪：過去組織犯罪，因為涉及暴力性之犯罪活動，危害社會大眾與鄉里甚鉅，因此有繩之以法之必要。晚近犯罪實務發現，許多組織犯罪集團，手法創新多元，不再以暴力為唯一之犯罪手法，威脅或利誘手段亦無不可。但不變的是，仍是以牟利為主要之犯罪目的。

　　3.跨境電信詐欺亦屬組織犯罪一環：晚近，組織犯罪除涉及洗錢、毒

❺❻　臺灣幫派有多種分類方式，如司法實務分為組織型、角頭型及組合型，刑事警察局分為聚合型、角頭型及組織型，學術研究常以歷史演進為分類，分為本省掛、外省掛和縱貫線，這些分類目的在說明幫派的不同性質和興起原因，參見許皆清：〈臺灣地區組織犯罪之演進與現勢〉，刊：《警學叢刊》，第38卷第5期，2008年3月，95–116頁。

❺❼　黃翠紋、孟維德：《警察與犯罪預防》，五南圖書出版公司，2017，317–318頁。

品走私以及人口販運外，跨境電信詐欺更顯猖獗，此種的組織犯罪，從傳統以召喚人力的方式到場圍事、行兇外，還結合網路或電話系統，甚至細部分工的結果，第一線的犯罪人員與首腦主謀等，完全不認識，組織鬆散、較無向心力，與傳統組織犯罪的結構嚴明截然不同。因此，傳統的組織犯罪定義已無法擴及新型態之組織犯罪。

二、政府打擊幫派的法令及策略

　　光復後至 2010 年，政府在掃蕩幫派均採取強力打擊策略，例如「伏妖專案」、「捕鼠專案」、「一清專案」及「治平專案」等。主要的法律，在1955 年比照日據時代「臺灣浮浪者取締規則」訂定「臺灣省戒嚴時期取締流氓辦法」，至 1985 年制訂「動員勘亂時期檢肅流氓條例」，1987 年解嚴後，更名為「檢肅流氓條例」。2008 年，經司法院大法官釋字第 636 號解釋文宣告「檢肅流氓條例」部分條文違憲，至 2009 年 2 月 1 日廢止，對於流氓犯罪依「組織犯罪防制條例」、「社會秩序維護法」等相關法令加強檢肅，有關打擊幫派法令及策略沿革如表 12-1❺❽。

表 12-1　光復後至 2011 年政府打擊幫派法令及策略表

	年	時期	法律依據	掃黑策略
治平專案實施前	1945 | 1954	暴力時期 流氓崛起混亂時期	刑法第 154 條	尚無積極作為
	1955 | 1984	寄生時期 幫派發展時期	刑法第 154 條 臺灣省戒嚴時期取締流氓辦法	伏妖、除四害、幫派自首、一清專案
	1985 | 1990	共生時期 幫派重整轉型時期	刑法第 154 條 動員勘亂時期檢肅流氓條例	二清專案
	1991 | 1994	黑金政治發展時期	刑法第 154 條 檢肅流氓條例	無固定專案名稱

---

❺❽　林宏昇，前揭書，103 頁。

治平專案時期	1995 | 1999	黑金政治產生黑道共生 犯罪組織化時期	刑法第 154 條 檢肅流氓條例 組織犯罪防制條例 洗錢防制法	治平專案
	2000 | 2006	黑道幫派組織犯罪國際（兩岸）化時期	刑法第 154 條 檢肅流氓條例 組織犯罪防制條例 洗錢防制法 通訊保障及監察法 證人保護法	治平專案
	2007 | 2010	幫派組織犯罪轉型期 科技犯罪偵查時期	刑法第 154 條 組織犯罪防制條例 洗錢防制法 通訊保障及監察法 證人保護法 社會秩序維護法	治平專案 霹靂專案 （司法院大法官釋字第 636 號解釋文宣告檢肅流氓條例部分條文違憲，檢肅流氓條例於 2009 年 2 月 1 日起廢止）

資料來源：林宏昇：《幫派與組織犯罪偵查策略變遷之研究》，臺北大學犯罪學研究所碩士論文，2011，103 頁。

　　晚近，為有效打擊新興組織犯罪以因應組織犯罪結構型態之轉變，以及打擊日益猖獗之跨國組織犯罪，法務部於 2017 年 3 月、12 月修正「組織犯罪防制條例」部分條文，期盼能有效地追訴嚴懲，回應社會大眾對於政府打擊組織犯罪之期待。其具體修法重點如次：

　　1.修正犯罪組織之定義：將原條文第 2 條所列「3 人以上、有內部管理結構，以犯罪為宗旨或以其成員從事犯罪活動，具有集團性、常習性及脅迫性或暴力性之組織」，修改為「3 人以上，以實施強暴、脅迫、詐術、恐嚇為手段或最重本刑逾 5 年有期徒刑之刑之罪，所組成具有持續性或牟利性之有結構性組織」，其中「有結構性組織，指非為立即實施犯罪而隨意組成，不以具有名稱、規約、儀式、固定處所、成員持續參與或分工明確為必要」。換言之，已將晚近新型態之跨境組織犯罪或跨境電信詐欺犯罪之型態納入新法中。

　　2.為防範不肖份子利用組織犯罪之威勢，佯稱其與犯罪組織或其成員有所關聯，要求民眾因而(1)出售財產、商業組織之出資股份或放棄經營權、(2)配合辦理都市更新處理程序、(3)購買商品或支付勞務報酬、(4)履行債務

或接受債務協商之內容等事項，增訂對於該佯稱行為處罰之規定。

　　3.為防止犯罪組織因招募成員坐大，增列對於招募他人加入犯罪組織行為之處罰。

　　4.對於組織犯罪成員之刑後強制工作，恐有不利其復歸社會之更生，故修正為刑前強制工作。

三、組織犯罪幫派別分析

(一)變遷趨勢

　　根據文獻顯示，不良幫派組合依其性質，可分為組織型、角頭型及組合型三種，所佔百分比分別為 12%、41% 及 47%❺❾。而 1998 年所蒐集 147 件組織犯罪案件中，計有 27 種不良幫派組合，其幫派別和所屬類型，詳列於表 12–2：

　　1.組織型

　　包括竹聯幫、四海幫、天道盟、松聯幫、北聯幫、至尊盟、飛鷹幫等 7 個幫派，共 50 案，佔 34.0%。

　　2.角頭型

　　計有芳明館、三板橋幫、華山幫、通化街幫、大樹林幫、北港車頭幫、軟橋幫、神龍幫、萬國幫、士林街仔幫、台聯幫、車頭幫、聯正會等 13 個角頭，共 18 案，佔 12.3%。

　　3.組合型

　　計有不良組合、詐欺集團、強盜集團、竊盜集團、偽造集團、販毒集團、飆車集團等七類不良組合❻⓿，共 79 案，佔 53.7%。

　　顯見組織型不良幫派組合已由過去的 12%，升至目前的 34.0%；角頭型則由原來的 41%，降至目前的 12.3%；而組合型仍維持在 50% 上下。據

---

❺❾　《83 年檢肅流氓工作講習教材》，內政部警政署編印，11–12 頁。

❻⓿　由於不良組合部分，係以犯罪類型為區分標準，將非從事特定犯罪活動者歸為一類，均統稱為不良組合，其餘再依其特定犯罪型態分別歸類；基本上，每一案件均係屬於不同的犯罪團體所犯，故以「類」為區分單位而非「個」。

此，可知近年來的角頭型不良幫派組合有日趨沒落，逐漸被組織型不良幫派組合所取代的趨勢；不過，這也有可能是因警方執法重點轉移到組織型不良幫派的部分結果呈現。

㈡偵審情形及認定標準

如表 12-2 所示，在檢察官起訴方面，組織型不良幫派，除飛鷹幫一件獲不起訴外，餘者尚無不起訴案件。角頭型除聯正會 2 件獲不起訴外，餘者尚無不起訴案件。組合型獲不起訴案件有 29 件，遠高於起訴案件的 15件，再調閱前述 3 件組織型和角頭型的不起訴案件移送書，發現其中僅在移送書中提及犯罪嫌疑人為幫派分子外，並未提到犯罪嫌疑人有何假藉幫派名義犯罪情事，以及其他有關幫派的事證；因此，應屬罪證不足而獲不起訴處分（檢察官均未敘明理由）。顯見檢察官在認定上，普遍有視組織型及角頭型不良幫派組合為犯罪組織的趨勢；而組合型則多依個案情形，分別認定之。

至於法院審理情形，在 25 件判決有罪案件中，組織型 22 件 (88.0%)，除竹聯與松聯三案外，餘均有罪判決；角頭型 3 件 (12.0%)，集中在芳明館及三板橋幫上；至於組合型，則尚無判決有罪案例。顯見法院對於犯罪組織的認定上，也是趨向於組織型的不良幫派組合，以及名氣較響亮的角頭型不良幫派組合，而排除組合型的不良幫派組合。此外，所有法官認定有罪的犯罪組織，無一不是屬於警方所列管的重點幫派。

表 12-2　不良幫派組合偵審情形

幫派別	偵審情形	總件數	起訴		審理中	移送			幫派別	偵審情形	總件數	起訴		審理中	移送		
			有罪	無罪或免刑		起訴	不起訴	尚未起訴				有罪	無罪或免刑		起訴	不起訴	尚未起訴
組織型	竹聯幫*	29	13	2	4	19	0	10	角頭型	芳明館*	2	2	0	0	2	0	0
	四海幫*	7	3	0	0	3	0	4		三板橋幫*	1	1	0	0	1	0	0
	天道盟*	6	2	0	2	4	0	2		華山幫	3	0	0	2	2	0	1
	松聯幫*	4	2	1	1	4	0	0		通化街幫	1	0	1	0	1	0	0

北聯幫*	2	1	0	0	1	0	1	大樹林幫*	1	0	0	1	1	0	0
至尊盟*	1	1	0	0	1	0	0	北港車頭幫	1	0	0	1	1	0	0
飛鷹幫*	1	0	0	0	0	1	0	軟橋幫	1	0	1	0	1	0	0
合計	50	22	3	7	32	1	17	神龍幫	1	0	0	1	1	0	0
不良組合	48	0	5	3	8	18	22	萬國幫	2	0	0	0	0	0	2
詐欺集團	12	0	2	1	3	3	6	士林街仔幫	1	0	0	0	0	0	1
販毒集團	1	0	0	0	0	0	1	台聯幫	1	0	0	0	0	0	1
強盜集團	8	0	1	1	2	4	2	車頭幫*	1	0	0	0	0	0	1
竊盜集團	7	0	0	2	2	3	2	聯正會	2	0	0	0	0	2	0
偽造集團	2	0	0	0	0	0	2	合計	18	3	2	5	10	2	6
飆車集團	1	0	0	0	0	1	0								
合計	79	0	8	7	15	29	35								

（左側組合型）

＊：表示警方列管的重點幫派。

四、組織犯罪型態及侵害行業分析

(一)犯罪型態分析

　　在 147 件組織犯罪案件中，僅有一件是警方單以違反組織犯罪防制條例移送，可見組織犯罪案件的犯罪嫌疑人，除涉及違反組織犯罪防制條例的行為外，通常皆另涉其他犯罪行為。惟本研究在分析犯罪型態時，係以其主要和次要犯行來當作分析對象。

　　由表 12-3 得知，警方移送的 147 件組織犯罪案件中，其犯罪類型以涉有敲詐勒索 28 件最多，依次為暴力逼討債務 23 件、經營職業賭場 21 件、聚眾鬥毆藉故滋事 20 件、收取保護費或規費 11 件、以借、貸款名義詐財 11 件、竊盜 10 件、強盜 10 件、經營地下錢莊 9 件、吸食安非他命 9 件。而在檢察官起訴的案件中，則以涉有暴力逼討債務 14 件最多，依次為敲詐勒索 12 件、經營職業賭場 9 件、聚眾鬥毆藉故滋事 9 件、收取保護費或規費 7 件。顯示不良幫派組合（移送）的犯罪類型以敲詐勒索為最多，且普遍有吸食安非他命的情形存在，而犯罪組織（起訴）則以暴力逼討債務為最多，以上兩者均是以敲詐勒索、暴力逼討債務、經營職業賭場、藉

故滋事聚眾鬥毆、收取保護費或規費等傳統型犯罪居多。

表 12-3　各類型不良幫派組合犯罪型態統計

犯罪型態	移送	起訴	組織型	角頭型	組合型	犯罪型態	移送	起訴	組織型	角頭型	組合型
經營職業賭場	21	9	7	4	10	圍標工程牟利	3	1	3	0	0
經營六合彩賭場	2	1	1	0	1	竊佔法拍屋敲詐	4	3	3	0	1
職棒詐賭	1	1	0	0	1	暴力壟斷行業	2	2	1	0	1
賭博電玩	2	1	1	0	1	吸食海洛因	1	0	0	0	1
敲詐勒索恐嚇取財	28	12	18	1	9	吸食安非他命	9	1	5	2	2
收取保護費、規費	11	7	4	5	2	改造槍枝	2	0	0	1	1
強迫買賣	2	0	0	1	1	吸收、強迫入幫	2	1	1	1	0
白吃白喝	4	3	2	1	1	擄人勒贖	4	0	0	0	4
經營地下錢莊	9	2	1	1	7	強盜	10	3	0	0	10
暴力逼討債務	23	14	10	4	9	仙人跳	1	0	1	0	0
聚眾鬥毆、藉故滋事	20	9	8	1	11	竊盜汽、機車、財物	10	3	0	0	10
以借、貸款名義詐財	11	1	0	0	11	偽造發票、國幣、身分證	3	0	0	1	2
藉六合彩明牌詐財	1	0	0	0	1	販售盜版光碟	1	0	1	0	0
以無法兌現支票詐財	4	3	2	0	2	經營應召站	1	0	0	0	1
金光黨	2	2	0	0	2	受僱殺人	1	0	0	0	1
竊佔私有地圖利	1	0	0	0	1	與未成年人性交易	1	0	0	1	0
盜採砂石	1	1	0	0	1	合計	198	80	69	24	105

　　其次，若就不良幫派組合的三種類型分別討論，犯罪型態分佈情形如下：

　　1.組織型

　　以敲詐勒索有 18 件最多，依次是暴力逼討賭債有 10 件、聚眾鬥毆藉故滋事有 8 件，經營職業賭場有 7 件，吸食安非他命有 5 件、收取保護費或規費有 4 件、圍標工程和竊佔法拍屋各有 3 件。

　　2.角頭型

　　以收取保護費或規費有 5 件最多，依次是經營職業賭場有 4 件、暴力逼討債務有 4 件及吸食安非他命有 2 件。

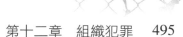

3.組合型

以聚眾鬥毆藉故滋事及以借、貸款名義詐財各有 11 件最多，經營職業賭場、竊盜、強盜各有 10 件次之，敲詐勒索有 9 件、經營地下錢莊有 7 件及擄人勒贖有 4 件再次之。

上述結果顯示，各類型不良幫派組合，在其犯罪型態上有顯著差異。值得注意的是，所有圍標工程案件均集中在組織型不良幫派；而以借貸款名義詐財、竊盜及強盜計 31 件的案件，均集中在組合型不良幫派。

若就 29 件共犯中有未成年人的幫派分析，以竹聯幫 10 件 (34.5%) 最多，不良組合 6 件 (12.5%) 次之，其餘依次為萬國幫、強盜集團各 2 件、四海幫、天道盟、士林街仔幫、神龍幫、飆車集團、竊盜集團各 1 件。可見不論是組織型、角頭型或組合型的不良幫派組合，皆有吸收未成年人入幫情形，其中尤以竹聯幫最為明顯。

㈡侵害行業分析

侵害行業係指被害人所從事、任職或經營的行業而言。被害人之所以受到不良幫派組合的侵害，常與其所從事、任職或經營的行業有關。

如表 12-4 所示，在 147 件中，扣除未敘明被害人行業外，共計取得有效件數 63 件，包括已起訴者 41 件，其中在不良幫派組合（移送）部分，受侵害行業別共 26 種，其中以營造業 13 件最多，特種行業 10 件次之，計程車業 5 件、餐飲業 3 件、銀行 3 件及學生 3 件又次之；在犯罪組織（起訴）方面，受侵害行業別共 23 種，亦以營造業 8 件最多，特種行業 6 件次之，餐飲業、貨運業、計程車業、電玩業、公娼館及攤販各 2 件又次之。顯見不論是不良幫派組合，或是犯罪組織，均以營造業及特種行業為主要犯罪對象，且有將其犯罪觸角延伸至各行各業的跡象。

次就各類型不良幫派組合侵害行業情形，分述如下：

1.組織型

侵害行業以營造業有 11 件最多，特種行業有 8 件居次，餐飲、貨運業、攤販各有 2 件又次之。

2.角頭型

以計程車業有 3 件最多，特種行業、公娼館各有 2 件居次。

3.組合型

以銀行 3 件最多，計程車業、檳榔攤各 2 件次之。

表 12-4　各類型不良幫派組合侵害行業統計

侵害行業	移送	起訴	組織型	角頭型	組合型	侵害行業	移送	起訴	組織型	角頭型	組合型
營造業	13	8	11	1	1	特種行業	10	6	8	2	0
餐飲業	3	2	2	1	0	公娼館	2	2	0	2	0
上市公司	1	1	1	0	0	茶藝館	1	1	1	0	0
食品業	2	1	1	0	1	摸摸茶	1	1	1	0	0
貨運業	2	2	2	0	0	應召站	1	0	0	0	1
汽車材料行	1	1	0	0	1	電玩業	2	2	1	0	1
砂石業	1	1	0	0	1	演藝業	1	1	1	0	0
計程車業	5	2	0	3	2	殯葬業	1	1	0	0	1
電腦公司	1	1	0	0	1	職棒	1	1	0	0	1
搬家公司	1	0	0	0	1	攤販	2	2	2	0	0
銀行	3	0	0	0	3	第四臺	1	1	1	0	0
檳榔攤	2	1	0	0	2	筏釣業	1	1	0	0	1
無線電臺	1	1	1	0	0	合計	63	41	35	10	18
學生	3	1	2	0	1						

註：特種行業包括酒店、KTV、舞廳、夜總會、PUB 等。

可見營造業及特種行業是組織型不良幫派的最大受害者，而組合型不良幫派則較無特定的侵害行業。

㈢綜合比較

有學者曾就美國中國城的商家，進行商業被害調查，發現華人幫派最常見的犯罪行為是「勒索」；而勒索又可分為收保護費、敲詐、強迫推銷、白吃白喝等四種，並以強迫推銷比率最高，依次是敲詐、白吃白喝及收保護費；至於受害企業的型態上，則以餐廳最多，依次為食品零售業、非食

品零售業、服務業及工廠❻。相較之下，國內不良幫派組合的犯罪型態中，雖亦以「勒索」型的犯罪行為共 45 件為最多，但種類上卻以敲詐 28 件和收取保護費 11 件較多，強迫買賣反而最少。

　　在遭受勒索侵害（45 件）的行業別中，則以特種行業 10 件最多，餐飲業 6 件、營造業 4 件、學生 3 件次之，其餘則散見在各行業中。其中餐飲業是遭受白吃白喝的高危險行業，營造業、特種行業、餐飲業和學生是敲詐勒索的高危險群，而特種行業及公娼館，則是收保護費的高危險群。

五、組織犯罪「漏斗效應」結果分析

㈠起訴情形

　　分析檢察官不起訴的 32 件中，其不起訴事由以未敘明理由 19 件 (59.4%) 最多，罪嫌不足 12 件 (37.5%) 次之，曾經判決確定 1 件 (3.1%) 再次之，而罪嫌不足又可分為構成要件不符 9 件 (28.1%)、查無實據 2 件 (6.3%)，以及誤解法條 1 件 (3.1%)（詳如圖 12-2）。

　　其次，在 9 件構成要件不符的案件中，檢察官所依據理由（同一案件可能有多重理由），係以無內部管理結構出現 6 次 (30.0%) 最多，依次是未達集團性 5 次 (25%)，未達常習性 4 次 (20%)，不具暴力性或脅迫性 3 次 (15%)，以及未達以犯罪為宗旨 2 次 (10%)。

　　檢視不起訴案件的理由中，以未敘明理由有 19 件 (59.4%) 最多；顯示檢察官與警方就犯罪組織的認定上，存有明顯落差。

㈡判決無罪或免刑事由

　　在 13 件判決無罪或免刑的案件中，有 12 件判決無罪的主要理由均是罪嫌不足，1 件判決免刑的主要理由則是已經自首，且未犯有組織犯罪防制條例之罪嫌。

　　若就無罪事由加以分析，不難發現法官判定無罪所依據的事由，明顯會因不良幫派組合的類型不同而有所差異。在組織型不良幫派方面，法官都以事證不足，無法證明被告有加入組織的情事為由，而非以該組織與犯

❻　陳國霖：《華人幫派》，巨流圖書，1995，68-112 頁。

罪組織的要件不符等理由；在角頭型不良幫派方面，傾向質疑其組織存在的真實性；而在組合型不良幫派方面，咸認被告等人僅為共犯結構，並非內部管理結構。是以，在偵辦組織型不良幫派案件時，只要蒐集的事證足資證明犯罪嫌疑人確有參與幫派的情事，那麼犯罪嫌疑人被定罪的機率就相當大；而角頭型不良幫派除需證明犯罪嫌疑人有參加幫派外，尚須證明該幫派存在的真實性及其沿革；至於組合型不良幫派除需證明前述角頭型的要件外，還需針對幫派的內部管理結構部分，多所追查與描述，方能增加定罪的可能性。

㈢組織犯罪「漏斗效應」分析

在刑事司法體系 (Criminal Justice System) 運作程序中，警察、檢察官、法院、矯治等機構，都具有如同濾網般的功能，可將無辜者過濾出而釋放，並讓有罪者繼續接受下一層機構的進一步處理；這種在刑事司法體系處理過程中，人數不斷減縮的現象，即稱為「漏斗效應」(Funnel Effect)❻❷。

圖 12–2 所示 147 位組織犯罪主嫌，在經過警察機關移送檢察官偵查一段時間後，有 32 人分別因罪嫌不足（12 人）、曾經判決確定（1 人）或未敘明理由（19 人）等原因，獲得不起訴處分；另有 58 人則仍在偵查中；實際僅有 57 人被提起公訴。而這 57 人再經過一審法院審理一段時間後，除有 19 人仍在審理中外，又有 13 人分別因無罪（12 人）或免刑（1 人）等理由被釋放出來。於是，所有 147 位主嫌，在經歷過一連串刑事司法機構的過濾後，人數逐漸減少，最後實際在一審中被定罪者只有 25 人。

---

❻❷　Walker: *Sense and Nonsense about Crime and Drugs*, 5th. Edition, Wadsworth, 2001, pp. 43–46.

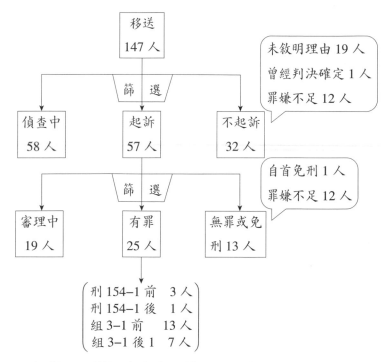

圖 12-2 組織犯罪嫌疑人之審理結果及變化 (N=147)

此外，在 147 位主嫌中，若扣除偵查中的 58 人和審理中的 19 人後，即可取得完成一審所有訴訟程序的個案人數，共有 70 人。圖 12-3 所示，即是這 70 人自移送至一審判決的漏斗效應結果。總計移送的 70 人中，在經過檢察官的偵查過濾後，僅剩下 38 人 (54.3%) 被依組織犯罪防制條例提起公訴；而這 38 人再經過一審法院的審理過濾後，最後只餘 25 人 (35.7%)，被依違反組織犯罪防制條例定罪，約佔總人數的 10 分之 3。亦即警方每移送 10 名違反組織犯罪防制條例罪名的犯罪嫌疑人中，最終在第一審僅 3 人，被以違反組織犯罪防制條例的罪名定罪。

依據前述分析結果，可知影響組織犯罪漏斗效應的法定因素 (Legal Factor)，在偵查階段，主要為構成要件不符、查無實據、罪嫌不足及曾經判決確定等；在審理階段，則為自首免刑、罪嫌不足等。至於超法定因素 (Extra-Legal Factor)，在偵查階段，警方與檢察官認知上的差距是其中一

項；在審理階段，法官的自由心證亦是其中一項，但大多數的超法律因素，則無法從本資料分析中得知。實際上，圖 12–3 所呈現的漏斗效應，即是上述法律因素與超法律因素，共同作用下的結果。

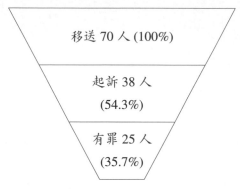

移送 70 人 (100%)

起訴 38 人
(54.3%)

有罪 25 人
(35.7%)

圖 12–3　組織犯罪主嫌的漏斗效應 (N = 70)

第九節　德國實務界所提出的抗制組織犯罪的對策

如何對抗組織犯罪，向來是德國實務界比較關心的課題，尤其是警察界與負責偵辦組織犯罪的檢察官。以下是實務界向來提出的，比較重要的對抗組織犯罪的一些建議對策[63]，其中有些建議已經被納入「組織犯罪對抗法」之中。

1.利用法律上所許可的電話監聽措施，包括對於公共電話亭的監聽[64]。

2.對於全國與可疑的組織犯罪活動有關係之人加以全面掌握，並對於跨越邊境的活動加以更清楚的紀錄[65]。

3.建立詳細的犯罪紀錄，其中不只包括在國際間活動的犯罪人，也包

---

[63]　這些建議主要均整理在 Schwind, aaO. S. 384 f.

[64]　Werner: *Organisierte Kriminalität: Fiktion oder Realität?* Kriminalistik, 1982, S. 134.

[65]　Werner, aaO. S. 135.

括這些犯罪人彼此間的聯繫情形，以及他們的特殊犯罪類型。這些資訊應該可以使所有的警察單位在任何時間都可以運用❻❻。

　　4.安置線民與臥底的刑事警察：創設法律規定，使警察可以潛入組織犯罪之中，以便瓦解組織犯罪❻❼；有爭論的是，臥底偵查員是否可以為獲得信任而參與臥底組織的犯罪活動。

　　5.為有效對抗組織犯罪，應允許警方運用可以想像得到的偵查手段與科技上技術❻❽。

　　6.設置專責偵查組織犯罪的重點檢察署❻❾。

　　7.加強刑事警察在對抗組織犯罪方面的專業訓練❼⓪。

　　8.在聯邦刑事局，邦刑事局與特定的大都市設置對抗組織犯罪的專責單位❼❶。

　　9.增強對抗組織犯罪的國際合作，尤其是在國際刑警組織的領域❼❷。

　　10.各邦立法與歐洲警界、司法界、及武器法上的相互配合❼❸。

---

❻❻　Werner, aaO. S. 135; Stumper, aaO. S. 15.

❻❼　Werner, aaO. S. 135; Steinke: *Das organisierte Verbrechen*, Kriminalistik, 1982, S. 99.

❻❽　Steinke, aaO. S. 99; Sielaff: *Bis zur Bestechung leitende Polizeibeamte? Erscheinungsformen und Bekämpfung der organisierten Kriminalität in Hamburg*, Kriminalistik, 1983, S. 421.

❻❾　Steinke, aaO. S. 99; Schulz/Hermann: *Bekämpfung der organisierten Kriminalität*, Kriminalistik, 1983, S. 387. 德國已有許多「經濟犯罪重點檢察署」(Schwerpunkt-staatsanwaltschaften)，專責偵辦重大的經濟犯罪案件，其法律依據是法院組織法第 74 條 a，第 1 項第 4 款。

❼⓪　Schulz/Hermann, aaO. S. 387.

❼❶　Stumper, aaO. S. 15; Schulz/Hermann, aaO. S. 387.

❼❷　Stumper, aaO. S. 15; Schulz/Hermann, aaO. S. 387; Janssen: *Organiserte Kriminalität: Kriminalpolizeiliche Strukturmangel?* Der Kriminalist, 1978, S. 445.

❼❸　Janssen, aaO. S. 446.

第十節 對抗組織犯罪應注意的刑事政策上的要求

如前所述，德國實務界所提的若干對抗組織犯罪的建議，已在後來的「組織犯罪對抗法」之中付諸實現，不過，其中已付諸實現的有些建議（立法者已做相當程度的修正），仍受到甚多的質疑（例如警察臥底者），有些建議則未被立法者所採納（例如前述建議第五）。立法者在考慮運用刑法及刑事訴訟法作為對抗組織犯罪的手段時，究竟考慮的刑事政策上的需求是什麼，殊值我們參考與省思。以下是這些基本要求的扼要敘述[74]：

1.刑法是法益保護的最後手段

刑法當做是法益保護的最後手段 (Ultima ratio)，又稱為刑法保護的補充性 (Subsidiarität)，這是因為刑法在本質上就有它的不完整性格，亦即刑法不可能對於一切輕重不等的法益破壞，均加以介入。這種觀念，實際上是源自法治國原則所衍生出的比例原則：國家只有在別無其他更溫和的手段以抑制不法行為時，才可以動用最嚴厲的法律制裁手段（刑法）去對付人民。如果國家輕率地使用刑法制裁手段，就違反了「超量禁止」(Übermaβverbot) 的原則。易言之，如果運用其他社會政策上的措施，同樣可以有效（甚或更有效）保護法益的話，那麼，刑法制裁就不應該被使用[75]。

此一原則是在提醒執政者，刑法並不是拿來當做擋箭牌，告訴人民，

---

[74] 主要參考 Ostendorf, aaO. S. 512 f.

[75] 引自 Roxin: *Strafrecht Allgemeiner Teil, Band 1*, 1992, XI 2, Rdnr. 28 (S. 17)；並參閱 Arthur Kaufman: *Subsidiaritätsprinzip und Strafrecht*, in: FS für Henkel, 1974, S. 89–107; Baumann: *Strafc als soziale Aufgabe*, in: Gedächtnisschrift für Peter Noll, 1984, S. 27–36; Jakobs: *Strafrecht AT, 2.*, Aufl., 1991, 2. Abschn. Rdnr. 26 ff.; Jescheck: *Strafrecht Allgeminer Teil*, 4. Aufl., 1988, S. 3; Maurach/Zipf: *Strafrecht AT 1.*, 7. Aufl., 1987, S. 24 ff.; Volk: *Strafrecht und Wirtschafts-riminalität*, JZ 1982, S. 85 ff.; Zipf: *Kriminalpolitik*, 2. Aufl., 1980, S. 52 f.

政府因為正視某種問題，所以動用了刑法。

2.投大眾所好，一味加重刑罰的政策，並不是有效追訴組織犯罪的手段。

許多社會科學的研究指出，每一個犯罪人都會計算，要如何才不會被捕；越重的刑罰恫嚇，只會更加的引起犯罪人精密的犯罪計劃，也更會升高證人以及警察臥底者的危險。其實早在 19 世紀末，德國著名的刑法改革家李斯特 (Franz von Liszt) 就指出，當英格蘭有許多偷馬的竊賊被吊死之時，英格蘭的馬匹竊案並未因之減少，甚至馬匹失竊更多。我們應該注意的是，迎合社會大眾口味而一味加重處罰的刑事政策，可能有礙於問題本質上的處理。

3.一切對付人民的刑事訴訟上的國家措施，都有其形式上與內涵上的界限。

對於人民基本權利的干涉與侵犯，應該有明文上的法律授權❼❻。同樣的，偵查犯罪的方法，在其內涵上應有界限。對於一個法治國家❼❼，刑事追訴的方法應有所限制，否則就不算是法治國家。不可為了對抗組織犯罪而毫不考慮手段的正當性。質言之，目的不能把手段神聖化。李士特在早年指出，刑法是犯罪人的大憲章❼❽，意指經由刑事訴訟法，犯罪偵查機關被授予一定的權限，人民的權利也因此得到保護。

4.依照法治國的原則，國家的犯罪偵查措施基本上針對有充分可疑的

---

❼❻ 例如，德國聯邦憲法法院曾在一項判決中指出，臥底的偵查手段，如侵犯人民的基本權利（如住宅的不可侵犯性），即違反法治國原則，參閱 BVerf GE, 65, 1 ff. (Volkszählungsurteil).

❼❼ 關於法治國的概念，近年來常在傳播媒體上被討論，比較詳細的，可參閱劉幸義：〈法治國家的意義〉，刊：《首都早報》，1990 年 1 月 3 日，並收錄於劉幸義著：《法治假象》，1991，5–14 頁，〈與現代憲政的法治原則〉，前揭書，15–46 頁。法治國原則是刑事政策上的基本原則之一，參閱 Jescheck: *Lehrbuch des Strafrechts*, 4. Aufl., 1988, S. 21 f.

❼❽ 參閱 Franz von Liszt: *Strafrechtliche Vorträge und Aufsätze*, Zweiter Band (1892–1904), 1970, S. 60, 80.

行為。

更清楚的說，刑事追訴機關展開犯罪偵查措施，應以有充分可疑的犯罪行為做前提。假如一個市民從社會局得到一筆可觀的救濟金，並以之購買豪華的汽車，刑事追訴機關可以依正常的懷疑，認為這個市民是對社會局詐欺，而展開偵查；但是，如果認為這個市民是組織犯罪的成員，而展開對付組織犯罪的偵查行動，就顯然有失平衡了。易言之，有人焉，並無顯然合法的來源，過著豪奢的生活，此人又有犯罪前科，但並不意味，可以因此就展開犯罪偵查。如果這樣就可以展開犯罪偵查，我們的社會就要因為滿佈疑雲而不得安寧了。對於組織犯罪的偵查，也必須有嫌疑初露端倪，就現有的情報加以評價之後，才可以展開偵查。

5.檢察官應扮演更積極的角色

檢察官在立法者所賦予的犯罪偵查權限上，應扮演一個更主動積極的角色。向來德國的實務上，檢察官將其犯罪偵查的責任，推諉給警察與法院。檢察官只是把犯罪偵查工作讓由警方去負責，而只做偵查結果的審核，或要求做更進一步的偵查。此外，檢察官也把責任推諉給法官，認為法院應負審判的責任。但是，實際上法院卻常常仰賴警察與檢察署的報告，例如，法院對於檢察官的要求往往沒有深入了解，就開給搜索票（依德國刑訴法，法官才有權開搜索票），一直要到抗告程序時，上級審才會認真地審核開搜索票的決定是否妥當❼❾。對於一般的犯罪案件，檢察官的此種態度尚無可厚非，也有不得不然的形勢，而且警方與檢方的配合也尚稱圓滿，但是，對於權勢人物的犯罪，對於組織犯罪，檢察官都必須更積極的及早從事偵查工作。

---

❼❾　在此必須說明的是，針對此點而做批評的作者，是德國北部 Schleswig（鄰接丹麥） 的檢察長，同時也是知名的刑法教授 Heribere Ostendorf ，參閱 Ostendorf, aaO. S. 513.

第十一節 關於德國的「對抗組織犯罪法案」

1992 年 7 月 15 日由德國國會通過公布[80]，於 1992 年 9 月 22 日正式生效施行的「對抗組織犯罪法案」，原則上是以實務界向來的立法建議做藍本（如第七節所述），再衡酌刑事政策上的基本要求，調和折衷的產物。此一法案的主要架構，來自巴伐利亞邦 (Bayern) 與巴登伍登堡邦 (Baden-Württemberg) 的提議，再經修正擴充而成。該法案的部分內容，即不法利潤的追徵與洗錢，是由反對黨 (SPD) 所提議。1991 年 7 月 25 日聯邦政府向聯邦眾議院 (Bundestag) 提出法律案，同年 9 月 20 日眾議院舉行一讀會，1992 年 1 月 22 日，舉行公開的聽證會，1992 年 6 月 4 日，同時二、三讀會通過。聯邦參議院於 1992 年 6 月 26 日同意，7 月 15 日由眾議院公佈[81]。

組織犯罪的典型犯罪活動是[82]：非法的毒品交易、集團竊盜與贓物（汽車竊盜並做國際性銷贓）、非法武器交易、偽造貨幣與有價證券、經營色情行業、販賣人口、開設非法賭場、勒索保護費、窩藏非法入境外國人。在公開的聽證會上，警方並且指證，德國組織犯罪還從事其他的犯罪，諸如重大的詐欺（營業性、集團性的從事對於歐洲共同體的經濟輔助詐欺）、偽造文書、非現金交易的犯罪行為、逃漏租稅（尤其是走私香煙）、輸入仿冒商標之物品與非法的科技運輸[83]。對抗這些不法活動，主要有賴刑法與刑事訴訟法的措施，因此，「對抗組織犯罪法案」的主要內容，就是修正及新

---

[80] BGBl. I 1302 ff.（德國聯邦法律公報，1992，第一部分，1302–1312 頁）

[81] 關於「對抗組織犯罪法案」的立法過程，參閱 Möhrenschlager: *Das Org KG einc übersicht nach amtlichen Materialien*, Wistra, 1992, S. 281; Hilgcr: *neues Strafverfahrensrecht durch das Org KG*, NStZ 1992, S. 457 f.

[82] BT-Drucks. 12/989, S. 20 f.；同時參閱本文的第一部分之參考。

[83] Möhrenschlager, aaO. S. 282，並參閱該頁的[23]。

增刑法與刑事訴訟法的規定。此外，比較重要的是加重毒品交易的刑罰規定，這些規定均見之於「麻醉物品法」之中❽。例如，新增第 29 條 a，對於 21 歲以上之人有下列行為，處一年以上有期徒刑（重罪）：未經允許交付麻醉物品❽給未滿 18 歲之人，或使其施用或任其直接消費，或未經允許交付麻醉物品給未滿 18 歲之人，令其販賣等行為。此一新規定主要在顯示立法者的決心，強調立法者無法坐視販賣毒品給兒童與少年的危險性❽。又例如，新增 30 條 a，對於未經許可種植、製造、銷售、輸入輸出非少量的麻醉物品，並且以組織成員之身分連續從事此種行為，處五年以上自由刑❽。

「對抗組織犯罪法案」的內容繁多❽，以下只就刑法與刑事訴訟法的重要修正與新增部分討論。刑法的重要修正與新增規定是「財產刑與擴大追徵」、「洗錢」；刑事訴訟法重要的新增規定是「證人保護」與「臥底偵查員」。

---

❽ 德國有關毒品與麻醉物品，不論植物性或化合而成者，均規定在統一的「麻醉物品法」(Betäubungsmittelgesetz) 之中，在德國的普通刑法中，並無處罰毒品或麻醉藥物的規定，這樣的統一規定，不會形成疊床架屋的法律競合現象。關於德國的「麻醉物品法」，比較重要的參考著作，教科書為 Endri β /Malek: *Betäubungsmittelstrafrecht*, 1986；逐條釋義書為 Körner: *Betäubungsmittelgesetz*, 3. Aufl., 1990.

❽ 麻醉物品的定義，詳細規定在「麻醉物品法」第一條第一項所指的附錄Ⅰ至Ⅲ。附錄Ⅰ至Ⅲ載於 Körner, aaO. S. 34–44.

❽ Möhrenschlager, aaO., S. 288.

❽ 反對一味加重刑罰的刑事政策，參閱 Ostendorf, aaO. S. 512; Meertens: ZRP 1992, S. 206.

❽ 刑法的新增與修正，共計二十二個條文；刑事訴訟法的新增與修正，共計二十六個條文。

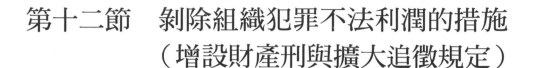

第十二節　剝除組織犯罪不法利潤的措施（增設財產刑與擴大追徵規定）

一、現行法上剝除組織犯罪不法利潤之規定，有其局限

組織犯罪的基本目標是在獲取最高的不法利潤，此所以組織犯罪有別於恐怖分子也。但是，向來德國刑法與刑訴法的有關規定，以之對付組織犯罪所獲得的龐大不法利潤，實有困難[89]：

1.刑法第 40 條專科罰金刑的規定[90]，只是用來對付輕微，或最多是中等嚴重的犯罪行為，以之對付重大的組織犯罪行為，顯然有很大的局限。

2.刑法第 41 條併科罰金的規定，已被學界指摘為刑法制裁體系上非常有問題的「異形」[91]。在德國的實務上已越來越不被重視，同時也不是剝除組織犯罪不法利潤的有效手段，因為對同一個犯罪行為併加的科處罰金刑與自由刑，賦予行為人加倍的痛苦，並不符合刑法上的罪責原則[92]。

3.刑法第 56 條 b 緩刑並令支付金錢給公庫或公益團體的規定，不適用於組織犯罪。因為受緩刑宣告者，應該是情節輕微的犯罪行為，而且社會危險性較低的犯罪人。此外，依照第 56 條 b 的規定，令支付金錢的額度，

---

[89]　主要參考 Krey/Dierlamm: *Gewinnabschöpfung und Geldwäsche*, JR 1992, S. 355 f.；同時參考 Lenhard, aaO. S. 226.

[90]　德國的罰金刑與我國的規定不同。在德國是採「日額罰金制」，法官在判決書上，必須書明罰金日數與每日的罰金數額，每日的罰金數額乘以罰金日數，即為罰金總額。罰金日數是以犯罪人的行為嚴重程度與罪責程度，並考慮一般預防與特別預防的需要，而做決定；每日罰金額則是衡酌犯罪人個人能力與經濟狀況而做決定，例如犯罪人每天的淨收入與其他給付能力。詳細可參閱 Jescheck: *Lehrbuch des Strafrechts, Allgemeiner Teil*, 4. Aufl., 1988, S. 701 ff.；林山田：《刑罰學》，1992（修正版），290–291 頁。

[91]　Schönke/Schröder/Stree: *StGB*, 24. Aufl., 1991, §41, Rdnr. 1.

[92]　Dreher/Tröndle: *StGB*, 45. Aufl., 1991, §41, Rdnr. 4.

應該考量受判決人的支付能力，因而，運用該規定以剝除組織犯罪的不法利潤，並不能收效 ❸ 。

4.刑事訴訟法第 153 條 a 不起訴處分，令支付金錢給公庫及公益團體的規定 ❹ ，雖然往往在輕微經濟犯罪的領域中被使用，但是用來剝除組織犯罪的不法利潤，則不是恰當的手段，因為該規定針對程度輕微的犯罪而設 ❺ 。

5.刑法第 73 條以下有關「追徵」的規定 ❻ ，仍不足以對付組織犯罪所獲得的不法利潤，理由是：

①對於某一具體的財產標的物加以追徵，必須能夠證明，該財產標的物與特定犯罪行為有關係。但是，在對於組織犯罪成員追徵時，卻可能遭遇舉證的困難。例如，警方查知某人販毒得 50 萬元，在審判程序中查知該被告有銀行存款 5,000 萬元及名貴汽車一部，這種情況顯示，被告非常可能是早先販毒而後有那麼多資產。但是，這些資產是否確因販毒而生，並無法加以證實。此時，依照現行法的追徵規定，只能追徵其中的 50 萬元 ❼ 。無法證明組織犯罪的目前資產與犯罪行為之間的直接關係，主要是因為，通常組織犯罪的巨額利潤是來自許多成員的犯罪行為，而且這些巨額利潤在很短的時間之內，又跟其他合法經濟活動的資金混在一起 ❽ 。

---

❸　Schönke/Schröder/Stree, aaO. 56 b, Rdnr, 4. 11.

❹　較詳細的說明，參閱 Roxin: *Strafverfahrensrecht*, 22. Aufl., 1991, S. 71 ff.

❺　Krey/Dierlamm, aaO. S. 355.

❻　德國刑法追徵 (Verfall) 的規定，既不屬於從刑，也不是保安處分，而是一種「措施」(Maβnahme)。追徵的規定，是 1975 年之後才納入刑法之中的。追徵的要件是，因犯罪（違法行為）而得到不法利益（民法上的不當得利）。所謂違法行為包括過失行為（例如過失販賣毒品）、無責任能力人的行為；不法利益包括使用利益與節省的開支（如使用車輛作為貪污的代價）；如果被害人有民法上的請求權，不得對行為人追徵，因為不可以為追徵之故，而惡化被害人的地位。德國實務上，由於被害人對國家而言有優先地位，因此，對於財產犯罪通常不宣告追徵。參閱 Jescheck: *Lehrbuch des Strafrechts*, 1988, S. 715 ff.

❼　Krey/Dierlamm, aaO. S. 356.

②犯罪被害人通常有民事上的損害賠償請求權，國家對於犯罪人的追徵措施必須退讓。因為不能為了追徵而惡化被害人的法律地位（如果先行追徵，被害人可以得到的賠償金額將減損）❾❾。

③依據第 73 條第 1 項的規定，追徵必須針對財產上的淨益，也就是說，犯罪人因實施犯罪行為有所支出，犯罪利潤扣除支出之後，才是應加追徵的淨益❿❿。

二、增設的財產刑與擴大追徵規定

由於如前所述現行法的局限性，立法者在「對抗組織犯罪法案中」，增設了第 43 條 a「財產刑」(Vermögensstrafe) 與擴大第 73 條 d 追徵的規定。

1.關於財產刑 ❿❶

增設財產刑的目的，是要截斷組織犯罪的根。因為犯罪組織的財力基礎如果被抽空，那麼他的活動就會決定性的癱瘓掉❿❷。

增設的財產刑是一種特殊的罰金刑❿❸，罰金的總額並不是如同一般的罰金刑（第 40 條的日額罰金刑），而是依照犯罪人財產價值的總額去宣告。

此一增設的財產刑只適用於重大的組織犯罪，也就是局限於特定的，

---

❾❽　Krey/Dierlamm, aaO. S. 354.
❾❾　參閱❽❻，並參閱德國刑法第 73 條第 1 項第 2 句。
❿❿　Krey/Dierlamm, aaO. S. 356.
❿❶　增設的財產刑之譯文如下：
　　⑴本法有準用本條之規定者，法院得於終身監禁或二年以上自由刑之外，依行為人之財產價值宣告支付定額金錢（財產刑）。受諭知追徵之財產利益，不在估計財產價值之列。財產價值得估計之。
　　⑵第 42 條之規定，準用之。
　　⑶如宣告之財產刑無力完納者，法院應易為宣告自由刑（易服自由刑）。易服自由刑之最高期限為兩年，最低為一月。
❿❷　Krey/Dierlamm, aaO. S. 356.
❿❸　此一規定，主要是德國警方，部分是檢方的建議，Möhrenschlager, aaO. S. 283（並請參閱 283 頁的❷❽）。

大多為集團性的重大犯罪行為❹：「麻醉物品法」的重大犯罪行為與其他營利性的毒品交易行為；以幫派成員身分從事連續的犯罪行為，如偽造貨幣、販賣人口、媒介娼妓、集團竊盜、常業贓物、集團贓物、洗錢。

這個增設的財產刑遭到學界嚴厲的批判，身為法官與刑法教授的Krey，也認為此一規定從憲法上觀察，是值得疑慮的❺：

①財產刑有違憲之嫌。依照德國聯邦憲法法院對於憲法（基本法）第14條的解釋，憲法保護所有權，是對於個人的財產地位加以保護，因而國家科處人民金錢的給付義務，不應觸及憲法第14條的保護範疇。引伸而言，國家對於當事人賦科金錢支付義務如果太重，並且徹底地破壞當事人的財產狀況（此即所謂的扼殺作用），那麼即屬違反憲法第14條❻。可是聯邦政府制定「對抗組織犯罪法案」的目的，正是要借由這種抄家式的罰金刑，毀滅受判決人的經濟能力，扼阻其因為有資本而繼續從事犯罪行為❼。

②財產刑有違罪責原則。由憲法引伸出的罪責原則，是國家科處刑罰的基礎與界限，因此，與罪責不相當的重刑，是違憲的。依照新設的刑法第43條a的規定，財產刑不必衡酌行為人的不法與罪責程度，而是以行為人的財產價值為主。為了阻止行為人繼續犯罪，法院就會儘可能地以行為人的全部財產為宣告財產刑的對象。情況果真如此，則新設的財產刑就違反了法治國的罪責原則。此外，對於受兩年以上自由刑宣告的受判決人，再附加宣告財產刑，給予加倍的惡報，也頗有討論餘地❽。

③有違憲法第103條第a項所要求的明確原則。憲法所要求的明確原

---

❹ Krey/Dierlamm, aaO. S. 356; Möhrenschlager, aaO. S. 284.

❺ Krey/Dierlamm, aaO. S. 356 f.; Dreher/Tröndle: *StGB*, 45. Aufl., 1991, Rd 6, Vor §40.

❻ 參閱聯邦憲法法院的判決：BVerfGE14, 221, 241; 19, 119, 128 f.; 23, 288, 315; 30, 250, 271 f.; 43, 312, 327，根據位於Freiburg的Max-Planck-Institut的研究，丹麥與荷蘭在立法上拒絕此種財產刑，比利時，希臘與土耳其更認為財產刑是憲法所禁止的，參閱Ostendorf, aaO. S. 514.

❼ Krey/Dierlamm, aaO. S. 356.

❽ Krey/Dierlamm, aaO. S. 357.

則，不只是針對刑法的構成要件，而且也針對刑罰的高度。新設的財產刑是一種罰金刑，但是並無上下限的規定，而只是衡酌行為人的財產，不能不疑其違反明確原則[109]。

2.關於修正擴增的追徵規定

德國刑法第 73 條以下有關追徵之規定，不足以剝除組織犯罪所獲得的不法利潤，其理由已詳如上述。茲再擇要重複提出：①依追徵的原來規定，必須能夠證明不法利潤確實來自犯罪行為，才有適用追徵的餘地；但是，對於組織犯罪的不法利潤，往往無法或難以證明係得自犯罪。②被害人如果對於犯罪人有民事上的請求權，國家的追徵權限必須退讓。③追徵必須針對犯罪人的財產淨益。由於這些原因，形成刑法上的漏洞。立法者於是修改刑法第 73 條 d，規定在行為人或共犯之處所發現的財產標的物，雖然無法確認這些標的物有合法的來源，但有很高的可能性可以認定是來自犯罪的實施，仍得加以追徵[110]。修正後的規定，就可以防堵原先的漏洞。

修正後的刑法第 73 條 d[111]，並不必然針對有責的行為，構成要件該當的違法行為即可能是追徵的對象。因為追徵並不是刑罰，而是刑法上的措

---

[109]　Krey/Dierlamm, aaO. S. 357.

[110]　實務上常發生的是，有前科的毒販又被發現擁有毒品，此種情況顯示，該毒販身上所擁有的金錢可能是販毒所得。參閱 Möhrenschlager, aaO., S. 285, Fn. 42; Krey/Dierlamm, aaO. S. 357.

[111]　刑法第 73 條 d 譯文如下：

(1)違反本法準用本條規定之行為，如依情況足堪認定行為人或共犯所擁有之標的物，係供違法行為所用或得自違法行為，法院亦得諭知追徵。如標的物因供違法行為所用或因得自違法行為，而不屬於行為人或共犯，或行為人或共犯因而對標的物並無權利，仍適用第一句之規定。第 73 條第 2 項準用之。

(2)行為後就特定標的物之追徵如完全或部分不可能，適用第 73 條 a 與 73 條 b 之規定。

(3)依第一項諭知追徵後，如因行為人或共犯於諭知前之其他違法行為，就其標的物再諭知追徵，法院應注意前已裁定之諭知。

(4)第 73 條 c 準用之。

施 ⓶。追徵的客體是諭知追徵時，屬於行為人或共犯的財產標的物，包括權利 ⓳。擴大追徵也可能掌握到某些特殊情況下的標的物，例如標的物所來自的行為，因為法律理由（如時效消滅）而無法被追訴。對於此種情況下的標的物加以追徵，是為了避免組織犯罪的成員以此不法利得再用做下次的犯罪行為 ⓴。

擴大追徵的規定雖然與新增的財產刑，同樣都受到一些批評。不過，前者所受的批判比較少。

批評「擴大追徵」的理由大約是：①違反基本法第 14 條的所有權保障 ⓯，②違反罪責原則（尤其是違反無罪推定原則），③不考慮所要追徵的財產利益與犯罪行為之間的因果關聯的證明。

這些批評在法案聽證會上被熱烈的討論，但是立法者仍認為，新的規定應當合乎憲法上的要求。立法者認為「擴大追徵」不違反刑法上的無罪推定原則，是因為「擴大追徵」並非刑罰（帶有制壓性格），而是一種措施，是類似帶有預防色彩的保安處分 ⓰。前述第①、③的批評，是有緊密關連的。因為對於德國基本法第 14 條「所有權保障」的基本權利的侵犯，法院必須能夠證明不法的財產利得確定來自犯罪。對於此點批評，立法者似乎沒有圓滿的答辯，比較能自圓其說者，可能是這樣：「要對於組織犯罪不法利得與犯罪之間的關連性加以證實，在很大的範圍內是不可能的。因而一般的追徵規定無法用以對抗組織犯罪。只有依照事理，為了對付組織犯罪，不得不變更追徵的嚴格規定。因為在對抗組織犯罪的工作上，如果無法有效剝除其不法所得，那麼這個工作自始就可能失敗，憲法所要求的自由民主的基本秩序也就有問題」 ⓱。

⓶　Krey/Dierlamm, aaO. S. 358; Möhrenschlager, aaO., S. 286; Dreher/Tröndle, aaO. §73 Rdnr. 1, la.

⓳　Möhrenschlager, aaO. S. 286.

⓴　Möhrenschlager, aaO. S. 286.

⓯　這是最受批評的一點，參閱 Krey/Dierlamm, aaO. S. 358.

⓰　Möhrenschlager, aaO. S. 285; Krey/Dierlamm, aaO. S. 358.

第十三節　刑法中增列的洗錢條款

前述有關財產刑與擴大追徵的規定，都引致一些批判，但是有關洗錢的規範本身，在德國則似乎沒有批評的意見❶❶❽。在歐洲，德國並不是最早在刑法中規定處罰洗錢的國家。瑞士已於 1990 年 6 月公布施行刑法中的新規定「洗錢」，並制定專門針對金融機構的新規定「欠缺處理金錢業務之注意」❶❶❾。法國的法律中，雖然並沒有洗錢的用語，但是卻有洗錢的實質規

---

❶❶❼　Krey/Dierlamm, aaO. S. 358.

❶❶❽　一般來講，對於洗錢規範的本身並未受到質疑，但是構成要件的細節，則容有
　　　爭論，參閱 Krey/Dierlamm, aaO. S. 359.

❶❶❾　詳細的規定與介紹，可參閱 Baumgartner/Triet: *Geldwäscherci: neue Strafnormen
　　　Erster Schritt der Schweizer Regierung in Richtung Offen-legung*, Kriminalistik,
　　　1990, S. 275–278. 瑞士向來被認為是對於銀行客戶的存款祕密極為尊重的國
　　　家，但是新的刑法規定，第 305 條 (ter)「欠缺處理金錢業務之注意」，要求銀
　　　行必須了解顧客的經濟背景，即使是有多年信用來往的顧客亦同，否則銀行從
　　　業人員可能受刑罰制裁。此一新規定，被認為可能影響瑞士的銀行業務。參閱
　　　Baumgartner/Triet, aaO. S. 278，瑞士的洗錢新規定，是以美國的經驗為範
　　　例 的 ， 參 閱 Gunther Arzt: *Das Schweizerische Geldwascherverbot im Lichte
　　　amerikanischer Erfahrungen*, ZStR 1989, S. 160–201.
　　　茲將瑞士刑法的兩個新規定，翻譯如下：
　　　第 305 條 (bis)（洗錢）
　　　1.行為人明知或應知得自犯罪之財產，而著手足以阻擾財產來源之偵查，發
　　　　現，或沒收之行為，處輕懲役或罰金。
　　　2.情節重大者處五年以下之重懲役或輕懲役。自由刑之科處，得併科一百萬瑞
　　　　士法郎以下罰金。行為人有以下情形者，為情節重大：
　　　　①犯罪組織之成員，
　　　　②從事連續洗錢活動之犯罪幫派成員，
　　　　③從事營利之洗錢活動，有龐大營業額或獲致鉅額利潤者。
　　　3.主行為於國外施行，於行為地同為可罰者，行為人亦受處罰。

定,其一是 1987 年 12 月 31 日公布的「公共健康法」第 627 條,規定「試圖以欺騙手段掩飾毒品交易使成為合法資產等等,處 2 年以上 10 年以下自由刑,或科或併科 5 萬至 50 萬法郎罰金」;此外在 1988 年 12 月 23 日公布的「海關法」第 415 條,也有類似的刑罰制裁規定 [120]。

1.洗錢的概念

狹義的洗錢概念是指:將有犯罪來源的鈔票,轉換成其他財產價值的東西。廣義的洗錢概念則是指:對於有犯罪來源的財產價值加以再製,使進入正常的經濟交易管道,以達隱匿其犯罪來源之目的。立法上所要掌握的,是廣義的洗錢概念 [121]。

從前述廣義的洗錢概念,得知兩個要素,其一是行為客體,指任何形式的,經由犯罪直接或間接而來的財產價值;其二是行為方式,指任何操作行為,將前財產價值的來源或其存在或其目的加以隱匿或掩飾,使之似乎有正當來源 [122]。

從洗錢的行為方式,可以再將洗錢分成兩個階段。第一階段,是將有問題來源的財產價值的犯罪軌跡消除。再進一步說明,這些直接來源於犯罪行為的財產價值通常都是現鈔,操作洗錢的行為方式,都是典型的短期金錢業務,其目的是在防阻對於這些資產的辨識。例如,對於黑色金錢轉換成其他貨幣或轉換成較大鈔票面值的同種貨幣;將有問題來源的錢,轉換成容易攜帶的其他貴重物品,如珠寶,貴重金屬,不記名證券,流入國外;在銀行開戶頭等等(儘可能以法人名義,並且利用不受懷疑的第三人,

---

第 305 條 (ter)(欠缺處理金錢業務之注意)

職業性收受,保管,幫助投資或移轉他人財產,依其情形未盡查證經濟上權利人身分應有之注意,處一年以下自由刑,拘役或併科罰金。

(譯按:本規定不只針對金融機構,凡職業上處理他人財產之人,如律師、珠寶商,均可能是本條的規範對象。)

[120] 參閱 Reńe Wack: *Internationaler Transfer illegal erlangter Gewinne: Geldwäsche und Gewinnabschöpfung*, in BKA-Vortrag-sreihe, 1991, S. 148.

[121] Baumgartner/Triet, aaO. S. 275.

[122] Krey/Dierlamm, aaO. S. 353.

如律師）；證券交易，投資短期基金 ⑫ 。

　　第二階段，是對於一度被洗過的資產，持續加以操作處理，使之似乎有合法的來源，並將其納入合法的資金流通程序中。第二階段的洗錢有三個特點，其一是，這個階段所處理的錢，並不是直接來自犯罪行為；其二是，這個階段的行為都是中長期的操作行為，而不是如同第一階段的短期操作；其三是，洗錢的最終目標，是要將非法來源的資產納入合法的經濟活動之中。第二階段的洗錢行為，例如，將黑錢投入有高度現金收支的行業中（如電影院、餐飲業）；透過銀行，仲介人或投資公司從事國際的資金轉移活動 ⑭ 。

　　2.現行刑法無法掌握洗錢的行為

　　這是德國立法者在刑法中增列新條款的理由之一。現行刑法可用以制裁洗錢者，有兩種可能的規定，其一是以刑法中的贓物罪處罰洗錢；其二是，以幫助犯的規定處罰洗錢。不過這兩種規定都有其侷限。

　　贓物罪不能掌握洗錢的行為，理由有三 ⑮ ：①贓物的客體是違法而得來的他人財產 ⑯ ，但販毒，販賣軍火，走私，經營違法色情行業得來的錢財，都不是贓物的客體；②依德國實務與刑法學界的通說，贓物的客體必須是直接來自前行為之物，如果只是間接得自前行為之物，就不是贓物罪所要掌握的客體 ⑰ ；③贓物的客體必須是人力所能支配的有形標的物 ⑱ ，

---

⑫　Krey/Dierlamm, aaO. S. 354.

⑭　Krey/Dierlamm, aaO. S. 354；有關更詳細的洗錢活動的不同方式，及其偵查方法，可參閱 Wack, aaO., S. 152 ff.

⑮　Krey/Dierlamm, aaO. S. 354.

⑯　依國內刑法實務與學界的共同看法，贓物罪的客體，必須是他人因犯財產犯罪而取得之財物，如果是因財產犯罪以外的行為而取得之物，如賄賂罪之賄款、賭博罪之賭資、走私之貨物等，均不是贓物罪之客體。參閱林山田：《刑法各罪論》（上），525 頁；蔡墩銘：《刑法各論》，1969，213 頁；韓忠謨：《刑法各論》，1970，469 頁；梁恆昌：《刑法各論》，1988，429 頁；褚劍鴻：《刑法分則釋論》（下冊），1990，1298 頁；並參照 23 年非字第 39 號；71 年臺上字第 3663 號。

至於債權則非贓物客體，例如銀行存款戶對於銀行的支付請求權並非贓物的客體。

贓物罪不能以幫助犯加以掌握，有事實上及法律上的理由。事實上的理由，是因為很難證明，洗錢與黑錢所來自的犯罪行為之間有關連；法律上的理由是，即使能知道洗錢與犯罪行為有關，但洗錢者可以主張欠缺故意，因而不能成立幫助犯❷。

3.洗錢的構成要件（德國刑法第 261 條）

由於德國刑法的原來規定，無法有效對抗組織犯罪的黑錢漂白活動，立法者於是在普通刑法中，新增了洗錢的條款❸，將之規定於贓物罪之後

❷ Dreher/Tröndle: *StGB*, 45. Aufl., 1991, §259, Rdnr. 8; Krey: *Strafrecht, BT*, Bd. 2, 8. Aufl., 1991, Rdnr. 570 ff.; Lackner: *StGB*, 19. Aufl., 1991, §259, Rdnr. 8; Schönke/Schröder/Stree: *StGB*, 24. Aufl., 1991, §259, Rdnr. 14; Wessels: *Strafrecht, BT, Teil 2*, 14. Aufl., 1991, S. 185; BGH 9, 139; NJW 1969, S. 1260. 但是，依照我國刑法第 349 條第 2 項之規定，因贓物變得之財物以贓物論。

❷ 瑞士的刑法解釋見解相同，此處只參考 Baumgartner/Triet, aaO. S. 276.

❷ Baumgartner/Triet, aaO. S. 276.

❸ 為便於對照了解，茲將德刑第 261 條全文翻譯如下（本條文共有 10 項）：

　⑴就來源於下列犯罪之標的物加以隱藏、掩飾其來源、阻擾或危及標的物來源
　　之偵查、發現、追徵、沒收或保全，處五年以下自由刑或併科罰金：

　　1.重罪

　　2.麻醉物品法第 29 條第 1 項第 1 款之輕罪

　　3.犯罪結社（刑法第 129 條）成員所犯之輕罪

　⑵就第 1 項之標的物，行為人於收受時已知其來源，有下列情形時，其處罰亦
　　同：

　　1.為自己或為第三人而獲得

　　2.保管或為自己或為他人而加以運用

　⑶未遂犯罰之。

　⑷情節重大者，處六月以上，十年以下自由刑。情節重大者，通常係指行為人
　　為營利行為，或為從事連續洗錢活動之幫派成員。

　⑸因重大過失，不知他人來源於第 1 項所指之標的物，而有第 1 項或第 2 項之

（德國刑法第 259 條為普通贓物罪，第 260 條為常業贓物罪），似乎立法者有意把洗錢當做一種特殊型態的贓物犯。

在德國聯邦眾議院的立法理由書上，指出「洗錢的新規定，是對抗組織犯罪的戰爭中，特別有效的武器；此一規定，可以切斷得自犯罪活動的利潤與合法資金管道之間的繫帶」❸❶。

洗錢條款所要保護的法益（第 261 條第 1 項），是「本國司法的任務」，目的在排除犯罪的作用❸❷。

洗錢規定（第 261 條第 1 項）的行為客體，是「來源」於特定犯罪行為的標的物，包括動產、不動產以及權利。雖然在聽證會上受到一些質疑，

行為，處二年以下自由刑或併科罰金。

⑹如標的物先前曾由他人非因犯罪而取得，不依第 2 項處罰。

⑺與犯罪有關之標的物得沒收之。第 74 條 a 準用之。行為人如為從事連續洗錢活動之幫派成員，第 43 條 a，第 73 條 d，準用之。行為人如為營利行為，亦準用第 73 條 d。

⑻於本法法域適用範圍之外從事違法行為，依行為地之法律亦有刑罰制裁規定者，其來源於此違法行為之標的物，視為第 1，2 與 5 項之標的物。

⑼有下列情形者，不因洗錢行為而受處罰：

　1.於行為尚未完全或部分被發覺前，而且行為人知悉行為未被發覺或行為人評估事實背景應知行為未被發覺，就自己行為自願向管轄機關自首，或自願促使他人向管轄機關自首。

　2.於前款之要件下，使第 1 項或第 2 項與犯罪有關之標的物得以保全。

⑽行為人自願依其所知就重要事項加以公開，使自己以外之其他行為或第 1 項所指之他人違法行為得以被發覺，法院得對於第 1 至 5 項之案件減輕處罰（刑法第 49 條第 2 項）或依本規定免除其刑。

❸❶ BT-Drucksache 12/989, S. 26 ff.

❸❷ Krey/Dierlamm, aaO. S. 359; Möhrenschlager, aaO. S. 287. 瑞士刑法新規定的洗錢，同樣被認為是一種妨害司法的犯罪 (Rechtspflegedelikt)，Baumgartner/Triet, aaO. S. 276. 不認為洗錢是司法犯罪的，有著名的刑法學者 Günter Stratenwerth: *Geldwäscherei als Rechtspflegedlikt?* Neue Zürcher Zeitung, 22, November 1989（引自 Baumgartner/Triet, aaO. S. 278, Fn. 15）。

立法者仍然堅持使用「來源於犯罪行為」這個概括的用語，以便可以掌握
到間接與犯罪行為有關連的標的物。例如，行為人因販毒而得到「利潤」，
在他的銀行帳戶裡存入現金，銀行存款毫無疑問的，是來源於犯罪行為。
如果他存放在銀行裡的珠寶或有價證券，這些東西同樣也是來源於犯罪行
為。假如行為人緊接著向銀行貸款，以提供有價證券作為質押品，那麼，
向銀行所借貸的這些錢，同樣也是來源於犯罪行為。如果行為人以這筆貸
款買一筆不動產，這筆不動產也算來源於犯罪[133]。不過，並不是一切與犯
罪有沾染的資產，都會成為洗錢規定的客體。例如，行為人用非法得來的
錢，購買企業的股份，這些股份固然是來源於犯罪行為；但是，不能因此
認為公司所生產的產品是來源於犯罪行為。洗錢的可罰性，並不是沒有節
制的。不同的例子，如果行為人購買價值 100 萬元的汽車，其中有 2 萬元
是非法所得，那麼這部車子應認為是來源於犯罪[134]。必須是對於這些來源
於犯罪的資產（或權利）加以隱藏、掩飾等，才可能受洗錢條款的處罰。

　　應該注意的是，並不是一切來源於犯罪的標的物，都會成為洗錢的行
為客體。立法者把犯罪行為限制在「重罪」[135]，刑法第 129 條的犯罪結社
罪，以及「麻醉物品法」第 29 條第 1 項第 1 款的「輕罪」[136]。本來德國的
在野黨 SPD 建議，對一切來源於違法行為之標的物，均加以掌握，但在聽
證會上遭到批評，認為羅織太廣而作罷。此外，犯罪人就自己來源於犯罪
行為之標的物加以隱藏、掩飾等，並不在洗錢的處罰範圍內，這只是「不
罰的後行為」或「與罰的後行為」[137]。

[133]　Möhrenschlager, aaO. S. 287，並請參閱同頁的[49]。

[134]　Möhrenschlager, aaO. S. 287，並請參閱同頁的[50]。

[135]　所謂重罪 (Verbrechen)，依德國刑法第 12 條第 1 項的規定，是指最輕法定刑
　　　一年以上自由刑的犯罪，例如偽造貨幣（德刑 146，處二年以上自由刑）、販
　　　賣人口（德刑 181，處一年以上十年以下自由刑）、強盜（德刑 249，處一年以
　　　上自由刑）。

[136]　所謂輕罪 (Vergehen)，依德國刑法第 12 條第 2 項之規定，是指較輕法定自由
　　　刑或法定刑為罰金之犯罪。

[137]　Möhrenschlager, aaO. S. 287.

第 261 條第 1 項的行為方式，有隱藏、掩飾（犯罪標的物）以及阻擾或危及標的物來源之偵查等。其中阻擾之行為，立法者視為一般的結果犯；危及之行為，立法者則視之為具體危險犯⑱（概念上同屬於結果犯）。

第 261 條第 2 項所要保護的法益有兩種：其一是經由前犯罪行為所破壞的法益；其二是司法⑲。透過本項的規定，把獲得有犯罪來源之標的物，或保管、運用此種標的物加以犯罪化，應當可以將前犯罪人與社會孤立，並且可以讓這些標的物失去交易上的能力。當然，並不是一切有犯罪來源的標的物，都是本項的行為客體，而是如同第 1 項所述的，有特定犯罪行為來源之標的物。本項的可罰性經由第 6 項的規定，而受到節制，亦即，如果這些標的物是善意獲得的話，並不在處罰之列。而且，必須是行為當時明知標的物有犯罪來源，如果行為後方知其犯罪來源，則不受處罰。

洗錢的可罰性擴張到輕率（重大過失）的情形（第 261 條第 5 項），是為了排除舉證上的困難，確保有效的刑事追訴⑳。

---

⑱　Möhrenschlager, aaO. S. 287；瑞士的洗錢，則被認為是抽象危險犯，參閱 Baumgartner/Triet, aaO. S. 277.

⑲　Möhrenschlager, aaO. S. 287.

⑳　Möhrenschlager, aaO. S. 287. 對於重大過失（輕率）加以處罰，以排除舉證上的困難，在德國的經濟刑法的構成要件上，其例不少，如第 264 條（經濟輔助詐欺）的第 3 項；第 283 條（破產犯罪）的第 4、5 項；第 283 條 b（破產犯罪）的第 2 項。這樣的立法，如同「對抗組織犯罪法案」在聽證時一般，也遭到不少批評。例如，刑法學家 Gössel 及實務界人士 Odersky（1992 年聯邦普通最高法院院長），在 1975 年經濟刑法改革委員會的聽證會上，就指責處罰輕率行為，可能羅織到單純無知，甚或沒有犯罪意圖的愚笨行為，參閱 Schaffmeister: *Diskussionsbericht von der Tagung für Rechtsvergleichung*, München 1975, uber Erscheinung sformen der Wirtschaftskriminalität und Möglichkeiten ihrer strafrechtlichen Bekämpfung, ZStW 88 (1976), S. 301. 其他的批評，例如 Schubarth: *Das Verhältnis von Strafrechtswissenschaft und Gesetzgebung im Wirtschaftsstrafrecht*, ZStW 92 (1980), S. 103; Herzog: *Gesellschaftliche Unsicherhent und strafrechtliche, Daseinsvorsorge*, 1991, S. 132 ff.; Lampc: Wirtschaftsstrafrecht, in: Handwörterbuch der Wirtschaftswissenschaft,

與瑞士刑法的洗錢構成要件不同的，是德國刑法的洗錢構成要件並未規定金融機構的報告義務，也就是，銀行業對於龐大的不尋常的資金流動，即使不向有關單位（主要是刑事追訴機關）報告，也不在處罰之列。從刑事政策的觀點，此一缺漏被認為是不能令人滿意的❹。

第十四節　證人保護

1.加強證人保護的必要性

要有效的對抗組織犯罪，通常必須得到證人的充分合作，尤其是與組織犯罪接近的人，知道組織犯罪的計劃與行動，他們可以提供有價值的證言。但是，這些人可能基於種種顧忌，擔心遭受危害，而不敢在追訴或審判性程序上自由陳述，或對於陳述打折扣，或虛偽陳述，或假裝一無所知，或故做記憶模糊狀，或乾脆拒絕陳述。如果是被害人，可能在訴訟中撤回告訴❷。因此，加強對於證人及其家屬的法律上的保護，是有效對抗組織犯罪的必要條件之一。

此次「對抗組織犯罪法案」在刑事訴訟法之中，修正了四個有關條文（第 68、168a、200、222 條），就是因為在此之前的法律，對於證人的保護不夠周全，或不夠明確❸。在前述四個條文中，最主要的大幅修正，是刑事訴訟法的第 68 條❹。此一修正，一般而言，甚獲支持❺。

---

9 Band, 1982, S. 315.

❹ Krey/Dierlamm, aaO. S. 359 f.

❷ 例如參閱 Lenhard, aaO. S. 227 f.; Möhrenschlager, aaO. S. 332.

❸ Krey/Dierlamm, aaO. S. 310.

❹ 茲將修正後的刑事訴訟法第 68 條全文翻譯如下：

　(1)訊問證人，應先詢問其姓名、年齡、職業與住居所。有公職身分之證人，得以公職處所代替住居所而為供述。

　(2)如有事實足堪憂慮，證人或其他人將因供述住居所遭致危害，得許證人以營業所或就業處所或其他可供傳喚之處所，代替住居所而為供述。審判長於審判程序中，如有前句之情形，得許證人毋須供述住居所。

　　當然立法者在加強證人保護的立法措施上，有其兩難的處境。因為，在訴訟法上對於證人的過多保護，同時也就可能影響到被告合法辯護的權利。因而，要求得平衡，對於證人的保護並非沒有限制❹❻。

　　2.新修正的刑事訴訟法第 68 條（對於證人之訊問）

　　新修正的第 68 條第 1 項第 2 句，允許證人在接受詢問時，無須供述住居所。此一新規定，受惠最多者應該是警察，其次是檢察官與調查法官❹❼。這些刑事追訴的公務員，可以因而避免私人住宅遭受騷擾或電話恐嚇等等。

　　修正後的第 68 條第 2 項，允許證人只要提供可以傳喚的處所即為已足，無須供述住居所或就業處所。被告的辯護可能性並不因此而受減損，因為證人的姓名與職業仍可辨認。

　　特別重要的修正，是第 68 條第 3 項。新規定允許遭受威脅的證人，可以不必供述住居所，而且姓名與身分也可以保密。修正後的規定，與我國

　　⑶如有事實足堪憂慮，證人因公開身分或其住居所，其本人或他人之生命，身體或自由將遭致危害，得許毋庸供述身分或僅供述先前之身分。但證人須於審判程序中答詢，基於何種原因，知悉其所供述之事實。有關證人真實身分之文件，由檢察署妥為保管。證人檔案於危害不復存在時，始得取走。

　　⑷必要時，得向證人詢問其就相關事實之意見，尤其是其與被告或被害人之關係。

❹❺　對於本法案多持批判見解者，例如 Ostendorf, aaO. S. 513; Krey/Dierlamm, aaO. S. 310，亦認為加強證人的保護，值得稱許。第 68 條的修正，主要是因為現行法對證人的保護不足，Hilger: *Neues Strafverfahrensrecht durch das OrgKG–1. Teil*, NStZ 1992, S. 458.

❹❻　Möhrenschlager, aaO. S. 332; Hilger, aaO. S. 457，當然對於證人的保護，不應只是訴訟法上的，其他的措施，例如提供遭受威脅的證人財力上的協助，使購置新的住屋或協助找尋新的工作，或協助其更改身分，都是有效的保護措施。

❹❼　Krey/Dierlamm, aaO. S. 310，不過，依據德國文獻上的廣泛見解；認為修正前的第 68 條第 1 句，按其意義與目的，也應有同樣的保護證人的作用，修正後的規定，只是將其意義明確化而已。例如，參閱 Kleinknecht/Meyer: *StPO*, 40. Aufl., 1991, §68, Rdnr, 8. 然而，由於德國最高法院 (BGH NJW 1990, S. 1125) 並不同意文獻上的見解，因此，新的修正規定自有其意義。

檢肅流氓條例第 12 條極為相似。此一新的修正規定，被認為只是將刑事訴訟法的相關規定的原則，加以明確化而已。因為依據德國聯邦最高法院❶，以及文獻上的見解❶，如果證人確實由於重大的威脅，可能遭致本人或其家屬生命與身體的危害，應該有權拒絕陳述。第 3 項第 2 句規定，證人雖然無須供述身分或僅須供述先前的身分，但是證人必須於審判程序中說明，他是基於何種原因，知道他所要供述的事實。這個新規定對於警察臥底者有所約束，因為他必須在審判庭上公開說明，他所獲知的事實，是來自於被安排的勤務❶。

第十五節　警察臥底者

一、概念的區分

在德國的實務界與學說上，將祕密提供情報或偵查犯罪行動的人分成三種，其一是線民 (Informant)，其二是臥底者（Verdeckter Mann, 簡稱 V-Mann），其三是臥底警探（Verdeckter Ermittler, 簡稱 VE）。對於這三種人的概念界定，雖然略有出入，但大致上可做如下區分❶：

1.線民，是指受信賴，且有意願，就個別犯罪事件向警方提供消息的人。

2.臥底者，是指不屬於刑事追訴機關之人，在不特定的期間內，受信賴且有意願，協助偵破犯罪或阻止犯罪，其身分受隱祕之人。如計程車司

---

❶ BGH NStZ 1984, S. 31, 32.

❶ Kleinknecht/Meyer, aaO. §70, Rdnr. 6; Roxin: *Strafverfahrensrecht*, 22. Aufl., 1991, §26 B II (vor 1).

❶ Möhrenschlager, aaO. S. 332，並參閱該頁❼，Hilger, aaO. S. 459.

❶ 這裡援用的是德國聯邦刑事局所做的界說，引自 Beck: *Bekämpfung der Organisierten Kriminalität speziell auf dem Gebiet der Rauschgiftkriminalität unter besonderer Berücksichtigung der V-Mann-Problematik*, 1990, S. 11 ff.

機、餐館服務生、旅店老板或幫派成員等等。

　　3.臥底警探，是指特別挑選的警察人員❷，在合於現行法的規定範圍內，較長時間地執行具體的任務，以對抗特別危險或難以破獲的犯罪（如組織犯罪）。在執行任務期間使用化名，其真實身分受保密，如無其他偵查方式可用，或其他偵查方式較無效果，直接涉入犯罪環境之中，提供消息，以便獲致刑事追訴與（或）排除危險所必須的適當措施。

二、安置臥底偵查員的目的及其工作方式

　　臥底偵查員是要利用化名，涉入犯罪人的圈內，以便達到下列目的❸：①獲取犯罪計劃，犯罪活動情形或正在實施的犯罪活動等消息，②了解犯罪組織的結構，③發掘犯罪人的階層組織，④揭露犯罪組織的活動範圍及其活動方式，⑤找尋證據，尤其是幕後頭目的犯罪證據，⑥找尋毒品的來源，⑦提供警方最佳的行動時機的情報。

　　臥底偵查員的工作方式，大致上是❹：①實施毒品運輸工作，②假冒有意購買贓物，贗品（如偽鈔），走私軍火或毒品的顧客，③擔任前述犯罪標的物的仲介人，④安排破案時機。

三、安置臥底偵查員的理由

　　運用法律上向所規定的偵查措施，無法充分有效的對抗組織犯罪，因此，德國實務界長久以來就主張，運用臥底警察非常有必要❺。運用臥底

❷　關於臥底警探應如何挑選，詳細可參閱 Beck, aaO. S. 94 ff.，尤其是 96–97 頁。根據德國警察百科全書的敘述，臥底警察的條件是：有自由意願、有工作經驗並且在相關的犯罪偵查上有實務經驗，樂於出勤並有活力，值得信任，不屈不撓的精神，可承受壓力，與所要偵查犯罪的背景環境相當的年齡，在所要涉入的犯罪環境中可以表現相當的行為模式，可隨不同環境而有良好的適應能力，與不同的人與團體有良好的接觸能力（例如，可以見人說人話，見鬼說鬼話），引自 Beck, aaO. S. 96，並請參閱 97 頁，❶。

❸　Beck, aaO. S. 138 f.

❹　Beck, aaO. S. 139.

警察可以更積極地掌握犯罪發生前的情報，而不是消極地等候告發❶⑤⑥；運用警察臥底者才有可能發現組織犯罪的操控者，並加以瓦解；而且經由臥底警探所獲得的情報，才可能提供警方最有利的行動時機❶⑤⑦。

德國的三個聯邦最高法院系統，聯邦最高普通法院 (BGH)、聯邦最高行政法院與聯邦憲法法院，也都曾在判決中支持安置臥底警探與臥底者❶⑤⑧。例如，聯邦憲法法院 (BVerf GE 57, 250) 就認為，為對抗特別危險的犯罪（如販毒與幫派犯罪），如果謹守法治國家的界限，應許安置臥底者 (V-Mann)❶⑤⑨。

雖然實務界支持在特殊情況下，為偵查特殊的犯罪活動，可以安置臥底偵查員，而且德國實務上也確實一直在使用臥底偵查的手段❶⑥⓿，但是，可資援用的法律基礎，在「對抗組織犯罪法案」公布之前，只有刑事訴訟法第 161、163 及 244 條第 2 項，以及各邦警察法上概括條款（尤其是危險防禦）的有關規定，甚至刑法上的緊急避難的阻卻違法事由，也可能被當

---

❶⑤⑤　例如，Lenhard, aaO. S. 227.

❶⑤⑥　Sielaff: *Bis zur Bestechung leitender Polizeibeamter?* Kriminalistik, 1983, S. 419.
　　　根據德國刑事警官 Schramm 自己的對抗國際犯罪組織的經驗，從來沒有一件警察的偵查組織犯罪工作，是經由告發而展開的，Schramm: *Das Auftreten Krimineller Gruppen in der BRD*, in: Schriftenreihe der Polizei-Fuhrungsakademie, 1977, S. 34.

❶⑤⑦　Schramm, aaO. S. 26; Beck, aaO. S. 59.

❶⑤⑧　BverGE 57, 250, 284 f.; BVerfG NStZ 1991, 445; BGHSt. 32, 115, 120 ff.; BGHSt. 33, 83, 90, 91; BGH NStZ 1991, 194; BVerwG, JZ 1992, 360 ff.

❶⑤⑨　臥底者 (V-Mann) 有時被當做是 "V-Mann" 與 "VE"（臥底警察）的共同上位概念，例如，德國聯邦普通最高法院 (BGH) 就認為，V-Mann 的概念，包括臥底偵查員。詳細參閱 Beck, aaO. S. 6 f.

❶⑥⓿　例如，根據一名德國刑事警察的供述，他多年來就常常運用臥底偵查的手段，對抗販毒活動，可能觸犯的罪名有許多，也曾被起訴。他自承如果這些罪名一一被判決，至少有 420 年的自由刑。Koriath: *Straftaten bei verdeckten Ermittlungen, Ein Geständnis*, Kriminalistik, 1992, S. 370 ff.

做是臥底偵查的法律基礎**⑯**。

　　警察法上的危險防禦 (Gefahrenabwehr)，可否作為安置臥底警探的依據，德國文獻上持反對的看法。因為警察法上的危險防禦措施，是預防性質的 (präventiv)；而安置臥底偵查員的措施，是刑事追訴的一種手段，是制壓性質的 (repressiv)**⑯**。此外，德國文獻上，也反對援用刑法上的阻卻違法緊急避難，作為安置臥底偵查員的依據，因為臥底偵查必然侵犯人民的基本權利（如住屋的不可侵犯性），已逾越憲法上的法律保留原則；對於人民基本權利的干涉與侵犯，不可以準用緊急避難這種類似一般化條款的規定。正因為如此，德國實務上的判決，從未同意可以援用緊急避難作為安置臥底警探的合法理由**⑯**。

　　由於安置臥底偵查員的法律基礎，一直都不明確，德國的立法者因而在此次法案內，於刑事訴訟法當中，增列第 110 條 a 至 e，共五個條文，給臥底偵查員明確的規定。

　　在對於這些新增的規定加以介紹之前，擬先討論臥底偵查員的可罰性問題。因為臥底偵查員可能在臥底期間，涉及種種不法活動，這些不法活動應如何從刑法上加以評價（主要是陷害教唆的評價），是安置臥底警探所生的基本問題。

四、臥底偵查員的可罰性

　　在臥底偵查員潛入犯罪組織內之後，就會在多方面與犯罪發生不同程度的關係**⑯**：

---

⑯　Rebmann: *Der Einsatz verdeckt ermittelnder Polizeibeamter im Bereich der Strafverfolgung*, NJW 1985, S. 1 ff.，尤其是 2–3 頁；Benfer: *Grundrechtseingriffe im Ermittlungsverfahren*, 2. Aufl., 1990, S. 253.

⑯　參閱 Weil: *Verdeckte Ermittlungen im Strafverfahren und die Unverletzlichkeit der Wohnung*, ZRP 1992, S. 246.

⑯　此處只參閱 von Heintschel-Heinegg: *Prüfungstraining Strafrecht*, Band 2, 1992, S. 223，詳細文獻請注意參考該頁**⑱**，**⑲**，以及 224 頁。

1.臥底偵查員誘使他人從事未遂的犯罪行為,並且在著手之際加以逮捕;

2.誘使他人完成刑法構成要件的行為(既遂),但犯罪成果尚未確保之前加以逮捕(犯罪終結);

3.誘使他人實現刑法構成要件的行為,而且犯罪終結;

4.臥底偵查員自己去實施犯罪行為,以便被犯罪團體所信賴。

以下分別討論這些行為的可罰性。

1.關於教唆他人實施未遂之犯罪

此一問題,涉及古典的不罰的 「陷害教唆」 (Agent Provocateur) 的案例。臥底偵查員只是教唆他人去實施犯罪,但無意讓被教唆人完成犯罪行為。德國文獻的通說認為,行為人因欠缺「教唆故意」而沒有可罰性,因為教唆犯必須有讓被教唆人完成犯罪的意思❺。

2.關於教唆完成犯罪行為,但尚未終結

此種情形通常發生在某些犯罪類型,例如,竊盜、詐欺、偽造文書,

---

❹ Benfer, aaO. S. 262.

❺ 關於陷害教唆的欠缺可罰性,參閱 Baumann/Weber: *Strafrecht Allgemeiner Teil*, 9. Aufl., 1985, §37 Ⅰ 2 d (S. 560 f.); Dreher/Tröndle: *Strafgesetzbuch*, 45. Aufl., 1991, §26, Rdnr. 8; Jakobs: *Strafrecht Allgemeiner Teil*, 2. Aufl., 1991, 23 Abschn., Rdnr. 16 (S. 683); Blei: *Strafrecht Allgemeiner Teil*, 18. Aufl., 1983, S. 284; Lackner: *Strafgesetzbuch*, 19. Aufl., 1991, §26, Rdnr. 4; Maurach/Gössel/Zipf: *Strafrecht Allgemeiner Teil II*, 7. Aufl., 1989, S. 306 ff.; Roxin, in: LK, §26, Rdnr. 17 ff.; Schönke/Schröder/Cramer: *Strafgesetzbuch*, 24. Aufl., 1991, §26, Rdnr. 16; Welzel: *Das Deutsche Strafrecht*, 11. Aulf., 1969, S. 117. 少數反對意見 , 參閱 Jescheck: *Lehrbuch des Strafrechts Allgemeiner Teil*, 4. Aufl., 1988, S. 623. 我國文獻上,認為無可罰性的有:林山田:《刑法通論》(下),98 頁;蔡墩銘:《中國刑法精義》,191 頁;蔡墩銘:《刑法總則爭議問題研究》,1991,301 頁。認為有可罰性的有:韓忠謨:《刑法原理》,278 頁;甘添貴:《刑法總則講義》,230 頁;褚劍鴻:《刑法總則論》,增訂 9 版,1992,279 頁;周冶平:《刑法總論》,416 頁;郭君勳:《案例刑法總論》,1992,521 頁。

這些犯罪行為的既遂與終結，有時可能有時間上的差距。教唆人誘使正犯完成犯罪行為，在尚未終結之前（尚未確保贓物），使正犯被捕。例如，臥底偵查員誘使潛伏幫派的成員去偷珠寶店的保險櫃，因為該幫派有重大嫌疑，專偷貴重珠寶，並透過中間人將贓物銷往國外。臥底偵查員想要了解，幫派分子如何打開此一保險櫃，並且可以因此證明，此一幫派在過去以同樣的手法竊取貴重珠寶。在竊取行為完成之後（既遂），未離開現場之前，安排警方加以逮捕[166]。此種情形，依據德國文獻上的大多數見解，認為教唆犯雖然有意使正犯的行為既遂，但是，在正犯尚未保有贓物之前，即加以逮捕，教唆犯事實上已經及時阻止了法益實害的發生，教唆犯的行為因而沒有可罰性[167]。

　　3.關於教唆犯罪既遂而且終結

　　臥底偵查員教唆他人實施既遂的犯罪行為，而且同時犯罪行為終結，是臥底偵查的領域中，相當有爭議的問題。這種情形，通常出現在抽象危險犯的實施上，如煙毒犯罪、非法武器交易。例如：臥底偵查員某甲，一段時間以來，監控某一犯罪組織，該組織控制某大都市及附近地區的毒品市場。該偵查員因為常常購買毒品，已經獲得該組織上層的信賴。為了追查該組織的幕後老板，該偵查員表示有意向該組織購買數量龐大的毒品，並且必須親自與幕後老板接洽。就在毒品交付之後，立刻安排警方將幕後老板及其同伙，全數逮捕[168]。此種情形，依（廣義）共犯的處罰理由，教唆犯誘使正犯終結犯罪行為的施行，實現了自己的既遂故意，已有構成要件該當的教唆；可以排除教唆犯的可罰性的理由，只有在違法性與有責性的層面去尋找。可能排除違法性的理由，是緊急避難；不過，緊急避難以有現時急迫的危難為前提，陷害教唆 (agent provacateur) 並沒有這種危難存

---

[166]　例子引自 Benfer, aaO. S. 263.

[167]　此處只參閱 Lackner, aaO. §26, Rdnr. 4; Schönke/Schröder/Cramer, aaO. §26, Rdnr. 16. 不同意見，例如 Benfer, aaO. S. 263 f.，認為此種情形，教唆犯在正犯行為既遂時，有可罰性。

[168]　案例引自 Benfer, aaO. S. 264.

在。因此，排除可罰性的理由，只有在有責性的層面去發現了，例如禁止錯誤（參考我國刑法第 16 條）⓰。

與前述見解不同的是，德國有些意見認為，此種情況的陷害教唆人的可罰性，在構成要件的判斷上就可以排除，因為對於法益的事實上的危險與實害，根本就不存在⓱。有的學者（主要是波昂大學的刑法教授 Jakobs）認為，如果刑法上對於抽象危險犯有特殊中止犯免刑的規定⓲，前述情形的教唆犯，應可以適用特殊中止犯的規定，排除可罰性；因為在此種情況，單純的行為既遂，尚非不法⓳。

4.關於臥底偵查員自己實施犯罪

這是臥底偵查所涉者，最有爭論的問題。臥底者可能為了獲取組織犯罪層峰的信賴，以便對組織犯罪的內幕有更清楚的認識，掌握更多的犯罪證據，而親自去實施一些犯罪行為。即使我們承認，為了對抗特別危險而且難以破獲的犯罪，有必要安置臥底偵查員；但是，如何為臥底偵查員親

⓰ von Heintschel-Heinegg, aaO. S. 227.

⓱ 例如，Suhr: *Zur Strafbarkeit von verdeckt operierenden Polizeibeamten*, JA 1985, S. 632.

⓲ 通常抽象危險犯在行為著手後，就已既遂（少數有未遂的情況，如放火罪），並且終結，而有可罰性。抽象危險犯的嚴屬性，就在於此。如何節制抽象危險性的嚴屬性，學說上的意見相當多，但都有其說理上的局限。最根本的節制之道，有賴立法上的措施，一般的中止犯的規定，是對於未完成犯罪行為的人，自己心生悔悟，放棄行為的繼續實施，或防止結果的發生，所以立法上基於刑罰目的之考量，規定可以免除刑罰。抽象危險犯無法適用一般中止犯的規定，因為著手之後，犯罪就完成（例如偽證、販毒），所以必須立法上，在刑法分則篇創設特殊的中止犯，以節制其嚴屬性。這種特殊的中止犯，在德國刑法中，其例不少，例如 129 VI, 129a V, 149 II, III, 158, 264 IV, 265b II, 264a III, 310, 330b。在我國刑法分則中，則甚為罕見。類似的規定，有刑法第 172 條，犯偽證罪等，於裁判確定前自白者，減輕或免除其刑。

⓳ Jaboks, aaO. 23 Abschn, Rdnr. 17 (S. 684)；同意此種見解如 Baumann/Weber, aaO. §37 Ⅰ 2 b (S. 561).

手實施的犯罪加以合法的解釋，實在是難置一詞。德國的實務見解，對於臥底偵查員可否誘使他人犯罪，已經顯得保守 ⓱；在德國實務界的觀念下，臥底偵查員親自去實施犯罪，恐怕更難被接受。此外，從基本的個人權利的保障來看，允許臥底偵查員去實施犯罪，並加以合法化，必將生出許多隱憂 ⓲。

五、德國刑事訴訟法有關臥底偵查員的新增規定

1.對於臥底偵查員可罰性的處理

前述關於臥底偵查員的可罰性問題，在此次法案中，並未加以處理。因為此次法案在刑事訴訟法中新增的規定，是針對臥底偵查員的程序問題所做的處理。其中可能涉及的，排除臥底偵查員的可罰性之規定，是新增的第110 條 c。第 110 條 c 規定：「臥底偵查員得使用化名，於權利人同意之情形下，進入住宅。臥底偵查員不得以使用化名外之欺騙手段，獲取權利人之同意而進入住宅……。」此一規定的實務上意義，依本人之見，在於合法的授權給臥底偵查者，可以使用化名，獲得屋主的同意而進入住宅了解狀況，搜集犯罪情報。新增此一規定，可以化解有關無故侵入住宅罪是否成立的爭論。學說上肯定，權利人同意客人進入他的私人空間，無故侵入住宅罪的構成要件就不該當 ⓳。有疑問的是，為了搜集情報與安置竊聽器，臥底警察使用化名，讓房屋的權利人在不知對方真實身分的情況下，同意他進入家屋，此時，權利人的同意有重大瑕疵，此種同意，仍然可以阻卻無故侵入住宅罪的構成要件嗎？這個問題，在德國文獻上有很大的爭執。德國的通說，從實體法上，大抵認為，經由欺騙獲得權利人同意而進入住宅，排除構成要件的成立 ⓴；但是，這種意見遭到程序法學者的質疑，因為對於基本權利的重大

⓱　例如 BGII NStZ 1981, S. 70.

⓲　Benfer, aaO. S. 265.

⓳　同意 (Einverständnis) 與承諾 (Einwilligung) 不同，同意有阻卻構成要件的效果，承諾則是阻卻違法性。關於同意與承諾的詳細區分，可以參閱 Roxin: *Strafrecht, AT I*, 1992, §13 I, II (S. 337 ff.).

干涉（住宅的不可侵犯性是一種基本權利），必須法官的同意才可以，權利人的同意則必須在清楚明確及自由決定的情況下，而且必須對於情況有充分的理解，才可以是有效的同意[177]。這些意見上的爭執，也許可以經由立法者在刑事訴訟法第 110 條 c 的規定，而暫時的得到平息。

無故侵入住宅是臥底偵查員最可能違犯的罪名[178]，但是，臥底偵查員其他可能的違法行為仍多，德國的立法者未敢加以置喙，顯見臥底偵查員的可罰性，實在是一個棘手的問題。

2.臥底偵查員的立法定義

依據新增的刑事訴訟法第 110 條 a 第 2 項的立法定義，所謂臥底偵查員，是指服警察勤務的公務員，於一定期間內，使用經由核備的化名，偵查犯罪活動者。這裡所謂的服警察勤務的公務員，包括稅務與海關人員[179]，因而，稅務人員及海關人員，如在特定的條件下，亦可以臥底偵查組織犯罪的逃漏稅或查緝走私活動。由於臥底偵查員是指長期化名潛伏在組織犯罪內的人，因而，如果只是暫時化名偵查犯罪活動之公務員，如假裝購買毒品的人，就不算是臥底偵查員。

3.可以臥底偵查的情況

並不是對於一切犯罪活動，都可以允許臥底偵查。新增的刑訴法第 110 條 a 第 1 項規定，必須有充分的事實根據，認為有下列的重大犯罪，才可以為達破案之目的，而安置臥底偵查員：①非法的毒品與武器交易，偽造貨幣或偽造有價證券，②危害國家保護的犯罪（德國法院組織法第 74

---

[176] 例如，Dreher/Tröndle, aaO. §123, Rdnr. 7; Arzt/Weber: *Strafrecht*, LH 1, 3. Aufl., 1988, Rdnr. 477 (S. 186 f.); Lackner, aaO. §123, Rdnr. 5; Krey: *Strafrecht*, BT 1, 8. Aufl., 1991, Rdnr. 437 (S. 178)；不同意見如 Rudolphi, in: SK, 4. Aufl., 1989, §123, Rdnr. 18; Weil, ZRP 1992, S. 244 f. （附有詳細反對理由）

[177] Kleinknecht/Meyer: *Strafprozeßordnung*, 40. Aufl., 1991, §81a, Rdnr. 4.

[178] 根據曾經有多次臥底經驗的德國刑事偵查員的自白，在他的偵查生涯裡，他自己至少犯了 100 至 200 次的無故侵入住宅罪，Koriath: *Straftaten bei verdeckten Ermittlungen*, Kriminalistik 1992, S. 370.

[179] Möhrenschlager, aaO. S. 330.

條 a，第 120 條），③營利性或習慣性的犯罪，④幫派分子或以其他方式組織的犯罪。

此外，如果有特定事實，認為有再犯罪的危險（例如性犯罪人），也可以為破案之目的，安置臥底偵查員❿。

臥底偵查必須當做是一種最後手段，也就是說，如果其他偵查沒有效果，或者有重大困難時，才可以使用臥底偵查的手段（第 110 條 a 第 12 項第 3、4 句）。這就是「補充原則」(Subsidiarität)。

4.臥底偵查的程序要件及其他問題

新增的刑訴法第 110 條 b 第 1 項規定，臥底偵查應有何種程序的要件。原則上，安置臥底偵查員應得檢察官之書面同意，而且應定期間。例外地，如果情況急迫，也可以先安置臥底偵查員，再徵得檢察官的同意。不過，如果檢察官不於三日內同意，應立即撤出臥底偵查員。撤出之後，勤務單位對於所造成的損害，應負賠償責任。臥底偵查原則上應定期間，但如有繼續偵查的必要，可以得到檢察官的同意，延長期間。

在特定情況下（第 110 條 b 第 2 項），臥底偵查必須有法官的同意。這些情況是：①針對特定嫌犯，②為了偵查特定嫌犯，臥底者必須侵入非公眾得出入的家屋。不過，情況急迫時，只有得到檢察官的同意，也可以安置臥底偵查員；檢察官如果不能及時決定，警方同樣可以立即安置臥底偵查員。但是，法官如不於三日內同意（包括同意檢察官的決定），臥底偵查員應立即撤出。法官的同意仍須以書面行之，而且應定期間。如果有繼續偵查的必要，可以得到法官的同意後，延長期間。

關於臥底偵查的程序上的細節問題，也就是偵查員身分保密的問題，規定在第 110 條 b 的第 3 項。原則上，偵查行動終結後，臥底警探的身分得加以保密，不必公開他的真實姓名。亦即，臥底偵查員可以繼續使用化名，與他人成立法律行為（例如買賣或訂立其他契約），即使出庭應訊，也

---

❿　律師界對於此一規定頗有異見，認為，如果為了破獲一再有性犯罪的犯罪人，而使用臥底偵查的手段，實在是有違比例原則，Meertens, *Das Gesetz gegen die Organisierte Kriminalität, eine unerträgliche Geschichte!* ZRP 1992, S. 206.

可以使用化名⑱。

臥底偵查員的身分，在例外的情況下，也就是經由先前准予臥底偵查的檢察官與法官的要求，得加以公開（第110條b第3項第2句）。在刑事訴訟程序中，臥底偵查員如應出庭，例如以證人身分出庭，可以依照刑訴法第96條的規定，隱匿身分。尤其是身分公開後，足堪擔憂，臥底偵查員本人或他人（例如線民）的生命，身體或自由將遭受危險，或者無法再繼續從事臥底偵查的工作。准予隱匿身分的決定，由法官依刑訴法第96條的規定為之，但應說明理由⑱。

臥底偵查員以證人身分出庭，就其職務上應守祕密之事項，得拒絕陳述。這是訴訟法上賦予公務員的拒絕證言權（參閱我刑訴法第179條第1項）。法院如果要求臥底偵查員陳述，必須得到偵查員上級機關的允許。偵查員的上級機關，除了有妨害國家的利益者外，不得拒絕同意，如果上級機關未附理由，拒絕法院的要求，法院得聲明異議。

六、對於安置臥底偵查員新規定的批評

德國刑事訴訟法有關安置臥底偵查員的新規定，本來是實務界，尤其是警方與檢方所樂見的，但是，此次法案增列的新規定，並未受實務界所肯定。在1992年1月22日法案的聽證會上，檢警雙方就曾表示，法案所給予實務工作者的法律地位，比從前更加惡化⑱。

對於安置臥底偵查員的具體的批評，有如下述：

1.臥底偵查條件的寬泛規定，有違聯邦憲法法院的見解

臥底偵查員的安置，必須有犯罪的嫌疑為前提。依據聯邦憲法法院的

---

⑱　Hilger, aaO. S. 524.

⑱　臥底偵查員的身分固然應加隱密，但是並非無條件地，毫無例外地加以隱密。因為，對於臥底偵查員身分的隱密，無疑的就相對減少了對於當事人（尤其是被告）的法律保護。Hilger, aaO. S. 524.

⑱　引自 Krey/Haubrich: *Zeugenschutz, Rasterfahndung, Lauschangriff, Verdeckte Ermittler*, JR 1992, S. 315; Lenhard, aaO. S. 227.

見解❹，安置臥底偵查員，只有為對抗特別危險的犯罪，例如組織犯罪或煙毒犯罪，才應受許可。但是，刑事訴訟法新增的規定，除了對抗這些犯罪之外，更許可如果有再犯的嫌疑，為了破案的目的，也可以安置臥底偵查員。這明顯的與聯邦憲法法院的見解有背❺。

2.保存臥底偵查員檔案之規定，應予刪除

新增的刑訴法第 110 條 d 第 2 項規定，有關臥底偵查員的一切裁判與其他文件，由檢察官保管，除有特殊必要，才可以調取。易言之，即使是當初同意核准臥底的法官，也只有在特殊的情況下，才可以調取這些檔案。這一規定，在實務上，必然導致法官與辯護人無法對臥底偵查員做有效的控制，批評者因此認為，應該加以刪除❻。

3.未經法官核准的臥底偵查所獲得的證據，應無證據能力

本來一切違法取得的證據，在訴訟程序上，均因其欠缺證據能力，而不可加以評價。臥底偵查必須加以合法化，所取得的證據，才具有證據能力。依新增的刑訴法第 110 條 b 第 1 項的規定，對於不特定對象的臥底偵查，得到檢察官的同意即可。德國的辯護人協會認為，這種未經法官同意的臥底偵查，所獲得的證據，由於是違法欺騙而得，不能在刑事訴訟上加以評價❼。

4.對於臥底偵查員身分的太過保密，有背於聯邦憲法法院的見解

依新增的刑訴法第 110 條 b 第 3 項第 3 句的規定，在刑事訴訟程序當中，得對於臥底偵查員的身分加以隱密。其條件是：①有事實足堪擔憂，如公開身分，臥底偵查員本人或他人（例如線民）的生命、身體或自由將遭受危害；或②如公開身分，對於將來繼續臥底偵查的工作，會有妨害。這個新規定，踰越了聯邦憲法法院的判決。聯邦憲法法院在一項判決中(BVerf GE 57, 250=NJW 1991, 1719) 指出：「為了防止證人遭受急迫的生命

---

❹　BVerfGE 57, 250=NJW 1981, 1719.

❺　Meertens, aaO. S. 206.

❻　Meertens, aaO. S. 207.

❼　Meertens, aaO. S. 208.

危險，可以在審判程序上，不要求證人現身或接受其他的法庭訊問，並對證人的居所加以保密。如證人的自由受到嚴重威脅的話，也可以同樣處理。」前述的新規定，雖然精神上承襲聯邦憲法法院的判決，但卻踰越了判決內容，例如，可以為了繼續臥底而隱密身分⑱。

---

⑱　Meertens, aaO. S. 208.

第十三章　毒品犯罪

　　毒品嚴重影響個人健康，也會在施用過程中因注射而感染肝炎、愛滋病等公共衛生疾病，且因需要取得毒品，不擇手段犯罪，形成社會治安問題。施用毒品一旦成癮，戒斷極為不易，不若其他犯罪限於少數加、被害人，而是擴及全國民眾，對國力造成極大影響，所以需要積極防制。本章就毒品有關廣泛性議題簡要說明，第一節描述毒品犯罪的概念；第二節探討毒品犯罪的理論；第三節說明毒品犯罪的類型與趨勢；第四節歸納毒品犯罪的特質；第五節分析臺灣毒品犯罪現況；第六節整理國際上重要抗毒政策和作為；第七節為本章結語。

第一節　毒品犯罪的概念

第一項　毒品的意義

　　「毒品」(Drugs) 是對非法藥物的另一種稱呼，會依據當地法律、新的管制藥品等而有所變動的概念。衛生署指出，「毒品」與「管制藥品」是一體之兩面，非醫療使用目的而濫用的藥物即為「毒品」，而由醫師診斷開列處方供合法醫療使用則為管制藥品❶。我國「毒品危害防制條例」第 2 條：毒品指具有成癮性、濫用性及對社會危害性之麻醉藥品與其製品及影響精神物質與其製品。

　　世界衛生組織 (World Health Organization, WHO) 指毒品 (Drugs) 是非因醫療用途而使用對心理和精神有顯著不良影響的藥物 (Psychotropic Drugs)。過度使用這些非法藥品，如酒類、鴉片、大麻素、鎮靜劑、安眠

---

❶　行政院衛生署、法務部、教育部、外交部：《100 年反毒報告書》，行政院衛生署印，2011，12 頁。

藥、古柯鹼、迷幻藥、香菸、易揮發的溶劑及具有刺激性的物質等，產生急性中毒、退癮症狀及精神錯亂等身心失調症狀 (Mental and Behavioural Disorders)❷。聯合國將查緝及管制的藥物分為麻醉藥品和影響精神藥物二類，麻醉藥品類是指鴉片、古柯、大麻等或其製品；影響精神藥物類是指安非他命、迷幻劑及其製品，如甲基安非他命、搖頭丸 (MDMA)、搖腳丸 (Lysergic Acid Diethylamide, LSD) 等。

歸納上述對毒品的定義，有下列三項主要條件：

一、該類為麻醉藥品及影響精神藥物二類天然或合成的製劑。

二、長期使用這類藥物產生依賴或成癮，造成生理、心理及行為失調。

三、法律禁止於非醫療因素下使用。

第二項　毒品犯罪的意義

非法藥物對於國民健康影響深遠，各國對使用毒品均制定相關法律進行嚴格管制。我國毒品犯罪，是指從事「毒品危害防制條例」中，販賣毒品種子、施種幼苗、製造、運輸、販賣、持有施用及轉讓毒品等非法行為。

聯合國控制非法藥物有三大基本公約❸：

一、1961 年訂定的「1961 年麻醉藥品單一公約」(1961 Single Convention on Narcotic Drugs)，規定非基於醫療或科學研究的目的，禁止製造、生產、進出口、散布、交易及持有該條約中所禁止的麻醉藥品，會員國必須將條約內容落實到本國法律中實踐（第 4 條），該條約禁止麻醉品非法製造和走私，為全球管制藥品制度的基礎。

二、1971 年訂定「1971 年精神藥物公約」(1971 Convention on Psychotropic Substances)，規範影響精神藥物管制，准許於醫療及研究需要使用，但需要嚴格監督，此類藥物之製造、貿易、分配及持有須憑特別執

---

❷ World Health Organization: *World Health Organization Lexicon of Alcohol and Drug Terms*, Geneva, 1994, pp. 34, 53–54.

❸ 三個條約資料來源：聯合國毒品和犯罪問題辦公室，網址：http://undoc.org，瀏覽日期：2011 年 11 月 20 日。

照或事先領有許可證明（第 7 條）。

　　三、1988 年訂頒「1988 年禁止非法販運麻醉藥品和影響精神藥物公約」(1988 Convention Against Illicit Traffic Narcotics and Psychotropic Substances)，要求各會員國應加強查緝前述二項公約所禁止的麻醉藥品或影響精神藥物，犯有栽種、製造、販賣、萃取、供給、散布、運送、進出口或持有等犯罪行為，必須以法律處罰。

第三項　毒品分類

　　聯合國將毒品分為麻醉藥品和影響精神藥物二類，並於「1961 年麻醉藥品單一公約」附表一、二訂有禁用之麻醉藥品；在「1971 年精神藥物公約」附表一、二訂定有關禁用的精神藥物。

　　我國「毒品危害防制條例」依成癮性、濫用性及對社會危害性分為四級（如圖 13–1）：

　　第一級：海洛因、嗎啡、鴉片、古柯鹼及其相類製品。

　　第二級：罌粟、古柯、大麻、安非他命、搖頭丸 (MDMA/Ecstasy)、甲基安非他命 (Methamphetamine)、液態搖頭丸 (GHB)、浴鹽 (bath salts)、PMA、搖腳丸 (LSD)、魔菇 Psilocybine)、天使塵 (PCP)、配西汀、潘他唑新及其相類製品。

　　第三級：愷他命 (Ketamine)、FM2 強姦藥丸、小白板、丁基原非因舌下錠 (Buprenorphine)、西可巴比妥（俗稱紅中）、異戊巴比妥（俗稱青發）、納洛芬及其相類製品。

　　第四級：二丙烯基巴比妥、阿普唑他、佐沛眠 (Zolpidem) 及其相類製品。

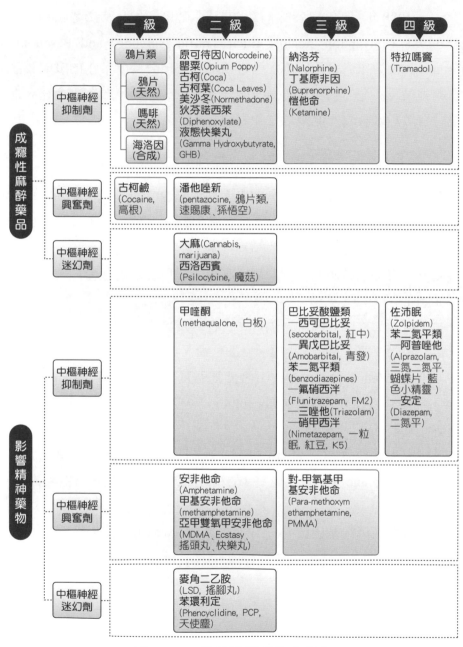

圖 13-1　常見濫用藥物之分類

資料來源：整理自法務部網站／主管法規查詢／毒品危害防制條例（附表一、附表二、附表三、附表四），http://mojlaw.moj.gov.tw/LawQuery.aspx，瀏覽日期：2011 年 12 月 8 日。

第四項　成癮 (Dependence, Addiction)❹

聯合國毒品與犯罪辦公室 (United Nations Office on Drugs and Crime, UNODC) 及世界衛生組織 (World Health Organization, WHO)❺指成癮是長期持續使用對心理或精神有顯著影響的藥物，如藥品、酒、香菸、咖啡等，而有心理強迫使用的需求，無法自主停止，並竭盡所能獲取所需的物質。在本文中是指非法使用的成癮性麻醉藥品或影響精神的藥物，不包含酒、香菸、咖啡等刺激性物質。

藥物的使用 (Use)、濫用 (Abuse) 和成癮 (Dependence, Addiction) 有其層次性：一、初期 (Onset) 先從使用開始；二、當使用頻率越來越密集，用量越來越重時，逐漸形成濫用；三、濫用後，產生成癮，有強迫、渴求、戒斷等症狀❻。對成癮的判定，是指在過去一年中，經診斷後，符合設定某些醫療上指標。美國《精神疾病診斷與統計手冊》第四版 (The Diagnostic and Statistical Manual of Mental Disorders–IV, DSM–IV) 指出，物質成癮會有下列症狀：一、藥物濫用情形；二、非因疾病因素而連續使用；三、耐受性增加；四、出現戒斷症狀。這些症狀常與遺傳 (genetic factors)、精神問題 (psychosis)、人際關係及壓力等問題互有關連❼。

❹ 世界衛生組織 (World Health Organization, WHO) 基於「成癮」(Addiction) 字彙的使用不易與「適應」(Habituation) 做區別，所以自 1960 年代起即不用 "Addiction"，而以 "Dependence" 取代，但由於 "Addiction" 為一般通用語詞，沿用至今，參閱 World Health Organization, op. cit., p. 6.

❺ United Nations Office on Drugs and Crime: *The Non-medical Use of Prescription Drugs: Policy Direction Issues (Discussion Paper)*, United Nations, 2011, p. 49; World Health Organization, op. cit., pp. 4–5.

❻ U.S. Congress, Office of Technology Assessment: *Technologies for Understanding and Preventing Substance Abuse and Addiction*, Washington, DC: U.S. Government Printing Office, 1994, p. 29.

❼ United Nations Office on Drugs and Crime: *The Non-medical Use of Prescription Drugs: Policy Direction Issues (Discussion Paper)*, 2011, p. 50.

　　一般服用毒品的生理反應，從循環系統進入大腦的情緒和反應區 (Reward System)，在體內產生化學反應，長期使用者大腦細胞形成新的反應功能，需要更多的用量才能達到一定的效果，即產生耐受性 (Tolerance)，沒有再服用時，產生流淚、打哈欠、嘔吐、腹痛、痙攣、焦躁不安及強烈渴求藥物等戒斷症狀 (Withdrawal Syndrome)，患者會不擇手段企圖拿到毒品止癮。如經過勒戒、服刑一段時間未接觸毒品，身體耐受性降低，突然再使用與先前相同劑量毒品，尤其是鴉片類（含海洛因），臨床上常造成呼吸抑制、意識不清及瞳孔縮小，而中毒死亡。理論上戒毒成功，大腦已適應沒有毒品的刺激，應可以恢復正常，但因毒品殘留有神經性適應 (Neuroadaptions)，在體內持續數個月到數年或一輩子，在戒毒和復發使用的循環之下，對毒品仍有依賴，是戒毒之後又再復發的原因。

第二節　毒品犯罪的理論

　　理論認為毒品和犯罪可能有四類關係，第一類是二者有直接關係，即毒品施用引發犯罪或犯罪引發毒品施用；第二類是二者具有間接關係，因為其他犯罪而引起施用毒品或者犯罪；第三類是與一般的問題行為聯結❽；第四類是二者間沒有相關❾。

　　第一類理論指毒品施用引發犯罪或犯罪引發毒品施用。美國學者郭德史坦 (P. J. Goldstein) 於 1985 年提出三個解釋毒品與暴力犯罪關係的理論，第一種解釋，暴力行為是在毒品施用或藥物濫用的影響下進行或發生，他稱這種類型的暴力為「精神藥理性暴力」(Psychopharmacological Violence)。精神藥理性暴力是由於短期或長期使用產生興奮性、煩躁、妄想症或暴力

❽　Bennett, Holloway, & Farrington: The Statistical Association between Drug Misuse and Crime: A Meta-Analysis, in: *Aggression and Violent Behavior*, 2008, p. 3.

❾　Walker: *Sense and Nonsense about Crime and Drugs: A Policy Guide*, 6th. Edition, Wadsworh Publishing Company, 2006, pp. 261–289.

行為的某些藥物而發生。當使用藥物導致認知功能的變化或損傷、激動化的情緒狀態、賀爾蒙或抑制暴力的激素或生理功能被破壞時，精神藥理性暴力也會發生。這種暴力形式可能涉及犯罪者或受害者的藥物使用。例如，藥物濫用可能導致一個人的暴力行為，或者可能改變一個人的行為，也可使該人受到暴力的傷害，這方面最相關的濫用物質是酒精、興奮劑（古柯鹼和安非他命）、PCP（Phencyclidine，天使塵）和巴比妥類。

第二種解釋，與藥物濫用關聯性很高的第二類暴力行為，常常被標註為「系統性暴力」(Systemic Violence)，是指藥物分配和使用系統內的相互作用模式，最佳案例包括：在領域爭端的過程中毒品勢力和毒品分銷商的暴力事件、販賣「不良」藥物的報應、毒品交易組織內使用威脅和暴力行為執行規則、毒品使用者用毒品或吸毒用具與警方進行戰鬥、消除告密者等。許多使用者，任何藥物，隨著其藥物使用事業的進展，參與藥物分配，從而增加了成為受害者或系統性暴力行為人的風險。

第三種解釋稱為「經濟強迫暴力」(Economic Compulsive Violence)，與獲取藥物或毒品有關。經濟強迫暴力是由吸毒者為產生資金來支持他們的毒癮，而從事經濟導向的暴力犯罪所產生的故意暴力。暴力行為一般來自經濟犯罪所在社會背景下的一些因素，例如，暴力可能與犯罪者自己的緊張感、受害者的反應或犯罪者或受害者攜帶的武器有關。經濟上的暴力適用於沒有合法市場的所有物質，最常與經濟強迫性暴力有關的兩種物質是海洛因和古柯鹼，此與它們的費用高昂有關❿。

實證研究結果，班奈特 (Bennett) 等人蒐集二十五年來有關毒品與犯罪關係進行後設分析，發現毒品施用者較不施用者的犯罪情形高出 3 到 4 倍，施用快克 (Crack) 有最高犯罪率，最少是施用軟性毒品，犯罪類型包含搶劫、夜盜、賣淫、商店扒竊等⓫。在美國檢測時，發現暴力犯較常施用大

❿　Goldstein: The Drugs/Violence Nexus: A Tripartite Conceptual Framework, in: *Journal of Drug Issues*, 15 (4), 1985, pp. 493–506；黃俊能、賴擁連、范素玲、鍾健雄：《以巨量資料分析觀點探討毒品施用者及暴力犯罪再犯因子及預測之應用》，法務部 106 年委託研究計畫期末報告 (L1060213)，法務部編印，2018。

麻；而財產犯常發現有古柯鹼陽性反應❷。

國內有研究比較使用海洛因與安非他命的犯罪行為，發現男性使用海洛因與安非他命，在販毒前科、竊盜、強盜及妨害風化等犯罪類型有顯著差異，男性使用海洛因組比安非他命組有較高的強盜前科，但竊盜及妨害風化前科較少。而女性使用海洛因與使用安非他命者，只有在販毒前科上犯罪有顯著差異❸。這個研究結果顯示，吸用不同的毒品會有不同的犯罪類型。

第二類是毒品和犯罪具有間接關係，一般最常見的是「共通性的原因」(Common Cause)，指因為其他如心理、社會或環境因素，引發犯罪與毒品間的聯結關係。高夫森和赫胥 (Gottfredson & Hirschi) 就指出，因為個人的「低自我控制力」(Low Self-Control) 才產生施用毒品及犯罪❹。

第三類理論是毒品與犯罪是與生活中問題行為聯結的結果，其中最常見的是用生活型態 (Lifestyle) 來解釋。如同郭德史坦 (P. J. Goldstein) 在前述的論文中，提供的第二種解釋稱為「系統性的理論」(Systemic Theories)，指毒品和犯罪是共同存在日常生活社區中，尤其最常發生在較無人經營的社區❺。他舉例說明，在社區中有侵犯毒品地盤情形雙方因而衝突，進而暴力報復、殺害、攔阻搶奪毒品等。懷特和郭曼 (White & Gorman) 也認為毒品與犯罪是因為有共同因素所致，如貧窮、學業不佳、缺乏社會支持等，而這些因素是發生在同一社區或同一生活範圍中❻。

❶ Bennett, Holloway, & Farrington, op. cit., pp. 1–12.

❷ McBride, Waal, & Terry-McElrath: The Drugs-Crime Wars: Past, Present, and Future Directions, Theory, Policy, and Program Interventions, in Ashcroft, John, D. J. Daniels, & S. V. Hart (eds.), *U.S. Department of Justice Office of Justice Programs, NCJ 194616*, 2003, p. 100.

❸ 林瑞欽：〈海洛因與安非他命用藥者信念、再用藥意向與犯罪行為之比較研究〉，刊：《2004 年亞太地區犯罪問題與對策研討會論文集》，中正大學編印，2004，163、167、178 頁。

❹ 引自 Bennett, Holloway, & Farrington, op. cit., p. 3.

❺ Ibid.

　　第四類理論認為毒品和犯罪是沒有相關性。渥克 (Walker) 等人認為毒品引發與毒品有關的犯罪，但未必會引發強盜、竊盜等犯罪；且降低毒品使用，不必然會降低非毒品的犯罪。除此，也有認為是因為犯罪後才施用毒品❶。博岩和克萊曼 (Boyum & Kleiman) 認為只有酒類經證實和攻擊行為有相關，其他認為毒品和犯罪有關的論述都很難禁得起縝密檢視，只能說在某些情境，對某類人使用毒品時，才可能攻擊別人；且要使人有攻擊性，是要非常重度的使用者才有使其有攻擊的傾向；在藥性而言，古柯鹼 (Cocaine) 在實驗室研究是否會刺激攻擊，並沒有一致性的結論，但是如果古柯鹼可能刺激暴力產生，也是在很長時間的使用之後❶。

　　國內也有少數的研究，發現毒品施用與暴力及財產性犯罪關聯性並不強❶，但細究該研究的資料來源，係對監所的毒品使用者自陳調查，為保護自己不再受追訴，沒有如實表達意見，因而可能低估犯罪與毒品的關係。

　　上述四個觀點至今仍未取得一致的共識，但最近美國統計三十年來對本問題的研究，多數結果還是支持毒品和犯罪有明確的關係，毒品施用者具有犯罪前科，這些毒品施用者也會受到環境的影響，同時會因使用不同的藥物和不同種族，而有不同的犯罪類型❷。因此，毒品和犯罪的關係並非單一理論可以完全解釋，而是需依脈絡個別認定其發生的原因❹。

⓰　White & Gorman: Dynamics of the Drug-crime Relationship, in G. LaFree (ed.), *Criminal Justice 2000: Volume 1: The Nature of Crime: Continuity and Change*, NCJ 182408, 2000, pp. 151–218.

⓱　Walker, op. cit., pp. 261–289.

⓲　Boyum & Kleiman: Substance Abuse Policy, in J. Q. Wilson & J. Petersilia (eds.), *Crime-Public Policies for Crime Control*, Institute for Contemporary Studies Oakland, California, 2002, p. 334.

⓳　蔡鴻文：《臺灣地區毒品犯罪實證分析研究》，中央警察大學，刑事警察研究所碩士論文，2001，186、190–191 頁。

⓴　McBride, Waal, & Terry-McElrath, op. cit., p.100.

㉑　Gizzi & Gerkin: Methamphetamine Use and Criminal Behavior, in: *International Journal of Offender Therapy and Comparative Criminology*, Sage Publications, 54

第三節　毒品犯罪的類型與趨勢

天然的麻醉藥品包括鴉片、古柯和大麻。合成的麻醉藥品，是自天然的麻醉藥品中提煉其製品，如海洛因、嗎啡來自鴉片，可待因、古柯鹼、快克等來自古柯葉；大麻脂、大麻油來自大麻；除此，屬於化學合成製劑❷。

第一項　國際毒品的產製情形❷

聯合國毒品報告指出，2017 年全球罌粟 (Opium Poppy) 種植面積約有 420,000 公頃，較 2010 年的 195,700 公頃成長 115%。其中最大種植面積在阿富汗 (Afghanistan) 有 328,000 公頃，第二是緬甸 (Myanmar) 有 41,000 公頃。

從罌粟製成鴉片，2017 年全球產量 10,500 公噸，比 2010 年成長 65%。其中阿富汗產量 9,000 公噸，占全球 86%，緬甸是第二生產大國，產量 550 公噸（佔全球 5%），至今持續增產中。東南亞國家包含寮國、巴基斯坦、印度均有部分非法種植。在拉丁美洲，墨西哥是主要產地，哥倫比亞也有少數面積種植。

從鴉片提煉成海洛因，2017 年全球約有 1,050 公噸，較 2010 年 396 公噸成長 165%。生產的國家和種植罌粟國家相同，阿富汗仍是全球最大的海洛因生產國，2017 年生產 900 公噸，占全球 88%，有 48 個提煉工廠；緬甸 2017 年產量 53 公噸，占全球產量 5%，估計有 3 個提煉工廠。

總之，全球罌粟種植面積最大的國家為阿富汗，佔全球 75%，最近 8 年 (2010–2017) 國際上鴉片產量上升 116%，海洛因亦從 380 公噸成長至 900 公噸，成長 137%。

---

(6), 2010, pp. 917–918.

❷　參見聯合國 1961 年麻醉藥品單一公約條文；林健陽、柯雨瑞：《毒品犯罪與防治》，中央警察大學印行，2003，42 頁。

❷　United Nations Office on Drugs and Crime: *World Drug Report 2018－Analysis of drug markets (opiates, cocaine, cannabis, and synthetic drugs)*, vol. 3.

古柯 (Coca) 種植區主要是在中南美洲哥倫比亞 (Republic of Colombia)、玻利維亞 (Republic of Bolivia) 及秘魯 (Peru) 三個國家，以 2016 年為例，其中秘魯、哥倫比亞種植面積各約占世界總種植面積 90%，玻利維亞約 10%（如表 13-1）。自 2000 年以來，種植及提煉古柯鹼有下降趨勢，在 2010 年下降 6%，主要原因是美國使用量下降，哥倫比亞因而減產，但自 2013 年以來，全球整體的種植面積有逐年增加的趨勢。從個別觀之，除哥倫比亞種植面積有增加外，其餘兩國種植面積均下降，全球古柯種植面積仍較 2010 年成長 43%。從古柯葉提煉古柯鹼，亦呈現上升趨勢，例如 2016 年為 1,410 公噸，較 2010 年的 1,054 公噸成長 34%，也較 2015 年成長 25%。

古柯鹼主要生產國家為哥倫比亞，2016 年生產了 866 公噸（佔全部的 61%），較 2015 年成長 34%，其次，波利維亞及秘魯所生產的占柯鹼也增加，但數量較為緩慢。

表 13-1　2010-2016 年世界古柯種植面積

單位：公頃

	2016	占當年總種植面積比例 %	2010	占當年總種植面積比例 %
玻利維亞	23,100	11%	30,900	21%
哥倫比亞	146,000	68%	57,000	38%
秘魯	43,900	21%	61,200	41%
全球總面積	213,000	1	149,100	1

資料來源：作者計算自 United Nations Office on Drugs and Crime: *World Drug Report 2018–Analysis of drug markets (opiates, cocaine, cannabis, and synthetic drugs)*, vol. 3.

大麻 (Cannabis) 是生產和消耗最多的毒品，種植區分布在北美洲、歐洲及大西洋國家，已開發國家主要是採室內植栽；大麻脂 (Cannabis Resin Production) 主要生產國是阿富汗 (Afghanistan)、摩洛哥 (Morocco)、黎巴嫩 (Lebanon)、尼泊爾 (Nepal) 和印度 (India)。

安非他命族系 (Amphetamines, ATS) 可分為二部分，一是安非他命族群，二是迷幻藥族群。安非他命族群 60% 聯合國會員國的國內都有製造工

廠，通常靠近毒品市場，以製造甲基安非他命 (Methamphetamine) 最多，美國最多，而製造安非他命的原料通常是進口，印度和孟加拉是世界最大先驅化學製品生產地。

第二項　國際毒品走私和運輸

犯罪組織常縝密規劃全球的毒品運輸路線及網絡，經由走私方式送達各地。走私路線有些是因為地理環境使然，但也有是因為執法鬆散所致。以 2016 年為例，各國執法單位查獲大麻 (Cannabis) 4,682 公噸、古柯鹼 (Cocaine) 1,129 公噸、鴉片 (Opium) 658 公噸、海洛因 (Heroin) 91 公噸以及嗎啡 (Morphine) 65 公噸。其中古柯鹼與大麻的查獲數量，創歷史新高[24]。

壹、鴉片及其製品[25]

犯罪組織從亞洲走私的鴉片占全球的 99%，歐洲和亞洲是主要消費地區；從緬甸和寮國的出境鴉片則直接輸出至中國；墨西哥則直接輸出至美國。走私國際線可分為三條路線[26]：

一、阿富汗至鄰近國家及歐洲。

二、緬甸、寮國至鄰近東南亞國家（特別是中國）及大洋洲（主要是澳洲）。

三、拉丁美洲國家（哥倫比亞、秘魯、玻利維亞）到北美洲（主要是美國）。

再細分自阿富汗出境走私有三條路線：

一、巴基斯坦、伊朗、土耳其，到東南歐再至中、西歐，這條稱為「巴爾幹半島路線」(Balkan Route)。

二、阿富汗的北部邊境走私經中亞至俄羅斯，再至東歐，這條路線稱

---

[24]　同[23]。

[25]　United Nations Office on Drugs and Crime, op. cit., pp. 8–18; 99–105.

[26]　朱正聲：《全球化下我國緝毒工作之研究》，國立政治大學，國家安全與大陸研究碩士在職專班碩士論文，2007，45–46 頁。

為「北方路線」(Northern Route)。

三、2005 年至 2006 年發展出另一條新路線，自阿富汗出境，先到東南亞國家，馬來西亞、新加坡、越南再轉入中國南方廣東省。

中亞位於阿富汗毒品走私路線的轉運站，伊朗在 2016 年查獲鴉片 528,928 公斤，占世界總量 80%，查獲量最多，其次是巴基斯坦，查獲 64,608 公斤，占世界總量 10%，第三為阿富汗，查獲 49,665 公斤，占世界總量 8%。

海洛因走私路線和鴉片相近，中國的海洛因來自東南亞緬甸和阿富汗；美國的海洛因來自墨西哥，中、西歐洲的海洛因來自阿富汗。2016 年海洛因的全世界查獲量為 910 公噸，其中巴基斯坦查獲 236 公噸，占世界總量的 26%；其次是伊朗，查獲 21 公噸，占世界總量 21%；中國大陸查獲 8.8 公噸，占世界總量 10%，是查獲最多的第三個國家。

在美洲，2016 年美國查緝海洛因僅 0.7 公噸，這些毒品自墨西哥走私入境，加拿大查獲量也增加，但其貨源是來自南亞洲國家。在非洲，2016 年查獲海洛因 816 公斤，達到新高，主要查獲國家為埃及。

貳、古柯鹼[27]

根據 UNODC 報告，2016 年從安地斯山系國家走私的古柯鹼，主要有三大市場：一是北美洲、二是中歐、三是西歐。而古柯鹼的走私路線，多數是由海運路線。據統計，北美境內的古柯鹼，92% 是自哥倫比亞走私入境，少數來自秘魯及玻利維亞。古柯鹼走私路線分為二條路線[28]：

一、從安地斯山脈（哥倫比亞）經墨西哥到北美洲（主要是美國）。

二、從安地斯山脈（哥倫比亞）經加勒比海、非洲到歐洲（主要是中、西歐），加勒比海是近十年來的主要轉運港口，空運和海運均有。

查緝古柯鹼走私部分，2016 年查獲 1,129 公噸，其中美洲查獲的量占全球的 90%，最多在南美洲，占 60%，中美洲占 11%，北美洲（美國）占 18%，歐洲（比利時）占全球的 8%，其他洲 0.3%。

[27] United Nations Office on Drugs and Crime, op. cit., pp. 106–122.

[28] 朱正聲，前揭書，46 頁。

參、安非他命㉙

安非他命多數是在各國境內生產和運輸，而且生產和消費市場距離很近，多數甲基安非他命是在北美洲國家製造，墨西哥是近十年來的主要產地，其次是西亞及東南亞國家，馬來西亞是東南亞近五年來的主要生產國。

麻黃素 (Ephedrine) 和偽麻黃鹼 (Pseudoephedrine) 是提煉安非他命族系的先驅原料，印度在近五年是主要的供應國家。非洲西部國家是近年安非他命族系毒品及先驅原料的出口國，以郵遞方式轉寄至歐洲、西亞及東非洲，聯合國麻醉藥品管制委員會發布非洲於 2008 年是安非他命先驅藥物最大轉運區域。

2016 年查獲的甲基安非他命達 158 公噸，其中北美洲查獲 87 公噸（占全球 55%），而在東南亞查獲 26 公噸 (16%)。UNODC 的報告也指出，澳洲與紐西蘭查獲的甲基安非他命數量也愈來愈多，足見這兩個國家是甲基安非他命的新興市場。

2016 年全球查獲的安非他命計有 70 公噸，其中 46 公噸在西亞（中東）等國查獲，約占全球的 65%，其中沙烏地阿拉伯查獲 18 公噸，是該區查獲數量最龐大的國家，其次是約旦（14 公噸）、巴基斯坦（4 公噸）、黎巴嫩（2 公噸）與敘利亞（1 公噸）。另外，最近數據也發現，北非的埃及也查獲 6 公噸，足見中東地區與北非地區為當前安非他命查獲的重要地區。而在北美洲方面，是另外一個查獲區域，根據統計，2016 年北美洲安非他命的查獲量達全球查獲量的 6%，其中以墨西哥為最大查獲國。調查也指出，北美境內的安非他命除自己合成外，也從中美洲、東南亞、西歐與中歐以及紐西蘭等地區國家走私輸入，然後輸出於加拿大與墨西哥。美國的數據顯示，安非他命在該國境內並沒有顯著的成長，可能與最近拆除國內許多製毒與合成工廠以及跨國／境合作，並加強查緝有關。

搖頭丸等迷幻藥先自歐洲內陸傳出，近年來已轉移至美洲和東南亞，因提煉所需的技術、原料和設備均較安非他命精密，所以查獲數量較少。2016

㉙　United Nations Office on Drugs and Crime, op. cit., pp. 147–169.

年查獲 14 公噸，最多是美國，第二是荷蘭，第三是加拿大，第四是中國。

肆、大　麻 ❸⓪

　　大麻多數是在世界各大洲境內種植、運輸和消費，根據 2016 年 UNODC 的統計，全世界大麻使用人口達到 1 億 9 千 2 百萬人，美國仍是全球最大的消費國家。2016 年大麻煙的查獲數量為 4,682 公噸，其中在北美查獲的數量占 39%，南美與中美洲包含加勒比海國家占 23%，非洲占 17%，亞洲占 14%，歐洲與大洋洲分別占 6% 與 0.2%。事實上，這些查獲的數量，相較於 2008 年以來，已下降近 50%，此與美國許多州將大麻予以醫療合法化 (Medical Legalization) 與大麻改為娛樂性用藥 (Recreational Use) 之政策有關。由於美國是世界大麻煙的主要消費市場，除美國自己種植外，從其他地區走私入境的大麻煙，數量也不少，走私入境的國家第一名為墨西哥，其次為巴拉圭、印度、巴西與埃及。此外，2016 年查獲了 1,631 公噸的大麻脂，其中有 50% 在中東與南亞等地，23% 在北美洲，23% 在西歐與中歐，這三個地區的查獲數量占全部查獲數量的 97%，其中在中東與南亞地區所查獲的大麻脂數量，自 2006 年以來，已成長 3 倍，相較之下北美洲下降 3%。而大麻脂的主要市場為西歐與中歐，近年來的查獲數量也呈現下滑趨勢，這也反映了歐洲大麻煙與大麻脂的使用人口，逐年成長，與整個歐洲對於大麻合法化的政策，息息相關。即使是如此，大麻脂的走私仍然層出不窮，主要來自於阿富汗、摩洛哥與巴基斯坦三個國家，而西班牙則被發現為歐陸最大走私大麻脂的轉運國家。

第三項　國際毒品施用情形 ❸①

　　聯合國毒品年報中，估算全球毒品使用人數，採用流行病學的盛行率描述疾病在人口中蔓延情形。2016 年全球 15 歲至 64 歲的人口中約有 2.75 億人口 (5.6%)，其中至少一半是仍施用非法藥物人口，而前三名是大麻、

❸⓪　United Nations Office on Drugs and Crime, op. cit., pp. 190–197.

❸①　United Nations Office on Drugs and Crime, op. cit., pp. 10–25.

安非他命及海洛因。

2016 年大麻的全球盛行率為 3.4 至 4.8%，約 1 億 6,500 萬至 2 億 3,400 萬人，平均施用人口為 1 億 9,200 萬人。主要消費地區，第一為亞洲 (29%)，第二為美洲 (28%)，第三為非洲 (27%)。

2016 年鴉片及其相關製品全球盛行率為 0.55 至 0.91%，約 2,700 萬至 4,450 萬人，平均施用人口為 3,400 萬人。其中有 4 分之 3 是海洛因人口，施用地區主要在美洲 (42%) 與亞洲 (40%)（如表 13–2）。

2016 年全球古柯鹼的盛行率約 0.28 至 0.47%，使用人口約 1,387 萬至 2,285 萬人，平均使用人數約 1,820 萬人。主要消費地區為美洲，占 51%，歐洲其次，占 24%，非洲占 17%，亞洲占 6%。美國是最大的消費國家，在 2016 年 15 歲至 64 歲人口中的盛行率 2.4%，約 500 萬人。近年來，南美州使用古柯鹼的人數也日益增加。

2016 年全球安非他命及其製品之盛行率為 0.23 至 1.13%，使用人口約 1,342 萬至 5,524 萬人，平均使用人口為 3,416 萬人。主要消費地區為亞洲，占 51%，其次為美洲（占 22%），第三名為非洲地區（占 18%）。安非他命仍是東亞與東南亞國家最感威脅的毒品。此外，甲基安非他命、搖頭丸以及 K 他命，仍是威脅亞洲地區最嚴重的新興合成毒品。

大麻是最多施用的毒品藥物，2016 年全球盛行率為 3.4 至 4.8%，較 2009 年全球盛行率 2.8 至 4.5% 略為成長 7 至 21%。其中，盛行率最高的國家，依序為美國 13.7%，加拿大 12.6%，澳洲 10.6% 與法國 10.6%，臺灣的盛行率僅 0.3%。安非他命的盛行國家，依序為澳洲 2.7%，菲律賓 2.1%，美國 1.5% 以及泰國 1.4%，而臺灣的盛行率為 0.6%。鴉片類半合成毒品（海洛因），盛行率最高者為美國 5.9%，其次為加拿大 0.68%，第三為瑞士 0.61%，第四為南非 0.5%，而臺灣的盛行率為 0.2%。天然鴉片類毒品（嗎啡與可待因），盛行率最高者為美國 0.57%，其次為南非 0.41%，第三為加拿大 0.36%，而臺灣的盛行率為 0.2%。在搖頭丸方面，盛行率最高者為澳洲 4.2%，其次為美國 1.4%，第三為加拿大 1.1%，第四為法國與臺灣，均為 0.5%。綜上分析，臺灣各類毒品的盛行率，除搖頭丸外，其餘之

盛行率均低於全球平均盛行率（如表 13-3）❸❷。

表 13-2 各洲施用毒品人口數

毒品種類	估計施用人口數	盛行率 (%)	主要施用地區
鴉片類	2,700 萬至 4,450 萬	0.55–0.91	美洲、亞洲
海洛因	1,380 萬至 2,615 萬	0.28–0.53	
古柯鹼	1,387 萬至 2,285 萬	0.28–0.47	美洲、西歐及中歐
大麻	1 億 6,576 萬至 2 億 340 萬	3.4–4.8	美洲（美國及墨西哥）、亞洲
安非他命及其製品	1,342 萬至 5,524 萬	0.27–1.13	亞洲（東亞及東南亞國家增加最多）、美洲
搖頭丸	899 萬至 3,234 萬	0.18–0.66	亞洲、歐洲

資料來源：United Nations Office on Drugs and Crime: *World Drug Report 2018*, p. 39.

表 13-3 世界主要國家施用毒品盛行率

	大麻	鴉片類半合成毒品（海洛因）	鴉片類天然毒品（嗎啡與可待因）	古柯鹼	安非他命及其製品	搖頭丸
美國	13.7	5.9	0.57	2.4	1.5	1.4
加拿大	12.6	0.68	----	0.9	0.7	1.1
德國	4.8	0.22	----	0.9	0.7	0.4
瑞士	3.4	0.61	----	0.2	0.6	0.3
法國	8.6	0.47	----	0.6	0.2	0.5
澳洲	10.6	0.4	0.2	1.9	2.7	4.2
南非	4.3	0.5	0.41	0.8	1.0	0.4
香港	0.4	0.2	0.2	0.3	0.4	0.2
南韓	0.3	0.08	----	< 0.1	0.1	< 0.1
泰國	1.2	0.2	0.2	< 0.1	1.4	0.3
印尼	0.4	0.16	0.16	< 0.1	0.2	0.2
菲律賓	0.8	0.05	----	< 0.1	2.1	0.2
臺灣	0.3	0.2	0.2	0.1	0.6	0.5

資料來源：吳永達、周柏源 (2015)，〈臺灣毒品氾濫情形之比較研究〉，《法務通訊》，2759 期，3–5 頁。

❸❷ 吳永達、周柏源：〈臺灣毒品氾濫情形之比較研究〉，刊：《法務通訊》，第 2759 期，3–5 頁。

第四項 毒品跨境犯罪

跨國性的犯罪有三項特質：組織性、跨國性和犯罪性 **❸❸**。毒品走私、販賣及洗錢正是典型的跨國犯罪。

壹、毒品犯罪結合傳統犯罪活動

毒品是典型的國際跨境犯罪一種。毒品販運除了走私問題外，與不同類型的跨境犯罪，如槍毒合流、販運人口、賭博、敲詐勒索及高利貸等傳統組織犯罪活動相互交錯，並且以賄賂的方式來腐化執法人員及其他政府官員、運輸業、商業及金融人士（協助洗錢）、甚至檢察官及其他司法人員 **❸❹**，讓毒品順利送達目的地及獲取暴利。另外毒販本身為了保全其利潤，也開始加重武裝，甚至利用無毒品前科國人充當運毒交通，並壓制下游指證者，做出有利自己之供詞 **❸❺**。毒品跨境輸出已形成國際社會巨大的負面影響，是一般犯罪所無法相比的，已是非傳統安全領域中的重要威脅 **❸❻**。

根據 UNODC 公布 2019 年東南亞跨國組織犯罪報告指出，以澳門、香港、中國大陸與泰國為據點的大型犯罪組織和金主，與來自臺灣的犯罪網絡以及製毒師，共同合作，已成為東南亞製造和販運甲基安非他命以及其他毒品的主力。以甲基安非他命來說，每年的價值高達 614 億美元，海洛因的價值達 103 億美元，合成毒品在東南亞已快速成為獲利最高的生意，

❸❸ 許皆清：〈臺灣地區跨國組織犯罪之態勢與抗制策略〉，刊：《警學叢刊》，第 37 卷第 3 期，2006，31 頁。

❸❹ 孟維德：〈跨境犯罪原因論及防制對策之實證研究〉，刊：《行政院國家科學委員會專題研究計畫成果報告》，2003，9–10 頁；謝立功：〈兩岸反毒策略之探討〉，刊：法務部編，《刑事政策與犯罪研究論文集(8)》，2000，98 頁。

❸❺ 李文菖：《我國毒品犯罪抗制政策之探討——以「斷絕供給」實務運作為分析核心》，國立臺北大學，犯罪學研究所碩士論文，2006，11 頁。

❸❻ 孫國祥：〈非傳統安全視角的毒品問題與實證毒品政策之探討〉，刊：《2010 非傳統安全——反洗錢、不正常人口移動、毒品、擴散學術研討會論文集》，中央警察大學編印，2010，1–20 頁。

犯罪組織已經發展出成功的生意模式。報告也指出，東南亞已成為日本與南韓甲基安非他命的主要來源，其中臺灣也是成為主要來源之一，足見臺灣的毒品犯罪組織在東南亞的勢力日漸成長[37]。

貳、國際洗錢

洗錢指犯罪者將從事不法行為活動所獲得的資金或財產，以透過各種交易管道，轉換為合法來源的資金或財產，以便隱藏其犯罪行為，並規避司法偵查。1989 年美國司法部長發表了一份有關跨境犯罪的報告，指出犯罪組織常藉由販運走私毒品獲得暴利後，再將這些違法行為的獲利，經常投資在美國的不動產業，諸如購物中心、住宅、辦公建築、夜總會、餐廳、旅行社等，這些事業又為犯罪集團提供許多洗錢的管道[38]。聯合國「1988年禁止非法販運麻醉藥品和影響精神藥物公約」(United Nations Convention against Illicit Traffic in Narcotic Drugs and Psychotropic Substances)（即一般簡稱之「聯合國反毒公約」），正式將防制源自毒品犯罪所得財產之「洗錢」活動，列為各締約國家之義務。該項公約也同時要求各締約國應將毒品犯罪所得財產之「洗錢」行為予以犯罪化。

參、毒品恐怖活動

毒品是第一個利用全球化謀得最大利潤的非法行業，犯罪份子從毒品交易中獲取暴利，而恐怖份子與反政府軍藉著大量的海洛因及古柯鹼交易，取得組織運作的主要金錢來源，又稱為「毒品恐怖主義」[39]。美國 911 事件之後全球續傳恐怖攻擊行動，販毒組織在阿富汗、哥倫比亞、緬甸、墨西哥等地肆虐，且資助國際犯罪與恐怖活動[40]。在中亞與阿富汗交界的山

---

[37] 〈UN 報告談東南亞毒品販運　台灣犯罪組織角色吃重〉，中央社，造訪日期：2019 年 7 月 19 日，http://bit.ly/30xAcyS。

[38] 孟維德，前揭文，10 頁。

[39] 汪毓瑋：《恐怖主義與反恐》，中央警察大學，恐怖主義研究中心印，2005，2頁；朱正聲，前揭書，50 頁。

區，高山峻嶺提供了恐怖份子藏匿的基地，加上當地謀生不易，居民為求溫飽而不得不鋌而走險，從事毒品生產工作，而從事毒品買賣的收入也成為當地恐怖組織的主要資金來源，塔利班軍事組織直接插手鴉片貿易，從阿富汗鴉片種植和貿易中獲取了 4.5 億至 6 億美元的利潤，使得塔利班能夠擁有一個在技術上更為複雜的戰爭機器，令毒品和恐怖主義這兩大因素在阿富汗和周邊中亞國家形成了一個不斷移動的「完美風暴」❹。

第四節　毒品犯罪的特質

第一項　走私毒品犯罪的特質

壹、國際化

　　販毒組織利用便利交通和縝密規劃洲際走私路線，形成跨國販毒運毒網絡，將毒品送到施用者手中，已擴及至全球，非洲尤其在近年形成轉運站的地位。

貳、組織化及科技化❷

　　毒品犯罪是「萬國公罪」，毒梟以縝密的組織從事「產、運、銷」一系列的活動，利用衛星、網路電話及網路交易等，可不定性、不定時毫不礙事地進行毒品交易，使查緝工作增添許多變數❸。而年輕毒梟教育程度高，更將產銷運用企業手法經營，使販毒組織更形龐大及穩固。

---

❹　李文菖，前揭書，42 頁。

❹　孫國祥，前揭文，5 頁。

❷　李文菖，前揭書，12 頁。

❸　許舒博：《毒品犯之生活歷程與走私犯罪模式之研究──以海洛因販賣者為例》，國立中正大學，犯罪防治研究所碩士論文，2005，56 頁。

參、專業化

跨國洗錢成了跨國販毒犯罪集團轉移犯罪收益的常用手法❹。洗錢需要專業技術及知識，因而毒梟大量招收具有國際金融背景的人才，千方百計地動用現代國際金融手段來進行各種洗錢，轉移資金，使販毒非法收入合法化。

第二項　毒品交易的特質❹

查緝毒品重在「人贓俱獲」，有人無毒或有毒無人均不是一個良好、有效的查緝偵破方式，因此人毒結合是相當重要的破案關鍵。毒品交易是高風險市場，毒品交易時一則為躲避司法警察的追緝和黑吃黑的風險，二則要能取得貨款為主要目的，交易的特質如下：

壹、主要交易模式「錢貨分離」❹

毒品交易分為國際盤、大盤、中盤及小盤。為兼顧取得貨款及規避被查緝的風險，國際販毒集團與國內大盤間最常使用「活轉手」或「死轉手」的多重模式交錯進行買賣；而大盤與中盤則以「活轉手」或「死轉手」的多重模式交錯進行買賣；中盤與小盤、小盤或吸食者，則以活轉手為交易模式。「錢貨分離」可以減少人贓俱獲的風險，也可以不使線索被司法警察查獲後，整個組織曝光至瓦解，人財俱失。

---

❹　孫國祥，前揭文，6頁。

❹　林燦璋、李名盛、廖有祿、張雍制：〈犯罪模式分析之研究——以臺灣海洛因及安非他命交易為例〉，刊：《行政院國科會專題研究計畫成果報告》，1998，15頁、33–49頁、43–44頁；許舒博，前揭書，57–76頁。

❹　活轉手和死轉手是諜報用語，通常以「一手交錢，一手交貨」為區分方式，如屬於上述說法為「活轉手」，如是「貨」另置於其他處所，交給買方密碼、鑰匙等取貨，則是「死轉手」，而在交易過程中，二種手法經常互換，安全性更高，參見林燦璋、李名盛、廖有祿、張雍制，前揭文，33–35頁、43–44頁；許舒博，前揭書，57–59頁。

貳、派遣「信差」、「交通」，編訂多套相關之暗語或密碼識別

「信差」負責銷貨，「交通」負責交貨，「信差」與「交通」間，除與國外毒梟必要的通聯（接受交易指令）外，彼此並不認識，也不了解相互的情況。而「信差」、「交通」與國外毒梟之通聯均以密碼、暗語為之，暗語或密碼有多套，適時、適性地變換使用，以人作為相互通聯、安全辨識或洽談交易之用。

參、槍毒合一

多數的研究指出，查獲販毒者時，常查獲槍械，其原因為保護毒品產銷及貨款到位，並防止黑吃黑，常會配槍自保。

肆、人脈的網絡交易

吸、販毒者通常藉由極強人脈的連結和信任關係來拓展市場，但各盤級間則維持若即若離的彈性聯繫來規避風險。販毒者為確保交易安全、預防被出賣及躲避警察偵查，普遍不賣給陌生人，彼此以綽號相稱，保留真實身分，以保護自己。大、中盤販毒內控機制十分嚴謹，交易非常小心，有「熟識」的網絡才進行交易，有風險寧可不進行交易，大、中盤以交易為中心，很少發展出兄弟情感，而小盤經由吸毒者以個人互相熟識人際關係彼此分享，集資購買毒品一起分享，所以，整個毒品市場，建構出綿密及穩定的互動網絡結構，「信任」扮演了相當重要的連結機制，「人脈」是組成這個網絡，並傳遞訊息和交易的關鍵[47]。

---

[47] 馬財專：〈臺灣組織及個體販毒網絡之質化考察〉，刊：《人文及社會科學集刊》，第 22 期第 3 卷，2010 年 9 月，353–392 頁；黃淳鈺：《男性海洛因成癮者生命歷程之研究》，國立臺北大學，犯罪學研究所碩士論文，2008，63、104–105 頁。

第三項　毒品施用者的特質

壹、毒品生涯

施用毒品者通常在少年時期便具有逃家、蹺課、參加少年幫派、聚眾鬥毆等偏差或問題行為[48]，至成年期時，初期嘗試毒品，靠著地方角頭勢力，收取保護費、財產性犯罪等維生，俟至毒品成癮後，對人體腦部產生認知及行為影響，產生渴求用藥，為維持龐大的開支，便會竭盡各種所能不擇手段獲得藥物，以為生活中的唯一目標，且隨著向毒品投降，為經濟所迫，也從純粹吸毒犯罪，涉入街頭小盤販毒生涯，逐漸步入毒品轉讓、販毒及洗錢等生命歷程，成為監獄常客，而在年紀漸長（約 50 歲後）懊悔浪擲青春，虛度一生[49]。

貳、購買行為

初期使用毒品常為新奇誘惑或朋友邀約，至濫用時，購買毒品依靠「人脈」介紹，常以電話網路找朋友及找入所時認識藥頭取藥[50]；在藥癮漸增後，為支撐毒癮及費用，便涉足販賣[51]。交易有採定點販售，以餐館或飯店作為掩護，利用「滾雪球」的方式，銷售毒品；有採批發販售，以集團業務為主要販售網路，透過特殊通訊管道，買賣商議毒品價格、數量、地

[48] 問題行為包括「危害健康行為」、「偏差行為」與「犯罪行為」等，會共同發生在一個人的行為中，總稱為「問題行為症候群」，例如藥物使用、犯罪行為、飲酒過量、危險駕駛及其他事件等，參閱許春金：《人本犯罪學——控制理論與修復式正義》，三民書局，2006，111–117 頁。

[49] 林健陽、柯雨瑞，前揭書，64 頁；黃淳鈺，前揭書，104–126 頁。

[50] 林健陽、陳玉書、柯雨瑞、呂豐足、裴雅恬、何明哲、鄭勝天、蔣碩翔：《新犯毒品施用者施用行為及毒品取得管道之研究》，法務部 97 年度委託研究計畫研究成果報告，2008，243 頁。

[51] 馬財專，前揭文，368 頁；黃淳鈺，前揭書，86 頁；許舒博，前揭書，101–102 頁。

點後，以流動性的方式，交易毒品❷。

參、施用行為

一、常見的施用方法

各類毒品一般施用方法有口服、捲煙（摻煙）、加熱燃燒（煙吸）、鼻吸（不加熱）、靜脈注射和肌肉注射等方法❸。

二、使用新興毒品

傳統毒品取得較為不易，在價格高昂的情況下，替代毒品也逐漸興起成為毒販發展之新目標，這是國際性趨勢，聯合國也為此特別呼籲各會員國重視此種趨勢並加強抗制❹。分析這類毒品受到喜愛的重要因素有：⑴比傳統毒品價格低廉，成本低；⑵高獲利率；⑶藥性效果與傳統毒品類似；⑷產地與市場接近，易於運輸販賣；⑸開啟新的地區性市場，滲透至新標的族群；⑹新興合成藥物未被列管，無取締受罰情形。

三、多重用藥現象

多重用藥 (Polydrug Use) 是指合併使用二種以上的毒品，例如古柯鹼與酒精、海洛因、大麻等。劉興華研究指出，95% 使用俱樂部的用藥者有多重用藥現象❺。多重用藥主要問題是用量過度致死及產生慢性疾病❻，如大腦、心臟等健康疾病，增加中風、心律不整及主動脈剝離等問題；另外，更容易成癮，花費更貴產生更大經濟壓力，導致犯罪增加及社會問題。

---

❷ 許舒博，前揭書，125 頁。

❸ 林健陽、柯雨瑞，前揭書，65 頁；林健陽等，前揭書，2008，250 頁。

❹ United Nations Office on Drugs and Crime, op. cit., p. 26.

❺ 劉興華、翁德怡：《多重藥物濫用之交互作用分析研究》，行政院衛生署 98 科技委託研究計畫研究報告，2009，4 頁。

❻ United Nations Office on Drugs and Crime, op. cit., p. 92.

四、戒毒與復發再循環

　　戒毒不容易，毒品施用人數近十年 (1998–2009)，累犯大致維持 40 至 50% 間❺❼。但林明傑進行國內追蹤 4 年研究，476 人中，有 198 人再犯同樣罪名，再犯率 45.4%，再犯時間平均為 17.99 個月❺❽。另一個研究蒐集 1998 年至 2009 年間 21 個研究，平均再犯率 61%。以上再犯率均低於法務部公布資料，其中原因可能追蹤研究之流失率高，原始研究為方便取樣，或施用毒品在國內仍屬刑罰之罪，所以願意吐實的受戒治者不高；然而就實證研究結果或法務部統計再犯之比例，表示戒治後的回籠率非常高❺❾。

　　國內有一研究訪談受戒治者，坦承監所中彌漫著「戒毒不可能成功」的信念，且不害怕進入監所，因為可擴展人脈，沒有生活壓力，監所是自由民主的❻⓿，這項訪談結果與林健陽等❻❶所研究結果「適應服從監獄管教，不害怕再次進入監獄」有相同的結論，因而以「關」來嚇阻吸毒再犯的效果是有限的。

第五節　臺灣毒品犯罪現況

　　臺灣毒品犯罪在製造、走私、運輸及吸毒等犯罪行為已如上述，本節就臺灣司法機關執行毒品相關犯罪的統計，進一步瞭解臺灣毒品犯罪狀況。

---

❺❼　黃徵男、賴擁連：《21 世紀監獄學》，一品出版社，2015，488–489 頁。

❺❽　林明傑、陳珍亮：《藥物濫用者有無繼續施用傾向量表之建立研究》，行政院衛生署管制藥品管理局 95 年度業務委託研究計畫研究報告，2006，46 頁。

❺❾　吳麗珍：《我國戒毒成效之後設分析》，中央警察大學犯罪防治研究所博士論文，2010，112–113 頁。

❻⓿　黃淳鈺，前揭書，116–118 頁。

❻❶　林健陽、陳玉書、張智雄、柯雨瑞、呂豐足、林聰澤、王秋惠：《95 年度除刑化毒品政策之檢討——論我國毒品罪之戒治成效》，法務部 95 年度委託研究計畫，2007，169 頁。

第一項 毒品犯罪案件統計（如表 13-4）

壹、新收毒品案件

自 2003 年起每年增加偵查數量。2005 年至 2008 年達到近十年來的最高峰，2009 年起維持在 7 萬件至 8 萬件之間。2014 年曾經下降至 65,075 件。惟自 2016 年起，已突破 8 萬件，達到 89,860 件，截至 2018 年，新收毒品案件量達 95,890 件。自 2009 年至 2018 年，新收毒品案件量成長 31%。

貳、偵查結果

起訴案件自 2002 年起即逐年呈現上升趨勢，2018 年比 2009 年增加 12,910 人，十年內上升 32%。在緩起訴部分，自 2007 年起逐年增加，2018 年比 2009 年增加 7,092 人，十年內增加幅度約 329%。在不起訴部分，從 2011 年呈現下滑趨勢，2014 年僅 13,608 人，之後逐年上升，2018 年達到 17,663 人。2018 年較 2009 年略增 0.9%。

綜上分析，起訴及緩起訴人數均大幅增加，而不起訴案件呈現先降後略升之趨勢，表示我國司法對毒品犯罪態度轉為積極追訴與要求戒癮治療等處遇。

參、定罪人數

2018 年比 2009 年增加 7,783 人，十年內上升 21.17%。

表 13-4 十年來 (2009-2018) 我國毒品犯罪案件統計表

	新收毒品偵字案件*	*偵字案件終結情形（人）			定罪人數 (a)
		起訴	緩起訴	不起訴	
2009	73,332	40,446	2,153	17,501	36,758
2010	77,936	43,695	2,825	17,656	35,460
2011	77,934	42,960	4,457	17,485	36,440
2012	74,128	43,025	3,925	15,473	36,410

2013	70,150	40,305	3,228	15,287	36,096
2014	65,075	37,779	2,655	13,608	34,672
2015	73,391	42,364	2,873	15,760	35,960
2016	89,860	50,179	3,864	18,647	40,625
2017	96,688	51,020	8,713	19,766	43,281
2018	95,890	53,356	9,245	17,663	44,541

說明：*指毒品案件包含製造、販賣、運輸及施用等觸犯毒品罪章之
罪名。

資料來源：《法務統計》，網站：http://www.moj.gov.tw/，瀏覽日期：
2019 年 7 月 14 日。

第二項　臺灣毒品的盛行率 (Prevalence)

參照本章表 13–3，我國毒品盛行率相對於北美洲、歐洲、大洋洲等國家較不嚴重，但和亞洲各國比較，在鴉片類、古柯鹼、安非他命和搖頭丸 (Ecstasy)，均高於新加坡和南韓，尤其安非他命和迷幻藥，在亞洲區域都是較嚴重的國家。束連文等研究指出 1998 年至 2003 年，我國 15 歲至 54 歲的毒品人口盛行率約在 1.9/100 人，約為 27 萬人[62]。林健陽等指出，2004 年新加坡每 10 萬人口中，毒品刑案件數發生之比例係為 0.05 件，該國毒品刑案件數發生比例，屬於控制相當良好之國家。我國毒品犯罪率為 164.9 件／10 萬人，發生率係高出新加坡約 3,298.2 倍，近約 3,300 倍[63]。由此顯示，我國必需更有效率控制吸毒人口，才不會再繼續升高。

第三項　臺灣毒品來源及走私路線

張樹德及翁照琪分析臺灣歷年偵破案件，毒梟使用的走私方式有：旅

---

[62] 束連文、江淑娟、潘宏裕：《運用重複捕取方法估計臺灣歷年毒品使用族群數——新增與復發趨勢》，行政院衛生署管制藥品管理局 97 年度委託科技研究計畫，2008，50、62–64 頁。

[63] 林健陽、陳玉書、柯雨瑞、張智雄、呂豐足：〈我國當前毒品戒治政策之省思與建議〉，刊：法務部編，《刑事政策與犯罪研究論文集(10)》，法務部印，2007，20 頁。

客夾帶、郵包走私、空運走私、漁船走私、船員攜帶、商船走私、貨櫃夾帶等方式。走私方式雖有分別，但原則上大宗毒品走私是採漁船直運臺灣或貨輪轉運中途接駁等海運方式為主，小宗毒品走私則多以僱用人員空運夾帶或以小包郵寄方式來臺❻❹。

臺灣海洛因的來源，1995 年以前主要來自金三角、泰國與緬甸一帶，自泰國走私入境，而 1996 年起已由大陸地區福建、廈門沿海一帶，取代泰國，成為海洛因的主要來源地。安非他命原料鹽酸麻黃素主要來自大陸，以漁船或貨櫃走私來臺，經加工提煉處理為安非他命。在政府積極查緝下，安非他命工廠已多遷至大陸東南沿海各省，尤其以福建為多❻❺。搖頭丸以馬來西亞、印尼、荷蘭及歐洲等轉入為大宗❻❻。

第四項　查獲非法毒品分析

國內緝毒機關（內政部、法務部、行政院海巡署、國防部憲兵司令部）負責緝毒工作，2009 年至 2018 年的緝毒數量統計如下（如表 13-5）：

一級毒品：海洛因查緝數量自 2009 年起，有明顯逐年降低，至 2011 年僅有 18 公斤，但 2012 年至 2013 年又攀升後，2014 年至 2016 年又大幅下降。然而 2017 年查獲史上最大規模之數量 584 公斤後，2018 年又再次下降。可能原因是國內需求減少，走私入境數量減少，或者毒梟已改變運輸路線，不經由臺灣過境，所以查緝數量下降。

二級毒品：查獲 MDMA 之數量，逐年下降。安非他命方面，卻呈現上升趨勢，特別是 2018 年查獲近十年來最大數量達 1,333 公斤，足見安非他命之施用人口，並未減少，反而有增加趨勢；大麻則呈現大幅先降後升之趨勢。

三級毒品：自 2009 年起，查獲愷他命呈現大幅上升，2014 年曾經查獲

❻❹　張樹德、翁照琪：〈兩岸毒品犯罪型態與防治作為之實證研究〉，刊：汪毓瑋編：《2010 非傳統安全──反洗錢、不正常人口移動、毒品、擴散學術研討會論文集》，中央警察大學出版社，2010，37–57 頁。

❻❺　許舒博，前揭書，51、115 頁。

❻❻　李文菖，前揭書，13 頁。

近十年的最大數量，3,302 公斤，晚近有下滑趨勢，但每年查獲數量仍高居 1,000 公斤。足見國內毒品的流通中，愷他命已成為毒品的主流現象❻。

四級毒品：自 2015 年起，查緝數量均突破上千公斤，介於 2,000 公斤 到 5,000 公斤之間，足見四級的新興毒品的猖獗程度，仍方興未艾。

在整體查緝數量來看，近十年來，搖頭丸有顯著下降、大麻數量持平 外，其餘的毒品之查獲量，均有上升或明顯上升的趨勢，特別是在愷他命 與四級毒品方面，說明了新興毒品已成為臺灣目前毒品市場之主流毒品。

表 13–5　我國近十年來查緝毒品數量統計（純質淨重）

單位：公斤

	海洛因（一級）	搖頭丸（MDMA）	大麻	安非他命	愷他命	四級毒品
2009	62.4	2.0	61.0	107.0	1,186.3	457.2
2010	83.6	5.8	21.0	242.7	2,594.2	502.1
2011	17.8	23.9	1.5	140.6	1,371.8	719.3
2012	157.9	5.7	14.3	119.3	2,111.1	85.4
2013	288.2	20.3	35.7	775.8	2,393.2	107.8
2014	86.7	2.3	1,610.7	461.9	3,302.8	431.8
2015	55.7	1.0	39.9	505.9	1,767.9	2,455.7
2016	57.4	1.11	22.5	615.9	1,188.2	4,847.3
2017	584.8	0.3	499.1	525.1	1,249.1	3,356.5
2018	32.7	6.7	88.7	1,333.3	1,111.1	3,291.1

資料來源：法務部：《法務統計》，最新統計資料／毒品資料／表 5–6，刊：網站：http://www.moj.gov.tw/，瀏覽日期：2019 年 7 月 14 日。

第六節　抗制毒品犯罪策略

抗制毒品犯罪的二個面向：一為「減少供給」(Reduce Supply)，即消滅、防堵、控制毒品的生產及進入各國的領土；二為「減少需求」(Reduce

❻　行政院衛生署、法務部、教育部、外交部：《100 年反毒報告書》，行政院衛生署編印，2011，199 頁。

Demands)，對已施用者或潛在施用者加以「預防施用」及「減害」。在策略上，減少供給需對毒品的市場有清晰的瞭解，打擊目標是毒品供應商，作為有：禁止生產、輔導鼓勵農民轉種、加強緝毒及對供應者加重處罰和沒收財物等；在減少需求策略，對象為潛在或已施用毒品者，作為有：預防認識毒害及加強戒毒等措施。而在行政支援面向，必需要有良好的監控機制，包含各區資料的彙整及指標的分析，以提供正確的資訊擬定政策。本節就這三項面向分析聯合國、美國、歐盟及我國的抗制政策。

第一項　聯合國

壹、國際毒品市場消長與供給情形[68]

　　聯合國 2018 年世界毒品報告指出，2017 年的世界毒品市場，互有消長。阿富汗仍是目前世界鴉片主要產地，2017 年生產了 9,000 噸的罌粟，較 2016 年成長 87%。雖然在 2016 年植物災害致產量減少，但因緬甸、寮國等持續擴產，全球產量仍增加，2017 年的全球罌粟產量達到 42 公噸，較 2016 年成長 37%。海洛因在西亞與南亞激增，但在東亞、美洲與歐洲市場有下降趨勢。古柯鹼市場，雖然美國消費減少，但南美洲及歐洲激增，十年前美國消費量是歐洲的四倍，現今二洲的消費需求已相同，所以用量並未減少。而最新的消費趨勢包含：合成藥物的激增、處方箋使用量大增及多重用藥，更易致死及對健康產生重大影響。走私毒品網絡遍布全球，毒販與組織犯罪從產地搜括毒品，運送到第二洲，再行銷至其他洲，這些不法組織行賄官員，暴力行動及支援恐怖組織，對各國政府產生極大威脅。

貳、聯合國毒品政策[69]

　　聯合國在 2011 年慶祝 1961 年麻藥單一公約締約五十年年會指出，世界各國應合作處理非法毒品，策略包含：

---

[68]　United Nations Office on Drugs and Crime, op. cit., p. 8。

[69]　United Nations Office on Drugs and Crime, op. cit., pp. 8–9。

一、各國應互助合作，努力實踐聯合國三項公約，打擊毒品轉運組織與貪污犯罪，結合各國司法系統，對毒販起訴制裁、打擊洗錢活動及凍結販毒組織財物。

二、各國政府與民間組織共同攜手合作抵抗毒品輸入，在美國整合各區域力量，對抗毒品輸入；在歐洲，依據巴黎公約結合五十個以上的國家與民間團體互相合作；在亞洲「反毒三角先鋒」(Triangular Initiative)（包含阿富汗、伊朗和巴基斯坦）、「中亞資訊合作中心」(Central Asia Regional Information and Coordination Centre and Operation, TARCET) 等，加強攔截自阿富汗走私的毒品。

三、減少供給與需求二個面向應互相合作，例如：協助非法種植罌粟及古柯樹農民轉種，阻止先驅化學物質提供製造合成麻醉藥劑，並加強查緝提煉海洛因及古柯鹼的工廠等。

四、在減害部分，對已施用者採取醫療治療比處罰更重要，並深入家庭，提醒大眾注意預防毒害和愛滋病，用毒不能成為生活方式之一。

參、國際公約對毒品犯罪處罰規範

依聯合國公約，對於輕微毒品犯罪，刑罰並非唯一之制裁手段，各國可採用刑罰和其他治療、教育及復歸社會的替代性措施。

一、對提供非法藥物者的處罰

「1988 年禁止非法販運麻醉藥品和影響精神藥物公約」有關規定如下：

㈠有生產、製造、提煉、配製、提供、兜售、分銷、出售、以任何條交付、仲介、轉運、運輸、進口或出口任何麻醉藥品或精神藥物，均應列入各該會員國刑事法處罰，如監禁或以其他形式剝奪自由，罰款和沒收（第 3 條「犯罪和制裁」第 1 款、(a)）。

㈡對前項罪犯，各個締約國可以對罪犯採取治療、教育、癒後照護、康復或回歸社會的措施，以作為定罪或懲罰的替代辦法，或作為定罪或懲罰的補充方式（第 3 條「犯罪和制裁」第 4 款、(b)）。

㈢對於因第 3 條行為所使用的工具、財產或任何其他物品，應訂定沒收規定，並得扣押銀行、財務或商業等紀錄（第 5 條「沒收」第 1 項、第 3 項）。

㈣對於確定有第 3 條犯罪嫌疑人，締約國均可訂有互相引渡規定，並應簡化程序及必要的申辦條件（第 6 條「引渡」第 1 項、第 7 項）。

㈤法律協助包含：取得證據、證詞、送達司法文件、執行搜查及扣押、檢查物品和現場、提供情報和證物，提供有關文件及紀錄原件或經證明的副本，如銀行、財務、公司或營業等紀錄，識別或追查收益、財產、工具或其他物品，以作為證據（第 7 條「相互法律協助」第 2 項）。

二、對毒品施用者處罰規範

聯合國對於吸毒行為的處罰，刑罰僅是其中一項作法，還可以其他替代性措施，以抗制吸毒行為。1988 年公約第 14 條，為減輕施用者的痛苦，各國可參照聯合國、世界衛生組織等專門機構及其他主管國際組織建議，及 1987 年麻醉品濫用和非法販運問題國際會議通過「綜合性多學科綱要」，採治療、教育、癒後照護、復健並重新復歸社會❼⓪。

第二項　美　國

壹、歷年的反毒政策❼①

美國在反毒政策是領導國，指導原則是「減少毒品供給與需求」，歸納

---

❼⓪　1987 年 6 月 12 日至 26 日，聯合國在維也納召開麻醉品濫用和非法販運問題部長級會議，有 138 個國家，3,000 餘名代表出席。會中提出「愛生命，不吸毒」主題，通過「管制麻醉品濫用綜合性多學科綱要」，並將每年 6 月 26 日定為「國際禁毒日」，以促使各國對毒品問題的重視，號召全球人民共同抵禦毒品的危害。同年 12 月，第 42 屆聯合國大會決議每年 6 月 26 日定為「反麻醉品的濫用和非法販運國際日」，即為「國際禁毒日」，參見聯合國毒品與犯罪辦公室：《1987 年 12 月 7 日聯合國第三屆委員會會議報告》，刊網站：http://www.unodc.org/，瀏覽日期：2012 年 1 月 8 日。

❼①　林健陽、柯雨瑞，前揭書，308–319 頁。

歷年來推動的政策重點如下：

一、加強國際合作

㈠撥款協助產毒國家政府,配合美國政府掃毒行動及銷毀查獲的毒品。

㈡援助產毒國家消滅毒品作物並輔導農民轉種其他作物,包含墨西哥、哥倫比亞、秘魯、泰國等使用除草劑,技術支援農民轉作等。

㈢勤務執行合作,參與國際緝毒行動及蒐集各項毒品情報。

二、查封毒網

㈠在國內、各港口等同時執行緝毒工作,並啟動軍方提供情報及支援器具偵測走私情報。

㈡透過清查資金往來及查緝逃漏稅等,對走私毒品者財產沒收充公,州政府用以擴充緝毒器材及改善監獄設備。

三、加強防毒教育

㈠鼓勵各地區發展適合的預防毒品計畫,並深入家庭教育,認識毒害。

㈡各級學校主動推行毒品教育活動,警政、學校、輔導及治療單位合作,妥善處理學生吸毒問題,並建立輔導系統。

㈢提供正確詳實毒品教育資料,避免誤導或造成反效果。

四、毒品醫療政策

㈠各州因地制宜規劃合適的毒品醫療戒治計畫,並整合各相關健康照顧體系,提供給有需求的民眾。

㈡獎勵補助私人企業宗教團體參與政府戒毒計畫。

五、緝毒司法政策

㈠制定嚴格法律,加重懲罰走私毒品,但對吸食及持有者,判刑較輕,如有累犯則加重處罰。

㈡補充執法警力及加強緝毒訓練，並與社區合作掃毒。

㈢加強司法人員協調及訓練，以有效審理毒品案件，公正判決。

貳、近年政策[72]

歐巴馬政府在 2010 年提出反毒政策，並編訂 2012 年 260 億反毒預算，概況如下：

一、以科學及研究結果為基礎的國家反毒策略

㈠以最經濟的方法對抗毒品問題，規劃防毒教育宣導，減少及預防毒品使用。

㈡毒品成癮是疾病，以有證據支持的有效戒毒方式推動各項戒毒計畫。

㈢支持社區嚴格執法，預防相關犯罪。

二、協助社區預防毒品濫用

㈠核准 169 個社區推動 「無毒社區扶助計畫」 (The Drug Free Communities (DFC) Support Program)。

㈡ 「國家毒品管制辦公室」 (The White House Office of National Drug Control Policy, ONDCP) 重新啟動 「國家青少年反毒廣告宣導計畫」 (National Youth Anti-Drug Media Campaign)，加強宣導、注意青少年最易濫用的物質，實施「影響之上專案」 (Above the Influence, ATI, Campaign)、「加強毒品走私密集地區執法專案」(High Intensity Drug Trafficking Areas, HIDTA)。

三、加強戒毒及癒後支持

㈠全國 260 個合格的聯合健康中心及 12 個印地安健康急診處，執行早

---

[72] Executive Office of the President: *Advancing a New Approach to Drug Policy: Key Accomplishments*，刊網站：http://www.whitehouse.gov/，瀏覽日期：2012 年 1 月 8 日。

期篩檢，介入治療計畫。

㈡在「美國醫生執照測驗」增加濫用物質對健康影響題目，辦別醫生能力辨識能力。

四、打擊國內快速成長的處方藥物濫用

㈠推動 「預防毒品處方箋濫用計畫」 (The Prescription Drug Abuse Prevention Action Plan)，加強取締浮濫配藥及隨處就醫要求開處方的行為。

㈡執行 「2010 年安全及有責的毒品處理法」 (Secure and Responsible Drug Disposal Act of 2010)。

㈢與國家藥品管制處 (The Drug Enforcement Administration, DEA) 合作回收過期藥物 300 噸計畫。

㈣提醒民眾注意處方箋濫用藥物的問題，尤其是軍人及榮民。

五、呼籲民眾吸食毒品駕駛對生命安全的威脅

㈠透過網路學習教育執法人員辨識吸毒駕駛行為。

㈡透過新聞呼籲民眾注意使用毒品駕駛的危險。

六、刑事司法改革

公布「公平審判法」(The Fair Sentencing Act)，修正持有古柯鹼粉末及快克古柯鹼的處罰，單純持有除罪，而加重走私的刑責。

七、促進國際關係及減少毒品供給

㈠執行 「西南海岸抗麻醉藥品策略」 (National Southwest Border Counternarcotics Strategy)。

㈡首創與加拿大合作執行「北海岸抗麻醉藥品專案」(Northern Border Counternarcotics Strategy)，以抵抗毒品製造走私問題。

㈢加強國際反毒合作，尤其是蘇俄和阿富汗。

八、強化責任制及資訊透明

㈠建立跨機關管控程序，確保落實執行 106 個國家級控制毒品策略。

㈡呈現毒品問題的複雜性及可行的解決辦法。

㈢國家毒品管制辦公室 (The White House Office of National Drug Control Policy, ONDCP) 已完成建置績效報告系統 (Performance Reporting System)，監控國家反毒各項工作。

第三項　歐盟 (European Union, EU)

壹、毒品濫用情形調查[73]

根據 2018 年歐洲毒品及毒癮監控中心 (The European Monitoring Centre for Drugs and Drug Addiction, EMCDDA) 的年度報告指出，歐洲 15 歲至 64 歲毒品施用人口約 9 千 2 百萬，其中男性約 5 千 6 百萬，女性約 3 千 6 百萬。施用最多的毒品是大麻，施用人口約 8 千 8 百萬。施用古柯鹼的人口約 1 千 7 百萬，施用 MDMA 的人口為 1 千 3 百餘萬，施用安非他命的人口為 1 千 2 百萬。毒品盛行率約 2–10 人 / 1,000 人，各類毒品有不同的盛行率 (如表 13–6)。

表 13–6　歐洲 15–64 歲各類毒品終身盛行率表

	大麻	古柯鹼	安非他命	MDMA
使用人口數	8,760 萬	1,700 萬	1,190 萬	1,300 萬
平均盛行率	26.3%	5.1%	3.6%	4.1%
全距	4.3–41.4%	0.5–9.7%	0.3–9.2%	0.5–9.2%
較低國家	馬爾他 (4.3%) 羅馬尼亞 (5.8%) 匈牙利 (7.4%) 保加利亞 (8.3%)	馬爾他 (0.5%) 立陶宛 (0.7%) 羅馬尼亞 (0.7%) 斯洛伐克 (0.7%)	馬爾他 (0.3%) 羅馬尼亞 (0.3%) 葡萄牙 (0.4%) 塞普路斯 (0.5%)	羅馬尼亞 (0.5%) 希臘 (0.6%) 馬爾他 (0.7%) 葡萄牙 (0.7%)

[73] The European Monitoring Centre for Drugs and Drug Addiction (EMCDDA): *2011 Annual Report on the State of the Drugs Problem in Europe,* Luxembourg: Publications Office of the European Union, 2011, pp. 43–74.

| 較高國家 | 法國 (41.4%)
丹麥 (38.4%)
義大利 (33.1%)
西班牙 (31.5%) | 英國 (9.7%)
西班牙 (9.1%)
義大利 (6.8%)
丹麥 (6.4%) | 英國 (9.2%)
丹麥 (7.0%)
荷蘭 (5.3%)
愛爾蘭 (4.1%) | 愛爾蘭 (9.2%)
荷蘭 (9.2%)
英國 (9.0%)
捷克 (7.1%) |

資料來源：The European Monitoring Centre for Drugs and Drug Addiction (EMCDDA): *2018 Annual Report on the State of the Drugs Problem in Europe*, 2018, pp. 41, 84–87.

　　歐洲學生（15 至 16 歲）使用毒品生涯時期 (Life Time) 盛行率，2015 年調查結果，平均 18.7% 的受訪學生指出曾有施用大麻的經驗，其中最高的國家是捷克 (37%)、法國 (31%) 與西班牙 (31%)。至於其他的毒品（例如 MDMA、安非他命與古柯鹼等）的盛行率非常低，均在 6% 以下[74]。

貳、政策概況

　　歐洲毒品政策，二十年來最明顯是在各國將「減害」 (Harm-Reduction) 納入「減少需求」的目標。自 1990 年起至 2011 年，分為八個重要的毒品政策及行動階段，1990 年至 1992 年間，最初的二項行動中主要目標是減少毒品供應與需求，1995 年至 1999 年即整合這二項行動為「打擊毒品行動計畫」。 2000 年至 2004 年時， 修正為 「毒品策略」 (Drug Strategy) 與「行動計畫」(Action Plan) 二部分，給予同等比重，以取得平衡。各國依歐盟訂定策略再自行規劃毒品策略，並由歐洲毒品及毒癮監測中心 (EMCDDA)[75]負責監測、評估及彙整 30 個國家執行情形與成效[76]。

---

[74] The European Monitoring Centre for Drugs and Drug Addiction (EMCDDA): *2018 Annual Report on the State of the Drugs Problem in Europe*, Luxembourg: Publications Office of the European Union, 2018, pp. 84–87.

[75] 歐洲毒品及毒癮監測中心 (European Monitoring Centre for Drugs and Drug Addiction, EMCDDA) 1993 年成立，1995 年總部設於葡萄牙首都里斯本，主要任務是提供歐盟及其會員國有關毒品正確的資料，供研究、決策者及實務人員參考，參見該中心網站：http://www.emcdda.europa.eu/，瀏覽日期：2012 年 2 月 4 日。

[76] The European Monitoring Centre for Drugs and Drug Addiction (EMCDDA), op. cit., pp. 19–22.

參、法律更新⑰

過去十年來，有 15 個國家對持有少量毒品的病人減刑。1988 年聯合國公約第 3 條第 2 項要求會員國針對個人持有毒品部分納入刑罰，在歐洲各國做法分為三類，第一類屬於刑事案件，第二類非刑事案件，第三類非刑罰類的處罰，這些改變也適用在大麻。

一、刑案類

有三種改變，第一種是修訂法律的規範，毒品為犯罪或非犯罪案件有葡萄牙、盧森堡及比利時三個國家。葡萄牙自 2001 年起，供自用的持有毒品不罰，另持有少量毒品從三個月的自由刑改為行政罰鍰，希望能自健康方面解決問題而非以刑罰處罰。盧森堡在 2001 年個人持有部分獨立成罪並減刑，初犯且無惡化情形時得改以罰鍰，持有各種毒品（大麻除外）刑罰從 3 年降為 6 個月。比利時在 2003 年修訂刑罰，從最高 5 年減輕至行政罰鍰。愛沙尼亞 (Estonia) 修訂為行政罰鍰或拘留 30 日 ；斯洛維尼亞共和國 (Slovenia) 輕犯罪法減除所有刑罰，持有毒品供自用者從 30 日監禁改為罰鍰。

二、變更毒品的分類

列入刑罰的毒品仍屬犯罪。羅馬尼亞將毒品分為二類，高風險類，處刑期 2 至 5 年；一般風險類，處刑期 6 個月至 2 年。保加利亞、捷克、義大利及英國均修訂毒品分類，將需要加強管制的毒品納入較重刑罰處罰。

三、對「持有」毒品一律減刑

芬蘭自 2001 年起將非法持有麻醉藥品刑罰 2 年降為 6 個月，並可由檢察官協商為罰金。 希臘自 2003 年起對自用及非成癮者 ， 自 5 年減刑為 1 年，5 年內未再犯，不列入刑案紀錄。丹麥自 2004 年起改為罰金，自 2007

年起納入法律規範。法國自 2007 年起由犯罪者及青少年犯付費增開毒品講習班。斯洛維尼亞增訂二項處罰，持有 1 至 3 份非法毒品者，得在家監看一年，或社區服務 40 至 300 小時；持有 10 人份以上者，處最高 5 年刑罰。

肆、整合社會措施，減少需求[78]

一、預防層面

　　預防層面最重要是以有效的措施為基礎，分為一般廣泛大眾、有成癮風險的特定民眾，以及必要的對象三個層面。

　　㈠環境策略

　　環境策略的重點在文化、社會、硬體和經濟的環境對使用毒品的影響。一般預防的方法有張貼大幅海報、調整香菸價格及健康教學等。證據指出，在學校環境讓學生有正確的想法和有效的認識使用毒品的結果，可以預防毒品濫用。歐洲各國均將防毒教育融入正式的課程，盧森堡、荷蘭、奧地利及英國等四國研究顯示，全校實施後可以有效降低成癮物質使用，並促進融入社會。

　　㈡全國預防 (Universal Prevention)

　　指所有民眾均納入宣導範圍，主要目的在減少接觸及使用毒品。研究支持，注意宣導地區文化、規定和社會狀況，會改善民眾接受程度且達到成功的機會。歐洲區專家指出，學校防毒教育，如只提供防毒教材、宣導日及尿液檢測等方法，並未證明是有效的；而較具效果的方法有：職業技能訓練及對男孩的宣導。

　　㈢選擇性預防 (Selective Prevention)

　　指對較少接觸到社會資源及可能受到毒品侵害風險較高的特定團體、家庭或社區，進行毒品宣導。多數國家增加最多為對學業和社會有問題的學生及已觸法吸毒的學生加強輔導。此外，愛爾蘭、盧森堡和希臘也提供

---

[78]　The European Monitoring Centre for Drugs and Drug Addiction (EMCDDA), op. cit., pp. 27–34.

初次施用毒品學生的輔導。

有 14 個國家已全面或充分地對有使用毒品或劣勢家庭介入治療,在德國、波蘭和葡萄牙 3 國及英國部分區域,推動「強化家庭」(Strengthen Family) 計畫,提供外展服務 (Outreach) 或以行政機關為主體實施計畫,對輟學學生、移民及無家的青少年,仍由公家機關執行為主。

㈣必要預防 (Indicated Prevention)

指對有行為或心理問題的個人,預判在日後生活中會有毒品問題,提供特定的介入干預。越來越多的國家指出,在學校最容易鑑別出易受影響的學生,比利時、捷克、葡萄牙和挪威等,使用新工具在學校和社區中篩檢及早期偵測,常用的策略是早期介入與諮商。

二、戒治 (Treatment)

在歐洲主要的療法有心理治療、替代療法及解毒等,可在不同的地點,如特定的醫療單位、監所、行政單位等進行。部分國家實施持續照護工作 (Continuous Care Approach),包含在不同階段療程,協調整合衛生及社會機關等單位。整合的計畫是對受戒治者狀況加以監控,早期發現問題,引進社會及衛生服務等。法國調查指出,有經驗的戒毒者可以協助專家與受戒治者的接觸,並且持續到完全解毒。荷蘭政府與地方官員在四個較大城市推動大範圍社會支持策略。

持續照護與整合治療可以納入醫療院所的治療規範,有 16 個國家在戒治單位與社會機關間已訂有制式的伙伴合約,法國、荷蘭、葡萄牙、羅馬尼亞、英國及克羅埃西亞等 6 個國家推動跨機關合作,而在其他國家這些機制仍屬非正式的合作。

三、社會整合 (Social Reintegration)

多數受戒治者在社會上是孤立的,因而較難完全復原及保有戒治成果。報告指出,持續追蹤受邊緣化的情形及解除烙印,會改善受戒治者融入社會、提升生活品質的機會。將戒治者融入自己的社區中是最完整的策略,

在戒治時包含提升社會技能、強化教育、受雇能力及提供臨時住居所，可使受戒治者減少使用毒品且有較長的戒斷期。有 21 個國家有特定的社會融合方案，由戒治、衛生及社福等單位，在戒治前、後都提供住居所、教育及職業等協助。

四、減害 (Harm Reduction)

預防及減害是歐洲各國毒品策略中衛生保健的目標。鴉片替代療法、交換針頭及針筒 (Syringe) 是主要的方法，各國均已推行。除實施替代療法外，也加入「低門檻服務計畫」(Low-Threshold Services, LTS)[79]，是指健康及社會部門提供受戒治者諮商、針頭、針筒、醫療及庇護住居所的計畫，目的是希望在戒治期，可以和有毒品問題者保持聯繫、提供安全教育、接種計畫及傳染疾病衛生教育等。因為通常要取得有用藥問題戒治者相關訊息很困難，透過這個計畫希望可以提高這些資料的回收、品質及兼顧受治者的特質和需求，並將此計畫納入減害計畫的一部分，實施的國家有保加利亞、捷克、希臘、匈牙利、拉脫維亞、盧森堡等。

多數國家均提供更廣泛的健康照護及社會服務，含個人風險評估與服務、目標資訊、安全使用教育、清潔針具、保險套使用、傳染病檢測與諮詢等，研究指出，這些措施對減少 HIV 及毒品使用者均具有顯著效果。

五、品質保證 (Quality Assurance)[80]

戒治的品質保證包含開發治療指引、標竿服務、員工訓練和品質證書及認證流程等。歐盟計畫在 2012 年提出「毒品減少需求的最低品質標準及

---

[79]　「低門檻服務計畫」(Low-Threshold Services) 參見歐洲毒品及毒癮監測中心 (The European Monitoring Centre for Drugs and Drug Addiction, EMCDDA) 網站：http://www.emcdda.europa.eu/html.cfm/index5778EN.html/Prevention of infectious diseases/Low-threshold services，瀏覽日期：2012 年 1 月 5 日。

[80]　參考 European Commission Justice: http://equs-drugs-conference-registration.net/documentation.jsp.

標竿研究」，目的在提供毒品減少需求各面向的標準及標竿，範圍有：預防、治療、減害、更生和融合等面向。計畫執行方向有：(1)實施最低的品質標準及標竿；(2)建立可以運作的堅強架構；(3)建立諮商團體，輔導各會員國執行計畫。歐盟於 2010 年開始進行有關毒品治療的標準研究 (European Quality Standards, EQUS)，將戒毒的標準分為三部分：(1)組織組成的標準 (Structural Standards)，如硬體環境、接觸方便性、成員組成和資格等；(2)流程的標準 (Process Standards)，如個案治療計畫、與他機構合作情形、病人紀錄保存；(3)結果標準 (Outcome Standards)，如病人及員工滿意度、場地和治療測量的目標等。訂於 2011 年底完成研究結果，並在歐盟國家中建立共識，預訂於 2013 年向歐盟國會報告。

伍、歐洲主要國家的毒品政策

一、瑞　典[81]

國家毒品政策反映出一國的文化價值、信仰和行為，且和法律、民眾的行為有關，尤其是年輕人，很快就會適應使用非法毒品的法律。瑞典是少數歐洲國家中採取毒品禁止政策，並經聯合國毒品與犯罪辦公室推薦為成功毒品政策的國家[82]。

瑞典在 1970 年代時打擊毒品走私，但不逮捕持有及吸食者，卻仍無法禁止毒品。至 1980 年，檢察總長下令對持有及吸食者加以處罰，自此瑞典對毒品的政策從許可制改為限制制度，直到現在。歐洲多數國家對吸食者不處罰，但瑞典在 1988 年「麻醉藥品法」即規定，吸食是違法行為，1993 年規定警察可以對吸食者檢測尿液並當成是違法證據。

---

[81] Johansson: The Swedish Drug Policy Experience: Past to Present, in: *The Journal of Global Drug Policy and Practice*, 5 (3), 2011, pp. 1–6.

[82] United Nations Office on Drugs and Crime: *Sweden's Successful Drug Policy: A Review of the Evidence*, 2007.

二、荷　蘭⑧³

　　1970 年代初期，荷蘭受到海洛因橫行影響而公開討論毒品政策，當時公論認為：司法和道德不可能結合，無被害者犯罪應除罪化，而當時對於大麻的危害性很少醫療訊息，所以一般公論認為不能誇大大麻的危害，應對毒品抱持「寬赦態度」(Condoning Attitude)⑧⁴。當時也依據社會進階理論 (The Social Stepping Stone Theory)⑧⁵認為：吸食大麻入罪後可能導致進階使用更嚴重的毒品，因而毒品市場應將大麻和海洛因分級，而軟性毒品大麻應予以除罪化。這個想法促進了 1976 年修訂「麻醉藥品法」，將毒品分為「硬性毒品」(Hard Drug) 海洛因和「軟性毒品」(Soft Drug) 大麻二種不同等級的毒品，並分別處罰。對於硬性毒品的持有、商業交易、生產製造、進、出口及商業廣告等均應處罰，但持有大麻則列入微罪，吸食大麻及小額交易不罰。當時的荷蘭政府希望其他國家政府可以看到這樣的創新，然而，其他國家的政府對大麻卻沒有除罪化。「寬赦」原意是暫時政策卻變成固定的政策。

　　因對毒品的寬赦態度，將大麻自海洛因市場分離，1980 年代政策上可以在「咖啡廳」買賣，但需符合標準：㈠不能廣告；㈡不能買賣硬性毒品；㈢不能有騷擾行為；㈣不能出售給年輕人；㈤不能大盤交易。1996 年檢察

---

⑧³　Koopmans: Going Dutch: Recent Drug Policy Developments in the Netherlands, in: *The Journal of Global Drug Policy and Practice*, 5 (3)，2011, pp. 8–16.

⑧⁴　意指對毒品雖有明文禁止，但仍忍受不執行禁止的態度。

⑧⁵　進階理論 (Stage Theory, The Gateway Theory) 是美國學者 Kandel 在 1975 年研究紐約州青少年成癮行為的縱貫研究，發現青少年涉入毒品有階段性的發展過程，至少有四個階段：1. 先嘗試酒或啤酒；2. 抽雪茄或喝烈酒；3. 抽大麻；4. 其他非法毒品，進而再到更多的毒品。Kandel 指出這四階段是一般現象，未必都依序進入下一階段。但抽大麻是重要的階段，由此跨入非法毒品世界，參見 Kandel: Developmental Stages in Adolescent Drug Involvement, in: Lettieri, M. Sayers, & H. W. Pearson (eds.), *Theories on Drug Abuse*, National Institute on Drug Abuse (NIDA) Division of Research, 1980, pp. 120–127.

署頒定有關細則：㈠自家種植不得超過 5 株；㈡咖啡館存貨不超過 500 克；㈢禁止容留未成年者；㈣不販售酒類；㈤市長有權力要求咖啡館停業。

1980 年代大麻成為咖啡屋的交易商品後，這個措施成為荷蘭毒品政策的代名詞，在與比利時邊境接壤的一家 "Checkpoint" 咖啡廳，每日有 2,300 至 2,900 人，有來自鄰國的比利時 (40%) 及法國 (50%) 觀光客排隊購買大麻，最多時曾有一日 5,000 人來此消費。大量人潮驚動市長，認為咖啡廳出售大麻和囤貨數量已超出法律容許範圍，因而採取法律訴訟，該店於 2008 年 5 月關門。

荷蘭政府使大麻合法化導致除了龐大的利潤外，健康問題已被邊緣化，同時形成了犯罪組織爭奪利益的市場，和毒品有關的犯罪也不斷發生。於 1995 年發布毒品政策書「持續與改變」(Policy Paper: Continuity and Change)，結合預防、照護、打擊不法及執法等策略，目的在減少供給、減少需求和減少傷害，對咖啡廳開設、大麻施用、種植及買賣等採取較嚴格的限制措施。咖啡廳只能與荷蘭國民進行小額買賣，對犯罪組織採用刑法與行政罰雙管齊下。荷蘭政府在 2009 年評估 1995 年以來的毒品政策後，希望持續緊縮反毒政策，並在十年內和歐洲其他國家並列於反毒有成的國家。

第四項　臺　灣

壹、日據時代 (1895–1945)

清末的禁煙運動並未在臺灣實施，因 1895 年臺灣割日後，日本即於 1897 年頒訂「臺灣禁止阿片吸食令」，實施鴉片專賣及鴉片吸食特許制度，以價制量，鴉片仍為合法物質，但採漸禁主義消弭吸食之風[86]。至 1929 年施行新鴉片令，禁絕煙毒，並於 1930 年成立「臺北更生院」[87]，由杜聰明

---

[86] 柯雨瑞：《百年來臺灣毒品刑事政策變遷之研究》，中央警察大學，犯罪防治研究所博士論文，2006，52 頁；行政院衛生署、法務部、教育部、外交部：《100 年反毒報告書》，行政院衛生署編印，2011，8–15 頁。

[87] 范燕秋：〈杜聰明回憶錄〉，收錄於許雪姬、薛化元、張淑雅等撰：《臺灣歷史

博士主持，首創「禁藥尿液檢驗法」，對全臺鴉片成癮者展開治療❸，在當時將鴉片成癮者當成是病人治療是很不尋常的思考方式，國際聯盟 1930 年考察報告指出 ， 臺灣是當時世界上唯一使用法令強制戒治阿片成癮的地區❸，1930 年至 1946 年臺北更生院合計戒治 20,368 人❹，至 1946 年吸食鴉片民眾已不多，鴉片不再是社會問題❺。

貳、光復後至解嚴 (1946–1986)

在此四十年間臺灣尚無重要的毒品問題❷，光復初期禁煙法令，先引用國民政府於 1941 年 1 月 30 日在大陸公布「禁煙禁毒治罪暫行條例」❸，至 1948 年頒訂「禁煙禁毒治罪條例」❹；1952 年至 1955 年 6 月未訂有專法規範，改以刑法分則鴉片罪章處罰；1955 年 6 月公布「勘亂時期肅清煙毒條例」，是政府在臺灣頒布的第一部專用毒品立法，視吸食為犯罪，但有關戒毒收容規定並不明確；至 1992 年因應終止動員勘亂時期修訂「勘亂時

辭典》，文建會編印，遠流出版社印行，2004，1050 頁。

❸ 杜聰明以其所創除癮方法，在更生院施行，頗有見效；他獲得醫師黃文、王耀東、林金龍，化學家楊慶豐、李超然等人相助，進行分析鴉片及嗎啡中毒者之實驗統計研究，做成學術論文，經由日本外務省向國際聯盟提出報告，使臺北更生院成了當時世界研究毒癮的重鎮。另還先後完成《癮者之死因及死亡率之研究》、《癮者之犯罪之種類及比率》等論文，受到美國學術界很高的評價；而自尿液中檢查嗎啡成分，鑑定嗎啡中毒者的方法，是「世界最初之發表」，參見莊永明：《臺灣紀事：臺灣歷史上的今天（上）》，時報出版社出版，2006，76–77 頁。

❸ 許宏彬：《臺灣的阿片想像：從舊慣的阿片君子到更生院的矯正樣本》，清華大學，歷史研究所碩士論文，2002，118 頁；柯雨瑞，前揭書，391 頁。

❹ 柯雨瑞，前揭書，391–392 頁。

❺ 范燕秋，前揭文，1050 頁。

❷ 行政院衛生署、法務部、教育部、外交部：《100 年反毒報告書》，行政院衛生署編印，2011，8–15 頁。

❸ 朱文原編：《國民政府禁煙史料第一冊，組織法令》，國史館印，2003，165–168 頁。

❹ 朱文原編，前揭書，247–253 頁。

期肅清煙毒條例」為「肅清煙毒條例」，採取監禁嚇阻並重，重點在緝毒方面，管制及查緝上相當嚴格；至 1990 年將麻醉藥品安非他命納入管制範圍，禁止非法持有、吸食，違者依法送辦❾❺。

參、1991 年起至 1997 年

在此期間治安單位即陸續發現大量海洛因走私闖關，並相繼破獲製造安非他命地下工廠，且首度緝獲嚴重濫用流行於歐美之古柯鹼，藥物濫用問題已不容忽視。1993 年全年查獲之煙毒數量超過 1983 年至 1991 年合計總量，當年法院依違反「肅清煙毒條例」及「麻醉藥品管理條例」判決人犯數佔總人犯數 31.66%，毒品氾濫情形嚴重惡化，政府於 1993 年 5 月 12 日宣布「向毒品宣戰」，並成立「中央反毒會報」，以「緝毒」、「拒毒」及「戒毒」為目標❾❻。

肆、1998 年至今

1998 年 5 月將「肅清煙毒條例」廢止，頒訂「毒品危害防制條例」，對於施用毒品者確認其新的身分為「病人兼具犯人」，刑事政策改為二次戒毒，有條件除刑不除罪，開啟我國反毒的新紀元❾❼。該法第 19 條對於毒品犯罪所得財物亦採必要沒收主義，亦允許為保全追徵裁判之執行而酌量扣押犯罪者財產，實踐了「1988 年禁止非法販運麻醉藥品和影響精神藥物公約」對毒品犯罪者沒收財產的精神。

2003 年 7 月，再次修正毒品危害防制條例❾❽，毒品犯若經觀察、勒戒

---

❾❺　行政院衛生署：《85 年反毒報告書》，刊網站：http://park.org/Taiwan/Government/ Events/September_Event/antt.htm/策略及組織，瀏覽日期：2008 年 3 月 24 日。

❾❻　行政院衛生署，同前註。

❾❼　柯雨瑞，前揭書，55 頁。

❾❽　造成本次修法的因素有：⑴「毒品危害防制條例」自 1998 年制定施行後，所定再施用毒品之處遇程序過於繁複；⑵一般刑事訴訟程序與觀察勒戒、強制執行程序交錯複雜，法律引用諸多爭議；⑶勒戒處所於醫院內附設亦有困難；⑷

或強制戒治執行完畢釋放後，五年後再犯第 10 條之罪者，其有資格接受觀察、勒戒或強制戒治。五年內再犯第 10 條之罪者，須視其施用毒品之種類，接受不同刑度之制裁❾❾。2003 年，鑑於新興毒品增加，再度修訂條例，增列「第四級毒品」，毒品自三級修訂為四級，且每 3 個月檢討一次清單。另鑑於第三至四級毒品為學生、年輕文化所流行喜愛，而產生販售、暴力及施用等惡性循環，於 2009 年 5 月修訂毒品危害防制條例，修訂第 11 條之 1，增列查獲持有第三級及第四級毒品，20 公克以罰鍰及危害講習，20 公克以上者，處以刑罰得併科罰金，自 2009 年 11 月 20 日起生效。

　　在策略部分，過去反毒工作及資源偏重於毒品查緝，忽略需求面之拒毒及戒毒工作，行政院蘇前院長貞昌於 2006 年 6 月 2 日召開「行政院毒品防制會報」中，要求反毒策略應由原來之「斷絕供給，降低需求」，調整為「首重降低需求，平衡抑制供需」，以「拒毒」防止新的毒品人口產生、以「戒毒」減少原有毒品人口；再輔以積極「緝毒」以減少供給，並將反毒戰略警戒線推展至「防毒」，管控原為合法用途之藥品及先驅化學工業原料或製品，避免其被非法轉製成毒品。反毒工作區分為「緝毒」、「拒毒」、「戒毒」及「防毒」四大區塊❿❿，並將國際反毒工作納入作業，形成「防毒監控」、「國際參與」、「拒毒預防」、「毒品戒治」及「緝毒合作」五大工作重點。

　　行政院於 2017 年 5 月 11 日提出「新世代反毒策略」，預計 2017 年至 2020 年間投入 100 億經費，透過阻絕毒品製毒原料於境外、減少吸食者健康受損、減少吸食者觸犯其他犯罪機會、強力查緝製造販賣運輸毒品，降低毒品需求及抑制毒品供給。有別於以往以「量」為目標之查緝方式，新

　　　　聯合國在 1988 年完成「禁止非法販運麻醉藥品和影響精神藥物公約」；(5)「管制藥品管理條例」列有四級，毒品管制僅列三級，致第四級管制藥品刑事處罰闕如，以上參閱法務部、教育部、行政院衛生署編著：《91 年反毒報告書》，法務部出版，2001，7–8 頁。

❾❾　柯雨瑞，前揭書，55 頁。

❿❿　法務部、教育部、外交部、行政院衛生署：《96 年反毒報告書──95 年 1 至 12 月》，法務部印行，2007，12 頁。

世代反毒策略是以「人」為中心追緝毒品源頭，以「量」為目標消弭毒品，其主要措施有五大主軸：1.防毒監控：阻絕境外、強化檢驗；2.拒毒預防：零毒品入校園；3.緝毒掃蕩：反毒零死角；4.戒毒處遇：多元、具實證且連續之處遇服務；以及 5.修法策略等。

伍、減害計畫[101]

2003 年至 2004 年間因毒品注射導致愛滋病情擴大，2004 年愛滋患者中有 70% 是毒癮者，政府為控制疫情，自 2005 年 12 月 6 日核定「毒品病患愛滋減害試辦計畫」，實施清潔針具交換及外展替代療法。於 2008 年 4 月修正「毒品危害防制條例」，對於期限內完成戒癮者予以緩起訴，10 月再訂定「毒品戒癮治療實施辦法及完成治療認定標準」，將戒癮治療內容、方式及完成認定的標準予以明文，自此替代療法全面展開。

陸、完成毒品防制網絡[102]

於 2006 年 6 月 2 日行政院毒品防制會報，行政院蘇前院長貞昌指示法務部所屬各檢察機關，推動成立縣、市地方政府毒品危害防制中心，整合警政、社政、教育、醫療、更生保護等資源，設預防宣導組、保護扶助組、轉介服務組、綜合規劃組，負責辦理毒品防制宣導、毒品施用者心理輔導及追蹤輔導、轉介戒癮治療服務以及辦理毒品防制教育訓練等，以有效減少毒品危害，至 2006 年 12 月底前，全國各縣市政府均已完成毒品危害防制中心之設置。2010 年 11 月修正「毒品危害防制條例」第 2 條，增訂各直轄市及縣市政府編列專責組織辦理毒品防制事項，完成地方政府毒品危害防制中心組織法制化，至此，中央與地方縱向與橫向完成毒品防制保護網絡。2017 年 5 月 26 日立法院三讀通過毒品危害防制條例第 2 條之 2、第

---

[101]　行政院衛生署、法務部、教育部、外交部：《100 年反毒報告書》，行政院衛生署編印，2011，14 頁。

[102]　法務部、教育部、外交部、行政院衛生署：《96 年反毒報告書──95 年 1 至 12 月》，法務部印行，2007，116 頁。

31 條之 1 與第 36 條修正條文，增訂在法務部設置毒品防制基金，以利推動毒品防制業務；增訂特定營業場所應執行之防制措施，包括在入口明顯處標示毒品防制資訊、通報警察機關處理、備置從業人員名冊等措施，並增訂違反相關規定之處罰，最重可勒令停業，藉由課以特定營業場所配合執行防制毒品措施之義務，共同建構反毒之完整防線[103]。

柒、國際合作與兩岸合作[104]

我國非聯合國會員國，未能與其會員國簽訂有關反毒公約，因而要犯逃匿至國外時，多數以非官方友誼協助方式請求協助引渡。目前參與之組織有「亞太防制洗錢組織」、「艾格盟聯盟」(Egmont Group)，另外我國雖非「國際刑警組織」會員，但該組織仍將各類國際犯罪通報給我國[105]。又於 2002 年與美國簽訂「臺美司法互助協定」，提供司法調查、偵查及打擊犯罪合作，但未包含引渡在內。此外，也與有邦交國多明尼加、南非、馬拉威、哥斯大黎加、多明尼克、史瓦濟蘭、巴拉圭等國訂定引渡條約。

大陸是臺灣毒品走私入境的來源國，1990 年起依「金門協議」遣返重要刑事案件要犯；至 2009 年 4 月 26 日於第三次江陳會簽訂「海峽兩岸共同打擊犯罪與司法互助協議」，與大陸共同打擊犯罪，以往犯案之後逃匿大陸要犯，無法緝捕歸案情形已完全改善。

捌、洗錢防制[106]

1996 年通過「洗錢防制法」，法務部並於 1997 年成立「洗錢防制中

---

[103] 法務部：《106 年犯罪狀況及其分析》，法務部司法官學院，2018，366 頁。

[104] 行政院衛生署、法務部、教育部、外交部：《100 年反毒報告書》，行政院衛生署編印，2011，167 頁。

[105] 黃益盟：《兩岸共同打擊跨國組織犯罪之合作——以毒品犯罪為例》，國立成功大學，政治經濟學研究所碩士論文，2006，48–50 頁。

[106] 行政院衛生署、法務部、教育部、外交部：《100 年反毒報告書》，行政院衛生署編印，2011，190 頁；黃益盟，前揭書，51 頁。

心」，受理可疑交易報告，分析、處理有關洗錢資訊及與國外合作，交換資訊，人員訓練等。

　　綜上，就我國的禁毒法令和政策而言，自光復至今的禁毒政策，可分三個階段：

一、日據時代至 1945 年

　　日本政府對臺灣禁毒政策，初期採取「鴉片專賣」及「吸食特許」制度，至 1929 年起在國際壓力下，實施強制戒治，創新戒治方式，至 1946 年後抽鴉片民眾已不多，徹底禁絕臺灣人的鴉片吸食，這是醫療和獄政很重要的成就，使得國民政府光復臺灣後，吸食鴉片不再是社會的問題。

二、1946 年至 1997 年間

　　此期間迭經動員勘亂、解嚴等重要政治變革，政府對於禁毒決心不變，但戒毒制度仍不完備。於 1955 年訂定第一部專用毒品立法「勘亂時期肅清煙毒條例」，1990 年將麻醉藥品安非他命納入管制範圍，1992 年修訂「勘亂時期肅清煙毒條例」為「肅清煙毒條例」。

三、1998 年至 2017 年間

　　1998 年訂定「毒品危害防制條例」，為目前的禁毒法令依據，大幅翻修整部毒品相關法規，刑期較「肅清煙毒條例」輕，在戒治方面已朝「病犯」方向修正。除完備的法制外，也開始與國際毒品政策接軌。2005 年實施「減害試辦計畫」、2008 年全面實施減害計畫，2010 年完成縱向與橫向之毒品防制網絡；2009 年與大陸簽訂「海峽兩岸共同打擊犯罪與司法互助協議」，並加強與國際合作，追查犯罪所得等，開展新的毒品政策及反毒的能量。

　　國內法制和禁毒策略為「斷絕供給」和「減少需求」，已和國際各國方向相同。斷絕供給部分，對於販賣和走私毒品者，在起訴和偵查上已從嚴追究，但在實務上，追索沒收相關毒品獲益，尚不多見，仍需加強執行。

而吸食和持有部分，國際上認為是病患，已漸減少刑罰，改為不罰或行政罰鍰，並且實施戒治期間各種衛生、社會整合措施，協助病患在戒治期間安心戒治，保持聯絡及固定住居所等；此部分，在我國雖已將吸食者界定為「病犯」角色，仍列入刑罰處罰，但在社會追蹤部分，尚未列入法律規範，也形成戒治缺口，有必要再加強出所後的照護，逐步朝整合、動態的戒治模式發展，包含醫療戒毒、心理、行為治療及追蹤輔導等階段。

　　雖然目前毒品政策由行政院統合指揮跨機關執行，中央也與地方完成垂直整合，但目前整體毒品政策由法務部、教育部、行政院衛生署分別就所管業務擬訂政策，容易形成治理面向上的橫溝與缺漏，在今日毒品更趨氾濫形勢下，宜有全責的機關，負責擬訂完整的毒品政策，並對執行緝毒、戒毒、減害及國際合作等措施加以監控，並再加強有關毒品各面向的資料蒐集與研究，以提供正確、進步和完整的面貌，供國際、國內決策和實務人員參考。

四、2017 年迄今

　　為防制洗錢及打擊毒品組織犯罪金流，行政院提出洗錢防制法，並於2016 年 12 月 9 日立法院三讀通過，2017 年 6 月 28 日實施，新法採取國際規範標準，強化洗錢防制內稽內控，建置透明化金流軌跡，增進國際合作機會，提供洗錢犯罪之追訴可能，是我國對於國際社會在金流秩序上的新宣示，亦為我國打擊詐欺、違法黑金等金流失序之最佳利器[107]。

第七節　結　語

　　毒品犯罪是全球的公罪，影響個人的健康、家庭、公共傳染病、社會治安及國力衰退等。全球消費最多前三名的毒品為大麻、古柯及海洛因，因國際上仍有龐大的吸食毒品人口，毒品犯罪組織形成「產、運、銷」一體的網絡，經由縝密的走私方式運送至各國，以獲取龐大的利潤，並和傳

---

[107]　法務部：《106 年犯罪狀況及其分析》，法務部司法官學院，2018，366 頁。

統走私軍火、賭博、賣淫、洗錢、恐怖組織結合，形成典型的國際犯罪，是全球政府都努力解決的議題。

毒品犯罪具有組織性、跨國性和犯罪性等特質，需要國際共同合作抗制。聯合國確立「減少供給」和「減少需求」的政策方針，並在 1961 年、1977 年及 1988 年訂定控制非法藥物三大基本公約，確認應管制的麻醉藥品、危害精神藥物範圍後，對於非法的管制藥物加強查緝及沒收毒品所得。聯合國三項公約為全球管制藥品制度的基礎，並要求各會員國依此訂定國內法律執行反毒工作。

國際上抗制毒品策略，在減少毒品供給面，如協助非法種植罌粟及古柯的農民轉種、預防先驅化學物質提煉合成麻醉藥劑、合作截堵毒品、清除境內製毒工廠，並對走私及販賣毒品者加重處罰並沒收非法所得等。在減少需求面，對於吸食及持有者責任，不以刑罰為唯一處罰方式，已朝免除刑罰、加強戒治及處以行政罰鍰等方式處理。在計畫上，加強宣導、強化民眾對毒害認識、對施用者積極戒毒及實施減害措施、整合社會和衛生部門，提供醫療、心理、健康照護及臨時住居所，協助安心戒治治療，維持較長的戒斷期。

我國「毒品危害防制條例」第 2 條：毒品指具有成癮性、濫用性及對社會危害性之麻醉藥品與其製品及影響精神物質，並依成癮性、濫用性及對社會危害性分為四級。回顧臺灣抗毒政策，可分為三階段，在日據時代，首創禁藥尿液檢驗法，戒絕鴉片毒害，是醫療和獄政很了不起的成就；光復後，鴉片毒害不再困擾政府，維持約四十年的無毒年代，經過動員勘亂時期和跨過解嚴。但自 1990 年代起，毒品走私入境增多，各種毒品危害日增，政府於 1993 年正式宣布「向毒品宣戰」，進入抗毒年代；1998 年通過「毒品危害防制條例」，完備禁毒和戒毒法制，區分為「防毒監控」、「國際參與」、「拒毒預防」、「毒品戒治」及「緝毒合作」五大工作重點。

雖然目前法制和策略方針已完備，政策方針和國際方向相同，但在統合訂定毒品政策、監控實施毒品計畫、受戒治者出所復歸社會和照護等，均需再努力，才能免於毒品的危害。

第十四章　經濟犯罪

第一節　經濟犯罪的概念

犯罪雖為個人行為，但卻與政治體制、社會結構以及經濟形態具有極為密切的關聯。觀察整部犯罪史，即可發現，每當政治體制、社會結構與經濟形態有所更變時，往往亦就導致犯罪在質與量上的變動，假如不是質變而產生一些新興形態的犯罪，就是量變而促使一些傳統形態的犯罪在發生數量的增加或減少等等現象。

在以往農業社會的經濟形態中，農村人口佔整體人口組合中的絕大多數，個人參與工商經濟活動的需要性與可能性均非常有限。因此，當時所常發生的跟經濟有關的犯罪行為，亦只限於偷竊、侵占、詐騙、搶奪與強盜等等財物犯罪。近數十年來，由於工業化與現代化的結果，使整個社會結構逐漸自農業社會轉化成為工商企業社會，使經濟形態由閉鎖的農業經濟，漸漸地步入自由開放的工商企業經濟，社會共同生活的條件與社會價值觀，均發生空前未有的大變動。同時，個人從事工商企業活動的需要性與可能性亦大幅度地增加，國家認許並且鼓勵人民從事工商企業活動，人民以其資本與才能，盡力追求利潤，除增加其個人所得，改善其物質生活條件之外，亦帶動社會的繁榮與經濟的成長。由於國家給予個人相當程度的活動可能性，人民在參與工商企業的經濟活動中，享有相當高的經濟自由。在這種狀況下，難免就有一些唯利是圖的不法之徒，濫用這種工商企業活動所不可或缺的經濟自由與誠實信用原則，而以非法的手段，遂行其謀取不法暴利的意圖，因而產生一種新興形態的犯罪行為，這即是本章所要探討的「經濟犯罪」(Wirtschaftskriminalität, Economic Crime)。

早在 1932 年德國法學者林德曼 (K. Lindemann) 即主張，把國家的整體

經濟當做刑法所保護的法益，而認為經濟犯罪是一種針對國家整體經濟及其重要部門與制度而違犯的可罰行為❶。這算是經濟犯罪就刑法的觀點而下的早期定義。

歸納迄今文獻上所提出過的定義，所謂經濟犯罪係指意圖謀取不法利益，利用法律交往與經濟交易所允許的經濟活動方式，濫用經濟秩序賴以為存的誠實信用原則，違犯所有直接或間接規範經濟活動的有關法令，而足以危害正常的經濟活動，干擾經濟生活秩序，甚至於破壞整體經濟結構或破壞特定經濟制度的財產犯罪或圖利犯罪。

今就上述的定義，申論如下：

一、財產犯罪或圖利犯罪

經濟犯罪是一種圖謀不法利益的「財產罪」(Vermögensdelikte)，也是一種「圖利犯罪」(Bereicherungskriminalität)❷，其與不少傳統形態的財物犯罪行為，如竊盜、詐欺與侵占等，雖同樣以財產為犯罪侵害的客體，但兩者之間卻有下述的不同：

㈠普通財產犯罪的行為客體為特定人的財產法益、經濟犯罪的不法意圖很少只是針對某特定人而為者，故其受害者不但只是個人，而且尚有社會整體或社會的某一群人（如公司股票的全體持有者）。因之，經濟犯罪行為所侵害的客體，顯較前者為廣。

㈡普通財產犯罪的犯罪事實，大多較為明確，被害人與第三人較易辨認。經濟犯罪的犯罪事實大多較為模糊，而不易為被害人或第三人所察覺。

㈢普通財產犯罪多半為體力犯罪，且與罪犯的職業活動無關；經濟犯罪則多半為智力犯罪，且與罪犯所從事的職業有關。

普通財物犯罪與經濟犯罪雖有上述的不同點，但在特別設有經濟刑事

---

❶　參閱 Lindemann: Gibt es ein eigenes Wirtschaftsstrafrecht? in: *Schriften des Instituts für Wirschtaftsrecht* a.d. Universität Jena, Nr. 12. 1932. S. 19.

❷　參閱 Tiedemann ⑴: Wirtschaftskriminalität als Problem der Gesetzgebung, in: *Verbrechen in der Wirtschaft*, hrsg. v. Tiedemann, 2. Aufl., 1972, S. 10.

法庭以辦理經濟刑事案件的德國，其刑事追訴與審判實務界常會對於普通財產犯罪與經濟犯罪的界限，發生混淆不清的現象。德國的立法者乃以一特殊的立法例來解決這個問題，而於 1971 年修正的「法院組織法」(Gerichtsverfassungsgcsctz) 第 74 條 c 明定：對於傳統形態的財產犯罪的審理，若需經濟生活的特別知識者，則歸由「經濟刑事法庭」(Wirtschaftsstrafkammer) 管轄之。

二、違犯方式

經濟犯罪是使用非暴力的一種智力犯罪，經濟罪犯以狡猾奸詐的手段，濫用自由經濟結構賴以為存的誠實信用原則，並利用民商法、經濟法與財稅法令的漏洞而施行對健全的國民經濟所危害的不法圖利行為。這種犯罪行為的違犯方式包括下述三種：

㈠行為人毫無良心譴責的顧忌，以非暴力（即智力）的詐騙、行賄或請託、或者濫用其雄厚的經濟力，壟斷市場、操縱物價，以追求不法暴利。

㈡大膽地濫用整體的經濟生活所必需的相互信賴，破壞經濟活動規則中的誠實信用原則。

㈢非法地利用法律交往與經濟交易中所允許的經濟活動方式，並且巧妙妥善地安排，使他人從表面上看來，還誤以為其行為係法律所允許者，或者只是民事上的債務糾紛而已。

三、違犯的法律規範

經濟犯罪所違犯的法律規範包括國家干預經濟活動的一切法令規章及保護個人財產法益的刑事法規範。國家為維護私有財產制度及自由經濟結構，一方面以刑法的詐欺、竊盜、贓物、侵占、背信、重利、搶奪、強盜、毀損等罪名的刑罰威嚇，來保護財產法益；另方面則訂立不少指導、獎勵、限制與禁止經濟行為的經濟法令，來提高參與經濟活動者的利潤，並維持自由經濟生活秩序。凡違反上述兩類法規，且干擾與危害經濟秩序者，均為經濟犯罪。因此，如荷蘭學者莫勒 (A. Mulder) 即就這一觀點提出經濟犯

罪的定義，而認為經濟犯罪乃違犯所有以直接或間接影響經濟生活為目的而訂定的法規的犯罪行為❸。

四、破壞法益

因為經濟犯罪破壞經濟社會彼此間的相互信賴，造成經濟道德水準的下降，破壞自由經濟制度的基本精神，所以，經濟犯罪所破壞的法益除個人法益之外，尚有國家所規劃的與法律所保障的經濟生活秩序。這是大多數的刑法學者共同一致的看法❹。就刑法所保護的法益而言，經濟犯罪所侵害的法益，除個人的財產法益之外，還有極其重要的「超個人的財產利益」(überindividuelle Vermögensinteressen) 與「非物質法益」(immaterielle Rechtsgüter) 或社會的公法益❺。例如貸款詐欺（見下述第二節、一之㈡），不但造成銀行的呆帳，除侵害財產法益外，而且亦破壞銀行的貸款制度，或因銀行緊縮放款，致中小企業融資短缺，而影響其營運，或造成中小企業的倒閉。

第二節　經濟犯罪的類型

經濟犯罪具有各種不同的行為方式，而有各形各色的犯罪形態。惟迄今在犯罪學上或刑法學上，尚無妥善而一致的分類。今就較常發生的案例，試作分類如下：

---

❸　參照 Mulder: Neue Wege zur Bekämpfung der Wirtschaftsdelinquenz in den Niederland, Zusammenarbeit der Benelux-Länder auf diesem Gebiet, in: *Grundfragen der Wirtschaftskriminalität*, aaO S. 252.

❹　參照 Tiedemann: Wirtschaftsstrafrecht im Austand, Skizen zur Entwicklung und Reform, in: *GA* 1969, S. 321; Knecht: Erfahrungen bei der Untersuchung von Wirtschaftsdelikten, in: *Schweizerische Zeitschrift für Strafrecht* 85, 1969, S. 353; Tiedemann: Entwicklung und Begriff des Wirtschaftsstrafrechts, in: *GA* 1969, S. 71. 及 R. Lange, aaO. S. 176.

❺　參照 Tiedemann (I), C. 29. 及 B. Niggemeyer, aaO. S. 12.

第一項　經濟詐欺犯罪

經濟詐欺犯罪 (Wirtschaftsbetrügerein) 與傳統形態的普通詐欺罪，雖同為刑法上意圖為自己或第三人不法所有的財物犯罪（參照刑法第 339 條的規定），但兩者卻有下述的不同：

(1)普通詐欺罪的犯罪手段依刑法第 339 條的規定，為施用詐術，即以詐偽的方法欺騙他人，使人陷於錯誤，信以為真，而交付財物。經濟詐欺犯罪的犯罪手段，並不只限定於施用詐術，經濟罪犯除以其豐富的專業知識，行使極其高明的詐術而實施犯罪外，有時也會利用其與上層社會的關係及雄厚的財力，向政府官員或企業機構中的職員行賄或關說來作為犯罪手段，而遂行其犯罪目的。例如行賄承辦貸款人員，而詐騙巨額貸款。

(2)普通詐欺犯罪中加害人的獲利與被害人的受損之間，存有具體而直接的單純關係，但在經濟犯罪中，兩者的關係有時是抽象、間接而複雜的。

(3)經濟詐欺罪犯具有在經濟活動中的特殊身分，且多利用這些特殊身分而實行犯罪行為；普通詐欺犯則少有這些現象。

在常見的經濟犯罪中，經濟詐欺犯罪計有下述五種，今分別介紹如下：

一、對政府的經濟輔助措施所為的經濟詐欺

政府為促進經濟的成長，鼓勵對外貿易，並提高外銷品在國際市場上的競爭能力，而訂有不少經濟輔助措施，或由國庫資助某種外銷品，或減免進口原料的關稅，或提供低息的專案貸款等。行為人明知並不具備接受這種經濟輔助的條件，但竟以詐術、行賄與請託等手段，而為經濟詐欺。這種經濟詐欺可分為下述三種：

㈠國庫資助的詐欺

國庫資助的詐欺 (Subventionserschleichung, Subventionsschwindln) 即針對國庫資助措施所為的經濟詐欺行為，行為人並不具備接受國庫資助的條件，但竟使用詐術或行賄等手段，詐領鉅額的國庫資助金。

㈡沖退稅的詐欺

　　沖退稅的詐欺乃利用政府為獎勵國內廠商進口原料加工出口,而訂定的經濟補助措施所為的詐欺性的退稅犯罪。依照這些經濟補助措施,廠商申請進口原料時,可預繳或掛欠進口稅,於加工品出口後,退還或沖銷欠帳。沖退稅的詐欺有下列二種形態:

　　1.假出口而真退稅

　　行為人勾結海關工作人員,虛偽為貨物業已驗關出口的簽證,並捏造輪船公司的艙單,憑向海關申請加工出口證明,而騙取沖退稅,然後將進口的原料未經加工而行銷於國內,此即以「假出口」,而行「真退稅」❻。

　　2.假進口而真退稅

　　行為人雖然明知其外銷出口產品並非以必須繳納進口稅的進口原料為製造原料,但是在出口時竟偽稱係進口原料,而申請冒領沖退稅❼。

　　㈢經濟輔助專案貸款的詐欺

---

❻　實例如下:臺北市某紡織公司於 1962 年間有尼龍絲七千餘公斤,出口期限將屆而尚未加工,乃與某貿易公司董事長徐志○及某報關行董事長徐正○等人勾串,虛報尼龍絲綢六十四箱出口香港,行賄臺北關驗貨員李汝○,獲得開箱驗貨無訛的簽證,並以此項簽證,取得出口證明,詐領沖退稅五十二餘萬。徐志○等人,食髓知味,乃於同年 8、9 月間,先後以共犯蕭柏○經營的某實業公司及其尼龍加工廠的名義,施用上述的手法,虛報出口三次,詐領沖退稅高達三百七十八萬餘元之鉅。因有此暴利可圖,相繼有鮑士○等人參與,這個退稅的詐騙集團,在 1962 年 7 月至 12 月的短短四個月內,先後騙領沖退稅竟達七百三十一萬餘之多!

❼　實例如下:高雄市某鋼鐵股份有限公司貿易部主任林琴○,於 1972 年 7 月至 12 月之間,明知公司出口的合金錠使用的原料錫及鉛均係來自解體廢船的廢錫與廢鉛,並非自國外進口的錫錠及鉛錠,更因廢船進口稅率遠較錫鉛錠的進口稅為低,乃利用政府對於鉛錫與原料製造成品後,出口商申請沖退稅時免驗進口憑證的機會,在外銷品沖退稅申請書的應用原料名稱欄內,虛載為鉛及錫錠,持向財政部臺北關冒領退稅款三十萬八千餘元,交給公司。林琴○因見上述冒領沖退稅方法簡單,且有厚利可圖,乃辭去公司職務,自營金○行,專辦出口鉛、銅合金錠的業務。自 1974 年 1 月至 3 月間,連續以此方法,向臺北關冒領退稅款多達四百六十六萬八千餘元之鉅。

　　經濟輔助專案貸款的詐欺乃詐騙政府低息巨額的經濟輔助專案貸款的經濟詐欺犯罪。這些經濟罪犯明知自己不符貸款專案所定的申請條件，如外銷的優績、健全的公司組織等，可是卻以行賄、分紅、認乾股等不正當的方法，勾結承辦貸款的有關人員，而得無須經徵信調查與嚴密的審查，即可獲得巨額的低息貸款，至約定償還期滿後，未能清償貸款，造成國庫的重大損失❽。

二、貸款詐欺

　　貸款詐欺乃對金融機構的普通貸款制度所為的一種經濟詐欺行為，它與前述的對政府經濟輔助措施中的專案貸款所違犯的經濟詐欺不同。這種經濟犯罪以詐騙、行賄、請託等手段而獲得依通常程序申請無法獲准的鉅額貸款，如以比率極高的「回扣」，打通負責審核貸款的銀行高級職員；或擅刻機關印章而冒名貸款；或者串通地政人員，塗銷業已設定抵押的不動產登記而得重複抵押，借貸遠超其償還能力的金額❾。

---

❽　實例如下；臺灣省物資局依外銷品輔導辦法的規定，向臺灣銀行申請核准的「塑膠鞋外銷購料貸款專案」。自 1971 年 5、6 月間開始受理申請，至 1972 年 1 月份停辦，其間核准貸款者共三家廠商，總計金額為二十四餘萬美金，其中江氏兄弟負責的東〇與世〇兩皮鞋公司竟佔總貸款的二十萬五千美元。依據物資局的規定，申請購料貸款時，應提付資產負債表、股東名冊、損益表、營業明細表、不動產權狀及各項登記資料，加以徵信調查審核通過後，方始准予貸款。經刑事警察局偵一組的深入調查得知，東〇與世〇公司以虛偽股東（如世〇公司的董事長為 80 歲而無法行動的老太太及其他股東多半為其親友，有些人名列股東而不自知）、已抵押的財產及承租他人的廠房、偽造的國外訂單，未經徵信調查，而竟獨得二十五萬五千美金的鉅額購料貸款。

❾　典型的案例如在 1974 年 10 月爆發的青年公司的冒貸案。該公司在數年間勾結國中校長做空頭貸款；或冒國中之名而冒貸；或勾結地政事務所主任塗改土地所有權而得重複抵押以借貸；或行賄行庫有關人員；或以比率極高的「回扣」，打動負責審核貸款的銀行職員，而做超額的貸款等等，貸款數額高達 4 億臺幣之鉅！

三、押匯詐欺

押匯乃工商企業者以其從事國際貿易成交所得外國客戶的銀行信用狀，向銀行抵押，借得貸款，以為周轉資金。押匯詐欺係指工商企業者使用經濟詐欺手段，以有瑕疵的出口信用狀向銀行押匯，而取得鉅額貸款的經濟詐欺❿。

四、詐欺投資

詐欺投資乃虛設行號，發行股票，以虛偽的公司計畫與極其優厚的股息打動不知實情的一般人，盲目地認股投資，而獲取暴利的經濟詐欺犯罪⓫。這種犯罪除了造成個別投資者的損失之外，尚對經濟秩序發生廣泛

---

❿ 典型的案例如發生於 1978 年 8 月至 1979 年 1 月間，至 2 月 7 日才爆發的臺運公司的押匯騙案，第一銀行中山分行接受臺運公司及其關係企業的出口押匯先後共一千二百八十餘萬美金，案發時經財金當局的調查發現押匯中遭國外拒付的金額為八十七萬美元，已收回一百六十萬美元，另有二百四十萬美元債權可望追回，其損失金額須待處分抵押品後才可確定（《聯合報》，1979 年 2 月 11 日）。其後專案稽核小組調查又發現臺運等公司辦理押匯遭拒付的出口貨物，其香港方面進口商實際是臺運公司的香港分公司，且多數已為臺運香港分公司提取，或轉運至他國（《中國時報》，1979 年 2 月 15 日），顯示此案為該公司早有預謀的經濟詐欺。

⓫ 典型的案例如美國在 1974 年發生的開採石油的投資騙局：美國俄克拉荷馬州 (Oklahoma) 的一位退職律師羅拔‧崔烈柏空手組織了一個開採石油礦藏的「荷姆史迪克公司」，以其表面上令人看來還算滿意，但仔細看清楚之後，一定會改變印象的公司計劃書，發揮了他無上的推銷術，把一些社會名流通通引誘入彀，來購買他公司一億三千萬的鑽油基金債券。

當然，不少投資者在投資當時，也曾想到投資的危險性。因此，開始時，都是穩紮穩打，認為自己不會損失太大，因為美國政府為鼓勵探取新的石油礦藏而規定，凡向鑽油基金投資者，可享有更高的個人收入所得稅的免稅額。因此，很多投資者，心理上都有個準備，即使投資全部蝕光，也當作是繳稅給政府。但是少額的投資只是一個開端而已，崔烈柏繼之以優厚的股息來打動這些小心

性的不良後果，即造成投資者的過份謹慎，致使那些急需籌募資金來擴展業務的正當公司大受打擊，而影響經濟的發展。

五、國際貿易的詐欺

此即國際間貿易的商業詐欺行為，或利用國際貿易的漏洞，或勾結外國商人，以行詐欺性的國際貿易❶❷。

六、詐欺行銷

詐欺行騙以謀取不法利益是自有人類社會以來即存在的財物犯罪，不法之徒利用人類愛名與好利的人性弱點，設計形形色色的騙術，使人受騙入彀而不自覺。在犯罪社會中，我們可以發現各形各式的騙術，無論那一種騙術，行騙者與受騙者必須先形成某種程度的人際關係，而後才能施展詐術，騙取財物。買賣交易關係即是騙徒輕易可資利用的一種人際關係。

傳統形態的店面銷售法固然亦可加以利用而行騙，但其造成的損害面不會太大，而屬於傳統形態的詐欺罪，可是利用「通信銷售法」或「挨家推銷法」(Door to Door Selling) 以公司組織而行騙，則往往同時造成相當多

謹慎的投資者，使他們誤認為這是一項極易致富的投資，同時又說服了一名加州農人，把田園中用來輸送灌溉水的引水管改漆橙黃色，使投資者誤認為是油管的一部分。既有高的股息，又有輸油管，於是投資者紛紛提高投資額，不出數年，其犯罪標的就增到一億三千萬美元！

此外，在美國還有一個古老的案例，也算是典型的投資詐騙犯罪：龐茲於1919 年在波士頓虛設行號，首先糾集第一批投資者，然後把新招募投資者的資金做為股息，分派給首批股東。因為股息很高，而使人誤認為該公司前途極佳，乃紛紛再投資，就在二年之間，這種沒本生意就騙走投資人一千萬美元。

❶❷　實例如下：1974 年正當國內的塑膠原料大量缺乏時，設於臺北市的商○公司乃勾結美國○○公司，藉出售塑膠原料為名，而行詐財之實，乃由在臺的商○公司的負責人黃○○及經理徐○○兩人偽造報價單，供給可○等三十餘家急欲承購塑膠原料的公司簽約，共簽約美金三百八十二萬二千餘元，並分別由各銀行簽發信用狀給○○公司。迨訂貨抵達臺灣後，始發現為廢紙，而非塑膠原料。

的受害人,而足以危害正常的經濟活動與干擾經濟生活秩序,故已非傳統形態的詐欺罪,而屬經濟犯罪中的經濟犯罪。這種以公司企業組織,假銷售商品為名,而行詐欺之實,造成受害面相當廣的經濟犯罪行為,通稱為「詐欺行銷」。

詐欺行銷犯罪中為害最烈者當以「多階行銷規劃」(Multi-Level Marketing Plan),設立「老鼠公司」而為的詐欺行銷。所謂多階行銷規劃乃指依加入公司者的投資金額及其招募新加入者的人數,分為數個管理階層,公司藉著不斷吸收新加入者,並增加管理階層的層數,而形成一個在理論上可以繼續不斷成長的「金字塔式」的行銷組織,用以從事挨家推銷商品。老鼠公司乃濫用多階行銷規劃,以獵取人頭,圖謀人際關係,招募並無行銷經驗的人充當就法律關係而言並非僱用關係而係獨立商人的推銷員,並由已加入者利用其所有可能的人際關係,再行招募新人加入,以快速發展金字塔式的行銷組織。在表面上雖為銷售商品的公司組織,但在實質上,卻為「獵取人頭」或「抓新老鼠」,以加入公司的人為其銷貨對象,而騙取不法利益⑬。這種詐欺公司具有下述五個特徵:

1.加入公司者大多對於商品的銷售並無專業知識或經驗的人,例如家庭主婦、退休人員、失業者、找兼差者、剛自學校畢業而踏進社會的年輕人等。

2.加入時必須向公司買進大量商品,並繳納一筆公司提供訓練及展示中心公開說明的助銷費用,或一筆保證金。

3.新進人員買進商品所產生的批發利益,分配給吸收新進人員的前手,或以介紹費或獎金的形式發給引進者,用以鼓勵已加入者(老老鼠)拉進更多的新進人員(新老鼠)。

---

⑬ 例如老鼠公司宣傳上說:「人是拉不完的」,只要有拉不完的人,就有「賺不完的錢」。事實上可拉的人與拉得進來的人在客觀上是有限的,亦即客觀事實上存有所謂的「招募極限」。由於每個人的親戚、朋友、鄰居、同事、同學、同鄉等人際關係是有限的,而且已加入者的各個人間的人際關係又有重疊的現象。因此,加入者愈來愈多時,招募新加入者的工作,就愈來愈困難。

4.公司出售給加入者的商品並非如說明會上所宣傳的那麼容易推銷，其售價遠高於一般合法利潤，而是公司以吸收更多的新加入者，或誘使已加入者更大的「投資」而向金字塔的上層爬升，為其利益來源。加入者則以出售人際關係，而拉更多的新進者加入公司，為其獲利的來源與往上爬昇的依據。

5.公司在招募新進人員加入，或誘使已加入者能夠愈爬愈高，而能愈陷愈深的整個作業上，精心設計出一套制度，舉凡組織、訓練、說明會，均有定型化的劇本。在說明會、面談、上課、訓練等場合，巧妙地演出此等劇本，而得製造只要加入，即可獲得高利潤而跳出「人生框框」的假象。

七、金融老鼠會的詐欺

以設立投資公司之名而行經濟詐欺之實的「金融老鼠會」，在國內一向稱為「地下投資公司」，它亦屬一種經濟詐欺的主要犯罪類型。日本早在1950 年代的「保全經濟會」❶，以及數年前的「豐田商事公司事件」❶，

---

❶　1949 年「保全經濟會」首先成立於東京，以發行股票吸收大眾資金，來投資股票、不動產或放高利貸等投機事業。因有暴利可圖，而使這類的金融老鼠會競相成立，迅速成長，到了 1952 年全日本就有一百四十家左右的投資公司，「股東」總數約三十萬人，所募集的資金達四十億日圓。這類的投資機構必須負擔相當高的資金成本，包括：①每月付給股東 2% 至 3% 的股息。②為維持事業延續，必須不斷拓展新的資金來源，而付出龐大的外勤勸誘活動的人事與獎金費用，而使實際資金成本高達月息 15%。如此鉅大的成本負擔，即使再高的獲利投機，也無法支撐，而相繼宣告倒閉。

❶　1981 年設立於日本大阪市的「豐田商事公司」以買賣黃金投資為名而行經濟詐欺，偽稱可代客購買黃金，並且簽約代客保管運用，而發給黃金憑證，在契約有效期間，由該公司付給客戶較銀行利率為高的利息（10% 至 15%），到期按黃金時價償還，短短數年間，該公司就吸收到二千零二十五億日圓的資金。可是事實上，該公司並未購買黃金，其所發給的黃金憑證只是作為吸收資金的手段。至於公司所吸收的資金，則用以從事投機及支付幹部的薪資及獵取人頭的獎金。其後該公司從黃金轉為鑽石，然後從鑽石又轉為高爾夫球俱樂部的會員證，一直以老鼠會的犯罪方式，繁殖壯大。至 1985 年 6 月該公司始受到刑

均屬著名的金融老鼠會的案例。

　　臺灣地區的地下投資公司首見於 1978 年以月息 2 分半的利息吸收游資的華美投資公司，至 1981 年 9 月已吸收約 10 億臺幣，因周轉不靈而倒閉。1982 年以「遠景期貨公司」為名，打出 15 萬一股，月息 4 分，代客操作期貨，至 1984 年更名為鴻源集團，而成為最具規模的地下投資公司。至 1985 年龍祥、永安，1986 年嘉駿、富格林，相繼成立。1987 年整年及 1988 年上半年，每週開張一至二家，下半年因有倒閉案，故未新增。1989 年 1 月以來，又恢復每週開張一至二家的盛況。依調查局的統計資料，至 1989 年 5 月，共有 135 家地下投資公司，從 1988 年 1 月至 1989 年 5 月，有 42 家發生停止出金或其他詐欺情事，共倒閉 900 餘億資金，主持人具有黑社會背景者有 20%。依據臺灣經濟研究院前院長劉泰英的估計，只有鴻源吸收的資金即約有 1 千 6 百至 1 千 8 百億❶❻。全部投資公司吸收的資金已超過全國貨幣供給額的 7 分之 1❶❼。

　　將金融老鼠會稱為地下投資公司，不但名實不符，而易誤導概念。這些公司均係依法設立登記成立的公司，故非屬「地下」公司。在本質上這些公司並非從事投資，而是投機集團或是以公司投資為名而行詐騙資金之實的經濟詐欺組織。投資人把資金當作「賭本」而非「股本」，是放高利貸的人，而非「投資人」，只知領取高利，而對公司的投資與營運，一無所知。因此，地下投資公司只是透過老鼠會的組織以超高的利息❶❽，引誘眾多的放高利貸人加入，聚集不特定多數人的資金以從事投機的金融老鼠會。

事追訴，大阪地方法院在 1985 年 7 月 1 日宣告豐田商事公司破產，其負責人永野〇〇在電視機前被義憤人士公然殺死而落幕。然而卻有四萬多人受害，成為日本有史以來最嚴重的經濟犯罪案件。參閱子田：〈日本地下投資公司的借鏡〉，刊：《經濟雜誌周刊》，58 期，1989 年 8 月 6 日，11 頁。

❶❻　《聯合晚報》，1989 年 12 月 30 日。

❶❼　鄭興泰：〈金融生態與行政生態失調──地下投資公司暴露經濟行政體質的缺陷〉，刊：《經濟雜誌周刊》，55 期，1989 年 7 月 15 日，23 頁。

❶❽　一般銀行年息利率為 5–6%，信託公司為 10%，十信崩潰前為 30%，地下投資公司則為 48%，甚至於有高至 72% 或 96% 的。

　　臺灣的金融老鼠會除以高額獎金獎勵負責抓新老鼠來養老老鼠的「金專員」外，並功能性地運用我國傳統社會親友和長官部屬的人際關係，傳播投資公司的可信任感，而使廣大的軍公教人員及其退休人員心甘情願地交出其多年心血儲蓄。依據估計，地下投資公司吸收的資金只有 3 分之 2 或 2 分之 1 來支付利息與獎金以及從事投資，其餘的 3 分之 1 或 2 分之 1 則成為主持人的囊中物[19]。在前六、所述的詐欺行銷中的被害人，不過是抱住一堆高價買來的垃圾商品，而在金融老鼠會的被害人擁有的卻是一張張形同廢紙的空頭憑證，其受害的情狀，自較詐欺行銷為重。

八、電信與網路詐欺犯罪

　　傳統詐欺犯罪指如金光黨或虛設公司行號，詐騙民眾財物，但自 2001 年起，即以「刮刮樂」中獎為名義，進行通訊或電話領獎詐騙，警察採取了在郵局攔截刮刮樂郵件，歹徒再利用手機簡訊、電話或網路接觸被害人，再向銀行申請人頭帳戶，以編造各種故事，取得被害人的信任或製造恐懼，騙取被害人存款轉進人頭帳戶，立即以電話查詢、網路轉帳等方式，將錢再匯到其他人頭帳戶，並由分布於各地的「車手」立即將錢領走。這種新式的詐欺方式，為逃避警方的查緝，均採用「單向連絡」方式，甚至將犯罪場所移至大陸沿海地區，造成警方查緝上的困難[20]。網路有匿名、虛擬及遠距等特性，因為電子商務的發展，詐欺犯罪行為也擴展到網路交易[21]。自 2001 年起至今，在近二十年間，電信及網路詐欺犯罪幾乎已成為民怨之首。如何減少民眾被騙損失，保障人民財產安全，在最短期間內能發揮消除民怨、除弊興利，是政府急迫的課題。

---

[19]　例如憶扶公司吸收的二十五億資金中，有十億為主持人鄭子〇所吞沒。富格林公司吸收的二十八億資金中亦為主持人方〇等人侵吞十五億。

[20]　范國勇、江志慶：〈ATM 轉帳詐欺犯罪之實證研究〉，刊：法務部編：《刑事政策與犯罪研究論文集(8)》，2004，185–207 頁。

[21]　古慧珍：〈我國網路詐欺之實證研究——以付款方式為中心〉，刊：《資訊、科技與社會學報》，第 7 卷第 1 期，2007 年 6 月，37–52 頁。

㈠案件統計

自 2007 年至 2017 年 ，詐欺案件每 10 萬人口的犯罪率 ，最低是在 2013 年的 80.3 件，總件數 18,772 件，最高為 2008 年的 178.1 件，報案件 數 40,936 件 ，自 2009 年起逐年下降 ，至 2013 年降至最低點 ，僅 18,772 件 ，相較於 2008 年的最高點達 40,936 件，下降幅度達 54%。惟 2014 年起 又逐次攀升達到 23,053 件，2015 年稍微下降為 21,172 件，2016 年又成長 至 23,175 件，2017 年為 22,689 件。犯罪率則自 2008 年的 178 件／10 萬人 口下降至 2013 年的 80.3 件／10 萬人口後 ，又升至 2017 年的 96.3 件／10 萬人口（如圖 14–1）❷ 。

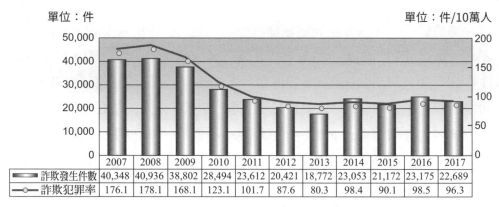

單位：件										單位：件/10萬人
	2007	2008	2009	2010	2011	2012	2013	2014	2015	2016	2017
詐欺發生件數	40,348	40,936	38,802	28,494	23,612	20,421	18,772	23,053	21,172	23,175	22,689
詐欺犯罪率	176.1	178.1	168.1	123.1	101.7	87.6	80.3	98.4	90.1	98.5	96.3

圖 14–1　2007–2017 年詐欺案件發生數、犯罪率分析

說明：上述各年的詐欺犯罪率，係自《警政統計年報》及《內政統計年報》中計算「發生數÷當年
　　　人口數」而得。

資料來源：內政部警政署：《106 年警政工作年報》，2018，34–36 頁；內政部警政署編印：內政部
　　　　　查詢網／土地與人口概況。

❷　內政部警政署：《99 年警政工作年報》，內政部警政署編，2011，14 頁。

㈡電信詐欺

1.犯罪類型

電信詐欺犯罪仍為近期詐欺的主要類型，它的類型多變，一般均結合時事、公務員的信用或是製造民眾恐懼等方法來詐取錢財。「165 反詐騙諮詢專線」在 2005 年 4 月更名成立後，每日更新社會受害詐騙原因，並依受害人數多寡排列順序，提醒民眾注意，例如，假冒公務員詐財、拍賣（購物）詐財、猜猜我是誰、假推銷、騙取個人資料、假借催討欠款、假借銀行貸款詐財、假借個人資料外洩詐財、假投資及假求職等❷❸。目前電信詐欺的主要類型如下❷❹：

(1)刮刮樂、六合彩金詐欺：民眾接到中獎通知，主動打電話與歹徒聯絡，歹徒即假借辦理手續費、律師費、公證等費用，誘使被害人匯錢到人頭帳戶中。

(2)信用貸款詐欺：歹徒在傳單或報紙上刊登低利率信用貸款，吸引急需用錢民眾辦理貸款，要求被害人繳交各項手續費匯錢到人頭帳戶。

(3)廉價購物詐欺：歹徒透過媒體、平面報紙或傳單宣傳廉價商品，當被害人詢問時，藉口說拍賣時間將結束，必須趕快透過提款機轉帳後，便可以交貨，當被害人轉帳後，會以被害人操作錯誤，要求被害人再轉帳，直到被害人戶頭錢被轉帳一空為止。

(4)求職詐欺：詐騙集團將就業消息刊登廣告或發宣傳單，待被害人打電話洽詢，謊稱已經錄取，因為製作衣服、接受訓練等，要求被害人至提款機匯款至人頭帳戶。

(5)色情詐欺：歹徒以媒體或簡訊發送訊息給被害人，待被害人與歹徒聯繫時，表示願意進行援交或網交，歹徒便要求被害人匯款到人頭帳戶，之後還會恐嚇，要求被害人持續匯款。

---

❷❸　165 反詐騙諮詢專線網站：〈詐騙排名〉，刊網站：http://165.gov.tw/traud_rank.aspx，瀏覽日期：2012 年 5 月 15 日。

❷❹　盧俊光：〈新興詐欺犯罪型態、模式及中介物之分析〉，刊：《警學叢刊》，第 38 卷第 5 期，2007 年 1 月，21–56 頁。

(6)假退稅、退費、發老人年金：歹徒假冒警察局、電信局、郵局、國稅局、健保局、監理站等機關人員，用電話或簡訊接觸被害人，以退費名義，要求被害人先匯送手續費或依指示轉帳到人頭帳戶。

(7)假冒檢察官、警察、法官詐欺：歹徒對被害人謊稱被害人的身分被盜用，地檢署必須執行扣押帳款或代保管帳戶內之金額，避免遭盜用，騙使被害人匯款到「安全帳戶」代為保管。

(8)假借催款繳欠費詐欺：歹徒謊稱民眾有逃漏稅款或其他犯罪事實，將遭到逮捕收押，要求代保管金錢，或要民眾臨櫃辦理提款，並由車手取款。

(9)假車禍詐財：歹徒打電話給被害人，謊稱親人車禍，在醫院急救，急需醫藥費，或者是車禍和解費，要求被害人趕快匯款到人頭帳戶。

(10)電話恐嚇：假稱親人被綁架，並配合模擬親人聲音，要求趕快匯進贖款到人頭帳戶，才會放人。

(11)猜猜我是誰：假冒被害人的親友，套用關係，謊稱急需用錢，請被害人趕快匯款協助。

2.電信詐欺犯罪方式❷⑤

回顧臺灣地區詐欺集團詐騙手法之演進，伊始在 2001 年至 2003 年期間刮刮樂中獎、簡訊催繳帳款首當其衝，於 2004 年至 2006 年間，出現中獎通知、語音催繳、綁架恐嚇、郵件招領、信用卡盜刷等詐騙手法，於 2007 年至 2008 年間，出現假冒地檢署、「猜猜我是誰」、色情援交、網拍購物、親友出事、銀行信貸等詐騙手法，於 2009 年至 2010 年間，出現假冒公務機關、剝皮酒店、假投資、假求職等詐騙手法，於 2011 年至 2012 年間，持續有假冒公務機關及出現 ATM 解除分期付款、即時通訊 MSN 與 SKYPE 詐欺等詐騙手法，於 2013 年迄今，持續有 ATM 解除分期付款及出現 Facebook 詐騙、LINE 詐騙等詐騙手法（刑事警察局，2010）。雖然電信詐欺有百變的故事來使被害人相信謊言，但犯罪集團中也有一定的犯罪手法和分工，綜合如下：

---

❷⑤　陳順和：〈行動電話簡訊詐欺犯罪問題之成因與對策探討〉，刊：《透視犯罪問題》，2003 年 9 月，3–13 頁；范國勇、江志慶，前揭文。

(1)使用人頭金融與電話帳戶：歹徒在媒體分類廣告或在網路「跳蚤市場」刊登廣告，以「辦電話門號（銀行帳戶）送現金」方式，先購買一些失業者或遊民的人頭身分證，再以這些人頭身分證，向多家電信公司及金融機構申辦電話門號與銀行帳戶。

(2)專業分工，從事犯罪：

①集團首領：提供資金來布相犯罪場所、購置人頭電話，人頭帳戶等裝備，並負責指揮各單位的任務分工與協調合作、統籌分配犯罪所得贓款。

②秘書組：負責收購人頭帳戶、人頭電話、刊登廣告，申請金融帳戶、中獎廣告及人頭電話。

③實施詐騙組：成員主要的工作是接聽或撥打電話，並經常要扮演各種角色，來取信被害人。實施詐騙組成員對於每位打電話進來的民眾，都先建立基本資料，詳細記錄每位被害者的詐騙經過及匯款進度、金額、匯入帳戶帳號等資料，避免實施詐騙過程中露出破綻，並且方便進行轉帳或通知機動領款組領款。

④領款組：負責在銀行自動櫃員機取款與轉帳洗錢，由首腦以電話通知領款組，交談均稱呼綽號，以隱匿真實身分，逃避警方監聽，而且均使用密碼、代號來溝通前往何處領款、領取多少金額等。

(3)電話多重轉接，銀行帳戶多重轉帳：電信詐欺集團幕後主嫌利用電信公司所提供的市區電話「遙控指定轉接」與行動電話「多重轉接」等功能，遙控集團犯罪運作，由市區電話經過行動電話多重轉接，至大陸福建省廈門沿海接聽電話，來逃避警方查緝。而金融帳戶也是經過多重人頭帳戶轉帳與由專人現金提領，企圖洗錢防範警方追查。

(4)單線領導，單向聯絡：集團幕後的首腦，以冒名申請的人頭行動電話門號，在大陸遙控運作，從登報招募員工、申請人頭銀行帳戶（電話門號）、到詐騙被害人之錢財等，都用電話單向聯絡，亦即擁有許多 SIM 卡及手機，部分專門用來接收被害人打進，部分則用來打出，以聯絡集團的運作，負責之外圍份子（領款組與秘書組）等即使被警方查獲，也不知幕後真正主嫌的姓名。

⑸自設非法電信平臺：犯罪集團結合資訊及電信，架設非法電信機房，利用境外的網路電話，經過閘門轉入國內一般的電話，以節省費用。

㈢網路詐欺犯罪類型

網路詐欺是指利用網路為工具，著手進行或完成詐欺犯罪的行為㉖。一般會以為網路詐欺就是網路犯罪，但並不完全如此，網路犯罪領域較廣，除詐欺之外，還包含駭客入侵電腦、種植惡意程式、盜刷、網路釣魚和垃圾郵件的散布等㉗。在本文只就網路詐欺部分來討論。

2017 年網路詐欺案件報案有 4,771 件，占網路犯罪 21.3%，是僅次於電信詐欺的嚴重詐欺犯罪型態。由網路詐欺案件之發生場所分析，大部分發生於各大拍賣與購物網站，詐騙類型主要為網路拍賣購物詐騙及因網路拍賣購物之個資外洩所衍生之詐騙案件。而妨害電腦使用則大部分為網路帳號盜用案件，主要發生於拍賣網站、線上遊戲及即時通訊帳號㉘。

1.網路詐欺犯罪類型㉙

⑴網路拍賣詐欺：利用網路拍賣物品，交款後，未交貨品或所交貨品是劣級、填充物或不是所要的貨品等。

⑵網路購物：偽造賣方，架設外國購物網站，或以低價引誘買家下標後即以電話與買家聯繫，要求先匯款或先付訂金，通常是標購物品價格的一半，在匯款後，歹徒通常都會藉故推託不面交或是電話無法聯繫。

⑶三方詐欺：不知情的甲向歹徒乙網拍購買物品（例如 55,500 元），歹徒乙也同時下標給較少金額（例如 300 元）的網拍賣主丙，歹徒乙以電

㉖　古慧珍，前揭文，42 頁。

㉗　財團法人資訊工業策進會科技法律中心：《研議網路詐騙防範措施委託研究計畫》，財團法人台灣網路資訊中心 (TWNIC) 委託研究案，2007，8 頁。

㉘　內政部警政署：《106 年警政工作年報》，內政部警政署編，2018，54–55 頁。

㉙　古慧珍，前揭文，46 頁；刑事警察局：〈網路購物（拍賣）詐欺案件手法分析及防制作為〉，刊網站：http://www.cib.gov.tw，2007；165 反詐騙諮詢專線：〈165 專線彙集近年常見詐騙手法與預防之道〉，刊網站：http://165.gov.tw，2009，瀏覽日期：2012 年 5 月 26 日；內政部警政署：《98 年警政工作年報》，內政部警政署編，2010，130 頁。

話或電郵通知甲匯錢至丙帳戶，再打電話給丙稱多匯 55,200 元貨款，要求丙將多餘匯款退回乙人頭帳戶，丙查證屬實即退回匯款；而甲收不到貨品，檢舉丙帳戶，丙帳戶即列入警示帳戶，錢由歹徒乙取走，而甲、丙網拍買賣雙方都成為被害人。

⑷網路遊戲詐欺：在網路遊戲中的交換寶物、換帳號或盜取帳號密碼，將受盜取的玩家寶物全部販賣給別人，交易金額匯到人頭帳戶。

⑸網路色情詐欺：在網路上偽稱可以色情交易，利用假援交之方式，以需驗證身分之手段誘騙被害人匯款。

⑹網路盜刷信用卡詐欺：盜取他人信用卡帳號密碼，在網路上盜刷信用卡。

⑺劫標信詐欺：詐騙集團使用與真實賣家帳號之「相似型」英文字母或數字，申請與真實賣家極為相似之帳號，再寄發與拍賣平臺系統得標信極為相似之「偽冒得標信」予買家，讓買家誤信，匯款至詐騙集團於劫標信所指定之金融帳戶。

⑻開新帳號開新賣場詐騙：開立新帳號後開設新賣場，以 1 元商品或多重帳號迅速累積良好評價，再刊登各式熱門商品賣場遂行詐騙。

⑼商業金融詐欺：網路銀行轉帳詐欺、至信用卡公司竊取個人資料後詐欺、冒牌銀行網路詐欺（釣魚）、網路老鼠會詐欺。

⑽移花接木：又稱買空賣空，主要是歹徒乙向網站拍賣賣主甲下標，取得甲的匯款帳戶和密碼，乙再另外張貼和甲相同的拍賣物品，等不知情的丙得標後，通知丙匯款至甲的帳戶，並要求甲提交貨物；甲查證已有帳款匯入，即將貨物交給歹徒乙，歹徒取得貨物再另行拍賣取得貨款，而丙即為受害人。

⑾其他網路詐欺：使用網路電話、他人名義在網路上進行交友等。

2.網路詐欺方式❸⓪

⑴偽造不實身分，申請多重帳號：歹徒事先以不實的身分資料，向拍

---

❸⓪　廖有祿、鄭佳虹：〈網路詐欺犯罪之偵防——以網路拍賣詐欺為例〉，刊：《軍法專刊》，第 52 卷第 6 期，2006 年 12 月，1–13 頁。

賣網站申請多組不同的拍賣帳號及免費的電子郵件信箱。

(2)使用人頭帳戶收取匯款：歹徒利用報章雜誌或網路跳蚤市場，購買人頭金融帳戶，以規避警察查緝。

(3)以電子郵件接觸最多：歹徒與被害人的接觸方式中，最常見的聯繫工具也是電子郵件信箱，也有以電話通知。

(4)犯罪分工❸（如圖 18-2）：

①盜取拍賣帳號：由駭客集團盜取拍賣帳號，販售於詐騙集團。

②刊登拍賣資訊：以遠端登入或利用跳板主機方式，入侵電腦作為跳板以逃避追緝，大量刊登拍賣資訊。

③詐騙所需金融帳戶：在臺灣於報紙刊登徵人廣告，誆騙應徵者提供金融帳戶，大量獲取人頭帳戶或大量收購人頭帳戶。

④提領詐騙所得：廣招臺灣提款車手，編製提款車手教戰手冊，躲避監視器攝影及警察查緝。

---

❸　內政部警政署：《98 年警政工作年報》，內政部警政署編，2010，133–134 頁。

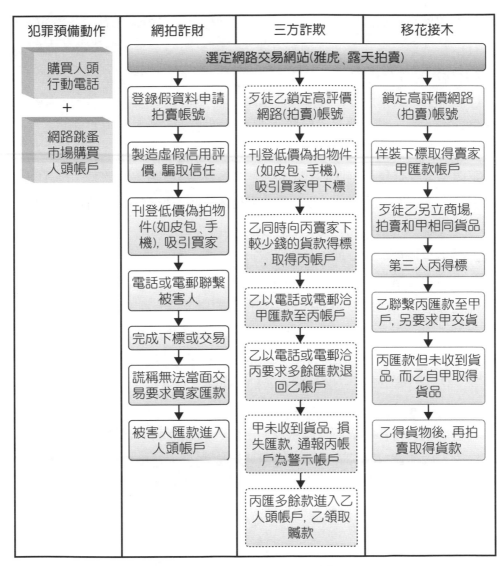

圖 14-2　網路拍賣賣場詐騙犯罪模式

資料來源：作者整理自內政部警政署：《98 年警政工作年報》，內政部警政署編，2010，131 頁。

㈣抗制詐欺犯罪的方法[32]

　　詐欺犯罪除危害本島居民外，鄰近的日本、韓國、大陸及東南亞也頻傳受害案件。詐欺犯罪至今仍然是臺灣地區民眾所關注的重要犯罪型態，

---

[32]　內政部警政署：《99 年警政工作年報》，內政部警政署編，2011，33-36 頁。

與暴力犯罪及竊盜並列為三大重要指標性犯罪,為有效遏制電信詐欺犯罪,已採取跨部會整合作業,從偵查打擊、電信、網路、金融及宣導等面向進行綜合防制工作。

在 2006–2007 年間,由內政部、法務部、國家通訊傳播委員會、金融監督管理委員會、農業委員會農業金融局、交通部郵電司、消費者保護委員會、高檢署、新聞局、教育部、中華郵政公司等單位共同組成跨領域「反詐騙聯防平臺會議」,研商防制電信金融詐騙案件對策,使得詐欺案件沒有再繼續惡化,維持在高原。至 2008 年第二次政黨輪替之後,極力推動兩岸合作模式,終於簽署「海峽兩岸共同打擊犯罪及司法互助協議」,並自 2009 年 6 月 25 日生效,兩岸積極互助,打擊詐欺犯罪集團,有效降低詐欺犯罪案件。

1.偵查打擊面

透過跨境共同打擊犯罪機制,積極與對岸及第三地警方擴大合作範圍與深度,穩固辦案聯繫窗口合作機制及擴大警務交流層面,以情資交換與案件協查之方式,追緝境外詐騙集團核心成員。以 2017 年為例,兩岸共打 8 件、273 人,偵破第三地跨境詐欺犯罪集團 9 件、81 人❸❸。

2.電信面

透過電信業者從國際交換機端阻斷境外詐騙話務,減少民眾誤信受害之機會,致使竄改為公務機關之電話數明顯減少,並由電信業者阻斷以網路拍賣詐騙之電話。另請國家通訊委員會訂定「電信使用安全管理機制及服務品質規範」,以防民眾被騙受害。

3.網路面

針對電子商務交易部分,由經濟部研議「電子商務交易安全管理準則」,作為國內無店面零售業及拍賣網站建置規範,以強化網際網路平臺的管理。

4.金融面

⑴各金融機構持續執行「警示帳戶聯防機制」,迅速通報、攔阻,截斷不法資金流動,並推動「異常帳戶預警機制」,警察與金融機構即時交流檢舉不法情資,積極發掘不知情的被害人。

---

❸❸ 內政部警政署:《106 年警政工作年報》,內政部警政署編,2018,56–57 頁。

⑵金融機關加強查緝人頭帳戶；警察配合金融機構之通報，逮捕臨櫃或到府取款之車手。

　5.宣導面

⑴「165反詐騙諮詢專線」透過網站、文宣、媒體廣告等方式，提供民眾最新詐欺犯罪手法；同時藉由電視、廣播、報紙及網路等媒體刊登（託播）反詐騙宣導廣告，另將防詐騙知識編入高中（職）、國中、小學課程。

⑵由電信業者提供免費宣導簡訊，適時發送最新反詐騙訊息，提供民眾參考。

⑶各警察機關針對被害風險較高族群，特別是65歲以上高齡長者，專案推動「家戶訪查關懷宣導」，並由全國各警察局執行全面到宅家戶宣導、校園宣導、結合民間企業配合宣導、文宣品印製、傳播媒體宣導、創新作為等宣導。

第二項　競業犯罪

自由經濟制度的先決條件及其所努力追求的目標，是參與經濟活動者的自由競業，因為只有在企業者遵守經濟法令做自由與公平競爭的先決條件下，開放的自由經濟結構，才能發展其結構上的功能。但是自由常有被濫用的時候，數不法的企業者，即以違法或其他不正當的手段來參與競業，而作損人利己的不公平競爭，這些經濟犯罪行為即為「競業犯罪」(Wettbewerbsdelikte)。常見的犯罪形態計有下述六種：

一、企業獨占

企業獨占乃工商企業者以其雄厚的經濟力，併吞其競業者，而造成獨占式的托拉斯 (Trust) 企業，以壟斷市場。

二、不法約定而把持市場

不法約定係指工商企業者以和平共存的手段，而相互約定售價、產量、銷售地區或銷售對象等，致妨害自由競業，並造成消費大眾的損失❸❹。

三、圍　標

　　圍標乃工商企業者在公開招標的自由競業中以非法方法妨害競標的一種競業犯罪。通常係於工程招標或物品標售之際,承攬人或買受人為防止因投標競爭而造成過低報酬或過高價金的情事發生,或為儘量提高報酬與儘量壓低價金的目的,乃事先互約投標金額,並約定由中標人給付相當酬金與約定的投標人,此即俗稱「搓圓仔湯」,不但常使工程招標與物品標售人蒙受損失,而且足以破壞公開競標的制度。

四、不實廣告

　　不實廣告係指工商企業者以刊登或散發虛偽不實內容的廣告,使消費大眾信以為真,而得從事價格與品質不相稱的經濟交易。

五、經濟間諜

　　經濟間諜 (Wirtschaftsspionage) 包括商業間諜與自工業革命以來即已存在的「工業間諜」(Industriespionage),係指工商企業者在自由競爭中以間諜的手段,去刺探並蒐集同業競爭者的工商祕密,包括產品的製造技術與專利品的製造祕密,及工廠資產損益情況、商業營運祕密等,並進而利用這些間諜行為而獲得的祕密,做為競爭的手段。

六、經濟破壞

　　經濟破壞 (Wirtschaftssabotage) 係指以犯罪的方法毀損參與競爭者的

㉞　這種犯罪形態常見於工商企業高度發展的國家,如在美國 1961 年與 1965 年就有二十九家電子公司與八家鋼鐵公司因經濟犯罪而被刑事追訴,這些電子公司包括舉世聞名的通用和西屋電氣公司,他們把持市場相互約定高價,每年獲利十七億五千萬美元。四十五位電子公司的負責人,包括通用和西屋公司的副總裁,均被判徒刑或罰金。引自 Smith: The Incredible Electrical Conspiracy, in: *Delinqency, Crime and Social Process*, ed. by Cresses & Ward, 1969, pp. 884–886.

生產工具，癱瘓其生產能力，而使其無法繼續參與競爭。例如炸毀工廠設備，或破壞生產線等。

第三項　破產犯罪

破產犯罪 (Konkursdelikte, Insolvenzdelikte) 是常見的一種工商企業活動中的詐欺行為。雖然不能說每個破產事件，均為犯罪行為，但是卻可以說，幾乎大多數的破產事件，都會在各種不同方式下與犯罪有所關聯。最嚴重的破產犯罪即現行破產法規定處罰的詐欺破產罪、詐欺和解罪與過怠破產罪❸❺。此外，破產犯罪尚包括破壞簿記義務的行為，以及所有不依破產法規定的程序宣告破產而為的「惡性倒閉」行為❸❻。

破產犯罪所造成的財物上的損失是相當可觀的，依據估計，即使是一百個竊盜犯同時下手行竊，則其所造成的損害，還不及一件普通的破產犯罪。此外，破產犯罪對於整個經濟結構也有極其不良的後果，除了造成工

❸❺ ①詐欺破產罪（破產法第 154 條）：破產人在破產宣告前一年內，或在破產程序中，以損害債權人為目的而有下列行為之一者，為詐欺破產罪，處五年以下有期徒刑：
一、隱匿或毀棄其財產或為其他不利於債權人之處分者。
二、捏造債務或承認不真實之債務者。
三、毀棄或捏造帳簿或其他會計文件之全部或一部致其財產之狀況不真確者。
②詐欺和解罪（同法第 155 條）：債務人聲請和解經許可後，以損害債權人為目的，而有前條所列各款行為之一者，為詐欺和解罪，處五年以下有期徒刑。
③過怠破產罪（同法第 156 條）：破產人在破產宣告前一年內，有下列行為之一者，處一年以下有期徒刑：
一、浪費、賭博或其他投機行為，致財產顯然減少或負過重之債務者。
二、以拖延受破產之宣告為目的，以不利益之條件，負擔債務或購入貨物或處分之者。
三、明知已有破產原因之事實，非基於本人之義務，而以特別於債權人之一人或數人為目的，提供擔保或消滅債務者。
❸❻ 例如突然宣告倒閉，召請債權人，而以高折扣（如 3、4 或 5 折）攤還借款。或如大量進貨，而在支付貨款前，宣告倒閉，再以高折扣攤還欠款。

商企業界彼此的不信任之外，並引發大量的失業問題，尤以大企業的倒閉為甚。因此，破產犯罪也是一種嚴重的經濟犯罪。

第四項　經濟貪污

經濟貪污 (Wirtschaftskorruption) 乃指工商交易中的賄賂行為，特別指所有不具公務員身分者的行賄或收受賄賂等圖利行為。

商場中本來有「佣金」(Commission) 的習慣，即用金錢酬報交易的中間人。由於自由企業的競爭過於劇烈，而使「佣金」的運用業已超出合法的界限，它不再是一種正常的商業習慣，而是包含賄賂、貪污、勒索搾取等行為本質的經濟貪污。此外，經濟貪污犯罪往往與經濟詐欺犯罪（見前述一）發生牽連的關係，因為以高比率的「回扣」❸❼向金融機構行賄，似為詐欺貸款的有效手段。

第五項　保險犯罪

保險業是社會危險分擔的企業化，它提供工商企業與社會大眾的安全保障。因此，在現代經濟生活中，保險業也就成為社會安全制度中必要的一部分。保險犯罪 (Versicherungsverbrechen) 即以不法方法詐騙保險金的犯罪行為。它足以危害保險制度的安全。所以，也為一種經濟犯罪。通常違犯的方式計有：

㈠以可預見不久於人世的人為被保人，非法取得不實的健康證明，而與保險公司訂立人壽保險契約，期於保險事故發生後，領取保險金。

㈡訂定火災保險而後故意縱火，燒毀保險標的物，以詐領保險金。這種犯罪形態還會引致公共危險罪與殺人罪。

㈢為親人或自己訂立人壽保險契約，而後謀殺親人❸❽，或覓人替死❸❾，

---

❸❼　例如轟動一時的青年公司的冒貸案（為經濟詐欺罪中的詐欺貸款），就靠高比率的「回扣」，瓦解部分行庫經辦貸款人員的操守，而能向金融機構貸得鉅款，據查，「回扣」的暗盤是一成至一成半之間，如貸款一千萬元，回扣即高達一百萬至一百五十萬！（見《聯合報》，1974 年 11 月 17 日）

以詐領保險金。這種犯罪形態因係以殺人為手段，常造成極為殘酷的犯罪結果。

第六項　其他違反國家經濟法令的犯罪行為

國家常以法規來指導與獎勵或限制與禁止經濟活動，並對於違反限制與禁止的經濟行為加以處罰。這些違反國家經濟限制與禁止法令的行為，亦為經濟犯罪的一種。

依據現行法的規定，這些違反國家經濟法令的經濟犯罪，計可區分為：

一、違反金融刑法的犯罪

這類的經濟犯罪包括「銀行法」與「證券交易法」規定處罰的犯罪。

二、違反公司及商事刑法的犯罪

這類的經濟犯罪包括「公司法」、「動產擔保交易法」、「商業會計法」、「商品檢驗法」、「食品衛生管理法」、「藥事法」等規定處罰的犯罪。

三、違反專利與商標刑法的犯罪

這類經濟犯罪包括「專利法」與「商標法」中規定處罪的犯罪。

㊳　典型的實例如下：美國人格拉罕 (J. Graham) 為其母投三萬七千美金的生命險後，趁其母旅行搭乘飛機時，在其行李中放置定時炸彈，飛機因炸彈爆炸而墜地，所有乘客及機上工作人員均喪生。為圖詐取保險費，竟造成 44 人死亡的大謀殺案！

㊴　實例如下：陳安〇與簡信〇於 1965 年 9 月赴新光人壽保險公司以陳之名義投保 5 萬元的添福壽險，指定其母為受益人，後其謀以酒將與簡認識的徐瀧×灌醉，陳即脫下自己的西裝上衣（口袋中放身份證），換穿於徐身上，兩人合力將徐擡放於火車鐵軌上，徐卒被火車輾斃。陳、簡兩人後畏罪逃匿，終未敢出面詐領保險金。

第三節　經濟犯罪的特質

　　經濟犯罪為一種新興的犯罪形態，其與傳統的犯罪相較之下，具有下述的六種特質：

一、複雜性與抽象性

　　經濟犯罪行為所觸犯的法律事實，多半牽涉到關係較為複雜的民商法以及經濟、財稅與貿易等有關法令；同時，更因其違犯方式大多為誠實信用原則的濫用，並且非常巧妙地利用經濟活動中法規所允許的活動方式，加以精心的設計而成的。此外，不少經濟犯罪行為的行為地或結果發生地，往往涉及數國，其法律事實常關係數國的民商法與經濟貿易法令。所以，經濟犯罪行為，具有高度的複雜性。

　　經濟犯罪為一種智力犯罪，大多數的經濟犯罪事實均較暴力犯罪為抽象，而在其所侵害的法益中有較抽象的「超個人的財產利益」與「非物質法益」。所以，經濟犯罪的不法表徵相當不明顯，容易加以偽裝而不易為他人所察覺。因此，經濟犯罪具有高度的抽象性。

　　負責追訴經濟刑事案件的工作人員必須仔細研究複雜的法律事實與關係之後才會發覺那是一幕犯罪行為；否則，還誤以為只是一場民事糾紛而已，以致坐失良機而讓經濟犯罪繼續高枕無憂地享受其豐碩的犯罪成果。因此，對於經濟刑事案件的追訴，首先必須發現犯罪事實的所在，而後才能著手偵查工作。這是與傳統形態的暴力犯罪的偵查工作不同之處，因為暴力犯罪的違犯方式大多具有相當具體的構成要件行為，留下以人的感官即刻可以發現的犯罪痕跡（如殺人的現場是），而且不必作進一步的偵查，即可確認其係犯罪行為。

二、經濟罪犯具有特殊條件

　　經濟罪犯大多數是不會受到刑事司法機關的追訴或受到刑罰的制裁，

此乃是因為多數的經濟罪犯具有其個人的特殊條件。大體上，經濟罪犯均有較常人為高的智力，狡猾奸詐，而且沈著謹慎，他們大多數是參與現代自由經濟活動的工商業人士。因此，具有法律、經濟與財稅、或貿易、會計與簿記的專門知識，而且又有多年的工商企業活動經驗，可謂擁有成功地完成犯罪行為必要的條件。他們在施行犯罪行為之前均有詳密的計畫，並且尋找最適當的下手機會，在其巧妙而高明的安排下，其犯罪行為不但收穫豐富，而且不易被人看出其犯罪事實，被害人在通常的狀態下都不會察覺自己已成為經濟犯罪的犧牲品。更由於經濟罪犯的善於應付，使得一般被害人經常對經濟犯罪的犯罪性毫無所知，而誤認只係民事糾紛而已。法院於審理之初，也多半是毫無所覺，俟同樣案情的民事紛爭紛紛出現於法庭之後，才揭發了犯罪事實。總之，事實上對刑事追訴機關而言，及早地揭發具有合法外形的經濟犯罪，是件相當不容易的事。尤其是對於經濟犯罪行為在主觀構成要件的認定，更是困難重重，有時甚至於判斷該行為到底是合法行為，抑或已經是破壞法律的犯罪行為，都是一件困難的事情。

經濟罪犯因為擁有豐富的專業知識及老練的商場經驗，所以其犯罪行為如有可能會受到刑事追訴時，還可以其簿記與會計上的工夫，隨心所欲地做些「平衡收支的美容術」(Bilanzkosmetik)[40]，並且及時隱匿或湮滅犯罪證據。這些事實均足以增加經濟犯罪在刑事追訴的困難，這種困難性還會因刑事司法人員在專業知識與經驗的缺乏而相對地增加。

如前所述，絕大多數的經濟罪犯，並非如傳統形態的罪犯係來自低層社會，他們大多受過良好的正規教育，而且大多並無不良紀錄，他們多數擁有社會、經濟或政治地位，可以說是頗有聲望的地方人士，案外的第三人，甚至於案內的當事人，都很不願意對他們提出告訴。又因其社會、經濟與政治地位的特殊，使其對於經濟現況與動向，較其他人更為靈通，而有利於其犯罪計畫的設計。萬一事情暴露，被刑事司法機關追訴，則大部分的經濟罪犯都會想盡辦法，來進行保衛戰，一方面，控制大眾傳播工具，

---

[40]　參照 Bertling: Wirtschaftsdelikte aus der Sicht des Wirtschaftskriminalisten, in: *Kriminalistik* 11, 1957, S. 325.

以封鎖新聞報導❹；另方面，動員其與上層社會的關係，來阻止刑事追訴的繼續進行，或以自己的專業知識加上其所僱用的法律、經濟與商務等顧問之助，進行法律保衛戰，將大事化小、小事化了，必要時還可使用金錢攻勢的殺手鐧，製造幾個未為眾所知的貪污案，務求無罪開脫而後已。美國的犯罪社會學家蘇哲南引述惡名昭彰的老騙徒諸路 (Diniel Drew) 頗為傳神地描述刑法的話說：「法律就好像蜘蛛網，它是為了所謂的蒼蠅及小昆蟲而編織的，可是卻讓大黃蜂飛穿而過」 ❷，正是對於經濟犯罪的最好寫照。

「高級」的經濟罪犯還會經常研究政府保護經濟與扶助經濟發展的政策，以及管制、輔導與促進經濟所定的諸項法規與措施，而找出這些法規與措施中可資利用的漏洞，來從事其在法律邊緣或者乾脆就犯法的圖利行為。這種「高級」的經濟罪犯正如同德國學者立希天堡 (Lichtenberg) 所說

❹ 這些經濟罪犯都極易控制大眾傳播工具，因為他們大多是傳播界的主要廣告客戶，傳播媒體得罪不得。

❷ 見 Sutherland, op. cit., p. 357. 對於這個事實，可以美國的大企業家洛克費勒一世 (John D. Rockefeller) 為例加以說明。他以一切可能的方式，包括經濟犯罪的手法，經營企業，併吞其競爭對手，至 1890 年時，他所經營的標準石油公司幾乎包辦了全美國的煉油事業，美國出產的原油有 90% 由該公司精煉。1890 年的「謝爾曼反托拉斯法案」(Sherman Antitrust Act)，可以說大部分就是為要對付洛克費勒而制定的。立法之後，老羅斯福總統 (Therdor Roosvelt) 下定決心秉公處理，而終得把他移送法院偵辦。法院也鼓起勇氣來審理，而判他290 萬美金的罰金。這個判決書送達洛氏時，他正在高爾夫球場打球，拿起判決書一看，只說道：「這 290 萬元絕不繳納」。果然他使出混身解數，賄賂有關機關，終於為他找到一個法律漏洞，而使這個費了九牛二虎之力才能作成的判決，無疾而終，這筆罰金也正如他所說過的就沒有繳納過。但是由於這件事，而引起社會大眾道義與法律上的強烈反應，惡名昭彰下，標準牌的汽油銷路銳減。因此，乃有洛克費勒基金之設，作為公共關係的有力手段，來換回他因歪曲法律而破產的聲譽。見 Koenig: Zur Frage der Marginalität in der Alltags-Moral der fortgeschrittenen Industriegesellschaften, in: *Grundfragen der Wirtschaftskriminalität*, aaO. S. 43.

的「為了合法行事，只要懂得一點點法律就夠了，唯有想要非法行事，則必須好好地研究法律！」❸。

　經濟罪犯與一般罪犯相形之下，兩者對於刑事追訴與刑罰制裁的感受與態度迥然有別：

　1.經濟犯對於刑事追訴與刑罰制裁的畏懼性較一般罪犯為高，因為刑事追訴機關一旦開始行動，或者其犯罪行為經法院審判而定罪科刑，特別是受到徒刑的宣判，則其在經濟活動上的信用，即蕩然無存，而導致其經濟基礎的毀滅。

　2.經濟犯對於遭受刑事追訴或刑罰制裁的可能性與痛苦性，較一般罪犯會做理智的權衡考量，不會像其他罪犯只是一味想要犯罪，過分自信與樂觀，而低估遭受刑事追訴或刑罰制裁的危險性，致忽視刑罰的痛苦性與威嚇性。因此，使用刑罰制裁以嚇阻犯罪的刑事政策，對於經濟犯而言，似較針對一般罪犯更能收效。

三、社會對於經濟犯罪具有反常的態度

　社會對於傳統形態的犯罪，特別是暴力犯罪，均會一致地表現出深惡痛絕的態度，毫無例外地，都會主張一切依法追訴與審判；相對地，在工商企業社會的重利思想下，社會對於經濟犯罪，則具有很多反常的態度，而影響主管行政機關的執法態度或司法機關的追訴意願。

　因為經濟犯罪行為具有複雜性與抽象性，而且又是一種新生的犯罪形態，社會大眾對其損害性少有認識。所以，社會對於經濟犯罪的非難與譴責，反較其他的犯罪為弱。因此，不少經濟罪犯並沒有被當做「犯罪人」來看待，反而被看作「聰明的企業家」，或是「有辦法的生意人」，而且他們違犯經濟法令的行為，也無損於其在同業間的名氣❹。一般人對於經濟

---

❸　引自 Zybon: *Wirtschaftskriminalität als gesamtwirtschaftliches Problem*, 1972, S. 12.

❹　此乃蘇哲蘭教授 (E. H. Sutherland) 對於美國的七十家大公司與工廠的研究，所得到的印象。引自 Sutherland, op. cit., pp. 17–20.

罪犯仰慕與佩服的心情，還重於批判與責難的心情，不少人甚至於還會存有模仿的意圖，夢想著自己有朝一日亦會有機會可以如法泡製一番。

四、經濟犯罪的被害者具有不正常的心理

不少經濟犯罪的被害者大多不願求救於刑事追訴機關，甚至於對刑事偵查工作不敢或不願予以協助。這是因為經濟犯罪的被害人具有下述四種不正常心理與錯誤的看法所致：

㈠被害人認為由於對被告的刑事追訴必須浪費時間與精力奔走於警察局與法院之間，而警察局與刑事法庭並不能為他追回受損的錢財。刑事司法機關只能使經濟罪犯受到刑法的制裁而已，被害人想要追回財物，唯有再提起民事訴訟以謀救濟。

事實上，這種看法似是而非。當然刑事司法機關不能直接地為被害人追回受損的錢財，但是由於刑事警察與檢察官蒐集證據的確實與詳細，而使加害人受到刑事判決，被害人即可依此刑事判決，提起民事訴訟，而得勝訴。因此，警局與法院的工作，就損失財物的失而復得而言，只是間接性的效果而已，並非毫無用處可言。

㈡由於瞭解經濟犯罪的複雜性與抽象性，而對刑事追訴機關缺乏信心，認為反正刑事追訴機關，不能作有效的追訴，那又何必提出告訴，因之，另謀他法以行自力救濟。

㈢有被害人認為以刑事追訴來對付經濟罪犯是一個不適宜的手段，因為刑事追訴太過於嚴厲，所以，宜使用較為溫和的手段如警告或損害賠償的請求等，將較易達到追回受損財物的目的。可是事實上，假如被害者老是只以再度獲得業已損失的錢財為唯一目的，則到最後總歸要失敗的。

㈣被害人畏懼在財物上的損失後，若再提出告訴，經由大眾傳播工具的報導，而成為社會大眾或其同業者的嘲笑對象。不少經濟犯罪的被害人就是由於這種顧忌而不願報案或協助刑事追訴機關的追訴。這種情況在特別重視面子問題的社會，更顯得特別嚴重。此外，偶而也有少數的被害者，因其本身亦有違法犯罪行為，在刑事責任的顧忌下，而不敢提出告訴；或

者尚有些被害人，本身亦為貪圖重利之徒，因為自己的貪慾而吃虧，正如啞巴吃黃蓮，有苦難言。

五、經濟犯罪與政治風氣具有密切關係

　　傳統的犯罪，特別是暴力犯罪，行為人只要依賴其個人一己的力量，即有可能完成犯罪。經濟犯罪是一種智力犯罪，經濟犯除有狡詐的智力外，尚有可資運用以達犯罪目的的經濟力以及各種社會或政治關係，故經濟犯除以其個人的力量外，尚運用其可支配的經濟力、社會力或政治力，以實現其犯罪計畫，或擴充其犯罪成果。因為，在一個政風良好，較少公務員貪污的國家，經濟犯只能濫用其雄厚的經濟力，從事經濟犯罪。相反地，在一個政風敗壞，較多公務員貪污的國家，經濟犯則可濫用政治力，或以其雄厚的資力結交權貴而能請託關說，或向主管公務員行賄而能獲得公務員的違法庇護。經濟犯罪案件一旦東窗事發，大眾傳播工具的報導，往往還會引發經濟風暴或政治風暴。在此種客觀情勢下，主管財經事務的行政機關或負責刑事追訴的司法機關，往往就形成投鼠忌器的執法心態，公務員與經濟犯反而會站在同一立場，設法使犯罪事實不致爆發而為人所知，或是拖延取締或追訴的行動，可是一旦爆發開來，則一發不可收拾。

六、執法機關的執法矛盾

　　主管財經的行政機關或負責追訴與審判犯罪的刑事司法機關一旦發現經濟活動中的違規營業或經濟犯罪行為，往往因為顧及整體經濟利益與社會安定，而在投鼠忌器的心態下，不敢下定決心，依法處置或追訴，一再拖延執法或追訴工作，致使經濟犯罪坐大，而增高其損傷性❹❺。

---

❹❺　例如自 1979 年起，新聞報導上出現幾次臺北市第十信用合作社違規營運的消息，如人頭借貸、或虛造庫存現金等等，可是卻未見主管機關依法有效地處置十信。在執法機關的執法矛盾下，十信積弊逐漸惡化加劇，最後在合庫會同臺北市財政局派駐在十信的「輔導專案小組」的監督下，快速地變本加厲，在案發前十日內，大舉搬走二十三億之鉅的資金，財政部才在忍無可忍的無奈情況

七、經濟犯罪具有極高的犯罪黑數

　　如前所述，社會對於經濟犯罪具有矛盾與反常的態度，而且經濟犯罪的被害人又具有錯誤或不正常的心理。因此，我們可以推測有很多事實上發生的經濟犯罪根本沒人報案，而未為人所知，或者是雖已報案而開始刑事追訴，但因執法機關的執法矛盾心態，或是違法失職公務員的曲意包庇，加上經濟罪犯大力的防衛之下，又無疾而終。此外，經濟犯罪又具有複雜性與抽象性，而且經濟罪犯大多又具有特殊的條件。因此，刑事司法機關對於經濟犯罪進行刑事追訴工作時，可謂困難重重；同時，刑事司法機關對於經濟、財稅與貿易等的專業知識又相當地缺乏。所以，更使其刑事追訴能力大受限制。職是之故，經濟犯罪有極高的犯罪黑數，而非任何其他犯罪所可比擬者。

　　至於經濟犯罪的犯罪黑數到底高到如何的程度，迄今尚無針對這一問題的實證研究，這有待於犯罪學者的努力。唯依據上述的原因而加以推測，我們可以認定，為眾所周知，並經刑事司法機關追訴而判決確定的經濟犯罪，只不過是事實發生所有經濟犯罪中的一小部分而已，有如海上的冰山，

下，斷然宣布十信停業三天，而於 1985 年 2 月 9 日爆發 「十信經濟風暴事件」。詳參閱林山田：《談法論政》㈠，1987，120 頁以下。又例如自有地下投資公司以來，主管機關本可就其實際情況，分別依據銀行法、公司法、商業會計法、國家總動員法，以及刑法的詐欺罪、背信罪、侵占罪或偽造文書罪等處理或追訴，可是七、八年來，主管機關並未出現全盤性的整頓行動，對於尚未出狀況的投資公司，認為反正還沒有被害人出面控告，就得過且過，只有在投資公司發生倒閉、停止出金或負責人捲款潛逃等狀況發生，而有被害人提出告訴時，才被動地開始刑事追訴。雖在現行法制中，可以找出法律依據以取締地下投資公司，並制裁其負責人，可是卻會出現有關機關認為取締地下投資公司無法可依的說法，所以，才有修改銀行法之舉。在銀行法修正通過之前，行政院與財經當局一再強調「取締地下投資公司絕無緩衝期」的強硬立場，好似修法完成，立即會有取締行動，可是銀行法修正通過後，政府在政治利益與避免引發經濟風暴的考量下，卻又猶豫而軟化處理態度，而未見取締行動。

露出水面的，只是一小部分而已，絕大部分是隱藏在水面下，而不為人所見。

第四節　經濟犯罪的損害性與危險性

經濟犯罪行為本身及行為所造成的後果對於社會的損害性與危險性，遠遠地超過其他犯罪。今分就物質方面與非物質方面等兩項，加以論述。

一、物質方面

經濟犯罪所造成的物質方面的損失是非常難以估計的，一方面，因為經濟犯罪的定義與範疇迄今尚未確定；另方面，則因為經濟犯罪具有極高的犯罪黑數，而有相當高比例的經濟犯罪行為，不為社會大眾所知道，或是沒受到刑事司法機關的追訴與審判。

早在蘇哲蘭教授提出「白領犯罪」的理論時，他就估計白領階級的犯罪所造成的財物損失的總額，是遠超過於竊盜、搶奪、殺人等傳統犯罪的總和[46]。其後，有不少學者均嘗試著提出各種損失的概數，這些提出來的概數幾乎全是天文數字，而且彼此出入也很大[47]。

總之，經濟犯罪在物質方面的損害性與危險性，是非常困難以數額表示，不過依據最保守的估計，不少的學者均認為經濟犯罪所造成的物質上的損害，是超過所有其他犯罪所造成損害的總和[48]，而且每件經濟刑事案

---

[46]　參閱 Sutherland, op. cit., p. 353.

[47]　例如在德國有估計德國每年因經濟犯罪所造成的損害約在一百億至一百五十億馬克之間（見 Tiedemann: Wirtschaftskriminalität u. Wirtschaftsstrafrecht in den U.S.A. u. in *der Bundesrepublik Deutschland*, 1978. S. 14）；亦有估計大約三十億至六十億馬克（見 Kolz: Zur Aktualität der Bekämpfung der Wirtschaftskriminalität für die Wirtschaft, in: *Wistra*, 1982, Heft 5. S. 168）。

[48]　參照 Mannheim: *Criminal Justice and Social Reconstruction*, 1946, p. 119; Bertling, aaO. S. 325；以及 Clark: *Crime in America*, 1971, p. 23.

件所造成的平均損害額❹，也均遠多於其他犯罪的每件平均損害額。

二、非物質方面

從整個經濟生活的安寧秩序與經濟結構的安全來看，經濟犯罪所造成的在非物質方面的損害性與危險性，似乎是高於物質方面的損害性與危險性，因為經濟犯罪對於整個經濟制度與經濟秩序產生極為惡劣的不良後果，諸如：經濟道德的墮落、破壞經濟社會賴以為存的誠實信用原則及彼此相互的信任，而造成經濟活動中相互的不信任等，終至干擾生活的安寧秩序，進而危及整個社會結構的安全。

茲以金融老鼠會的地下投資公司為例，說明如下：

地下投資公司以其吸收的龐大資金投入股票市場，炒作股票，大幅度地拉攏股價❺。另有部分資金投入房地產，使房地產價格狂漲，而動搖整體經濟的穩定性❺。由於地下投資公司以其雄厚資金在資產市場的作價，導致資產價格的上揚，並帶動其他物價的上漲以及貨幣的貶值，造成薪資所得者在實質所得的下降，拉長貧富的差距，帶動社會浮華不實、喜好賭博投機與奢侈浪費等等不良的社會風氣，而具體表徵出犯罪質的惡化與犯罪量的增加❺。

---

❹ 依據西德聯邦刑事局 (Bundeskriminalamt) 的估計，平均每件經濟刑事案件所造成的損失就有一百萬馬克，這斷非任何傳統形態的財物犯罪可比擬者。見 Schellhoss, aaO. S. 390.

❺ 依據國際清算銀行 (BIS)（該行設於瑞士的巴遮爾 Basel 可稱為各先進國家中央銀行的中央銀行）出版的 1989 年報：世界各國的股價如以 1987 年初為 100，則 1989 年 5 月 8 日美國上漲 125.6，日本升至 127.7，新加坡 143.7，韓國 348.1，而臺灣竟然驟升到 804.3！見潘志奇：〈地下投資公司的取締與銀行法修正〉，《自立早報》，1989 年 7 月 10 日。

❺ 以臺北市房價為例，1986 年至 1989 年三年來單價的漲幅全在二倍以上，其中士林區高達 406%，松山區高達 488%，北投區則高達 600%。全世界房價沒有一個地方是像臺灣這樣在三年間暴漲如此高的幅度。資料引自《自立晚報》，1989 年 8 月 26 日。

　　經濟犯罪對於經濟社會的非物質的損害性與危險性，亦可從下述的二個嚴重的不良副作用觀察而知❸：

㈠傳染作用

　　所謂經濟犯罪的傳染作用是指安份守法的工商企業者對於非法企業者所為經濟犯罪行為的模仿，而使經濟犯罪一如傳染病似地蔓延擴大。典型的現象如以非法或其他不正當的方法為競業手段❹，常促成其他守法的競業者的模仿，因為競業活動強制所有參與競業者去適應環境，參與競業者被迫不是面臨著守法而處於競爭劣勢，就是如法炮製，以非法對非法，形成競業的對等狀態。假如大多數的競業者採行後者的行為模式，則某一競業犯罪行為即如傳染病一樣，很快就污染經濟生活環境，進而危及自由競業的經濟結構。這也正如犯罪學家蘇哲南所提出的犯罪行為的學習理論：工商企業人士由於間接或直接地與違犯犯罪行為者的同化，而與守法者分離，極易造成經濟犯罪的蔓延與擴大❺。因此，經濟犯罪可謂一種具有高度「蔓延傾向」的犯罪形態，它具有特別高的犯罪傳染力。

　　當然，似乎所有的犯罪或多或少均具有傳染作用，但是沒有任何一種犯罪形態的傳染力可以與經濟犯罪相比者，例如某甲殺害某乙的殺人罪，並不會使多數人都想模仿某甲的殺人行為。換言之，即是這種傳統形態的

---

❺ 治安狀況的惡化，如係是社會各界均肯定的事實，刑事司法機關亦順應民意的要求，採行治亂世用重典，1989 年一年處決死刑犯 68 人，這大約是自 1979 年至 1988 年十年間所處決死刑犯的人數。

❸ 依據德國經濟刑法學者替德曼 (K. Tiedemann) 及對經濟犯罪頗有研究的齊併斯 (W. Zirpins) 的見解，係把經濟犯罪的間接不良後果分為：⑴「傳染漣漪作用」(Ansteckungs-od. Sogwirkung)，如肉商將有損人體健康的亞硝酸鹽成分加入食用肉或肉類食物出售。⑵「蔓延或擴張作用」(Fern-od. Spiralwirkung)，如造成偽造文書、賄賂或瀆職等罪的發生。見 Zirpins: Wirtschaftskriminalität. Wesen und Gefährlichkeit der Wirtschaftsdelikte, in: *Kriminalistik* 21 (1967) S. 579. 及 Tiedemann（I），C. 21 u. 22.

❹ 例如以逃漏稅捐的方法，減低成本，以從事競業。

❺ 參照 Sutherland, op. cit., p. 358.

犯罪較不易為社會一般人當作模仿的先例，它不像經濟犯罪具有所謂的「示範作用」(Beispielwirkung)❺❻。

㈡併發作用

所謂經濟犯罪的併發作用是指由於經濟犯罪行為衍生的「附隨犯罪」(Begleit-od. Folgekriminalität)❺❼的併發現象。這種現象有如醫學上的併發症，而使病態更形嚴重。典型的現象如前述的沖退稅的詐欺與對政府經濟輔助措施的專案貸款或金融機構的普通貸款所為的經濟詐欺行為中行賄有關官員，而造成的收受賄賂與瀆職罪以及其他失職行為❺❽。或如前所述的地下投資公司的經濟犯罪對於經濟生態環境與社會治安所衍生的諸多併發症。

第五節　經濟犯罪的行為人

犯罪學對於某一犯罪形態的研究，應該包括該犯罪形態的犯罪行為與犯罪行為人。本節即是探討經濟犯罪的行為人。茲分經濟罪犯的人格特徵與經濟罪犯的類型等兩項，論述如下：

一、經濟罪犯的人格特徵

迄今已有不少學者對於經濟罪犯做過研究。茲將幾個較具代表性的研

---

❺❻　參閱 Opp: *Soziologie der Wirtschaftskriminalität*, 1975, S. 96.

❺❼　參照 Tiedemann（I）, C. 22. 並參閱 Schneider, aaO. S. 95.

❺❽　例如發生於 1962 年而至 1969 年再度轟動一時的彰化大同實業股份有限公司的詐領沖退稅及漏稅案，由於主角人物蕭○舟、蕭○煌兄弟的長袖善舞，行賄請託，無所不用其極，衍生的結果計有：㈠刑事偵查人員及○○地院檢察官等三人被判徒刑入獄。㈡一位地院首席檢察官被調職。㈢高等法院院長被彈劾而受記過一次的懲戒。㈣高院首席檢察官遭彈劾。㈤另一位地院檢察官受休職處分。詳參閱陶百川：《叮嚀文存》，第十一冊，〈吏治政風咄咄咄〉，92 頁。本案誠為典型的經濟犯罪，正如陶百川先生所稱：曲折離奇，不下於《今古奇觀》，而其荒唐齷齪，則如《官場現形記》。見前揭書的序言，並參閱陶百川：《叮嚀文存》，第九冊，〈道揆法守謷謷謷〉，第 131 頁以下。

究結果分別列述於後：

　　㈠美國學者克來納 (M. B. Clinard) 在第二次世界大戰期間，曾對美國的黑市交易市場作深入的研究，並分析黑市交易市場的經濟罪犯，他認為這些罪犯具有下述的人格特徵：自私、情緒上的不穩定、自卑感、遇到義與利之間的選擇大多捨義而取利等❺❾。這種見解至 1968 年時，他又加以修正，而認為黑市交易的犯罪人大多係自「學習」而來；經濟罪犯與普通罪犯的主要不同之處，乃在於普通罪犯大多扮演一致性的角色，但是經濟罪犯則還扮演一個社會所尊重的角色，他們雖會承認是「法律的破壞者」(Law Breaker)，但不承認是罪犯 (Criminal)❻⓿。

　　㈡英國學者史賓塞 (J. C. Spencer) 研究在英國雷希爾 (Leyhill) 監獄服刑的 30 名經濟罪犯，發現在這些人之中具有朝上的社會變動性，大多能奮發向上，且喜好作金錢上的冒險。此外，大多數的經濟罪犯在接受史氏的訪問時均稱：我們只是不小心而失手被抓，我們做了一些其他人在生意上也常做的事，只是我們比較倒楣而已❻❶。由此可見，這些經濟罪犯大部分都不認為其所從事的違法行為是犯罪。

　　㈢西德犯罪學家梅根 (A. Mergen) 認為經濟罪犯大多精力充沛、外向而好動，他們係自我為中心的樂觀者、常常輕視或低估事業上的風險、聰明而狡猾，其智慧大多限於追求直接的成就，對於追求物質上的利益與享受，特別感興趣，而且這種興趣已成為一種無法控制的貪慾，並已達到成癮的階段❻❷。

　　㈣西德學者特連 (P. J. Thelen) 歸納前人所做過的經濟罪犯人格特質的

❺❾　參閱 Clinard: *The Black Market—A Study of White-Collar Crime*, 1952, p. 310.

❻⓿　見 Clinard: *Sociology of Deviant Behavior*, 3rd. Edition, 1968, pp. 272–279.

❻❶　參閱 Spencer: White-Collar Crime, in: Grygien, Jones, & Spencer (eds.), *Criminology in Transition*, 1965, pp. 233–266.

❻❷　參閱 Mergen: *Tat und Täter. Das Verbrechen in der Gesellschaft*, 1971, S. 49f. 及 Mergen: Die Persönlichkeit des Verbrechers im weissen Kragen, in: Bear u.a.: *Wirtschaftskriminalität*, 1972, S. 28.

研究，指出經濟罪犯的人格特質，包括❻：

1. 很高的適應能力。

2. 聰明。

3. 甚富幻想力，意見很多。

4. 感覺敏銳。

5. 鋒芒畢露，信心十足。

6. 喜好追求物質上的價值。

7. 追求權勢。

8. 擅於掩飾。

9. 狡猾細心。

10. 有豐富的專業知識及從業經驗。

11. 有極佳的尖端知識。

12. 缺乏文化上的素養。

13. 樂於經濟活動。

14. 擅於周旋。

15. 有國際上的關係。

16. 缺乏「不法意識」。

17. 雙重道德，或缺乏道德。

18. 自我中心主義。

19. 精神上的侵略攻擊性。

20. 有反社會性的意見。

因為迄今犯罪學對於經濟犯罪及其犯罪人，尚欠缺以科際整合的實證方法所從事的研究，所以，經濟罪犯有無特別的人格特徵，迄今尚無法作明確的結論，學者間也常有正好相反的看法，如美國犯罪學者雷克利斯(W. C. Reckless) 強調經濟罪犯與傳統形態的普通罪犯具有不同的人格❻；

---

❻　見 Thelen: *Wirtschaftskriminalität und Wirtschaftsdelinqueuz aus ökonomischer Sicht*, 1981, S. 74f.

❻　參閱 Reckless: *The Crime Problem*, 5th. Edition, 1973, p. 358.

相反地，著名的犯罪社會學者克雷西 (D. R. Cressey) 則認為經濟罪犯並沒有與眾不同或反常態的人格，因為經濟犯罪並非個人的病態❻❺。唯經濟罪犯大多具有較常人為高的智力、狡猾奸詐、喜好而且敢於從事風險與利潤均高的投機事業、外向好動而且具有很高的社會適應性、具有唯利是圖的習性以及強烈的雙重道德觀等等人格特徵，則是多數學者的共同看法。

二、經濟罪犯的類型

茲參酌各種犯罪學的罪犯分類法及經濟犯罪的特性，試將經濟罪犯分成下述三個類型：

㈠常業經濟犯

常業經濟犯為犯罪學上的「職業性的罪犯」(Gewerbsmässige Täter)，係典型的經濟罪犯，這類犯罪人時時均有詐騙或追求不法暴利的意圖，側身於工商企業界，只是為等待其不法意圖得以實現的機會，根本沒有真正參與正當經濟活動的誠意。由於這類型的罪犯唯有以犯罪方式來參與經濟活動而追求利潤，所以，對於經濟生活與經濟秩序最具危險性。

㈡情況經濟犯

情況經濟犯為犯罪學上的「情況犯」(Zustandstäter od. Situationstäter)。這類的經濟罪犯大多本為守法的工商企業者，但因一心一意追求財富，吸收高利貸，造成其經濟上的危機，因而萌生犯罪意圖，或以犯罪的方法來解決其困境，或在破產倒閉前再作詐欺性的巨額借貸，獲取不法暴利。

情況經濟犯尚有由於經濟的不景氣或企業投資的錯誤所引起者。參與企業活動者由於經濟市場的不景氣，或因判斷錯誤而作虧損的投資等，致其企業發生困難，為渡過這一難關乃致不惜以犯罪的手段達到目的。

㈢機會經濟犯或偶發經濟犯

機會經濟犯或偶發經濟犯為犯罪學上的機會犯 (Gelegenheitstäter) 或偶發犯 (Zufallstäter)。這類罪犯與前述的情況經濟犯同樣本為守法的工商

---

❻❺　參照 Cressey: The Crime Violation of Financial Trust, In: Clinard & Quinney (eds.), *Criminal Behavior Systems*, 1967, p. 165.

企業者，但出於追求利潤的念頭，以玩票的性質，乘主管經濟機關一時的疏忽，或其他有利的機會，偶發性地從事經濟犯罪活動，而獲取一筆不法利益。

第六節　經濟犯罪的犯罪學理論

犯罪學除了描述犯罪之外，還企圖解釋犯罪，提出各種犯罪學理論，用以解釋犯罪現象及形成犯罪的各種因果關聯。我們對於經濟犯罪的研究，除了對於它的定義、形態、特性、危險性及經濟罪犯的人格特徵等項的研究之外，當然也要嘗試著提出一個犯罪學理論，以解釋形成一新興的犯罪形態的因果關聯，並進而作為抗制經濟犯罪政策上的考慮依據。

一、無規範理論解釋經濟犯罪

在眾多犯罪學的理論中「無規範理論」 (Theory of Anomie, Anomietheorie) 最適宜用來解釋經濟犯罪。「無規範理論」係源自法國的著名社會學家涂爾幹 (E. Durkheim, 1858–1917) 所提出的「無規範」(Anomie) 的概念，它係指一種缺乏規範的社會狀態，也即是社會的無規範狀態。因此，涂氏所稱的 Anomie，即是一種 Normlessness, Normlosigkeit （無規範）。在這種狀態下，社會存在著諸多「偏差行為」(Deviant Behavior) 以及社會解組 (Social Disorganization) 的現象 ❻❻ 。

㈠涂爾幹的無規範理論

「無規範理論」係涂氏在其 1895 年的名著《社會學方法的規則》(*Les regles de la methode sociologique*) ❻❼ ，探討區別正常的與反常的社會現象的問題所提出的理論，其主要內容包括下述兩個立論：

1.犯罪為社會必然常存的規則現象

假若社會行為被當作有規則性的行為，則任何社會都有造成偏差行為

---

❻❻　König (Hrsg.): *Soziologie, Das Fischer Lexikon*, 1967, S. 22f.

❻❼　中譯本由許行譯為《社會學方法論》，商務印書館，人人文庫 284。

的可能性，因為偏差行為與規則行為彼此相連不可分，相對地互為影響。所以，無論在什麼結構的社會，均有犯罪問題存在，亦即犯罪並不專見於某種形態的社會，自有人類社會以來，它即一直存在著，只不過是犯罪的形態隨著社會結構的變遷而有所改變而已。因此，一定限度的犯罪係社會的「規則現象」，它是每一個社會都少不掉的一部分社會事實。

2.偏差行為是社會結構的產物

偏差行為正如同規則行為一樣，是社會結構的產物，它的形態、內容與數量是決定於社會的結構與其進展的程度。因此，對於偏差行為，特別是犯罪行為的研究與觀察，應從社會的結構及其功能的運作方式去分析研究，而尋求答案。

涂氏的這種「犯罪現象規則論」是從整個人類社會進展史的觀察，並就社會結構與功能的分析而提出的立論，它只是說犯罪這個社會事實是人類社會進展過程中的規則現象，我們不要誤會而認為犯罪是社會的規則行為或是常態行為。事實上，假如就一個社會結構中所有行為模式相互的比較，則犯罪行為還是最為嚴重的社會偏差行為，也是一種造成社會問題的社會病態行為。這是我們對於「無規範」的犯罪學理論，所應特別注意的一點。

從上述涂氏的兩點立論，正可以適用於解釋經濟犯罪：經濟犯罪在事實上是個任何經濟社會所不可避免的經濟偏差行為，只是由於經濟形態的改變，而有不同形態的經濟犯罪；在早期單純的畜牧業或農業的經濟結構中，只有些運用體力或暴力的偷竊或搶奪行為以及運用智力而行騙的詐欺行為，這些都是原始形態的犯罪；迨重商主義及資本主義興起之後，形成了自由競爭的市場經濟形態，經濟交易關係的複雜與頻繁以及整個經濟社會結構的改變，雖然社會還存在著原始形態的財物犯罪，但是卻衍生了諸多新興形態的圖利犯罪，這即是經濟犯罪。這種新興形態的犯罪，並非自由經濟形態所獨有的，在共產主義的計劃經濟結構中，雖然沒有私有財產制度與經濟交易自由，但也照樣存在著經濟犯罪問題，只是其所發生的犯罪形態與自由經濟結構中者不同而已。通常在共產主義國家中最常見的經

濟犯罪行為是黑市交易、地下資本主義 (Untergrundkapitalismus)、非法交易與生產、國有財產的侵占等 ❻❽。

㈡墨爾頓的無規範理論

美國社會學家墨爾頓 (R. K. Merton) 繼承了涂爾幹的理論，並加發揚光大，使「無規範理論」的理論體系更形完備，而有更高的適用性。墨氏認為 Anomie 除涂氏所指無規範之外，尚指社會目的與社會所允許的為達到目的的手段，彼此之間的衝突；同時，他並提出「文化的結構」(Cultural Structures) 與「社會的結構」(Social Structures) 等兩個概念，用以解釋偏差行為的形成。所謂「文化的結構」是指人類取向的目的意念與規範，包括使其目的意念成為事實的一切合法手段；所謂「社會的結構」係指社會關係的制度，它規範著社會秩序，而且具有一種鼓舞刺激的力量，製造一些無法以人類的自然慾望來解釋的動機。因此，社會結構會壓抑行為，但也會促成新行為的發生。就在文化結構與社會結構的交互作用下，支配了整個社會的行為模式。換言之，即「文化的目的」與「制定的規範」等兩個主要因素的交互作用，而決定社會的行為模式。所謂「文化的目的」是指文化所確定的目的、意圖或利益，它是由於社會結構的不同而改變，造成社會普通所稱的 「值得努力追求的」 (Worth Striving for) 事物 ❻❾。所謂的「制定的規範」係指社會結構所規範或控制的能夠達到目的，且為社會所允許與接受的方法或手段。每一個社會團體對於文化的目的與達成這一目的的社會所公允的行為模式，都有一套規則存在，這些規則都有其社會道

---

❻❽　見 Milutinovic: *Kriminologie*, 1969, S. 173. 並參照 Lange, aaO. S. 144. 共產主義國家對於這些經濟犯罪的處罰相當嚴厲，動輒處以死刑。其理由乃因基於共產主義的觀點，認為經濟犯罪即是對共產經濟制度的一種直接的破壞行為，而危及共產社會的基礎，是反國家與反社會的嚴重犯罪行為，所以，要科處重刑。詳參閱 Zybon, aaO. S. 39ff. 又如中共在 1980 年 1 月 1 日施行刑法，並鑑於走私、套匯、投機倒把牟取暴利等經濟犯罪活動猖獗，而於 1982 年 3 月 8 日通過 「關於嚴懲嚴重破壞經濟的罪犯的決定」。參閱林山田：〈中國刑法總則評析〉，刊：《政大法學評論》，36 期，1978 年 12 月，67 頁。

❻❾　參閱 Merton: *Social Theory and Social Structure*, 8th. Edition, 1963, pp. 134–140.

德與社會結構上的基礎。因此，有很多從個人的觀點來看是達成目的時非常有效的行為模式，如用暴力強取，或用詐術騙取等，但就社會的觀點來看，則應自社會所公允的行為模式的範圍中加以排除。甚至於有時一些對於社會團體有益的行為，如活體解剖，或很多醫學上對於人體的實驗等，由於欠缺社會道德的基礎，同樣地，也就成為社會所不允許的行為模式。總之，個人在文化的目的與社會的規範中間選擇，而有不同的行為模式，由於文化所預定的目的與社會結構所確定的達成這些目的方法之間，相互衝突分裂也就產生了偏差行為。

　　墨氏的理論是以個人的努力奮鬥追求物質的享受與財富的擁有，以及個人享有足夠的自由發展機會的現代美國工業社會觀為出發點，由於個人要達到物質享受與佔有的目的之手段以及每個人達此目的的機會，在事實上是不可能均等的。因此，個人在社會結構中永遠會存在著一種緊張的狀態，而會產生偏離常態的行為。由於這種緊張在壓力程度上的不同，而導致社會結構中各種不同領域間的不同形態的偏差行為。

㈢修正並加擴充的無規範理論

　　「無規範理論」若加適度地修正與擴充，則是最適宜解釋經濟犯罪的犯罪學理論。我們認為除了「經濟目的」與「經濟手段」兩個「變項」(Variable) 之外，尚應加上「參加經濟活動者的經濟能力」及「合法達成目的的可能性」與「非法達成目的的可能性」等三個「變項」。前者指參與企業活動者個人所擁有的條件，包括擁有的財力及社會關係與聲望以及聰明才智；後兩者乃決定於法律的規定❼⓿、刑事司法機關對於經濟犯罪的刑事追訴能力及被害人提出告訴的意願等。

　　一個參與經濟活動者，假若只以追求合理的利潤為目的（即合法的目的），本身又具有達成此等目的的能力（包括財力），而且以合法的手段達成目的的可能性又很高，以非法達成目的的可能性又很低，則在原則上這

---

❼⓿　這包括民商法、經濟與財稅及貿易法令、經濟刑法等。若這些法令的規定嚴密而有可行性，不法之徒沒有可資利用的漏洞，則以非法手段達成目的的可能性，就會大幅度地降低。

個參與經濟活動者不會成為經濟罪犯❼。可是在通常的經濟活動中，這種「理想模式」的存在機會並不多見，因為工商企業的社會結構，個人在「利潤至上」與「金錢萬能」等社會態度的支配下，其所擬定的目的，常會追求超越合法與合理限度內的利潤（非法的目的與意圖）。為達到這種非法目的，自非其能力所及。同時，錯綜複雜的經濟結構中，又存在著太多的以非法手段達成目的的可能性，而且在從事一段時間的工商企業活動之後，大多能透徹地瞭解這種可能性。在這種情況下，自然而然地就會採用非法的手段，來完成其非法的構想。如此，則產生了各形各色的經濟犯罪。

一般而論，所謂的「目的」，主要指的是追求利潤與財富的經濟目的，幾乎大部分的參與經濟活動者，莫不以此為目的，其在經濟社會中的地位與聲望就以其能獲取利潤的高低及所能擁有與支配的財富的多寡而定，利潤與財富均應逐年上增，它不可以停頓，或是下降或減少。除了利潤與財富的目的之外，在工商企業社會結構中尚存有各形各色的目的，這些目的的動機並非以人類在生物學上的慾望可以解釋者，而是社會因素所形成的目的。例如個人聲譽的追求，或是為向他人炫耀其成就，或向其競爭的對手示威，或為獨霸市場等等，不一而足，但均足以形成經濟犯罪的意圖。此外，這些眾多的目的，也非各別單獨存在，往往還是多數同時並存，甚而是一連串的目的，更易促成經濟犯罪的發生。

總而言之，在下述各種狀況的串連下，將增加經濟偏差行為的可能性。易言之，即經濟犯罪的違犯率也就愈高：

1.參與經濟活動者的目的愈高。

2.參與經濟活動者接受合法規範的意念愈弱，即接受以合法手段達其目的的意念愈弱。

3.參與經濟活動者接受非法規範的意念愈強，即接受以非法手段達其目的的意念愈強。

4.參與經濟活動者拒絕非法規範的意念愈弱，即拒絕以非法手段達到

---

❼ 這當然會有種種例外的情況，如參與經濟活動者雖具有採用合法手段而達其目的的能力，但為求縮短達此目的所花的時間與精力，也有可能採行非法的手段。

其目的的意念愈弱。

5.參與經濟活動者本身的經濟能力愈差；或者企業者的經濟能力太強，而足以控制或操縱絕大部分的市場。

6.經濟活動中存在以合法手段達成目的的可能性愈低。

7.經濟活動中存在以非法手段達成目的的可能性愈高。

二、自無規範理論提出抗制經濟犯罪的對策

要想有效地抗制經濟犯罪應該針對修正並加擴張的無規範理論所提出的七種易於造成經濟犯罪的情況，做相反方向的努力：即設法降低參與經濟活動者的目的與接受非法規範的強度、提高其接受合法規範與拒斥非法規範的意念、輔助經濟能力差者或監督經濟能力過強者、增高以合法手段達成目的的可能性，並減低以非法手段達成目的的可能性。但是，這些出於純理論的構想，在實際的對策上，則多少要加以修正，因為工商企業社會是個「唯利是圖」的社會，追求高利潤不但幾乎是所有經濟活動的主要目的，而且也是人生的主要目的，所以，單只主張設法降低目的強度是與現代經濟結構的基本精神背道而馳的事情。職是之故，我們對於經濟犯罪的抗制，也就只有從防堵以非法手段達成目的的可能性去著手：一方面，加強國家主管機關與民間組織對於各項經濟活動的經濟監督；另方面，修改經濟法與民商法及財稅法令，以杜絕法律漏洞，並加強經濟刑事立法，從速建立經濟刑法，使刑事司法機關有所依據，而能有效地從事經濟犯罪的刑事追訴工作，把參與經濟活動者以非法手段達成目的的可能性壓抑至最低限度，並且也可以提高其接受合法規範與拒絕非法規範的意念。這也是下述第七節所述抗制經濟犯罪的基本構架。

第七節 經濟犯罪的抗制

經濟犯罪對於整個經濟社會具有很高的損害性與危險性，它雖然沒有像暴力犯罪，造成慘不忍睹的殘酷場面，但是它干擾經濟秩序，腐蝕整個

經濟結構或破壞經濟制度，對於國計民生造成極為嚴重的不良後果。因此，我們應能迅速地對它展開積極的抗制工作。

一般而論，抗制犯罪應從治本上與治標上，同時謀求對策，並使用多種相互配合的手段，才能收到效果。經濟犯罪的抗制當然也不例外，必須從各種不同方面同時並進，包括研究形成經濟犯罪的因果關聯、設法去除各種促成經濟犯罪的環境因素、從速訂立刑事實體法與刑事程序法上的有效條文、建立對於工商企業活動的經濟監督制度等等。茲分制止性的抗制與預防性的抗制兩項，論述如下：

第一項　制止性的抗制

所謂制止性的抗制乃謂以刑罰與秩序罰等國家強制手段，來處罰經濟犯罪的行為人，一方面使其不敢再犯，另方面則以刑罰的威嚇效果，來嚇阻社會大眾的模仿。換言之，即以刑事司法的手段所為的抗制。

在犯罪的抗制上，一般都認為事先的預防重於事後的懲罰，防患於未然，是較對於已然的懲罰還為重要，這幾乎是眾所共認的論調，可是因為經濟犯罪所具有的特性，而與其他形態的犯罪有很多不同之處，所以，這種立論也就不很適用於經濟犯罪的抗制。因此，我們不可誤以為立法者在「刑法以外的預防措施」(präventive-ausserstrafrechtliche Akte) 以及行政上的「經濟監督」(Wirtschaftsaufsicht) 所生的預防性的抗制作用，是較事後對於經濟犯罪的懲罰而生的制止性的抗制作用，還來得有效，或顯得較為重要❼。這是我們在制止性的抗制上所應認識的一點。今分經濟刑事立法與經濟刑事司法兩方面加以論述。

---

❼　這是因為刑法以外的手段，大多相當溫和，它只能預防一部分機會經濟犯或偶發經濟犯，但是對於常業經濟犯或情況經濟犯，則難收預防之效。所以，在經濟犯罪的抗制中，非刑法的手段 (含民商法、經濟法與其他經濟的行政法等)，也不一定要優於刑法的手段而適用。參閱 Tiedemann: Wirtschaftsgesetzgebung und Wirtschaftskriminalität, in: *NJW* 1972, S. 675.

一、經濟刑事立法

以刑法手段制裁犯罪，首先當然應有相當的刑事立法。我國現行刑法中保護經濟利益的罪名，如竊盜、侵占、詐欺、背信與重利等罪，只能當作保護私有財產制度的概括性的基本規定，它不足以掌握今日經濟生活中的病態行為，更不能制止經濟公法益的破壞行為，因為這些傳統形態的罪名其構成要件及其法定刑的規定，欠缺經濟犯罪行為的特性，而無法對於新興形態的經濟犯罪作適當的處罰。

因此，經濟犯罪的抗制工作中最重要，而且急需從事的工作即是經濟刑事立法，早日制訂經濟刑法條款，俾刑事司法機關有所依據，而能對於經濟犯罪作有效的刑事追訴。

二、經濟刑事司法

確實而有效的經濟刑事司法，是抗制經濟犯罪的最為有效的法律手段，由於刑事追訴的確實性，將經濟罪犯毫無例外地繩之以法，並處以其應得之刑，一方面使經濟罪犯不敢冒險再犯，另方面則威嚇社會大眾，使有經濟犯罪意圖者受到儆戒，而不敢違犯。

在一般犯罪的抗制上，均信服經由迅速的刑事司法來嚇阻犯罪的原則，亦即認為偵查起訴與審判的速度與刑罰威嚇效果成正比例，偵查與審判愈迅速，即愈能發揮刑事政策上的功能，但是在經濟犯罪的刑事司法，卻難以達到這個原則的要求，因為經濟犯罪大多具有複雜性，在偵查與審理上頗費時間。同時，又由於經濟犯罪的抽象性，其犯罪事實每不易為被害人或其他第三人所察覺，所以，不少經濟犯罪行為常常經過一段時間之後，才開始刑事追訴。因此，對於經濟犯罪的追訴與審理顯然難以符合迅速的原則，但是這並沒有影響經濟刑事司法在抗制犯罪上的效果，因為社會所有的人均知悉，沒有一件犯罪行為是會被遺忘的，雖然事過境遷，行為人在法外逍遙自在多年，但是他所應得的刑罰是永遠避免不了的。在此情況下，刑罰也就照樣可以發生一般威嚇效果。

　為強化刑事司法機關追訴與審判經濟犯罪的能力，並達擴大防制經濟犯罪的效果，宜自下述六方面同時並進：

㈠設立追訴與審判經濟犯罪的專業常設組織

　經濟犯罪的追訴與審判，非賴專業的常設組織，無以竟其功，故應於法院與追訴機關中設置處理經濟刑事案件的常設專業單位，即在臺北與高雄地方法院以及臺灣高等法院設立「經濟法庭」，在臺灣高等法院檢察署設立「經濟刑事案件檢察組」，而以現已在法務部調查局成立的專業組織，即「經濟犯罪與貪污犯罪防制中心」為其輔助機關。專業追訴組織的組成員除法律人才外，尚須配以精通會記、簿記、銀行、財稅、貿易等的非法律的專業人員。

㈡加強法官與檢察官的專業知識

　由於經濟犯罪的法律事實非常複雜，在對其所進行刑事追訴與審判過程中，經常需要具有專業知識與經驗的刑事偵查人員、檢察官與法官以及鑑定專家等的參與。這裡所謂的專業知識包括法律（民商法、經濟法與經濟刑法）、經濟、財稅、貿易、簿記、會計等專門知識，因為範圍相當地廣泛，所以適格的工作人員很難找到；同時，鑑定專家也不易求得，因為有不少適格的鑑定專家顧慮假如接受刑事追訴機關的委託而作鑑定報告，同時還得於開庭時，出席作證，可能會對其經濟生活的關係，發生不良的影響，而視鑑定為畏途。此外，由於刑事追訴人員對於經濟犯罪的違法性與危險性的缺少認識，迄今仍將其工作重點放在傳統形態的暴力犯罪的追訴上，對於這種抽象而複雜的新興形態的智力犯罪，則常會無意識地忽略，甚至於有意識地規避，視辦理經濟刑事案件為畏途。在這些原因之下，迄今的刑事追訴機關常在遲疑不決地情況下，進行經濟刑事追訴工作。

㈢強化刑事警察追訴經濟犯罪的能力

　任何一種新興形態的犯罪，首先領悟其嚴重性與危險性者，當推刑事警察。因此，對於經濟犯罪的了解與抗制，刑事警察可謂先知先覺者，對於經濟犯罪的研究，亦均肇始於刑事警察，如在德國對於經濟犯罪的探討，是因刑事警察基於其刑事偵查工作上的困擾，而於 1955 年代，由犯罪偵查

實務界最先當作業務座談會探討的論題，其後再擴及法院與檢察實務界以及刑事法學界❼❸。

　　依據世界各國經濟刑事司法界的經驗可知，不管是在偵查庭或在審判庭，能否順利進行刑事訴訟程序，科處狡詐的經濟罪犯予適當的刑罰，其關鍵完全在於參與經濟刑事追訴的刑事警察對於經濟刑事案件的偵查能力。專案檢察官未能提起公訴，經濟刑事法庭未能作有罪的判決，其主要原因乃是在於欠缺足夠專業能力的刑事警察來參與偵查。同時，刑事政策上的研究業已證實，刑事警察的高犯罪偵破率，是嚇阻犯罪的最有效手段之一❼❹，對於日趨繁增的經濟犯罪，假若刑事警察能夠迅速而確實地偵破，則可同時發生制止與預防的功效。因此，我們可以斷言，經濟犯罪能否有效地加以抗制，主要仍決定於刑事警察的偵查意願與偵查能力。由此可見，刑事警察在抗制經濟犯罪工作中的重要性。

　　基於上述的認識，刑事警察本於偵防犯罪的任務，應作下述的努力：

　　1.加強偵辦經濟刑事人員的專業訓練

　　任何刑事案件的偵查成效，乃決定於偵查人員的素質，由於偵查經濟犯罪特有的困難。因此，具有專業知識的刑事偵查人員在經濟犯罪的追訴工作中是決定性的關鍵人物，他們應該具有能力，將這些複雜的經濟犯罪，以刑法與刑事證據法上的觀點來加以處理。因此，對於刑事警察作經濟犯罪有關的專業訓練，是有效抗制經濟犯罪的先決條件。

　　經濟刑事偵查人員除具有參與偵查工作的意願之外，最重要的還是同時具備法律、經濟、貿易、財稅與簿記等方面的專業知識。在現有刑事警察中，挑選富有工作意願的警察人員，是簡單的事，但是想找出同時擁有法律與財經和貿易等專業知識與經驗的工作人員，則難如登天。因此，唯有自現有工作人員中挑選出具有高工作能力的適格人選，並加以專業的在

❼❸　此種現象可自學術刊物所登載的論著觀察出來：經濟犯罪的德文論著，最先是出現在《刑事偵查》(Kriminalistik) 的雜誌上；其後，才逐漸出現於刑法或刑事法律政策的學術刊物上。

❼❹　參照林山田：《刑罰學》，1992，89 頁。

職訓練，授與民商法、經濟法與經濟刑法、財稅與貿易、會計與簿記等知識。如此，方能解決刑事警察在經濟刑事偵查人才的缺乏問題。

　　追求利潤與財富是所有經濟活動的原動力，工商企業者的心目中只存有利潤問題，當刑事偵查人員的出現，其直接的感受是利潤的下降，甚至於整個企業還可能會遭到關閉的後果。因此，他們都會想盡辦法來進行保衛戰，以其與上層社會的關係及其所僱用的法律與財經顧問的專業知識，來降低刑事偵查人員的辦案信心，若刑事偵查人員不為所動時，則還可使用金錢的攻勢，行賄請託，以求大事化小，小事化了的戰果。因此，挑選偵辦經濟刑事案件的偵查人員，除工作能力強與具有工作意願的條件之外，尚須有堅強的人格與良好的操守。

　　2.成立偵查經濟犯罪的警察組織

　　由於經濟犯罪的抽象性與複雜性可知，並非每一刑事偵查人員均能偵辦經濟刑案。為求刑事警察能夠有效地展開經濟犯罪的刑事追訴工作，刑事警察唯有突破人員與編制上的限制，建立具有高偵破能力的經濟刑事警察小組，來從事經濟犯罪的刑事偵查工作。首先，由刑事警察局及臺北市與高雄市警察局創立，其後各縣警察局再視實際需要而設立。

　　3.主動而積極地展開經濟犯罪的刑事追訴工作

　　基於經濟犯罪的嚴重性與危險性，負有防制犯罪重任的刑事警察，自應主動而積極地展開經濟犯罪的抗制工作，切不可固步自封，仍舊把其工作重心放在對於暴力犯罪或傳統犯罪的偵防上，只注意到事關個人生命的暴力犯罪，而忽略事關整個國計民生的經濟犯罪。

　　刑事警察與檢察官一樣，不可消極地等待刑事追訴，或者要有人民的告發或是經由大眾傳播工具的報導之後，才開始其刑事偵查工作。否則，將坐失良機，而使經濟犯罪所造成的損害更形增大，或使經濟罪犯得以逍遙法外，享受其犯罪所得。從處理經濟刑事案件的經驗可知，假如刑事追訴機關能夠及早發覺犯罪而開始偵查，則經濟犯罪所造成的損害數額與範圍，將可大為減少。因此，刑事警察應於平時多多注意各種經濟活動及各種財經與貿易動態。

4.從速建立經濟犯罪紀錄制度

刑事紀錄制度的完善，對於刑事偵查工作，有極其重大的裨益，由於刑事紀錄提供資料而偵破的刑案更是不計其數。所以，刑事警察機關為求對於經濟犯罪有高的偵破率，則應儘速建立經濟犯罪紀錄制度。將經濟犯罪分門別類地登錄於經過設計的各類卡片上。有了詳密完整的經濟刑事紀錄之後，刑事偵查人員在偵查之始，首先應查驗這些相同或相近似的案件是否在同一地方或數個城市業已發生過，或者業已判決確定。往往在這種查驗的工作中，發現出本來認為只是民事糾紛的案件，竟然是經濟刑事案件，或者也可從中查出與重大經濟犯罪有關的線索❼❺。

5.爭取行政警察的協助

對於經濟犯罪的刑事追訴並不能只靠具有經濟刑事專業知識的刑事警察或檢察官可以單獨奏效的，而是同時需要地方行政警察的協助，提供情報，而得儘可能及早開始刑事偵查。

㈣少宣判罰金刑而多宣判徒刑

由於大多數的經濟犯都是唯利是圖者，而且喜好冒險性的投機，假如對於這些經濟犯僅科以罰金，則在其主觀上充其量只不過是一次投機生意的失敗，而非受到國家的刑罰制裁，或者將罰金當作營業支出，而將其轉嫁給消費大眾，故罰金刑對於經濟犯不但不具威嚇效果，而且還有不良副作用。因此，對於經濟犯的宣判，宜避免科處罰金刑，而偏重於徒刑的科處。

㈤妥善適用沒收以剝奪經濟犯的不法所得

經濟犯的犯罪所得，常係數以億計，故在刑事追訴時，除確定其犯罪證據外，尚須徹底追查不法所得的去向，並且運用刑法上的沒收手段，有效地剝奪這些不法所得。否則，如使經濟犯接受刑事制裁後，仍舊可以保有相當數額的不法利益，則將有極為不良的後果。

㈥擴大公告周知審判結果

對於經濟罪犯的刑事審判，可委由法院就客觀事實審酌，而可將其判

---

❼❺　例如德國漢堡刑事警察局所建立的「破產登記目錄」(Insolvenzkartei)，對於破產犯罪的偵查工作提供很大的幫助。詳見 Zirpins, aaO. S. 170.

決內容擴大公告周知,例如刊登公告於報紙或各種工商業公報,使參與經濟活動的其他工商業者,不致再度為其所害。

第二項　預防性的抗制

　　經濟犯罪的抗制工作,除前述的制止性的手段之外,尚應從事一些治本性的預防工作,這些預防性的抗制,應從下述七點分頭並進:

一、從速整理與修訂財經法令

　　由於立法功能的衰退,或立法機關因欠缺民意的監督與壓力而形成的立法懈怠,已使直接或間接規範經濟活動的財稅、金融、貿易等財經法令,未能因應現有經濟社會的需要,而存在許多可資經濟犯利用的法令漏洞,或對於經濟犯的違法行為,欠缺加以規範或制裁的法律條文。例如信用合作社是自日據時代就已存在的平民金融機構,在本省金融制度中,扮演一個相當重要的角色,可是至今還沒有法律來規範這種金融機構,雖然早在民國 23 年即已頒行「合作社法」,但是財金機關對於合作社的管理與監督,卻只有一個依據合作社法而來的不具法律地位的「信用合作社管理辦法」,可資適用。雖爆發過「十信經濟大風暴」❼⑥,但是有關信用合作社的立法工作,仍舊遲緩不堪。

　　自由競業可謂自由經濟制度中為達其經濟目的的一個重要工具,自各國的經濟現實可知,市場上愈少公平合理的自由競業,則國家在經濟駕馭上就愈形困難。經濟犯除以詐欺、行賄等的違犯方式外,尚有濫用雄厚的經濟力,而壟斷市場,以圖謀不法暴利的違犯方式,如關係企業以其雄厚資金,吞併小公司,或如大公司之間就售價、產量、品質、銷售地區等所為的不法約定,而把持市場等現象。這些經濟犯罪在現階段尚未發展至顯然危害經濟秩序的程度,但我們仍應未雨綢繆,及早訂立確保公平競業的經濟法。

---

❼⑥　見 474 頁的❸①。

二、加強經濟監督

以行政法上的許可與認可等手段，來加強主管官署的經濟監督功能，對於各種經濟活動做合理限度的干預，自會發生預防經濟犯罪的成效。

對於經濟活動中所有容易被濫用而犯罪的活動方式與制度，由經濟主管機關在不過分妨礙其功能的條件下，保留其許可權與認可權；同時，並應擴大與強化合理而適度的經濟監督，例如增加工商企業者的簿記義務與登載內容，如此將可防患不少經濟犯罪於未然❼❼。

經濟監督機關在原則上應為經濟活動的主管官署，惟西德商學教授崔朋 (A. Zybon) 曾提出稅務機關參與一般性的經濟監督的建議❼❽。按稅捐稽徵機關以其豐富的財稅知識及完整的財稅資料，從事經濟監督工作，似可收預防經濟犯罪的效果，惟因可能就此造成稅務機關的濫權，輕易侵犯人民的權益，妨害人民的經濟自由，故其建議並未為官方所接納。

許可、認可與經濟監督等行政法上的手段係預防性的抗制手段，惟可配以制止性的行政法上的強制手段，來強化這些預防性的抗制功能。例如對於違反許可與認可及經濟監督等行政義務的工商企業者，處以行政罰或秩序罰。

由於經濟犯罪大多係經過長時間的演變而逐漸形成的，故主管財經事務的行政機關假如能夠依據現有的法令，確實執法，而發揮其應有的經濟監督功能，則自能產生有效防制經濟犯罪的效果。例如財金機關多年來未能依據「信用合作社管理辦法」的規定，確實管理與監督信用合作社，致使不少信用合作社失卻其合作社的本質，而逐漸淪為家族企業吸收游資的

---

❼❼ 例如英國工商部 (The Board of Trade) 曾擴張其經濟監督權，而認為有足夠的理由時，可以命令公司提呈帳簿或其他公司文卷備查，這一措施，發生了很大的預防作用。參照 Crane: Wirtschaftskriminalität in England in: *Wirtschaftskriminalität, Probleme im Gespräch*, aaO. S. 43.

❼❽ 參照 Zybon: Wirtschaftskriminalität und Rechnungswesen, in: *Zeitschrift für Betriebswirtschaft*, 1968, S. 901.

工具，或成為地方政治派系把持操縱，以圖私利的機構。因此，才會使臺北市的第十信用合作社，從一個本屬金融合作制度上的一個重要「社會公器」，竟然成為私人大搞經濟犯罪的「犯罪工具」，而在民國 74 年爆發空前的「經濟大風暴」。

三、政府對於經濟活動應作適度的輔助

工商企業社會中，人民挖空心思，想盡辦法追求利潤，本是極為正常的社會現象；惟在這個競爭激烈的經濟活動中，政府應能運用各種手段，一方面，促使工商企業者依照法律的規定，作公平與合理的競爭；另方面，則對於參與自由競業者，給予公平合理的保護與扶植。如此，亦可預防不少經濟犯罪的發生。

四、從速建立經濟犯罪紀錄制度

犯罪資料紀錄制度對於犯罪的抗制，常會發生相當大的效果，尤以經濟犯罪的抗制為然。將經濟犯罪資料分門別類，作系統性的紀錄，特別是具有詐欺性及嚴重損害誠實信用原則的前科紀錄，對於經濟犯罪的預防，更是具有很高的價值。以此系統性的紀錄，建立「工商中央紀錄卡」(Gewerbezentralregister) 的制度⑦，則任何一個紀錄有案的工商企業者，只要再度參與經濟活動，即可密切加以注意，使其無機可乘。

此外，經濟犯罪資料紀錄制度的建立並不一定要由官方來籌設，而可由各種同業公會或商會與民間法人團體來負責建立，由政府機關加以輔導，並許其從事有酬的資料查詢服務。

五、促進民間設立抗制經濟犯罪的公益團

政府除了促進各種工會與商會，對於經濟活動發生經濟警察的功能之外，並應促進成立以針對某種經濟犯罪的抗制為目的的公益社團。西德境內設有各種從事抗制經濟犯罪的民間團體，成效頗佳，可值我國參考⑧。

---

⑦　詳參閱 Zirpins: Wirtschaftsdelinquenz, in: *Kriminalistik* 26., 1972, S. 187.

　　一般消費者常常是經濟犯罪的被害人，因其毫無組織，故易為經濟罪犯所乘，而且不足以對抗經濟犯罪，故消費者應能組織化，組成強而有力的消費者協會，以組織的力量而能及早識破經濟罪犯的不法意圖，並設法加以阻止，或警告消費者，使其不上經濟罪犯的當。

六、加強預防經濟犯罪的宣傳工作

　　如前所述，經濟罪犯具有甚多的特殊條件，而且社會大眾及有權處理經濟犯罪的機關，對於經濟犯罪及其犯罪人，又具有很多矛盾的心理與反常的態度。因此，宜設法發動大眾傳播工具與工商企業界的力量，從事下述的宣傳工作：

　　1.促請社會大眾對於經濟犯罪的認識，使其能夠了解經濟犯罪的嚴重性與危害性，並改變其對於經濟犯罪行為與行為人的寬容態度，促使社會大眾同心協力地參與經濟犯罪的預防工作，或是主動積極地支持刑事司法機關的刑事追訴工作。

　　2.提醒工商企業人士在經濟交易活動中，經常保留必要而合理限度的懷疑，小心謹慎地從事工商企業活動，並且不貪圖超乎常態的重利，以避免被騙上當，而輕易成為經濟犯罪的被害人。

　　3.有關機關也應整理一些具有教育性的經濟犯罪的實例，經由大眾傳播工具，介紹給社會的一般大眾[81]，以防類似案件的重演。

---

[80]　例如設在漢堡的「德國抗制詐欺公司中心」(Deutsche Zentralstelle zur Bekämpfung der Schwindelfirmen e.V.) 及「商業交易誠信協會」(Verein für Treu und Glauben im Geschäftsleben e. V.)；設在法蘭克福的「抗制非法競業中心」(Zentrale zur Bekämpfung unlauteren Wettbewerbs e. V.) 等社團。關於這幾種人民團體的組織、任務與成果等，可參照 Zirpins: *Von Schwindelfirmen und anderen unlauteren Unternehmen des Wirtschaftslebens*, hrsg. v. Bundeskriminalamt, 1959, S. 53–68.

[81]　例如德國第二電視臺 (ZDF) 有由 E. Zimmermann 主持的「注意！陷阱！」(Vorsicht! Falle!) 的節目。這個節目係將經濟罪犯所慣用的手法，分別地介紹給觀眾，使觀看過節目的人，只要身歷其境，即可察覺那是經濟犯所佈下的陷

七、輔導民間徵信機構以強化其徵信功能

在現代經濟活動中，無論是交易或借貸，均須經徵信調查，而這些徵信調查工作，則有賴於專業的徵信機構，國內雖已有徵信機構，但徵信業務尚未上軌道，信譽自亦未能建立，而未能發揮徵信功能，故政府宜全力加以輔導，並可考慮引進國外著名的徵信機構，前來我國營業，或提供技術合作，促使民間徵信機構步上正軌，以發揮其應有的徵信功能。

附，而不為其所騙。因此，這個節目對於經濟犯罪的抗制，發生很大預防性的效果。

第十五章　貪污犯罪

第一節　貪污犯罪的概念

　　古今中外，除無政府組織的原始社會外，均存在著貪污犯罪，無論在何種政治制度下，均會發生貪污犯罪，所不同者，僅是貪污犯罪形態與貪污犯罪率的高低差別而已。因此，貪污犯罪可謂一種傳統形態的犯罪。古代稱這種犯罪為「貪墨」或「犯贓」或「貪贓枉法」，在現代刑法則稱為「賄賂罪」。由於這種犯罪直接影響政府效率與威信，關係政治的隆污與民心的向背，而足以影響社會的安定與決定政府的存亡，故歷代政府莫不以肅清貪污，為安邦定國的要務，歷朝均採嚴刑峻罰的刑事政策，而在刑法中設有處罰貪污犯罪的處罰規定❶，用以促使官吏的清明，而確保社會的安定與政府的安全。

---

❶　例如《唐律》對於貪污犯罪的處罰條文，計有十三條之多，而且係採「計贓論罪」，而以收受賄賂財物的數額作為定罪量刑的標準，即以行為時與行為地的物價，將行為人收受的財物折算為上絹長度，如枉法收受財物的數額可折算上絹一尺者，則可杖一百（職制第 48 條），處罰可謂相當嚴厲，可以科處死刑（絞）的貪污罪計有八種，如枉法收受賄賂，其數額達上絹十五疋者（職制第 48 條）、事後收受賄賂數額達上絹十五疋，且其職務行為係曲法者（職制第 49 條）等等。現行刑法亦設有賄賂罪（刑法第 121 條至第 123 條）與公務員圖利罪（刑法第 131 條）；惟自 1963 年 7 月 15 日「戡亂時期貪污治罪條例」（81 年已改為「貪污治罪條例」）公布施行後，貪污犯罪即應依這一特別刑法處斷，因該條例係以嚴懲貪污，澄清吏治為目的，而且採「亂世行重典」的刑事政策，故其處罰規定不但周密而且嚴厲，可處無期徒刑或十年以上有期徒刑的貪污行為有五款之多（見該條例第 4 條），可處七年以上有期徒刑的貪污行為有三款（同條例第 5 條）。

貪污犯罪係指公職人員利用職務的機會或濫用職權而索求、期約或收受賄賂的利益犯罪,它係具有高度損害性與危險性的一種白領犯罪與職業犯罪或公務犯罪。今申論如下:

一、白領犯罪

貪污犯罪的行為人全為從事公職的人,雖不一定全屬高職位而具有崇高的社會或經濟地位,但就其社會歸屬性而言,則與大多數的一般犯罪人口有別,係屬於白領階級,而非屬於藍領階級,並且貪污犯罪行為均為行為人在公務行為上濫用人民對其信賴所違犯的犯罪行為。因此,貪污犯罪亦屬於白領犯罪的一種形態。

二、職業犯罪

就普通犯罪學在犯罪類型上的分類而言,貪污犯罪可以說是一種職業犯罪或職業上的犯罪。貪污犯罪係公職人員利用其職務機會或濫用其職權而違犯刑法的犯罪行為,它破壞社會大眾對於公職與職務行為的期待,故為一種典型的職業犯罪。

三、公務犯罪

就刑法的犯罪類型而言,貪污犯罪係一種公務員的違法失職或濫權行為中具有較高不法內涵的刑事不法行為。就其本質而言,可以說是一種「在公務上的犯罪」(Verbrechen im Amt),而簡稱為「公務犯罪」(Amtsverbrechen)。又由於貪污犯罪係規定於刑法的瀆職罪章之中,故貪污犯罪亦為一種「瀆職罪」。

四、利益犯罪

就行為人的犯罪意圖而言,貪污犯罪係一種「利益犯罪」(Profitkriminalität),亦即行為人圖謀不法利益的犯罪。就行為人的犯罪意圖而言,貪污犯罪雖與詐欺取財或得利罪(刑法第 339 條)或恐嚇取財或得利

罪（刑法第 346 條）等「圖利犯罪」(Bereicherungskriminalität) 同為圖謀私利的不法意圖，但其所破壞的法益並非個人的財產法益，而為整體法益中的國家法益，故在刑法的規定上，貪污罪並未如詐欺罪或恐嚇罪以不法所有的意圖為構成犯罪的要件（參閱刑法第 121 條至第 123 條、第 131 條）。

　　貪污罪所破壞者，究為何種法益，在學說上頗多爭論❷。綜合各說的見解可知，貪污罪所破壞的保護法益包括：公務行為的純潔與真實及不可賄賂性、社會大眾對公職人員及其公務行為「不受賄性」(Unbestechlichkeit) 或「不可收買性」(Unkauflichkeit) 的信賴、阻撓或竄改「國家意志」❸。

第二節　貪污犯罪的類型

　　貪污犯罪可作下述三種分類：

一、主動的貪污犯罪與被動的貪污犯罪

　　主動的貪污犯罪係指公職人員出於主動積極的犯罪地位而實施的貪污犯罪。被動的貪污犯罪則指公職人員因相對人的行賄行為，而處於消極被動的犯罪地位所實施的貪污行為。

二、不違背職務的貪污犯罪與違背職務的貪污犯罪

　　不違背職務的貪污犯罪係指公職人員在不違背其職務上所應盡的義務的先決條件下所違犯的貪污犯罪。違背職務的貪污犯罪則指公職人員在違背其職務所應盡的義務的先決條件下所違背的貪污犯罪。兩者同樣以其職務行為而為索求、期約或收受賄賂的手段，所不同者只是前者的職務行為不具「義務違背性」(Pflichtswidrigkeit)，而後者的職務行為則具義務違反

---

❷　參照 Geeds: *Über den Unrechtsgehalt der Bestechungsdelikte und seine Konsequeuzeu für Rechtsprehung und Gesetzgebung*, 1961, S. 43ff.; Blei: *Strafrecht*, BT. 10. Aufl., 1976, S. 374ff.

❸　參閱林山田：《刑法各罪論》（下），70 頁以下。

性，故有較高的不法內涵。現行刑法即以第 121 條規定前者，而以第 122 條規定後者❹。

三、索賄、期約賄賂或收賄的貪污犯罪

貪污行為在常態下具有索求賄賂、期約或收受賄賂等三個階段。刑法對於這三個階段均加以犯罪化，而可單獨成罪，故貪污犯罪就此觀點實可分為索賄的貪污犯罪、期約賄賂的貪污犯罪及收賄的貪污犯罪❺。

第三節　貪污犯罪的特質

貪污犯罪與其他犯罪相較，則具有下述四種特質：

一、隱密性

貪污犯罪行為的不法內涵是行為人與其相對人之間彼此的不法約定，這種約定行為或賄賂的收受或交付行為，均在極為隱密的情況下進行，故貪污犯罪具有高隱密性，特別是自行為外觀上，很難顯示其犯罪性的不違背職務的貪污行為，更是具有極高的隱密性。

二、特有的犯罪關係

通常的犯罪均存有明確的加害人與被害人的犯罪關係，但貪污犯罪則例外地不具這種犯罪關係，行為人與其相對人之間並非加害人與被害人的關係，而真正的被害人並非私人，而為國家或社會整體。至於因公職人員的主動索賄行為，而不得不交付賄賂的人，雖在表面上具有被害人的性質，但事實上大多因交付賄賂而得方便或獲得相對的利益，或是不受國家司法權的追訴審判或不受國家行政權的強制取締或制裁等，故實質上應非犯罪行為的被害人。

---

❹　參閱林山田，前揭書，85 頁以下。
❺　參閱林山田，前揭書，78 頁以下。

三、高犯罪黑數

　　貪污犯罪的行為人與其相對人之間具有共同一致的利害關係，彼此可以滿足對方的需要而互有相對配合的目的：在行賄或交付賄賂的人因與政府機關打交道（如申請執照），或因違法而正陷於受到法律制裁的困境，或想與政府機關建立商業交易或工程承攬關係，而以交付賄賂或允諾交付賄賂而得解決其困境，或促使公務員做出對其有利的決定，而能獲得執照或得以售購貨物或承包工程；相對地，在索賄或收受賄賂的公職人員只要利用職務行為的機會或權力，即可輕易獲得不正當收入，而可滿足自己的貪慾。在如此各得其所的情狀下，可能發生下述的現象：

　　㈠貪污犯罪均在極端隱密的情狀下進行著，故案外的第三人少有獲知的可能，而可舉發犯罪者。

　　㈡行為人與相對人在絕大多數的情狀下均不願或不敢提出告訴，因為提出告訴將使自己本可獲得的利益因而喪失，或進而遭受甚多的不利益，而且還有可能受到刑法行賄罪的制裁。

　　㈢貪污犯罪通常只有在下列情況下，才會被舉發：

　　1.公務人員貪索無厭而引致相對人的反感。

　　2.公務人員強行索賄，但已不能為其相對人提供相對等的實益。

　　3.公職人員雖已收受賄賂，但其職務行為並不能滿足相對人的需求。

　　因此，由於相對人的舉發而為人所知的貪污犯罪，可以說相當稀少。

　　㈣即使醜事因告發而公諸於世，開始刑事追訴，則因貪污犯罪係行為人與其相對人周密的不法約定而成者，行為人與相對人雙方在犯罪交易中，均存有戒心，而彼此不留下任何犯罪證據，以防東窗事發時不致受到刑法的制裁，故刑事追訴工作上常常遭遇採證上的困難，再加上行為人所屬機關因家醜不可外揚的錯誤心理而故加隱瞞，或機關首長為避免因屬下的貪污行為而負行政或刑事責任，或相對人尚有所顧忌，而不敢或不願與刑事追訴機關充分合作而提供犯罪證據。凡此種種，更使刑事追訴工作更顯得困難重重。

自上述四種現象可知，貪污犯罪由於當事人或案外第三人舉發犯罪的意願極低，與其他犯罪相較，顯然有極低的告訴率，而且由於對其刑事追訴的諸多困難，致貪污犯罪獲不起訴或無罪判決的比率自亦相當高。大約有 3 分之 1 以上的貪污犯罪嫌疑人受到不起訴處分，在已經提起公訴的貪污罪的被告中，大約有 3 分之 1 受到無罪的判決❻。因此，造成貪污犯罪的高犯罪黑數。

四、受賄行為與行賄行為具有交互影響關係

公職人員的索賄或收賄行為與人民的行賄行為之間互為因果而形成交互影響的密切關係。公職人員若具有高度的「不受賄賂性」，則人民亦不敢輕易行賄，因為行賄不但於事無補，而且反而會因行賄罪而遭到刑事追訴，故行賄罪亦就大為下降。相反地，公職人員具有高的可受賄賂性，則人民因行賄均可獲得預期的實益，而且毫無因行賄罪而受刑事追訴的顧忌，故行賄傾向大為提高。由於人民行賄傾向的昇高，自然也就會導致公職人員索賄或收賄傾向的昇高。因此，索賄或收賄行為與行賄行為互為消長而交互影響。

就犯罪黑數的觀點而言，公職人員的受賄傾向與人民的行賄傾向亦具有正相關的密切關聯，公職人員具有高受賄傾向時，人民的行賄行為就很少受到告發而開始行賄罪的刑事追訴，只有在公職人員的受賄事件因事機不密而遭受刑事追訴時，才會連帶地對人民的行賄行為從事刑事追訴。因此，受賄行為盛行時，行賄罪就具有極高的犯罪黑數。相反地，行賄行為盛行而未遭受刑事追訴時，亦可推定，這時受賄罪具有極高的犯罪黑數。

第四節　貪污犯罪的損害性與危險性

貪污犯罪所造成的後果極為嚴重，它破壞公務行為的純真，造成公務

---

❻　參閱林山田：〈貪污犯罪學與刑法賄賂罪之研究〉，刊：《輔仁學誌》，法商學院之部，第 11 號，1979，37 頁，註十二。

行為與公職人員的可賄賂性，影響所及造成人民對於政府的不信賴與不滿，政府的威信與其行政效率亦因貪污犯罪而大為降低，終至造成法秩序全面崩潰的嚴重後果。因此，貪污犯罪與其他犯罪相較，顯然具有極高的損害性與危險性。這種損害性與危險性可自下述二種現象觀察而知：

一、惡性循環現象

　　貪污犯罪的犯罪率與政治制度、政治風氣、國家整體經濟狀況、文官制度等均極具相關性，這些因素固然足以影響貪污犯罪的犯罪率❼。相對地，貪污犯罪亦會影響政治制度、行政效率、政治風氣、經濟成長與文官制度等。因此，兩者亦具有交互影響關係。在此交互影響下可能形成一種良性循環，亦可能造成一種惡性循環現象：政治清明、經濟富裕，在健全的文官制度下，公職人員有合理而足以養廉的薪俸，且有良好的升遷制度與退休制度等。在這些良好的客觀條件下，雖無嚴刑峻罰的刑罰威嚇，但公職人員的受賄傾向，亦可達於最低度，公務行為的不可賄賂性，即可建立。在這種情狀下，自能形成良好的政風，政府機關有良好的行政效率，人民不必亦不敢行賄，其對政府的向心力達於最高度；相反地，政治未上軌道，經濟狀況惡劣，且無健全的文官制度，公職人員的薪俸不足以溫飽，且升遷無途，更無完善的退休制度，公務人員在退休時無法領取足夠的退休金，作為其退休後的生活保障。在這些惡劣的客觀條件下，公職人員的受賄傾向即達於最高度，貪污犯罪盛行，雖嚴刑峻罰亦不能禁，政治風氣亦因此更形惡劣，行政機關毫無行政效率可言，人民的合法權益不但未能受到保障，而且無端地受到侵害，因而開始仇視政府，終至爆發革命，而使法秩序全面崩潰。由這些惡性循環的後果，更可見貪污犯罪的損害性與

---

❼　例如戰後 1945 年的德國，國家整體經濟相當惡劣，故貪污盛行，當時的人民往往將官署戲稱為「禮品店」(Haus der Kleinen Geschenke)，或「接受包裹處」(Paketannahmestelle)。其後，由於經濟復興以及政治的步上正軌，貪污犯罪的犯罪率自亦逐年下降。 參閱 v. Weber: Amtsdelikte, in: *Handwörterbuch der Kriminologie*, hrsg. v. Sieverts, 2. Aufl., 1966, Bd. I, S. 61.

危險性。

二、傳染或漣漪現象

　　大多數的犯罪行為或多或少均具有「傳染作用」或「漣漪現象」，犯罪行為往往由於這種傳染作用而有如傳染病似地蔓延擴張，或有如投石水中，而使水面般的生活環境發生一圈圈的「犯罪漣漪」。這種現象在貪污犯罪中更顯得比其他犯罪為顯著，因為：

　　㈠貪污犯罪是公職人員在公務行為中的犯罪行為，公職人員在同一機關相處工作，在公務行為上彼此極易相互模仿學習，某一個體的貪污行為，都有可能對於其他公職人員起示範作用，特別是該貪污者獲利後，並不會受到刑事追訴或行政處分時，這種示範作用還會擴張，久而久之自會蔓延擴散，使一些本有操守的公職人員，亦因不甘平白「受損」而同流合污，故在這種傳染或漣漪作用下，自然就會逐漸污染公職環境。這時，假若有前述良性循環的良好客觀條件，則這種傳染蔓延現象自會因公職人員本身的「免疫性」而中止；相反地，若欠缺良好的客觀環境，則自然又開始其永無休止的惡性循環，而使貪污罪更具傳染蔓延力。

　　㈡在其他犯罪中並非具有犯罪能力的人，即處處存在著犯罪機會或犯罪可能性；相反地，任何公職人員，不論其職位的高低，在其職權所及的範圍裡，客觀上均具備違犯貪污犯罪的機會或可能性，故提供貪污犯罪一個有利的傳染蔓延環境。

　　㈢公職人員對於貪污行為的模仿與學習是多面性：可能係同機關的長官部屬間的上位向下位或下位向上位的模仿與學習，可能係同機關中同事間的平行模仿與學習，亦可能係對於其他機關的貪污行為的模仿與學習。

　　由上述可知，貪污犯罪與其他犯罪相比較，顯然具有較強的傳染作用或漣漪現象，可謂一種具有高度蔓延傾向或具有強傳染力的犯罪形態。由於這些現象使貪污犯罪併生一系列其他犯罪，且很快蔓延開來，而污染整個政治生態環境。由此可見貪污犯罪的損害性與危險性。

第五節 貪污犯罪的抗制

貪污犯罪具有極高的損害性與危險性，且涉及民心的向背、社會的安定與政府的命運，故亟應謀求對策，以作有效的抗制，而能大量消除貪污犯罪，使其違犯本能下降至最低限度。為達這一目的，自應針對貪污犯罪的諸多特性，兼從治本與治標二方面，雙管齊下。今分述如下：

一、治本方面

治本上應從事一系列的措施，以防患貪污犯罪於未然。此可就下述兩方面，同時並進：

㈠全力消除足以促成貪污的客觀條件

任何犯罪的發生，均有其發生的社會條件，故預防犯罪自應全力清除這些社會條件。預防貪污犯罪，自亦不例外，對於足以促成貪污犯罪發生的客觀條件，諸如：㈠人民動輒行賄請託的不良習向。㈡浮華奢靡與「金錢至上」或「金錢萬能」的不良社會風氣。㈢容易為公職人員所濫用作為刁難民眾而索賄的不當法規或行政命令。㈣容易誘發公職人員收賄或導致人民行賄的公務作業程序或工作方式等等，均應設法加以排除，而能大量減低公職人員收受或索取賄賂或人民向公職人員行賄請託的機會或可能性，以收釜底抽薪之效。

㈡全力建立足以制止貪污的客觀條件

某些社會制度或社會條件，均會產生制止犯罪的功能，故預防犯罪上自應全力建立這些具有制止犯罪功能的客觀條件，在貪污犯罪的治本性的預防工作上，自應致力於建立一切能夠產生制止貪污效果的制度與社會條件，諸如：㈠健全的文官制度。㈡合理而足以養廉的薪俸。㈢良好的升遷與退休制度。㈣公平合理的考核制度。㈤妥善運用紀律罰的手段，促進公職人員安分守法的制度等。各級公務人員在這些良善的制度與條件下，再配以政府的其他措施，使公職人員在職務與生活均獲得保障，而能有積極

進取,奮發向上的工作精神。更由於升遷有一定的人事軌道可循,有功必將受賞,有過則必受罰,退休後則必可獲得足夠的退休金等等,終能達到公職人員「不必貪污」或「不值得貪污」的境界。

二、治標方面

治標上應就下述三方面同時並進,而能確實有效地淘汰或懲處貪污的公職人員:

㈠強化監察權的行使

監察權獨立於行政、立法、司法與考試等四權之外,而由國家最高監察機關的監察院行使彈劾、糾舉及審計權(憲法第 90 條及增修條文第 7 條)。監察院得按行政院及其各部會的工作,分設若干委員會,調查一切設施,注意其是否違法失職(憲法第 96 條)。監察院對於中央及地方公務人員,認為有失職或違法情事,得提出糾舉案或彈劾案(憲法第 97 條第 2 項),故監察院若有健全的結構,而能依據憲法所賦予的彈劾、糾舉、審計、糾正、調查等項,而對於各級行政機關與各級公務人員從事適度的監察,自可使不少貪瀆的公職人員受到刑事制裁或行政處分,而產生防制貪污犯罪的功能。惟因諸多內在與外在的因素,自行憲四十年以來的監察權,並未能發揮其在五權憲政中的應有功能❽,對於貪污犯罪自亦無法產生嚇阻作用。因此,為謀有效防制貪污犯罪,必須強化監察權,使監察院能夠發揮其應有的憲政功能。

㈡健全行政考核制度

行政機關對於所屬公務人員的行政考核應發揮獎勵優秀廉潔的公務人員,懲戒或淘汰違法失職公務員的功能。惟目前各機關的考核,大部分只著重在年度考績,而這種年度考績則往往又是好壞不分,是非不明,而形成「利益均霑」的現象,故不能發揮行政考核應有的功能。今為求有效抗制貪污犯罪,應能健全行政考核制度,加強考核工作,對於廉潔的公務員能透過考核手段而加獎勵,對於操守不良的公務員,同樣亦能透過考核手

❽ 參閱陶百川:《比較監察制度》,1978,455 頁以下。

段而加懲處，特別是對於平日生活奢侈靡爛，支出常超出其正當薪資收入，而在操守上聲名狼藉的公務人員，即可運用行政考核手段，加以淘汰。

(三)強化司法機關的追訴能力

由於貪污犯罪的諸多特性，刑事司法機關在貪污犯罪的刑事追訴工作中，往往難以取得明確的犯罪證據，致未能確實而有效率地追訴與審判貪污犯。雖然現行法制中設有專門對付貪污犯罪的刑事特別法，即「貪污治罪條例」，而且法定刑均較刑法之賄賂罪為嚴厲，但是刑事司法機關若未能將貪污犯繩之以法，自亦無法發揮嚴刑重罰的刑罰威嚇力，而有效地嚇阻貪污犯罪。因此，積極強化刑事司法機關對於貪污犯罪的追訴能力，亦為有效防制貪污犯罪的一大要務，這可就下述兩方面同時並進：

1.設立追訴與審判貪污犯罪的專業組織

由於貪污犯罪的追訴與審判工作的困難性與專業性，必須在司法組織上設置專業法庭與偵查組織，用以從事貪污犯罪的追訴與審判工作。為強化刑事司法機關對於貪污犯罪的追訴能力，政府於 2011 年 4 月 20 日公布制定「法務部廉政署組織法」，行政院並核定法務部廉政署於 2011 年 7 月 20 日成立，以防貪與反貪為主要工作。

2.改採間接證據定罪判刑

對於貪污犯罪的刑事追訴與審判，向採直接證據，必有足以證明收受賄賂的事實證據與賄款物證，方能起訴或判刑。但是由於貪污犯罪的特性，這些直接證據往往難以掌握，致往往以「事出有因，查無實據」而結案。為求有效追訴貪污犯而能將其繩之以法，則在採證上必須改採間接證據，只要能夠明確查獲行為人的支出確實超出其正當收入的證據，或是財產的突然增加，而欠缺足以證明該筆財產的正當來源的證據等，即可據之以作為定罪判刑的證據。這種間接採證的追訴與審判方式，若能配以公職人員的財產登記制度，則其收效必將更大。

總而言之，雖然在現行法制中設有專門對付貪污犯罪的規定周密，而且處罰嚴厲的刑事特別法，惟因貪污犯罪具有的特性以及現行法制下的諸多客觀因素，而使貪污犯罪成為「犯罪黑數」極高的犯罪，縱然制訂嚴刑

重罰的「貪污治罪條例」亦難以達成嚴懲貪污，澄清吏治的立法目的。職是之故，在端正政風，整肅貪污的政治作為中，絕不可過度依賴刑事司法，而在刑事司法的治標手段之外，應全力從事治本工作，清除足以誘發或製造貪污犯罪的客觀條件，防堵一切足以造成貪污犯罪的可能性與機會，並建立一切足以制止貪污犯罪的客觀條件，而能發生釜底抽薪的預防功效，使公職人員在基本上可以「不必貪污」或因「不值得貪污」而「不肯貪污」，並且使公職人員在工作崗位上「不能貪污」或「不易貪污」。另方面在治標上，則應強化監察院的監察功能，使其能有效地對於各級行政機關與公職人員，從事適度的監察工作。同時，並應加強行政機關本身的行政考核工作，而能以行政考核手段獎勵廉潔守法的公職人員，懲處或淘汰操守不良的公職人員，而迫使少數存有貪污意圖的不法公務員「不敢貪污」。如此，才能有效地抗制貪污犯罪。

第十六章　電腦犯罪

第一節　電腦犯罪的概念

犯罪形態係隨著社會狀況的變遷，而不斷地更新。新科技的發明與運用，必然導致社會狀況的變遷，而衍生新形態的犯罪。電腦科技的發明與運用，自亦不例外，至今已衍生不少以電腦為犯罪工具或以電腦為犯罪侵害客體的犯罪行為。這一新興形態的犯罪行為，即是本章所要加以研究的客體。

電腦由於儲存量大，處理資料的速度快，而且精確性高，故廣泛地運用在各種生活領域裡，無論在行政管理、工業生產、產業營運、學術研究、日常生活等等，均需使用電腦。更由於不斷地研究與發展，而使硬體設備的體積愈來愈小，設備價格亦愈來愈便宜，儲存容量亦愈來愈大，資料處理的速度亦愈來愈快，資料處理的能力與精確度，自亦愈來愈高，尤其網路科技的高度發展，更使電腦與人類的社會生活愈來愈不可分，電腦網路已成為人類不可或缺的工具。無論以這種人類不可或缺的工具作為犯罪工具，而實施犯罪，或以這種人類不可或缺的工具，作為犯罪侵害的客體，而加破壞，則其犯罪後果的損害性與危險性，自較傳統形態的犯罪，嚴重千百倍。因此，針對這種「電腦時代」必然存在的犯罪問題，自有極高的研究價值。目前我國民眾對電腦的使用量已逐漸趕上歐美諸先進國家，發生在電腦領域中的犯罪行為已大量增加，加上電腦網路的運用日益普及，故這種新興的犯罪，亦必將層出不窮。

研究電腦犯罪問題，必先界定電腦犯罪的定義。由於電腦犯罪是新興的犯罪形態，而且針對這些新形態的犯罪尚欠缺完整的刑事立法，故電腦犯罪並沒有一致性的法律定義；更由於學術上對於電腦犯罪的研究，尚不

夠深入；況且，電腦科技尚一直在研究發展中，新形態的電腦犯罪，尚會繼續形成，故電腦犯罪的定義僅能由研究者，就其研究的需要，而提出的工作定義。

綜觀迄今提出的有關電腦犯罪的定義，大體言之，有廣狹不同見解的兩類定義。採廣義見解者，認為所謂「電腦犯罪」(Computer Crime, Computerkriminalität) 係泛指所有與電腦科技或電腦系統有關的犯罪，或泛指所有與電子資料的處理有關的犯罪❶。申言之，即凡以電腦為犯罪工具，或以電腦為犯罪目的的所有犯罪行為，均屬電腦犯罪❷。簡言之，所謂的電腦犯罪，即指「與電腦有關的犯罪」(Computer-Related Crime) 而言❸。相反地，持狹義見解者，認為所謂電腦犯罪乃指與電子資料處理有關的故意而違法的財產破壞行為。申言之，凡以故意竄改、毀損、無權取得或無權利用電腦資料或程式或電腦設備的違法破壞財產法益的「財產罪」(Vermögensdelikte)，始屬電腦犯罪❹。

持廣義見解者界定的電腦犯罪，範圍相當廣泛，凡在電腦領域中發生的犯罪行為，均屬電腦犯罪。例如竊取生產電腦的積體電路的竊盜罪，亦因被竊取之物與電腦有關，而屬電腦犯罪❺。惟在事實上，將這些傳統形

---

❶ 參閱 Lampe: Die strafrechtliche Behandlung der sog. Computer Kriminalität, in: *GA* 1975, S. 1 ff.

❷ 參閱 Zybon: *Wirtschaftskriminalität als gesamtwirtschaftliches Problem*, 1972, S. 20 f.; Von zur Mühlen: *Computer-Kriminalität, Gefahren und Abwehr*, 1973, S. 17; Tiedemann: *Wirtschaftsstrafrecht und Wirtschaftskriminalität*, Besonderer Teil, 1976, S. 149.

❸ 參照 Parker: Computer Related Crime, in: *Journal of Forensic Sciences*, 1974, p. 292. 惟有將 Computer Crime 與 Computer-Related Crime 兩詞通用者，認為兩者均係泛指所有必須具備電腦科技的知識，始能成功地施行的不法行為而言。參閱 Bureau of Justice Statistics, U.S. Department of Justice: *Computer Crime, Criminal Justice Resourse Manual*, 1979, p. 3.

❹ 參閱 Sieber: *Computerkriminalität und Strafrecht*, 1977, S. 188.

❺ 例如新竹科學園區的宏碁電腦公司於 1984 年 3 月 18 日失竊「積體電路」

態的竊盜罪，歸類為電腦犯罪，並無任何意義，反而會造成統計上的困難。相反地，持狹義見解者，將電腦犯罪僅界定為財產罪，則又使電腦犯罪的範圍，顯得過分狹窄，因為電腦犯罪領域中的犯罪行為，除有破壞財產法益的財產罪之外，尚有並非破壞財產法益的非財物犯罪，如破壞電腦祕密的電腦間諜罪（見下述第二節之二）僅將電腦犯罪界定為財產罪，則顯然無法涵蓋全部的電腦犯罪。

綜上所述可知，無論持廣義或狹義見解者，對電腦犯罪所下的定義，均各有所偏，故宜採折衷見解，使界定的定義，一方面不致過分寬闊，而失卻意義；另方面則不致過分狹窄，而影響其適用性。今試界定電腦犯罪的定義如下：

所謂電腦犯罪乃指行為人濫用電腦或破壞電腦而違犯的具有電腦特質的犯罪行為。茲分就違犯方式、破壞法益、具有電腦特質與其他類似犯罪的關係等項，申論如下：

一、違犯方式

行為人違犯電腦犯罪的方式，計有下述三種：

㈠濫用電腦

濫用電腦係指行為人濫用電腦做為犯罪工具，以達其犯罪目的的電腦犯罪。在這種違犯方式中，電腦只是充當犯罪工具，加以濫用，而未受到破壞。

在文獻上有以「電腦濫用」(Computer Abuse) 替代電腦犯罪❻。事實上，電腦濫用與電腦犯罪並非兩個內涵相同的概念，而是只有部分內容彼此重疊的概念。因為一方面電腦濫用行為，並非全部均會構成電腦犯罪，另方面則電腦犯罪除電腦濫用外，尚包括電腦破壞。易言之，即一方面電腦濫用除一部分形成電腦犯罪外，尚有一部分並不構成犯罪的不法行為，

（Integrated Circuit，簡稱 IC）七十餘萬片一案。

❻　有學者的著作，即逕稱為電腦濫用，如 Parker, Nycum, & Oüra: *Computer Abuse*, 1973, Standford Research Institute.

如電腦濫用而構成的個人隱私權或人格權的侵害行為。另方面，則電腦犯罪除濫用電腦所造成的犯罪外，尚有係因破壞電腦所造成的犯罪。因此，電腦濫用與電腦犯罪兩詞，不宜彼此替代使用。

㈡破壞電腦

破壞電腦係指以電腦為犯罪客體的違犯方式，亦即以電腦硬體或電腦軟體為侵害對象所形成的電腦犯罪。

㈢濫用電腦與破壞電腦的混合式

行為人可能首先以濫用電腦而加違犯，而後以破壞電腦，湮滅犯罪證據，故屬電腦濫用與破壞電腦的混合違犯方式。

二、破壞法益

電腦犯罪所破壞的法益係以財產法益為主，其他如電腦祕密，以及文書在法律交往中的安全性與可靠性等法益，亦可能受到電腦犯罪的破壞。至於重大的電腦犯罪，除破壞財產法益外，尚破壞所謂的「超個人的非物質法益」(überindividuelle immaterielle Rechtsgüter)。此乃由於管理或經營的電腦化 (Computerization of Management)，以及電腦與機械的結合而形成的生產的自動化 (Automation of Production)，往往使電腦犯罪對於電腦系統的破壞，導致行政管理系統、工商營運系統或工業生產線等，不能正常運作，而造成癱瘓。這些犯罪情節重大的電腦犯罪所破壞的法益，即可統稱為超個人的非物質法益。

三、具有電腦特質

行為人濫用電腦或破壞電腦的犯罪行為，必須具有電腦特質者，始屬電腦犯罪；否則，行為人固以電腦為犯罪工具或以電腦為犯罪客體，但其犯罪行為卻不具電腦特質者，則非電腦犯罪。犯罪行為是否具有電腦特質乃以行為的違犯、追訴或審判是否需要電腦的專業知識為準。易言之，即行為的違犯，或針對該行為有效的追訴與審判，必須具備電腦科技或電腦系統的專業知識者，則該行為即具電腦特質。例如以傳統形態的縱火燒燬

電腦設備，或以炸藥炸燬電腦設備等，即因不具電腦特質，而非屬電腦犯罪；惟如以電腦程式指令電腦塗銷電腦資料或程式的電腦破壞（見下述第二節之三），即屬具有電腦特質的電腦犯罪。

四、與其他類似犯罪的關係

電腦犯罪與白領犯罪及經濟犯罪關係密切：

電腦犯罪的行為人大多受過大專以上的教育，且具有電腦的專業知識，與傳統形態的罪犯相形之下，具有較高的社會地位或經濟地位；其犯罪行為大多與其從事電腦的職業活動有關，且大多使用非暴力的智力而違犯者。由於電腦犯罪具備白領犯罪所具備的特徵，故電腦犯罪亦可視為一種白領犯罪[7]。但有人則認為白領犯罪範圍係以行為人作為定義，顯然已經無法涵蓋整個電腦犯罪。由於電腦的網路化與平民化，使得白領犯罪與電腦之間的關係愈來愈密不可分，未來白領犯罪一定會牽扯到電腦。[8]

電腦犯罪與經濟犯罪關係密切，特別是發生在工商企業界的電腦犯罪。由於電腦系統在工業生產與商業營運的重要性，電腦犯罪除造成工商企業的財物損失之外，尚足以危害工商企業的生產與營運，連帶影響經濟秩序，故這些足以危害經濟秩序，破壞超個人的非物質法益的電腦犯罪，自亦可視為經濟犯罪。例如針對金融機構的電腦系統所為的電腦操縱（見下述第二節之一），或以電腦間諜（見下述第二節之二）為手段而為的「經濟間諜」，或以電腦破壞（見下述第二節之三）為手段而為的「經濟破壞」等。惟亦有電腦犯罪與經濟社會秩序無關者，這部分的電腦犯罪，自非屬經濟犯罪。因此，經濟犯罪與電腦犯罪的關係，即有如電腦濫用與電腦犯罪的關係。

此外近來在報章雜誌媒體時常可見「網路犯罪」一詞，然而網路犯罪所指為何，國內學者尚未對此加以嚴格定義，縱有探討此一議題的論述，亦多認為網路犯罪仍屬電腦犯罪之一環[9]，而沿用電腦犯罪的定義[10]。

[7]　參閱 Bequai: *Computer Crime*, 1978, p. 1.
[8]　見周宜寬：《以科爾曼理論探討美國電腦犯罪》，淡江大學美國研究所碩士論文，1994，113–114 頁。

第二節　電腦犯罪的類型

將迄今發生的電腦犯罪，加以類型化，計可區分為下述四種類型 ⓫：

一、電腦操縱

電腦操縱 (Computer Manipulation) 乃指行為人為達非法操縱電腦資料處理結果，以實現其犯罪目的，而故意更改電腦資料或電腦程式，或竄改處理結果的電腦犯罪行為。電腦操縱是電腦犯罪的主要犯罪形態，而為刑法最感興趣的問題。

由於電子資料處理的工作階段，包括下述三階段，即：㈠輸入 (input)：將需要處理的資料輸入電腦。㈡處理 (Process)：將輸入的資料依需要的「處理程式」(Program)，而為處理。㈢輸出 (Output)：資料經過處理而得出的結果。因此，電腦的不法操縱，亦可分為：輸入操縱、程式操縱與輸出操縱等三種。今分述如下：

㈠輸入操縱

輸入操縱 (Input Manipulation) 乃指行為人輸入經偽造、變造或不完整的電腦資料，而得操縱電腦，輸出不正確的電子資料處理結果 ⓬。其主要

---

❾　有學者以 Cyber crime 包括 Computer crime 和 Internet crime，見 Peter Stephenson: *Investigating Computer-related Crime*, London: CRC Press, 2000, p.3。但此名詞如以網路犯罪稱之，易與網際網路犯罪混淆，本書仍以廣義的「電腦」涵蓋傳統之封閉型電腦及電腦網路（含區域網路及網際網路）。

❿　行政院研考會：網路使用犯罪議題及預防措施之研究，2000 年 4 月，9 頁。

⓫　本節所引用的電腦犯罪手法，主要參考 Icove, Seger, & VonStorch: *Computer Crime—A Crimefighter's Handbook*, O'Reilly & Associates, 1995, pp. 30–54.

⓬　實例如下：美國太平洋電話公司 (Pacific Telephone Company) 為數眾多的分公司，係以資料專線，經由電話系統與總公司的電腦中心連絡，而向總公司訂貨 (Tele-Processing System)。電腦專門技術員 Schneider 經過細心的研究，終於探知該公司之電腦訂貨作業程序以及訂貨的密碼，乃擅自設置電腦分機，冒用各

手法稱為資料竄改 (data diddling) 或錯誤資料輸入法 (false data entry)。

㈡程式操縱

　　程式操縱 (Program Manipulation) 乃指行為人竄改正確的電腦程式，或在原程式預留的空間，擅自加上自行設計的犯罪程式，下達電腦錯誤的處理指令，而得操縱電腦，輸出不正確的電子資料處理結果❸。下述二種犯罪方法，即屬典型的程式操縱：

　　1.私藏犯罪程式法

　　行為人在原程式預留的空間，私自加上犯罪程式，以這種暗藏的指令，使電腦執行未經認可的指令，而得操縱電腦資料處理結果❹。由於行為人將其犯罪程式暗藏在原程式中，且不改變原程式的長短，除具有相當水準的專業人員以外，很難發現原程式已被動過手腳。通常可以使用拷貝的備份程式，比對程式，即可發現這些暗藏的犯罪程式。惟行為人如早已在備份程式動過手腳，同樣將犯罪程式暗藏在其中者，即難以使用比對法，而加發現。

　　2.積少成多法

　　行為人利用犯罪程式，而累積電腦處理結果之極為微小的零頭，佔為己有。例如在銀行存放款的電腦系統中，使用犯罪程式，而使所有帳戶中

分公司的訂貨號碼，而向總公司電腦訂貨，總公司即依此電腦資料將訂貨於夜間運送至各分公司。次晨，S. 即駕一漆有公司標幟的貨運車，至各分公司將其訂貨取走。各分公司本無訂貨，以為總公司運送錯誤，故任由 S. 將貨運走，S. 在六個月間，以此手法，計詐得價值約一百萬美金之貨物。引自 Sieber, aaO. S. 52 f.

❸　所謂「程式」(Program) 乃指為完成某項工作，而依其邏輯順序寫成的一連串指令 (Instruction)，包括「應用程式」(Application Programs) 與「系統程式」(System Programs)。前者係指使用者為完成自己工作所寫的程式；後者則指電腦製造廠商在電腦內所裝的為控制電腦系統的各種設備的程式。電腦犯罪中的程式操縱係指對於應用程式的非法操縱而言。

❹　英文文獻稱此法為「木馬藏兵攻擊法」(Trojan Horse Attack)，詳參閱 *Computer Crime*, op. cit., pp. 11–13.

的利息零頭，全部流入行為人預設的帳戶而達到全部帳戶平衡的結果，雖就各個帳戶而言，僅屬微不足道的零頭，但是電腦系統處理的帳戶，數以萬計，積少成多，而且又是經年累月，不斷匯集，而使行為人可以獲得相當鉅大的不法所得。這些程式操縱係累積微小數目，而匯集成為一可觀的鉅大數目，故稱為積少成多法❶。由於銀行客戶甚少會注意帳戶上的零頭小錢，即使有所發現，亦因數額微小，認為不值得與銀行理論，而使銀行無從知悉弊端的存在，況且，行為人的犯罪程式，亦能使總帳數目相符，而不致引起帳目稽核的懷疑。因此，這些犯罪行為往往持續進行數年之後再將其提領，始為人察覺，此時，行為人早已獲取一筆數額相當鉅大的不法所得。

其他手法包括陷阱門 (Trap Door)、時序攻擊 (Timing Attack) 和掘地道法 (Tunneling) 等。

⸨三⸩輸出操縱

輸出操縱 (Output Manipulation) 乃指行為人竄改電腦處理的正確輸出結果而為的電腦操縱。其主要手法為騷擾 (Harassment) 和誹謗 (Slander)。

二、電腦間諜

電腦間諜 (Computer Espionage) 係指行為人以間諜手段，非法刺探或蒐集電腦資料或電腦程式，並進而加以非法使用的電腦犯罪。因為電腦資料或電腦程式大多濃縮儲存於記憶媒體，如磁帶 (Magnetic Tape) 或磁碟 (Magnetic Disk) 等之上，體積小，而攜帶方便，故可輕易隨手取走，或以不易為人察覺的方法加以複製拷貝，或在連線作業中插入竊錄，而得輕易加以刺探或蒐集。此外，亦有更為高明的間諜手法，如在電腦中心安裝一個輸出器，而能接收全部電腦資料。

行為人非法刺探或蒐集的電腦資料，往往涉及工商企業的經濟祕密，

---

❶ 英文文獻上則稱為「沙拉米香腸技術」(Salami-Techniques)，有如義大利的沙拉米香腸係聚積無數的零頭碎肉而製成。詳參閱 *Computer Crime*, op. cit., pp. 13–17.

如研究發展、製造方法或程序、資產負債、客戶名單等資料，故有些電腦間諜行為實際上即可視為經濟犯罪中的經濟間諜。

在電腦間諜中，行為人最感興趣的侵害客體是電腦程式，因為一個電腦程式往往是支付高薪給一些程式設計師，費時經年，且須經過使用昂貴的電腦設備一再測試，始能完成，故電腦程式有甚為昂貴者，行為人如以間諜手段，非法刺探或加以拷貝，則可省下無數經費與時間。此外，在電腦間諜中，尚有可能對於電腦硬體的間諜行為，或違反禁止出口而為的電腦硬體的非法輸出。

電腦間諜常用的手法包括垃圾潛入法 (Dumpster Diving)、竊聽 (Wiretapping)、輻射攔截 (Eavesdropping on Emanation)、社交工程 (Social Engineering)、交通量分析 (Traffic Analysis)、掃描 (Scanning) 和通行碼察覺法 (Password Sniffing) 等。

三、電腦破壞

電腦破壞 (Computer Sabotage) 乃指行為人以非法方法，故意破壞電腦硬體或軟體，而使電腦系統失效的電腦犯罪。例如電腦專業人員因遭解僱，出於報復心，而滅失資料或程式；或如出於政治或經濟的動機，而為的破壞電腦硬體或軟體的行為。由於建立電腦資料或設計電腦程式，費時費錢，一旦加以破壞，往往會造成鉅額的財物損失。對於電腦軟體的破壞，往往比對於電腦硬體有較為嚴重的後果，因為硬體的破壞，很快即可重新安裝，可是軟體的破壞，假如電腦軟體並沒設有備份時，則主檔被破壞，整個電腦軟體，即要重新建立。假如原始資料業已銷毀者，則電腦資料一旦滅失，即無法再建立，對於這些資料的電腦破壞行為，即會造成無可彌補的損失。

由於電腦資料與程式均濃縮儲存於磁帶或磁碟之中，而可利用磁力的作用，不費吹灰之力，即可使其滅失。行為人如擁有程式設計或電腦系統的專業知識，則可設計一個在特定時或在特定條件下，會下達破壞電腦資料或程式的「破壞程式」(Crash Program)，而祕密安置在電腦系統之中，特定時間一到，或特定條件一旦出現，則破壞程式即下達破壞電腦的指令，

而塗銷電腦系統中的電腦資料或程式。由於這種電腦破壞的犯罪方法,有如在電腦系統中安置一個定時炸彈,故有稱為「邏輯炸彈」(Logic Bombs)。例如程式設計師為報復公司將其開革,可能設計破壞程式,祕密增插在公司的電腦系統中,只要被開革而在人事電腦資料中被除名的特定條件下,破壞程式即會自動下達指令,破壞公司的電腦資料或程式❶❻。

在電腦破壞中尚有所謂的「電腦病毒」。這是指一段經過精心設計而「暗藏殺機」的程式,當這一程式進入電腦後,會不斷地複製自己,直到佔滿整個記憶體,使電腦「當機」為止。亦有病毒程式進入電腦後,會消除記憶體原所儲存的所有資料而破壞電腦軟體。電腦病毒並且可以採取類似「定時炸彈」的攻擊方式,以電腦內的時鐘當作啟動器,在設定時間到來時,對電腦發動攻擊,使電腦癱瘓❶❼。此外,常用的手法尚包括蠕蟲(Worm) 和阻斷服務 (Denial of Service) 攻擊法等。

規模愈大,自動化程度愈高的企業,對於電腦的依賴性亦愈高。對於這些企業的電腦系統的破壞,即可使企業的生產或營運,發生重大困難,甚至於使整個企業動彈不得而停頓。這種電腦破壞,亦可作為不法競業的手段,而形成經濟犯罪中的「競業犯罪」(見前述第十四章第二節第二項)或經濟破壞。因此,電腦破壞有時可逕視為一種經濟犯罪,或可作為經濟犯罪的一種手段。

四、電腦竊用

電腦竊用係指針對電腦系統而為的具有「使用竊盜」(Gebrauchsdiebstahl) 本質的電腦犯罪,亦即對於電腦硬體或電腦軟體的無

---

❶❻　詳參閱 *Computer Crime*, op. cit., p. 21.

❶❼　例如一個稱為「哥倫布日」的電腦病毒設定於 1989 年 10 月 12 日發動攻擊;另外一個稱為「黑色星期五」的電腦病毒則設定每一個「星期五適逢十三日」的日子發作,而使全世界各地的電腦,特別是個人電腦 (PC) 飽受電腦病毒的威脅。參閱《經濟日報》,1989 年 10 月 12 日,《中國時報》,1989 年 10 月 15 日。

權使用行為❸，它可區分為無權者與有權者的電腦竊用兩種：

㈠無權者的電腦竊用

無權者的電腦竊用係指無權使用電腦者，竊用電腦硬體設備，或竊用電腦資料或程式的行為。其主要手法有：偽裝 (Masquerading)、連線劫奪 (Session Hijacking)、軟體剽竊 (Software Piracy) 和網際網路協定騙取法 (IP Spoofing) 等。

㈡有權者的電腦竊用

有權者的電腦竊用係指有權使用電腦者，使用電腦系統處理業務外的資料，或測試與業務無關的程式，或對電腦資料或程式為業務外的使用。手法包括額外特權 (Excess Privilege) 和未經授權複製資料 (Unauthorized Copying of Data)。

第三節　電腦犯罪的特質

電腦犯罪與其他犯罪相形之下，具有下述八種特質；

一、專業性與業務性

電腦犯罪中的主要犯罪行為，如程式操縱、電腦間諜與電腦破壞等，均須具備電腦有關的專業知識，始能加以違犯，故電腦犯罪具有專業性。

電腦犯罪的行為人大多屬於從事電腦業務的人，犯罪行為大多是行為人利用從事業務的機會，或濫用執行業務所獲知的業務機密而違犯者，故電腦犯罪可謂行為人在其業務活動中所形成的一種「業務犯罪」，有如公務員的瀆職罪，係在其職務活動中所形成的一種「公務犯罪」(Amtsverbrechen)。

二、複雜性與隱密性

大部分的電腦犯罪係經行為人狡詐而周密的設計，運用電腦的專業知

---

❸　德文文獻上稱為「時間竊盜」(Zeitdiebstahl)。

識，而在不易為人察覺的隱密情況下，所從事的智力犯罪行為，如非經專業人員細心地偵查，不會輕易顯現其犯罪性，故電腦犯罪具有複雜性與隱密性。

三、行為的持續性

電腦操縱具有相當高的重複違犯可能性，行為人第一次犯罪得逞後，很少立即會被人發覺，故通常會重複違犯，直到被發覺為止。因此，這些電腦犯罪即具有「持續作用」(Dauerwirkung)，或具有「行為的持久性」(Permanenz der Tat)❶❾。

四、行為時與結果時的分離性

有些電腦犯罪行為實行之時與行為發生作用而造成犯罪結果之時，存有相當的時差。換句話說，即行為後往往經過一段時間之後，才會發生作用而能達到犯罪目的。例如以破壞程式而為的電腦破壞，行為人可定時在其離職數月甚至於數年以後，始發生破壞作用。

五、偵查與蒐證的困難性

電腦犯罪由於下述五種原因，而使偵查工作與犯罪證據的蒐集，顯得困難重重：

㈠電腦所處理的資料，數量相當龐大而無法以人工處理的方法重複檢驗，或難以電腦處理的方法從事細部檢驗的工作。

㈡大多數的電腦犯罪，必須具備電腦知識，始能成功地違犯，對於這些電腦犯罪的偵查與蒐證，自亦必須具備電腦專業知識。通常的一般刑事偵查人員往往因欠缺電腦的專業知識，而使偵查與蒐證工作無法進行。

㈢以電磁濃縮儲存的資料，因人眼的不可見性而顯現蒐集與證明的困難性。此外電腦犯罪所存在的數位證據，可在刪除後消失無蹤，更由於資料以數字或代號而形成的匿名性，亦足以增加偵查與蒐證的困難程度。

---

❶❾　參照 von zur Mühlen, aaO. S. 25; Tiedemann, aaO. S. 152; Sieber, aaO. S. 133.

㈣在電腦破壞的電腦犯罪中，如使用破壞程式而為的定時破壞，可使行為與行為發生破壞時，間隔一段時日，故電腦遭受破壞之時，行為人早已逃逸無蹤，而且這種以破壞程式而為的破壞，不遺留任何人為的痕跡，故使偵查工作因查無實據而陷入困境。

㈤在電腦間諜的電腦犯罪中，因資料濃縮，體積微小，攜帶方便，且可使用不為人察覺的拷貝方法，故發現不易，且蒐集證據亦困難。

六、電腦兼具阻止與促進犯罪的因素

由於電腦系統的特質，而足以限制電腦犯罪違犯方式，行為人必須洞悉這些特質，始能加以濫用或加以破壞，而從事電腦犯罪，並非行為人隨心所欲，而可加以違犯者，故電腦系統本身無異為一種阻止犯罪的因素。

大多數的電腦犯罪係發生於電腦系統在組織上具有瑕疵或安全防護措施較為虛弱的地方，因為唯有這些地方，始予行為人可乘之機，以從事電腦犯罪行為。對於電腦系統過分信賴，連最基本的電腦安全措施，亦予忽略的電腦使用單位，也是最易發生電腦犯罪之處，故電腦系統本身無異是一種促進犯罪的因素。

職是之故，電腦系統本身既是阻止電腦犯罪發生的因素，同時又是促進電腦犯罪發生的因素。這在其他犯罪領域中很少會有這種兼具相反的二個因素的現象。

七、高犯罪黑數

電腦犯罪因下述三種原因，而有很高的犯罪黑數：

㈠電腦犯罪在本質上即難以發現，在已發現的案件中，大多數是偶然發現的，或因電腦故障，暫以人工方式處理時始察覺者。

㈡電腦犯罪往往涉及企業的信譽與祕密，故發生電腦犯罪的企業大多不願提出告訴，而寧願以企業的內務事，自行處理，故電腦犯罪具有相當低的報案率。況且，即使提出告訴，亦可能因偵查與蒐證的困難性，而未能將行為人繩之以法；由於追訴成效的偏低，亦足以影響被害人的告訴意

願,而增高犯罪黑數。

㈢偵查與蒐證的困難性以及刑事追訴機關欠缺追訴經驗與追訴所需的專業知識,造成追訴成效的偏低。

犯罪黑數通常只能依據各該犯罪的特質、報案意願、刑事偵查的追訴能力、法院的審判能力等項目,而為估計。依據美國聯邦調查局 (FBI) 的估計,認為只有 1% 的電腦犯罪為人所知,在發現的電腦犯罪案件中,只有 4%,到達偵查機關的手中❷。又依美國學者派克 (Parker) 的估計,認為電腦犯罪的黑數約為 85%。易言之,即實際發生的 100 件電腦犯罪中,約有 85 件係未被發覺,或未受法律的追訴與審判❹。另有德國學者封·處米廉 (Von zur Mühlen) 的估計,認為電腦犯罪的黑數約為 80%❷。

八、損害與處罰不成比例

近年來人們依賴電腦的程度提高,很多資料具有高度機密和重要性,如數量龐大,複雜的金額款項幾乎都交由電腦處理,一旦遭到侵害,其損害可想而知,但現行法律僅能依一般目的相似之詐欺罪、毀損罪、侵占罪或竊盜罪等加以懲處,刑度與行為成功後所獲得之利益不成比例。

第四節　電腦犯罪的行為人

依據迄今犯罪學對於電腦犯罪行為人的研究,發現電腦犯罪的行為人具有下述四個特徵:

一、行為人大多屬高智商且具專業知識的人

迄今多數文獻上有謂電腦犯罪的行為人大多屬高智商的人,且擁有電腦的專業知識❷。在德國的研究結果亦顯示❷:

---

❷　參照 Becker: *The Investigation of Computer Crime*, 1980, p. 63.

❹　見 Parker/Nycum/Oüra, op. cit., p. 15.

❷　見 Von zur Mühlen, aaO. S. 30.

㈠在電腦操縱中，有 37% 的行為人，擁有電腦特別知識。在 21% 的案件中，必須具有電腦的專屬知識，始能違犯。約有 1% 的行為人對於企業的內部組織及其電腦的安全措施，有相當的瞭解。

㈡在發生的 10 件電腦間諜案中，有 9 件的行為人具有電腦的專業知識，因為唯有具備電腦的專業知識者，始能從事電腦間諜行為。

二、行為人大多很年輕且常變換職業

行為人的年齡普遍都很年輕，而且有很多人經常變換職業。此乃由於與電腦有關的職業，係在短短數年間發展而成的新興行業，而從各行各業中吸收不少人才，故在與電腦有關職業的從業人員中，就有為數不少的轉業者㉕。

三、行為人大多係初犯

行為人大多無前科紀錄，而屬於初犯或「機會犯」(Gelegenheitstäter)㉖。在電腦操縱的行為人大多是在其工作中察知電腦系統與技術上的缺點，顯現出操縱的可能性而形成犯意，有些行為人立即著手實行，有些則因個人經濟出現問題，急需金錢時，始加利用而違犯。

四、行為動機出於好勝心或出於圖利

依據美國史坦福研究所 (Standford Research Institute) 的研究結果認為行為人的動機大多是出於好勝心與冒險心。開始的時候，只是要嘗試其電

㉓　參照 Leibholz & Wilson: *User's Guide to Computer Crime*, 1974, p. 4; McKnight: *Computer Crime*, 1973, p. 48; Parker, Nycum, & Oüra, op. cit., p. 38; Von zur Mühlen, aaO. S. 26, 29, 80.

㉔　參閱 Sieber, aaO. S. 129 ff.

㉕　參照 McKnight, op. cit., p. 111; Parker: *Crime by Computer*, p. 44; Von zur Mühlen, aaO. S. 27; Sieber, aaO. S. 132.

㉖　參照 Sieber, aaO. S. 131.

腦知識有無辦法超越電腦系統的安全防護措施❷。對於這樣的結論，德國的研究並未能加以證實，而認為大多數行為人的行為動機只是圖謀不法利益而已❷。

在臺灣的研究結果顯示，電腦犯罪者大多單獨進行，以男性為主，年齡偏低，職業以學生和無業者較多，教育程度大多在專科以上，犯罪紀錄多為初犯，居住地以都市為主❷。

第五節　電腦犯罪的成因

犯罪學除了描述犯罪以外，還企圖解釋犯罪，藉由提出各種犯罪學理論，用以解釋犯罪現象及形成犯罪的各種因果關聯，犯罪學在研究犯罪行為之成因時，常由多方向與多層面加以探討，在電腦犯罪上也可從各個犯罪學理論，對其形成因素提出不同解釋及各種因應之道。

「古典學派」認為人是有理性的動物，有自由意志，因此應對其本身行為負責，假若因犯罪所得懲罰痛苦超過所得快樂，就會選擇不從事該犯罪行為，而大部分的電腦犯罪行為者在犯案前多會深思熟慮，對其犯罪的利害得失均會作理智的權衡考量，故刑罰制裁對於電腦犯罪者的威嚇力，顯較一般犯罪者為高。

「實證學派」則認為犯罪受各種不同的內外在因素所影響，生物因素與電腦犯罪有關者首為智商，由於電腦犯罪者須具備電腦知能或專業知識，故不符合一般犯罪與智商呈高負相關的情況。在心理層面中較能解釋電腦犯罪者迨為「社會學習」觀點，如果犯罪行為結果是受獎賞或未受懲罰，則人們將學習該行為❸，由於電腦犯罪具有隱密性且利潤豐厚，因此行為

---

❷　參照 Parker, Nycum, & Oüra, op. cit., p. 49; Parker, op. cit., p. 46.

❷　參閱 Sieber, aaO. S. 132.

❷　參閱廖有祿：《電腦犯罪模式及犯罪者特徵分析之研究》，中央警察大學犯罪防治研究所博士論文，2001，123 頁。

❸　許春金：《犯罪學》，桃園：中央警察大學，1996 年 7 月，239 頁。

人常食髓知味，從原來的偶發犯轉為連續犯❸，此外由於傳播媒體常將犯罪者描述成英雄，也導致其它人起而傚尤。

從社會層面探討，首先以涂爾幹的「無規範」(Anomie) 理論來解釋，其主要內容為：犯罪為社會必然常存的規則現象，偏差行為是社會結構的產物。從早期農業社會即有運用體力的偷竊搶奪行為，俟資本主義興起後產生各式各樣的經濟犯罪，犯罪型態會隨社會變遷而不斷更新，電腦科技發明後，自然會衍生相關犯罪，此一現象可由新型電腦犯罪正隨著新科技的研發而層出不窮得到驗證。

其次，「犯罪副文化」理論強調，一群人信奉一套特殊價值體系，當該價值觀與主文化規範相衝突將會導致犯罪，而且該文化會綿延傳承。以電腦犯罪者而言，目前已形成所謂駭客副文化 (Hacker Subculture)，一個傾向於探索電腦，不擇手段，而往往與主體社會規則相左的偏差副文化，或稱為地下電腦文化 (Computer Underground)❸，這群人的唯一目的就是探索、理解與控制電腦，除此以外，一切都不重要❸，由於沈迷於電腦世界，缺乏與外界互動，使得道德與法律對他們毫無拘束力。

另外，克勞渥德和歐林 (Cloward & Ohlin) 的「差別機會」理論則強調，除了具有相同背景的人會形成犯罪副文化外，機會也扮演重要的角色，如果沒有途徑接觸電腦系統，就沒有機會從事電腦犯罪，正所謂「熟悉引發鄙視」(Familiarity Breeds Contempt)❸。寇曼 (Coleman) 也認為引導人們走入白領犯罪是由於資本主義的競爭文化，再加上機會結構互相配合，如電腦程式設計師、系統操作員等人，由於工作關係而製造了犯罪機會❸。

---

❸　陳文雄：《電腦犯罪之預防與偵查》，中央警官學校警政研究所碩士論文，1995年6月，22頁。

❸　Jim Thomas: *Doing Critical Ethnography*, Sage Publications, 1993, pp. 55–60.

❸　周宜寬，前揭書，74頁。

❸　Stephen Leibholz & Louis D. Wilson: *User's Guide to Computer Crime: Its Commission, Detection & Prevention*, Chilton Book, 1974, preface.

❸　麥留芳：《個體與集團犯罪——系統犯罪學初探》，臺北：巨流圖書，1991年

Matza 和 Sykes 的「合理化技術」也可以用來解釋電腦犯罪者如何利用此方法來合理化其所造成的損害，如「否認責任」：責備別人沒有做好電腦安全，「這不是我的錯，它沒有安全措施」；以及「責備被害者」：認為如果管理疏忽或作業程序有缺陷，則被害者就罪有應得，「如果一個人不小心將門戶洞開，入侵者又何罪之有？」[36]。有些人也認為許多電腦病毒是在剽竊軟體時感染，因此被害者是咎由自取。他們也常存有「義賊」、「自動販賣機」心理，認為電腦犯罪非街頭犯罪，同時認為自己精明幹練，且未傷害任何人[37]。

「日常活動」理論指出：一個有動機的犯罪者（如急需金錢或被解僱的員工），在有合適的標的物（如電腦系統內的資訊有價值）時，如果監控者不在場（如網路可自由進出），電腦犯罪就可能發生。而「情境犯罪預防」理論中的目標物強化 (Target Hardening) 事實上也已運用在降低電腦犯罪，如設定通行碼 (Password) 阻絕未經授權使用者進入電腦系統外，再將資訊加密 (Encryption)，即使獲得資訊也無法了解其內容[38]。

此外，「批判學派」強調法律不僅是被差別的制訂，更是被差別執行——有利於強勢團體而不利於弱勢團體，因此白領犯罪（含電腦犯罪）常不易察覺、偵查困難且只受到輕微的處罰[39]。

第六節　電腦犯罪的抗制

為有效抗制電腦犯罪，宜兼就事前的預防與事後的懲處，雙管齊下。

---

7 月，126 頁。

[36] Erdwin H. Pfuhl, Jr.: Computer Abuse: Problems of Instrumental Control, *Deviant Behavior*, No. 8, 1987, pp. 113–130.

[37] 法務通訊雜誌社：《電腦犯罪問題研討會實錄》，1986 年 1 月，206–208 頁。

[38] John E. Conklin: *Criminology*, MA: Allyn & Bacon, 1995, pp. 541–542.

[39] 劉江彬：《資訊法論——電腦與法律問題之探討》，臺大法學叢書，1986 年 10 月，198 頁。

今分述於後：

第一項　事前的預防

任何犯罪固然無法全部防患於未然，惟事前如有妥善的預防措施，則必能減低犯罪的發生率，尤其是電腦犯罪，大多發生於安全防護系統較弱，或欠缺稽核程序的電腦系統，故事前的預防，必能防制相當大部分的電腦犯罪。這些治本性的預防措施，計有：

一、建立電腦系統內部的安全措施

電腦系統假如能建立內部安全措施，必能產生預防電腦犯罪的效果。這些安全措施包括：

㈠電腦機房與資料庫，均須設置警衛看守，非佩帶證件者，或非有專人接待者，不准出入。

㈡重要程式與資料，應另加拷貝，分處保管。

㈢工作人員完成每一操作，應逐一填入操作日誌。

㈣程式或資料檔的進出應填入登記簿，使用及處理，均應填寫紀錄，並加管制。

㈤使用「密語」或「通行碼」(Password)，限制「終端機」(Terminal)向電腦取存資料，以防止終端機的不當使用。為達此目的，可使用「資料取存的控制軟體」(Access-Control Software)，以限制終端機的使用者，只能取存許可範圍內的檔案資料，並限制使用者只能執行許可範圍的功能❹。

㈥資料如具重要性者，即應使用密碼加以轉換後，始加以儲存或傳送，使這些資料縱然為他人取得，亦無法了解其原意❹。

㈦建立責任劃分制度，將電腦工作人員區分為：①系統分析師 (System

---

❹　參閱洪魁東：〈日益猖獗的電腦犯罪〉，刊：《微電腦時代》，22 期，1981 年 7 月號，45 頁。

❹　參閱黃台陽：《電腦犯罪與電腦安全》，法務部舉辦的電腦犯罪問題研討會論文，1984 年 12 月，17 頁。

Analysts)，②程式設計師 (Programers)，③操作員 (Operators)，④資料登錄員 (Data Entry Personnel)，⑤資料管理員 (Data Librarians)，⑥調查及修改錯誤的管制人員 (A Control Group to Investigate and Correct Errors) 等六類人員，並依職位與工作的不同，而作相當的限制，使其僅能獲得在授權範圍內的資料，且無法從事其授權工作範圍外的工作，如程式設計師無法自行將資料輸入❷。

二、建立電腦系統的稽核措施

　　電腦系統如能嚴格地執行稽核程序，則能有效防止電腦犯罪的發生，或者至少能夠及早察覺電腦犯罪，而防止犯罪結果的擴大。為能從事有效的電腦系統稽核，電腦系統的各種活動均應留下活動紀錄，記下使用者的所有行為，包括：進入電腦系統時的嘗試、時刻、所取用的資料或檔案或程式、由那個終端機操作、印出那些報表、何時離開系統、操作中那些行為被准許或拒絕等。負責電腦系統稽核工作之人員，即可依據此等紀錄，而加以分析，以從事稽核工作❸。

　　為求電腦系統稽核的高成效，應由合格的「資訊系統稽核師」(Information System Auditors)，執行稽核工作；惟有可能使用「稽核軟體程式集」(Audit Software Package)，使未受資料處理訓練之稽核人員，從事系統稽核工作❹。

三、建立同業公會組織

　　由於大多數的電腦犯罪均係由電腦從業人員所違犯，故如能建立電腦從業人員的同業公會，透過這些同業組織的自治權，而對會員的約束與監督，自能發生預防電腦犯罪的功效。此外，尚可輔以執業執照許可，作為同業公會組織的監督手段，對於電腦系統中較易為人濫用而違犯電腦犯罪

---

❷　參閱謝廷怡：〈電腦系統的內部管制〉，刊：《大亞資訊》，1983 年 3 月號，14 頁。

❸　參閱黃台陽，前揭文，18 頁。

❹　參閱洪魁東，前揭文，47 頁。

的工作，必須取得執業執照者，始能從事❹。

第二項　事後的懲處

　　針對業已發生的電腦犯罪，必須使用刑法的制裁手段，科處行為人相當的刑罰，始能有效地嚇阻電腦犯罪。因此，一方面必須修訂現行刑法，使其能夠有效地掌握電腦犯罪❻；另方面則必須強化刑事司法機關追訴與審判電腦犯罪的能力，而能確實依據刑法的規定，繩電腦罪犯於法。如此，始能達到事後懲處的預期效果。

　　茲分就針對電腦犯罪的刑事立法政策與刑事司法政策，申論如下：

一、針對電腦犯罪的刑事立法政策

㈠刑法最後手段性的刑事政策考量

　　刑法具有「最後手段」(Ultima Ratio) 的特質❼，故在刑事立法上，唯有認為以刑法以外的其他法律手段，無法有效防制不法行為時，始得制訂刑法的制裁條款。這係針對一般刑事罪犯，而提出的刑事政策；惟電腦犯罪的行為人不同於一般刑事罪犯，其對犯罪行為的利害得失，均會作較為理智而詳盡的權衡考量，對其犯罪的成功率以及遭受刑事追訴與處罰的可能性，亦會預作估計，故刑法制裁對於電腦罪犯的威嚇力顯較對於一般刑事罪犯者為高。易言之，刑法的一般預防效果，對於電腦罪犯比對一般罪犯，更能發揮❽。因此，刑法的最後手段性在針對電腦犯罪的刑法領域中，宜加相當的保留，此乃從事防制電腦犯罪的刑事立法工作中所應注意之事。

---

❹　美國學者 Parker 甚至於主張同業組織要制訂 「自治的倫理規範」 (Self-Regulative Code of Ethics)，參閱 Parker, Nycum, & Oüra, op. cit., pp. 8, 74.

❻　〈關於現行刑法為有效制裁電腦犯罪而必須的修正〉，參閱林山田：《刑事法論叢㈠》，1987，154 頁以下。

❼　參閱林山田：《刑法通論》（上），58 頁。

❽　所謂一般預防效果乃指威嚇社會大眾，而產生犯罪的預防功能。詳參閱林山田：《刑法通論》（下），378 頁以下。

㈡針對電腦犯罪的刑事立法方式

針對電腦犯罪問題在刑事立法上，究應採何種立法方式，乃刑事立法政策上的一個重要問題。一般而論，可能採行的立法方式有二，即一為獨立的特別立法，另一為規定於現行刑法法典之中。前一種立法方式乃認為電腦衍生的法律問題，並不只是電腦犯罪而已，其他尚有隱私權、著作權或專利權以及電腦本身的安全保護等問題。因此，立法上應就電腦有關的全部問題，做全盤性的考量，制定一個獨立的電腦法，而在其罰則中制定電腦犯罪的處罰條款。後一種立法方式則認為電腦犯罪以外的電腦法律問題，固應獨立立法；惟電腦犯罪則係刑法應予規範的領域，而應規定於刑法法典之中。比較兩種立法方式，以採後者為宜，因為電腦所生的法律問題，範圍相當廣闊，立法技術上無法將所有的法律問題，全部規定在同一法律之中，迄今各國立法例，亦大多分就個別問題，採個別立法，例如針對電腦資訊而形成隱私權的破壞問題，而制定隱私權法或資料保護法❹。犯罪本屬刑法的課題，將犯罪形態已形穩固，不法內涵與罪責內涵已能使用明確的構成要件要素加以描述的電腦犯罪行為，自宜制定刑法條款，而將其規定在刑法法典之中，以作為科處電腦犯罪刑罰的依據。此自比將電腦罪的刑法條款規定在電腦法的罰則中當做附屬刑法條款，更能發揮刑法的一般預防功能。

由於電腦犯罪具有電腦特質，且涉及電腦科技或電腦系統的專業知識，故制定電腦犯罪的刑法條款，自亦必須借重電腦的專業知識。因此，針對電腦犯罪的刑事立法工作，除刑法學者外，尚須電腦學者的參與。

㈢現有的刑法規範

理論上，刑法分則編規定的有些罪名，因與電腦的特性有關（包括以電腦為犯罪客體與犯罪工具），而可以做為科處電腦犯罪的依據，從殺人罪（例如竄改醫院電腦處方資料）、公共危險罪（例如破壞捷運或高鐵的電腦

---

❹　例如美國 1974 年的「隱私權法」（The Privacy Act of 1974），德國 1977 年的「聯邦資料保護法」（Bundesdatenschutzgesetz 1977），以及奧地利 1978 年的「資料保護法」(Datenschutzgesetz 1978) 等。

系統），甚至於妨害風化罪（例如利用電子佈告欄媒介色情）……等，都是可能實現的方式❺⓿。

　　為因應電腦犯罪手法不斷翻新，自 1997 年 10 月以迄於今的刑法修正與電腦犯罪有關者，計有：擴充「準文書」的範圍至電磁紀錄（刑法第 220 條第 2 項），增訂收費設備詐騙罪（刑法第 339 條之 1 第 1 項）、自動付款設備詐騙罪（刑法第 339 條之 2 第 1 項與第 2 項）與電腦詐騙罪（刑法第 339 條之 3 第 1 項與第 2 項），以及增訂洩漏電腦祕密罪（刑法第 318 條之 1）、利用電腦或其相關設備而犯洩密罪的加重刑罰事由（刑法第 318 條之 2）、無故以開拆以外之方法，窺視電子郵件內容者（刑法第 315 條後段）等❺❶。

　　而因應網際網路高度發展後，原有刑法已無法有效規範網路犯罪，因此行政院擬具刑法修正及增訂條文，內容包括：刪除電磁紀錄擬制為動產、刪除干擾電磁紀錄之規定、增訂妨害電腦使用罪章（包含無故入侵電腦罪、保護電磁紀錄之規定、干擾電腦系統及相關設備罪、對於公務機關電腦或相關設備犯前述三種行為者，加重其刑至 2 分之 1、製作專供電腦犯罪用之程式罪、部分條文告訴乃論之規定等），全案已於 2003 年 6 月 3 日經立法院審議通過。

　　此外，「個人資料保護法」設有妨害個人資料檔案罪，對於意圖為自己或第三人不法之利益或損害他人之利益，而對個人資料檔案為非法變更、刪除或以其他非法方法妨害個人資料檔案之正確而足生損害於他人的行為，處 5 年以下有期徒刑、拘役或科或併科新臺幣 100 萬元以下罰金（該法第 42 條）。其他法律如「著作權法」、「兒童及少年性交易防制條例」等，亦有電腦犯罪的刑罰規定，可見電腦犯罪的範圍極廣，非單一法律可以完全含括。

---

❺⓿　廖有祿：〈電腦犯罪的刑法問題〉，刊：《中央警察大學學報》，31 期，1997 年 9 月，25–27 頁。

❺❶　以上各罪，參閱林山田：《刑法各罪論》（上），468 頁以下，297 頁以下，292 頁以下。

二、針對電腦犯罪的刑事司法政策

為求有效地追訴與審判電腦犯罪，必須採行下述的刑事司法政策：

㈠加強刑事偵查人員的電腦專業知識

刑事偵查人員必須具備足夠的電腦專業知識，以及電腦應用在某些作業上的專業知識，始能從事有效的犯罪偵查工作。面對大量作業與複雜的現場以及龐大的電腦系統，刑事偵查人員如無足夠的電腦專業知識，往往不知從何著手偵查，因之延誤追訴時機，進而影響追訴成效。因此，必須加強刑事偵查人員在電腦領域中的專業訓練，以提昇其電腦專業知識水準。此外，並可聘請電腦專家參與偵查與蒐證工作，以其豐富的電腦專業知識，補刑事偵查人員的不足，而能減低電腦犯罪的追訴困難。

㈡成立電腦犯罪的專業鑑定委員會

由於電腦科技與電腦系統的專業知識在電腦犯罪的追訴與審判中的重要性，故宜於電腦同業公會中，成立電腦犯罪的專業鑑定委員會，接受檢察署或法院的委託，從事電腦犯罪有關的專業鑑定。

㈢宜設原始資料保存年限的法律規定

電腦犯罪的追訴與審判，往往必須查證原始資料。惟原始資料因資料電腦化之後，即予銷毀，或因空間的限制，而太快銷毀，故在刑事追訴或審判中，往往無從查證。因此，在各該有關的法律中宜設原始資料保存相當年限之後始可銷毀之規定。

㈣證物扣押與否的權衡問題

可為證據之物，固得加以扣押（刑事訴訟法第 133 條第 1 項）；惟在電腦犯罪的追訴工作中，可為證據的磁帶或磁碟或程式，假如加以扣押，往往會迫使電腦系統完全停止操作，造成企業在製造或營運的停頓，而損失鉅額的財物。對於這種情況，刑事追訴人員必須妥加權衡，慎行扣押。由於扣押是刑事訴訟法上的一種對物的強制處分，刑事追訴人員執行這種強制處分，自亦應遵守比例原則 (Verhältnismässigkeitsprinzip)❺❷，權衡刑事

---

❺❷　關於比例原則，參閱林山田：《刑法通論》（上），90 頁以下。

追訴的利益與扣押可能造成損害的輕重得失，而決定扣押與否以及應行扣押的範圍，始不致為刑事追訴的需要而為的扣押，反而造成使用電腦者在遭受犯罪侵害之餘，尚須賠上鉅額的財物損失。

　　總而言之，電腦在短短數十年間已逐漸成為人類社會活動所不可或缺的工具，並且繼續不斷地研究發展，而使電腦使用率與使用領域，亦必日漸增高。以電腦處理資料，不但能量大，作業快速無比，而且具有正確性、一致性與無動機性，只要給予資料與程式，電腦會絕對一致地作正確處理，絕不會因有不忠實的動機，而作出不正確的處理結果。惟電腦本身是欠缺判斷力的一種機器，假如電腦使用者故意輸入錯誤的資料，或給予錯誤的處理程式，電腦仍舊忠實地處理，而得出不易察覺的錯誤結果。因此，除非電腦能夠逐漸進步到具有邏輯思考與推理能力的「智能型電腦」；否則，如現階段的電腦仍舊極易非法操縱而濫用。此外，電腦資料與程式由於儲存方法特別而易於竊取、拷貝、竄改或加以毀損。因此，電腦系統必須建立周全的安全防護措施，並嚴格地執行稽核程序。特別是針對電腦系統較易為人所濫用或破壞而有可能從事電腦犯罪之處，更是需要足夠的安全防護措施與稽核程序，而能防患電腦犯罪於未然。

　　任何安全防護措施與電腦系統稽核措施，並非萬無一失，況且，使用電腦系統的企業或機關，往往因輕視電腦犯罪問題，而未了解電腦犯罪的危險性與損害性，或因成本會計上的理由，而不知或不願投資建立必要的安全防護與稽核措施，故電腦犯罪的發生，亦就成為使用電腦系統必然存在的犯罪現象。面對這種無可避免的新興犯罪形態，必須兼就犯罪學與刑法學的觀點，加強研究，俾能提出有效的防制對策。

第十七章　權貴犯罪

第一節　白領犯罪的提出

　　1939 年美國犯罪社會學家蘇哲蘭 (E. H. Sutherland, 1883–1950) 創用了白領犯罪 (White-Collar Crime) 一詞，以指稱受人尊重，具有社會聲望而屬高社會地位者，包括富商巨賈、董事長、總經理、官員與醫師、律師、會計師等自由業之人士，在其職業活動中的犯罪❶。由這一定義可知，白領犯罪具有四個構成因素，即：(1)為社會所尊重者所為的破壞刑法的行為。(2)這行為人大多擁有崇高的政治、社會或經濟地位。(3)這些違法行為大多係在行為人的職業領域中所形成的，也即是行為人在職業活動中所違犯的違法行為。(4)在通常情況下，這些違法行為均意謂著信託的侵犯。

　　蘇哲蘭教授一反傳統犯罪學對於犯罪的類型化，而專就行為人的社會階級歸屬性，提出一個嶄新的犯罪學概念，其目的乃在於比較上層社會與下層社會的犯罪行為，而得修正傳統犯罪學的錯誤，並促使犯罪學理論的進展。因為傳統犯罪學的研究大多是以刑事司法機關，包括刑事警察機關、檢察機關或法院的官方統計，或是刑事司法體系掌握到的行為人，做為研究的客體或依據，犯罪學者所研究的對象也都侷限於刑事警察逮捕得到的犯罪嫌疑人或法院判決確定而在監獄執行中的受刑人。至於遺漏在刑事司法體系之外的上層社會的犯罪，則均在傳統犯罪學研究之外，由於犯罪學的研究樣本選樣的偏差而不具代表性，故使犯罪學的研究結果與犯罪社會事實不相符合，除了誤導社會大眾對於犯罪現實的瞭解之外，並使刑事司

---

❶ Sutherland 於 1939 年的一場演講中提到 White-Collar Criminality，刊於：*American Sociological Review* 5 (Feb. 1940), pp. 1–12，至 1949 年始出專書，Sutherland: *White Collar Crime*, 1949.

法一直只致力於針對下層社會的犯罪的立法、追訴與審判，卻疏忽對於上層社會的犯罪的立法、追訴與審判，而讓這些社會權貴逍遙法外。

由於傳統犯罪學的研究錯誤，故在通常觀念中一直誤認為大多數的犯罪均集中在下層社會，而貧窮、低智商、非婚生、住在貧民區、破碎的家庭或家庭環境惡劣、學校成績不佳、逃學或輟學等等，均屬犯罪原因。事實上，犯罪學的研究假如加上白領犯罪的話，則會發現犯罪絕非只是下層社會階級的專利品，犯罪應該是普遍存在於各個不同的社會階級，所不同者，只是不同的社會階級擁有各不相同的犯罪類型而已，亦即士、農、工、商等各個不同的行業，上至達官顯要，下至販夫走卒或地痞流氓，均各有其所能犯之罪與其所犯之罪。

犯罪學在自我陳述之非行 (selbstberichte Delinquenz) 的研究結果顯示，各個不同的社會階級，大約具有相近的犯罪率，甚至於有些研究報告還指出，上層者的犯罪率與其社會損害性或危險性，尚比下層者為高。下層者由於教育程度低，經濟條件差，在自由閒暇時間大多停留在公眾得見聞的公共場所，執法人員對之較易逮捕到案，而且因為執法人員的階級偏見，大多對之會毫無顧忌地依法追訴與審判，並且由於他們多屬社會弱勢者，而未能聘請律師為其辯護，故很有可能被判有罪，或是輕罪重判。相對地，來自上層社會階級的行為人，大多受過良好的教育，擁有一般水準以上的經濟收入，出手大方，衣著入時，行為舉止上都會令執法者不敢輕易地懷疑他涉嫌犯罪，對之進行刑事追訴，總是存有相當多的顧忌，而且在刑事程序中又有收費昂貴的律師為其辯護，使其獲判無罪的機率大為增高，或者雖然獲判有罪，但是往往又是重罪輕判或獲得緩刑❷。

雖然白領犯罪與藍領犯罪同樣地違反法律，危害社會，但是兩者的行為人在自我感覺上，則有相當的差異：前者在自我感覺上大多認為其行為只是追求權力或利潤的手法，而無犯罪可言，萬一遭受刑事司法機關的追訴，則會運用其在上層社會的政經關係，阻止刑事追訴工作，或是關說或

<hr />

❷　參閱 D. Chapman: *Society and the Stereotype of the Crime*, 1968, pp. 56–61; A. E. Brauneck: *Allgemeine Kriminologie*, 1974, S. 115 f.

是行賄，以求輕判甚或無罪開脫。相對地，藍領犯罪的行為人在其自我感覺上，均會自認為犯罪，甚少會理直氣壯地自認為其行為只是圖謀利潤的行為，而會認命地接受刑事追訴與審判。

　　蘇哲蘭教授提出的定義若純就法律的觀點是沒有多大的意義，因為以行為人為中心的立論，不但是違背罪刑法定原則❸，而且還會危及法的安定性。此外，就法律政策觀點而言，蘇氏所提出的定義也是毫無用處，因為法律政策所需的是為抗制犯罪所需法律規範的制訂與執行，而不是罪犯在社會階級歸屬性的問題。然而蘇氏這種就社會批評的觀點而提出的立論，雖不具法律意義，但卻具有犯罪學理論與刑事政策上的重大意義，因為犯罪學者在理論架構過程中的選樣工作，假如能夠顧及為社會所尊重並具有社會地位的白領階級的犯罪行為，則犯罪學的傳統理論所犯的錯誤即可獲得修正，進而建立新的犯罪學理論。由此可見，蘇氏的立論對犯罪學是何等地重要，可謂犯罪學理論中的一大創見，難怪英國犯罪學者曼海姆 (H. Mannheim) 認為，假如有為犯罪學而設的諾貝爾獎的話，蘇氏即可以其白領犯罪理論在犯罪學上的貢獻，獲得諾貝爾獎，因為經由他的理論與研究，使犯罪的理論能夠均衡地發展，並修正引人入錯的理論❹。

第二節　權貴犯罪的概念

　　早在中國的春秋戰國時代，道家莊周 (B.C. 369–295) 就說過「彼竊鉤者誅，竊國者侯；諸侯之門，而仁義存焉」(《莊子》〈胠篋〉篇) 的話，而道出不同的社會階級的犯罪，存有截然不同的行為後果，即：偷竊腰帶鉤的人受到處罰，而竊國者，反而封侯；竊國者封侯後，就可裝上仁義的門面，而且還會留存下來，昭範後世。二千三百餘年後的臺灣，就犯罪社會事實的觀察，莊周的話，依舊是社會現實，在監獄中坐牢的絕大多數是屬於下階層社會的一些比較笨的或是倒楣的傳統罪犯；可是相對地，犯了罪

---

❸　關於罪刑法定原則，參閱林山田：《刑法通論》（上），65 頁以下。

❹　參閱 Mannheim: *Comparative Criminology*, Vol. 2, 1965, p. 470.

的權貴階級，則大多可以逍遙法外，依然光鮮亮麗地行走上層社會，享受其豐碩的犯罪成果，或是繼續支配著臺灣的政經社會資源。封建時代本來就是「法律之前，人人不平等」，所以，「刑不上大夫」，到了今日的自由資本主義時代，雖然標榜著「法律之前，人人平等」，但卻依舊是「刑不上權貴」、「刑不上金主」或「刑不上大亨」的話，那麼法律的威信也就難以樹立。

白領 (White-Collar) 或藍領 (Blue-Collar) 係就美國的工業社會提出的社會階級的表徵，前者指穿著白襯衫，打領帶穿著西裝而坐辦公桌吹冷氣的勞心階級；後者則指穿著藍色工作服，而以體力辛勞工作的勞力階級。蘇氏借用此等社會階級的概念，以白領犯罪泛指上層社會階級的犯罪。惟就臺灣犯罪社會事實的觀察，在傳統文化上並未曾以衣領區分社會階級，而係以富貴與貧賤而為區分，且就一般社會大眾的觀點，也不了解白領與藍領為何物；況且，臺灣黑社會常以白襯衫打領帶加黑西裝為其制服，而西裝族裡也有不少身穿藍襯衫而打領帶者，故在犯罪學的論述上，實不宜逕行引用白領犯罪與藍領犯罪的名詞。因此，乃提出「權貴犯罪」一詞，用以替代白領犯罪，並就臺灣的政經社會事實與犯罪社會事實，建立權貴犯罪的概念。

所謂權貴犯罪乃指屬於權貴階級的各種專業人士在其職業活動中，濫用或虛構法律的授權，破壞社會對其所扮演角色的期待或信賴，或利用政治結構或經濟制度或法律規定的漏洞，透過黨政商的勾結，形成政商合一的共犯結構，以圖謀暴利的犯罪。其行為的主要惡害乃在於經濟剝削，破壞經濟公平與法律正義，拉大貧富的差距，造成導致社會不穩定的階級對立。

茲就上開定義，申論如下：

一、有權者與有錢者的犯罪

權貴犯罪乃是有權與有錢的權貴階級所為的犯罪。權者指擁有公職，掌有公權力的人，不只是經過國家考試而有任官資格的公務員，而且包括

經由選舉而取得公職的三教九流，在臺灣還特別地包括透過選舉而漂白的黑道人物；貴者則指資本主義下的貴族，包括財力雄厚的富豪或企業主，或善於借貸而擁有公司或企業的「有錢人」。

犯罪學中所稱的犯罪，本來就非全部屬於恪遵罪刑法定原則的刑法所定處罰的犯罪，除有屬刑事實體法已明定的犯罪行為之外，尚包括刑事實體法並未明定處罰的行為。特別是因為政經形態、社會結構的改變，而衍生的新興犯罪或特有的犯罪，而犯罪學在研究犯罪或描述犯罪上對之所提出的工作概念，例如：經濟犯罪（包括金融犯罪與證券犯罪）、環境犯罪（或公害犯罪）、交通犯罪、電腦犯罪、網路犯罪等等。

權貴犯罪所觸犯的刑法條款，除了「刑法」的賄賂罪、圖利罪、偽造文書罪、侵占罪、詐欺罪、背信罪等罪名，以及「公司法」、「證券交易法」、「銀行法」、「保險法」、「洗錢防制法」、「公平交易法」等規定的附屬刑法的犯罪之外，尚有一系列現行法制中僅屬民事不法或行政不法行為，或是法律根本未規範的行為。

由於權貴罪犯本身即是操作公權力的行政首長，或是握有立法權與預算審查權的民代，其可動用的政經關係甚多，對於東窗事發的犯罪行為，可以設法阻止傳播媒體的報導、延緩或阻礙刑事司法機關的刑事追訴行動，或是關說、請託法院的審判，使其所違犯的權貴犯罪能夠大事化小，小事化了；萬一可能被判刑，則可在判決前，及時逃亡國外❺。除了規避或逃脫法律的制裁外，權貴犯罪的行為人更可發揮其對於立法部門的影響力，而阻止對其犯罪事業有所不利的立法，故相對而言，對於制裁一般犯罪的法律，顯得相當完備，對於權貴犯罪的制裁，則往往是無法可依或有法不依。特別是立法部門的金權化，立法功能嚴重減衰，更使一般犯罪與權貴犯罪的制裁法制的差異更形懸殊❻。

---

❺　例如前高雄市議會議長朱○○、前立法院長劉○○、前立委伍○○、東帝士集團總裁陳○○、廣三集團總裁曾○○等人。

❻　例如針對暴力犯罪，早在 1983 年就制定嚴刑重罰的「槍砲彈藥刀械管制條例」，並在 1985、1990、1996、1997 年一再修正或增訂，而加重刑罰。又例如

權貴犯罪除了侵害個人或公共的財物，破壞財產法益之外，尚侵害國家所規劃的與法律所保障的政治、經濟與社會等秩序，造成壟斷與剝削，而加大貧富的差距，形成社會階級的對立，破壞社會的安定與和諧。因此，權貴犯罪所破壞的法益，主要的乃在於超個人的非物質法益。

二、結構性犯罪與集體犯罪

任何形態的政經結構都有可能發生權貴犯罪，只是民主法治政治尚未健全，加上存在太多的經濟寡佔與壟斷，形成諸多經濟特權的臺灣，會使權貴犯罪更形猖獗，而成為典型的結構性的犯罪。

權貴犯罪很少由一兩個社會權貴即能違犯者，在通常情況下，都是由一群人相互配合，始能違犯的犯罪。組成員中並不全然均屬權貴階級，亦有屬於企業中的中下層職員或基層公職人員或公務人員。屬於權貴階級的行為人則在犯罪中，均居於支配犯罪的核心角色，或是隱身於幕後操控全局。

鑑於流氓暴力犯罪的日益猖獗，行政院於 1996 年 9 月 10 日函立院審議「組織犯罪防制條例草案」，一時之間，立院有四批立委好似趕流行般地分別提出四個防制組織犯罪的草案，並迅速審議通過，於同年 12 月 11 日公布施行「組織犯罪防制條例」。參閱林山田：《刑事法論叢》㈡，1997，544 頁。

相對地，針對權貴犯罪的刑事立法，則又顯得牛步化。例如信用合作社是自日據時代即已存在的平民金融機構，在臺灣的金融制度中扮演一個相當重要的角色，多年來，財經機關對於此等金融機構的管理與監督，卻只有一個不具法律地位的「信用合作社管理辦法」；況且，主管機關尚未能依據此一管理辦法的規定執法，致使信用合作社逐漸淪為家族企業吸收游資的工具，或成為地方政治派系把持操縱，以圖私利的機構，亦即使金融合作制度上的一個「社會公器」，淪落為財團從事權貴犯罪的「犯罪工具」，雖然自 1979 年起，傳媒先後出現多次臺北十信違規營運的報導，例如人頭借貸、虛造庫存現金等，但是仍舊拖延處理，終於在 1985 年初爆發「十信金融風暴」。參閱林山田：〈從速建立經濟法制──從立法與執法的觀點論十信事件〉，收錄於林山田：《談法論政》㈠，1987，120 頁以下。雖然爆發如此重大的金融弊案，可是「信用合作社管理辦法」的法制化工作，依舊拖延七年的時日，直至 1993 年始制定「信用合作社法」。

三、智力犯罪

權貴犯罪的行為人不是擁有高的社會地位與雄厚的經濟力，就是握有政治權力，或是具有良好的政經關係，當其從事犯罪行為時，自會濫用這些一般人所不具有的權力、財力與關係，故其社會損害性與危險性，自較只能使用其一己之體力的一般犯罪或暴力犯罪為高。

犯罪學在犯罪類型上有暴力犯罪與智力犯罪之分。前者係指使用不法腕力，以遂行犯罪目的之一般犯罪，包括使用暴力攻擊他人的生命或身體而有血淋淋的犯罪現場的殺人罪或傷害罪等，或使用暴力強取他人財物的強盜罪或搶奪罪等。後者則指使用智力以遂行犯罪目的之犯罪。權貴犯罪在犯罪學的犯罪類型上是屬於智力犯罪，應屬不爭之論；惟傳播媒體不察，往往誤以「智慧型的犯罪」稱之，此足以誤導社會大眾的價值判斷，好似權貴犯罪的行為人就是智慧型的人物，實則只是指其行為方式未有客觀可見的血腥暴力，但其智力犯罪行為在實質上仍具心智上的殘酷性與損害性。

雖然權貴犯罪大多屬於智力犯罪，但間或也有因爭權奪利而引發殺機的暴力犯罪。例如屏東縣議長鄭〇〇因殺人被判處死刑並遭槍決案❼、高雄縣議長吳〇〇與桃園縣長劉〇〇等人被槍殺案等等；惟此等暴力犯罪均屬權貴犯罪的例外。

---

❼　國中畢業，1987 年才由「一清專案」結訓返鄉的鄭〇〇，1990 年當選屏東縣議員，並與郭〇〇搭檔，選上副議長，郭議長在任內轉戰立委成功，在郭的操盤下，鄭順利扶正為議長。1994 年 12 月在議長任內率眾公然槍斃鍾〇〇，雖然證據確鑿，經一、二審判處死刑，最高法院四度發回更審，延宕五年半之久，才於 2000 年 7 月 14 日定讞，並於 8 月 2 日晚槍決。鄭在民代任內，涉及暴力、賄選等傳聞不斷，不但使屏東縣創下議員因賄選而被判刑人數最多的紀錄，他個人也因賄選而被判刑確定。可是卻被國民黨運用做為選舉的大樁腳，在縣長、省長、總統的不同選舉中，均為國民黨在屏東立下大功。見 2000 年 8 月 3 日各報；《聯合報》，2000 年 8 月 4 日社論：〈鄭〇〇伏法——誰的奶水滋養了黑金體制的溫床？〉。

第三節　權貴犯罪的類型

臺灣常見的權貴犯罪，計有：

一、賄選犯罪

在各級行政首長或民意代表的選舉中，總有相當高比例的候選人或黨工人員逕以鈔票或物品換取選票的賄選行為。雖然「刑法」的妨害投票罪章與「公職人員選舉罷免法」設有明文規定處罰的犯罪行為，但是刑事司法體系一向未能依法追訴與審判賄選犯罪，致使賄選成災，幾至無賄不成選的地步。

賄選犯罪的花樣雖多，招式也不斷翻新，但在基本上都是透過金錢或禮物，以增高得票數或降低對手的得票數❽。最傳統且常見的賄選方式是透過鄉鎮長、村里長、鄰長等垂直系統進行逐層的買票作業。候選人亦會出資支持各種社團的社員或會員大會，並在會後發放禮物。財團派出的參選人則會動員龐大的員工進行賄選，承諾只要當選，所有員工可獲加薪。亦有以收購身分證的做法，即以高價收購對手視為鐵票區的選民身分證，暫時保管至投票後，以減少對手的得票數。

由於議會議員選舉正副議長時，一再發生賄選的情事，在民意的壓力下，法務部終於在 1994 年 3 月間不得不雷厲風行地抓省議會與各縣市議會的賄選，贏得全民喝采❾。可是法院的判決卻是「一審重判、二審輕判、三審豬腳麵線」，大多數被起訴的議員均成為漏網之魚，而獲得無罪判決，少數被判有罪者，也多獲得輕判，並獲緩刑的宣告❿。曾有法官認為「如

---

❽　詳參閱林山田：《刑法各罪論》（下），167 頁以下。

❾　依法務部長馬英九在立院的專案報告，截至 4 月 1 日為止，檢察機關受理一百十六件賄選案，提起公訴有二十三件。被告有 104 人，其中議長有 4 人，副議長 3 人，議員 52 人，其他人士 24 人（《中國時報》，1994 年 4 月 7 日）。

❿　其實縣市議會正副議長選舉的賄選，早已行之多年。1982 年 3 月 1 日陳○○

果被判有罪之議員全部服刑，勢必補選，屆時又要浪費人力物力，為了減低賄選傷害，縣議會正常運作，故宣告緩刑」**⑪**，而引起輿論譁然！

　　各地檢察署在 1994 年所追訴的賄選案中，臺東縣議會尤副議長○○於 1997 年 11 月 26 日經最高法院駁回上訴**⑫**，維持花蓮高分院更一審的判決，而成為四年任期屆滿前首位被判有罪確定的被告。尤某因共同連續行賄投票罪（刑法第 144 條）處有期徒刑一年二月，緩刑三年，收受尤副議長賄賂的涂、張兩名議員依準受賄罪（刑法第 123 條），各處有期徒刑一年，緩刑三年。最高法院駁回尤某等人的上訴案係維持花蓮高分院更一審的見解。花蓮高分院於 1997 年 7 月 10 日的更一審判決中認為「正副議長選舉乃政治行為，由於歷史、社會的外在環境之制約，賄選幾成吾國選舉文化之一，馴致成為政治人物之假性規範，既係假性規範，又係政治行為，顯乏反社會意識，其可責性，在政治改革之前，本屬不大。」至於宣告緩刑的理由則為：「偵審程序所受教訓已刻骨銘心，彼等當已知所惕厲，應無再犯之虞，所受宣告之刑以暫不執行為適當。」**⑬**

　　對於民主政治具有重大損傷性的賄選案，卻如此地輕判，有罪的判決理由書，簡直寫成了為被告說理的「賄選有理書」，對於社會所詬病的賄選，不但不予非難，反而肯定賄選為選舉文化之一，並進而創造出學理所

　　　　高票當選臺北縣議會議長，但因涉嫌賄選，而於同年 4 月 21 日被臺北地院板橋分院因與其妻弟林○○共同連續期約賄賂，科處徒刑一年六月，二審維持原判；上訴最高法院發回更審，第一次更審，改判一年二月，第二次更審，於 1985 年 4 月 17 日改判八月。陳議長因賄選案涉訟，向臺北縣議會請假達三年一個多月，本對二審寄予厚望，期盼獲得緩刑或改判無罪，但事與願違，故於改判八月後的第二天，即 4 月 19 日宣布銷假上班，並開始執行只剩十個月的議長職務，以示對判決的不服。陳議長任期屆滿後，賄選案經高院四度更審，而於 1987 年 8 月 20 日改判無罪，終經最高法院於同年 11 月 25 日判決無罪定讞，正符合民間諷稱的「五更天亮」。

⑪ 引自《聯合報》，1997 年 11 月 27 日第 2 版。

⑫ 見最高法院 68 年度臺上字第 688 號判決。

⑬ 見臺灣高等法院花蓮分院 86 年度更㈠字第 4 號判決。

未見的「假性規範」，認為正副議長的選舉乃政治行為，故刑法規範之行賄投票罪（刑法第 144 條）不知是否要稱為「真性規範」?，碰上這種「假性規範」，而且又是「政治行為」，就該退避三舍，勉強判處有罪，但卻輕輕判決，而且對於活在「賄選文化」中，早已食髓知味之人，卻敢於鐵口直斷為「應無再犯之虞」，而宣告緩刑。可是尤某（臺東縣議會第十三屆副議長）卻在緩刑期中，復因為其妻舅參選議長（第十四屆），而與其共同行賄買票，在 1998 年 5 月遭臺東地檢署提起公訴，至 2003 年 5 月經最高法院駁回上訴，而告判決確定，處有期徒刑一年四月 ❹。這是對於上開的緩刑理由何等諷刺的司法事實！

多年來，賄選犯罪不只是候選人的專利，而且也是政黨輔選慣用的手段，特別是資金雄厚，且有散在各地的區黨部組織的國民黨，透過黨的各級組織以及黨工在地方平日建立的人際關係，進行組織性的買票，而構成對於民主政治極具傷害性的政黨犯罪。這種組織性的買票雖然已是公開的祕密，且屬犯罪行為，但在刑事司法實務上，卻甚少有黨工人員受到追訴與審判。一位替國民黨做票與買票二十四年的區黨部書記，以真名真姓寫成記實的一本《買票懺悔錄》，也不會引起依「刑事訴訟法」的規定，只要風聞犯罪即可發動其偵查權的檢察官的注意，而未見任何追訴賄選的司法行動，傳媒報導數日後，就像船過水無痕，雖是一本有血有淚而甘冒坐牢的風險而寫成的真實紀錄 ❺，也引不起臺灣社會的注意與反省，以及媒體

---

❹ 尤某因本案於 1999 年 12 月遭臺東地院依本罪判處一年六月有期徒刑 （87 年度訴字第 176 號判決）。上訴高院後，於 2000 年 9 月遭花蓮高分院同樣依本罪判處一年六月有期徒刑 （89 年度上字第 129 號判決）。上訴最高法院後，於 2001 年 11 月判決發回花蓮高分院（最高法院 90 年度臺上字第 6660 號判決），花蓮高分院於 2003 年 1 月判處一年四月。其後，再次上訴最高法院，2003 年 5 月 15 日上訴被駁回，使本案終告判決確定（最高法院 92 年度臺上字第 2490 號判決）。

本案從起訴，以迄於終審判決確定，歷時五年，經歷三級法院的五個法庭，總共十九位法官的審判。浪費如此多的刑事司法資源，為的是一位「應無再犯之虞」的買票累犯。

的追蹤與深入的報導與評論，可見司法體系的癱瘓、媒體未能扮演第四權的社會公器的角色，以及臺灣社會的是非不分白黑不明。這些社會事實，均足以增長權貴犯罪的猖獗。 ❶❺

---

❶❺　詳參閱詹碧霞：《買票懺悔錄》，1999，商周出版。作者為文大夜間部中文系、地政系、法律系畢業，自 1970 年至 1994 年於淡水、三芝、樹林、八里、石門等地區擔任國民黨區黨部書記，在自序上說：「在北海岸苦守寒窯長達二十四年，從總統至村里長選舉，參與國民黨地方選務，幹那些見不得人的勾當，是實地操盤作業的當事人之一」（17 頁）。在作者「自白式」的實錄中，計有下列事蹟，頗具犯罪黑數的犯罪學研究的價值：

　　1.濫用婦女保障名額扭曲選舉結果

　　作者因不滿省黨部主委宋○○派原為板橋中學訓導主任的洪○○接替作者本已卡位的臺北縣黨部婦工組長，而離開黨部，任黨外首都早報王董事長祕書。1981 年的省議員選舉，國民黨為了不讓黨外三嬌（蘇洪○○、黃○○、蔡洪○○）當選，徵得作者同意，以黨外身分登記參選省議員，讓蔡洪○○不登記參選，至登記截止最後一刻，作者撤銷登記，使代表國民黨的苗○○一人參選，因臺北縣的婦女保障名額，苗一人一票當選，使婦女選票可以再另分配運用，而添加其他國民黨男性參選人的當選席次（見 53 頁以下）。

　　2.買票實錄

　　⑴ 1989 年底臺北縣長的選舉（國民黨的臺大政治系教授李○○對民進黨的尤○）投票日前一星期，國民黨臺北縣黨部主委朱○把作者叫進辦公室說：

　　「碧霞，我還有一些錢，妳想辦法弄出去，能弄到幾票是幾票。」「這些同鄉會社團，地點都在臺北市，但會員眷屬很多戶籍設在臺北縣，我們黨部還沒接觸的也沒動員，妳帶著錢，先電話聯絡，就照著名冊下去『洗』。」他回過頭從他的穿衣間裡，用塑膠袋裝好錢交到我手上，大約一百萬現款和一疊要我跑的路線圖表（見 111 頁）。

　　⑵ 1993 年底臺北縣長選舉，國民黨的蔡○○與民進黨的尤○對決。選票像菜市場買賣交易的方式進行，談妥了價錢，我馬上付帳。競選經費我們稱為「三合一」，黨部負責三分之一，三重幫財團三分之一，候選人蔡○○籌三分之一。投票前十天，錢由國大黨部書記長親自送來，石門鄉的經費（即買票錢，另稱為茶水費、走路工或催票費）是數百萬元。按照選舉名冊額數，放入信封內，分批送達幹部家裡，再由村里鄰長按冊送達家中，把整鄉「洗」得乾

賄選犯罪除了選舉期間逕以金錢或財物換取選票外，尚有平時即以公共資源籠絡各級民代，以建立選舉樁腳，選舉時就靠樁腳拉票與固票，形成了臺灣的「樁腳政治」，而非真正以選票展現民意的民主政治。「樁腳」已成為臺灣選舉中的「老行業」，他們平常靠著婚喪喜慶的人際往來，或靠著行政資源分配建設補助、貸款、人事、關說等，建構出綿密的人際動員網路。誰要綁這些樁，就要先拿出本錢來，買票錢為買票錢，綁樁費歸綁樁費，若要樁腳買票，還得在買票錢中抽出 1 至 2 成給樁腳。

絕大多數的縣市鄉鎮長、立委都要靠樁腳，才能當選。當選公職後，平常要接受樁腳轉交的選民服務。一個立委要十多名助理，一個月開銷近百萬，就是樁腳政治的後果。

各級民選公職，無論是行政首長或民代，都各有其樁腳，最基層的公職（如鄰、里、村長）就成為地方行政首長或民代的樁腳，而地方級的公職再成為中央級公職的樁腳，層層構成有如金字塔式的樁腳政治。為了養樁腳，各級公職全是慷公庫之慨而觸犯「刑法」的圖利罪（刑法第 131 條第 1 項），但是很少有民選公職人員受到刑事司法的追訴與審判❶。

乾淨淨。這些新臺幣連冥紙都不如，冥紙燒完了還有些紙灰，這幾袋錢將不著痕跡放入選民口袋，只希望投蔡○○一票就行了。回到黨部，國大黨部書記長親自打電話說：「碧霞，蔡○○還是有問題，北海岸妳最熟，再想想辦法。」「報告書記長，『洗』下去的反應，尤○還是高。」「我再送過來，從淡水、三芝到石門，挑妳最親信的『洗』。」「書記長，你不要來了，你送來給我，我不『洗』對不起你，『洗』了沒效也對不起你。這仗打完，我要離開國民黨了，再這樣『洗』下去，連我兒子都看不起啦！」（見 134 頁以下）

3.做票實錄

國民黨在選舉中做票，經 1977 年中壢事件的刺激，終於終結了。對於早期做票的實況，作者（自認漫長二十四年，已成「職業做票手」）在書中亦有詳實的描述（見 121 頁以下）。至今各級公職選舉，似已不敢再做票，但是二十年來，對內的黨務選舉，不論是黨代表或黨員初選及幹部評鑑，黨工聽命於上級指示，至 1994 年作者離開國民黨之時，「從來沒有停止這些做票工作。」（見 127 頁）

　　綁樁或固樁的工作，除了掌有政經資源的公職人員個人搞出來的勾當外，也有由執政黨動員其黨籍立委透過立法而為的政策性的綁樁行為。例如在選舉前放領公有山坡地❶。或例如在 2000 年總統大選前，立法院在國民黨與民進黨兩黨合作下，於 2000 年 1 月 11 日通過「地方民代支給條例」，全國 6 千 6 百多位村里長的待遇，比照北高兩市的里長調高，鄉鎮民代表與縣市議員的薪水也大幅調高的「綁樁立法」❶。

---

❶　2000 年總統選舉期間，立委簡○○與曹○○等召開記者會，指控國民黨參選人利用價值一兆二千多億的合作金庫經營權，向地方黑金派系所控制的農會交換選票。連○也公開批評宋○○在臺灣省長任內借債五千億元，從臺灣頭走到臺灣尾綁樁（〈不除綁樁文化何以對抗黑金政治？〉，《台灣日報》，2000 年 1 月 15 日社論）。宋在省府主政的五年九個月，省議員不分黨派，人人有所謂的地方補助「配額」，省議員由同派系的鄉鎮長提補助申請計劃，再安排宋帶著相關廳處長去「全省走透透」，首肯補助。省議員完成固樁作業，宋得到基層的擁戴，獲得勤政愛民的稱讚，樁腳得到議價工程的回扣，選民得到基層建設的照顧。樁腳政治雖然讓大家皆大歡喜，可是省府的赤字卻從三千七百億元提升到七千七百億元！國庫赤字自然亦隨著大幅上升。此外，省營行庫的人事及貸款，也是省長與省議員綁樁的好工具，故數年來省營行庫的不良貸款也激增幾千億。見陳政農：〈被綁樁的選民，被綁架的政府〉，《台灣日報》，2000 年 1 月 8 日。

❶　兩次公有山坡地放領政策上的定案都是在大選前，一次是 1993 年的立委選舉，另一次則是 1994 年底的省市長大選。這兩次放領的面積比過去二十幾年總共放領的面積還要大。見〈公地放領討好選民，圖利財團〉，刊：《卓越雜誌》，1993 年 12 月，34 頁以下；《中國時報》，1994 年 10 月 6 日。

❶　這些費用由地方縣市政府編列，本來地方財政已是入不敷出，今後將雪上加霜。為了總統大選綁樁，由中央開票，卻要地方兌現。新黨抨擊說該條例根本就是「樁腳條例」。一位署名「也很疲憊的檢察官」在法務部內部網路「檢察行政暨司法改革討論園地」上張貼留言說：「看到新通過的地方民代支給條例，我非常疲憊。五百元買票是賄選，二十六億元買選舉樁腳，又算什麼？」臺東地檢署某檢察官說「每到選舉，基層檢察官累得跟狗一樣，連村里長選舉，候選人送包茶葉都要究辦到底，如今政府行政及立法部門卻以『合法』手段為總統選舉買樁腳」。

二、土地犯罪

由於賄選的花錢比賽,開銷太大,除自身負債外,背後尚有一大票投資的金主,故當選後必須將本求利,除撈回老本,以權求錢外,尚須報答金主,故各級民選公職人員必須致力於其「營利事業」,其中主要致富之道就是炒作土地的土地犯罪。由於都市計劃機關人手不足、層級太低、各級都市計劃審議委員會的組成與結構的不當、欠缺民意的監督等等,使審議程序充分顯現謀利性格,依「各級都市計劃委員會組織規程」的規定,都市計劃委員會是由各級政府首長擔任主委,委員則由各級政府首長聘任,委員的任命不需要經過民意機關的同意,故行政首長可以聘任他可以掌握的自己人,以便控制整個都市計劃委員會。都委會審議的過程是採祕密方式進行,會議不能旁聽而會議紀錄也不能公開,故使地方首長可以毫無顧忌地炒作都會區土地,以謀取暴利❶。

1930 年制定的 「土地法」 迭經修正,至今主管土地的內政部雖仍稱「土地法係推行土地政策之基本大法」,但經檢視該法,則可發現其多數規定已為特別法排除其全部或部分適用,僅外觀上具有完整性的法典,可是卻是虛有其表,適用上多為諸多特別法所割裂、排斥而支離破碎。未被特別法所排斥的法條,又因規定不合時宜,致淪為無用的具文,或是因條文規定不當,而窒礙難行❷。以如此的立法當做執行土地政策的根本大法,其執行的結果導致有關土地諸多弊端,自然在所難免❸。因此,自然也會

---

❶ 參閱陳東升:《金權城市——地方派系・財團與臺北都會發展的社會學分析》,1995,67 頁以下。曾任營建署長的潘○○說:「做過縣市長有數以億計財產的人,那一個不是藉著都市計劃來致富的,他們絕不是靠紅包累積的,都是靠都市計劃炒作來的。」(《中國時報》,1994 年 7 月 2 日)

❷ 詳參閱陳立夫:〈土地法總點檢〉,刊:《台灣法學雜誌》,16 期,2000 年 11 月,1 頁以下。

❸ 正如同 「中華民國憲法」 做為 「中華民國」 的根本大法一樣,經過多年來的「動員戡亂時期臨時條款」與「中華民國憲法增修條文」的牽制與迫害,至今已是名存實亡,以一個名存實亡的中華民國在中國時代的歷史文件當做根本大

衍生及蔓延土地犯罪。

　　土地犯罪中公職人員與財團炒作土地外，尚有民選公職人員或文官體系中的公務員賤賣國土的圖利犯罪。臺灣由於人口的高密度，政府應保留國有土地，至多只能出租而不能出售，可是「財政部國有財產局」卻為了增加財政歲收，反而以賣地來創造財源，而且為了減少管理成本，避免訴訟的麻煩，盡量將被佔用的土地出租或轉售，而佔用國有土地的人竟然可以享有分期付款或折扣優待來承購，同時承購的土地更是以公告地價而不是以市價為準，整個處理國有土地的過程是在賦予侵占人的侵占利益❷❷。不少財團開發的高爾夫球場都有濫墾山坡地或保安林地等竊佔國土的犯罪行為，可是往往卻以「就地合法」，承租或承購國有土地了事。

　　土地投機集團經常利用其政商關係，購得公有土地，從事炒作，自最基層的地方政府，即鄉鎮公所，至中央政府，均發生過官商勾結售購土地牟利的情事❷❸。當年省有土地總面積約 7 萬 3 千公頃，由省政府財政廳所屬的「省有財產審議委員會」管理或出售這一大筆土地。該委員會由省議員 9 人、學者專家、北高兩市代表、省府各廳處代表等 18 人組成，會議過程外人不得參與，決議及審定售價不得公開。如此的黑箱作業，自然會導致發生官商勾結賤賣公有土地的弊案❷❹。此外，大型財團可以依據經濟部

法，難怪中華民國的憲政紊亂至極。

❷❷　參閱陳東升，前揭書，69 頁。

❷❸　例如臺中縣沙鹿鎮鎮長陳○○夥同財政課長陳○○等人，動員黑道圍標五筆鎮有土地。未調查地價即依市價的一半訂定底價，不發投標資料給有意參與競標的民眾，且不依規定在鎮公所公告，調查局幹員於投標當天偽裝欲參加投標的民眾，竟在投標地點鎮公所外被黑道挾持，並要求交出標單（《中國時報》，1994 年 9 月 27 日）。

❷❹　例如民進黨籍監委陳○○夥同家人與省議員傅○○所引發的弊案，就是最典型的例證；監委陳○○在省議員任內獲知臺灣省政府委託臺灣銀行代管一塊大約三、四千坪，而位於臺北市承德路的土地。乃與省議員傅○○、臺北市議員陳○○等人與土地佔用戶簽約，取得未來獲得土地的保證，然後利用擔任「財審會委員」的身分，要求臺銀將該筆土地讓售給佔用戶，臺銀依省財政廳指示，

的「國營事業土地提供出租或設地上權供工業使用」的規定，向國營事業承租或購買土地，也開啟另一道賤賣國土的管道❷。

　　臺灣地少人多，為多數人的利益計，對於土地應採只有使用權而無所有權的土地政策，可是政府卻放任土地成為財團或建商炒作的商品。炒作這種無可替代性的商品的核心集團，很多是由既有的社會網絡關係如地方派系、黑道結拜關係或大企業家的私人政商網絡轉化運用而成的「祕密而選擇性的社會網絡」，這些核心集團對於土地管理與執行土地政策的行政機關具有很高的滲透性，而可以打通關節；況且，鄉鎮或縣市的行政首長多半由地方派系把持，而這些首長又掌握許多土地投機管道的審核權，在議會搭配下，行政首長、民代與土地投機者，就可以共生地創造龐大的土地

函請臺北市政府財政局查估，該筆土地市價約每坪六十萬元。在財審會上，陳省議員批評臺銀估價過高，財審會乃決議組成專案小組，由陳擔任召集人，重行實地勘估。陳在自導自演下完成勘估，接著又串通另一省議員傅〇〇，在財審會上附合，最後決議以每坪二十七萬元將該筆土地讓售予佔用戶。接著，陳傅兩人又以省議員身分向臺銀施壓，而貸得三億六千四百九十萬元的超額貸款。他們買下該筆土地後，利用住戶為人頭，與省屬土地開發公司合建「臺開大樓」，陳〇〇等人取得該大樓五分之二的產權。此外，陳省議員復與其擔任臺北縣議員的胞弟陳〇〇合作，在該筆土地上合建「明輝大樓」與「統帥企業天下大樓」，並利用省市議員身分，以超高價格，將大樓的地上一、二層及地下一層，強行售予省屬合作金庫民族支庫，做為該支庫的行址。陳〇〇共賺取二十四億元的利潤，在擔任監委期間，於 1994 年 10 月遭檢察官依圖利罪嫌起訴。參閱黃光國：《民粹亡臺論》，1996，153 頁以下，以及《中國時報》，1994 年 6 月 28 日，1994 年 7 月 3 日。

❷　例如統一企業馬口鐵工廠低價承租台糖在臺南永康的十三公頃土地。大慶汽車透過工業局以每平方公尺三百多元購得台糖位高屏大橋旁的一百多公頃土地，市價每平方公尺約一萬元（《中國時報》，1994 年 7 月 18 日）。
　　立委審查國營事業的預算，指責台糖賣資產違反會計原則編假帳，台糖只靠土地維生，名下五萬多公頃土地，近兩年就賣了二千多公頃，這次預算將賣地所得一百十多億元列為營業外收入是鑽法律漏洞（《民眾日報》，1999 年 11 月 13 日）。

投機利益。對於土地炒作集團以金錢或政治力買通承辦人員的賄賂行為，司法與監察體系也沒有發揮懲罰或監督不法官員的功能，對於山坡地或公有土地被高爾夫球場濫墾、佔用的違法失職的公務員，也很少有受到法律的追訴與處罰。在如此結構性的集體犯罪的炒作下，房地產早已超越自由市場經濟供需關係下的價格，中下階級為購置自用住宅，由於超高的房價，一輩子所得的 3 分之 2 是用來支付房價，故一旦購屋就淪為「房貸的奴隸」（即「屋奴」，有如農業社會中的佃農或「農奴」，或早期工業社會的「工奴」）；況且，由於行政與立法的懈怠，有關住宅、都市、營建的法規，至今仍以日治時代的法規為主要樣本，立法與制度不求永續經營與長遠的規劃，只求無過與防弊，而且彈性執法，不求公共利益，卻反求財團的私利。在濫墾、濫建之下，天災加上人禍，除了賠上寶貴的人命外，還要加上數以百億計的財物損失，多少人無家可歸，例如林肯大郡的倒塌與汐止的泡水❷❻。總之，屬於權貴犯罪中的土地犯罪不僅僅是刑事立法與刑事司法的犯罪問題，或土地有關的法律問題，而且也是經濟、社會與政治問題。

三、金融犯罪

在經濟犯罪的研究，早已注意到金融機構在經濟犯罪中的角色，在權貴犯罪中，金融機構常遭權貴利用作為獲取龐大利益的對象。金融犯罪的意義，是指權貴者有危害金融機構、金融交易和金融交易秩序的犯罪行為。

㈠臺灣較常見的金融犯罪類型❷❼

1.內線交易

是指公司內部人、關係人於知悉公司有重大影響股價訊息，而於尚未公開前，即利用自己、親屬、人頭戶或私設公司大量買賣公司股票獲取利潤，嚴重影響不知情投資者。

---

❷❻　參閱楊裕富：〈過時營建法規威脅全民生命財產〉，《中國時報》，1999 年 7 月
　　30 日；陳東升，前揭書，129 頁以下。
❷❼　陳盈良、施光訓：〈金融舞弊犯罪動機、型態及與偵查模式之探索研究〉，刊：
　　《警學叢刊》，第 37 卷第 2 期，2006 年 9 月，21–40 頁。

2.取得經營權後進行資產掏空

是設法藉由私募或賤價取得經營困難公司經營權後,掌握公司內控制度與財務管理的權力,進行利益輸送,掏空公司資產。另有利用「借殼上市」的手法,未上市的公司,先取得上市公司體質較不好者,收購大部分的股權後,而進行內部改組,隨後將賺錢事業及資產轉入這家改組後的上市公司,藉著公司股票上漲時,利用現金增資發行新股或發行轉換公司債,取得投資者的資料,並將資金挪入改組的公司,進行利益輸送。

3.虛設行號套取公司持股

虛設公司行號或海外子公司,進行假交易、融資、背書保證等行為,套取保證公司的資金,待虛設之公司無力還貸款時,由保證公司或母公司償還貸款。

4.金融詐欺❷

這類的金融犯罪是利用人頭戶,超貸、冒貸或定存單質押等作法,將不法資金存入人頭戶中,特質有二:1.「分散借款,集中使用」,2.是由金融機構由上而下的介入掏空。而第一線的人員,無法依機構內的稽查制度發現這樣的金融犯罪,一旦被掏空之後,將波及無辜的存款戶和納稅人。

5.浮濫核發信用卡,造成呆帳

犯罪集團以人頭或假冒身分證,向銀行申請信用卡,並取得合理的授信資料,核發小額貸款;但因為信用不好者多,造成銀行刷卡後呆帳,衍生出社會問題。

(二)金融犯罪案例

1.超貸、冒貸掏空金融公司

最常出現的金融犯罪乃是透過特權、政商勾結或以行賄的手段,自銀行或信用合作社詐貸鉅額的貸款,而掏空金融機構的金融犯罪。這些超貸弊案大多是金權政治的產物,參與銀行犯罪者除民代❷、企業主❸之外,

---

❷ 朱立豪:〈金融犯罪與洗錢活動之風險管理——以洗錢防制措施為對策〉,刊:《犯罪學期刊》,第 9 卷第 2 期,2006,97–128 頁。

❷ 民代介入銀行股權或經營權,也在所多有,例如國民黨籍立委郭〇〇入主高雄

亦有銀行董事長、總經理及分行經理❸❶。

　　長期以來，各級民代利用質詢或審查預算的機會，向財經官員及行庫首長施壓，而以其親友或「人頭」出面，不是沒有擔保品，就是擔保不足，而要求特權貸款，或是要安插人事，或仲介購置行舍，從中牟利，這些民

企銀後出任副董事長，但因在 1995 年個人跳票成為銀行拒絕往來戶，而被經濟部依法解任高企銀副董職務。郭是以收購委託書的方式，加上國民黨中央投資公司，以及楊家的支持，以持股萬分之三的小股東，取得高企銀的控制權，在一年之內，把創設高企銀的大股東掃地出門。1996 年立院國民黨席次剛剛過半，為使連〇能夠順利出任行政院院長，而由副院長徐〇〇與投管會主委劉〇〇介入高企銀的股權糾紛，協助郭立委「解除事業上的問題」，以換取郭立委投下同意票，故容許郭立委以「名譽董事長」的方式，逃避財、經兩部解任副董事長的命令，形式上是解任副董事長，實際上卻昇任握有實權的「太上董事長」。高企銀長期以來成長性不如其他銀行的原因之一是三大家族介入經營，傾軋劇烈，靠著委託書入主的郭立委進場後，股權鬥爭變本加厲，故高企銀財務惡化（從 1992 年每股純益 3.25 元，至 1998 年為負 3.96 元），員工士氣盡失，客戶信心動搖，逾款金額已與淨值相當。詳參閱梁永煌、田習如等編著：《拍賣國民黨——黨產大清算》，2000，293 頁以下。

❸⓪　例如 1995 年 12 月初爆發的「僑銀擠兌案」：新偕中建設董事長梁〇〇於 1995 年 6 月向亞信集團的鄭〇〇買下華僑銀行將近 15% 的股權，成為僅次於行政院開發基金的第二大股東，並在董監事會改選中，出任常務董事。梁某出任常董後，利用新偕中關係企業負責人及其重要幹部做為人頭，向僑銀辦理貸款，其中包括多筆鉅額無擔保授信貸款。11 月 9 日媒體揭露梁某超貸達五十億元，12 月 7 日檢調單位大規模搜索僑銀。次日，即爆發擠兌風潮，一日之間流失金額超過六十億元，9 日雖是週六，但在半天之中，又流失將近六十億元，梁氏見事態嚴重，遂於當日下午宣佈辭去常董一職。參閱黃光國，前揭書，367 頁以下。

❸❶　例如財政部金融局的金檢中，查到中興銀行天母分行一筆高達三億五千萬元的台鳳放款中，竟然僅有分行經理及總經理王〇〇簽名便逕行放款，整個放款過程完全跳過中興銀行的放款審議委員會及常董會；其後，在蘆洲分行及東門分行，亦查獲不當放款，總金額由原先的五億元，逐步升高至八億四千萬元（《中國時報》，2000 年 5 月 1 日）。

代有如「看不見的腳」❸踐踏公營銀行，製造銀行犯罪。在凍省前，省議員視七家省屬行庫為禁臠，行庫首長每年在省議會備詢期間長達半年之久，使其面臨極為沉重的關說壓力，政府雖然早就推動三商銀民營化，但省議會始終堅決反對。自從行庫民營化之後，立委可以查閱呆帳大戶，中央民代自金融機構獲取資金的管道，才被斷絕，但在窮則變的情狀下，立委竟然動起成立無本生意的「創投公司」，而找公營行庫入股的念頭。據報導多位立法院財政委員會的立委涉嫌利用職權，脅迫公營及剛完成民營化的 10 家行庫，投資其所籌設的七家創投公司，估計總金額在 30 億元以上。事實上，投信業開放後，不少投信公司的主要股東即為立委，甚至由立委出任董事長或總經理。在投信公司申請設立及募集新投信基金時，由立委出面向財政部證管會施壓，要求快速批准。同時，立委亦向行庫施壓，要求認購投信公司發行的股票基金及債券基金❸。

2.銀行交叉持股，經營不善倒閉者多

政府在金融機構設立政策的不當，也導致銀行犯罪的惡化，其影響所及，可能導致臺灣的金融風暴。銀行本應固守金融業的專業原則，應該只

---

❸ 《國富論》的作者，經濟學家史密斯 (Adam Smith) 提出「看不見的手」一詞。諾貝爾經濟獎得主布坎南 (James M. Buchanan) 則提出「看不見的腳」的論點。前者係指在市場經濟中，聽任個人追求自己的利益，有如一隻「看不見的手」在引導，使整體社會獲得最好的經濟成果。後者則指政治人物追求個人的私利，有如一雙「看不見的腳」在踐踏整體社會，侵害社會大眾的公益，傷害整體經濟的發展。布氏將這些踐踏整體社會的人比喻為政治上的企業家，他們追求的「利潤」是當選以及當選後帶來的權力（參閱蔡芳：〈少數民代那隻看不見的腳〉，《台灣日報》，2000 年 12 月 10 日）。權貴犯罪中就充斥著這些屬於「看不見的腳」的民選的行政首長或民代、官員與黑金人物。

❸ 1999 年發生的「法華理農投信弊案」，即為著例。農民銀行等行庫被迫認購約十億元基金，而且把資金存入東港信用合作社，最後發生假存單掏空事件，政府責令存保公司及臺銀耗費二十餘億元，才暫時擺平，而法華理農投信與東港信用合作社的經營者，即是活躍於立院財政委員會的郭立委。見《中國時報》，2000 年 1 月 14 日社論：〈看看「利委」的五鬼搬運法！〉。

扮演工商企業融資提供者的角色，而不可參與工商企業的經營，故歐美先進國家均透過立法，以分立金融業與其他工商企業。1991 年底財政部陸續核准了 15 家民營銀行的成立，這些銀行的主要股東都是大型財團，雖然依規定銀行股東不得向自己的銀行貸款，但由於這些銀行交互投資的關係網絡很緊密，而且董事會也由主要投資財團以不同的形式掌控，所以透過民營銀行間交互貸款或成立人頭公司貸款，都是融資變通的方式，故民營銀行很有可能會像保險公司或信託公司成為財團炒作土地或其他投機行為的資金來源❸❹。十餘年前，政府開放設立新銀行，世家財閥爭相投資設立銀行，一時之間，有了一大票的「銀行家」。由於銀行家數太多，競爭過於激烈，且欠缺專業的經營，以及銀行犯罪的危害，2000 年第三季的 36 家銀行財務績效評比結果發現，平均股東報酬率一年只有 2.4%，投資報酬率遠低於一般銀行約 5% 的定期存款利率，銀行的股價也因低投資報酬率而下降，目前多檔銀行股不但股價已跌破淨值，市價甚至跌破 10 元面額，使投資銀行者大多賠了不少錢，並使銀行淪為「艱困業」，不少大老闆已無經營意願，難怪立院快速配合立法，而於 2000 年 11 月 24 日審議通過「金融機構合併法」，並於 2001 年 7 月 9 日公布「金融控股公司法」，用以併購銀行，成立金融控股公司。

　　3.違反「證券交易法」、「洗錢防制法」，掏空銀行

　　1998 年 11 月臺中企銀（臺中商銀的前身）爆發鉅額超貸弊案，臺中廣三集團總裁曾○○入主臺中企銀後，利用知慶等 6 家人頭公司，在 1998 年 11 月 13 日至 19 日向臺中企銀超貸 74 億 5 千萬元，又再入主順大裕上市公司後，將公司資產掏空達 80 餘億元，在臺中企銀被金融檢查後，預期自己超貸的情節可能爆發，連續三天違約交割順大裕及臺中企銀的股票達 84 億元，臺中地院法官莊○○在歷經兩年後，於 2001 年 4 月 9 日宣判，曾○○因違反「證券交易法」、「洗錢防制法」與背信罪等罪被判處有期徒刑二十年，併科罰金 1 億元；其餘 42 名被告（廣三集團的重要幹部，臺中企銀和證券公司人員）分別被處四月至十一年不等的徒刑❸❺。此外，曾○

---

❸❹　參閱陳東升，前揭書，105 頁。

○另因假買賣土地炒作順大裕股票，違法收購委託書，取得臺中商銀的經營權與人頭戶等案件，2001 年 5 月 9 日臺中地院再另案宣判曾○○依違反「會計法」等，處有期徒刑八年，併科新臺幣 81 萬元罰金。前立法院長劉○○以證人身分被傳訊，並經莊法官在 2000 年 2 月 21 日搜索劉立委的臺北住處扣押的證據，查出劉涉嫌與曾○○共同與人頭公司向臺中商銀貸款 15 億，並分得 15 億元的佣金，故函請臺中地檢署偵辦❸❻。另有立委張○

---

❸❺　見 2001 年 4 月 10 日臺灣各報。莊法官的判決書厚達 1,922 頁，字數一百萬餘字，創刑案判決書的紀錄。

❸❻　知慶公司負責人吳林○○為劉○○舊友，負債七千多萬，正苦無解套之法，劉與曾○○共謀以知慶公司為名向臺中企銀非法超貸，在 1998 年 11 月間，不到一週的時間，一家資本額二千萬元的公司，且在其他金融機構尚有四千九百萬元的貸款債務，卻可順利貸得十五億，吳林○○獲得一億五千萬元，其中五千萬元給劉做為佣金，而劉又從曾○○處獲一億元的佣金 (《自由時報》，2001年 4 月 11 日)。經臺中地檢特偵組的偵查，發現劉立委在 1998 年立委選舉期間開出一百張面額六十萬與一百萬的支票給一百名特定人士，其中有二十名現任立委親自兌領匯入自己的帳戶，另有多筆輾轉再匯入立委帳戶。這一百張支票，即由劉所獲得的一億五千萬元佣金支付，法官懷疑此為競選立法院院長的「前金」。

國民黨籍立委游○○在立法院中坦承在競選期間曾獲劉資助六十萬元做文宣用 (《自由時報》，2001 年 4 月 12 日)；游立委對其所受的六十萬元雖稱說是「純粹是長者對年輕人的贊助」或「朋友、兄長的情誼」。

事實上，「公職人員選舉罷免法」規定候選人不得接受同一種選舉其他候選人的競選經費的捐助 (該法第 45 條之 2 第 2 款) (舊法)。候選人若違反此一規定接受捐助者，處一年以下有期徒刑、拘役或科新臺幣十萬元以下罰金 (該法第 88 條第 1 項後段) (舊法)。對於如此的犯罪行為，游立委或許誤以為是選舉的平常事，而在公開場合坦承不諱，可是卻未見檢察機關主動開始偵辦。

無論是地方議會的正副議長，或是中央的立法院正副院長，幾乎全有賄選的問題，有意參選者在議員或立委選舉期間就要提前下注「釘樁」，「約定俗成」地提供當選希望濃厚的候選人「政治獻金」，做為賄選的「前金」，選舉結果揭曉而中選會尚未公告前再進行準賄選。

第四屆立法院院長有「劉王之爭」，據一位立委透露，當時的立法院副院長王

○亦在曾○○的另一 15 億的超貸案中扮演居中牽線的角色，亦遭檢方起訴中。

　　4.農漁會逾放比高，地方派系介入

　　地方農漁會信用部因銀行犯罪而被掏空的情形，尚較銀行為重，這些地方金融機構向為地方派系所把持，逾放比例偏高而發生擠兌事件❸❼。

　　此外，多年來的不當政策，造成農會不務正業，只重信用部，全臺灣

　　○○給每位立委的「政治獻金」是從一百萬元起跳，最高是八百萬元，而他收到二百萬元。這是當年國民黨立委進行立法院長「假投票」時，王○○打敗劉○○的主要原因（《中國時報》，2001 年 4 月 13 日）。

　　前立法院長、親民黨創黨大老劉○○立委經法官函請地檢署偵辦後，檢察官於 2001 年 5 月 16 日依背信罪嫌將劉立委提起公訴，具體求刑五年，併科罰金新臺幣三千萬元（2001 年 5 月 17 日臺灣各報）。劉立委在判決前，即時潛逃赴中國，而成為通緝犯。

❸❼　依金融局的統計，1999 年第一季的逾放比率信合社為 9.2%，農會信用部則高達 13.1%。松山農會在 1998 年 7 月因逾放比率超過 60%，高居所有基層金融機構之冠，而爆發擠兌事件，因其財務黑洞太大，沒有銀行願意接手，淨值已達負三十億元。中央存款保險公司指出，1999 年以來陸續發生多起基層農漁會信用部的擠兌事件，主要以高屏地區為主，目前全國約有五十家農漁會信用部的逾放比率超過 20%，而屏東地區大約有一半的農會信用部逾放比率超過 20%（《中國時報》，1999 年 7 月 6 日）。

　　例如由郭○○立委擔任理事主席的屏東縣東港信用合作社因偽造存放合庫對帳單，約九億資金流向不明，而於 1999 年 7 月 5 日爆發擠兌事件，一整天被提領近四億元，整個資金虧空高達十三億元。郭立委是立法院財政委員會的要角，曾在立法院提案修正農漁會法，放寬農漁會幹部違法停職停權的規定（《中國時報》，1999 年 7 月 8 日）。

　　依據財政部資料，2000 年 11 月底基層金融機構逾放比率高達 15.84%，約有 20% 的農漁會信用部的淨值為負數（《聯合報》，2001 年 2 月 25 日）。財政部次長陳沖在立法院證實，已有十五家基層金融機構的淨值已呈負數。若經過精算，約有三十家基層金融機構存在經營危機，設置金融重建基金，就是為了處理這三十家問題金融機構倒閉後，存款人的權益問題（《中國時報》，2001 年 3 月 9 日）。

的 283 個農會信用部，管理 1 兆 2 千多億的存款，及 8 千多億的放款，在接連地爆發了 20 幾宗擠兌案之後，如今仍普遍存在一些弊端，包括：人頭貸款、放款集中在特定人、授信毫無約束、地方派系強力介入，爭執不斷、掌權者私相授受、放款審核權由總幹事掌控，而有利於同一派系的貸款等等❸。凡此弊端，或多或少均存有銀行犯罪的問題。此外，農會重信用部，而輕農業推廣業務，不但無補於減緩農業與農村的破產，尚且因要解決各地農會信用部將近 3 千億的呆帳，竟要減少農業推廣業務經費，犧牲弱勢階級的農民的權益。其實農會信用部的逾放款與呆帳是體現當今農會在「一切為選舉」的政治綁標現象，放款權長期操在農會掌權者手中，使農會信用部淪為地方派系與利益團體的「錢倉」，遇到呆帳，尚可透過民代，請政府以全體國民的納稅錢去弭平❸。這是政治選舉與地方派系掛勾，以利益交換選票的權貴犯罪行為。

四、公司犯罪

公司乃現代工商企業社會最主要的商業組織形態，其中最常見的組織形態即是股份有限公司，此等公司的股東人數眾多，而大多數僅屬持有少數股份的投資股東或「投機股東」。這些小股東係以投資或賺取股票差價為目的，能掌握公司經營的企業股東則是少數的大股東，公司的經營由董事會負責。倘若居於經營者地位的董事濫用其權限，為自己或他人謀利，因其知悉公司的內情，故其對公司所能造成的損害，遠勝於任何第三人。由於現行「公司法」對於董事的義務與責任，仍然以「民法」的委任契約作為董事與公司間權義關係的基本架構（參照公司法第 192 條第 4 項），亦即以善良管理人的注意義務（民法第 540 條至第 542 條）與計算義務為主要的責任內容，如此以單純的民事關係，自然不足以規範今日繁雜的公司商事活動。由於欠缺董事對於公司的忠實義務的規定，董事的利益與公司的

---

❸　參閱《自由時報》，1996 年 8 月 15 日。

❸　見董時叡：〈農會信用部呆帳與農業推廣經費支出之不當關聯〉，《自由時報》，1999 年 7 月 13 日。

利益衝突時的行為準則與處理規範，亦均付之闕如，致使董事權重責輕，且因無相當的制衡機制，董事濫權行事，肥了自己卻瘦了公司而損及小股東侵害廣大投資人利益的弊案，自然滋生不息，且有愈演愈烈的情勢❹。

公司犯罪乃指使用公司組織做為犯罪工具或以公司為侵害客體的權貴犯罪。通常是掌有公司經營權的大股東，濫權圖利而損害小股東的權益，或是上市上櫃公司的大股東，利用另設的子公司從事利益輸送，掏空母公司。例如財團的企業體與個別大股東買賣土地，即上市公司的負責人或大股東所持有的土地，以高價轉售給公司，以取得個人巨額利潤，透過土地鑑價公司或銀行超額貸款來合理化土地的高價格，以逃避刑責❹。或財團內部關係企業的土地交易，也常有高價買賣的現象，其目的乃是墊高土地成本，以逃避可能按實價徵收的土地增值稅或營利所得稅❹。

公司犯罪尚包括創設「地下投資公司」所為的犯罪，此係在物價穩定及銀行利率偏低的 1980 年代，民間的游資到處流竄，鴻源公司為首的地下投資公司（規模較大的尚有永安、永逢、龍祥等）乃以高利為誘餌，藉類似「老鼠會」的方式，開始由客戶出資 15 萬為一股，每月一律領回 1 萬元的紅利方法吸收資金。此等違法吸金活動，破壞正規銀行業，擾亂正常金融活動，並以其資金從事土地與股市的炒作，而助長股價及房價的飆漲。地下投資公司在本質上是「地下錢莊」加上「老鼠會」的綜合體，雖然違法事實清楚，但是各有關的主管機關卻相互推諉任其滋長，簡直有如無政

❹　參閱王文宇：《公司與企業法制》，2000，33 頁以下。

❹　例如華隆集團的嘉畜公司在 1990 年 2 月以二十七億元向翁大銘購買臺中的土地，而前次的移轉（1988 年 12 月）只有十億元，即是著例。這類公司犯罪最細膩的手法即是透過旗下非上市公司（通常是財團負責人獨資）與地主協商抬高土地買入的帳面價，此上市公司為非上市子公司持股的母公司，隨著土地的買賣，母公司將資金轉入子公司，子公司再等待機會高價轉售土地給上市的母公司雙重獲利。參閱〈臺灣財團怎樣賺土地錢？──透析上市公司土地大挪移技倆〉，《財訊雜誌》，1992 年 8 月，181 頁以下。

❹　例如東帝士集團名下的東雲及中安觀光企業，1991 年以二十三億元承購臺中的一筆土地，1992 年再以三十二億元轉售給關係企業中港晶華。參閱同前註。

府狀態❸。拖延了六、七年，終於陸續地爆發了一系列地下投資公司倒閉

❸　地下投資公司結構性地聚集廣大的小游資，從事炒房地產與股票的投機。依據
　　估計，只有一半或三分之二的資金以支付利息與從事投資，其餘的一半或三分
　　之一的資金就成為公司主持人的囊中物。主管機關雖然明知這種公司對於財經
　　秩序的損傷性與危險性，可是卻因循苟且，雖在地下投資公司滋生蔓延數年
　　後，始於 1988 年 7 月 25 日由財政部、經濟部、法務部、調查局、警政署等單
　　位共同組成「處理違法吸收資金聯合專案小組」，但在投鼠忌器，過度擔心引
　　發經濟風暴的心態下，小組成立年餘，不但沒有任何具體行動，而且尚有公營
　　行庫放款給地下投資公司的情事。據報載，至 1989 年 5 月底省屬七行庫對地
　　下投資公司的放款額竟然高達二百三十一億元之鉅！總之，七年來，各有關主
　　管機關對於尚未出狀況的投資公司，認為反正還沒有被害人出面控告，就得過
　　且過，只有在地下投資公司發生倒閉、停止出金，或負責人捲款潛逃等狀況，
　　而有被害人提出告訴時，始被動地從事執法。對於地下投資公司的老大——鴻
　　源公司則拖至 1989 年，行政院與財經當局雖在「銀行法」修正前，一再強調
　　「取締地下投資公司絕無緩衝期」，可是「銀行法」修正公布施行後，主管機
　　關卻還是懼怕得罪眾多的投資人，對於地下投資公司依然是停留在光喊不打的
　　階段，採行「心戰喊話」的「政治作戰法」。參閱林山田：〈地下投資公司的經
　　濟犯罪觀〉、〈評政府對於地下投資公司的處理〉，收錄於林山田：《談法論政》
　　㈡，1991，341 頁以下。
　　地下投資公司的老大鴻源機構成立以來，主管機關即採取不聞不問的態度，自
　　1988 年 5 月起調查局奉命掃蕩，取締了一百多家地下投資公司，可是鴻源卻
　　能置身事外，未受取締，更使鴻源坐大，吸金總額高達九百六十一億九千八百
　　萬元，被害投資人多達十六萬餘人，直至 1990 年 8 月 22 日始有偵辦的大動
　　作。其成長過程中歷經四位行政院長、五位財政部長、五位經濟部長，在其茁
　　壯過程中不乏中央民代、執政黨的高級黨官，或財經高官與鴻源公開來往，資
　　深立委阿不〇〇曾掛名鴻源機構董事長，時任中央銀行總裁謝〇〇曾為鴻源剪
　　過綵，中央銀行前業務局副局長奚〇〇更是離職投效鴻源。多年來，偵辦鴻源
　　係由調查局臺北市調查處主辦，但進展緩慢，而且每次欲展開行動時，消息便
　　會事先走漏，故調查局長吳東明乃指示將主辦權移由肅貪處北區機動組負責。
　　總之，對於地下投資公司公然違法吸金的行為，財政部、經濟部、經建會、法
　　務部、高檢署、調查局都先後多次表示要取締，可是卻一拖再拖，任其自生自

而投資人血本無歸的地下金融事件❹。近期公司犯罪類型增多，所以歸納分類如下❺：

圖 21–1　公司犯罪類型

資料來源：孟維德：〈公司犯罪的意涵與類型——犯罪學觀點〉，刊：《中央警察大學學報》，第 33 期，1998，336 頁。

(一)公司暴力

1.侵害公眾利益型，例如環境犯罪，包含有毒物質或廢棄物的丟棄、

滅。見《自立早報》，1990 年 8 月 24 日。

❹　依據法務部在 1990 年 7 月提出的專案報告指出，1982 年間鴻源機構開始違法吸金，由於發展順利，公司職員見有利可圖，乃另起爐灶，設立龍祥與永安，1986 年龍祥與永安幹部又另設嘉駿、憶扶及富格林等公司，這一系列的地下投資公司吸金總額約一千八百億元。在地下投資公司發展的過程中，經濟部、財政部、證管會等相關業務主管機構一直未採取積極的取締態度，職司追訴犯罪的檢察機關也處於消極被動狀態。經濟部於 1987 年 6 月首次將「磊祥公司」移送法辦，財政部在 1985 年 9 月將「中訊公司」移送調查部，直至 1987 年 8 月 27 日行政院長俞國華始下達「投資公司非法高利吸收存款，請法務部調查局注意偵辦」的指令，而調查局則延至 1988 年 5 月起，始陸續完成蒐證工作，將之移送地檢署偵辦。見《中國時報》，1990 年 7 月 7 日。

❺　孟維德：〈公司犯罪的意涵與類型——犯罪學觀點〉，刊：《中央警察大學學報》，第 33 期，1998，325–356 頁。

毒氣的排放等。

2.侵害消費者型，指不安全的產品，侵害消費者權益，如不健康的食品、藥品、汽車及美容產品等。

3.侵害員工利益型，指雇主不重視職場的安全，使得員工傷亡。

㈡公司之權力濫用、詐欺與經濟剝削

1.侵害消費者利益型，指價格鎖定、哄抬價格、不實廣告等。

2.侵害員工利益型，指對員工勞動結果剝削、苛扣員工薪水、加班費等。

3.侵害競爭者型，指獨占作為及竊取商業機密。

4.侵害公司擁有人與債權人型，指公司管理階層利用機會擴增權力和利益，而非小股東的權益。

五、學校犯罪

學校犯罪包括公私立學校的校長索取回扣的貪污罪，以及私立學校的經營者以私校為犯罪工具所為的犯罪。

前教育部長毛〇〇在 90 年代曾痛心地指出部分中小學校長採購教科書或購置公物時，有向商家收取回扣的現象，在教師遷調或聘任作業中，亦有收受紅包的情形。前教育部主祕李建興亦表示，多校校長在採購教科書時有回扣可拿，主要是因很多教科書並未統編而屬審定本，各校校長可自行決定採購對象，書商在商言商，事後便提供金錢或招待旅遊❹❻。十餘年來，校長因索賄或收賄而遭刑事追訴者，時有所聞❹❼。

---

❹❻　見《中國時報》，1991 年 6 月 20 日。

❹❼　1991 年 8 月 30 日負責偵辦高中職校校長收賄案的臺南縣調查站將六十二名公立高中職校校長，一名教務主任函送臺南地檢署偵辦，而行賄的書商吳某則因涉嫌逃稅四億多元移稅捐處處理。另有二十多名私立學校校長，則另案處理（《民眾日報》，1991 年 8 月 31 日）。此外，偵辦「空大學訊」、「空專學訊」採購弊案的臺北市調查處於 2001 年 3 月底，將前空大校長陳某及前祕書處長李媒等人依圖利罪嫌，函送地檢署偵辦，因陳校長等人涉嫌長期以分批採購方

　　早期的私立學校，因屬特許的事業，故只有在黨政軍特關係良好的人，才能獲得特許而開辦私校，經營者不但獲有經濟上的利益與教育單位的補助，而且又能享有興學的名譽，遇到選舉時，也是一個獲票的根據地。因此，逐漸引致各方人馬爭相投資經營私校。由於特許與經費補助的決定權，而使各級教育行政當局中的少數官員與部分私校的經營者形成利益共同體的結構體，未能依據「私立學校法」的規定，確實執法，而使私校家族化與財團化，衍生出斯文掃地的學校犯罪。

　　私校中固有善心人士捐贈財產興學者，但亦有少數不法之徒純以私校為牟利生財的工具❹，除了土地、校舍、設備等校產外，每年兩次學雜費的收入，動輒數以億計❹。有的私立學校除學雜費之外，學生尚須繳交購買書籍或服裝的「代辦費」。由於向學生收取的費用，大於支出的費用，而使校長有利可圖❺。素質低劣的私校，往往以學生及其家長為剝削的對象，巧立名目，收取費用。例如：刊物費、擦槍費、清潔費、網路費、高爾夫球費等等。此外，學生購買書籍或制服，亦可賺取折扣的價差。不少私校不斷擴建校舍，並充分利用學校資源，白天有日間部，晚上有夜間部，週

　　式規避公開招標，並包庇特定印刷公司進行圍標。見《自由時報》，2001 年 4 月 1 日。

❹　臺灣地區約有二千三百六十所各級私校，大多數係正派興學，為國育才，但經教育部列冊控管疑有弊端的私校約有四十所。

❹　學校規模愈大，學生愈多，學雜費的收入亦愈大，例如 1998 學年淡大有二十億八千萬，文大有十九億，輔大與逢甲也超過十六億，東海與中原有十一億三千萬等，見紀淑芳：〈私立學校賺錢大公開〉，刊：《財訊雜誌》，2000 年 4 月，198 頁。依據教育部的統計，大專院校總數已達一百五十所，學生數超過一萬名的學校有四十所，其中只有六所是公立大學，占 15%，私立大學則占 85%。有四校的學生數超過二萬人，依次為淡大（二萬十千多人）、臺大、文大、與輔大。見《聯合報》，2001 年 3 月 8 日。

❺　例如私立稻江護理家事職業學校前後任校長陳某父女，近十年來挪用「代辦費」結餘款八千多萬元。調查局依背信罪與侵占罪將兩人移送地檢署複訊後，交保候傳，見《自由時報》，2007 年 8 月 23 日，A12 版。

六、日有進修部，使私校變成另一種形式的「便利商店」。

　　80 年代，臺灣經濟起飛，政府對私校的補助大增，辦學校開始成為「名利雙收」的事業，於是各地有力人士與財團均想參與私校的經營，委由民代出面向政府施壓，除爭取補助、升級、增班或增系，幫助私校廣闢財源，或向公營行庫施壓貸得鉅款以擴校或轉投資。由於民代在私校經營上的重要性❺❶，民代也由私校獲取不少利益，於是民代也親自參與私校的投資，當起董事或股東，大家一起把學校當做賺錢的生意來做，由於僧多粥少，而店不夠分配，於是民代聯手施壓教育當局，大幅開放新學校的設立，或是由原來的專科改制升級為技術學院❺❷；再由學院升級為大學，使臺灣的「大學」密度成為世界之冠。由於私校的盲目擴充，隨著人口出生率的降低，學生來源減少，使私校供過於求，競爭力較差的私校開始出現虧損，董事會出賣校地或出售董事圖利，甚至於出賣整個私校，而爆發了學校犯罪。

　　教育部現行的會計查帳制度，簡直是為私校量身訂製，容許私校自行聘請會計師簽核學校帳務，也可委託教育部代聘會計師。前者校方完全自費，後者則費用各負一半。結果是全國 270 多所私校，除了少數幾校外，90% 以上全是學校自聘會計師。在此情形下，私校的弊端，自不能從查帳制度中，獲得改善。

　　教育主管官員對於私校雖負監督的責任，但卻不避嫌地與私校關係密切，有定期領取私校顧問費，參與學校的活動，拿取車馬費，甚至有投資私校老闆的建設公司，或向其購買低廉的豪宅❺❸。官員如此毫不知恥地違

❺❶　私校與中央或地方民代關係密切，近幾屆立法院的教育委員會的不少立委均有其私校關係。例如是私校董事長的鄭〇〇，董事長妻子的穆〇〇、董事長女兒的李〇〇。立委掌握每年一千五百億元的教育預算，其中有五分之一是補助私校經費。

❺❷　教育部放水，大幅讓私校改制升級，近三年由專校改制為技術學院的計有三十九所，而其中就有景文、大漢、萬能、清雲、致理等五所技術學院發生弊案。見《財訊雜誌》，2001 年 3 月，46 頁。

背利益衝突迴避原則，自然未能依法督導私校，而形成學校犯罪。

　　最典型的學校犯罪當推 2000 年 6 月底曝光的「景文張萬利案」，張某以景文高中與技術學院的經營為其犯罪的根基，犯罪手法包括：變更地目以炒地皮，並興建別墅❺❹、違法向教職員吸金、掏空校產、買賣董事席次❺❺、詐欺貸款❺❻，以及為爭奪學校的經營權，雙方引進立委介入，造成黑白兩道的對決，並在立法院衍生暴力事件❺❼。

---

❺❸　例如前教育部長楊○○與前教育部常次林○○均坦承，曾投資景文學院董事長張○○的建設公司，林○○述說賺到數百萬元。曾任臺北市教育局長的黃○○與林○○，均直接監督過張○○的景文高中。楊、黃、林諸氏均購買張○○建造的「大學詩鄉」的豪宅。

❺❹　1989 年藉興建校區的名義，向教育部申請，並由教育部以專案會同臺灣省政府通過將大批廉價的山坡地變更地目為特定事業學校用地，再向臺北縣政府辦理變更地目為球場與住宅用地，興建「大學詩鄉」別墅（見《中國時報》，2001年 4 月 4 日，4 月 8 日），並以其所興建的豪宅，以「贈屋」或「半買半送」的方式，賄賂教育行政官員、行庫高層或其他黨政關係，以打通其以私校做為牟利工具的各種必要管道。此外，並以其高爾夫球場與黨政官員培養關係，該球場甚至於安排固定時段供教育部官員使用。《聯合報》，2001 年 3 月 30 日。

❺❺　教育部次長范○○指出董事席位買賣在私校是常態，而且目前「無法可管」。目前要買下景文技術學院的十五席董事約需七億五千萬元，每席五千萬元。見《自由時報》，2001 年 4 月 5 日。

❺❻　張○○以景文集團昱筌建設以二億七千萬元向法院標得的位於臺北縣新莊市的一塊停工中的「新泰大郡」工地，向中央信託局詐貸六億四千萬元，並已由張取走四億二千五百萬元。如此的詐貸不只是抵押品高估，而且以異於其他申貸案的速度（自提出申請至放貸期間不超過二十日）撥款給景文集團。經檢調單位的調查，上述詐貸係張○○在中央信託局理事主席任內協助下所造成，而張氏之子亦購有「大學詩鄉」別墅，雖已完成過戶，但一千二百萬的貸款、水電費、管理費每月二十多萬元，一直由景文集團支付。見《中國時報》，2001年 4 月 3 日，4 月 19 日。

❺❼　2001 年 3 月 28 日立委羅○○在教育委員會因景文案而出拳毆打立委李○○，使景文案引起社會更大的注意，而瞭解學校犯罪的嚴重性。

六、基金會犯罪

　　基金會是一種財產集合體的財團法人，因屬於公益法人，故在稅法中規定對於將財產捐贈給基金會者，可以扣除所得額及免計贈與稅或遺產稅。如此的公益設計，因為主管機關對於基金會的放任或監督不周，竟使基金會淪為權貴犯罪的行為人所利用的犯罪工具。

　　1990 年代，公職人員（包括各級行政首長與民代）或派系問政團體籌設基金會蔚為風潮，至今有不少公職人員均擁有自己可以掌控的基金會。由於私人或企業對基金會的政治捐獻可以享受免稅待遇，甚至可達「合法逃稅」的目的，且可藉此籠絡公職人員，為其企業提供服務或遊說，故能相當程度激勵個人或企業捐錢給公職人員或問政團體。此等趨勢可使公職人員在問政上獲得財務支援，最近「政治獻金法」與「遊說法」等政治陽光法案均已完成立法，政府必須對於公職人員與問政團體設立的基金會，依據這二個法律，確實執法，以防政治金權化程度的惡化。

　　權貴犯罪通常係濫用基金會充當貪污的白手套或逃稅工具。今分述如下：

　　1.做為貪污的白手套

　　民選公職人員若濫用其職權，而逕行收受對待給付者，即構成貪污罪。今若公職人員以自己的名號或由其親人或親信出面組織成立基金會，則其公務行為中收受對待給付者，即可「名正言順」地將賄款「捐贈」給公職人員的基金會，而沒有貪污犯罪的問題。有了如此好用的白手套，無異在實質上對於公職人員的貪污犯罪做了「除罪化」的工作，大多數的公職人員都會弄一個或數個基金會，而玩得不亦樂乎。事實上，個人或企業提供鉅額的政治獻金予政治人物，固有基於政治理念的相同，但其中亦有很大部分是非法的政商勾結或利益輸送，只是透過基金會的運作，使人誤認為「合法」行事而已。

　　2.財團或有錢人做為逃稅的工具

　　財團或有錢人捐贈成立基金會而享受稅法上的優惠規定，透過贈與除

了免繳贈與稅之外，並可降低所得稅的稅率，而且遺產稅也可全免。至於基金會的董監事，全是捐助人指定的自己人。如此的條件下，使基金會淪為財團或有錢人逃漏稅或節稅的「合法」工具。

七、醫療犯罪

醫生在社會是受尊重且信賴的職業，但利用醫療的機會而進行謀財的案例也是多見。醫療犯罪是指因醫療案件有發生民事請求賠償、刑事責任或違反健保法相關行政法令等醫療偏差行為。例如，2009 年年底警察破獲傅建森集團勾結十餘家醫院醫師，自 2003 年至 2007 年間以檢體掉包方式詐領保險金逾億元，導致未罹癌病患被開刀及化療❺❽，是近年嚴重的醫療詐欺案，而詐領健保費案例也是不勝枚舉❺❾。

根據實證研究，臺灣醫療犯罪的類型，包含詐欺型詐領費用及暴力型施用不必要的手術及其他類❻⓪：

㈠詐欺型醫療犯罪

詐欺型醫療犯罪的受害主體主要為健保局，對於民眾的健康安全無直接危害，其類型包括：

1.以無報有：病人未求診卻有診療紀錄。

2.以少報多：以簡單治療項目申報複雜且點數較高之治療；以低單價

---

❺❽　《聯合報》，2009 年 5 月 26 日報導。

❺❾　財團法人醫療改革基金會：《為醫療詐欺查緝成果喝采　請費協會追回詐領健保費——附件 2 「97 年至今涉嫌健保詐領新聞事件一覽表」》，刊網站 http://www.thrf.org.tw/SiteSearch.asp 議題資料庫／全民健保／98 年度，瀏覽日期：2012 年 6 月 3 日。

❻⓪　孟維德、郭憬融、李讓：〈醫療犯罪之實證研究〉，刊：《警學叢刊》，第 40 卷第 1 期，2009 年 7 月，33–60 頁；孟維德、李讓、黃大武：〈犯罪合理化——醫療犯罪與偏差原因的探討〉，刊：《中央警察犯罪防治學報》，第 10 期，2009，115–148 頁；何清松：《知識經濟時代醫療資訊系統之整合與規劃：利用 e 化資訊系統節制不必要的醫療浪費》，行政院衛生署 91 年度委託研究計畫報告，2003，55 頁。

診療、手術、檢查、用藥等醫療行為申報單價較高的診療、手術、檢查、藥品費用。

3.虛報或重複申報手術、檢查項目：如以自費名目收費又以健保給付名目請款；假住院或虛報住院天數；利用親戚、朋友或其他醫療院所，交換申報相同病患且重複的治療項目。

㈡暴力型醫療犯罪

暴力型醫療犯罪的受害主體為病患本身，直接影響病患健康安全，同時部分行為也涉嫌向健保局進行詐欺等非法行為：

1.施行不必要的手術或檢查或開立不必要的藥品。

2.醫療人員由於故意或嚴重疏失，能避免而未避免，導致手術或其他醫療行為失敗。

3.醫療人員由於故意或嚴重疏失，延誤診斷時機，導致病情惡化、病患本身產生難以回復的傷害。

㈢其他類

1.醫師收取藥商回扣或其他好處，在開立藥品時有特別偏好。

2.開立偽造證明。如巴氏量表、殘障手冊等。

3.利用不實廣告吸引民眾前往就醫。

違反醫療規定，必須要負起民事、刑事和行政責任。民事責任一般是賠償或補償被害人或家屬；刑事責任則必須接受刑事偵查及審判，起訴的罪名有詐欺、偽造文書、業務過失致死或業務傷害等罪名，而終場審判多數為半自由刑或刑責在一年以內[61]，部分還可以緩刑；行政責任部分，以無報有虛報者，依所領取費用處以 2 倍至 20 倍之罰鍰（全民健康保險法第81 條），並停止特約 1 至 3 個月（全民健康保險醫事服務機構特約及管理辦法第 37 條）[62]。

---

[61] 孟維德、郭憬融、李讓，前揭文，45 頁。

[62] 孟維德、李讓、黃大武等，前揭文，133–134 頁。

第四節　權貴犯罪的抗制

　　掌有權勢，或擁有財富，或兩者兼而有之的權貴階級，亦如農工階級的一般人同樣會犯罪，只不過他們所犯的罪，跟一般人有所不同而已，或者是他們神通廣大，可以左右立法，使他們的行為不至於列入刑法規範要處罰的犯罪行為，或者是當刑事司法機關開始對他們有所行動時，可以及時地撲滅追訴行動，或是在審判中設法脫罪，致使「刑不上權貴」而已。

　　一般社會大眾或執法人員向來對於犯罪的刻板印象，總是認為犯罪是農工階級或貧賤者或是地痞流氓的專利品。這種錯誤的印象，必須徹底加以改正，始能促使社會大眾對於權貴犯罪的注意，而能進一步地設法防制權貴犯罪的滋生及蔓延，並使刑事立法與刑事司法不致仍舊偏好對於暴力犯罪或傳統的財物犯罪（特別是竊盜罪），而能同時兼顧對於智力犯罪與權貴犯罪的制壓，以避免透過刑事司法手段以制壓犯罪的刑事政策本身即存在階級差別待遇，致使刑事立法與刑事司法所建構的法網，卻有如蜘蛛網一般，充其量只能夠捕捉那些偷雞摸狗之輩的小昆蟲，可是卻讓權貴犯罪之徒，有如虎頭蜂一般飛穿而過。

一、政治金流透明，杜絕金權掛鉤

　　為能有效抗制權貴犯罪，在治本上應將一切與政治有關的金錢流動納入法律的管制，今已制定「政治獻金法」，使其透明化，並屬行政黨政治、民意政治與責任政治的民主政治，改善臺灣的政經體質與大眾傳播媒體。由於政治的確實民主化，經濟環境的自由平等，傳媒能夠成為社會公器，報導上層社會階級違法亂紀或濫用權力或經濟力圖謀暴利的資訊，並加以評論，則權貴犯罪即可防患於未然。

二、建立各行業制度，預防業務犯罪

　　權貴犯罪的預防，也可經由周全而適當的相關立法，建立制度，而產

生制度性的預防效果。例如比照公平交易委員會的先例，設立獨立的「金融監督管理委員會」，使其得以擺脫政治力的干擾，而能專業、客觀而有效地監管金融機構❸。或例如完善「公司法」的規定，加強董事的責任與監察人的監督功能，劃清其與董事間的關係，明定董事與公司間交易的程序，並規定該交易即使經股東會或監察人的同意，但若有明顯事實可知交易顯失公平等，法院亦得以判決撤銷該交易❹。同時，並修正現行規定，而能產生專業人的獨立董事，使董事不必然是股東，在上市規則規定公司董事中至少 3 分之 1 應是獨立董事，才能上市。此外，並在「證券交易法」規定上市公司應設代表公共利益的監事，由主管機關任命之；主管機關亦得就全體股東的利益，提起訴訟，有如檢察官提起公訴一般，而不必繳納裁判費❺。又例如「公務員服務法」中對於公務員離職後任職限制的現行規定係採職務禁止的方式（參閱該法第 14 條之 1），離職公務員只要跳脫出條文中明定的職務名稱，依然可以違背利益衝突迴避原則，而在黨營或私人企業任職，故宜改行更為嚴格的特定行為禁止的立法方式❻。

三、加強刑事司法人員追訴權貴犯罪專業能力

權貴犯罪的行為人大多成為法網之外的漏網之魚的原因除了無法可依以外，主要的還是有法不依，故一方面，應加強在工商企業活動中的執法工作；另方面，在刑事司法政策上，應設法排除或減低追訴權貴犯罪的困難性，刑事司法人員一方面應建立追訴權貴犯罪以實踐法律正義的意義，

---

❸ 參閱余雪明：《國勢與股市政經論文集》，1992，前揭書，94 頁。

❹ 參閱王文宇，前揭書，71 頁以下。

❺ 同前註，37 頁；並參閱余雪明：〈獨立董事與投資人保護〉，收錄於：《財經法制研討會論文集》，1997，202 頁以下。

❻ 法務部提出的修正條文「公務員於其離職後三年內，不得在與其離職前五年內之職務直接相關之法人或團體，擔任負有業務主要決策責任人員、業務決策執行人員及顧問或相當於顧問之職務，但聯誼性社團不在此限。」即屬採此等立法方式而為的修正建議。

較之對於一般傳統犯罪的追訴是有過之而無不及的職務意識；另方面，則應加強刑事司法人員追訴權貴犯所必需的專業知識，特別是有關金融、證券、公司、財稅、會計、簿記等方面的專業知識，以及證據蒐集的方法與重點。

四、增加對刑事法學及附屬刑法的研究

為能完善抗制權貴犯罪的法律體系，臺灣刑事學（包括刑事法學、犯罪學與刑事政策學、犯罪偵查學等）的研究，也應該把焦點移到權貴犯罪的領域，透過刑事學的研究成果，提供修法或立法建議，促使臺灣的立法者對於權貴犯罪的抗制工作，能夠制定出妥適而周全的立法。此外，動用刑法以鎮壓遏阻權貴犯罪，除適用刑法中的瀆職罪、詐欺罪、侵占罪、背信罪、偽造文書或有價證券的刑法條款，以定罪科刑外，主要的乃在於適用依附規定於各有關法律，例如「公職人員選舉罷免法」、「洗錢防制法」、「公司法」、「銀行法」、「信用合作社法」、「金融控股公司法」、「保險法」、「證券交易法」、「票券金融管理法」等規定的附屬刑法（即各該法的罰則章中所規定的刑法條款），從事權貴犯罪的追訴與審判。此外，刑事實體法學的研究亦應加強對於這些跟權貴犯罪的防制有關的附屬刑法的研究。

五、平衡刑責的處罰

由於社會與刑事司法向來對於權貴犯罪的縱容，使這一類型的行為人可以輕易逍遙法外，縱或受到刑法的制裁，也只是高高舉起，輕輕放下而受輕判，服刑數年後，仍可享受數以億計的犯罪成果。以此等犯罪社會事實與一般傳統犯罪的追訴與處罰相比較，則立即可見刑事司法的不公平性，對於攜槍至銀行「提款」的行為人（例如李師科等），會有死刑或無期徒刑的法律效果，可是透過特權或是使用經濟犯罪的伎倆而掏空銀行或搬走數億或數十億的權貴罪犯，卻是民事的債權債務問題，或者只有幾年徒刑的法律效果。面對如此的社會事實，假如不設法改善的話，那麼說刑事司法是在於實踐法律正義，將只是一句美麗的謊言！

六、建立正確的社會責任價值觀

在唯利是圖的工商社會，追求利潤與經濟成長，自然成為個人的人生與整體社會的最高價值。惟在此等逐利為首要目的的工商社會除了逐步建立追求私利，不得損及公私的社會價值觀外，亦應建立工商階級觀，亦即：並非有錢即是大爺，而應區分錢是從什麼行業用什麼方法賺來的，以及有了錢之後的社會公益表現，而將有錢人做等級的區別：靠生產事業賺錢而能養活眾多勞工者居首，從事商業貿易者次之，而玩金錢遊戲者或官商勾結的權貴犯罪手法賺錢者最低。對於具有社會責任觀，時有社會公益表現者，社會應予尊重與肯定；反之，則應予批判或唾棄。能夠建立如此的社會價值觀與工商階級觀，則自能減少權貴犯罪的發生。

七、強力譴責財團巧取豪奪不法行為

資本、財團都是資本主義下的現代工商企業社會所不可或缺的要素。錢財本身應該是中性的，而不應給予過早的價值判斷。君子愛財，取之有道，以錢生錢，本屬天經地義的事，只是以權貴犯罪方式，以錢求權，再以權生錢，毫無企業倫理或經濟紀律，濫用雄厚的財力，巧取豪奪，加大貧富的差距，製造社會階級的對立，對於如此的有錢人或財團，則社會應予非難譴責，具有社會公器本質的傳媒，應予舉發，將其所犯的權貴犯罪行為公諸於世，使其無所遁形。對於如此的社會批判，以及希冀以法律手段防制權貴犯罪的想法或做法，絕不可輕易誣指為「反商情結」。因為這些思考或措施均屬建造公平社會的根本，而政治與經濟的公平，以及維持一定程度的企業倫理與經濟紀律，則是公平社會與社會和平的基礎。

民主政治之可貴乃在於透過和平的選舉而能更迭政權，並且能夠透過政權的更迭，而清理審判違法失職或濫權圖利的民選公職人員，特別是總統、副總統、院長、部長、立委等層級的公職人員，使那些在臺上風光享有權勢但不自愛而犯法的權貴階級，在任期屆滿下臺後，受到司法的追訴與審判，使其身敗名裂，以嚇阻公職犯罪，而能發揮防制權貴犯罪的功能。

第十八章　抗制犯罪的對策

第一節　標本兼治的犯罪抗制

　　每個社會，無論是處於何種政治體制、經濟形態或社會結構，都毫無例外地存在著一定類型與一定數量的犯罪。雖然每個社會都有其抗制犯罪的對策，並使用各種刑罰手段，以制裁犯罪人，可是自有人類社會以來，並沒有任何一個社會成功地把犯罪完全消滅，而將犯罪排除於人類社會之外，「消滅犯罪」也就成為永遠無法達成的口號與目標。就整個人類社會史的觀察，必然得出犯罪是永遠長存於人類社會的常態現象的結論。

　　犯罪固然是長存於人類社會中具有規則性的社會事實，可是我們絕不可就此罷休，對於犯罪問題採「無為」的態度，而任由犯罪在數量上無限度地增加，在犯罪質上無限度地惡化。這必將導致社會秩序的紊亂，個人的生命、身體、自由與財產隨時隨地都可能遭到無端的侵犯，而無絲毫的安全感。因此，我們必須整合各種力量，拿出各種可能的手段，向犯罪宣戰，務必把犯罪制壓至一個社會大眾都能容忍與接受的程度，以確保社會共同生活所必需的安寧與秩序。

　　由於犯罪具有高度的損害性及危險性，而成為最嚴重的一個社會問題。它對於社會與個人的安全構成極為重大的威脅。面對這一嚴重的問題，我們當然要使用一切可能的手段來作有效的處理。通常都會主張標本兼治，兼採並用治本的與治標的兩種手段，而且也會認為治本的是一種積極性的手段，而治標的只是一種消極性的手段。因此，屬於治本性的預防，應該是優於治標性的追訴犯罪與懲處罪犯。諸如「防患犯罪於未然重於懲罰犯罪於已然」、「預防勝於治療」與「事先的預防重於事後的懲罰」等幾個信條，不但是理論上，而且也是實務上一致公認正確的原則。

　　一般而論，那些在理論上與實務上均公認為正確的原則，照說應該具有很高的可行性，可是例外地，上述的原則迄今在我國竟然還是停留在「呼口號」的階段，政府與社會在解決犯罪問題上依然把所有的力量全放在事後的追訴與懲罰的治標工作。至於富有治本性的「事先預防」，似乎只是個動聽的「口號」而已！造成這種現象的原因到底何在？我們稍加思考就可以了解：大凡治本性的或是積極性的手段，所牽涉的範圍以及所要從事的工作均較治標性者或是消極性者為廣泛而深入，其工作的推展常須數種不同類屬或不同層次的機構相互配合，而且又要有足夠的經費來從事長時間的工作，方能收到根本性的成效。因此，對於這種不能「立竿見影」或立即生效，而需要「長期抗戰」與大量投資才能收效的事情，也就極易令為政者望而卻步，特別是經由選舉產生又有任期限制的各級行政首長。再加上社會大眾對於犯罪與犯罪人的偏見與仇視，而不願施壓政府投資在龐大的治本事業之上。在這種情況下，自然而然地使這種每個人都知道極為重要的犯罪預防工作，只好停留在「紙上談兵」的階段。

　　為推展標本兼治的抗制犯罪對策，應有下列的認識與做法：

一、摒棄重刑是賴的犯罪抗制

　　造成只重治標而輕治本的另外一大原因，即是長久以來根深蒂固的重典論與重刑是賴的刑事政策。數千年來總是將犯罪問題過度簡單化，認為只要使用刑法手段，對於罪犯科處重刑，即可解決犯罪問題。在這重刑是賴的刑事政策的支配下，自然不會積極去從事預防犯罪的治本工作。因此，在抗制犯罪政策上必須摒棄重刑是賴的觀念與做法，才能落實預防犯罪的治本工作。

　　刑事司法是制壓犯罪與預防犯罪最具體的手段，經由一系列的刑事司法機關，偵破業已發生的刑事案件，逮捕嫌疑犯，並加審判而科處犯罪人應得的刑罰。一方面處罰犯罪人，而來滿足社會一般大眾正義的需求。同時，又利用監禁犯罪人的時間從事刑事矯治工作，使其能再度適應社會的共同生活；另方面則藉刑罰的威嚇力，教育與威嚇社會大眾，而期嚇阻犯

罪，發揮預防犯罪的功能。

　　在刑事司法的目的構想中，不少學者或社會大眾往往會過分迷信刑罰的威嚇功能，而持嚴刑峻法的「亂世重典論」，認為刑罰在犯罪的嚇阻力完全決定於刑罰的種類及刑罰為輕重程度，科處罪犯的刑罰愈是嚴厲，則愈能收到制壓與預防犯罪的功能。換言之，即刑罰的嚴厲程度是與刑罰的威嚇功能成正比。因此，莫不誤以為懲一足以儆百，殺一姦之罪，而足以止境內之邪！

　　自學術的研究得知，並不是儘可能嚴厲的刑罰，而是儘可能與行為人的罪責相稱的公正刑罰，才能發揮刑罰的制裁效果，因為這種公正合理的刑罰才能增強人民的法意識，並提高社會大眾對於法與不法的感受性，造成社會教育上與倫理道德上的效果❶，而產生一種形成倫理的力量❷。透過這種強而有力的倫理力量，才足以實現刑罰的目的構想。此外，由於刑罰威嚇本身並不具有倫理價值可言，它只有使人感到畏懼，而不能積極地促使個人在倫理態度上的覺悟❸，況且，刑罰威嚇分量的超重，常促成犯罪人由於畏懼嚴刑而不得不在其實行犯罪行為之前作最周詳而嚴密的計劃，致增加刑事偵查的困難，造成犯罪偵破率的降低，使為數不少的犯罪案件根本無法進行刑事追訴，而成為懸案。因此，儘可能嚴厲的刑罰不但不具有刑事政策上的刑罰效果，而且有時還會造成與刑事政策背道而馳的反效果。

　　我們自幼童時代就經由父母的懲罰認識體會教育性的威嚇，大多數的人自小即習慣於以獎勵與懲罰的手段來左右行為的作用方式。因此，在無意識中也極易嘗試以國家嚴厲的刑罰來制壓與預防犯罪。當然這套刑罰威嚇的目的構想是有基本上的價值，並能發揮其維持法秩序的功能。因為一個沒有刑罰存在的社會，其秩序的紊亂，個人的生命、身體、自由與財產

❶　參閱林山田：《刑法通論》（下），396 頁以下。

❷　參照 Jescheck & Weigend: *Lehrbuch des Strafrechts*, Allg. Teil, 5. Aufl., 1996, S. 75.

❸　Peters: Zur Theorie der Kriminalstrafe in pädagogischer Sicht, in: *Pädagogik der Strafe*, hrsg. v. Willmaun-Institut, 1967, S. 381.

受到他人任意侵犯的危險情況，我們是不難想像的。儘管如此，我們卻不可過分高估刑罰的一般威嚇效果，或太過強調刑罰的威嚇力，而認為一個長期自由刑比之一個短期的自由刑，或是生命刑比之一個長期的自由刑或無期徒刑更能造成犯罪人與社會中具有犯罪傾向者的畏懼，而在抗制犯罪的政策上輕易提出重典的主張，希冀經由嚴刑重罰解決犯罪問題，力主刑罰的執行亦應盡可能地嚴屬，甚至於殘酷恐怖的地步，才能撲滅犯罪。這不但違背「法治國原則」(Rechtsstaatsprinzip)❹，而且就倫理與基本人權的觀點，也沒有穩固的立足點，因為想以刑罰處罰某一個人，而來促成其他人的不犯罪的這種做法，無疑只是把一個人當做工具來加以利用，透過刑法的制裁以確立一個前例，來儆戒其他人，而達成刑罰本所預期的目的。對於這種「殺雞儆猴」的做法早在 18 世紀，德國哲學家康德 (Immanuel Kant, 1724–1804) 即曾非常明確地提出警告說：「法官的刑罰是不可以把人當做一種工具，而來促使其他人保持良善，因為人是不可以只把人當做工具來操縱其他人的意圖」❺。因此，假如過分強調刑罰一般預防理論而形成重罰思想❻，則犯人不只要為其所為的犯罪行為，而且還要為其他的人而受刑罰，在這情況下，刑罰將難以合理化，而失卻其存在基礎。

　　中國早在春秋戰國時代就已盛行嚴刑重罰的思想，如韓非子所云：「明主之治國……重其刑罰，以禁姦邪。」(《韓非子‧六反篇》) 又說：「正明法，陳嚴刑，將以救群生之亂，去天下之禍。」(《韓非子‧姦劫弒臣篇》) 又如管子所稱：「行令在乎嚴罰」(《管子‧卷五‧重令》)；及商鞅所云：「去姦之本莫深於嚴刑」(《商君書‧開塞篇》)；又說：「禁奸止過，莫如重刑，刑重而必得，則民不敢試，故國無刑民，國無刑民，故曰明刑不戮」(《商君書‧賞刑篇》)；以及韓非子所言：「嚴刑者民之所畏也，重罰者民

---

❹　參閱林山田：《刑法通論》(上)，85 頁以下。

❺　Kant: *Metaphysik der Sitten, Rechtslehre*, Allg. Anmerkung, E. zu §43–49.

❻　一般預防理論係以一般預防方式的目的構想而提出的刑罰理論，認為刑罰的目的乃在於威嚇社會大眾，而產生嚇阻犯罪的預防功能，參閱林山田：《刑法通論》(下)，391 頁以下。

之所惡也，故聖人陳其所畏以禁其衰，設其所惡以防其姦，是以國安而暴亂不起。吾是以明仁義愛惠之不足用，而嚴刑重罰之可以治國也。」（《韓非子‧姦劫弒臣篇》）由此可見，法家均認為重刑才足以令人民畏懼懾服，不敢以身試法，如此，才能嚇阻犯罪；否則，若刑罰太輕，則不足以去邪除惡。基於這種論調，甚至於還出現「輕罪重刑說」，認為重罪輕刑固然足以縱罪容惡，就是重罪重刑，輕罪輕刑，仍是無濟於事，不能止姦去惡，如商鞅所云：「行刑重其輕者，輕者不生，則重者無從至矣，此謂治之於其治也，行刑重其重者，輕其輕者，輕者不止，則重者無從止矣，此謂治之於其亂也。」（《商君書‧說民篇》）

　　法家這種過分強調目的觀的一般預防理論，對於刑事政策產生極為深遠的影響：在刑罰制度上，莫不採行嚴厲的生命刑與身體刑❼，可以判處死刑的犯罪行為，名目繁多❽，不但執行死刑的方法均極盡殘酷之能事，而且均採行公開的執行方式，來確保刑罰的威嚇效果；同時並為強化刑罰的威嚇效果，還建立「族誅連坐制度」❾，使犯罪行為的法律效果可以擴及行為人的親屬，希冀以此慘絕人寰的族刑發揮刑罰的最高嚇阻功能。依照「重典論」的看法，則這些嚴厲殘酷的刑罰，必定具有高度的威嚇效果，而足以有效且徹底地嚇阻犯罪，可是事實上並不盡然，犯罪並沒有因之而絕跡於帝制時代的農業社會。當時的社會結構均較簡單，犯罪的誘因也較少，而且農業社會甚為穩定的社會結構與大家庭的制度下，人際關係與親

---

❼　身體刑包括墨（又稱黥，即刻面塗墨）、劓（割鼻）、刖（又稱剕、臏，即刖足或刖趾）、宮（又稱腐刑，即男子割勢，女子幽閉）、刵（割耳）等肉刑，以及鞭、扑、笞、杖等體刑。參閱徐朝陽：《中國刑法溯源》，1967，164頁以下。楊鴻烈：《中國法律思想史》（下），1964，195頁以下。

❽　周代大辟200條，至漢代多至409條，元魏時大辟230條，隋開皇中除死刑81條，唐貞觀時又減入辟93條，至清順治時，死罪又多至239條，又雜犯新絞36條，至清末則驟增至840餘條，見楊鴻烈，前揭書，（下），312頁。此外，《唐律》十二篇中有十一篇均有死刑的規定，可以判處死刑的條文計229條之多，占全部502條的45.6%，故屬一部嚴刑苛罰的刑法法典。

❾　見575頁的❽。

子關係均極密切，社會與鄰里、氏族與家庭對於個人均有相當大的約束力，
這些約束力構成一個極為嚴密的社會控制網。在這種較易有效控制的單純
社會裡，假如嚴刑重罰能夠發揮其威嚇邏輯推論上的高度威嚇功能，則犯
罪早已被排斥於古代的社會之外。這個刑罰史上的事實，充分說明了刑罰
的威嚇功能不容過分高估的真理❿。事實上，刑法憑藉刑事審判的形式與
程序，公示犯罪人違反刑法規範的事實，並就其犯罪事實加以公正而適度
的刑罰制裁。在這情況下，它即足以發揮非難與懲罰的作用，無待施予嚴
刑重罰⓫。

　　中國舊律時代這種具有濃厚的目的構想與威嚇思想的重罰主張，並非
歷代學者一致的看法。不少學者在當時就能洞悉嚴刑重罰的弊端，如法學
家沈顏在其所著的〈象刑解〉上說：「夫法過峻則犯者多，犯者多則刑者
眾，刑者眾則民無恥，民無恥則雖曰劓之刖之笞之扑之而不為畏也……凡
民之心，知恣所為而不知戒其所失，今辱而笞之，不足以為法也，蓋笞絕
則罪釋，痛止則恥滅，恥滅則復為非矣」⓬。因此，認為「刑稱罪則治，
不稱罪則亂」⓭，而主張「……夫賞罰者，不在乎重而在於必行，必行則
雖不重而民戒，不行則雖重而民怠……賞罰不可以重，亦不可以輕，罪輕
則民亡懼……罪重則民不聊生……夫賞罰之於萬民，猶轡筴之於馴馬也，
轡筴不調，非徒遲速之分也，至於覆車而摧轅」⓮。在歷代的刑事政策上，

---

❿　刑罰的威嚇功能不容過分高估的立論，似為多數學者一致公認的看法，這種立
　　論可從下述的著作中看出：Bauer: *Das Verbrechen und die Gesellschaft*, 1957, S.
　　181 ff. 216 ff.; Bockelmann: *Vom Sinn der Strafe*, 1961, S. 33; Radbruch: *Der
　　Menschen im Recht*, 3. Aufl., 1969, S. 15f.; Noll: *Die ethische Begründung der
　　Strafe*, 1962, S. 25; Nageli: *Das Böse und das Strafrecht*, 1967, S. 53.

⓫　參照韓忠謨：《刑法原理》，1972，36頁。並參閱 Mays: *Crime and its
　　treatment*, 1970, S. 81.

⓬　見唐朝沈顏：《唐文粹·象刑解》，卷四十六，引自楊鴻烈，前揭書，（下），
　　70、71頁。

⓭　借《荀子·正論篇》之用語。

⓮　見徐幹：《賞罰》，第十九，引自楊鴻烈，前揭書，（下），49、50頁。

我們不難找到嚴刑重罰造成不良後果的事例。例如秦時嚴刑峻法「赭衣塞途，囹圄成市，天下愁怨潰而叛之，百姓轉相群聚，攻剿城邑，誅罰不能禁。帝以盜賊不息，乃益肆淫刑。九年，又詔為盜者，籍沒其家，自是群盜大起」❶❺。由這些事例可知，嚴刑重罰之下，必定要犧牲公正報應的原則，而造成社會大眾在「法感」上的遲鈍與無所謂的態度，刑罰所求的威嚇功能，反而適得其反❶❻。

二、提高犯罪追訴力以增強刑罰威嚇力

　　依據學術研究的結果得知，刑事追訴機關的刑事追訴能力在犯罪的抗制工作上扮演一個舉足輕重的角色，因為在事實上，刑罰威嚇力的高低並不只是決定於刑罰的種類與刑罰程度的輕重，而是同時也決定於刑事追訴的確定性 (Sicherheit der Strafverfolgung)❶❼。國家擁有強而有力的刑事追訴機構，形成一個極為嚴密的「反犯罪網」，以合乎刑事訴訟法規定的程序與方法來對犯罪作有效的刑事追訴，把「犯罪黑數」壓至最低限度，使每個具有犯罪傾向或意圖者，深知法網的嚴密，不容絲毫破壞，假若自己未能自制而犯罪，則將無可避免地遭受國家的刑事追訴與審判。換言之，以極高的犯罪追訴能力來提高行為人遭受逮捕受審的危險性，大幅度地壓低行為人希冀作為漏網之魚的可能性。由於行為人在犯罪風險計算中對於「被抓」的恐懼是比「被刑罰」的畏懼還要大。所以刑事追訴的確實性乃是構成刑罰威嚇力的一個不可缺的要素，不容輕予忽視，不可錯誤地一味希冀以刑罰的高度與嚴屬性來提高刑罰的威嚇效果，而達到抗制犯罪的目的，而應該以提高犯罪的追訴率來強化刑罰的威嚇效果。

---

❶❺　參閱李劍華：《犯罪社會學》，1937，170 頁。

❶❻　參照 Maurach: *Deutsches Strafrecht*, Allg. Teil, 4. Aufl., 1971, S. 79.

❶❼　參照 Baumann: *Zur Diskussion um die Todesstrafe*, in: *Archiv für Rechtsund Sozialphilosophie*, H. l, 1960, S. 79; Bockelmann: Die rationalen Gründe gegen die Todesstrafe, in: *Die Frage der Todesstrafe, Zwölf Antworten* v. Maurach u.a. 1965, S. 138.

今試以竊盜罪為例，說明犯罪追訴力的重要性：

竊盜罪為財物犯罪，在通常的觀念中總認為係「飢寒起盜心」，傳統犯罪學中所主張的「犯罪原因論」，也強調貧窮為一重大的犯罪原因，尤其是與財物有關的犯罪。但是近數十年來，我國在經濟成長下，國民平均所得年年增加，物質生活的條件均已普遍獲得改善。在這情況下，竊盜罪在理論上應因之而減少。然而，在事實上，竊盜罪不特未見減少，反而顯有增加的趨勢，人民對其財物的安全感也顯然大為降低，家家戶戶的高圍牆與窗前架設的鐵窗，就是這種現象的寫照。竊盜罪日趨猖獗，似與犯罪追訴力的低落，具有相當的因果關係，因為：

嚴格來說，任何一個行業，都具有賭博的本質，成功與失敗，就決定於下注前對於「失敗的危險性」與「成功的可能性」的權衡計算。對於犯罪社會中的某些特定犯罪人來說，犯罪亦是個「行業」，尤其是財物犯罪中的竊盜罪。現我們假定：在一百件的竊盜案中只有 60 件的被害人報了案，在這所有已報了案的案件中，又只有 50% 的竊盜案破了案。那就是說，發生一百件竊盜案，只有 30 件左右會被刑事追訴機關偵破，而開始刑事審判程序。當然，這 30 件中還會有幾件因為罪證不足而由檢察官作不起訴處分，或由法院作無罪的判決，所以到最後真正被判罪入獄的竊盜犯，也許是所有真正竊盜犯的 4 分之 1 或 3 分之 1。換言之，幹竊盜犯這種沒本的「生意」，只有 25% 至 30% 的危險性，而卻有 70% 至 75% 的成功率。由於利潤高、風險低，那就難怪這一「行」的從「業」人員，會有日漸增多的趨勢。

因此，依據前述刑事追訴確定性與適度刑罰的配合造成嚇阻犯罪的理論，對於竊盜犯罪的抗制應從增強刑事警察在犯罪偵查能力方面著手，以提高竊盜犯遭受逮捕與審判的危險性，使每個具有竊盜意圖與故意的人都知道，如果他不能自制而行竊，則其罪行將無可避免地被偵破，而遭受法律的審判與制裁。此外，再加上刑事司法量刑與刑事矯治的配合。如此，刑罰將可發揮其在抗制竊盜罪的刑事政策上的最高效果。

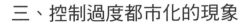

三、控制過度都市化的現象

　　工業化與現代化的結果必然地導致都市化的現象，農村人口，特別是天真純潔的農村青少年，盲目地大量湧向複雜的大都市。在大都市中由於人口的過度密集，居住的條件與活動的空間均相當擁擠，再加上浮華奢侈的社會，刺激個人物質慾望的機會大為增加。因此，形成眾多的犯罪誘因。同時，又因為大都市中，社會個體「匿名性」(Anonymity) 的上增，個人與個人之間彼此陌生，而未能像在鄉村社會結構中，個人與個人之間有相當程度的認識，依舊存有鄰里與村落等「非正式的」社會控制力。職是之故，造成都市犯罪率的上昇。幾乎大部分的犯罪行為均集中在都市之中，特別是人口超過數百萬的大都市。

　　因此，控制過度都市化的現象，亦是抗制犯罪的一項重要措施。為能控制過度都市化，政府應於大都市的周圍，以良好而周密的社區規劃，籌設一系列的衛星城鎮，用以合理地疏散大都市擁擠不堪的人口。

四、培養社會正義感

　　儘管國家擁有現代化的刑事偵查機關，以及具有專業能力的刑事偵查人員，假如未能獲得社會大眾的協助，那麼其在抗制犯罪的成效就要大打折扣。因為刑事偵查機關在其作業過程中，亟需社會大眾的協助，或提供線索，或出庭作證。因此，國家與社會應能共同妥善運用各種可能的手段，來促進一般民眾的正義感，打從國民義務教育開始，即需灌輸一般國民守法並且仗義執言的觀念與檢舉犯罪的正義感，個人不但要獨善其身，而且還要兼善天下，不要把犯罪行為當做只是刑事司法機關與被害人的事情而已，而應能積極地認為那是整個社會共同的事情。換句話說，也即是打破濫用「明哲保身」的過時說法。當然這需要刑事偵查機關的密切配合，對於犯罪的檢舉者或刑案線索的提供者，應能絕對保密，以避免其受無謂的侵犯與干擾。否則，人民假如仗義執言，就會有意外之禍，那也就難怪「明哲保身」的消極做法會依舊大行其道。

社會正義感的培養，大眾傳播工具應扮演一個非常重要的角色。無論是報紙、廣播或電視應多報導些足以鼓吹社會正義有關的人與事。在今日「拜金主義」盛行下，處處充滿「金錢至上」的社會裡，社會正義似乎是太抽象，而易被忽略。可是在日常社會生活中，總還會存在些富有社會正義的人與事。這些人也許是市井中的小人物，本不夠格上報，這些事也許是微不足道的小事，比起殺人或搶銀行，似乎是沒有什麼新聞價值，但是報紙基於社會責任意識，亦應詳加報導，使這些代表社會正義的小人物及其善行亦能上報，而獲得社會的肯定與稱讚。這樣，一方面使好人有好「報」；另方面亦能產生社會教育作用，任何人不必從商致富或從政致貴，更不必橫下心來好好地幹件殺人或搶劫的壞事，亦會有機會上報！

大眾傳播媒體假如未能發揮社會教育的正面功能，則至少應能為適當的自制，以避免發生導引犯罪的負面功能。因此，大眾傳播媒體對於犯罪新聞的報導，應適可而止，不必單純為滿足讀者的需要而對犯罪情節作極為詳細的報導。例如李師科在土地銀行古亭分行的搶案，因為極具新聞價值，以致成為各報競相挖新聞的對象，破案當天下午，除發號外之外，次日更有好幾家報紙以斗大的字體在第一版刊載為頭條新聞，就算第三次世界大戰爆發的話，也不過如此這般地見報。就在這新聞戰中，本應極端保密的檢舉人，卻被曝光在讀者面前，整個搶案的來龍去脈與事實經過，清清楚楚地呈現在社會大眾之前。犯罪新聞的報導享有如此毫無限制的「新聞自由」，實為歐美先進國家的新聞界所無法想像的！

第二節　整體性的犯罪抗制

任何犯罪的形成均係個人因素與社會因素的結合。個人因素包括先天的遺傳、性格與後天的教育、家庭的結構與功能等。社會因素則指所有足以誘導犯罪發生的因素，包括社會價值觀、社會與政治風氣、學校教育、休閒活動、工作環境等。自犯罪學的個案研究得知，為數不少的犯罪，行為人本人固然難辭其咎，而應受到刑罰的制裁，可是社會亦應對此罪行擔

負相當的社會責任。因此，為能有效抗制犯罪，絕非僅僅依賴刑事司法以嚴厲的刑罰制裁犯罪人，即能生效的，而應能在以刑事司法有效追訴犯罪與公正制裁罪犯之外，從事一系列的抗制犯罪措施，結合政府與社會各界的力量，排除或改善一切足以誘發犯罪的社會因素，並從事一切足以發生制止犯罪作用的措施。總而言之，為有效預防與制壓犯罪必須採行整體性的抗制犯罪政策，投入相當比例的資金，從事科際整合的犯罪研究，並以此研究所得的成果為基礎，而作整體性的規劃，以全面推展抗制犯罪工作。

　　採行整體性的抗制犯罪政策必須動員各種類與各種層次的社會控制機構。這些眾多的社會控制機構有一部分是隸屬於不同組織體系與隸屬關係的政府機關，例如法務部、內政部、教育部、國防部、經濟部、財政部及行政院青輔會等，有一部分則非屬政府機關的人民團體。為使這些性質與隸屬各別的眾多社會控制機構，彼此能夠相互協調配合，以從事有效的抗制犯罪措施，亟需設立一個專業的常設機構，以此常設的中央組織體，從事整體規劃與推展抗制犯罪的工作，並協調或指揮上述各形各色的社會控制機構，以統合發揮抗制犯罪的功能。這一擁有固定經費與人員編制的中央組織體可稱為「國家防制犯罪委員會」，而可隸屬於行政院，以做為抗制犯罪的常設專業機構。該委員會的組織體系宜如下表：

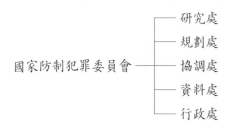

```
                                ┌── 研究處
                                ├── 規劃處
            國家防制犯罪委員會 ──┼── 協調處
                                ├── 資料處
                                └── 行政處
```

　1.研究處

　　以科際整合的實證研究方法，分析研究犯罪與犯罪人以及預防與制壓犯罪有關的一切問題，並以其研究結果，提供委員會及規劃處，作為擬定整體抗制犯罪工作計劃的參考。

　2.規劃處

就犯罪與社會的現況需要以及刑事政策上的考慮，以研究處的研究成果為基礎，提出各項抗制犯罪工作的整體計劃，並擬定各項具體的工作方案。

3.協調處

委員會通過的工作計劃所需參與的機構，常常涉及各種不同性質與層次的機關與社團，故工作的推展與執行中宜由協調處視實際需要召開各種協調會議，劃分各種機構與各社團的職責，並擬定相互合作的途徑。

4.資料處

蒐集或統計各項犯罪有關的資料及所有從事規劃所需的有關資料，以提供規劃處與研究處的參考。

5.行政處

掌理國家防制犯罪委員會機關本身的人事、會計與庶務工作。

第三節　刑事司法與犯罪抗制

第一項　刑事司法的危機

各國近年來由於社會結構與經濟形態的改變，工業化與都市化程度的加深，傳統的社會控制力的衰退等因素，導致犯罪在數量的繁增以及犯罪在質量上的改變，致使刑事司法制度作為抗制犯罪的社會控制機構遭受許多嚴重的衝擊，而逐漸地顯出難以招架之勢，在法院及刑事矯治機構的超量負擔與司法程序的拖延及犯罪偵破率大幅度的下降等的惡性循環之下，也就更造成犯罪在量的增加以及質的惡化。一方面，社會大眾被保護的需求愈形上增；另方面，直接滿足社會大眾的保護需求的主管機構又處處顯得力不從心。於是，社會大眾也就懷疑刑事司法制度的功能，社會大眾與刑事司法制度之間的隔閡也就愈來愈深。最後，終於對它失卻信心，形成刑事司法制度前所未有的危機！

社會控制體系中，除了國家專設的司法機構如警察、法院與刑事矯治

機構等發揮的「正式的社會控制」(Formal Social Controls) 之外，尚有為數甚多的社會組織體，如親戚、朋友、家庭、鄰里、學校、其他團體等發生的 「非正式的社會控制」 (Informal Social Controls)，即 「非司法形態」 (Non-Judicial Forms) 的社會控制。唯有「正式的」與「非正式的」社會控制兩者密切的配合，方能對犯罪作最有效的抗制。可是，近年來由於工業化與都市化的結果，促使這些非正式的社會控制力逐漸消失。在這種情況下，乃引起社會控制在形態上與本質上的改變。因此，犯罪抗制的工作就單獨落在專業的正式社會控制機構的身上。社會大眾自然地，就把犯罪在量的繁增與質的惡化等現象諉過於刑事司法，而要求刑事司法機關速審速決，而且要從重量刑。事實上，多元的犯罪問題並非全是刑事司法制度本身所造成的，而是有很大部分是由於社會控制體系的改變所引起的。基於這一點的認識，則抗制犯罪之道，應從治本上，從社會政策與國民基本教育與社會教育上，去恢復「非正式的社會控制」體系中的社會控制力。同時，在治標上，又配以健全的刑事司法制度，使其有能力對犯罪作有效的追訴。如此，方能制止各種日趨猖獗的犯罪。相反地，毫不從事治本上的工作而唯刑事司法是賴，把刑罰當作犯罪的唯一特效藥，不但未能有效地遏阻犯罪，有時還會因不當的刑事司法，反而更促進犯罪的增加。

第二項　刑事司法的改革

　　刑事司法制度既然面臨危機，當然就應面對現實，圖謀興革，而使其能符合社會的需要。改革之道可就下述六方面著手進行：

㈠修改刑法

　　首先應針對社會結構與經濟形態的改變以及各種新興的犯罪形態等訂定新的構成要件於刑事實體法之中；同時，並檢討現行實體法所規定的各項構成要件，依據社會的需要作適度的修訂。

　　犯罪的不法內涵及其社會危險性的判斷是具有相當程度的相對性，其判斷標準常依社會共同生活的條件，舉凡社會的結構、經濟的形態、生活方式與價值觀等的不同而改變。因之，在刑法修改工作上，應將那些不法

內涵與社會危險性較低，而非務必以刑事司法的手段方能作適當的處理的輕微犯罪行為，或是以刑罰以外的法律效果更能收效的犯罪行為，逐一自刑法法典中加以刪除，使這些行為不再受到刑事司法機關的追訴，或由民事司法機關以民事訴訟程序，或由行政官署以行政罰或秩序罰科處之，這些程序自犯罪行為本身觀之，即為「除罪化」(Decriminalization, Entkriminalisierung)，但是自犯罪行為的法律效果觀之，即為「不加刑罰化」(Depenalization)。這不但使刑法更能符合社會的現實需要，而且可以減輕刑事司法機關的超量負擔，一方面，使刑事司法者得以集中全力而有效地從事重大犯罪行為的追訴與審判工作，另方面，則使其有足夠的時間對其追訴與審判工作多作刑事政策上的考慮，就罪犯的個別情狀及其再社會化的需要，作公正與合理的刑罰裁量，不會單純為求結案而草草判決了事。

除罪化與不加刑罰化實為一體的兩面，其目的乃將部分無須以刑事司法的手段而加以控制的行為模式，改由具有行政或社會性質的社會控制機構負責，以減輕刑事司法體系中不必要的負擔。因此，除罪化與不加刑罰化並不是意謂寬恕某些特定的犯罪行為。經過學術的研究與實務的體驗，的確可以發現有些反社會行為的抗制，是需要醫學的、社會的與教育的協助，方能收效者。假若將這些行為訴諸於刑事司法制度，如果不是全部有害的，至少也是不適宜的。因此，對於這些行為，自須加以除罪化或不加刑罰化。

我國向有重刑的傳統而存有「刑罰膨脹」(Penal Inflation) 的現象，亦即在立法上將為數不少的行政不法行為，不賦予行政罰或秩序罰，竟然輕易地賦予刑罰的法律效果，因而造成刑事司法機構的超量負擔與濫刑的現象，這不但無益於法秩序的維持，反而還衍生諸多弊端。因之，在刑事司法制度的革新上，應多考慮除罪化與不加刑罰化的問題。

在傳統的刑事立法上，常有下列的兩個缺點，而足以影響刑法的規範成效，故在刑法修正時，宜儘量避免：

　　1.法條的制定或修改只做刑法理論上與刑法體系上的考量，而沒有或是甚少顧及現行法在社會中所造成的「法事實」(Rechtstatsachen)。

2.條文用字艱澀難懂，似專為法學者與司法者而訂者，而非為一般社會大眾所訂者。因之，立法者的立法意旨難為一般民眾所知悉與接受。

(二)改革刑罰制度與刑罰執行

刑罰制度中的自由刑，實是一個問題重重的刑罰手段，它不但難以達到犯人再社會化的目的構想，反而還因監獄的執行，降低受刑人的社會適應能力，而無法再度適應自由社會的生活。同時，更由於受刑人的「監獄化」(Prisonization)，建立犯罪社會關係，相互傳授犯罪技術與經驗，並對其犯罪行為加以合理化，免卻自我良心的譴責。因此，足以阻卻刑罰本所預期的威嚇功能，極易演變成為常業犯或習慣犯，而非刑罰所能矯治者。所以，自由刑的運用，務必力求慎重，特別是短期自由刑，更應該儘量避免使用，因為它短到不足以教化受刑人，但卻長到足以腐化受刑人，使其變得更壞，並增強其犯罪傾向❶❽。

近年來不少國家在其刑罰政策上均存在著減少使用自由刑的現象。同時，其自由刑的執行機構也逐漸減低受刑人與自由社會的隔離程度，除了傳統的閉鎖式的機構之外，尚設有「開放式的矯治機構」(Open Correctional Institution)❶❾。此外，尚透過緩刑或假釋等非機構性的處遇或社會處遇手段，以減緩自由刑的機構性的處遇所生的諸多弊端。

---

❶❽ 關於短期自由刑的諸多問題，詳參閱林山田，前揭書，196頁以下。

❶❾ 開放式矯治機構乃指無防止受刑人逃亡的設備，且無戒護人員的刑事矯治機構，它沒有高牆、鐵窗與巨鎖，也無持槍的警衛。此種刑事矯治機構為瑞士監獄實務家雷樂哈斯 (M. O. Rellerhals) 於 1891 年所創，係在沒有森嚴戒護的自然環境下，使受刑人仍舊可以生活在現實的社會中的條件下進行矯治處遇，非常注重受刑人在品格上的陶冶，並鼓勵受刑人善用其所享有的自由，而不濫用其自由，用以激發其自我改造的潛力，而得重行適應社會。因為此種矯治機構的紀律與秩序是靠受刑人的自治與其對機構社團的責任感來維持，所以，並非每一個受刑人都可置放開放式的機構中執行，只有經過科學的調查與分析所選擇的特定受刑人方可適用此種矯治機構。其選擇標準並非依據受刑人所犯的罪名，及其所受宣判刑期的長短，而是依據其是否具有再社會化以及自我管理與約束的能力而定。

由於自由刑使用率的下降，各國刑事政策除提高罰金刑與緩刑使用率外，尚提出下述二種替代性的刑罰手段，並能兼及處理罰金拒不繳納的情況：

1.工作罰

工作罰 (Arbeitsstrafe) 乃以受刑人的無酬勞務，充當獨立的刑罰手段。受刑人不必喪失其自由，亦不必繳納罰金，只要提供一定期間或數額的無酬勞務，則其刑罰即屬業已執行。例如判處交通過失犯在公立醫院的車禍急救中心工作三週，使其目睹車禍受傷的慘狀，不但具有懲罰作用，而且又有教育功能[20]。為避免工作罰成為獨立的刑罰手段後，淪為「強制工作」(Zwangsarbeit)，有如集權國家中的「勞動改造」，必須規定工作罰的科處須經受判決人的同意。事實上，如未經受判決人的同意，則工作罰亦無法有意義地執行[21]。

英國在 1972 年建立以「社區服務」(Community Service) 為一種刑罰手段的制度，這即經受宣判者的同意，而在觀護人的監督下，從事公益性的社區服務工作 40 至 240 小時，受宣判者尚有選擇不同工作的可能性[22]。這些工作罰在刑事政策上的價值乃在於受宣判人雖感到自由受到限制，但不必破壞其犯罪前的社會生活關係，而且處罰的成果，對於社會亦有正面的成效。此外，法國、荷蘭、葡萄牙等國亦將工作罰當作一種獨立的刑罰手段[23]。

2.以公益工作或公益性勞動替代罰金刑

由於增加罰金刑的使用，在刑事政策上自亦形成罰金拒不繳納如何處理的問題。大多數國家的刑法，多以剝奪自由的方法，設立所謂的「替代

---

[20] 詳參閱林山田，前揭書，324 頁以下。

[21] 參閱 Pfohl: *Gemeinützige Arbeit als strafrechtliche Sanktion*,1983, S. 149ff.

[22] 參閱 Huber: Community service oder als Alternative zur Freiheitsstrafe, in: *Jz* 1980, S. 638ff.

[23] 參照 Jescheck: Neue Strafrechtsdogmatik und Kriminalpolitik in rechtsvergleichender Sicht, in: *ZStw* 98, 1986, S. 26.

自由刑」(Ersatzfreiheitsstrafe) 以代罰金刑的執行❷。至如我國在刑事立法上，較諸其他國家為進步，而規定為「易服勞役」（刑法第 42 條），使罰金拒不繳納的替代手段應是服勞役，而非自由的剝奪。可惜易服勞役的實務運作，因執行的不當，或因適當執行場所的欠缺，致實質上亦重在自由的剝奪，而非勞務的提供。

近年來，各國刑事政策上，解決罰金拒不繳納的方法，大多以「公益工作」(Gemeinützige Arbeit) 代之，亦即以服具有社會公益性的勞務，替代罰金的執行，不但可以避免因為自由的剝奪而衍生諸多弊端，而且勞務的提供，亦有其正面的社會功能。受判決人如何服這些勞務，由何等機關執行或監督執行，均須設有詳細可行的規則；否則，公益工作將無可行性，而不能發揮其刑罰功能。

以公益工作替代罰金刑的執行在德國已有久遠的傳統❷。1974 年的西德刑法施行法第 293 條明定各邦政府得制訂法規，授權刑罰執行機關得以自由工作替代未繳納的罰金。至 1984 年大部分未繳納的罰金，大多以自由工作代之。此外，例如瑞士、義大利、法國、丹麥、挪威等國，亦均先後設立以公益工作替代罰金執行的制度❷。

㈢提昇刑事矯治機構的地位並強化其教化功能

刑事追訴、刑事審判與刑事矯治等三者要能相互地配合，才能達到刑事司法在抗制犯罪的目的。因此，這三者的最終目的都是一致的，價值也

---

❷　例如西德刑法第 43 條前段規定：「不能追繳之罰金，以自由刑代之。」奧地利刑法第 19 條第 3 項亦同此規定。惟義大利則屬例外，因在 1979 年義大利憲法法院認為替代自由刑破壞平等原則，而宣判為違憲。

❷　1794 年的普魯士一般法已有將罰金刑轉換成為「刑罰工作」(Strafearbeit) 的規定，在薩克森與圖林根的法律 (sächsisches und thüringisches Recht) 自 18 世紀以來，即設有「手工刑罰」(Handarbeitsstrafe)，在其森林法之中亦設有可以「森林或社區工作」(Forst-und Gemeiarbeit) 替代繳納罰金的規定。1921 年的德國舊刑法第 28 條 b，亦有經由「自由工作」(Frei Arbeit) 替代繳納罰金的可能性。參閱 Jescheck, aaO. S. 24f.

❷　參閱 Jescheck, aaO. S. 25.

是相等的，只是在工作程序上，有先後的不同而已，三者相互之間並沒有層次上的高低之分。可是事實上，不管是社會一般大眾，或是刑事司法界，對此三者卻有高低層次的看法：把整個刑事司法工作的第一線工作人員（即刑事警察）與最後一線的工作人員（即監獄官），當作較低層次的機關，而以檢察官與法官高高地超越其上。這可能是本位主義的作祟以及手段與目的觀念的混淆所造成的結果。每一機關常會就其本位的觀點，誤以為機關本身的工作即為目的。事實上，各個不同階段的工作，並非整個刑事司法的目的，而只是達成刑事司法的總體目的所採行的手段而已。

假如我們把犯罪比喻為疾病，則法官就好似診斷病情並開具處方的醫生。法官判決某一犯人入獄服刑，就好似醫生認為病人的病情嚴重而須住院接受開刀或長期治療一樣。監獄官事實上就等於病院的駐院醫師，他需具有刑事矯治工作的專門知識，正如同司法官需具法律專門知識一樣。在醫療界不管是門診的診斷醫師或是病房的駐院醫師，並沒有高低之分，可是在刑事司法界，卻有司法官、警察官與監獄官等階次之分。這實是很不公平的事實，這種事實假如我們不及早設法改進，則我們的刑事司法很難達到其所預期的目的。

刑事矯治機關就在前述的觀念下，與刑事偵查機關一樣地被大眾所忽視。雖然在刑事司法界都已高唱目的刑而摒棄昔日報應刑的今天，但是監獄在大體上只能發揮隔離與監禁犯罪人的消極功能，很少能從事犯人再社會化的工作，而發揮它在矯治犯人的積極效果。事實上，自由刑在今天除以自由被剝奪的痛苦作為均衡犯罪行為的惡害與隔離罪犯的消極手段之外，並應能充當犯人再社會化的積極手段，國家妥善運用剝奪犯罪人自由的期間，從事罪犯再教育與矯治的工作，而使受刑人於刑滿出獄後能再度適應自由社會的生活，成為自由社會的有用組成員。因此，執行自由刑的刑事矯治機構就應該能夠具有好似洗衣場的功能，把髒污而不堪穿著的衣物洗刷乾淨，使顧客得以再穿用。社會把對其無益的或者有害的組成員送入監獄，也就好像顧客把其穿髒了的衣物送給洗衣店漿洗而能取回穿用的心情一樣，希望送進去的人經過刑事矯治之後，得再度成為有用的社會組

成員，所以一味強調安全措施，來保證送進去的人不會走失，並非今日自由刑的主要目的。刑罰的執行應該是想盡辦法，使這些對社會有害的組成員變成為有用的組成員。因此，自由刑能否收到積極性的刑罰效果，就決定於自由刑的執行機構是否能具有如洗衣場的功能。這種具有矯治功能的刑罰執行機構，首先應該正名為「刑事矯治所」，而不應再沿用昔日只求消極監禁功能的「監獄」。其次，要大量投資，改善其硬體與軟體設備，以強化其矯治與再社會化的功能。

　　刑事矯治工作為一種需要各種專業知識的特殊教育。因此，刑事矯治機構一定要擁有足夠而適格的矯治人員，這些工作人員一定受過刑事矯治的專業訓練，並具備專業的工作倫理，如此的條件下，才可望其矯治工作能夠收到教化的功效。否則，只是徒具教化之名而已。今日的臺灣監獄，由於從事教化工作的教誨師員額編制有限，可是全省各監獄卻大多超額收容受刑人，兩者數目比例相差極為懸殊，再加上監獄的人滿為患，受刑人難免受同監其他受刑人犯罪惡性的感染，或互為犯罪技術的傳授與擴張犯罪社會關係。因之，監獄雖然把罪犯自社會中加以隔離，而使社會獲得一時的安寧，可是實際上，卻為社會製造了更多的「潛在犯罪」。所以，當前的監獄問題，實也是防制犯罪工作中急待政府與社會共同協力投資與改革的課題。

㈣加強出獄人的輔導

　　住院接受治療的病人出院後，尚須繼續調養一段時日後，才可算是完全康復。否則，病後的虛弱，極易復發舊病，或是引起併發症，而造成嚴重的後果。對於入獄接受住院治療的犯罪人，在其被釋放而重入自由社會後，卻少有與病後調養相似的環境。由於社會對於犯罪的敵視與對犯罪人的偏見，這些出獄人，以其「前科犯人」之身，大多數不能為社會所收容而給予適當的工作機會。尤其是犯罪人由於監獄的監禁，中斷其原有的一切社會關係，脫離他既有的職業行列，出獄重入社會後，須再度建立其社會關係，並以其業已生疏遺忘的職業技藝再度加入他入監受刑前的職業行列，其困難的情形，須有極其堅定的意志與堅強的自新毅力，才足以克服。

但是大多數的罪犯，在其性格上，或多或少總有他的缺陷。如意志薄弱而易受引誘；或是由於家庭環境或其自身的條件，未能學有一技之長，而缺乏以合法手段在社會求生存的能力。在這種種的情況下，政府與社會假如不能投資作些輔導的措施，而要這些人改邪歸正，讓他們自己跟其他一般普通人作合法的社會競爭，從事正當職業以解決本身的存在問題，那麼儘管刑事矯治機構雖已做好刑事矯治的工作，但是仍然無法達成促使受刑人在出獄後能改過遷善的目的。

因此，一方面，刑事矯治機構應及早為受刑人的釋放做長遠的打算，盡一切可能加強訓練在監受刑人，使他們具有工業社會與發展經濟所需要的各種專門技能，以作為他們被釋放後的謀生手段。另方面，應加強「更生保護會」的功能，促其實現輔助出獄人的宗旨，同時並引進一些組織健全而完善的人民團體，來積極參與出獄人的輔導與協助的工作。在政府主管機關的協助下，一方面充裕財源，一方面多做宣傳與連絡工作，使社會能多少改變對於犯罪人的偏見，使私人工商企業也能在一定條件下，提供出獄人的工作機會。如此，出獄人的再犯率才有降低的可能，刑事矯治亦才能收其終極效果。

㈤吸收足夠而適格的刑事司法人員

雖然犯罪率上昇，但是刑事司法人員的編制卻未能依照人口與犯罪的成長率作適當的調整，致使各級刑事司法機關常在人力不足的條件下，勉強地應付例行公事，以致未能做合乎刑事司法目的的運作。

刑事司法制度中，法官的審判與量刑工作是相當困難與複雜的，因為法官的審判不應只是純粹運用法律條文而已，而且還應考慮其判決對於行為人的影響。所以法官的數額與素質均不足夠的情況下，刑事審判所生的成效是極為有限的。

因此，設法吸收適格的司法人員，並依工作量與人口的成長率擴大司法機構的人員編制等，也為刑事司法制度革新中的一個重大工作。

㈥強化律師制度

律師在刑事司法制度中也扮演相當重要的角色，成功的刑事司法須要

有健全的律師制度的配合，適格而勝任的司法官，若無具有法律專業知識，而富有社會正義感的律師的合作，則其司法效果也是有限的。刑事司法制度中令人感到最足憂慮的現象莫過於少數不法司法人員與唯利是圖的少數律師敗類的勾結，在共同利潤的追求下，歪曲法律，這是足以腐蝕刑事司法制度。

　　一般而論，貧窮者本來就不善於運用法律手段來保護自己，再加上律師費用的昂貴，故一旦犯罪很難獲得適度的法律保護。因此，一方面應促進平民的「法律服務」(Legal Aid) 的工作；另方面則應強化公設辯護人制度，使其在刑事訴訟程序中真正發生法律保護的效果，而非只是在刑事訴訟程序中從事充當「花瓶」的形式工作。

第三項　警察與犯罪抗制

　　確實而有效，且又能保障人權的犯罪偵查，才能使警察成為犯罪的剋星，發揮以刑事司法手段抗制犯罪的功能。警察機關在組織、編制與裝備、觀念和作法等，必須現代化，在警政的領導與各種勤務的執行，均須專業化與科學化，始能提高犯罪偵破率，並得以符合刑事訴訟法規定的方法，從事犯罪偵查。否則，警察機關在組織、編制、裝備假如不夠現代化，警察人員的法律素養與各有關專業知識假如有不足之處，思想觀念與做法假如與民主法治的基本精神不相符合，而未能配合社會的需要，各級工作人員如工作量不勝負荷，且因待遇低微，而欠缺高昂的士氣與積極進取的工作熱誠，則必然導致犯罪偵破率的下降，並且還可能因對犯罪嫌疑人刑求逼供，而有嚴重侵犯人權的情事。

　　為使警察在抗制犯罪工作中，真正能夠發揮打擊犯罪的力量，應兼就下列五方面著手：

一、減少警察的協辦業務

　　自有警察之設以來，它一直是國家推行政令的一種強而有力的手段。就因為這個手段是強而有力，因此，促使不少主政者過分迷信它的功能，

動輒使用警察手段,來達其行政目的,這是極為錯誤的觀念與作法,因為這種作法一方面有違現代國家行政分工的的本旨;另方面則容易造成警察的專權與民眾怨恨警察的惡果。

因為每個行政官署均有其應負的職責,所以任何一個行政官署在推行其工作遇到困難時,自應力求自力解決,絕不可一遇窒礙難行時,立即想盡辦法,把警察拉上陣,或者是乾脆就交由警察辦理。由於上述的濫用警察手段的觀念作祟下,警察官署就成為所有行政官署中的「不管部」,於是警察就成了所有行政工作的打雜者,大部分的警力都花在協辦業務上,這種不務「正」業的警察,對於偵查與預防犯罪的主要工作,自然亦就力不從心而無效率可言。

由於過分使用警察手段,「警察禁止」的過分膨脹,並將警察當作推行政令的「萬靈丹」,視警察為行政上的「萬能者」等的作法,自然有其極為不良的後果:一方面使警察在抗制犯罪上成為無能;另方面則因警察的「無所不管」,而惡化警民關係。由於警民之間沒有良好的關係,警察無法獲得民眾的信任與支持,不但難以扮演政府與人民的橋樑的角色,而且也無法自民眾獲得抗制犯罪所必需的資訊。因此,確立行政官署的分工觀念與不濫用警察手段的作法,而能大幅度地刪減警察的協辦業務,實乃當前刻不容緩的事。

二、改革警察教育與訓練

由於社會狀況日趨複雜,警察執行其任務,必將日形艱難。為使警察人員能夠圓滿達成其任務,刑事警察人員能夠確實依據刑事訴訟法的規定,有效地追訴犯罪,就必須加強警察人員的專業教育與訓練。這些專業教育與訓練包括新進人員的養成教育與現職人員的在職訓練。

警察人員往往是個人單獨地擔任執法的工作,在其工作過程中,常須作「即時決定」,或從事「當街就地治療」(Instant Street Therapy)。易言之,警察工作常須依靠執勤的警察人員自己臨機應變的即時決定,而無法等待長官的指示或同事的建議。因此,警察人員的專業教育與訓練,除修

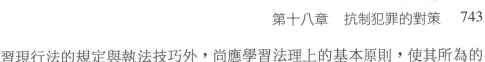

習現行法的規定與執法技巧外，尚應學習法理上的基本原則，使其所為的即時決定，能夠符合法律意旨與司法目的。

三、提高警察人員的待遇並建立退休輔導制度

　　警察人員必須具有誠實及廉正的性格，充分的智慧及敏捷的判斷力，受過正規的基礎教育，而且還須有穩定的情緒等條件。警察機關要吸收具有這些條件的人才，當然要有支付相當薪水的能力。警察工作辛勞，且具高危險性，其待遇自應高於一般公務員。否則，警察機關即難以吸收適格的警察人員。即使勉強招募到新進人員，不是素質不夠，就是不安於位，時時尋找機會轉業。

　　政府迄今對於退職警察人員並未予輔導，而衍生諸多弊端，故應仿照對於國軍退除役官兵的輔導制度，輔導退職警察人員，使其從事足以發生預防犯罪功能有關的正常行業，而不致去從事一些足以影響警察形象的工作。

四、改善警民關係

　　警察的執行工作，尤其是犯罪的預防與偵查工作，假如沒有社會大眾的合作與支持，是非常困難的，而無成效的，即使素質再高的警察，假若得不到民眾的支持與合作，則其偵查犯罪與預防犯罪的成效還是有限的。因此，警察為能達其法律所賦予的任務，應從多方面地來建立其與人民的良好關係。這種關係應該是指「社區關係」(Community Relations)，而非通常所稱的「公共關係」(Public Relations)，因為前者含有更多的人際與個人關係，而且具有參與及合作的觀念，後者只是促成社會大眾對於某一產品某一機關組織的好印象而已。

　　警察在建立其良好的社區關係上有其先天性的困難，因為警察工作大多具有干涉、強制、禁止與取締等的性質，尤其在迷信警察萬能的國家，動輒使用警察強制與警察禁止手段，更是容易造成人民的反感，而使警察在建立正常的社區關係上困難重重，因為在這些警察無所不管的國家中，

不要說要民眾對警察的工作具有合作與參與的心理，就是連最起碼對警察的良好印象也無從建立，警察充其量只是他們的仇恨對象，或者是他們反抗國家權威的標的而已！

　　雖然良好的社區關係難以建立，但是警察還是要使用一切可能的方法，從事建立警民關係的工作，通常可就下述七點同時並進：

　　1.警察人員在執法心態上宜修正迄今的權威性格，而代之以「社會服務」的工作觀，以勸導與服務，代替取締與處罰，以獲得民眾的認同與肯定。

　　2.在平時的勤務活動中就要注意到工作技巧與工作態度，尤其在執行取締工作及使用強制手段時，更應特別注意當時的客觀環境，使受取締者及圍觀的民眾均能心悅誠服。

　　3.儘量提供服務的機會，如在少年犯罪率高的社區，成立少年輔導的俱樂部，或少年康樂活動中心等，或者在風化犯罪率高的社區舉辦婦女自衛技術訓練班等。

　　4.善用大眾傳播工具，經常技巧地報導警察工作對社會的重要性與警察工作者的危險性與辛勞，以喚起民眾的合作。

　　5.鼓勵各級員警參與社區的各級活動以及各種社團組織。

　　6.組織各種義勇警察，讓更多的人民有參與客串警察的機會，由於彼此的接觸，而可增進彼此的了解。

　　7.透過民間社團，如警民協會或警察之友社等的協助，以建立警民關係。

五、善用電視協助破案

　　電視的影響力既廣且深，警察如能善加利用，亦可幫助很多重大懸案的偵破。例如德國第二電視臺 (ZDF) 有個節目，對於犯罪的抗制，很有幫助，值得我們參考，特別在此提述一下：這個節目是將西德各邦與聯邦刑事警察局破不了的重大刑案，以偵探電影片的方式搬上電視；對於每個刑案的線索或可疑點，特別提出說明，有時並請主辦刑警上電視，現身說法

地解析案情，或提示現場所發現之證物，節目過程中，時時在提醒觀眾提供線索，好像：誰在某年某月某日的某時，曾經在某地看到過某樣的人？或是誰曾經看過某種特殊的證物，或曾經出售過某種東西等等問題。因此，節目看起來，好似在看偵探片一樣，既緊張而又刺激，絕不會枯燥無味，所以吸引甚多的觀眾，觀眾中若有回憶起某一點值得提供的情報，則立刻打電話給電視臺，節目後面坐鎮著專案小組，情報一經研判後，立刻採取行動。這個節目開播後，很有成效，很多懸案就靠這個節目而破獲。假如觀眾所提供的情報係有力的線索，並導致破案者，則這位觀眾還可領取一筆為數甚多的獎金。這種將觀眾的娛樂需求與仗義執言的正義感及功利主義的求賞心理揉合在一起的節目，在抗制犯罪的工作上，也扮演一個重要的角色。

第四節　結　語

任何社會都有其健康與不健康的一面，每個社會都各有其病態存在。因為社會生病，才會顯現出犯罪問題，並不是因有犯罪而使社會生病。所以，犯罪是社會生病的結果，而不是造成社會病態的原因。因此，我們可以說：犯罪是社會病態的具體表象。為要解決犯罪問題，必須針對造成犯罪的社會病因，對症下藥。只有消除所有足以促成犯罪的社會病態，才有辦法透過社會控制手段，將犯罪率制壓至最低限度，而為社會大眾所能接受。否則，假如錯把犯罪當做造成社會病態的原因，而主張要消滅犯罪，以確保社會的健康，那將是本末倒置，而屬永遠無法達到的烏托邦式的夢想。

自古以來，總是把犯罪問題過度地簡單化，太小看犯罪成因的多元性與複雜性，並且有意忽視犯罪與政經問題的密切關係，壓低犯罪問題的位階性，把犯罪問題僅僅當做事關警察與刑事司法的治安問題，認為只要透過刑事司法手段，從嚴從重地制裁犯罪人，即能解決犯罪問題。在這樣一系列錯誤的認知下，為有效抗制犯罪所提出的對策仍舊是唯刑是賴，只有

嚴刑重罰的消極治標手段，而無治本性的積極措施。

　　為求有效防制犯罪，必須採行標本兼治的整體抗制對策，政府應編列足夠的預算，投入抗制犯罪的事業，設立常設性的專業機構，從事長期而大型的犯罪研究，並參酌研究成果，提出具體的抗制犯罪方案，協調督促各有關的正式的或非正式的社會控制機構，從事整體性的抗制犯罪工作。這一方面，得就本土的實證資料，研究犯罪問題，建立以我國文化、政經與社會為基礎的各種犯罪學理論，並促使自外國移植進口的犯罪學的本土化；另方面，因有科際整合的實證研究成果，作為擬訂抗制犯罪對策的基礎，而可期待有效地解決犯罪問題。

參考文獻

一、中　文

(一)專　書

中華民國神經精神醫學會《精神醫學字彙集》，1974

內政部《100 年內政統計年報》，http://sowf.moi.gov.tw/stat/year/list.htm

內政部少年之家《99 年結案少年追蹤輔導調查研究》，內政部少年之家編印，
　　　2011

內政部警政署《100 年警政統計年報》，內政部警政署編印，2011

內政部警政署《83 年檢肅流氓工作講習教材》，內政部警政署編印

內政部警政署《98 年警政工作年報》，內政部警政署編，2010

內政部警政署《99 年警政工作年報》，內政部警政署編，2011

內政部警政署：《106 年警政工作年報》，內政部警政署編，2018

內政部警政署：《106 年警政統計年報》，內政部警政署編，2017

內政部警政署刑事警察局《94 年臺閩刑案統計》，2006

內政部警政署刑事警察局《99 年臺閩刑案統計》，2011

王方濂、李美琴《少年竊盜犯之研究》，法務部發行，1986

王克先《發展心理學新論》，正中書局，1975，三版

司法院《中華民國 99 年 (2010) 司法院統計年報》，2010

司法院《中華民國 106 年司法統計年報》，2018

司法院統計處《92 年司法統計提要》，2004

朱文原編《國民政府禁煙史料第一冊，組織法令》，國史館印，2003

朱正聲《全球化下我國緝毒工作之研究》，國立政治大學國家安全與大陸研究碩
　　　士在職專班碩士論文，2007

行政院研考會《網路使用犯罪議題及預防措施之研究》，2000

行政院研考會《飆車處理問題之研究》，1987

行政院衛生署、法務部、教育部、外交部：《100年反毒報告書》，行政院衛生署編印，2011

何清松《知識經濟時代醫療資訊系統之整合與規劃：利用e化資訊系統節制不必要的醫療浪費》，行政院衛生署91年度委託研究計畫報告，2003

吳東野、鄭端耀《911事件與國際反恐》，財團法人遠景文教基金會出版，2003

吳景芳《量刑基準之研究》，著者自版，1985

吳麗珍《我國戒毒成效之後設分析》，中央警察大學犯罪防治研究所博士論文，2010

呂亞力《政治學方法論》，三民書局，1979

呂榮海《法律的客觀性》，著者自版，1987，再版

李文菖《我國毒品犯罪抗制政策之探討——以「斷絕供給」實務運作為分析核心》，國立臺北大學犯罪學研究所碩士論文，2006

李安妮《大臺北地區男性少年非行成因之分析》（控制理論的一項實證研究），臺大社會研究所碩士論文，1983

李劍華《犯罪社會學》，1937

束連文、江淑娟、潘宏裕《運用重複捕取方法估計臺灣歷年毒品使用族群數——新增與復發趨勢》，行政院衛生署管制藥品管理局97年度委託科技研究計畫，2008

汪毓瑋《恐怖主義與反恐》，中央警察大學恐怖主義研究中心印，2005

沈銀和《中德少年刑法比較研究》，五南出版社，1988

周冶平《犯罪學概論》，著者自版，1967

周冶平《刑法研究》，第二卷，著者自版，1967

周宜寬《以科爾曼理論探討美國電腦犯罪》，淡江大學美國研究所碩士論文，1994

周震歐《犯罪心理學》，中央警官學校，1979

周震歐等《臺灣地區男性少年犯罪與親職病理的研究》，桂冠圖書公司，1982

孟維德〈跨境犯罪原因論及防制對策之實證研究〉，行政院國家科學委員會專題研究計畫成果報告，2003

林　憲《臨床精神醫學》，茂昌圖書公司，1982

林山田《犯罪問題與刑事司法》，商務印書館，1976

林山田《刑事法論叢㈠》，政大法律系法學叢書（二十五），1987

林山田《刑法各罪論》（上）、（下），著者自版，修訂五版，2005

林山田《刑法通論》（上）、（下），著者自版，增訂九版，2005

林山田《刑罰學》，商務印書館，1992

林山田《經濟犯罪與經濟刑法》，政大法律系法學叢書（十八），增訂三版，1981

林山田《談法論政》（一），故鄉出版社，1987

林考慈《國中校園暴行之研究》，中央警官學校警政研究所碩士論文，1986

林宏昇《幫派與組織犯罪偵查策略變遷之研究》，臺北大學犯罪學研究所碩士論
　　文，2011

林明傑、陳珍亮《藥物濫用者有無繼續施用傾向量表之建立研究》，行政院衛生
　　署管制藥品管理局 95 年度業務委託研究計畫研究報告，2006

林東茂《經濟犯罪之研究》，著者自版，修訂二版，1987

林紀東《刑事政策學》，正中書局，1968

林美玲《治安問題與警力運用》，國家政策研究中心，1991

林浚奕《國際犯罪指標之研究》，中央警官學校警政研究所碩士論文，1991

林健陽、柯雨瑞《毒品犯罪與防治》，中央警察大學印行，2003

林健陽、陳玉書、柯雨瑞、呂豐足、裴雅恬、何明哲、鄭勝天、蔣碩翔《新犯
　　毒品施用者施用行為及毒品取得管道之研究》，法務部 97 年度委託研究
　　計畫研究成果報告，2008

林健陽、陳玉書、張智雄、柯雨瑞、呂豐足、林聰澤及王秋惠《95 年度除刑化
　　毒品政策之檢討—論我國毒品罪之戒治成效》，法務部 95 年度委託研究
　　計畫，2007

林登飛《臺灣問題少年形成的原因及其輔導實況之調查與分析》，嘉新水泥公司
　　文化基金會，1969

林燦璋、李名盛、廖有祿、張雍制《犯罪模式分析之研究——以臺灣海洛因及
　　安非他命交易為例》，行政院國科會專題研究計畫成果報告，1998

林燦璋、楊嘉銘、梁世興《當前臺灣地區組織犯罪問題之整合型實證研究從現

　　　　象面向分析》，國科會委託專題研究計畫，1999

法務通訊雜誌社《電腦犯罪問題研討會實錄》，1986

法務部、教育部、外交部、行政院衛生署《96年反毒報告書——95年1至12
　　　　月》，法務部印行，2007

法務部、教育部、行政院衛生署《91年反毒報告書》，法務部印行，2001

法務部《女性犯罪之研究》，1986

法務部《中華民國99年犯罪狀況及其分析》，法務部，2011

法務部《中華民國法務統計年報——99年》，法務部，2011

法務部《犯罪狀況及其分析》，1988, 2000, 2006

法務部《青少年濫用藥物問題之研究》，1982

法務部《殺人傷害犯罪被害人之研究》，1977

法務部《統計手冊》，2001, 2005

法務部《電腦犯罪問題研討會論文集》，1984

法務部《竊盜累犯之研究》，1983

法務部《中華民國106年犯罪狀況及其分析》，2018

侯崇文、洪惠祺《理性選擇與犯罪決定：以青少年竊盜為例》，行政院國家科學
　　　　委員會專題研究計畫成果報告，2002

侯崇文《民眾對犯罪及社會偏差問題的態度研究》，作者自版，1990

柯兩瑞《百年來臺灣毒品刑事政策變遷之研究》，中央警察大學犯罪防治研究所
　　　　博士論文，2006

柯慧貞等《全國大專校院學生藥物使用盛行率與其相關心理社會因素之追蹤研
　　　　究》，行政院衛生署管制藥品管理局，93年度科技研究發展計畫，2004

殷海光《思想與方法》，大林出版社，1972

財團法人資訊工業策進會科技法律中心《研議網路詐騙防範措施委託研究計
　　　　畫》，財團法人臺灣網路資訊中心 (TWNIC) 委託研究案，2007

馬傳鎮《臺灣地區犯罪少年與一般少年之比較研究》，中國行為科學社，1978

高金桂《青少年藥物濫用與犯罪之研究》，文景書局，1984

張中勇《當前國際恐怖活動走向及其對我可能影響之研究》，未出版，1997

張平吾《自殺原因論》，五南出版社，1988

張平吾《臺灣地區竊盜初犯與累犯受刑人社會相關因素之比較研究》，中央警官
　　　學校警政研究所碩士論文，1985

張甘妹、高金桂、吳景芳《再犯預測之研究》，法務部發行，1987

張甘妹《犯罪學原論》，著者自版，1980

張華葆《社會心理學理論》，三民書局，1986

教育部、法務部、外交部、行政院衛生署，《99 年反毒報告書》，法務部印行，
　　　2011

教育部《教育部九十九年各級學校校園事件統計分析報告》，教育部校園安全暨
　　　災害防救通報處理中心，2011

教育部　《維護校園安全實施要點》，2011 年 2 月 23 日臺軍　（二）　字第
　　　1000018469C 號令發布

莊永明《臺灣紀事：臺灣歷史上的今天（上）》，時報出版社出版，2006

許宏彬　《臺灣的阿片想像：從舊慣的阿片君子到更生院的矯正樣本》，清華大
　　　學，歷史研究所碩士論文，2002

許春金、鄭善印等《臺灣地區犯罪幫派影響政經體系運作之實證調查研究如何
　　　解決黑金政治》，未出版，1997

許春金《人本犯罪學──控制理論與修復式正義》，三民書局，2006

許春金《犯罪學》，三民書局，1990

許春金，《犯罪學》，中央警官學校印行，1991

許春金《犯罪學》，中央警察大學印行，增訂二版，1997

許春金《犯罪學》，著者自版，1988

許春金《青少年犯罪原因論》，著者自版，1986

許春金等《臺灣地區社會治安狀況時間數列分析》，行政院新聞局委託，1992

許啟義《犯罪被害人的權利》，著者自版，1988

許舒博《毒品犯之生活歷程與走私犯罪模式之研究──以海洛因販賣者為例》，
　　　國立中正大學，犯罪防治研究所碩士論文，2005

陳文雄《電腦犯罪之預防與偵查》，中央警官學校警政研究所碩士論文，1995

陳永慶《國內心理治療與諮商輔導效果的整合分析研究》，高雄醫學大學行為科
學研究所碩士論文，2000

陳玉書《社會連結與女性少年偏差行為》，中央警官學校警政研究所碩士論文，
1988

陳秉璋《社會學理論》，三民書局，1985

陳國霖《華人幫派》，巨流圖書，1995

陳國霖《幫會與華人次文化》，臺灣商務印書館，1995

陳超凡《兒童被虐待與少年犯罪相關性之研究》，中央警官學校警政研究所碩士
論文，1988

陳福榮《少年竊盜犯家庭學校社會環境因素及其預防對策之研究》，中央警官學
校警政研究所碩士論文，1982

麥留芳《個體與集團犯罪系統犯罪學初探》，巨流圖書，1991

彭國華《少年校園暴力行為研究——以學生對教師之暴行為例》，中正大學，犯
罪防治研究所碩士論文

曾淑萍《自我控制與少年竊盜行為：一般性犯罪理論之驗證》，國立中正大學，
犯罪防治研究所碩士論文，2000

黃光國（譯）《自卑與超越》，志文出版社，1980

黃東熊《刑事訴訟法研究》，中央警官學校發行，1981

黃益盟《兩岸共同打擊跨國組織犯罪之合作——以毒品犯罪為例》，國立成功大
學，政治經濟學研究所碩士論文，2006

黃富源《臺灣北部地區女性與男性受刑人人格特質及適應問題之比較研究》，中
央警官學校警政研究所碩士論文，1983

黃富源《親子關係人格適應與內外控取向對少年犯罪傾向影響之研究》著者自
版，1986

黃淳鈺《男性海洛因成癮者生命歷程之研究》，國立臺北大學犯罪學研究所碩士
論文，2008

黃徵男、賴擁連，《21世紀監獄學》，一品出版社，2015

黃俊能、賴擁連、范素玲、鍾健雄：《以巨量資料分析觀點探討毒品施用者及暴

力犯罪再犯因子及預測之應用》，法務部 106 年委託研究計畫期末報告 (L1060213)，法務部編印，2018

楊士隆、吳志揚、李宗憲、陳竹君、林秝楨《青少年藥物濫用防制策略評析》，行政院研究發展考核委員會編印，2009

楊國樞等《社會及行為科學研究法》，東華書局，1978

楊國樞等《臺北市青少年犯罪之心理傾向及其防治》，臺北市政府警察局委託研究，1986

楊鴻烈《中國法律思想史》，商務印書館，1964

廖有祿《電腦犯罪模式及犯罪者特徵分析之研究》，中央警察大學犯罪防治研究所博士論文，2001

趙敦華《勞斯的正義論解說》，遠流出版公司，1988

劉江彬《資訊法論電腦與法律問題之探討》，臺大法學叢書，1986

劉良純《婦女法律地位之研究》，商務印書館，1977

劉興華、翁德怡《多重藥物濫用之交互作用分析研究》，行政院衛生署 98 科技委託研究計畫研究報告，2009

蔡文輝《社會學理論》，三民書局，1979

蔡漢賢主編《社會工作辭典》，中華民國社區發展研究訓練中心，第二次增修版，1990

蔡德輝《犯罪學》，著者自版，1987

蔡德輝《犯罪學理論在少年犯罪防治上之應用》，五南出版社，1986

蔡鴻文《臺灣地區毒品犯罪實證分析研究》，中央警察大學刑事警察研究所碩士論文，2001

衛生署、法務部、教育部、外交部，《100 年反毒報告書》，行政院衛生署編印，2011

賴保禎《少年犯罪原因的探討及其預防措施之研究》，教育部訓委會

賴擁連、許春金、郭佩棻等：《臺北市錄影監視系統運用於犯罪偵防效能研究》，臺北市政府警察局 104 年委託研究，2015

龍冠海主編《社會研究法》，廣文書局，1969

應立志、鍾燕宜《整合分析方法與應用》，華泰文化事業股份有限公司，2000

謝文彥《臺北市暴力犯罪類型與區位之研究》，中央警官學校警政研究所碩士論
　　文，1984

韓忠謨《刑法原理》，著者自版，1972

蘇俊雄《刑事法學的方法與理論》，環宇出版社，1974

㈡專　論

165 反詐騙諮詢專線〈165 專線彙集近年常見詐騙手法與預防之道〉，刊網站：
　　http://165.gov.tw，2009

165 反詐騙諮詢專線網站〈詐騙排名〉，刊網站：http://165.gov.tw/fraud_rank.aspx

ETtoday 新聞雲 (2015.1.18)：〈法院提「修復式司法」　薛貞國遺孀點頭：願原
　　諒、和解〉

中央社 ，〈UN 報告談東南亞毒品販運　台灣犯罪組織角色吃重〉，刊網站：
　　http://bit.ly/30xAcyS，造訪日期：2019 年 7 月 19 日

劉美媛〈校園藥物濫用防制之探討〉，刊：《生活科學學報》，第 9 期，國立空中
　　大學生活科學系，2005

古慧珍〈我國網路詐欺之實證研究——以付款方式為中心〉，刊：《資訊、科技
　　與社會學報》，2007 年 6 月，第 7 卷第 1 期

刑事警察局　〈網路購物　（拍賣）　詐欺案件手法分析及防制作為〉，刊網站
　　http://www.cib.gov.tw，2007

朱立豪　〈金融犯罪與洗錢活動之風險管理——以洗錢防制措施為對策〉，刊：
　　《犯罪學期刊》，第 9 卷第 2 期，2006

行政院衛生署《85 年反毒報告書》，刊網站：http://park.org/Taiwan/Government/
　　Events/September_Event/antt.htm/ 策略及組織

伊斯蘭國，維基百科，自由的百科全書

吳永達、周柏源：〈臺灣毒品氾濫情形之比較研究〉，刊：《法務通訊》，第 2759 期

李玫憲　〈後賓拉登時期歐盟反恐戰略之挑戰〉，刊：《全球政治評論 (Review of
　　Global Politics)》，第 35 期，2011

李信良〈藥物濫用青少年與家庭之間的關係（Ⅰ）——後設分析〉，刊《警學叢

刊》，第 34 卷第 3 期，2003

李信良〈藥物濫用青少年與家庭之間的關係（II）——後設分析〉，刊《警學叢刊》，第 35 卷第 5 期，2005

沈明室　〈後賓拉登時期的全球反恐情勢〉，刊：《全球政治評論 (Review of Global Politics)》，第 35 期，2011

兒童學苑〈緣起〉，刊：http://library.taiwanschoolnet.org

周石棋、賴擁連：〈犯罪學新方向發展性理論〉，刊：《中央警察大學犯罪防治學報》，第 5 期，桃園：中央警察大學，2004

孟維德、李讓、黃大武〈犯罪合理化——醫療犯罪與偏差原因的探討〉，刊：《中央警察犯罪防治學報》，第 10 期，2009

孟維德、郭憬融、李讓〈醫療犯罪之實證研究〉，刊：《警學叢刊》，第 40 卷第 1 期，2009 年 7 月

孟維德〈公司犯罪的意涵與類型——犯罪學觀點〉，刊：《中央警察大學學報》，第 33 期，1998

林山田〈法事實研究〉，刊：《法學叢刊》，第 88 期，1977 年 12 月

林山田〈法學與社會學〉，刊：《法學叢刊》，第 70 期，1973 年 4 月

林山田〈貪污犯罪與刑法賄賂罪之研究〉，刊：《輔仁學誌》，法商學院之部，第 11 號，1979

林東茂〈論西德少年法院法之少年刑罰〉，刊：《刑事法雜誌》，第 29 卷第 2 期，1985 年 4 月

林東茂譯〈強姦被害者與刑事司法制度〉，刊：《警政研究所特刊》，中央警官學校發行，1979 年 6 月

林健陽、陳玉書、柯雨瑞、張智雄、呂豐足〈我國當前毒品戒治政策之省思與建議〉，刊：《「刑事政策與犯罪研究論文集(10)」》，法務部編印，2007

林瑞欽〈海洛因與安非他命用藥者信念、再用藥意向與犯罪行為之比較研究〉，刊：《2004 年亞太地區犯罪問題與對策研討會論文集》，中正大學編印，2004

法務部矯正署彰化少年輔育院（明陽中學彰化分校）網站。造訪日期：2019 年

11 月 17 日。https://www.chr.moj.gov.tw/15824/15826/15836/118079/post。

邱惠珠 〈國中學生對大眾傳播工具之意見調查研究報告〉，刊：《教育資料文摘》，第 22 卷第 6 期，1988 年 12 月

周石棋、賴擁連：〈犯罪學新方向發展性理論〉，刊：《中央警察大學犯罪防治學報》，第 5 期，桃園：中央警察大學，2004

洪魁東〈日益猖獗的電腦犯罪〉，刊：《微電腦時代》，第 22 期，1981 年 7 月

范國勇、江志慶〈ATM 轉帳詐欺犯罪之實證研究〉，刊：《刑事政策與犯罪研究論文集(8)》，法務部編，2004

范燕秋〈杜聰明回憶錄〉，刊：《臺灣歷史辭典》，許雪姬、薛化元、張淑雅等撰文，文建會編印，遠流出版社印行，2004

孫國祥〈非傳統安全視角的毒品問題與實證毒品政策之探討〉，刊：《2010 非傳統安全——反洗錢、不正常人口移動、毒品、擴散學術研討會論文集》，中央警察大學編印，2010

財團法人醫療改革基金會 〈為醫療詐欺查緝成果喝采請費協會追回詐領健保費——附件 2 「97 年至今涉嫌健保詐領新聞事件一覽表」〉，刊網站：http://www.thrf.org.tw/SiteSearch.asp 議題資料庫 / 全民健保 /98 年度

馬信行〈犯罪理論之統合分析——以自陳犯罪之研究報告為樣本〉，刊：《教育與社會研究》，第 2 期，2001

馬財專〈台灣組織及個體販毒網絡之質化考察〉，刊：《人文及社會科學集刊》，第 22 期第 3 卷，2010 年 9 月

高金桂〈犯罪學理論的發展〉，刊：《犯罪防治》，中央警官學校發行，第 7 期，1981

國立臺南大學毒品分類分級介紹。 刊網站 ： http://enc.nutn.edu.tw/Page/Index/%E6%AF%92%E5%93%81%E5%88%86%E7%B4%9A%E4%BB%8B%E7%B4%B9

張甘妹〈被害者學的重要性〉，刊：《刑事法雜誌》，第 9 卷第 2 期，1965 年 4 月

張甘妹、高金桂、吳景芳：《再犯預測之研究》，1987

張樹德、翁照琪〈兩岸毒品犯罪型態與防治作為之實證研究〉，刊：《2010 非傳

統安全——反洗錢、不正常人口移動、毒品、擴散學術研討會論文集》，汪毓瑋編，中央警察大學出版社，2010

許皆清〈臺灣地區跨國組織犯罪之態勢與抗制策略〉，刊：《警學叢刊》，第 37 卷第 3 期，2006

許皆清〈臺灣地區組織犯罪之演進與現勢〉，刊：《警學叢刊》，第 38 卷 5 期，2008 年 3 月

郭利雄〈中途之家與犯罪防治〉，刊：《第一屆中美犯罪防治研究會論文集》，東海大學及中央警官學校發行，1988

郭淑玲〈別把孩子往缸裏塞〉，刊：《張老師月刊》，第 22 卷第 3 期，1988 年 9 月

李易蓁〈高風險用藥少年戒癮防治處遇之實務探討〉，刊：《刑事政策與犯罪研究論文集(13)》，法務部印，2011

陳玉書：〈再犯特性與風險因子之研究：以成年假釋人為例〉，刊：《刑事政策與犯罪論文集》，第 16 期，2013

陳盈良、施光訓〈金融舞弊犯罪動機、型態及與查模式探索研究〉，刊：《警學叢刊》，第 37 卷第 2 期，2006 年 9 月

陳偉平〈恐怖主義之研究與抗制〉，刊：《犯罪學》，許春金等著，著者自版，1986

陳皎眉〈校園的衝突與暴力〉，刊：《學生輔導》，第 57 期，1998 年 7 月

陳順和 〈行動電話簡訊詐欺犯罪問題之成因與對策探討〉，刊：《透視犯罪問題》，2003 年 9 月

黃王聰、林信雄、林燦璋〈犯罪模式分析〉，刊：《警察百科全書(七)刑事警察》，正中書局，2000

黃奎博 〈後賓拉登時期的美國全球反恐戰略〉，刊：《全球政治評論 (Review of Global Politics)》，第 35 期，2011

黃富源〈犯罪黑數之研究〉，刊：《警政學報》，第 1 期，1982 年 6 月

黃富源〈面對飆車風潮〉，刊：《張老師月刊》，第 117 期，1987 年 9 月

黃富源〈校園暴行之研究與抗制〉，刊：《現代教育》，1988 年 10 月

黃富源〈強暴問題之探討與防治〉，刊：《警政學報》，第 11 期，1987 年 6 月

黃富源，〈被害者學理論的再建構〉，刊：《中央警察大學犯罪防治學報》，第 3 期，2002 年 12 月

黃翠紋、孟維德：《警察與犯罪預防》，五南圖書出版公司，2017

楊士隆、張清豐：《性侵害犯罪再犯率及危險因子之研究》，內政部 93 年委託研究報告，2004

楊士隆、吳志揚、李宗憲〈臺灣青少年藥物濫用防治政策之評析〉，刊：《青少年犯罪防治研究期刊》，第 2 卷第 2 期，2010

楊孝濚 〈少年事件處理法中轉介及安置輔導與民營化社會服務機構之承接〉，刊：《社區發展季刊》，第 108 期，2005 年 1 月

詹志禹 〈後設分析：量化的文獻探討法〉，刊：《思與言》，第 26 卷第 4 期，1988

雷新俊〈校園霸凌事件的防治與輔導〉，刊：《國教之友》，第 60 卷第 4 期（第 593 期），2009 年 12 月 15 日

廖有祿、鄭佳虹〈網路詐欺犯罪之偵防——以網路拍賣詐欺為例〉，刊：《軍法專刊》，第 52 卷第 6 期，2006 年 12 月

廖有祿〈社會心理剖繪技術在犯罪偵查上的應用〉，刊：《警學叢刊》，第 28 卷，第 6 期，1998

廖有祿〈電腦犯罪的刑法問題〉，刊：《中央警察大學學報》，第 31 期，1997 年 9 月

臺北駐福岡經濟文化辦事處派駐人員 〈日本校園霸凌定義與防治措施〉，刊：《教育部電子報》，第 442 期，2010 年 12 月 30 日

潘昱萱：〈少年多元處遇〉，刊：《觀護制度與社區處遇》，鄭添成主編，洪葉文化，2013

蔡育岱 〈蓋達組織與賓拉登年代恐怖活動之概況回顧〉，刊：《全球政治評論 (Review of Global Politics)》，第 35 期，2011

蔡德輝，高金桂〈少年竊盜犯罪問題〉，刊：周震歐主編，《青少年犯罪心理與預防》，百科文化事業公司，1983

鄧煌發 〈校園安全防護措施之探討——校園槍擊、校園霸凌等暴行事件之防

治〉，刊：《中等教育》，第 58 卷第 5 期，2007 年 10 月

盧俊光〈新興詐欺犯罪型態、模式及中介物之分析〉，刊：《警學叢刊》，第 38
卷 5 期，2007 年 1 月

賴擁連：〈從西方社會成癮性監禁政策檢視我國當前的重刑化刑事政策〉，刊：
《刑事政策與犯罪研究論文集》，第 16 期，2013

賴擁連：〈淺談台商子女在大陸結夥搶劫之成因與預防〉，刊：《展望與探索》，
第 9 卷第 12 期，2011 年 12 月

聯合國毒品與犯罪辦公室〈1987 年 12 月 7 日聯合國第三屆委員會會議報告〉，
刊：《聯合國網站》http://www.unodc.org/

謝立功〈兩岸反毒策略之探討〉，刊：《刑事政策與犯罪研究論文集(8)》，法務部
編，2000

二、外 文

㈠專 書

Amir, E.: *Patterns in Forcible Rape*, University of Pennsylvania, 1965.

Aschaffenburg, G.: *Das Verbrechen und seine Bekämpfung*, Heidelberg, 1906.

Adler, F.: *Sisters in crime: The rise of the new female criminal*, New York:
McGraw-Hill, 1975.

Babbie, E.: *The Practice of Social Research*, 4th. Edition, Wadswoth, 1986.

Bandura, A.: *Aggression: A Social Learning Analysis*. Englewood Cliffs, NJ:
Prentice Hall, 1973.

Bandura, A.: *Social Learning Theory*. Englewood Cliffs, NJ: Prentice Hall, 1977.

Barkas, J. L.: *Victims*, Charles Scribners Sons, New York, 1978.

Barlow, H. D.: *Introduction to Criminology* 3rd. ed., Little Brown and Company,
Boston-Toronto, 1984.

Bauer, F.: *Das Verbrechen und die Gesellschaft*, E. Reinhardt Verlag, München,
1957.

Baumann, J./Weber, U.: *Strafrecht, Allgemeiner Teil*, 9. Aufl., Gieseking Verlag,

Bielefeld, 1985.

Becker: *The Investigation of Computer Crime*, 1980.

Bernard, T. J./Snipes, J. B./Gerould, A. L.: *Vold's theoretical criminology*, 7th. Edition, Oxford. 2016.

Bequai: *Computer Crime*, 1978.

Bockelmann, P.: *Vom Sinn der Strafe*, 1961.

Böhm, A.: *Einführung in das Jugendstrafrecht*, 2. Aufl., C. H. Beck, München, 1985.

Bowlby, J.: *Maternal care and mental health*, World Health Organization Monograph, WHO Monographs Series No. 2 (Geneva: World Health Organization, 1951).

Braga, A. A./Weisburd, D. L.: *Policing problem places: Crime hot spots and effective prevention*, New York: Oxford, 2010.

Brantingham, P.: *Patterns in Crime*, Macmillan, 1984.

Brauneck, A.–E.: *Allgemeine Kriminologie*, Rowohlt, 1974.

Brodsky, S. L./Walter, M. J. (Edited): *Sexual Assault*, Lexington-Toronto-London, 1976.

Bundeskriminalamt (Hrsg.): *Grundfragen der Wirtschaftskriminalität*, 1963.

Bureau of Justice Statistics, U.S. Department of Justice: *Computer Crime*, Criminal Justice Resourse Manual, 1979.

Caldwell, R.: *Criminology*, 2nd. ed., 1965.

Carrow, D. M.: *Crime Victim Compensation*, U.S. Department of Justice, 1980.

Chapman, D.: *Society and the Stereotype of the Crime*, London, 1968.

Clarke, R. V.: *Hot products: Understanding, anticipating and reducing demand for stolen goods, London*, UK, Home Office, Policing and Reducing Crime Unit, 1999.

Clarke, R. V.: *Situational crime prevention: Successful cases studies*, Albany, NY: Harrow and Heston, 1992.

Clinard, M. B.: *The Black Market, A Study of White-Collar Crime*, New York, 1952.

Clinard, M. B.: *Sociology of Deviant Behavior*, 3rd. ed., Rinehart & Winston, 1968.

Cloward, R./Ohlin, L. E.: *Delinquency and opportunity: A theory of delinquent gangs*, New York: Free Press, 1960.

Cullen, F. T./Agnew, R./Wilcox, P.: *Criminological theory: Past and present*, New York: Oxford, 2014.

Coleman, J. W./Cressey, D.R.: *Social Problems*, Warper and Row Publishers, New York, 1980.

Conklin, J. E.: *Criminology*, MA: Allyn & Bacon, 1995.

Cornish D. B./Clarke R. V. (eds.): *The reasoning criminal: Rational choice perspectives on offending*, Springer Verlag, 1986.

Curtis, L. A.: *Criminal Violence*, Lexington-Toronto, 1974.

Douglas, J./Olshaker, M.: *Mind Hunter: Inside the FBI's Elite Serial Crime Unit*, Scribner, 1995.

Douglas, J./Olshaker, M.: *Obsession: the FBI's Legendary Profiler Probes the Psyches of Killers, Rapists, and Stalkers*, Scribner, 1998.

Douglas, J./Burgess, A./Burgess, A./Ressler, R. (eds.): *Crime Classification Manual*, Jossey-Bass, 1997.

Drapkin, I./Viano, E. (Edited): *Victimology* Vol. 1–5, Toronto-London, 1974.

Drapkin, I. (Edited): *First International Symposium on Victimology*, Jerusalem, 1976.

Dreher E./Tröndle, H.: *Strafgesetzbuch*, 42. Aufl., C.H. Beck München, 1985.

Duthel: *Jugendkriminalität: Störung des Sozialverhaltens-Delinquenz-Intensivtäter*, 2013.

Ebert, U.: *Der Überzeugungstäter in der neueren Rechtsentwicklung*, Duncker & Humblot, 1975.

Exner F.: *Kriminologie*, 3. Aufl., Springer Verlag, Berlin, Heidelberg, 1949.

Felson, M./Clarke, R. V.: *Opportunity makes the thief: Practical theory for crime prevention*, London, UK: Home Office, Policing and Reducing Crime Unit, 1998.

Geberth, V.: *Practical Homicide Investigation*, 3rd. Edition, CRC Press, 1996.

Glasser, D. (Edited): *Handbook of Criminology*, Rand McNally, Chicago, 1974.

Glueck, S./E.: *Later Criminal Careers*, New York, 1937.

Glueck, S./E.: *Criminal Careers in Restrospect*, New York, 1943.

Glueck, S./E.: *Unraveling Delinquency*, 3rd. ed. Cambrige/Mass. Harvard University Press, 1957.

Goldstein, J. H.: *Aggression and Criminal Violence*, Oxford University Press, New York, 1975.

Göppinger, H.: *Kriminologie*, 4. Aufl., C.H. Beck, München, 1980.

Göppinger, H.: *Die Täter in Seinen Sozialen Bezügen, Ergebnis aus der Tübinger Jungtäter-Vergleichsuntersuchung*, Berlin, 1983.

Göppinger, H.: *Angewandte Kriminologie-International, Applied Criminology International*, Bonn, 1988.

Gottfredson, M./Hirschi, T.: *A General Theory of Crime*, Stanford University Press, 1990.

Green, S., J. PT. Higgins, P. Anderson, M. Clarke, C. D Mulrow & A. D Oxman: *Cochrane Handbook for Systematic Reviews of Interventions*, John Wiley & Sons Ltd, 2008.

Grinder, R. E.: *Adolescence*, John Wiley and Sons Inc., New York, 1973.

Habschick: *Erfolgreich vernehmen: Kompetenz in der Kommunikations-, Gesprächs- und Vernehmungspraxis*, 2009.

Hagan, F.: *Research Methods in Criminal Justice and Criminology*, 4th. Edition, Allyn and Bacon, 1998.

Harris, A. J. R./Hanson, R. K.(2004): *Sex offender recidivism: A simple question* (Vol. 3), Ottawa, Ontario: Public Safety and Emergency Preparedness Canada, 2004.

Harold, S.: *Crime Analysis Manual*, Public Administration Service, 1980.

Haskell, M. R./Yablonsky, L.: *Juvenile Deliquency*, Rand McNally, Chicago, 1974.

Haskell, M. R./Yablonsky, L.: *Criminology*, 3rd. ed. Houghton Mifflin Company, Boston, 1983.

Hassemer/Reemtsma: *Verbrechensopfer: Gesetz und Gerechtigkeit*, 2002.

Hazelwood, R./Burgess, A. (eds.): *Practical Aspects of Rape Investigation: A Multidisciplinary Approach*, 3rd. Edition, CRC Press, 2001.

von Hentig, H.: *Crime: Causes and Conditions*, New York-London, 1947.

Hibell, B., U. Guttormsson, S. Ahlstrom, O. Balakireva, T. Bjarnason, A. Kokkevi, L. Kraus, P. Miller, & M. Plant: *The 2007 ESPAD report, Substance use among students in 35 European countries*, The Swedish Council for Information on Alcohol and Other Drugs, Stockholm, Sweden, 2009.

Hiltmann, H.: *Kompendium der Psychodiagnostischen Test*, Huber, 1977.

Hindelang, M. S./Gottfredson, M./Garofalo, J.: *Victims of Personal Crime*, 1978, Cambridge, MA: Ballinger.

Holmes, R./Holmes, S. (eds.): *Contemporary Perspectives on Serial Murder*, Sage Publications, 1998.

Holmes, R./Holmes, S.: *Profiling Violent Crimes: An Investigative Tool*, 2nd. Edition, Sage Publications, 1996.

Hoover, L. (eds.): *Quantifying Quality in Policing*, Police Executive Research Forum, 1996.

Icove, D./Seger, K./VonStorch, W.: *Computer Crime－A Crimefighter's Handbook*, CA: O'Reilly & Associates, 1995.

Jackson, J./Bekerian, D. (eds.): *Offender Profiling－Theory, Research and Practice*, Wiley, 1997.

Jeffery, C. R.: *Crime prevention through environmental design*, Beverly Hills, CA: Sage Publications, 1971.

Jescheck, H.－H.: *Lehrbuch des Strafrecht*, 3. Aufl., Duncker und Homblot, Berlin, 1978.

Kaiser, G.: *Kriminologie*, 6. Aufl., C.F. Müller, Heidelberg, 1983.

Kaiser/Kerner/Sack/Schellhoss (Hrsg): *Kleines Kriminologisches Wörterbuch*, 2. Aufl., C.F. Müller, Heidelberg, 1985.

Kaiser, G./Schöch, H.: *Kriminologie.* Jugendstrafrecht. Strafvollzug, 3. Aufl., C.H. Beck München, 1987.

Kaplan, H. M./O'Kane, K. C./Lavraka, P. J./Pease, E. J.: *Crime prevention through environmental design: Final report on commercial demonstration*, Arlington, VA: Westinghouse Electric Corp, 1978.

König R.: *Beobachtung und Experiment in der Sozialforschung*, Köln u. Berlin, 8. Aufl., 1972.

König R. (Hrsg.): *Soziologie, Das Fischer Lexikon*, Bd. 10, Frankfurt, 1967.

Kushmuk, J./Whittmore, S. L.: *A re-evaluation of the crime prevention through environmental design program in Portland*, Oregon, Washington, DC: National Institute of Justice, 1981.

Lab, S. P.: *Crime prevention: Approach, practice, and evaluations* (7th ed.), New Providence, NJ: LexisNexis, 2010.

Lange, R.: *Das Rätsel Kriminalität, Was wissen wir vom Verbrechen*, Metzner, Verlag, Frankfurt, 1970.

Lea, J./Young, J.: *What is to be done about law and order? Harondsworth*, England: 1984.

Leibholz, S. W./Wilson, L. D.: *Users Guide to Computer Crime*, Radnor, Pennsylvania, 1974.

Lily/Cullen/Ball: *Criminological theory*, 6th. Edition, Sage Publications, 2016.

Lily/Cullen/Ball: *Criminological Theory: Context and Consequences*, Sage Publications, 2015.

Lombroso, C.: *The female offender*, New York: Appleton Publishers, 1920.

Lutzki M. B.: *Interdisciplinary Team Research, Methods and Problems*, New York, 1958.

MacDonald, M.: *The Murder and his Victim*, Charles C. Thomas Springfield,

Illinois, 1971.

Madge: *The Tools of Social Science*, 1953.

Mannheim, H.: *Criminal Justice and Social Reconstruction*, 1946.

Mannheim, H.: *Comparative Criminology* Vol. 1 and 2, London, 1965.

Marntz/Holm/Hübner: *Einführung in die Methoden der empirischen Soziologie*, 3. Aufl., 1971.

Martinson, R.: *What works? Questions and answers about prison reform*, The Public Interest, 42, 1974.

Maxfield, M/Babbie, B.: *Research Methods for Criminal Justice and Criminology*, 2nd. Edition, West/Wadsworth, 1998.

Mays, J. B.: *Crime and its Treatment*, London, 1970.

McKnight, G.: *Computer Crime*, London, 1973.

Mergen, A.: *Die Wissenschaft vom Verbrechen*, Kriminalistik Verlag, Hamburg, 1961.

Mergen, A.: *Die Kriminologie*, Verlag Franz Vahlen GMBH, Berlin und Frankfurt, 1967.

Mergen, A.: *Tat und Täter, Das Verbrechen in der Gesellschaft*, 1971.

Merton, R. K.: *Social Theory and Social Structure*, 8th. ed., The Press, 1963.

Messerschmidt, J. W.: *Capitalism, patriarchy, and crime: Toward a socialist feminist criminology*, Totowa, NJ: Rowman & Littlefield, 1986.

Messerschmidt, J. W.: *Masculinities and crime: Critique and reconceptualization of the theory*, Lanham, MD: Rowman and Littlefield, 1993.

Milutinovic, M.: *Kriminologie*, Belgrad, 1969.

Moffitt, T./Caspi, A./Rutter, M./Silva, P. A.: *Sex differences in antisocial behavior*, Cambridge, UK: Cambridge University Press, 2001.

Murray, C. A./Cox, L. A.: *Beyond probation: Juvenile corrections and the chronic delinquent*, Beverly Hills: Sage Publications, 1979.

von zur Mühlen: *Computer-Kriminalität, Gefahren und Abwehr*, Neuwied /Berlin,

1973.

National Advisory Committee on Criminal Justice Standards and Goals: *Organized Crime*, Washington D.C., 1976.

Naegeli, E.: *Das Böse und das Strafrecht*, Kindler, 1967.

Nettler, G.: *Explaining Crime*, 2nd. ed., McGraw-Hill, New York, 1978.

Newman, O.: *Defensible space*, New York: Macmilliam, 1972.

Noll, P.: *Die ethische Begründung der Strafe*, 1962.

Opp, K.–D.: *Soziologie der Wirtschaftskriminalität*, C.H. Beck, München, 1975.

Osterburg, J./Ward, R.: *Criminal Investigation: A Method for Reconstructing the Past*, Anderson, 2nd. Edition, 1997.

Palmiotto, M. (ed.): *Crime Pattern Analysis in Critical Issues in Criminal Investigation*, 2nd. Edition, Anderson, 1988.

Parker/Nycum/Oüra: *Computer Abuse*, Stanford Research Institute, 1973.

Peter Stephenson, *Investigating Computer-related crime*, London: CRC Press, 2000.

Pfohl: *Gemeinützige Arbeit als strafrechtliche Sanktion*, 1983.

Pollack, O.: *The criminality of women*, Philadelphia, University of Pennsylvania, 1950.

Pollähne/Rode (Hg.): *Opfer im Blickpunkt-Angeklagte im Abseits? Probleme und Chancen zunehmender Orientierung auf die Verletzten in Prozess, Therapie und Vollzug*, Reihe: Schriftenreihe des Instituts für Konfliktforschung, Bd. 34, 2012.

Power/Witmer: *The Cambridge-Somerville-Youth Study: An Experiment in the Prevention of Delinquency*, Columbia University Press, 1951.

Raiser, Th.: *Einführung in die Rechtssoziologie*, Schweizer Verlag, Berlin, 1972.

Reckless, W. C.: *Crime and Criminology*, The Dryden Press, Illinois, 1976.

Reid, S. T.: *Crime and Criminology*, The Dryden Press, Illinois, 1976.

Ressler, R./Burgess, A./Douglas J.: *Sexual Homicide: Patterns and Motives*, Lexington Books, 1988.

Restorative Justice: *For Victims, Communities, and Offenders. Minneapolis*, MN: University of Minnesota, Center for Restorative Justice and Mediation, 1996.

Rohracher, H.: *Einführung in die Psychologie*, 9. Aufl., Urban & Schwarzenberg, Wien, 1965.

Sadock, B. J. (Edited): *The Sexual Experience*, The Williams and Wilkins Company, Baltimore, 1976.

Sampson, R. J./Laub, J. H.: *Shared beginnings, divergent lives: Delinquent boys to age 70*, Harvard University Press, 2003.

Schaffstein, F.: *Jugendstrafrecht*, 8. Aufl., Verlag W. Kohlhammer, Stutgart Berlin Köln Mainz, 1983.

Schmidt, Eb.: *Zuchthäuser und Grefängnisse*, 1960.

Schneider, H. J.: *Kriminologie. Jugendstrafrecht. Strafvollzug*, 2. Aufl., C.H. Beck, München, 1982.

Schneider, H. J.: *Kriminologie*, Walter de Gruyter, Berlin-New York, 1987.

Schneider, H. J.: *Das Verbrechensopfer in der Strafrechtspflege*, 1982.

Schneider, H. J.: *Internationales Handbuch der Kriminologie 2: Besondere Probleme der Kriminologie*, 2009.

Schott, H./Tölle, R.: *Geschichte der Psychiatrie: Krankheitslehren-Irrwege-Behandlungsformen*, München, 2006.

Seelig, E./Bellavic, H.: *Lehrbuch der Kriminologie*, 3. Aufl., Stoytscheff, 1963.

Shaw: Jack-Roller, *A Delinquent Boy's own Story*, 1966.

Sherman, L., D. P. Farrington, B. C. Welsh & D. L. MacKenzie (Eds): *Evidence-Based Crime Prevention*, London and New York: Routledg, 2002.

Sieber, U.: *Computerkriminalität und Strafrecht*, Heymanns Verlag, Köln Berlin München, 1977.

Siegel, L. J.: *Criminology*, 6th. Edition, West/Wadsworth, 1998.

Siegel, L. J.: *Criminology: The core*, 6th. Edition, Cengage, 2017.

Simon, R. J.: *Women and crime*, Lexington, MA: Lexington Books, 1975.

Simon: *Basic Research Methods in Social Science*, 1972.

Spice, H.: *Crime Analysis Manual*, Public Administration Service, 1980.

Stern, W. (Hrsg.): *Die Test in der Klinischen Psychologie*, Bd. II, 1955.

Störig, H. J.: *Kleine Weltgeschichte der Philosophie*, 10. Aufl., Kohlhammer, Stuttgart, 1968.

Sutherland, E. H.: *White Collar Crime*, The Dryden Press, New York, 1949.

Sutherland, E. H.: *Principles of Criminology*, Philadelphia, 1974.

Sutherland, E. H./Cressey, D. R.: *Criminology*, 10th. ed., Philadelphia-New York-San Jose-Toronto, 1978.

Swanson, C./Chamelin, N./Territo, L.: *Criminal Investigation*, 7th. Edition, McGraw Hill, 2000.

Teske, R./Hoover, L./Meyer, R.: *Public Perceptions of the Police in Texas*, Sam Houston State University, 1982.

The European Monitoring Centre for Drugs and Drug Addiction (EMCDDA): *2011 Annual report on the state of the drugs problem in Europe,* Luxembourg: Publications Office of the European Union, 2011.

The European Monitoring Centre for Drugs and Drug Addiction (EMCDDA): *2018 Annual Report on the State of the Drugs Problem in Europe*, Luxembourg:Publications Office of the European Union, 2018.

The National Counterterrorism Center: *2006 Report on Terrorism*, Washington D.C.: Office of the Director of National Intelligence National Counterterrorism Center, 2007.

The National Counterterrorism Center: *2007 Report on Terrorism*, Washington D.C.: Office of the Director of National Intelligence National Counterterrorism Center, 2008.

The National Counterterrorism Center: *2008 Report on Terrorism*, Washington D.C.: Office of the Director of National Intelligence National Counterterrorism Center, 2009.

The National Counterterrorism Center: *2009 Report on Terrorism*, Washington D.C.: Office of the Director of National Intelligence National Counterterrorism Center, 2010.

The National Counterterrorism Center: *2010 Report on Terrorism*, Washington, D.C.: Office of the Director of National Intelligence National Counterterrorism Center, 2011.

The President's Commission on Law Enforcement and Administration of Justice: *Organized Crime*, Washington D.C.: U.S. Govt. Printing Office, 1967.

The President's Commission on Law Enforcement and Administration of Justice: *The Challenge of Crime in a Free Society*, Washington D.C.: U.S. Govt. Printing Office, 1975.

Thomas, Jim: *Doing Critical Ethnography*, CA: Sage Publications, 1993.

Thrasher, F. M.: The Gang, *A Study of 1313 Gangs in Chicago*, University of Chicago Press, 1963.

Tiedemann, K. (Hrsg.): *Verbrechen in der Wirtschaft*, 2. Aufl., C.F. Müller, Karlsruhe, 1972.

Tiedemann, K.: *Witschaftskriminalität und Wirtschaftsstrafrech in den USA und in der Bundesrepublik Deutschland*, 1978.

Tittle, C. R.: *Control balance: Toward a general theory of deviance*, Boulder, CO: Westview, 1995.

Tripp, C. A.: *The Homosexual Matrix*, McGraw Hill, New York, 1978.

Turvey, B.: *Criminal Profiling: An Introduction to Behavior Evidence Analysis*, Academic Press, 1999.

U.S. Congress, Office of Technology Assessment: *Technologies for Understanding and Preventing Substance Abuse and Addiction*, Washington, D.C.: U.S. Government Printing Office, 1994.

U.S. Department of Justice: *Forcible Rape*, U.S. Govt. Printing Office, 1977.

U.S. Department of State: *Patterns of Global Terrorism 2000*, Office of the

Coordinator for Counterterrorism, 2001.

United Nations Office On Drugs and Crime: *The Non-medical Use of Prescription Drugs: Policy Direction Issues (Discussion Paper)*, United Nations, 2011.

United Nations office on Drugs and Crime: *Sweden's Successful Drug Policy: A Review of the Evidence*, 2007.

United Nations Office On Drugs and Crime: *World Drug Report 2011*, United Nations Publication, 2011.

United Nations Office on Drugs and Crime: *World Drug Report 2018－Analysisof drug markets (opiates, cocaine, cannabis, and synthetic drugs)*, vol. 3.

United States Department of State: *Country Reports on Terrorism 2010*, Office of the Coordinator for Counterterrorism, 2011.

Vold, G. B./Bernard, T. J.: *Theoretical Criminology*, 3rd. ed., Oxford University Press, New York-Oxford, 1986.

Vold, G./Bernard, T./Snipes, J.: *Theoretical Criminology*, 4th. Edition, Oxford University Press, 1998.

Walker, S.: *Sense and Nonsense about Crime and Drugs*, 5th. Edition, Wadsworth, 2001.

Walker, S.: *Sense and Nonsense about Crime and Drugs: A Policy Guide*, 6th Ed., Wadsworh Publishing Company, 2006.

Weisburd, D./Groff, E. R./Yang, S. M.: *The criminology of place*, New York: Oxford, 2012.

Whyte, W. F.: *Street Corner Society*, University of Chicago Press, 1943.

Wilcox, P./Land, K. C./Hunt, S. A.: *Criminal circumstance: A dynamic multi-contextual criminal opportunity theory*, New York: Aldine de Gruyter, 2003.

Williams, F. P./McShane, M. D.: *Criminological theory*, 6th. Edition, Pearson, 2014.

Winslow: *Crime in A Free Society*, 1969.

Wolfgang, M. E.: *Patterns in Criminal Homicide*, University of Pennsylvania Press, Philadelphia, 1958.

World Health Organization: *World Health Organization Lexicon of Alcohol and Drug Terms*, Geneva, 1994.

Zbinden, K.: *Kriminalistik, Strafuntersuchungskunde*, C.H. Beck, München, 1954.

Zipf, H.: *Kriminalpolitik*, 2. Aufl., C.F. Müller, Heidelberg, 1980.

Zybon, A.: *Witschaftskriminalität als gesamtwirtschaftliches Problem*, Goldmann Verlag, München, 1972.

日本文部科學省，《平成 19 年度「児童生徒の問題行動等生徒指導上の諸問題に関する調査」について》，日本文部科學省編，2008.

日本文部科學省，《平成 20 年度「児童生徒の問題行動等生徒指導上の諸問題に関する調査」について》，日本文部科學省編，2009.

日本文部科學省，《平成 21 年度「児童生徒の問題行動等生徒指導上の諸問題に関する調査」について》，日本文部科學省編，2010.

日本文部科學省，《平成 22 年度「児童生徒の問題行動等生徒指導上の諸問題に関する調査」について》，日本文部科學省編，2011.

㈡專　論

Barr, R./Pease, K.: "Crime placement, displacement, and deflection", in: Tonry, M./Morris, N.(eds.), *Crime and Justice*, vol. 12, Chicago, IL: University of Chicago Press, 1990.

Baumann, J.: "Zur Disskussion um die Todesstrafe", in: *Archiv für Rechts und Sozialphilosophie*, 1960, S. 79.

Bennett, T., K. Holloway & D. Farrington: "The Statistical Association between Drug Misuse and Crime: A Meta-Analysis", in: *Aggression and Violent Behavior*, 2008.

Berg, M./Lober, R.: "Violent Conduct and Victimization Risk in the Urban Illicit Drug Economy: A Prospective Examination", in: *Criminology*, 46, 2008.

Bertling: "Wirtschaftsdelikte aus der Sicht des Wirtschaftskriminlisten", in: *Kriminalistik* 11, 1957, S. 325.

Blackwell, B. S./Sellers, C. S./Schlaupitz, S. M.: "A Power-Control Theory of

Vulnerability to Crime and Adolescent Role Exits Revisited", in: *Canadian Review of Sociology and Anthropology*, 39 (2), 2002.

Bockelmann, P.: "Die rationalen Gründe gegen die Todesstrafe", in: *Die Frage der Todestrafe*, Zwölf Antworten v. Maurach, u.a. 1965, S. 138.

Boggs, S. L.: "Urban crime patterns", in: *American Sociological Review*, 30 (6), 1965.

Bernaso, W./Luykx, F.: "Effects of attractivness, opportunities and accessibility to burglars on residential burglary rates of urban neighborhoods", in: *Criminology*, 41, 2003.

Boyum, D. & M. Kleiman: "Substance Abuse Policy", in J. Q. Wilson and J. Petersilia (eds.), *Crime-Public Policies for Crime Control*, Institute for Contemporary Studies Oakland, California, 2002.

Brantingham, P. L./Brantingham, P. J.: "Environment, routine, and situation: Toward a pattern of crime", in: Clarke, R. V./Felson, M. (eds.), *Routine Activities and Rational Choice*, New Brunswick, NJ: Transaction Pub, 1993.

Brantingham, P. L./Brantingham, P. J.: "Nodes, paths, and edges: Consideration on complexity of crime and the physical environment",: in: *Journal of Environmental Psychology*, 13, 1993.

Broidy, L./Agnew, R.: "Gender and crime: A general strain theory Perspective", in: *Journal of Research in Crime and Delinquency*, 34, 1997.

Brodsky, C. M.: "Rape at Work", in: Walker, M. J./Brodsky, S. L. (Edited), *Sexual Assault*, 1976.

Brodsky, S. L.: "Prevention of Rape, Deterrence by the Potential Victim", in: Walker, M. J./Brodsky, S. L. (Edited), *Sexual Assault*, 1976.

Bursik, R. J., Jr.: "Urban dynamic and ecological studies of delinquency", in: *Social Forces*, 63 (2), 1984.

California Senate Bill No. 967, Chapter 748, An Act to Add Section 67386 to the Education Code, Relating to Student Safety, 2014.

Chesney-Lind, M.: "Girls'crime and woman's place: toward a feminist model of female delinquency", in: *Crime and Delinquency*, 35, 1989.

Chilto, R. J.: "Continuity in delinquency area research: A comparison of studies for Baltimore", Detroit and Indianapolis, in: *American Sociological Review*, 29(1), 1964.

Clarke, R. V.: "Situational crime prevention: Its theoretical basis and practical scope", in: Tonry, M./Morris, N.(eds.), *Crime and Justice*, vol. 4, Chicago, IL: University of Chicago Press, 1983.

Clarke, R. V./Homel, R.: "A revised classification of situational crime prevention techniques", in: Lab, S. P. (ed.), *Crime prevention at a crossroads*, Cincinnati, OH: Anderson Publishing Co, 1997.

Cohen, L./Felson, M.: "Social Change and Crime Rate Trends: A Routine Activities Approach", in: *American Sociological Review*, 44, 1979.

Cohn, Y.: "Intervention and the Victim of Robbery", in: Drapkin/Viano (Edited), *Victimology*, Vol. 2, 1974.

Corrie, E.: "Plain left realism: An appreciation and some thoughts for the future", in: *Crime, Law, and Social Change*, 54 , 2010.

Cornish, D. B./Clarke, R. V.: "Opportunities, precipitators, and criminal decisions: A reply to Wortley's critique of situational crime prevention", in: Smith, M. J./Cornish, D. B.(eds.), *Theory of practice in situational crime prevention*, Monsey, NY: Criminal Justice Press, 2003.

Costello, B. J./Mederer, H. J.: "A control theory of gender differences in crime and delinquency", in: Britt, C. L./Gottfredson, M. R.(eds.), *Control theories of crime and delinquency*, New York: Burnswick, NJ: Transaction, 2003.

Cressey, D. R.: "The Crime Violation of Financial Trust", in: *Criminal Behavior Systems*, ed. by Clinard/Quinney, 1967.

Dinos, S./Burrowes, N./Hammond, K./Cunliffe, C.: "A Systematic Review of Juries' Assessment of Rape Victims: Do Rape Myths Impact on Juror Decision-

Making?", in: *International Journal of Law*, Crime and Justice, 43, 2015.

Durkheim, E.: "The Normal and the Pathological", in *Social Deviance* (ed.), 3rd. Edition, Wadsworth, 1988.

Eck, J. E.: "Police problems: The complexity of problem theory, research and evaluation", in: Knutsson, J. (ed.), *Problem-oriented policing: From innovation to mainstream*, Crime Prevention Studies 15, Monsey, NY: Criminal Justice Press, 2003.

Eck, J. E.: "The threat of crime displacement", in: *Criminal Justice Abstracts*, 25, 1993.

Executive Office of the President: "*Advancing a New Approach to Drug Policy: Key Accomplishments*", http://www.whitehouse.gov.

FBI, Uniform Crime Reports, Crime in the United States, 2013. www.fbi.gov/about-us/cjis/ucr/crime-in-the-u.s/2013/crime-in-the-u.s.-2013/violent-crime/rape.

Feest, J.: "Alterskriminalität", in: Kaiser/Kerner/Schellhoss (Hrsg.), *Kleines Kriminologisches Wörterbuch*, 3. Aufl., 1993.

Feest, J.: "Frauenkriminalität", in: Kaiser/Kerner/Sack/Schellhoss (Hrsg.), *Kleines Kriminologisches Wörterbuch*, 3. Aufl., 1993.

Felson, M.: "Linking criminal choices, routine activities, informal control, and criminal outcomes", In: Cornish, D. B./Clarke, R. V. (eds.), *The reasoning criminal*, pp. 119–128, New York, Springer-Verlag, 1986.

Felson, M.: "The routine activity approach", in: Paternoster, R./Bachman, R.(eds.), *Explaining criminals and crime*, pp. 43–46, Los Angeles, CA: Roxbury, 2001.

Felson, R. B./Savolainen, J./Berg, M. T./Ellonen, N.: "Does Spending Time in Public Settings Contribute to the Adolescent Risk of Violent Victimization?", in: *Journal of Quantitative Criminology*, 29, 2013.

Frey, E.: "Kriminologie, Programm und Wirklichkeit", Gedanken zum 2. Internationalen Kriminologischen Kongress in Paris, in: *Schweizerische*

Zeitschrift für Strafrecht 68 (1951), S. 67, 70, 71.

Garofalo, J.: "Reassessing the Lifestyle Model of Criminal Victimization", in: *Positive Criminology*, Gottfredson, M./Hirschi, T. (eds.), Newbury Park, CA: Sage, 1987.

Gizzi, M.C. & P. Gerkin: "Methamphetamine Use and Criminal Behavior", in: *International Journal of Offender Therapy and Comparative Criminology*, SAGE Publications, 54(6), 2010.

Glass, G. V.: "Primary, Secondary, and Meta-Analysis of Research", in: *Educational Researcher*, 5(10), 1976.

Goldstein, P. J.: "The Drugs/Violence Nexus: A Tripartite Conceptual Framework.", in: *Journal of Drug Issues,* 15(4), 1985.

Green, E./Wakefield, R.: "Patterns of Middle and Upper Class Homicide", in: *The Journal of Criminal Law and Criminology* Vol. 70, No. 2, 1979.

Greenberg, S. W./Rohe, W. M./Williams, J. R.: "Safety in urban neighborhoods: A comparison of physical characteristics and informal territorial control in high and low crime neighborhoods", in: *Population and Environment*, 5, 1982.

Hagan, J./Gillis, A. R./Simpson, J.: "The class structure and delinquency: Toward a power-control theory of common delinquency behavior", in: *American Journal of Sociology*, 90, 1985.

Hankin, B. L./Abramson, L. Y./Moffitt, T. E./Silva, P. A./McGee, R./Angell, K. E.: "Development of depression from preadolescence to young adulthood: Emerging gender differences in a 10-year longitudinal study", in: *Journal of abnormal psychology* 107, no. 1, 1998.

Hasson, U./Sebba, L.: "Compensation to Victims of Crime: A Comparative Survey", in: Drapkin/Viano (Edited): *Victimology* Vol. 2, 1974.

Heinrich: "Zum heutigen Zustand der Kriminalpolitik in Deutschland", in: *KriPoZ*, 01.2017. S. 4f.

Henderson, D. J.: "Incest", in: Sadock, B. J. (Edited), *The Sexual Experience*, 1976.

Hesseling, R. B. P.: "Displacement: A review of the empirical literature", in: Clarke, R. V.(ed.), *Crime prevention studies*, vol. 3. Monsey, NY: Criminal Justice Press, 1994.

Hirsch, E. E.: "Rechtssoziologie", in: *Wörterhuch der Soziologie*, S. 877.

Homant, R./Kennedy, D.: "Psychological Aspect of Crime Scene Profiling," in: *Criminal Justice and Behavior*, 25 (3), 1998.

Huber: "Community service oder als Altenative zur Freiheitsstrafe", in: *JZ* 1980, S. 638.

Jensen, G./Brownfield, D.: "Gender, Lifestyles, and Victimization: Beyond Routine Activity Theory", in: *Violent and Victims*, 1 , 1986.

Jescheck, H.–H.: "Neue Strafrechtsdogmatik und Kriminalpolitik in rechtsvergleichender Sicht", in: *ZStW* 98, 1986, S. 26.

Johansson, P.: "The Swedish Drug Policy Experience: Past to Present", in: *The Journal of Global Drug Policy and Practice*, 5(3), 2011.

Kaiser, G.: "Frauenkriminalität", in: Kaiser/Schöch, *Kriminologie*. Jugendstrafrecht. Strafvollzug, 3. Aufl., 1987.

Kandel, D. B.: "Developmental Stages in Adolescent Drug Involvement", In: Lettieri, D. J., & M. Sayers & H. W. Pearson (eds.), *Theories on Drug Abuse*, National Institute on Drug Abuse (NIDA) Division of Research, 1980.

Kaufman, A.: "Recidivism among sex assault victims", in: *Abstr acts on Criminology and Penology*, Vol. 19, No. 1, 1979.

Kerner, H.–J.: "Organisiertes Verbrechen", in: Kaiser u.a. (Hrsg.), *Kleines Kriminologisches Wörterbuch*, 3. Aufl., 1993.

Knech: "Erfahrungen bei der Untersuchung von Wirtschaftsdelikten," in: *Schweizerische Zeitschrift für Strafrecht*, 85, 1969, S. 353.

Kolz: "Zur Aktualität der Bekämpfung der Witschaftskriminalität für die Wirtschaft", in: *Wistra*, 1982, S. 168.

Koopmans, F. S. L.: "Going Dutch: Recent Drug Policy Developments In The

Netherlands", in: *The Journal Of Global Drug Policy And Practice*, 5(3), 2011.

LaGrange, T.: "Thc Impact of Neighborhoods, Schools, and Malls on the Spatial Distribution of Property Damage", in: *Journal of Research in Crime and Delinquency*, 36, 1999.

Lai, Y.-L./Sheu, C.-J./Lu, Y.-F.: "Does the police-monitored CCTV scheme really matter on crime reduction? A quasi-experimental test in Taiwan's Taipei city", in: *International Journal of Offender Therapy and Comparative Criminology*, 63 (1), 2018.

Lampe, E.–J.: "Die strafrechtliche Behandlung der Sog. Computer-Kriminalität", in: *GA*, 1975. S. 1.

Landau, S. F./Drapkin, I./Arad, S.: "Homicide Victims and Offenders, An Israeli Study", in: *The Journal of Criminal Law and Criminology*, Vol. 65, 1974.

Langton, L./Truman, J. (2014): Criminal Victimization, 2013. Bureau of justice Statistics, www.bjs.gov/content/pub/pdf/cv13.pdf.

Lautmann, R.: "Soziologie und Rechtswissenschaft", in: *Rechtswissenschaft und Nachbarwissenschaft*, Bd. 1, hrsg. v. D. Grimm. Fischer Taschenbuch Verlag, Frankfurt, 1973.

Lawyer, S./Resnick, H./Bakanic, V./Burkett, T./Kilpatrick, D.: "Forcible, drug-facilitated, and incapacitated rape and sexual assault among undergraduate women", in: *Journal of American College Health*, 58, 2010.

Littleton, H./Henderson, C.: "If she is not a victim, does that means she was not traumatized? Evaluation of predictors of PTSD symptomatology among college rape victims", in: *Violence Against Women*, 15, 2009.

Lober, R./Kalb, L./Huizinga, D.: "Juvenile Delinquency and Serious Injury Victimization", in: *Juvenile Justice Bulletin*, Washington, DC: Office of Juvenile Justice and Delinquency Prevention, 2001.

Lovrich, N. P./Lutze, F. E./Lovrich, N. R.: "Mass Incarceration: Rethinking the"War on Crime"and"War on Drugs"in the U.S.", in: *Central Police University Journal of Crime Prevention and Corrections*, 16, 2012.

Lynam, D./Miller, J.: "Personality pathways to impulsive behavior and their relations to deviance: Results from three samples", in: *Journal of Quantitative Criminology*, 20, 2004.

Marmor, J.: "Homosexuality and Sexual Orientation Disturbaness", in: Sadock, B. J. (Edited), *The Sexual Experience*, 1976.

Marziano, V./Ward, T./Beech, A./Pattison, P.: "Identification of five fundamental implicit theories underlying cognitive distortions in child abusers: A preliminary study", in: *Psychology*, Crime, and Law, 12 , 2006.

McKibbin, W./Shackelford, T./Goetz, A./Starratt, V.: "Why do men rape? An evolutionary psychological perspective", in: *Review of General Psychology*, 2008.

McBride, D. C., C. J. Waal & Y. M. Terry-McElrath: "The Drugs-Crime Wars: Past, Present, and Future Directions, Theory, Policy, and Program Interventions", in Ashcroft, John, D. J. Daniels & S. V. Hart (eds.), *U.S. Department of Justice Office of Justice Programs, NCJ 194616*, 2003.

Mendelsohn, B.: "The Origin of the Doctrine of Victimology", in: Drapkin/Viano (Edited), *Victimology* Vol. 1, 1974.

Mergen, A.: "Die Persönlichkeit des Verbrechens im weisen Kragen", in: Bear u.a.: *Witschaftskriminalität*, 1972, S. 28.

Merry, S. E.: "Defensible space undefended: Environmental design", in: *Urban Affairs Quarterly*, 16, 1981.

Minskaja, V. S.: "Victimological Research in Rape", in *Abstracts on Criminology and Penology*, Vol. 14, No. 2, 1974.

Miethe, T./McDowall, D.: "Contextual Effects in Models of Criminal Victimization", in: *Social Forces*, 71, 1993.

Miethe, T. D./Meier, R. F.: "Criminal opportunity and victimization rates: A structural-choice theory of criminal victimization", in: *Journal of Research in Crime and Delinquency*, 27 , 1990.

Miller, J.: The strengths and limits of doing gender~ for understanding street crime, in: *Theoretical Criminology*, 6, 2002.

Moffitt, T. E.: "Adolescence-limited and life-course-persistent antisocial behavior: adevelopmental taxonomy", in: *Psychological review* 100.4, 1993.

Nagel, W. H.: "The Notion of Victimology in Criminology", in: Drapkin/Viano (Edited), *Victimology* Vol. 1, 1974.

Parker, D. B.: "Computer Related Crime", in: *Journal of Forensic Sciences*, 1974, p. 292.

Pease, K.: "Crime prevention", in: Maguire, M./Morgan, R./Reiner, R.(cds.), *The Oxford handbook of criminology*, pp. 659–703, Oxford, UK: Clarendon Press, 1994.

Peters, K.: "Zur Theorie der Kriminalstrafe in pädagogischer Sicht", in: *Pädagogik der Strafe*, hrsg. v. Willmann-Institut, 1967, S. 381.

Pfuhl, E. H. Jr.: "Computer Abuse: Problems of Instrumental Control", in: *Deviant Behavior*, 1987, S. 8

Porter, S./Fairweather, D./Drugge, J./Herve, H./Birt, A./Boer, D.: "Profiles of psychopathy in incarcerated sexual offenders", in: *Criminal Justice and Behavior*, 27, 2000.

Radbruch, G.: "Der Überzeugungsverbrecher", in: *ZStW* 44, 1924, S. 37.

Reppetto, T. A.: "Crime prevention and the displacement phenomenon", in: *Crime and Delinquency*, 22, 1976.

Robinson, W. S.: "Ecological corrections and the behavior of individuals", in: *American Sociological Review*, 15 (3), 1950.

Rubenfeld, J.: "The riddle of rape-by-deception and the myth of sexual Autonomy", in: *Yale Law Journal*, 122, 2013.

Sadoff, R. L.: "Other Sexual Deviations", in: Sadock, B. J. (Edited), *The Sexual*

Experience, 1976.

Sampson, R. J./Laub, J. H.: "A life-course theory of cumulative disadvantage and the stability of delinquency", in: *Developmental theories of crime and delinquency*, 7 , 1997.

Schöch, H.: "Kriminalprognose", in: Kaiser/Schöch, *Kriminologie*. Jugendstrafrecht. Strafvollzug, 3. Aufl., 1987.

Schroeder, F.–C.: "Die organisierte Kriminalität in der Sowjetunion", in: *Frankfurter Allgemeine*, 26. Jan. 1989, S. 12.

Sherman, L.: "Evidence-Based Policing", in: *Ideas in American Policing Series*, Police Foundation, 1998.

Spelman, W./Eck, J. E.: "Sitting duck, Ravenous Wolves, and Helping Hands: New Approaches to Urban Policing", in: *Public Affairs Comments*, 35 (2), 1989.

Spencer, J. C.: "White-Collar Crime", in: *Criminology in Transition*, ed. by Grygien, Jones, Spencer, 1965, pp. 233–266.

Spiess, G.: "Kriminalprognose", in: Kaiser/Kerner/Sack/Schellhoss (Hrsg.): *Kleines Kriminologisches Wörterbuch*, 2. Aufl., 1985.

Smith, R. A.: "The Incredible Electrical Conspiracy", in: *Delinquency, Crime and Social Process*, ed. by Cresses/Ward, 1969, p. 884.

Smith, C. J./Patterson, G. E.: "Cognition mapping and the subjective geography of crime", in: Georges-Abeyie, D. E./Harris, K. D.(eds.), *Crime: A spatial perspective*, New York: Columbia University Press, 1980.

Sorg, E./Haberman, C./Ratcliffe, J./Groff, E.: "Foot patrol in violent crime hot spots: The longitudinal impact of deterrence and posttreatment effects of displacement", in: *Criminology*, 51, 2013.

Stark, R.: "Deviant Places: A Theory of the Ecology of Crime", in: *Criminology*, 25, 1987.

Steffensmeier, D./Allan, E.: "Gender and crime: Toward a gendered theory of female offending", in: *Annual review of sociology*, 22 (1), 1996.

Taylor, R. B.: "Incivilities reduction policing, zero tolerance, and the retreat from coproduction: weak foundations and strong pressures", In: Weisburd, D./Braga, A. A. (eds.), *Police innovation: Contrasting perspective*, New York: Cambridge University Press, 2007.

Tiedemann, K.: "Wirtschaftsstrafrecht im Ausland, Skizen zur Entwicklung und Reform", in: *GA* 1969, S. 321.

Tiedemann, K.: "Entwicklung und Begriff des Wirtschaftsstrafrechts", in: *GA* 1969, S. 71.

Turner, H. M. & R. M. Bernard: "Calculating and Synthesizing Effect Sizes", in: *Contemporary Issues in Communication Science and Disorders*, Vol. 33, 2006.

Voss, H. L./Hepburn, J. R.: "Patterns in Criminal Homicide in Chicago", in: *Journal of Criminal Law, Criminology and Police Science*, Vol. 59, 1968.

Umbreit, M. S.: "Crime victims seeking fairness, not revenge: Toward restorative Justice", in: *Federal Probation*, 53, 1989.

Umbreit, M. S./Carey, M.: "Restorative justice: Implication for organizational change", in: *Federal Probation*, 59, 1995.

Welsh, B. C.: "Advocate Evidence-Based Policing for Crime Prevention", in: Weisburd, D. & A. A. Braga (eds.), *Policing Innovation Contrasting Perspectives*, Cambridge University Press, 2006.

White, H. R. & D. M. Gorman: "Dynamics of the Drug-crime Relationship", in G. LaFree (ed.), *Criminal Justice 2000: Volume 1: The Nature of Crime: Continuity and Change*, NCJ 182408, 2000.

Wikipedia Die freie Enzyklopädie: "Kurt Schneider", URL: https://de.wikipedia.org/wiki/Kurt_Schneider(abgerufen am 06.02.18)

Wilson, J. Q./Kelling, G. L.: "Broken windows: The police and neighborhood safety", in: *Atlantic Monthly* (March), 1982.

Wilson, D. B.: "Meta-Analysis Methods for Criminology", in: *The ANNALS of the*

American Academy of Political & Social Science, 2001.

Wolfgang, M. E.: "Criminology and the Criminologist", in: *Journal of Criminal Law*, Criminology and Police Science 55.

Wood, E./Riggs, S.: "Predictors of child molestation: Adult attachment, cognitivedistortions, and empathy", in: *Journal of Interpersonal Violence*, 23, 2008.

Young, S./Smolen, A./Corley, R./Krauter, K./DeFries, J./Crowley, T./Hewitt, J.: "Dopamine transporter polymorphism associated with externalizing behavior problems in children", in: *American Journal of Medical Genetics*, 114, 2002.

Zhang, L./Welte, J. W./Wieczorek, W. F.: "Deviant Lifestyle and Crime Victimization", in: *Journal of Criminal Justice*, 29, 2001.

Zirpins, W.: "Wirtschaftskriminalität, Wese und Gefählichkeit der Wirtschaftsdelikte", in: *Kriminalistik* 21, 1967, S. 579.

Zirpins, W.: "Wirtschaftsdelinquenz", in: *Kriminalistik* 26, 1972, S. 187.

Zybon, A.: "Wirtschaftskriminalität und Rechnungswesen", in: *Zeitschrift für Betriebswirtschaft*, 1968, S. 901.

名詞索引

五　劃

六　劃

七　劃

十一　劃

十二 劃

十四　劃

人名索引

公司法原論

廖大穎 著

　　企業從事經濟活動，著重於事業經營的計畫性與持續性，而現代企業與一國的國民經濟發展息息相關。隨著企業活動、組織規模日益成長，相較於個人以有限的生命、勞力與資金經營之獨資事業，不若以結合多數人、集聚充沛的資本與勞力，並得以永續經營的共同合資經營事業。然，其中又以營利為目的之社團法人組織——公司，為現代社會最具代表性的企業型態。

　　本書係配合民國 107 年公司法部分條文修正之最新版，內容以資合性的股份有限公司與人合性的無限公司、兩合公司及有限公司制度為兩大主軸，非常適合學術界與實務界人士參考。本書將我國公司組織的實態與運作，配合現行法的規範，區分為 4 個單元，19 個章節，針對我國的企業型態與公司法制，提綱挈領，簡明扼要剖析公司與法律的基本設計，並試圖藉由本書，勾勒出現代公司法的原貌，以開啟大學相關科系學生與一般讀者對公司法學的興趣。當然，就企業併購法之相關公司法制部分，亦將之納入本書的範疇，期以完整呈現我國目前的公司法制。

國家圖書館出版品預行編目資料

犯罪學／林山田,林東茂,林燦璋,賴擁連著.——修訂
六版一刷.——臺北市: 三民,2020
　　面; 　公分

　　ISBN 978-957-14-6757-3 （平裝）
　　1.犯罪學

548.5　　　　　　　　　　　　　　108020058

犯罪學

作　　　者	林山田　林東茂　林燦璋　賴擁連
發 行 人	劉振強
出 版 者	三民書局股份有限公司
地　　　址	臺北市復興北路 386 號 (復北門市) 臺北市重慶南路一段 61 號 (重南門市)
電　　　話	(02)25006600
網　　　址	三民網路書店 https://www.sanmin.com.tw
出版日期	初版一刷 1990 年 9 月 修訂六版一刷 2020 年 1 月
書籍編號	S584160
I S B N	978-957-14-6757-3

三民書局